Handbuch der Arzthelferin

3., völlig neu bearbeitete
und erweiterte Auflage

Hippokrates

IMPRESSUM

Die Deutsche Bibliothek -
CIP-Einheitsaufnahme

Ein Titeldatensatz für diese Publikation ist bei
Der Deutschen Bibliothek erhältlich

Herausgeber:
Markus Vieten
Ardennenstraße 73 a
52076 Aachen
Tel. 0 24 08 - 95 77 92
Fax 0 24 08 - 95 77 93
e-mail Markus.Vieten@MV-Aix.de
Homepage www.MV-Aix.de

Fotografie:
Eckhard Weimer, Aachen

1. Auflage 1997 im Antilla Verlag, Berlin
2. Auflage 1999
3. Auflage 2002

Wichtiger Hinweis: Wie jede Wissenschaft ist die Medizin ständigen Entwicklungen unterworfen. Forschung und klinische Erfahrung erweitern unsere Erkenntnisse, insbesondere was Behandlung und medikamentöse Therapie anbelangt. Soweit in diesem Werk eine Dosierung oder eine Applikation erwähnt wird, darf der Leser zwar darauf vertrauen, dass Autoren, Herausgeber und Verlag große Sorgfalt darauf verwandt haben, dass diese Angabe **dem Wissensstand bei Fertigstellung des Werkes** entspricht.
Für Angaben über Dosierungsanweisungen und Applikationsformen kann vom Verlag jedoch keine Gewähr übernommen werden. **Jeder Benutzer ist angehalten**, durch sorgfältige Prüfung der Beipackzettel der verwendeten Präparate und gegebenenfalls nach Konsultation eines Spezialisten festzustellen, ob die dort gegebene Empfehlung für Dosierungen oder die Beachtung von Kontraindikationen gegenüber der Angabe in diesem Buch abweicht. Eine solche Prüfung ist besonders wichtig bei selten verwendeten Präparaten oder solchen, die neu auf den Markt gebracht worden sind. **Jede Dosierung oder Applikation erfolgt auf eigene Gefahr des Benutzers**. Autoren und Verlag appellieren an jeden Benutzer, ihm etwa auffallende Ungenauigkeiten dem Verlag mitzuteilen.

Unsere Homepage: www.hippokrates.de

Printed in Germany

Umschlaggestaltung: Thieme Verlagsgruppe
Satz: minuskel screen partner, 12435 Berlin
Druck: Calwer Druckzentrum, 75365 Calw

ISBN 3-8304-5242-X 1 2 3 4 5 6

VORWORT ZUR DRITTEN AUFLAGE

Die erfreulich hohe Akzeptanz des „Handbuchs der Arzthelferin“ hat uns darin bestärkt, das Buch einer grundlegenden Überarbeitung zu unterziehen, damit es Ihnen auch weiterhin ein praktischer Begleiter bei der täglichen Arbeit sein kann.

Den Änderungen im Gesundheitswesen haben wir durch einige neue Kapitel Rechnung getragen. So finden Sie nun zusätzliche Themen wie z.B. *Mahnwesen, Patientenseminare abhalten, Qualitätsmanagement, Verkaufstraining für IGEL-Leistungen* oder auch *Praxiszeitung erstellen, Rechte und Pflichten* und *Zeugniscodes*. Zusätzlich sind vielen Themen Internet-Adressen beigefügt, durch die vertiefende Informationen rasch zugänglich werden.

Die Abschnitte „Kommunikation“ sowie die einzelnen Laborkapitel haben wir den veränderten Erfordernissen angepasst. Alle anderen Themen wurden intensiv überarbeitet und aktualisiert. Die Abschnitte „Chirurgische Praxis“ und „Orthopädische Praxis“ wurden auf mehrfachen Wunsch erheblich erweitert.

Das Ergebnis ist ein hochaktuelles und sehr praxisnahes Buch, das nicht nur der wenig erfahrenen Arzthelferin in schwierigen Situationen rasche Hilfe bietet, sondern sicher auch für die schon routinierte Fachkraft zahlreiche nützliche Informationen und praktische Tipps bereit hält.

Aachen im April 2002, Markus Vieten

VERZEICHNIS DER MITARBEITER

Verzeichnis der Mitarbeiter der 1. Auflage

Autor/Autorin	Kapitel
Judith Ahn, Arzthelferin, Aachen	F28
Dagmar Burkandt, Arzthelferin, Düsseldorf	M2 - M5
Petra Günther, Arzthelferin, Köln	F13
Roswitha von der Heide, Arzthelferin, Aachen	F4, F10, F14
Claudia Hick, Arzthelferin, Herzogenrath	F17, E1
Birgit Knipp, Arzthelferin, Aachen	A10, D13, D14, F7, F9, H1
Irmgard Rüttgers, Arzthelferin, Aachen	H2, H3
Dorothee Schwind, Arzthelferin, Aachen	L1
Sylvia Stettner, Arzthelferin, Aachen	A4
Gisela Tapper, Arzthelferin, Berlin	J
Markus Vieten, Arzt und freier Autor, Aachen	A1-A3, B1, D1, D7, D8, F1, F3, F5, F6, F11, F18-F21, G, I1, I2, K, L1, M1, N - P
Eva Wimmer, Arzthelferin, Aachen	A2, D2, D4, D12, F12, I3

Verzeichnis der Mitarbeiter der 3., völlig neu bearbeiteten und erweiterten Auflage

Autor/Autorin	Kapitel
Regina Bartels, Arzthelferin, Haiger	H
Dr. Claudia Heckrath, Fachärztin für psychotherapeutische Medizin, Psychoanalytikerin, Aachen	D3, D6, D9, D10, D11, D13, D14
Sabine Hornig, MTLA, Fachlehrerin für Laborkunde, QM-Beauftragte, Heuchelheim	A7, C, E1- E6, F15, F16, F22 - F26, L4
Doris Hilgers, Arzthelferin	A8
Helena Niedernhuber, Arzthelferin, München	A6, B2, O2
Dr. Bernd Salfner, Arzt für Kinder- und Jugendmedizin, Waldshut-Tiengen	L2, L3
Dr. Jutta Salfner, Ärztin für Kinder- und Jugendmedizin, Waldshut-Tiengen	E4, F6, F22, M4
Katrin Schwab, Arzthelferin, Facharzthelferin Gastroenterologische Endoskopie, und Dr. Tilman Kirchhof, Internist, Diabetologe DDG, Lauchringen	B3, F9, F27 – F29
Heiko Übler, Rechtsanwalt, Sulzbach	A5
Markus Vieten, Arzt, Aachen	A5, A10, B2, B3, B4, D5, E7, F2, F4, F7, F8, O, P

Wir bedanken uns bei folgenden Personen für die Unterstützung bei der Erstellung der Sprachtabellen:
Esma Attas, Ana Cerra-Wollstein, Dilek Ermayasi, Aida Feldstein, Imina Haskic, Aleksandra Pietrzykonska, Angela Umlauf, Anne Zachariae

Fotos
Eckhard Weimer, Krankenpfleger
und Fotograf, Aachen

Projektleitung
Markus Vieten

A Praxismanagement

B Service in der Praxis

C Desinfektion und Hygiene in der Praxis

D Kommunikation

E Gerätebenutzung

F Allgemeinärztliche und internistische Praxis

G Chirurgische Praxis

H Gynäkologische Praxis

I Neurologische/ Psychiatrische Praxis

J Ophthalmologische Praxis

K Orthopädische Praxis

L Pädiatrische Praxis

M Urologische Praxis

N Notfälle

O Beruf und Weiterbildung

P Anhang

Notizen

PRAXISMANAGEMENT A

Notizen

A1 ERSCHEINUNGSBILD DER PRAXIS UND IHRER MITARBEITER

Der Patient, der erstmalig in Ihre Praxis kommt, wird genau darauf achten, was ihm gefällt und was nicht. Deshalb ist es wichtig, dass der erste Eindruck stimmt. Das äußere Erscheinungsbild der Praxis trägt nicht nur dazu bei, dass dem Patienten das Warten leichter fällt, sondern auch dass er gerne wiederkommt und Sie weiterempfiehlt.

- Schauen Sie sich den Eingangsbereich Ihrer Praxis einmal bewusst an. Wie präsentiert sich den Patienten und Passanten das Praxisschild und die Hausfront? Das Schild sollte stets gut lesbar sein und keinen zu alten Eindruck machen. Der Eingang zum Haus sollte gut zu passieren sein und selbstverständlich einen sauberen Eindruck machen. Wenn Sie hier realistische Verbesserungsmöglichkeiten sehen, sollten Sie diese den Praxisinhabern vortragen (*siehe B1, Serviceangebote*).
- Auch der Flurbereich und das Treppenhaus sollten immer einen sauberen Eindruck machen und nicht z.B. durch Fahrräder blockiert werden, wie es in Mehrfamilienhäusern manchmal der Fall ist. Falls sich Ihre Praxis nicht im Erdgeschoss befindet, sollte ein zusätzliches Schild mit Hinweis auf das Stockwerk Ihrer Praxis im Flur (und im Aufzug) angebracht werden.
- Bemühen Sie sich stets um ein gepflegtes Äußeres. Achten Sie auf saubere Kleidung, Haare, Hände und Fingernägel.
- Natürlich gibt es Patienten, die Ihnen nicht gefallen oder unsympathisch sind, und natürlich tratschen Sie auch über Patienten (wobei Sie immer Ihre Schweigepflicht einhalten). Entscheidend ist, dass davon überhaupt nichts zu den Patienten vordringt. Also sparen Sie sich diese Dinge am besten für die Kaffeepause oder den Dienstschluss auf (*siehe D6, Umgang mit schwierigen Patienten*).
- Unstimmigkeiten zwischen Ihnen und den Kolleginnen werden nie an der Anmeldung ausgetragen. Auch z.B. Ärger über die Auszubildende wird nicht an der Anmeldung diskutiert. Zu diesem Zweck begeben Sie sich immer in einen abgeschlossenen Raum (*siehe D2, Ruhe an der Anmeldung und D13, Umgang mit Kollegen*).
- Sorgen Sie immer für eine saubere Praxis. Patienten in Wartezimmern haben viel Zeit, sich umzusehen und ihre Schlüsse zu ziehen. Besonders unangenehm kann es werden, wenn die Patienten in den Sprech- oder Untersuchungszimmern über Dreck stolpern. Achten Sie also auf eine gründliche Reinigung aller Räume bis in die Ecken (*siehe C4, Desinfektion und Hygiene in der Praxis*).
- Spielen Sie selbst einmal Patient: Gehen Sie durch die Räume, setzen Sie sich in den Wartebereich und auf die Untersuchungsplätze, um die Praxis mit den Augen des Patienten zu betrachten (*siehe B1, Serviceangebote*).

WARTEZIMMER

- Im Wartezimmer verbringt der Patient einen Großteil seiner Zeit in der Praxis. Ist die Bestuhlung auch nach 10 Minuten noch bequem? Nichts nervt mehr als quietschende Stühle, durchgesessene Sitzflächen oder zu harte Bestuhlung.
- Eine ausreichende Belüftung der Räume sollte möglich sein, da die Luft bei vielen Wartenden sehr schnell unangenehm werden kann.
- Bieten Sie Kaffee, Wasser und Säfte auf einem Tisch zur Selbstbedienung an. Füllen Sie regelmäßig nach!
- Musik aufzulegen ist sehr kritisch, aber möglich. Sie muss dezent und eher leise sein, sonst besteht die Gefahr, dass sie einige Patienten eher aufregt, anstatt zu beruhigen.
- Ein gepflegtes Aquarium kann beruhigend wirken, allerdings muss dann auch eine bestimmte Person für die Versorgung zuständig sein.
- Zusätzliche, kleine Wartezonen können individuell Entlastung schaffen.

A2 PRAXISORGANISATION

Terminplanung

ALLGEMEINES

Voraussetzung für eine gute Terminplanung ist ein übersichtlicher Kalender. Er muss mit den zeitlichen Einteilungen der Ärzte übereinstimmen, d.h. es gibt Kalender, deren Einteilung nach einem ganz anderen Zeittakt erfolgt, als das in einer Arztpraxis erforderlich ist. Terminplaner mit einstündigen Abständen dürften für die meisten Praxen zu grob sein. Besser geeignet sind Terminplaner, in denen die Einträge einen Viertelstundentakt ermöglichen. In einer nervenärztlichen Praxis hingegen, bei der der Patientenkontakt durchschnittlich länger ist, kann eine Einteilung im Halbstundentakt erforderlich sein.

DURCHFÜHRUNG

- Verschaffen Sie sich morgens zunächst einen Überblick über die Termine des Tages. Achten Sie auch darauf, ob es irgendwelche Besonderheiten im Tagesablauf gibt, wie z.B. der Besuch von Pharmareferenten, Handwerkern oder besondere Untersuchungen, die einen längeren Zeitraum in Anspruch nehmen.
- Versuchen Sie, in Abstimmung mit dem Chef Prioritäten bei der Vergabe von Terminen zu setzen. Die Dringlichkeit von Terminen kann sich im Laufe des Tages verändern.
- Halten Sie jeden vereinbarten Termin sofort schriftlich fest.
- Nehmen Sie Eintragungen immer mit Bleistift vor. So sind Absagen und Änderungen leicht zu korrigieren. Durchstreichungen und Neuschreibungen mit Tinte verringern die Übersicht.
- Für Routinearbeiten vor Sprechstundenbeginn (z.B. Geräte und Lampen einschalten, Fenster öffnen) sollten Sie einen festen Zeitrahmen einplanen, bevor die ersten Patienten bestellt werden.
- Für Untersuchungen, wie z.B. ein EKG, bestellen Sie den Patienten entsprechend früher ein, damit der Befund beim eigentlichen Arzttermin schon vorliegt.
- Planen Sie Pufferzeiten für Notfälle oder Patienten ohne Termine ein, d.h. legen Sie nicht immer Termin an Termin, sondern lassen Sie z.B. gegen Ende jeder Stunde 15 Minuten frei, um Unvorhergesehenes auffangen zu können.
- Planen Sie bei der Terminvergabe auch kleinere Pausen für den Chef ein.
- Sie müssen dafür sorgen, dass von ärztlicher Seite aus die Termine eingehalten werden. Bemerken Sie, dass ein Gespräch zwischen Arzt und Patient länger als gewöhnlich dauert und dadurch der Zeitplan ins Wanken gerät, sollten Sie z.B. kurz im Behandlungszimmer anrufen und den Arzt daran erinnern.
- Am Ende der Sprechstunde muss noch genügend Zeit für Aufräum- und Reinigungsarbeiten sein. Also legen Sie den letzten Termin nicht auf das Ende Ihrer Arbeitszeit, sondern entsprechend früher.

TIPPS UND TRICKS

- Durch das Einführen einer Telefonsprechstunde können Verzögerungen und Störungen durch häufige Telefonate beseitigt werden.
- Wenn Sie Ihre Patienten ein wenig kennen, werden Sie wissen, bei wem der Termin oft länger als geplant dauert. Besetzen Sie für solche Patienten bereits im Vorfeld zwei Termine.
- Immer wieder geschieht es, dass Termine mehrfach vergeben werden, weil der Kalender trotz bester Absichten nicht als Richtschnur geachtet wird. So kann es vorkommen, dass der Chef in der Hektik des Praxisalltags einen Termin über die Köpfe der Arzthelferinnen hinweg vergibt. Auch eine Arzthelferin, die z.B. aus einem anderen Raum heraus einen Termin vergibt, den sie für frei hält, begeht mitunter einen solchen Fehler. Es ist leicht einzusehen, dass der Tagesablauf einer Praxis im Chaos enden kann, wenn zum gleichen Zeitpunkt plötzlich drei Patienten eintreffen.

- Als weitere Service-Möglichkeit können Sie im Wartezimmer einen Aushang über das bei Ihnen praktizierte Bestellsystem anbringen. Die Patienten erhalten so einen besseren Einblick in die Zeitplanung, was das Verständnis für die Abläufe in der Arztpraxis – und somit auch die Geduld – erhöht.
- Fertigen Sie mit Ihrem Chef eine Liste an, auf der die Durchschnittszeiten für unterschiedliche diagnostische und therapeutische Maßnahmen aufgeführt sind (z.B. Sonographie: 20 min, Mikrowellenbehandlung: 15 min). Auf diese Weise erhalten Sie einen besseren Überblick und erkennen zeitliche Lücken oder angespannte Zeiträume eher.
- Lange Wartezeiten sind eine Zumutung für den Kunden. Es ist Ihre Aufgabe, dafür zu sorgen, dass die Wartezeiten immer in einem erträglichen Rahmen bleiben. Welchen Zeitraum würden Sie selber tolerieren? Wenn Sie diese Zeitspanne regelmäßig überschreiten, sollten Sie unbedingt zusammen mit den Kolleginnen nach Lösungsmöglichkeiten suchen.
- Separate Wartezonen können wie ein Puffer wirken.
- Besitzt der Patient ein Handy, lässt sich vereinbaren, dass er angerufen wird, wenn er bald an der Reihe ist. So kann er die Zeit eventuell für Besorgungen in der Nähe nutzen.

PROBLEME UND SONDERFÄLLE

- **Pharmareferenten:** Die Termine für Pharmareferenten sollten Sie am besten auf die Zeiten vor und nach der Sprechstunde oder in absehbare Freiräume innerhalb des Praxisablaufes legen. Termine für Pharmareferenten während einer vollbesetzten Sprechstunde stoßen bei den wartenden Patienten auf wenig Verständnis (*siehe auch D12, Umgang mit Pharmareferenten*).
- **Notfälle:** Notfälle, also Patienten, die mit akuten Schmerzen oder Beschwerden eintreffen, werden nicht weggeschickt. Immer entscheidet der Arzt, was im Einzelnen mit dem Patient zu tun ist. Allerdings sollte der Arzt darauf aufmerksam gemacht werden, dass es einen Notfall-Patienten gibt, damit er sich auch in seinem persönlichen Zeitplan darauf einstellen kann.
- **Urlaub:** Planen Sie rechtzeitig Urlaube und andere Ausfallzeiten wie z.B. Fortbildungen. Ein reduzierter Personalstamm kann dann bei der Terminplanung leichter berücksichtigt werden. Kümmern Sie sich auch rechtzeitig um Urlaubsvertretungen.

Post sortieren und bearbeiten

ALLGEMEINES

Die Flut der täglich anfallenden Post kann gewaltige Ausmaße annehmen. Manch ein Arztbriefkasten ist schon geplatzt, und Postfächer sind längst nicht für jede Praxis üblich. Es ergeben sich dadurch Probleme wie z.B. der mangelnde Schutz der oft sehr vertraulichen Post vor neugierigen Menschen. In manchen Häusern bringt der Briefträger die Post in die Praxisräume und übergibt sie der Arzthelferin, wodurch dieses Problem gelöst ist. Aber es entstehen noch weitere Schwierigkeiten.

VORBEREITUNG

- Die eingehende Post lässt sich z.B. in verschiedene Kategorien unterteilen: Zeitschriften, Praxispost, Privatpost und Werbung.
- Eine eindeutige Zuordnung zur Praxis- oder Privatpost ist oft vom Umschlag her nicht möglich. Eine Öffnung muss im Zweifelsfall unterbleiben. In einem solchen Fall genügt es, den Brief mit dem Eingangsdatum zu versehen. Der Arzt kann dann selbst entscheiden, was er mit dem betreffenden Brief macht.
- Sehr empfehlenswert sind verschiedenfarbige Ablagefächer, die es als Schreibtischzubehör überall zu kaufen gibt. Manche Praxen bevorzugen Sammelmappen.
- Jede Praxispost sollte mit dem Eingangsdatum versehen werden. Am besten benutzt

man dazu einen Stempel. Wichtig ist dies bei allen Vorgängen, in denen feste Fristen eine Rolle spielen wie z.B. Rentenangelegenheiten oder Anfragen der Krankenkassen.

- Auch wenn die Verlockung (für Arzt und Arzthelferin) groß ist – das direkte Lesen der Post ist weder rationell noch professionell, sondern es verzögert unnötig den Praxisablauf.
- Erkennbar dringende Post, die keinen Aufschub duldet, muss dem Arzt sofort vorgelegt werden. Wichtig ist hierbei die Wahrung der Diskretion. Auch Unterhaltungen mit den Kollegen über bestimmte Inhalte müssen unterbleiben, solange Patienten mithören können.
- Eine gute Aufarbeitung der eingehenden Post bedeutet eine erhebliche Zeitersparnis und Entlastung der Ärzte.
- In der Praxis sollten Sie eine Briefwaage, ein Frankometer (für Format und Dicke), ein aktuelles Gebührenverzeichnis der Post, eine Frankiermaschine und immer ausreichend Briefmarken zur Hand haben. Eine Frankiermaschine erscheint vielen Praxen zu teuer und nicht lohnend. Tatsächlich macht sie sich jedoch ab etwa 20 Briefen täglich bezahlt. Nicht zu vergessen ist der erhebliche Zeitaufwand, der mit der erforderlichen Vorrathaltung und dem Aufkleben der Briefmarken von Hand verbunden ist.

DURCHFÜHRUNG

Posteingang

- Sie müssen den Inhalt eines Schreibens kurz überfliegen und am besten auf einem Haftzettel vermerken, ob dem Brief ein frankierter Rückumschlag beigefügt wurde. Wenn nicht, kann bei der Beantwortung von Anfragen des medizinischen Dienstes oder der Krankenkassen die entsprechende Portoziffer abgerechnet werden. Telefonische Auskünfte sind übrigens nicht abrechenbar.
- Wurde zu einem Fall bereits ein Schriftwechsel geführt, müssen Sie dem Arzt die betreffenden Schriftstücke oder die Karteikarte des Patienten heraussuchen und zusammen mit dem neuen Brief präsentieren.
- Laborbefunde, Untersuchungsbefunde und Facharztberichte werden dem Arzt zusammen mit der Patientenkarte vorgelegt.
- Der Umgang mit Werbung ist in jeder Praxis verschieden. Vielleicht gibt es eine Absprache, wonach jede nichtmedizinische Werbung im Papierkorb landet und nur die Anforderungskarten für Medikamentenmuster herausgesucht und ausgefüllt werden, damit sie vom Arzt nur noch unterschrieben werden müssen. Am besten holen Sie jedoch eindeutige Anweisungen über den Umgang mit Werbung ein.
- Einladungen zu Fortbildungsveranstaltungen können z.B. direkt in den Terminkalender eingetragen und dem Arzt zur Kenntnisnahme vorgelegt werden. Achten Sie darauf, ob eine Zu- oder Absage erforderlich ist.
- Ein verbreitetes Vorgehen bei der Erstbearbeitung von Zeitschriften besteht darin, dass eine darauf spezialisierte Arzthelferin im Inhaltsverzeichnis die wichtigen Themen für den Chef, die Kollegen oder die nächste Teambesprechung hervorhebt. Voraussetzung ist natürlich, dass der Arzt seine bevorzugten Themen bekannt gibt.
- Schließlich wird die übrige Post durchgesehen und einsortiert, wozu Krankenhaus-, Kur- und Facharztberichte sowie Untersuchungsbefunde von radiologischen oder labortechnischen Instituten gehören.
- Meist wird die Post vom Arzt während der Mittagspause oder nach der Sprechstunde bearbeitet.
- Treffen Sie klare Absprachen über die Bearbeitung der Post in Abwesenheit des Chefs.

Postausgang

- Das ausgehende Schriftstück muss unterschrieben und gestempelt sein.
- Überprüfen Sie, ob alle erwähnten Anlagen, wie Untersuchungsbefunde oder Facharztberichte, beiliegen.

- Achten Sie darauf, dass bei Anfragen von Behörden, Krankenkassen und medizinischen Diensten die entsprechenden Ziffern für Porto und Kopien vermerkt sind.
- Bei Schreiben an Versorgungsämter und private Lebensversicherungen müssen Rechnungen beigefügt werden.
- Kontrolle der Frankierung mit der Portowaage. Achten Sie hier immer auf korrekte Werte. Zu hohe Frankierung schadet der Praxis unnötig, zu niedrige Frankierung verärgert den Adressaten, der Porto nachzahlen muss oder sich ein Schreiben gar erst mit erheblicher Verzögerung bei der Post abholen kann.

TIPPS UND TRICKS

- Bearbeiten Sie Kondolenzbriefe nicht mit der Frankiermaschine.
- Nutzen Sie nach Möglichkeit kürzere, schnellere und preiswertere Methoden wie E-Mail, Fax, Postkarte oder (bei kurzen Anfragen) Kopien mit handschriftlichen Vermerken und Unterschrift.
- Benachrichtigungen der Kassenärztlichen Vereinigung über Änderungen der Abrechnungsziffern sollten innerhalb der Praxis besprochen werden. Bewährt hat sich außerdem die Einrichtung eines Ordners, der solche Änderungen für alle leicht zugänglich macht.

Vorbereitung zur Begutachtung

ALLGEMEINES

Man unterscheidet verschiedene Gutachtenformen: Sozialgerichtsgutachten, Rentengutachten und freie Gutachten. Bei den Sozialgerichtsgutachten geht es meistens um die Bescheinigung eines Behindertengrades. Die Renten- bzw. BfA- oder LVA-Gutachten betreffen die Gewährung einer Erwerbs- oder Berufsunfähigkeitsrente. Bei den freien Gutachten handelt es sich z.B. um Gesundheitszeugnisse.

DURCHFÜHRUNG

- Zunächst erhalten Sie einen (oftmals sehr umfangreichen) Aktenstapel. Ihre erste Aufgabe besteht darin, den Empfang zu bestätigen.
- Prüfen Sie zunächst, ob Sie bzw. Ihre Praxis bei der Terminplanung in der Lage sein wird, den vorgegebenen Abgabetermin für das Gutachten einzuhalten. Wenn Sie in Ihrem Kalender bereits absehen können, dass der Termin nicht eingehalten werden kann, sollten Sie die Versicherung bzw. den Auftraggeber so früh wie möglich darüber informieren. Oft reicht bereits ein kurzer Anruf.
- Wenn die Terminlichkeiten geklärt sind, bestellen Sie den Gutachtenpatienten ein. Versuchen Sie nach Möglichkeit, den Termin etwa zwei Wochen vorher zu vereinbaren.
- In Ihrem Anschreiben an den Patienten sollten Sie auch immer den Patienten daran erinnern, eventuelle Vorbefunde, Röntgenbilder und frühere Begutachtungen mitzubringen, sofern sich noch etwas davon in seinem Besitz befindet.
- Nach der Erstellung des Gutachtens (und seiner Niederschrift) senden Sie es mit Rechnung und allen Akten als Einschreiben an den Auftraggeber zurück. Dokumentieren Sie immer, wann Sie das Gutachten wohin gesendet haben.
- **Wichtig**: Abgesehen von Ihrer allgemeinen Schweigepflicht im Zusammenhang mit vertraulichen Patientendaten wird bei Begutachtungen auch keinerlei Information an den Patienten selber gegeben.

TIPPS UND TRICKS

- Es kommt immer wieder vor, dass der Patient nicht zum Gutachten erscheinen kann oder will. Bitten Sie deshalb den Patienten bei der Terminvergabe, dieses Datum einen Tag vorher telefonisch zu bestätigen bzw. nachzufragen, ob der Praxistermin Ihrerseits bestehen bleibt. Der relativ langwierige Begutachtungstermin kann dann vielleicht noch mit anderen Aufgaben gefüllt werden.

- Wenn neben Ihrem Gutachten noch weitere Gutachten (Nebengutachten) bei dem gleichen Patienten geplant sind, können Sie bei Terminproblemen eventuell einen Tausch der Reihenfolge erwirken und zunächst z.B. ein internistisches Gutachten vermitteln, indem Sie sich mit einem der Nebengutachter telefonisch in Verbindung setzen. Hierbei gilt es dann abzusprechen, für welchen Zeitraum die Akten benötigt werden, damit es zu einem möglichst reibungslosen Ablauf kommt.
- In Urlaubszeiten sollten Sie – nach Absprache – weniger Gutachten annehmen, damit es zu keinem „Aktenstau" kommt.

PROBLEME UND SONDERFÄLLE

- **Patient sagt mehrmals den Termin ab:** Gerade bei Begutachtungen kann es immer wieder vorkommen, dass ein Patient mehrere Termine absagt, weil sich die Frage erledigt hat oder weil der Patient aus anderen Gründen nicht in der Lage ist, zu erscheinen. Rufen Sie in diesen Fällen nach dem zweiten oder dritten Mal den Auftraggeber an, der daraufhin meistens zunächst die Akten zurückfordern wird.

Karteiführung

- Schauen Sie regelmäßig, wenn Sie eine Karteikarte in die Hand bekommen, ob nicht manche Informationen überflüssig sind. So werden oft Vorab-Befunde in der Karte abgelegt, denen später der ausführliche Bericht des Labors folgt. Auch alte Bescheinigungen können nach Ablauf der jeweiligen Frist aussortiert werden:
  - Arbeitsunfähigkeitsbescheinigungen (AU) müssen 1 Jahr aufgehoben werden
  - Teil 3 des BTM-Rezeptes muss 3 Jahre aufgehoben werden
  - Kassenbücher, Kontoauszüge, Mahnvorgänge und Versicherungsunterlagen müssen 6 Jahre aufgehoben werden
  - Patientenunterlagen, Arztbriefkopien und Unterlagen von Röntgenbefunden werden 10 Jahre aufgehoben.
- Zusätzliche Einträge bei Unfallpatienten:
  - Bei welcher Tätigkeit hat sich der Unfall ereignet? (Arbeitsunfall, Wegunfall zu oder von der Arbeit, Schulunfall (dreiteiliges Formblatt 13 S))
  - Behandlungsdauer voraussichtlich länger als eine Woche (Überweisung mit blauem Formular an D-Arzt) oder kürzer als eine Woche (rosa Unfallmeldung an Gemeindeunfallversicherung)
  - Unfallzeit (erste Behandlung)
  - Wer behandelte zuerst (auch am Unfallort)?
  - Namen von Unfallbeteiligten und Zeugen
  - Unfallhergang
  - Unfallort
  - Wundbeschreibung, Unfallfolgen, Tetanusschutz
  - bei Arbeitsunfähigkeit erfolgt Überweisung zum D-Arzt.

MATERIALBESCHAFFUNG

- Die Anforderung an den Bedarf einer ärztlichen Praxis hängt natürlich stark von der jeweiligen Fachrichtung ab. Dennoch gibt es Materialien, die in jeder Praxis vorhanden sind und regelmäßig in größeren Stückzahlen angeschafft werden müssen.
  - Hygiene- und Toilettenartikel (z.B. Binden, Toilettenpapier, Seife, Einmalhandtücher)
  - Bürobedarf (z.B. Papier, Bleistifte, Visitenkarten)
  - Computerbedarf (z.B. Tinte, Disketten)
  - Formulare (z.B. für Kassenärztliche Vereinigung (KV))
  - Formulare für den eigenen Bedarf (z.B. Privatrechnungen, Mahnungen, Patientenanmeldebögen)
  - Laborbedarf (Blutentnahmeröhrchen, Kanülen, spezielle Behältnisse)
  - Ärztebedarf (Spritzen, Tupfer, Verbandsmaterialien, Pflaster, Gipsmaterialien).
- Jede Praxis sollte eine eigene Liste über den Praxisbedarf und die jeweiligen Lieferanten erstellen. Auf einer solchen Liste können Sie dann leicht ablesen, was Sie bei wem bestellen müssen.

- Sind Sie einer Laborgemeinschaft angeschlossen, zahlt die Praxis Mitgliedsbeiträge und erhält dafür die entsprechenden Blutentnahme- und Materialverarbeitungssysteme kostenlos.
- Formulare der Kassenärztlichen Vereinigung werden kostenlos abgegeben, müssen allerdings rechtzeitig nachbestellt werden.
- Alle anderen Artikel werden bei dem jeweiligen Hersteller oder Lieferanten bestellt. Hier gibt es nicht selten Verhandlungsspielräume zur Aushandlung eines Mengenrabatts. Um der Praxis Geld einzusparen, können Sie versuchen, hier Sonderkonditionen auszuhandeln. Dazu müssen sie mit mehreren vergleichbaren Firmen in Kontakt treten und sich die Preise und auch die zunächst üblichen Rabatte nennen lassen, bevor Sie mit den Anbietern weiterverhandeln. Wenn Sie hier gute Einsparungen erreichen, wird Ihr Chef Ihnen dies sicherlich hoch anrechnen.

A3 SCHWEIGEPFLICHT UND DATENSCHUTZ

ALLGEMEINES

Aus dem 10. Manteltarifvertrag für Arzthelferinnen vom 01.11.1997, § 5 Schweigepflicht: „Die Arzthelferin ist in die Schweigepflicht des Arztes (§ 203 StGB) eingebunden. Sie hat insbesondere alle Praxisvorgänge sowie den Personenkreis der Patienten geheim zu halten. Dies gilt auch nach Beendigung des Arbeitsverhältnisses."

Die Schweigepflicht des Arztes – und somit auch der Arzthelferin – besteht grundsätzlich über den Tod des Patienten hinaus. Sie gilt keineswegs nur für Informationen, die etwa Angehörige von Ihnen erbitten. Auch gegenüber der Polizei steht der Geheimnisschutz des Patienten über dem Auskunftsinteresse. Lassen Sie sich also nicht von Uniformen und Dienstausweisen blenden.

Eine bewusste oder unbewusste Verletzung der Schweigepflicht zerstört nicht nur das Vertrauensverhältnis zum Patienten, sondern kann unter Umständen neben der fristlosen Kündigung auch Strafprozesse mit Geld- oder Gefängnisstrafen und Berufsverbot nach sich ziehen. Von der Schweigepflicht entbunden sind Sie grundsätzlich nur dann, wenn der Patient oder – bei verstorbenen Patienten – seine nächsten Angehörigen dem ausdrücklich zustimmen. Im Zweifel sollten Sie Rechtsrat einholen.

Es gibt jedoch einige spezielle Ausnahmefälle, die vom Gesetzgeber bewusst in einem sehr engen Rahmen gehalten wurden, wie z.B. die Leichenschau: Wenn ein Mediziner, der die Leichenschau vorgenommen hat, wegen Krankheiten und Medikation des Verstorbenen bei Ihnen nachfragt, hat er Anspruch auf die Auskünfte und ist seinerseits gegenüber den Ermittlungsbehörden zur Auskunft verpflichtet. Ein weiterer Fall ist der dringende Verdacht auf Kindesmisshandlung. Wenn es zum Schutz der überwiegenden Interessen des Kindes notwendig erscheint, die Hilfe Dritter in Anspruch zu nehmen, hat der Arzt das Recht, seinen Verdacht ohne das Wissen der Sorgeberechtigten z.B. dem Jugendamt mitzuteilen. Ein Verstoß gegen die ärztliche Schweigepflicht scheidet aufgrund des sogenannten rechtfertigenden Notstandes nach § 34 des Strafgesetzbuches in diesem Fall aus. Der Arzt ist zwar nicht verpflichtet, den Behörden den Verdacht auf Kindesmisshandlung zu melden, sollte bei ernsthaftem Verdacht dem Schicksal des Kindes jedoch nicht gleichgültig gegenübertreten.

Es geht aber nicht nur darum, dass Sie keine Angaben über Patienten an Dritte weitergeben dürfen, sondern auch darum, im täglichen Praxisgeschehen Daten und Intimsphäre des Patienten zu schützen. Schwierig kann es z.B. beim Telefonieren an einer offenen Anmeldung oder bei Gesprächen mit Patienten in einer leicht geöffneten Umkleidekabine werden.

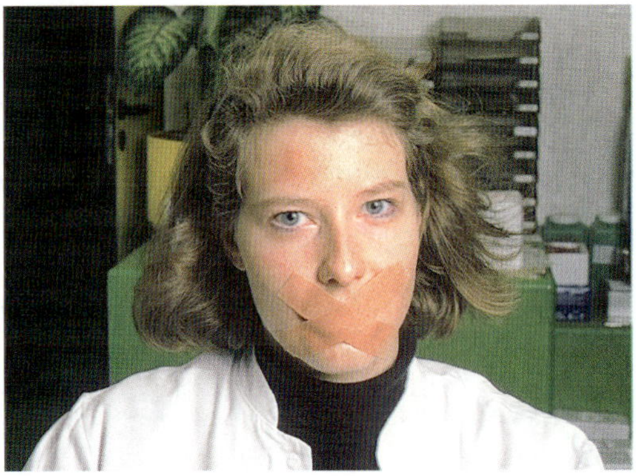

DURCHFÜHRUNG

- Sorgen Sie dafür, dass immer alle Türen zu Räumen, in denen sich Patienten befinden, geschlossen sind.
- Die Personalien werden nie lautstark abgefragt. Ebenso sollten Sie Karteien von Patienten nicht auf der Anmeldetheke liegen lassen.
- Sprechen Sie nie in einem besetzten Untersuchungs- oder Sprechzimmer mit dem Arzt über andere Patienten.
- Legen Sie Telefonate, bei denen Befunde oder Daten von Patienten mitgeteilt werden, auf eine andere Leitung bzw. in einen anderen Raum. Hier können Sie ungehört sprechen. Notfalls verlegen Sie das Gespräch auf einen späteren Zeitpunkt.
- Die Patienten in der Wartezone haben meist nichts zu tun und können ihre Ohren auch nicht abstellen, was man ihnen nicht vorwerfen kann. Bei neuen Patienten spitzen insbesondere Stammpatienten gern die Ohren. Patienten, die deutlich neugierig sind (Bildschirm studieren, Patientenkarte lesen), müssen höflich, aber bestimmt in ihre Schranken verwiesen werden:
  „Nehmen Sie doch bitte noch einen Moment im Wartezimmer Platz. Ich rufe Sie dann, wenn Sie an der Reihe sind."
- Auch Ärzte sind häufig Quelle von Indiskretionen, wenn z.B. telefonisch Angaben über einen Patienten an die Krankenkasse oder einen Kollegen in Gegenwart eines anderen Patienten gemacht werden. Machen Sie die Ärzte ruhig darauf aufmerksam und suchen Sie gemeinsam nach einer Lösung. Mancher Patient wird sich sonst fragen, ob auf diese Weise auch mit seinen persönlichen Daten umgegangen wird.
- Ein Bildschirmschoner, der sich nach einer kurzen Zeit der Nichtnutzung des Computers selbst einschaltet, überlagert alle vorhandenen Daten. Die Daten werden wieder sichtbar, sobald Sie die Tastatur oder Maus berühren. Die Zeitspanne bis zum Auftreten des Schoners können Sie selbst bestimmen (bei Windows 95, 98 usw.: Gehen Sie unter START zu EINSTELLUNGEN und weiter zur SYSTEMSTEUERUNG, wo Sie auf ANZEIGE klicken. Hier können Sie unter der Menu-Karte BILDSCHIRMSCHONER die erforderlichen Auswahlen und Einstellungen vornehmen.)
- Bei Computerproblemen erhalten die Techniker oft unfreiwillige Einblicke in sensible Patientendaten. Sichern Sie entsprechende Dateien bei erforderlichen Reparaturen rechtzeitig.

- Sorgen Sie für eine sichere Verwahrung der Datenträger.

TIPPS UND TRICKS

- Fertigen Sie eine Liste der Schwachpunkte im Hinblick auf den Datenschutz in Ihrer Praxis an, um sie eventuell mit Ihren Vorgesetzten und Kollegen zusammen auszuräumen (z.B. Befunde oder Fehldrucke im Papierkorb, zu dünne Wände oder Vorhänge, offene Türen, Sichtschutz, Telefonanlage). Im Praxisalltag kann man leicht für bestimmte Dinge blind werden, die sich angeblich nicht ändern lassen.
- Es gibt bestimmte Situationen in einer Praxis, die regelmäßig die Gefahr der Verletzung des Datenschutzes in sich bergen, so z.B. ein Anruf des Ehepartners mit der Frage nach Untersuchungsbefunden, eine Anfrage des Arbeitgebers nach der Dauer einer Arbeitsunfähigkeit, mehrere Patienten gleichzeitig an der Anmeldung, einschaubare Bildschirme, Befundmitteilung per Telefon. Es empfiehlt sich, mit dem gesamten Praxisteam Verhaltensweisen zur Sicherung des Datenschutzes abzusprechen.
- Für patientenbezogenen Papiermüll kann ein Reißwolf angeschafft werden.
- Halten Sie im Zweifel Rücksprache mit Ihrem Chef, bevor Sie ein Telefonat mit dem Hinweis auf die Schweigepflicht beenden. Manche Rückmeldung von Angehörigen oder Institutionen ist erwünscht und im Interesse des Patienten.

A4 ABRECHNUNG DER GOÄ

ALLGEMEINES

Die Abrechnung der gesetzlichen Krankenversicherungen erfolgt nach dem EBM (einheitlicher Bewertungsmaßstab für Ärzte), bei dem jeder ärztlichen Leistung eine bestimmte Punktzahl zugeordnet ist, die wiederum einem bestimmten Cent-Betrag entspricht. Die privaten Krankenversicherungsträger zahlen hingegen nach einem eigenen Abrechnungsmuster, das von der Bundesärztekammer festgelegt wurde.

VORBEREITUNG

- Fragen Sie den Patienten, über welchen privaten Versicherungsträger er versichert ist. Es gibt die Post-B, KVB I-III (Krankenversicherung der Bahn), KVB IV (Abrechnung wie normale private Versicherer) und die freien privaten Anbieter, wie z.B. Colonia, Universa, DeBeKa oder Barmenia. Die Versicherer der Post- und Bahnangestellten haben andere Steigerungsfaktoren zur Abrechnung, was Sie durch Eingabe in die Stammdatei vermerken müssen. Bringen Sie auch einen entsprechenden Zusatz auf der Karteikarte an.
- Im Allgemeinen wird die Privatabrechnung heute monatlich durchgeführt.

DURCHFÜHRUNG

- Vor Ausstellung der Rechnung müssen Sie die vom Arzt in die Karteikarte eingetragenen Ziffern der GOÄ in die EDV-Datei eintragen. Die modernen Abrechnungsprogramme rechnen automatisch, nach Eingabe eines eventuell geänderten Steigerungsfaktors, den Wert der erbrachten Leistung aus.
- Gehen Sie nun noch einmal zur Kontrolle alle Karteien der Privatpatienten durch und vergleichen Sie diese mit den erbrachten und errechneten Leistungen und Werten.
- Achten Sie hierbei besonders darauf, ob alle technischen (apparativen) Leistungen, alle

Rezeptausstellungen (auch im Wiederholungsfall), alle Telefonate, alle Laborleistungen (auch MI–MIV) und sämtliche Beratungsgespräche abgerechnet wurden.

- Berücksichtigen Sie genauestens alle Sachkosten, wie z.B. Infusionsbesteck, Impfdosen, Medikamente zur Injektion, Verbandsmaterial, Lokalanästhetika.
- Folgende Punkte müssen in einer Privatliquidation enthalten sein:
  - Rechnungsempfänger und Rechnungsdatum
  - behandelter Patient mit Geburtsdatum
  - Datum der Leistungserbringung
  - die Bezeichnung der einzelnen berechneten Leistungen
  - beim Überschreiten der jeweiligen Schwellenwerte eine schriftliche Begründung der einzelnen Leistungen
  - eventuelle Zusatzbeträge zum Wegegeld (§8) oder Auslagen (§10; z.B. Batterie und Kassette beim Langzeit-EKG *(siehe F7, Langzeit-EKG)*), die noch nicht in der Leistungsziffer enthalten sind
  - den jeweiligen Betrag (nicht die Punktzahl)
  - bei Gebühren die Nummern der einzelnen Leistungen
  - den Steigerungssatz
  - die Diagnose
  - die Endsumme.
- Schließlich wird es mit Ihrem Abrechnungsprogramm möglich sein, eine komplette Rechnung an den Patienten auszudrucken. Diese besteht aus drei Blättern: Original und Kopie gehen an den Patienten (der wiederum das Original an seinen Versicherer weiterleitet), während eine zweite Kopie in der Praxis verbleibt.

TIPPS UND TRICKS

- Achten Sie darauf, dass im Rechnungskopf die Bankverbindung und die Rechnungsnummer und in einer Fußzeile die Zahlungsmodalitäten vermerkt sind (z.B. „Zahlbar innerhalb von 2 Wochen").
- Zusätzlich können Sie (nach Absprache mit dem Arzt) einen Vermerk darüber in die Betreffzeile aufnehmen, welche Person die Rechnung erstellt hat (Ansprechpartner für eventuelle Nachfragen seitens des Patienten, z.B. „Bei Rückfragen steht Ihnen Frau ... zur Verfügung").

PROBLEME UND SONDERFÄLLE

- **Steigerungsfaktoren der Post-B und der KVB:** Die Steigerungsfaktoren dieser Versicherer weichen von dem normalen 2,3-fachen Satz für die Abrechnung bei privaten Versicherungsträgern ab. Die aktuellen Listen werden regelmäßig von den kassenärztlichen Vereinigungen herausgegeben.
- **Besonders schwere oder aufwändige Fälle:** Hierbei kann mit Angabe der Gründe auf der Rechnung in Einzelfällen auch der 3,5-fache Satz abgerechnet werden, z.B. bei therapieresistenten Verlaufsformen. Überschreitet der Steigerungssatz z.B. bei einer Beratungsziffer ständig den 2,3-fachen Satz, muss der Patient vorher darüber informiert werden und schriftlich sein Einverständnis erklären.

INTERNET

- Um beim Abrechnungswesen immer auf dem neuesten Stand zu bleiben, haben einige KV-Seiten einiges zu bieten:
- *http://www.kbv.de* – Die Kassenärztliche Bundesvereinigung bietet eine gute Übersicht und Kontaktadressen zu den regionalen KVen
- Zur Unterscheidung zwischen Postbeamten Gruppe A und B sei die Seite der Postbeamtenkrankenkasse empfohlen – *http://www.postbeamtenkrankenkasse.de.*
- Zivildienst: Auf *http://www.zivildienst.de* können Sie viele wichtige Informationen zur sozialen Absicherung und zur Krankenversorgung der Zivildienstleistenden abrufen.
- Wichtige Begriffe rund um die Abrechnung bietet ein Lexikon des Versicherungsnetzes – *http://www.versicherungsnetz.de/02-01/Versicherungslexikon-A.htm.*

[Absender]

Kopie

Rechnungs-Nr: 231
Liquidation
Datum: 02.04.2002

[Adressat]

D i a g n o s e n :

Mastopathie, Mastodynie

Sehr geehrter Frau ...
für meine Bemühungen erlaube ich mir **81,74 EUR** zu berechnen

L e i s t u n g e n :

Datum:	**Ziffer**	**Text**	**Faktor**	**Betrag (EUR)**
14.03.02	1	Beratung auch telefonisch	2,300	10,72
	5	Untersuchung, symptombezogen	2,300	10,72
	418	Sonografie Brustdrüse. Organ: 1. Mamma	2,300	28,15
	420	Folgesonografie, Organ max. 3 Organe, je Organ, Anzahl: 3 x Organ: 2. Mamma/reg.Lymphknoten/Gefäße		
		Summe		**81,74**

Bitte überweisen Sie den Betrag innerhalb von 2 Wochen auf mein Konto XXX bei der XXX, BLZ: XXX.

Mit freundlichen Grüßen

Korrekte Rechnung

A5 MAHNWESEN

ALLGEMEINES

Ausstehende Forderungen einzutreiben funktioniert nur mit einem wirkungsvollen Mahnwesen und einem funktionierenden Forderungsmanagement, sonst können auf Dauer erhebliche Verluste auf die Praxis zukommen. Die Voraussetzung für ein Erfolg versprechendes Mahnwesen ist die klare Festlegung der Zahlungszeitpunkte in den Rechnungen und eine entsprechend rechtzeitige Mahnung bei säumigen Kunden.
Wenn ein Patient mit der Bezahlung seiner Privatrechnungen in Verzug gerät, werden nicht sofort gerichtliche Schritte eingeleitet. Es kann immer mal vorkommen, dass ein Patient vergisst, seine Privatrechnung zu bezahlen. Dazu bedarf es nicht unbedingt böser Absicht. Außerdem ist der Arzt an einem dauerhaft guten Kontakt zum Patienten interessiert und muss einiges daransetzen, ein außergerichtliches Mahnwesen (ein „Mahnverfahren" ist per se gerichtlich) erfolgreich abzuschließen.

DURCHFÜHRUNG

- Üblich ist bei Rechnungsstellung eine Zahlungsfrist von 2 Wochen. Danach erfolgt eine schriftliche Zahlungsaufforderung mit Angabe einer weiteren Frist, die ebenfalls meist zwei Wochen beträgt. Eine erste Mahnung sollte immer mit „Erinnerung" oder „Zahlungserinnerung" und nicht mit „Mahnung" oder „Zahlungsaufforderung" überschrieben werden. Wichtig ist dabei eine sehr freundliche Ansprache und ein wichtiger Zusatz:
  „Sicherlich lag es nicht in Ihrer Absicht, dass die nachgenannte Rechnung von Ihnen noch nicht beglichen wurde."
  „Betrachten Sie dieses Schreiben bitte bei bereits erfolgter Zahlung als gegenstandslos."
- Wenn keine Zahlung erfolgte, wird eine *„1. Mahnung"* erstellt, die auch als solche in einer fettgedruckten Überschrift betitelt wird. Sie gewährt meist auch einen Zeitraum von einer oder zwei Wochen. Allerdings wird hier bereits oft auf das gerichtliche Mahnverfahren im Falle ausbleibender Zahlung hingewiesen. Weitere Mahnungen sind also aus rechtlicher Sicht nicht erforderlich.
- Achten Sie auf den sicheren Empfang des Schreibens. Dies ist z. B. durch das Einwurf-Einschreiben möglich (die Post verweist zwar auf das Einschreiben mit Rückschein, doch ist der Zugang dadurch rechtlich nicht gesichert). Bei dieser Versendungsform protokolliert der Postbote den Einwurf des Schreibens. Eine Abschrift des Protokolls erhält man bei der Post unter der gebührenpflichtigen Telefonnummer 01805/290690 unter Angabe der Einlieferungsnummer auf dem Einlieferungsschein. Eine Reproduktion kostet etwa 5 € und kann aus Beweisgründen erforderlich sein.
  Eine andere Möglichkeit besteht darin, den Brief durch eine Mitarbeiterin beim Patienten vorbeizubringen, sofern dies möglich ist. Es sollte festgehalten werden, wer wann die Mahnung abgegeben hat. Beide Möglichkeiten dienen im Streitfall als Zugangsbeweis.
- Eine zweite und eventuell dritte Mahnung ist wie die erste aufgebaut, lässt aber meist nur einige Tage Zeit, die ausstehenden Beträge zu erstatten. Rechtliche Schritte werden angekündigt. Aus rechtlicher Sicht sind diese Mahnungen nicht notwendig. Da Sie der Praxis Zeit und Geld kosten, ist zu überlegen, ob es sich bei dem jeweiligen Schuldner lohnt, nochmals zu mahnen oder ob direkt ein gerichtlicher Mahnbescheid beantragt wird. Eine derartige Entscheidung sollte vom jeweiligen Patienten abhängig gemacht werden.
- Wenn Sie einen gerichtlichen Mahnbescheid im schriftlichen Verfahren beantragen, verwenden Sie dazu den Vordruck „für das maschinelle Mahnverfahren". Sie erhalten das Formular üblicherweise in Schreibwarenläden.

- Schicken Sie den Antrag anschließend an das Zentrale Mahngericht des jeweiligen Bundeslandes.
- Das Mahngericht prüft Ihren Antrag auf seine formale Richtigkeit, d.h. ob alle Felder korrekt ausgefüllt wurden und ob die geforderten Verzugszinsen richtig berechnet wurden. Der Zinsanspruch ist wie folgt zu vermerken: 5 Prozentpunkte über dem Basiszinssatz seit dem Tag der Zusendung der Mahnung (Geben Sie das genaue Datum des Zugangs an: entweder Datum der postalischen Zustellung oder des Einwurfs durch den Mitarbeiter). Das zuständige Gericht ist das Amtsgericht bzw. das Landgericht (ab 5.000 €), in dessen Bezirk der Patient wohnt. Die Berechtigung Ihrer Forderungen wird allerdings nicht untersucht. Das Mahngericht verfasst anschließend den Mahnbescheid und stellt ihn dem säumigen Schuldner zu. Sie erhalten vom Zentralen Mahngericht eine Rechnung über die zu leistenden Gerichtskostenvorschüsse, die zu begleichen sind, bevor das Gericht den Mahnbescheid zustellt. Der Schuldner kann nach Zustellung des Mahnbescheids die Forderung begleichen oder innerhalb von zwei Wochen Widerspruch gegen den Bescheid einlegen.
- Zahlt der Patient immer noch nicht und legt er auch keinen Widerspruch ein, können Sie nach weiteren zwei Wochen beim Mahngericht den Vollstreckungsbescheid beantragen. Dieser wird dann vom Gericht erlassen und an den Schuldner versendet (Zahlungs- und Einspruchsfrist weitere zwei Wochen).
- Kommt es nach dieser letzten Frist wiederum nicht zur Zahlung oder zu einem Widerspruch, erhält der Antragsteller einen sog. Vollstreckungstitel in Form eines Vollstreckungsbescheids, der den Gerichtsvollzieher zur Pfändung berechtigt. Dieser Titel unterstützt Ihre Forderung 30 Jahre lang, während ansonsten Forderungen zumeist schon nach zwei bis vier Jahren verjähren. Im Falle des Einspruchs oder Widerspruchs des Patienten wird aus dem Mahnverfahren durch Einreichung einer Anspruchsbegründung ein Verfahren, das einem Klageverfahren entspricht.
- Spätestens an dieser Stelle sollte überlegt werden, ob nicht ein Anwalt eingeschaltet werden sollte. Anwaltszwang besteht bei Forderungen ab 5000 €, da ab diesem Betrag das Landgericht zuständig ist. Vor dem Amtsgericht besteht dagegen keine Pflicht zur Beiziehung eines Rechtsanwalts, obwohl dies zu empfehlen ist, um den Sachverhalt richtig darzustellen, prozessuale Erfordernisse nicht zu übersehen und Beweisangebote richtig einzubringen. Jede Praxis hat die Möglichkeit, zu jedem Zeitpunkt, auch während des Verfahrens, einen Anwalt mit der weiteren Rechtsverfolgung zu beauftragen. Von dieser Möglichkeit sollte auf jeden Fall Gebrauch gemacht werden, wenn der Patient Gegenansprüche (z.B. Schadenersatzforderungen wegen Falschbehandlung) stellt.
- Zur Einschätzung des gesamten Kostenrisikos (mit und ohne Anwalt) für einen Prozess: *http://www.ra-uebler.de*
- In seltenen Fällen kommt es vor, dass derartige Streitigkeiten nach Verkündung des Urteils in die zweite Instanz gehen. Dann ist die Vertretung durch einen Rechtsanwalt zwingend vorgeschrieben.

TIPPS UND TRICKS

- Ein Telefonat mit einem freundlich vorgetragenen Hinweis auf die ausstehenden Beträge kann – obwohl ohne Beweiskraft – Missverständnisse klären helfen.
- Viele Praxen gehen inzwischen dazu über, ein Inkasso-Institut mit dem Eintreiben der Fehlbeträge zu beauftragen. Dieses kostet zwar Geld und geht vielleicht weniger behutsam mit dem Patienten um, es spart aber den Praxismitarbeitern Zeit und oft auch Nerven. Es sollte aber auch immer überlegt werden, ob nicht ein Anwalt eingeschaltet wird. Dieser ist zur Einziehung jeglicher Forderungen befugt und ist im Fall eines Prozesses auch der bessere Ansprechpartner für die Arztpaxis.

A 6 CHECKLISTEN ERSTELLEN

ALLGEMEINES

Checklisten dienen der Arbeitserleichterung. Alle Arbeitsschritte und Arbeiten, die in der Praxis durchgeführt werden, sind dokumentiert und können somit von allen Praxismitarbeitern eingelesen und verrichtet werden. Checklisten machen es auch neuen Arbeitskräften und Aushilfen leichter, in die neue Arbeit einzusteigen. Fehler können sich nicht so leicht einschleichen und der Arbeitsablauf bleibt somit immer gleich.

VORBEREITUNG

- Zunächst sollten Sie sich überlegen, welche Arbeitsschritte Sie dokumentieren wollen. Wenn alle Arbeiten zusammengestellt sind, schreiben Sie jeden Arbeitsschritt nach dem anderen auf. Am besten gelingt dies, wenn Sie es tatsächlich während der Arbeit tun.
- Wenn möglich, erstellt die Arzthelferin, welche in der Durchführung eines Arbeitsablaufs am erfahrensten ist, die entsprechende Checkliste.
- Sie sollten wirklich jeden einzelnen Schritt dokumentieren, damit auch Aushilfen oder Vertretungen die Aufgabe bewältigen.

DURCHFÜHRUNG

- Nach dem Rohentwurf wird die Checkliste vom Arzt kontrolliert. Doch wird dieser sich in vielen Bereichen, die nicht seine medizinische Arbeit betreffen, weniger gut auskennen als Sie selbst. Am besten lassen Sie zusätzlich eine erfahrene Kollegin die Liste kontrollieren oder sogar die Arbeit nach der Checkliste ausführen. Dabei fallen Fehler oder Auslassungen am ehesten auf.
- Wenn die Checklisten komplett sind, sollten Sie einen Ordner anlegen, in dem alle Checklisten der Praxis nach Arbeitsbereichen aufgeteilt aufgehoben werden.
- Ebenfalls sollten in jedem Arbeitszimmer die Checklisten, die dort gebraucht werden, für jeden zugänglich sein.

TIPPS UND TRICKS

- Erstellen Sie nicht nur für schwierige Aufgaben eine Checkliste. Fehler passieren gerade bei den vermeintlich einfachen Arbeiten sehr häufig.
- Besonders hilfreich sind auch Checklisten über die Bestände von Verbrauchsmaterialien (Katheter, Ordner oder Kanülen), ihren mittleren Verbrauch im Quartal und die Bestelladresse, so dass jeder leicht im Blick hat, wann die nächste Bestellung erforderlich ist.
- Ebenso lassen sich kleine Fehler mit möglicherweise teuren Folgen, wie z.B. die über Nacht eingeschaltete Kaffeemaschine, leicht verhindern, wenn man die Praxis nach einem Standard verlässt, der auch an das Abschalten solcher Geräte erinnert.
- Vergessen Sie aber nicht, ihre Checklisten in bestimmten Zeiträumen immer wieder zu verbessern und zu ergänzen.

Checklistenbeispiel für den Tagesbeginn

- Aufsperren aller Türen und Öffnen aller Fenster für ca. 10 min ☐
- Kontrolle bzw. Nachfüllen von Schubläden, Papieren und Formularen ☐
- Geräte einschalten und eventuell Papier nachlegen ☐
- Kaffee/Tee kochen ☐
- Computer starten und eventuell Karteikarten von bestellten Patienten herauslegen ☐
- unfertige Aufgaben vom Vortag beenden ☐
- Wartezimmer aufräumen, Zeitungen sortieren ☐
- Wasserspender nachfüllen (Wasser und Trinkbecher) ☐
- Toiletten kontrollieren ☐
- Verbandswagen kontrollieren und ggf. auffüllen ☐

A 7 QUALITÄTSMANAGEMENT UND QUALITÄTSZIRKEL

Während Ihrer Ausbildung lernen Sie im Fach Laborkunde die Richtlinien der Bundesärztekammer zur Qualitätssicherung (RiliBÄK) kennen. In diesem Zusammenhang werden die Maßnahmen zur internen (Eigenkontrolle des Labors durch Präzisionskontrolle, Richtigkeitskontrolle) und externen (Ringversuche) Qualitätskontrolle behandelt, um fehlerhafte Bestimmungen aufzudecken, die Ihre Arbeitszeit, Patientenmaterial und Reagenzien verbrauchen und Kosten verursachen. Es werden erneut Kosten anfallen, um die Fehler zu beheben. Das Qualitätsmanagement versucht, mögliche Fehler bereits vor ihrer Entstehung zu erkennen und abzuwenden.

Kassenärzte und Krankenhäuser sind zur Sicherung und Weiterentwicklung der Qualität ihrer Leistungen gesetzlich verpflichtet. Ihre Leistungen müssen dem jeweiligen wissenschaftlichen Stand der Erkenntnisse entsprechen und in der fachlich gebotenen Qualität erbracht werden. Sie müssen sich an einrichtungsübergreifenden Maßnahmen zur Qualitätssicherung beteiligen, die insbesondere die Verbesserung der Ergebnisqualität zum Ziel haben (§135a des SGB V).

Wegen dieser Forderungen betreiben immer mehr Krankenhäuser und Kassenärzte Qualitätsmanagement.

RECHTLICHE GRUNDLAGEN

Wenn Patienten in Ihre Praxis kommen und behandelt werden, können daraus Haftungsansprüche entstehen. Der Arzt und auch Sie haften für die Folgen ihres Handelns, wenn dies widerrechtlich oder schuldhaft war.

Das deutsche Recht unterscheidet zwei Haftungsprinzipien: das Straf- und das Zivilrecht.

Zivilrecht

Das Zivilrecht gehört dem Privatrecht an und regelt im weitesten Sinn die Beziehungen der Bürger untereinander. Zu einem Zivilprozess kommt es, wenn ein Patient Klage einreicht, weil er sich falsch behandelt fühlt.

- Es ist Aufgabe des Klagenden, die Beweise für den Behandlungsfehler zu erbringen
- Das Gericht kann in Ausnahmefällen, z. B. bei lückenhafter oder fehlender Dokumentation, Beweislastumkehr anordnen. Dann ist es Aufgabe der Praxis zu beweisen, dass die Behandlung mit der fachlich gebotenen Qualität erbracht wurde.
- Die Beweislastumkehr geht davon aus, dass nicht dokumentierte (schriftlich festgelegte) Maßnahmen auch nicht durchgeführt wurden. Ausgenommen sind hierbei dokumentierte Routinemaßnahmen oder stets wiederkehrende Situationen, für die es so genannte Dienst- oder Verfahrensanweisungen gibt. Letztere sind Bestandteil von Qualitätsmanagement-Verfahren.
- Krankenhausträger oder zugelassene Ärzte haften grundsätzlich für ihr eigenes Verschulden und das ihrer Mitarbeiter.
- Die Mitarbeiter haben allerdings auch eine individuelle Haftung gegenüber dem Patienten. Das betrifft den Schaden, den sie selbst verschuldet haben. Grobe Fahrlässigkeit und damit Ersatzpflicht liegt immer dann vor, wenn der Arbeitnehmer die erforderliche Sorgfalt in einem schweren Maß verletzt hat.

Strafrecht

Das Strafrecht gehört zum öffentlichen Recht und regelt die Beziehungen zwischen Bürger und Staat. Strafverfahren werden eingeleitet, wenn ein Staatsanwalt Ermittlungen einleitet und Anklage erhebt, z.B. bei Verdacht auf Körperverletzung. Bei einem Strafverfahren werden die Beweise vom Amt erhoben.

- Kommt ein Patient zu Schaden, kann es sowohl zu einem Straf- als auch zu einem Zivilverfahren kommen, denn diese beiden Verfahren sind voneinander unabhängig.
- Betreibt ein Krankenhaus oder eine Arztpraxis qualifiziert Qualitätsmanagement, sichert sie sich somit rechtlich ein Stück ab. Wie weit diese Absicherung ausreichend ist,

hängt von dem Umfang ab, in dem Qualitätsmanagement durchgeführt wird.
Qualitätsmanagement (QM) ist somit nicht nur eine lästige Gesetzesvorschrift, sondern auch etwas, das zu Ihrer eigenen Sicherheit beiträgt. Viele sehen darin nur viel „unnütze" Arbeit und fühlen sich in ihrem Handeln bevormundet und kontrolliert, aber das entspricht nicht dem eigentlichen Ziel. Die Entscheidung, Qualitätsmanagement in der Arztpraxis zu betreiben, muss von Ihrem Arbeitgeber ausgehen. Sie sind jedoch wesentlich an der Arbeit in der Praxis beteiligt und deshalb bei der Einführung und Umsetzung eines solchen Systems unverzichtbar. Deshalb müssen Sie auch überzeugt hinter dem System stehen, das Sie einführen!

AUFBAU EINES QUALITÄTSZIRKELS

- Die Einführung von Qualitätsmanagement beginnt mit der Entscheidung dies in der Praxis einzuführen und mit der Gründung eines Qualitätszirkels. In solch einem Qualitätszirkel sollten Mitarbeiter aus allen Bereichen vertreten sein. Das können in einer kleinen Praxis alle Mitarbeiter sein.
- Einem Mitarbeiter – das muss nicht der Chef sein – wird das Amt des Qualitätsbeauftragten übertragen. Wenn Sie das sind, ist es Ihre Aufgabe, in regelmäßigen Abständen dafür zu sorgen, dass der Qualitätszirkel tagt. Nehmen sie diese Aufgabe nur an, wenn Sie davon ausgehen können, dass alle Teilnehmer des Qualitätszirkels Sie in Ihrer Funktion anerkennen. Sie legen jeweils die Tagesordnung fest, die die zu besprechenden Themen enthält. Zu Ihren Aufgaben wird es auch gehören, das Treffen des Qualitätszirkels zu moderieren, d.h. Sie werden die Gesprächsführung haben. Sie veranlassen, dass von jeder Zusammenkunft ein kurzes Protokoll angefertigt wird, das die wesentlichen Punkte mit den getroffenen Entscheidungen enthält. Das Protokoll wird in einem QM-Ordner abgeheftet.
- Die Themen, die ein Qualitätszirkel bearbeitet, sucht er sich selber. Das können anfangs Überlegungen dazu sein, wie bisher die Arbeitsabläufe in der Praxis sind und wo es Verbesserungsmöglichkeiten gibt oder in welchem Umfang man eine QM-Methode nutzen will.
- Gewöhnungsbedürftig wird es sein, dass beim Qualitätsmanagement von Kunden und nicht von Patienten die Rede ist. Der Begriff Kunde ist aber sehr bedeutsam, denn er umfasst mehr als den Patienten. Es zählen außerdem die Angehörigen, eventuell überweisende Ärzte, Lieferanten, Krankenkassen usw. dazu. Sie nennt man die externen (von außen kommenden) Kunden.
  Interne Kunden haben Sie in der Praxis ebenfalls. Es sind im Grunde alle Menschen, mit denen Sie zusammen arbeiten (z.B. Arzt, Kollegin, Putzfrau). Wenn es Ihnen gelingt, den Begriff des Kunden anzunehmen, werden Sie leichter die einzelnen QM-Bereiche überblicken.
- Verlieren Sie bei Ihrer Arbeit am Qualitätsmanagement niemals Ihre Kunden aus dem Auge. Für Ihre Patienten sind Wartezeiten auf Termine und Behandlungen von großer Bedeutung, die überweisenden Ärzte erwarten einen zügigen Rücklauf der Befunde, die Krankenkassen möchten, dass Sie kostengünstig arbeiten, der Kurier der Laborgemeinschaft erwartet, dass alle Proben zur Abholung bereit liegen, wenn er kommt und der Laborarzt setzt eine gewissenhafte Probengewinnung und Lagerung voraus. Ihnen fallen bestimmt noch mehr Erwartungen ein, die man an Sie und Ihre Praxis hat. Solange Sie nicht zu allen Themen sagen können: „Das haben wir bei uns voll im Griff.", lohnt es sich Qualitätsmanagement im Sinne eines kontinuierlichen Verbesserungsprozesses (KVP) zu betreiben.
- Qualitativ hochwertige Arbeit führt zu zufriedenen „Kunden" und bindet diese an die Praxis. Zufriedene Kunden sichern Ihnen somit Ihren Arbeitsplatz.

MODERATION EINES QUALITÄTSZIRKELS

- Fertigen Sie sich eine Tagesordnung für jedes Treffen an und informieren Sie die Teilnehmer im Voraus darüber.

- Legen Sie bei Ihrer ersten Zusammenkunft Regeln für Ihren Arbeitskreis fest. Hängen Sie diese Regeln am besten auf.
- Das kann z.B. so aussehen.

Regeln für den Arbeitskreis

Nur einer redet.

Keine persönlichen Angriffe.

Alle sind gleichberechtigt.

Jeder fasst sich kurz.

- Achten Sie darauf, dass in der Zusammenkunft nicht einfach drauflos geredet wird.
- Wichtig ist, die angesprochenen Punkte zu „visualisieren", d.h. für alle sichtbar, lesbar zu machen. Durch Visualisierungen können unnötige Diskussionen verhindert werden, denn jeder kann nachlesen, was bereits gesagt wurde.
- Gut ist es, wenn Ihnen eine Pinwand, ein Flipchart oder einfach eine Tür, die Sie mit Packpapier bekleben, dafür zur Verfügung steht.
- Besorgen Sie Edding-Stifte und große Haftzettel oder Moderatorenkarten, Pinwand-Nadeln oder Tesafilm.
- Treffen Sie Vorbereitungen für den Einstieg in Ihre Arbeit. Das kann z.B. durch gezielte Fragen geschehen.
- Die Antworten werden auf Karten geschrieben – pro Antwort eine Karte.
- Die Fragen können sich auch gezielt auf Punkte der Tagesordnung beziehen. Durch eine so genannte Kartenabfrage verkürzen Sie die Zeit der Meinungssammlung. Gleichzeitig zeigen sich übereinstimmende Ansichten durch Mehrfachnennungen.
- Bearbeiten Sie in Ihrem Qualitätszirkel gezielte Fragestellungen, können Lösungsmöglichkeiten ebenfalls auf Karten gesammelt werden. Das hat den Vorteil, dass mit den Karten weiter gearbeitet werden kann:
  - gleiche oder ähnliche Karten können gehäuft werden
  - Oberbegriffe können zugeordnet werden

Qualitätsmanagement

Was spricht dafür?	Was spricht dagegen?
Verbesserung von Arbeitsabläufen	Zeitaufwand
	fehlende Motivation
gesetzliche Vorschriften	Kosten

Was ist noch nicht klar?	Was sollten wir zunächst tun?
Vorteile	Literatur besorgen
Methode	Lehrgänge besuchen
verschiedene QM-Systeme	beraten lassen

  - Themen für die weitere Bearbeitung können ausgewählt werden.
- Achten Sie als Moderatorin darauf, dass während der Sitzung nicht vom Thema abgewichen wird und dass der geplante Zeitrahmen eingehalten wird. Treten zu viele Abweichungen auf, werden die Beteiligten missgelaunt und ihre Motivation für QM sinkt.

Themenspeicher

Nr.	Thema
1	verlegte Patientenakten
2	verspätete Arztbriefe
3	Fortbildungsmaßnahmen
4	Einarbeitung neuer Mitarbeiter

- Werden Entscheidungen getroffen halten Sie diese schriftlich fest.
- Achten Sie darauf, dass Themen, die in der folgenden Sitzung behandelt werden sollen, im Protokoll aufgelistet werden. Visualisieren Sie die Punkte während ihrer Festlegung.

Aktionsplan (to-do-Liste)

Wer	Macht was?	Wozu?	Bis wann?
Jennifer	Kataloge von Laborhändlern besorgen	Preisvergleiche: Flächen-Desinfektionsmittel	Ende der 12. Kalenderwoche 2002
...			

Beispiel

Vielleicht gibt es ein Teammitglied, das bereit ist, ein Thema für die nächste Zusammenkunft vorzubereiten und zu präsentieren.

- Fertigen Sie einen Aktionsplan (eine to-do-Liste) an, damit jeder weiß, was zu erledigen ist. Diese Liste kann in der Praxis ausgehängt werden.

Qualitätswerkzeuge einsetzen, QM-Methoden

Der Werkzeugkasten, den Sie sich „packen" können, besteht aus Methoden, einzelne Fragestellungen gezielt anzugehen, damit Ihre Arbeit wirklich Verbesserungen bringt.
Einige einfach umzusetzende Methoden sind:

1. Strichlisten
Sie haben zum Beispiel das Problem, dass Patienten mit Termin länger als 30 Minuten warten müssen, bevor sie aufgerufen werden. Legen Sie eine Strichliste an, in der Sie jeden Patienten, der länger als 30 Minuten wartet, eintragen.

2. Säulendiagramm

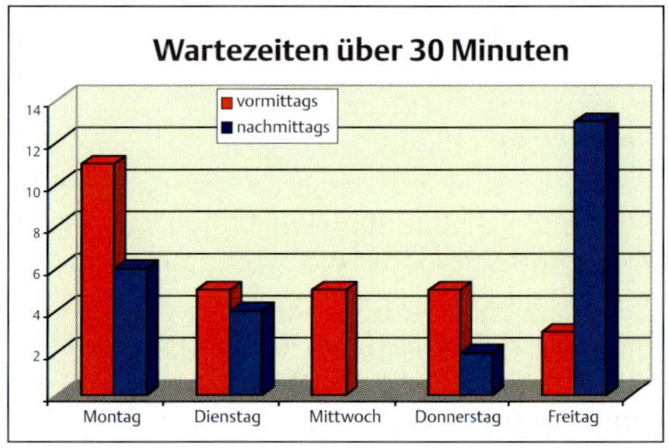

Mit ihm können Sie die Ergebnisse der Strichliste graphisch darstellen und somit anschaulich machen.
Eine solche Darstellung zeigt Ihnen auf den ersten Blick, an welchen Tagen gehäuft viele Verspätungen auftreten.

3. Ursache-Wirkungs-Diagramm (Ishikawa-Diagramm)
Dieses Diagramm eignet sich, Ursachen aus verschiedenen Bereichen einem Problem zuzuordnen. Ordnen Sie mögliche Ursachen den einzelnen Bereichen zu. Benutzen Sie möglichst nur ein bis zwei Worte.

Strichlisten

	Montag	Dienstag	Mittwoch	Donnerstag	Freitag
vormittags	𝍸 𝍸 |	𝍸	𝍸	𝍸	|||
nachmittags	𝍸 |	||||		||	𝍸 𝍸 |||

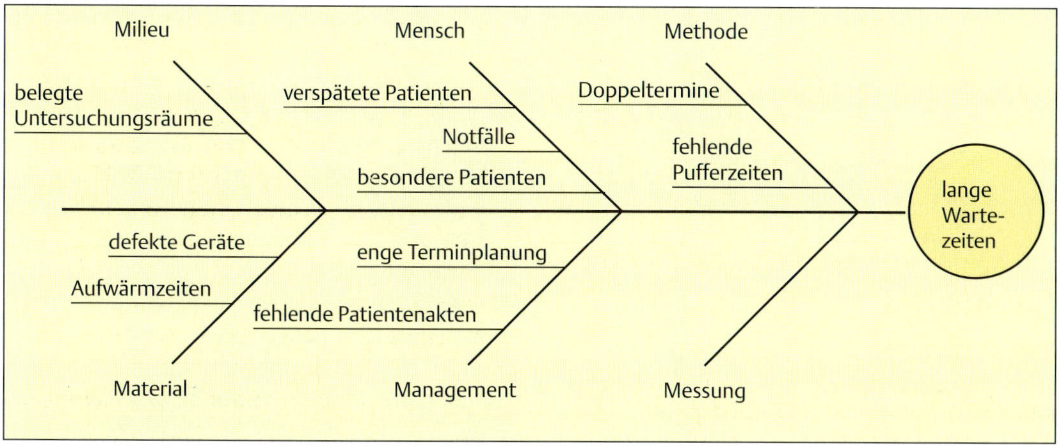

Ishikawa-Diagramm

Je nach Fragestellung, kann es sein, dass einzelne Gräten keine Unterpunkte erhalten. Das ist nicht schlimm. Auch bei der Zuordnung der Ursachen kann es Überschneidungen geben. Halten Sie sich damit nicht auf. Es ist entscheidend, dass sich die verschiedenen Ursachen an einer Stelle des Diagramms wiederfinden. Auf Wiederholungen kann verzichtet werden. Vermutlich werden Ihnen Ursachen auffallen, die einen Schwerpunkt des Problems oder Arbeitsablaufs darstellen. Betrachten Sie diese Ursache und ihre Zusammenhänge näher. Sie können als Anschlussmethode ein Brainstorming verwenden.

4. Brainstorming

Unter Brainstorming versteht man eine Gedankensammlung. Es wird in der Regel in Form einer Zurufliste erstellt. Kurze, knappe Formulierungen werden auf einer Pinwand (Karten) oder Flipchart notiert. Bitten Sie ein Teammitglied das Aufschreiben zu übernehmen, dann sind Sie frei für die Zurufe der anderen. Es gilt beim Brainstorming, dass *alle* Ideen ohne Diskussion und Kommentar notiert werden – es gibt dabei kein richtig oder falsch. Auf diese Weise erhalten Sie innerhalb kürzester Zeit eine Ideensammlung, die anschließend geordnet und besprochen wird. Häufig werden mit dieser Methode Ursachen aufgedeckt, die sonst nicht angesprochen würden.

Wird eine mögliche Ursache in einem Arbeitsablauf vermutet, lohnt sich oftmals eine Prozessanalyse.

Prozessanalyse

Jede Tätigkeit, die zu einem Ergebnis führt, wird im Qualitätsmanagement als Prozess bezeichnet. Wenn Sie einen Prozess betrachten, müssen Sie ihn in Einzelschritte zerlegen. Hierfür eignet sich die graphische Darstellung in Form eines Flussdiagramms. Es wird am besten auf einer Pinwand entwickelt, wobei die verwendeten Karten bestimmte Bedeutungen haben.

Wie feingliedrig Sie einen Prozess darstellen, bleibt Ihnen überlassen. Eine zu grobe Darstellung verhindert möglicherweise das Erkennen von Fehlern, eine zu feingliedrige

Prozessanalyse

	Auf ovale Karten werden die Anfangs- und Endpunkte des Prozesses geschrieben.
	Auf rechteckige Karten notieren Sie die einzelnen Prozess-Schritte.
	Auf der Spitze stehende Quadrate werden für Entscheidungsprozesse genutzt.

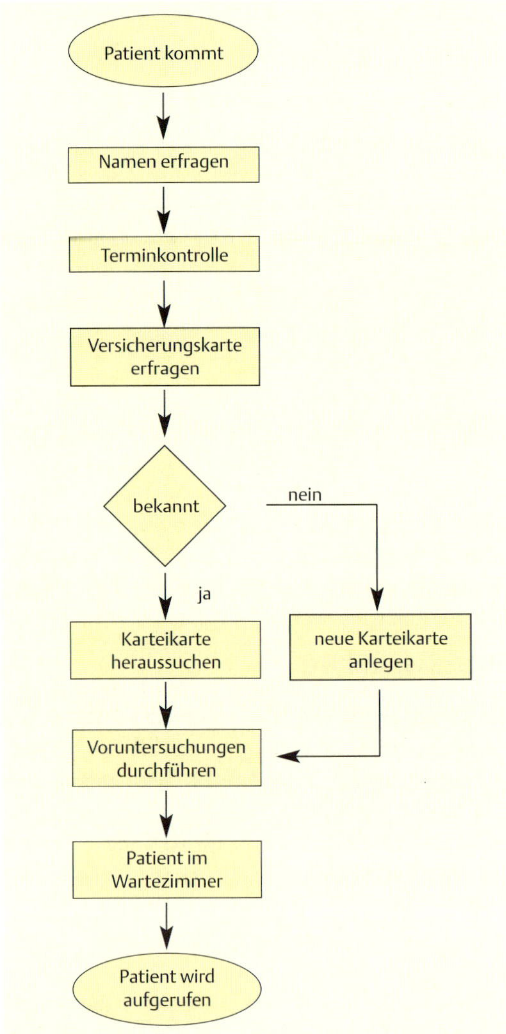

Flussdiagramm

Analyse kann Ihnen den Blick für das Wesentliche nehmen.

- Die einzelnen Punkte dieses Flussdiagramms können nun näher betrachtet werden. Gibt es einzelne Prozessschritte, die für das Auftreten der langen Wartezeiten verantwortlich sind?
- Betrachten Sie diese Punkte näher und suchen Sie nach Verbesserungsmöglichkeiten.
- Hierfür würde sich wieder ein Brainstorming eignen. Beachten Sie, dass es niemals nur *eine* Lösung gibt.
- Wählen Sie später eine Lösung aus und testen sie für einen festgelegten Zeitraum. Bewerten Sie danach, ob sie eine Verbesserung herbeigeführt hat. Probieren Sie gegebenenfalls eine weitere mögliche Lösung. **Wichtig**: Veränderungen rufen immer Unbehagen hervor. Niemand möchte von Gewohnheiten Abschied nehmen. Geben Sie sich und Ihren Kolleginnen die Zeit, Veränderungen anzunehmen.

Das Qualitätsmanagement bzw. die Moderationstechniken haben noch weitere „Werkzeuge". Um sie zu erlernen empfiehlt es sich, an entsprechenden Schulungen teilzunehmen.

QUALITÄTSMANAGEMENTSYSTEME

Nachdem die Entscheidung gefällt worden ist, Qualitätsmanagement zu betreiben und ein Qualitätszirkel seine Arbeit aufgenommen hat, muss entschieden werden, welches Qualitätsmanagementsystem eingeführt werden soll. Das Treffen einer solchen Entscheidung kann eine der ersten Arbeiten eines Qualitätszirkels sein. Das kann aber auch erst später erfolgen, wenn man sich mit dem Begriff des Qualitätsmanagement und der damit verbundenen Arbeiten näher vertraut gemacht hat. Schulungen helfen, die einzelnen QM-Systeme unterscheiden zu lernen.

QM wirkt im ersten Moment verwirrend, aber wenn Sie Fortbildungschancen nutzen, können Sie Ihr berufliches Tätigkeitsfeld deutlich erweitern.

Dieses Kapitel hat Ihnen nur einen kleinen Einblick in das Stoffgebiet geben können und erhebt nicht den Anspruch auf vollständig umfassende Einführung in die Thematik.

INTERNET

- *http://www.bundesaerztekammer.de/30/Qualitaetssicherung/78Glossar. html*
- *http://www.dgq.de/*
- *http://www.hkg-online.de/*
- *http://www.dki.de/treffer.cfm*
- *http://www.bononet.de/berater/19/Zertif.pdf*
- *http://www.qmk-online.de/*

A 8 PRAXISSOFTWARE UND PC

ALLGEMEINES

Spätestens seit der Einführung der Patienten-Chipkarte gehört die EDV zum Praxisalltag. Der Verwaltungsaufwand in der Praxis lässt sich durch den Einsatz der elektronischen Datenverarbeitung wesentlich vereinfachen, wenn die Programme konsequent eingesetzt und genützt werden. Die Wirtschaftlichkeit der Praxis wird erhöht und Regressansprüche werden durch Anwendung und Auswertung von Statistiken vermieden. Durch die Standardisierung (BDT-Schnittstelle, KBV-Prüfmodul usw.) der Kassenärztlichen Bundesvereinigung (KBV) ist die Auswahl des richtigen Praxissystems einfacher geworden. Viele Anbieter haben ähnliche Lösungen. Zur Zeit passen sich die Softwareanbieter den Wünschen ihrer Kunden an und stellen ihre Programme von Betriebssystem MS-DOS auf Windows-Standard um. Neben dem Praxisprogramm können dann auch Programme wie Excel für Tabellen (Statistik), WinWord (Textbearbeitung) und Power Point (Präsentationen) genutzt werden.

DURCHFÜHRUNG

- Der Königsweg für das Erlernen des Umgangs mit dem Computer und der Praxissoftware ist reichliches Training. Nehmen Sie sich (außerhalb der Sprechstunde) einige Stunden Zeit, um sich mit dem Gerät vertraut zu machen.
- Legen Sie einen „Phantompatienten" an, an dem Sie Schritt für Schritt die Funktionen ausprobieren können.
- Beginnen Sie mit kleinen Schritten. Üben Sie Änderungen der elektronischen Karteikarte (Straße, Telefonnummer, Krankenkasse usw.).
- Dann stellen Sie Formulare aus (Rezepte, Überweisungen, AU-Bescheinigungen usw.), geben Befunde und Diagnosen ein und tragen die Gebührenziffern auf den elektronischen Krankenschein ein.
- Werden diese Funktionen beherrscht, werden die nächsten Schritte am Phantompatienten geübt, wie z.B. das Erstellen von Befundmasken und deren Bearbeitung, Schreiben von Arztbriefen, Privatliquidationen erstellen usw. Auf diese Weise erarbeiten Sie sich jede Funktion, die Ihnen die Software bietet.
- Zu Beginn der Arbeit lohnt es sich, eine Checkliste zu führen, in die alle Arbeitsschritte, Probleme und Fehlermeldungen eingetragen werden. So ist leichter nachvollziehbar, wo sich ein Fehler eingeschlichen hat. Diese Liste ist dann später eine wertvolle Hilfe bei der Einarbeitung einer neuen Mitarbeiterin.
- Sichern Sie spätestens am Ende jedes Arbeitstages die eingegebenen Daten auf einer Diskette oder einem anderen Speichermedium. Diese externen Datenträger sind einbruchsicher und feuerfest in einem Schrank entweder in der Praxis, in der Wohnung des Praxisinhabers oder im Schließfach einer Bank aufzubewahren. Die Datensicherung sollte in einem Logbuch mit Datum, Uhrzeit, Datenträgerkennung und Unterschrift protokolliert werden.
- Tagesprotokolle oder Fehlerlisten sollten ebenfalls täglich ausgedruckt werden. Das Nachtragen von fehlenden Diagnosen oder Ziffern fällt dann noch leichter als kurz vor Quartalsende.
- Zwei- bis dreimal im Quartal erhalten Sie vom Service Ihrer Software Updates auf Diskette oder CD-ROM. Die darauf enthaltenen Programmanpassungen (EBM-Änderungen, Krankenkassenfusionen und vieles mehr) müssen regelmäßig eingespielt werden. Die beigefügten Update-Beschreibungen erklären die Neuerungen. Jeder Mitarbeiter muss diese Beschreibung lesen. Durch Unterschriftenkürzel auf der Vorderseite kann kontrolliert werden, ob die Informationen jedem zugänglich waren. Erst danach können die Update-Beschreibungen in einem Ordner oder im EDV-Handbuch abgeheftet werden.
- Sechzig Systeme teilen sich derzeit (Stand 9/00) den Markt der Praxissoftware. Echte

Marktführer haben sich immer noch nicht herauskristallisiert. Die „TopTen“ haben wir nachfolgend aufgelistet, auch wenn diese zusammen gerade etwas über 50% der Angebote ausmachen.

Rang	System	Firma	Anteil
1.	TurboMed	Turbo Med	11,19%
2.	MediStar	MediStar	10,53%
3.	MCS-INA	MCS	7,36%
4.	DOCexpert	DOCexpert	5,41%
5.	Quincy Pc-net	Frey	4,43%
6.	MediStar Windows-Version	MediStar	4,04%
7.	David	Data-Vital	3,74%
8.	Arcos	Compu Group Holding	3,11%
9.	Albis on Windows	Compu Group Holding	2,98%
10.	Leisys	DOCexpert	2,91%

- Wichtig bei der Anschaffung eines Praxissystems ist der Service des Software-Herstellers. Ist der Lieferant bei auftretenden Problemen (die gerade während der Einarbeitungszeit reichlich und nervenaufreibend sind) immer kurzfristig für Sie da? Ist der Service schlecht, wird der Traum einer effizienten und leistungsstarken Verwaltung leicht zum Albtraum.

A 9 FÜHRUNG DES RÖNTGENARCHIVS

ALLGEMEINES

In einer mittelgroßen Praxis mit eigenem Röntgengerät können nach einigen Jahren 10 000 – 20 000 zu archivierende Aufnahmen anfallen. Diese Aufnahmen müssen laut Gesetz 30 Jahre lang aufbewahrt werden. Es ist leicht einzusehen, dass eine solche Menge an Röntgenaufnahmen einer sorgfältigen und immer einheitlichen Archivierungsprozedur bedarf, damit auch nach Jahren noch innerhalb weniger Minuten das gewünschte Bild herangezogen werden kann. Seit einiger Zeit existieren Programme, die eine digitale Speicherung der Aufnahmen ermöglichen und somit das Archivierungsproblem in den Computer verlagern.

Es stehen Ihnen verschiedene Methoden der Archivierung zur Verfügung. So kann z.B. jedem neuen Patienten eine neue Nummer gegeben werden, die auf der Röntgentüte und in der Karteikarte des Patienten eingetragen wird. Eine andere Möglichkeit besteht natürlich darin, das Röntgenarchiv analog zum Karteikartensystem der Patientenkarten alphabetisch nach dem Anfangsbuchstaben des Nachnamens zu führen. Allerdings hat dies den Nachteil, dass Buchstabenverwechslungen beim Ein- oder Aussortieren und Namensverwechslungen bei der Zuordnung der Bilder und Befunde möglich werden.

VORBEREITUNG

- Wichtig ist, dass Sie sich von Anfang an mit der in Ihrer Praxis bestehenden Archivierungsmethode vertraut machen und sie auf genau die gleiche Weise fortführen.
- Sinnvoll ist es, zwei Röntgenarchive zu führen: ein altes und ein aktuelles des laufenden Jahres. Dies hat den Vorteil, dass bei den häufigen Vor- und Kontrollaufnahmen eines einzigen Patienten innerhalb kurzer Zeit nicht jedes Mal der Gang in das alte

Röntgenarchiv erforderlich wird. Am Ende des Jahres wird dann das aktuelle Archiv in das alte Archiv integriert.

DURCHFÜHRUNG

- Vor dem Röntgen suchen Sie ggf. die alten Aufnahmen des Patienten heraus, damit die Bilder direkt bei der Befundung mit eventuellen Voraufnahmen verglichen werden können.
- Kleben Sie den Skribor, der sich auf jeder Türe befinden muss, sofort nach der Aufnahme auf die Röntgentüte. In manchen Praxen erscheint auf dem Skribor auch der Hinweis darauf, was geröntgt wurde.
- Erneuern Sie den Skribor nach jeder neuen Aufnahme. Sie können ihn bei der Größe der Röntgentüten unter oder über den alten kleben, abhängig davon wo der erste Skribor gesetzt wurde.
- Legen Sie die Röntgentüte mitsamt der neuen Aufnahmen und der Patientenkarte zur Befundung an den vereinbarten Platz.
- Unmittelbar nach der Befundung sortieren Sie die Röntgentüte in das aktuelle Archiv ein.

TIPPS UND TRICKS

- Wenn das Archiv in Ihrer Praxis alphabetisch geführt wird, müssen Sie besonders bei häufigen Namen auch auf das Geburtsdatum achten, um Verwechslungen mit u.U. schwerwiegenden Folgen auszuschließen.

PROBLEME UND SONDERFÄLLE

- **Aushändigen von Röntgenbildern an den Patienten:** Die Röntgenbilder müssen dem Patienten auf Wunsch ausgehändigt werden. Allerdings können Sie sich die Abgabe unterschreiben lassen. Dies hat den Vorteil, dass bei eventuellen Nachfragen in Ihrer Praxis nicht die große Suche nach den Bildern ausbricht, sondern Sie mit einem Blick feststellen können, dass Sie die Aufnahmen nicht mehr besitzen, sondern ausgehändigt haben. Diese Belege können Sie in einem separaten Ordner abheften.
- **Aushändigen von Röntgenbildern an Versicherungen und Gutachter:** Nur wenn der Patient einverstanden ist, dürfen (und müssen) die Bilder anderen Ärzten, bei Versicherungen oder anderen Institutionen, die Gutachten erstellen, überlassen werden.
- **Schwierigkeiten mit dem Alphabet**: Vielleicht haben Sie etwas Schwierigkeiten mit dem Alphabet. Um mit einem alphabetisch geordneten Archiv umgehen zu können, ist es jedoch unerlässlich, dass Sie es beherrschen. Stellen Sie sich vor, während einer offenen Sprechstunde mit 20 wartenden Patienten sind Sie gezwungen, eine Karteikarte zu suchen, die nicht richtig eingeräumt ist – es kann jede unter den wahrscheinlich hunderten oder gar tausenden Karten Ihrer Praxis sein... Wenn Sie feststellen sollten, dass Sie damit etwas Probleme haben, brauchen Sie darüber nicht unbedingt zu sprechen, jedoch sollten Sie sich etwas Zeit nehmen, um diesen Rückstand durch Auswendiglernen auszugleichen. Vielleicht können Sie zur Übung einen großen Stapel unsortierter Karteikarten sortieren, ohne diese dabei einzuordnen.

A 10 STRESSBEWÄLTIGUNG

ALLGEMEINES

Im modernen Sprachgebrauch kann „Stress" alles sein, was den Menschen belastet. Beinahe jeder Mensch, der arbeitet, wird von sich behaupten, er habe Stress. „Stress" ist zunächst jedoch nur die Aufforderung an den Körper, auf Veränderungen zu reagieren. „Stress" hat zwar automatisch einen negativen Beigeschmack, aber Stress kann auch positiv oder einfach normal sein.
Viele Menschen setzen Stress in etwa gleich mit „Zeitdruck", jedoch kann dieser Zeitdruck die verschiedensten Ursachen haben. Vordergründig entsteht Zeitdruck z.B. durch einen nicht kalkulierten Stau auf dem Weg zur Arbeit oder durch einen Notfall in der Praxis, der Ihren Zeitplan durcheinander bringt. Es gibt jedoch auch etwas komplizierter gelagerte „Komplikationen", die Ihnen letztlich zeitlichen Stress bereiten.
Was als Stress zu bezeichnen ist, hängt oftmals sehr von der Persönlichkeit ab. Manche Menschen empfinden schon geringen Druck als Stress, wogegen andere ein eher dickes Fell haben. Meist wird ein dickes Fell als positiv betrachtet, es kann aber auch ein Abstumpfen gegenüber überzogenen Anforderungen, Leid und Ungerechtigkeit bedeuten. Ebenso kann ein dünnhäutiges Sensibelchen sich durch Mitgefühl, ein ausgeprägtes Rechtsempfinden und eine feine Nase für Spannungen und unterschwellige Konflikte auszeichnen.
In einer Arztpraxis gibt es bestimmte Situationen, die für das Gefühl des Stresses wie geschaffen sind. Man kann jedoch lernen, sich ein etwas dickeres Fell zuzulegen, um mit derartigen Situationen besser fertig zu werden.

Situationen, die Stress erhöhen

- mehrere Patienten gleichzeitig an der Anmeldung
- Mehrarbeit durch Ausfälle von Kolleginnen
- übelgelaunter Chef
- Probleme mit den Kolleginnen
- eigene, private Probleme
- verminderte Belastbarkeit, z.B. durch Erkrankung
- gleichzeitige Bewältigung mehrerer Aufgaben (Telefon, Patient, Chef, Kollegin)
- fordernde Patienten

DURCHFÜHRUNG

- Versuchen Sie immer, eine Aufgabe nach der anderen zu erledigen.
- Lassen Sie sich nie von einer aufgeheizten Atmosphäre anstecken.
- Legen Sie regelmäßig kleinere Pausen zum Luftholen ein. Oftmals reichen bereits fünf Minuten aus. Wichtig dabei ist, sich weitestgehend vom Praxisgeschehen zurückziehen zu können.
- Bemühen Sie sich, Beruf und Privatleben zu trennen. Dies bedeutet zum einen, im Beruf nicht an Privates zu denken. Zum anderen bedeutet es aber auch, dass besonders negative Gefühle und Empfindungen gegenüber den Patienten außen vor bleiben müssen. Ferner kann es heißen, dass die Vorwürfe eines Patienten von Ihnen abprallen und Sie nicht bis nach Hause verfolgen.
- Eine Atempause kann es auch sein, sich kurzzeitig mit einer Kollegin abzuwechseln und eine ruhigere Tätigkeit auszuüben (z.B. in Ruhe den Blutdruck eines Patienten messen).
- Kleine Vorarbeiten dienen der Stressvorbeugung. Ein verlängerter Aufenthalt in der

Praxis von 15 Minuten kann den ganzen nächsten Tag retten, wenn Sie z.B. alle Karten der zu erwartenden Patienten bereitlegen.

- Auch wenn es einiger Erfahrung im Beruf bedarf, sollten Sie sich frühzeitig um eine sinnvolle Wichtung der verschiedenen Aufgaben bemühen. Manche Dinge müssen eben sofort, andere vielleicht erst am nächsten Tag erledigt werden. Manche Arbeiten lassen sich auch gut an andere, z.B. Azubis, abgeben (delegieren). Sie müssen nicht alles selbst erledigen.
- Bei Unterbesetzung sollten Sie die Patienten frühzeitig darüber informieren, damit diese sich gleich auf eine etwas verlängerte Wartezeit einrichten können.
- Es gibt Tage, an denen es einfach nicht läuft. Sie sollten dann nicht auf die Zähne beißen, sondern Ihre Kolleginnen frühzeitig darüber informieren und sie um etwas mehr Unterstützung bzw. Entlastung bitten.
- Eine weitere wichtige Ursache für Stress kann Ihre persönliche Überforderung sein. Wenn Sie also mit Problemen konfrontiert werden, für die Sie noch keine Lösung gefunden haben, sollten Sie sich entsprechende Hilfe und Unterstützung suchen. Wenn Sie nicht wissen, wie Sie eine intramuskuläre Injektion korrekt durchführen, sollten Sie das auch nicht einfach tun, und wenn Sie nicht wissen, wie Sie mit den Forderungen eines Patienten umgehen sollen, benötigen Sie auch hier zunächst den Rat erfahrener Kolleginnen und eigene Erfahrungen. Die Ursache für Stress muss somit auch nicht bei Ihnen selber liegen, sondern kann z.B. auch auf einen Fehler in der Terminplanung oder bei der Aufgabenverteilung beruhen. Fassen Sie Mut und sprechen Sie zu schwierige Aufgaben offen an.

TIPPS UND TRICKS

- Bemühen Sie sich, eine Entspannungstechnik zu erlernen (z.B. AT, Progressive Muskelrelaxation nach Jacobson, Yoga). Diese Techniken dienen nicht dem sofortigen Stressabbau, zumal Sie in einer solchen Situation für Entspannungstechniken kaum Zeit finden dürften. Vielmehr dienen sie dazu, durch regelmäßige Anwendung eine größere Widerstandskraft gegenüber dem Stress zu entwickeln. Entsprechende Kurse werden vielfach von Krankenkassen, Volkshochschulen und auch niedergelassenen Ärzten selber angeboten. Die Organisation eines solchen Kurses sollte Ihnen also keinen Stress bereiten.
- Lesen Sie – in Ruhe – die Kapitel A2 (Abschnitt *Terminplanung*), D2 *(Ruhe an der Anmeldung)*, D13 *(Umgang mit den Kollegen)* *und* D14 *(Umgang mit dem Chef)* in diesem Buch durch. Hier werden Sie weitere wichtige Hilfen finden.

PROBLEME UND SONDERFÄLLE

- **Kein Ausweg:** In absoluten Notsituationen kann es hilfreich sein, das Telefon für einige Minuten auszuhängen, um einen aktuellen Ansturm an der Anmeldung zu bewältigen. Ein solches Vorgehen müssen Sie jedoch, um allen Missverständnissen vorzubeugen, von Ihrem Chef absegnen lassen.
- **Lang anhaltender Stress:** Bei permanenter Unterbesetzung der Praxis sollten Sie das Gespräch mit den Vorgesetzten suchen, um eine Lösung zu finden.

„Rezepte" gegen Stress

- planvolles Handeln
- strukturierter Arbeitsablauf
- Auszeiten nehmen
- Absprachen einhalten
- präzise Planung zeitlicher Arbeitsabläufe
- Supervision
- Entspannungstechniken
- „Pufferzeiten" einbauen
- Kenntnis der Verkehrsverhältnisse auf dem Weg zur Arbeit (Baustellen, Stau)
- professionelle Distanz zum Patienten einhalten
- aufwändigere Arbeiten besser verteilen
- rechtzeitiges Ansprechen einer Überforderung oder Erschöpfung

Notizen

SERVICE IN DER PRAXIS B

Notizen

B1 SERVICEANGEBOTE

ALLGEMEINES

Ein ausgezeichneter Service ist in der Praxis lebensnotwendig, da der Konkurrenzdruck sehr groß geworden ist. Kein Patient hat es heute mehr nötig, sich unfreundlich behandeln zu lassen oder regelmäßig lange Wartezeiten in Kauf zu nehmen, befindet sich doch gleich um die Ecke ein Kollege der gleichen Fachrichtung.

Das Ziel von Serviceleistungen ist die Steigerung der Patientenzufriedenheit bei Optimierung der zeitlichen Planung. Nimmt sich der Arzt für jeden Patienten zwei Stunden Zeit, wird dieser zwar sehr zufrieden sein, allerdings wird die Praxis eine solche Arbeitsweise wirtschaftlich nicht überleben.

DURCHFÜHRUNG

- Versuchen Sie immer, auf Sonderwünsche der Patienten positiv und flexibel zu reagieren. Die Zufriedenheit des Patienten sichert seine Anbindung an die Praxis.
- Wichtig für das Image der Praxis ist die von Ihnen ausgehende Arbeitszufriedenheit und Ihr Engagement.
- Schauen Sie sich mehrmals jährlich fremde Praxen und Krankenhäuser an und gehen Sie auf Ideenfang.
- Achten Sie darauf, was andere Berufe im Dienstleistungsbereich ihren Kunden anbieten (Hotels, Restaurants, Friseure, Fluggesellschaften, Banken, Kaufleute). Vielleicht können Sie sich etwas abgucken.

- Halten Sie jede Idee (meist bei Gelegenheiten ohne Papier und Stift) direkt schriftlich fest, um sie nicht zu vergessen. Es wäre schade darum.
- Viele Patienten werden – gerade vor dem ersten Besuch am Telefon – dankbar für Hinweise auf Parkmöglichkeiten sein.
- Sofern Sie eine Praxishomepage haben, macht ein Hinweis darauf z.B. im Wartezimmer natürlich Sinn.
- Eine gute Möglichkeit zu erfahren, was in der Praxis ankommt oder auch nicht, ist ein Patientenfragebogen, den der Patient anonym ausfüllen kann. Ein Briefkasten an der Anmeldung würde das ganze nochmals unterstreichen.
- Nutzen Sie den Service der Pharmaindustrie, welche Sie bei Patientenschulungen unterstützt. Achten Sie aber darauf, dass die Interessen der Patienten und die Ihrer Praxis dabei im Vordergrund stehen.
- Kümmern Sie sich regelmäßig um neue Zeitschriften (z.B. Lesezirkel). Es ist inzwischen Standard, immer die aktuellen Zeitschriften zu haben. Neben diversen Wochenzeitschriften können Sie auch eine Tageszeitung auslegen. Sortieren Sie jedoch täglich alte Zeitungen aus – nichts ist so uninteressant wie die Zeitung vom Vortag.

EINIGE IDEEN FÜR ERWEITERTEN PRAXIS-SERVICE

- schriftliche Patientenanweisungen
- Kleinbustransporte für gehbehinderte Patienten
- Regenschirmverleih
- Kaffeeausschank
- Praxiszeitung (*siehe B4. Praxiszeitung erstellen*)
- Beratungs- oder Verhaltensrezepte
- Telefonsprechstunde
- Kinderspielecke („leises“ Spielzeug)
- Patientenwegweiser (Praxis-Grundriss)
- Saft-/Getränkeausschank
- schalldichter Bereich an der Anmeldung (Diskretion)

- Merkblätter für den Patienten zu den betreffenden Erkrankungen
- Schuhlöffel
- Spiegel
- Samstag-Sprechstunde
- Sondersprechstunde für Gesundheits-Check und Vorsorgeuntersuchungen
- Übersetzungshilfen bzw. Dolmetscher, eventuell online
- Patientenseminare/Patientengruppen
- Zeitgewinn durch Patientenannahme-Stopp

Zeitschriftenständer

- schriftliche, telefonische, persönliche Geburtstagsgrüße
- telefonische Genesungswünsche durch den Arzt für Patienten im Krankenhaus
- Patientenparkplätze
- Hausbesuche durch Arzthelferinnen
- Telefonaufkleber mit Praxisanschrift und Rufnummer
- Visitenkarten
- Wechselrahmen mit Fotos und Namen der Mitarbeiter im Wartezimmer
- Kindertoiletten
- Rückrufsystem z.B. für Impfungen und Vorsorgeuntersuchungen
- Walkman, Zeitungen oder TV für Infusionspatienten
- Infozettel für Hausbesuchspatienten (wann, wo und wie ist der Arzt zu erreichen?)
- Polaroidfotos von Patienten zu besonderen Anlässen (z.B. nach Diät, nach Krankenhausentlassung)
- Pinnwand mit Tauschbörse im Wartezimmer (gesucht/gefunden)

Pinnwand

- für Stammpatienten: Blumenstrauß an besonderen Geburtstagen
- Verbesserung der Innen- und Außenbeleuchtung (Licht lockt Leute)
- wechselnde Ausstellungen von Malern und Bildhauern in Praxisflur und Wartezimmer
- Terminkarten mit dem Namen der zuständigen Arzthelferin
- Bonboniere mit zuckerfreien Bonbons
- Hintergrundmusik
- Kinder- und Erwachsenenspiele, Kreuzworträtsel
- Schreibpult im Wartezimmer
- Briefbox für Beschwerden, Anregungen (und Belobigungen) durch die Patienten
- Post-Service (Zusendung von Rezepten und Überweisungen)
- Diätberatung
- Familiensprechstunde
- Visualisierung von Informationen und Erläuterungen (z.B. mit Flipchart, Overhead-Projektor, Dias, Zeichnungen, Tafel)
- Pinnwand oder Litfaßsäule mit Informationsservice für den Patienten, z.B. über dienstbereite Apotheken, Rettungsruf, Beratungsstellen, Selbsthilfegruppen und kulturelle Veranstaltungen
- Schreib-Service für Formulare und Anträge
- Besuch stationärer Patienten
- funktionierendes Bestellsystem und kurze Wartezeiten
- frische Blumen und freundliche Farben
- große Rücksicht auf Intimsphäre und Schweigepflicht
- Patientenbibliothek

B2 VERKAUFSTRAINING FÜR IGEL-LEISTUNGEN

ALLGEMEINES

IGEL steht für „individuelle Gesundheitsleistungen". Der Begriff wurde 1998 geboren und veränderte die Kassenmedizin in Richtung auf eine stärker an den Wünschen der Patienten orientierten Medizin. Es gibt aber auch ökonomische Gründe, IGEL in einer Praxis anzubieten. Viele der noch vor einigen Jahren von niedergelassenen Ärzten erbrachten Leistungen sind nicht mehr über die gesetzliche Krankenversicherung (GKV) abrechenbar. Dennoch werden die Patienten in Zukunft immer mehr Gesundheitsleistungen fordern, die der niedergelassene Arzt jedoch nur noch als private Wahlleistung erbringen darf.
Das ärztliche Berufsrecht lässt dem Niedergelassenen kaum Möglichkeiten, für sich und seine Praxis zu werben. Auch eine rein sachliche Darstellung des Leistungsspektrums einer Praxis ist nur innerhalb eines engen Rahmens möglich.
Sie als Arzthelferin müssen genau darüber informiert sein, welche IGEL-Leistungen angeboten werden, was ihr Zweck ist und warum diese Leistungen nicht von der gesetzlichen Krankenkasse erstattet werden, aber trotzdem für den Patienten sinnvoll und notwendig sein können.
Besonders interessant sind IGEL, die von Ihnen alleine durchgeführt werden können, da hierzu die Anwesenheit des Arztes in der Praxis ausreicht, ohne dass er selber Kontakt mit dem Patienten haben muss.
Wenn es Ihnen und Ihren Arbeitgebern gelingt, dem Patienten mit für ihn sinnvollen IGEL zu einem größeren Wohlbefinden und zu besserer Gesundheit zu verhelfen, wird er sich bei Ihnen gut betreut fühlen und seine Zufriedenheit und Bindung an die Praxis wird zunehmen. Es muss jedoch immer der Eindruck vermieden werden, dass Sie dem Patienten etwas „aufschwatzen" wollten.

VORBEREITUNG

- Wenn in einer Praxis der Entschluss gefasst wird, IGEL-Leistungen anzubieten, sollten folgende Punkte genau festgelegt werden:
  - Welche Leistungen werden angeboten?
  - Wer ist für die Abrechnung verantwortlich? Wie sollen diese Leistungen dem Patienten angeboten werden?

  Alle Leistungen, die als IGEL angeboten werden, müssen auch tatsächlich Bestandteil des IGEL-Katalogs der kassenärztlichen Vereinigung sein. Sie werden praxisnah und realistisch ausgesucht.
- Um das Interesse der Patienten zu wecken, sollten Sie strategisch vorgehen: Zunächst sollten sämtliche IGEL, die Sie anbieten wollen, schriftlich in einem praxisinternen IGEL-Katalog festgehalten und genau erklärt werden.
  - Ablauf der Behandlungen
  - Erbringer der Leistungen (Sie oder Mediziner)
  - Grund für die fehlende Kostenübernahme durch die Kassen
  - Kosten bzw. Bezahlung der IGEL.

  Nur ein gut informierter Patient wird dieses Angebot auch nutzen. Scheuen Sie sich also nicht, die Patienten direkt darauf anzusprechen, ob sie nicht Interesse an Ihrem neuen IGEL-Katalog hätten.
- Die Wartezeit der Patienten können Sie für die Werbung nutzen. Jeder Patient ist beim Betreten der Praxis neugierig auf das Angebot, das ihn dort erwartet. Suchen Sie Mittel, die in Kürze informieren und gleichzeitig neugierig machen. Betrachten Sie dazu die Räumlichkeiten einmal kritisch mit den Augen einer Werbefachfrau:
  - Wo und in welchem Umfang werben Sie als Praxisteam in eigener Sache?
  - Ist bildhaft dargestellt, was man in Ihrer Praxis sowohl auf Chipkarte als auch als Eigenleistung kaufen kann?
  - Haben Sie unterschiedliche Produktangebote (GKV, Privat)?
  - Machen Hinweise, Bilder und Zeichen neugierig auf die Inhalte Ihrer Produkte?

  - Zeigen Sie ein typisches Design sowohl bei den Kassenleistungen als auch bei den Gesundheitsleistungen?
  - Gelingt neben den rationalen Verkaufsargumenten auch eine emotionale Ansprache?
  - Erscheint das Praxisteam sowohl auf schulmedizinischem Fachgebiet als auch bei Fragen der Gesundheitsförderung und Wellness als kompetent?

  Verbots- oder Gebotsschilder wie „Bitte nicht rauchen" oder „Denken Sie an Ihre Chipkarte" sind wenig originell, das gilt erst recht für politisch gefärbte Plakataktionen von KV und Berufsverbänden. Die Beliebigkeit von Darstellungen in den Praxisräumen fällt immer wieder auf: Was einmal hängt, wird so schnell nicht wieder entfernt. Eine selbstkritische Überprüfung mit der „Patientenbrille" unterbleibt zu oft.
- Geeignete Hilfsmittel zur Aufmerksamkeitslenkung:
  - Tafelsysteme und Zubehör wie z.B. Schultafeln, Pinnwände, Flipcharts, Info-Wandtafeln
  - Hilfsmaterialien wie z.B. Wölkchen-Plakate, Angebotsplakate, die Sie selber ausfüllen
  - Selbstzahler-Preislisten
  - Litfaßsäule
  - abschließbare Schaukästen
  - Patienten-Handzettel mit Informationen über Gesundheitsangebote
  - Piktogramme
  - Prospektaufsteller
  - Leuchtelemente wie große oder kleine Praxis-Infosäulen.

  Während Flipcharts im Anmeldebereich oder bei der Gruppenberatung – und Patientenschulung eingesetzt werden, ist die Litfaßsäule ein echter Klassiker der bildlichen Informationsvermittlung. Entscheidend bei all diesen Werbeträgern sind kurze, schnell erfassbare Texte, die die Konkurrenz mit dem Zeitschriftenstapel nicht scheuen müssen. Notfalls muss die Ecke mit dem fast kahlen Fikus geräumt werden.
- Die Darbietung Ihrer Informationen sollte sich harmonisch in das übrige Design der Praxis einfügen. Die Gesamtheit aller Signale des Aufenthaltsraumes wie Farben, Raum- und Duftklima und das visuelle Abbild des Praxisangebotes geben dem Patienten einen ersten Eindruck und beeinflussen natürlich auch Kaufentscheidungen.
- Versetzen Sie sich selbst einmal in die Lage eines Patienten, der 20 Minuten Wartezeit hat:
  - Wohin fällt sein Blick?
  - Welche Eindrücke nimmt er wahr?
  - Womit kann er sich während der Wartezeit beschäftigen?
  - Wie aktuell sind die Informationen?
  - Was löst Interesse, Freude, Wohlbefinden, Neugierde aus?
  - Gibt es Signale, die einen „Aha-Effekt" auslösen?
  - Kann er sich ein Bild von der Kompetenz und der Qualifikation des Praxisteams machen?
  - Hat er die Möglichkeit, in einer „Angebotsliste" (wie in einer Speisekarte) das Leistungsspektrum der Arztpraxis zu studieren?
  - Gibt es Preislisten?
  - Welche „Botschaften" zu Service, Patientenorientierung und Qualität nimmt er mit?
- Neben typischen saisonalen Angeboten wie reisemedizinischer Beratung, Grippe- und Pneumokokken-Impfung oder Allergiesprechstunde können z.B. Themen wie Gesundheitsvorsorge, Ernährungs- und Vitalstoffberatung, Stressmanagement oder bestimmte Labormodule wie z.B. Stressprofil oder Osteoporoserisiko ganzjährig beworben und visualisiert werden. Sie sollten jedoch einzelne Themen separat und gezielt anbieten, um eine Reizüberflutung zu vermeiden. Ein zu weit gestreutes Angebot erweckt vielleicht den Eindruck eines Bauchladens, das dem Image und der Positionierung der Praxis eher schadet als nutzt.

DURCHFÜHRUNG

- Sprechen Sie geeignete Patienten auf IGEL an und weisen Sie sie bei jeder passenden

Gelegenheit darauf hin, welche IGEL benützt werden können. Bei häufig erkälteten Patienten könnte der Hinweis auf eine Vitaminkur mit Kurzinfusionen nützlich sein. Bei besonders gut informierten Patienten ist vielleicht der Hinweis auf medizinische Zusatzleistungen (z.B. fachbezogener Check-Up) angebracht. Natürlich darf dies nicht ausarten. Der Patient sollte keinesfalls das Gefühl bekommen, dass Sie ihm unbedingt etwas verkaufen wollten. Natürlich wird es immer Patienten geben, die IGEL konsequent ablehnen, was ihnen jedoch nie zum Nachteil gereichen darf.

- Bei Patienten, die dafür bekannt sind, immer mehr als das nötige auf ihrem Rezept bekommen zu wollen, bietet es sich an, direkt darauf hinzuweisen, über welche Angebote Sie zusätzlich verfügen:
  „Herr Müller, ich möchte Sie noch auf ein ganz bestimmtes Angebot hinweisen. Wir haben solche Angebote für ganz bestimmte Patienten, die bereit sind mehr zu tun, als die Krankenkasse vorschreibt. Wir können bei Ihnen eine besondere Vitaminkur durchführen. Dabei geht es um Folgendes: … Diese müssen Sie allerdings selber bezahlen, das sind die so genannten IGEL-Leistungen, die nicht von der Kasse bezahlt werden.“
- Bei Patienten, die sich für eine Krebsvorsorge angemeldet haben:
  „Herr Müller, zu der Krebsvorsorge bei Männern gehört auch die Bestimmung des sog. PSA-Wertes im Blut. Diese Untersuchung wird leider nicht von den Kassen übernommen, obwohl wir sie für sehr wichtig halten. Die Kosten dafür belaufen sich auf € 20,–. Sollen wir die Untersuchung gleich mitmachen?“
- Sie können geeignet erscheinenden Patienten bei der Anmeldung ein kleines Heftchen mit allen IGEL-Leistungen der Praxis in die Hand geben:
  „Frau Müller, hier stehen alle Leistungen drin, die von uns angeboten werden, aber nicht von der Kasse übernommen werden. Wenn Sie an bestimmten Leistungen Interesse haben oder Fragen dazu haben, wenden Sie sich bitte einfach an mich.“
  „Guten Tag, Herr Müller, hätten Sie Interesse an einem ganz besonders gründlichen Fach-Check? Diesen bieten wir jetzt für Kassenpatienten an. Hier ist eine kleine Informationsbroschüre. Lesen Sie sich das doch während Ihrer Wartezeit durch, und wenn Sie Interesse oder Fragen dazu haben, melden Sie sich bei mir. Wir können dann, wenn Sie möchten, gleich einen Termin ausmachen.“
- Die Kunst besteht darin, bestimmt vorzugehen ohne aufdringlich zu wirken.
- Die Abrechnung der IGEL erfolgt genau nach der GOÄ. Sie können sämtliche Sätze verwenden, den 3,5-fachen Satz jedoch nicht überschreiten. Es hat sich gezeigt, dass es einen besseren Eindruck macht, wenn die Sätze tiefer als möglich angesetzt werden.
- Beträge dürfen nicht auf- sondern nur abgerundet werden.
- Zur Erleichterung der Abrechnung haben sich vorgedruckte Quittungsblöcke bewährt, in denen alle erbrachten IGEL lediglich markiert werden müssen.
- Die Patienten sollten die Möglichkeit haben, kleinere Beträge bar zu bezahlen. Dies setzt natürlich voraus, dass genügend Wechselgeld in der Praxis vorhanden ist, ein Kassenbuch geführt wird und dem Patienten seine Bezahlung quittiert werden kann.
- Eine bargeldlose Bezahlung per EC- oder Kreditkarte gehört zum Service der Praxis, die den IGEL-Patienten – aber natürlich auch dem Privatpatienten – angeboten werden sollte. Auch hier muss dem Patienten eine Quittung über alle erbrachten IGEL ausgehändigt werden. Die entsprechenden Geräte erhalten Sie z.B. bei Ihrer Bank.
- Der Patient muss natürlich mit IGEL einverstanden sein. Aus diesem Grund sollte er auch eine Erklärung unterschreiben, in der eindeutig aufgelistet ist, für welche Leistungen er aus eigener Tasche aufkommen muss. Außerdem muss er unterzeichnen, dass diese Leistungen nicht zu Lasten der gesetzlichen Krankenkasse gestellt werden können, weil sie als medizinisch nicht notwendig

betrachtet, jedoch ausdrücklich vom Patienten gewünscht werden. Der Patient sollte eine Kopie dieser Erklärung ausgehändigt bekommen. Das Original wird in der Patientenakte belassen und in bestimmten Zeiträumen (quartalsweise) unter einem aktualisierten Datum vom Patienten neuerlich unterschrieben.

TIPPS UND TRICKS

- Eine wichtige und viel beachtete Informationsquelle für die Patienten sind Plakate und Bilder an den Wänden. Die eigene Herstellung solcher Aushänge kann sehr einfach gehalten werden und dennoch professionell wirken:
  - Kaufen Sie in einem Postergeschäft Kunstdrucke, die schön aussehen und vielleicht sogar einen Bezug zu Ihrer Praxis aufweisen.
  - Überlegen Sie sich einen Text, den ein Graphiker mit relativ wenig Aufwand in Farbe und Schriftgröße dem Motiv des Posters anpasst. Dabei sollte auf diesen Plakaten nicht zu viel Text abgedruckt werden. Die Aufmerksamkeit des Patienten muss vielmehr durch einen Blickfänger gewonnen werden. Plakate sind viel besser als Flyer dazu geeignet, die Gefühle des Betrachters anzusprechen.
  - Besonders gut sieht das Ganze dann unter Glas und in einem Rahmen aus.
  - „Eselsohren" und Risse an den Postern oder eine einfache Montage mit Heftzwecken auf der Tapete oder auch mit Tesafilm an der Tür zum Wartezimmer wirken wenig verlockend und bewirken eventuell eine negative Vorstellung über die Qualität der angebotenen Leistungen.
- Manche Firmen bieten inzwischen fertige Plakate für einzelne IGEL an.

INTERNET

- *http://www.igel-liste.de*

BEISPIEL FÜR PATIENTENINFORMATION

Instillationen bei rezidivierenden Harnweginfektionen

Liebe Patientin, Lieber Patient,

als zusätzliche Maßnahme, zu den schon verschriebenen Medikamenten, empfehlen wir eine zusätzliche Behandlung mit Instillationen bestimmter Medikamente. Hierbei handelt es sich um eine Spülung der Blase mit einem Medikament. Es werden nacheinander 10 Spülungen durchgeführt.
Dies bringt erfahrungsgemäß eine längere Beschwerdefreiheit.
Leider übernehmen die gesetzlichen Krankenkassen weder die Kosten für die Medikamente noch für die Instillationen. Aus diesem Grund müssen wir diese Leistungen als sog. IGEL anbieten. Die Kosten betragen hierfür nach GOÄ ... €.
Falls Sie Interesse haben oder noch mehr über den Ablauf und die Wirkung wissen möchten, wenden Sie sich bitte an unsere Mitarbeiter.
Wir beraten Sie gern.

Beispiel einer Honorarliste für private Wahlleistungen in einer dermatologischen Praxis

1. Injektion von Panthenol (bei Haarausfall und Nagelbrüchigkeit) 2 x 5 Injektionen i.m.
   € 6,14 pro Injektion
2. Fruchtsäurepeeling (bei Akne, unreiner Haut, Altersfältchen und Pigmentflecken) 5–10 Sitzungen
   € 36,28 pro Sitzung
3. Verödung von Besenreisern (rot-blaue Äderchen an den Beinen)
   Anzahl der Behandlungen ist abhängig von der Ausdehnung der Besenreiser
   € 30,16 pro Sitzung
4. Früherkennungsuntersuchung auf Hautkrebs (Melanomvorsorge) einschließlich Auflichtmikroskopie sowie Beratung zu Vorsorge und Lichtschutz
   € 20,93
5. Eigenbluttherapie (z.B. bei Allergien, Furunkulose oder Haarausfall) 10 – 15 Sitzungen
   € 9,41 pro Injektion

Muster für eine Patientenerklärung inkl. der erforderlichen Honorarvereinbarung

Name, Vorname der Patientin/des Patienten ______________

Anschrift ______________________

____

____

Ich wünsche, durch die/den behandelnde(n) Ärztin/Arzt die folgenden Leistungen gemäß GOÄ in Anspruch zu nehmen:

Angabe der Einzelleistungen nach GOÄ-Ziffern ______________ Beträge

____

____

____

____

Ich vereinbare hierfür ein Honorar über voraussichtlich € ...

Es ist mir bekannt, dass die Krankenkasse, bei der ich versichert bin, eine im Sinne des Gesetzes ausreichende Behandlung gewährt und vertraglich sichergestellt hat.
Ich wünsche dennoch die oben aufgeführten Leistungen.
Ich weiß, dass die Behandlung nicht erstattungsfähig ist und dass der oben genannte Betrag von mir selbst zu tragen ist.

____

Datum, Ort, Unterschrift Ärztin/Arzt

____

Datum, Ort, Unterschrift Patentin/Patient

B3 PATIENTENSEMINARE ABHALTEN

ALLGEMEINES

Die starke Präsenz des Themas Gesundheit in den Medien hat nicht dazu geführt, dass die Menschen sich auch automatisch gesünder verhalten. Viele – auch einander widersprechende – Informationen erreichen die Bürger und stiften nicht selten Verwirrung. Und Einsicht und intellektuelles Verstehen führen noch längst nicht zu einer Verhaltensänderung, sonst gäbe es keine Raucher, Alkoholiker und Übergewichtigen mehr.
Nicht jeder der seine Erkenntnisse laut herausschreit, hat zwangsläufig Recht. In einem sehr kommerziell ausgelegten Bereich wie der Gesundheit wollen nun einmal viele Menschen etwas verkaufen und da steht der Sinn des Produktes nicht immer an der ersten Stelle.
Dies gilt für die Gesundheit im Allgemeinen und gleichermaßen auch für die gesunde Ernährung im Speziellen. Aus diesem Grunde kommt den Patientenseminaren eine zentrale aufklärerische Bedeutung zu, denn hier hat der Patient die Möglichkeit, sich von ausgewiesenermaßen qualifizierten Personen nach dem aktuellsten Wissensstand zu informieren. Meist spielen in der Praxis chronische Krankheiten wie z.B. Diabetes mellitus, Hypertonie, Adipositas oder Asthma eine große Rolle. Im Einzel- und Gruppenunterricht werden die Patienten vom Arzt und entsprechend ausgebildeten Arzthelferinnen (oder auch externen Mitarbeitern wie z.B. Diätassistentin oder Diabetesberaterin) geschult. Durch die Aufklärung des Patienten über seine Krankheit steigt seine Selbstständigkeit und auch seine Eigenverantwortlichkeit. Das erhöhte Verständnis wird seine eigenen Anteile an der Ausgestaltung seiner chronischen Erkrankung vermehren. Durch die konsequente Umsetzung prophylaktischer Maßnahmen kann er seine Leistungsfähigkeit erhalten. Schließlich bedeutet die Vermeidung von Folgeschäden

eine enorme Kostensenkung für alle Beteiligten und nicht zuletzt für das gesamte Gesundheitswesen.

VORBEREITUNG

- Jede Patientengruppe stellt mit ihrem speziellen Thema eine neue Herausforderung an Sie als Seminarleiterin dar. Eine Gruppe übergewichtiger Patienten hat grundsätzlich andere Probleme, Fragen, Einsichten und Ängste als eine Diabetiker-Gruppe. Sie sollten sich somit im Vorfeld nicht nur mit den rein medizinischen Aspekten befassen, sondern auch die speziellen Lebensumstände, Risiken und Alltagsschwierigkeiten verstehen und in ihrem Vortragsprogramm inhaltlich, didaktisch und methodisch berücksichtigen. Versuchen Sie, sich in die Lage eines Betroffenen zu versetzen, der seit Jahren mit dieser Krankheit leben muss, und überlegen Sie, welche Fragen und Probleme *Sie* damit hätten und mit welchen Erwartungen Sie selbst in ein solches Seminar gehen würden.
- Ein Patientenseminar sollte einem klar strukturierten Aufbau folgen, der einleitend auch den Teilnehmern vermittelt wird, damit sie Anhaltspunkte für die thematische Entwicklung des Seminars haben:
  - Erklärung des Krankheitsbildes, Entstehung, Symptome, Risiken, Folgeschäden
  - Formen und Vorteile der Behandlung
  - Umgang mit Medikamenten
  - Prävention von Folgeschäden
  - Lebensweise, Risiken
  - sozialmedizinische Aspekte.
- Wenn möglich sollten Sie vorher folgende Punkte zu Ihrer Patientengruppe in Erfahrung bringen:
  - Wie viele Personen nehmen teil?
  - Welcher Altersgruppe gehören sie mehrheitlich an?
  - Sind sich die Mitglieder fremd oder kommen sie vielleicht aus einer Selbsthilfegruppe?
  - Welches Vorwissen bringen die Teilnehmer mit?
  - Wie hoch sind die kommunikativen Fähigkeiten der Gruppe?
  - Was sind die größten Probleme der Gruppe?
  - Welche Erwartungen werden die Teilnehmer an das Seminar haben?

  Aber auch wenn Sie diese Fragen nicht beantworten können, wird es Ihnen doch bei der Gestaltung Ihres Seminars helfen, sich mögliche Antworten dazu zu überlegen.
- Legen Sie für sich ein Seminarziel fest, das auch zu verwirklichen ist, z.B. eine gemeinsame Gewichtsabnahme, eine Senkung des HbA1c-Wertes von mindestens 0,5% verteilt über 2 Monate, die Motivation für Verhaltensänderungen erhöhen oder den Wissensstand über eine Krankheit verbessern. Hilfreich kann es auch sein, wenn man zur ersten Seminarstunde einen Patienten hinzubittet, der bereits eine Schulung hinter sich hat, um von seinen Erfolgen zu berichten. Formulieren Sie daraufhin das Thema aus.
- Für die Arzthelferin innerhalb der Praxis gilt das gleiche wie für den Arzt selbst, nämlich das Werbeverbot. Sie darf lediglich Patienten innerhalb der Praxis darüber informieren, dass solche Kurse in der Praxis abgehalten werden. Werbung in der Öffentlichkeit ist dagegen verboten, der Arzt (die Praxis) darf nur sachlich informieren, ob auf dem Praxisschild, in Broschüren oder anderen Info-Medien. Es gilt die Grundregel: die Information muss wahr und nachprüfbar sein.
- Die Kosten einer solchen Schulung werden in der Regel von den Kassen bezahlt und sind direkt über die Chipkarte abzurechnen. Bei Privatversicherten werden die Kosten ebenfalls im Normalfall von den Versicherungen übernommen.

Kalkulation:

- Zeitaufwand für die Konzepterarbeitung
- Literaturaufwendungen
- Miete für Räumlichkeiten
- Kosten für Werbung (Handzettel, Anschläge)
- Kosten für Anschaffung oder Miete erforderlicher Gerätschaften.

- Bei der zeitlichen Planung Ihres Seminars müssen Sie unbedingt darauf achten, dass Sie einen ausreichenden Spielraum für auftretende Fragen und Diskussionen lassen. Erfahrungsgemäß sollten Sie hier nicht weniger als 60–90 min pro Seminarstunde einplanen.
- Gemeinsam mit dem Arzt wird eine Schulungsgruppe zusammengestellt (6–8 Personen, evtl. mit Partner bzw. Eltern). Die Patienten sollen sich in der Gruppe wohlfühlen, d.h. die Gruppe sollte aufeinander abgestimmt sein.
- Eine Patientenschulung erstreckt sich durchschnittlich über etwa 5 Sitzungen. Verabreden Sie den geeigneten Wochentag und Termin zunächst intern. Sprechen Sie dann den Termin mit den Patienten ab.
- Den Räumlichkeiten kommt bei einem Seminar eine große Bedeutung zu. Sie sind für die Ausgestaltung verantwortlich und nicht die Zuhörer. Sehen Sie sich also die Räumlichkeiten zuvor unter folgenden Gesichtspunkten an:
  - Größe des Raums
  - Sind ausreichend Stühle (und eventuell Tische) vorhanden? Kann man deren Anordnung leicht verändern (Arbeit in Kleingruppen)?
  - kontrollierbare Raumtemperatur
  - Belüftungsmöglichkeiten
  - Pausenaufenthalt, Snacks und Getränke
  - mögliche Störungen, Straßenlärm
  - Beleuchtung und Verdunklungsmöglichkeiten
  - Stromversorgung für Projektoren
  - Sind Gerätschaften vorhanden?
  - Gibt es Ansprechpartner bei organisatorischen Problemen?
  - Sind Projektionsflächen in ausreichender Größe vorhanden?
  - Gibt es ein Flipchart oder eine Tafel sowie Stifte bzw. Kreide?

  Ein Seminar kann fehlschlagen, weil Sie diesen Punkten nicht genügend Aufmerksamkeit geschenkt haben.

DURCHFÜHRUNG

- Der erste und wichtigste Schritt in Ihrem Seminar ist es, die Aufmerksamkeit der Zuhörer zu bekommen. Das grundsätzliche Interesse haben die Personen in Ihrem Seminar bereits durch ihre reine Anwesenheit bezeugt. Aber die Aufmerksamkeit zu gewinnen und möglichst lange zu erhalten, ist eine schwierige aber auch lohnende Aufgabe. Der erste Eindruck ist dabei sehr wichtig. Sie haben gleich zu Beginn die Chance, die Teilnehmer anzuregen und neugierig zu machen. Wenn Sie Ihren Vortrag wie ein Nachrichtensprecher beginnen, werden Ihre Zuhörer sich in den heimischen Wohnzimmersessel versetzt fühlen und gewohnt gemütlich vor sich hindösen. Es wird dann für Sie sehr schwer, die Zuhörer zurückzuholen.
- Greifen Sie nicht auf schon tausendmal gehörte Begrüßungsformeln zurück, auch wenn sie sehr höflich erscheinen mögen. Höflichkeit beruhigt und gibt ein Gefühl der Sicherheit, die Menschen fühlen sich wohl – und dösen ein. Hier ist es jedoch wichtiger, die Zuhörer anzuregen (nicht durch Unhöflichkeit!). Sie sollten sich also eine Überraschung für die Einleitung überlegen, etwas mit dem niemand wirklich gerechnet hat (sog. Blitzlicht). Es gibt verschiedene Ansätze wie etwa einen projizierten Cartoon, eine Anekdote oder ein Zitat. Auch bei schweren Themen ist es meist möglich mit ein wenig Humor die Stimmung zu heben und die Aufmerksamkeit zu wecken. Setzen Sie Humor wie ein Gewürz ein: zu wenig wirkt fade, zu viel verdirbt den eigentlichen Geschmack. Wenn Sie jedoch das Publikum zum Lächeln oder gar Lachen gebracht haben, ist Ihnen ein Aufmerksamkeitsvorschuss sicher, den Sie dann jedoch nicht leichtfertig verspielen dürfen. Ein weiterer Vorteil besteht darin, dass durch gemeinsames Lachen Ihr Lampenfieber wahrscheinlich weitgehend verschwunden ist.
- Legen Sie sich eine kleine Sammlung von zum Thema passenden Cartoons zu. Achten Sie darauf in der Tageszeitung und in Magazinen. Sie können auch in Buchhandlungen oder im Internet auf die Suche gehen. Geben Sie einfach in einer Suchmaschine (z.B. *www.google.de*) den Begriff „Cartoons“ ein.

Sie werden sich wundern, wie viel Sie da finden. Vielleicht ist es jedoch sinnvoll, die Einschränkung „Seiten in Deutsch" anzuklicken, damit Sie auch einen deutschsprachigen Cartoon finden. Bringen Sie den Cartoon später auf einer Folie zur Präsentation.

- Eine humorvolle, persönliche Anekdote ist sehr gut geeignet für den Einstieg in ein Seminar. Schreiben Sie sich eigene zum Thema passende Anekdoten auf. Hören Sie sich auch im Freundes- und Bekanntenkreis nach solchen Geschichten um. Der große Vorteil einer selbst erlebten Geschichte ist jedoch, dass Sie sie wahrscheinlich frei heraus erzählen können, ohne dass Sie aufgesetzt wirkt. Andere Geschichten sollten Sie eventuell zunächst einige Male in der Erzählung üben. Vielleicht können Sie Freunde als kritisches Probepublikum gewinnen. Ausschmückungen sind natürlich erlaubt, wenn der Zweck dadurch erreicht wird.
- Für Zitate gilt das gleiche wie für Cartoons. Sowohl im Einsatz und in der Wirkung als auch in der Beschaffung. Geben Sie in einer Suchmaschine „Zitate" ein. Aber Vorsicht – das Angebot und die Fülle der Auswahl kann Sie auch erschlagen. Vielleicht sind Sie dann mit einer bereits festgelegten Zitatensammlung besser bedient. Entsprechende Literatur finden Sie auch auf diesem Weg oder über eine virtuelle Buchhandlung wie z.B. *www.amazon.de*.
- Günstig ist es, wenn Sie gleich zu Beginn etwas mit den Patienten unternehmen können. So könnten Sie etwa bei einem Patientenseminar zum Thema Diabetes einen Korb mit Lebensmitteln mitbringen und ihn gemeinsam mit den Patienten unter der Fragestellung „Welche dieser Nahrungsmittel sind für Diabetiker geeignet/ungeeignet?" ausräumen. So ist bereits jeder Teilnehmer involviert und keiner wird sich langweilen. Auch z.B. die Zubereitung einer Diabetesmahlzeit in einer Diabetiker-Gruppe oder Bewegungsübungen in einem Rückenschmerzen-Seminar lockern den Unterricht auf und motivieren zum Mitmachen.
- Es folgt die Vorstellungsrunde mit dem Ziel, Hemmungen und Ängste ab- und eine offene und vertrauensvolle Atmosphäre aufzubauen. Die meisten Personen werden den Seminarraum etwas unsicher betreten und versuchen, nicht aufzufallen. Man erwartet nun von Ihnen als Seminarleiterin die Initiative, durch eine Aufwärmphase Interesse zu wecken und Ängste abzubauen. Sie können z.B. die Gruppe auffordern, sich reihum mit Namen, den eigenen Erfahrungen zum Thema und/oder Erwartungen an das Seminar in vier oder fünf Sätzen vorzustellen. Das löst in der Regel etwas die Spannung – jeder hat etwas gesagt, jeder hat alle anderen einmal gehört und Sie haben Ihre Führungsrolle bewiesen.
- Eine zweite Runde gleich im Anschluss kann nach den Befürchtungen und Ängsten aber auch nach Wünschen und Vorstellungen fragen. Sie sollten diesen Punkten nach Möglichkeit in Ihrem Seminar Rechnung tragen und flexibel reagieren. Dies wird Ihnen bei Ihren ersten Seminaren wahrscheinlich etwas schwer fallen, mit zunehmender Erfahrung jedoch einfacher werden.
- Nennen Sie jetzt der Gruppe Ihr Seminarziel und halten Sie es z.B. auf einer Overhead-Folie fest, so dass alle Teilnehmer es die ganze Zeit über sehen und sich ins Gedächtnis rufen können.
- Wenn sich Ihr Ziel und die Teilnehmervorstellungen weitgehend decken, sollten Sie einen Überblick über den geplanten Ablauf und die Themen geben. Halten Sie diese ebenfalls auf Folie oder Flipchart fest.
- Leiten Sie nun mit einer offenen Frage in den Hauptteil des Seminars über. Die Frage sollte so gewählt sein, dass die Teilnehmer „angestoßen" werden, einen Beitrag zu leisten und eine Diskussion in Gang zu setzen.
  - *„Welche Erfahrungen haben Sie mit…?"*
  - *„Welche Probleme ergeben sich durch…?"*
  - *„Was belastet Sie am meisten?"*

  Am besten sammeln Sie noch weitere Fragen zu dem Thema, falls diese Beispiele nicht den nötigen Schwung bringen.

- Achten Sie während des gesamten Seminars darauf, dass Sie in einer allgemein verständlichen Sprache bleiben. Die Patienten sind es gewohnt, bei ihrem Arzt immer nur die Hälfte zu verstehen. Deshalb sollten Sie es jetzt besser machen. Begriffe, die für Sie selbstverständlich sind, können den Teilnehmern völlig unbekannt sein.

Umgang mit Folien und Overheadprojektoren

- Folien für Overheadprojektoren sollten so groß sein, dass Sie von jedem Platz eines Teilnehmers gesehen werden können. Bei der Einrichtung des Seminarraumes müssen Sie sich darüber Gewissheit verschaffen. Normalerweise ist die Schrift ausreichend groß bei 20–25 pt für den normalen Text, Überschriften etwas größer.
- Sie müssen auch sicherstellen, dass Sie sich so zum Projektor positionieren, dass alle Teilnehmer eine freie Sicht auf die Folien haben, die Sie auflegen werden. Dazu ist es günstig, sich im linken Gesichtsfeld des Publikums aufzuhalten, da unsere Lesegewohnheiten uns immer links oben beginnen lassen. Dadurch müssen dann die Augen des Publikums nicht so sehr zwischen Ihnen und der Folie hin- und herwandern, so dass die Aufmerksamkeit nicht unnötig abgelenkt wird.
- Achten Sie darauf, dass Sie ringsum etwa 2,5 cm Rand frei lassen, damit Sie nicht die Folie während des Vortrags auf dem Projektor hin- und herschieben müssen.
- Mit einem Tintenstrahl- oder Laserdrucker lassen sich Folien sehr gut am PC erstellen und ausdrucken. Speziell zu diesem Zweck ausgelegt ist z.B. das Programm PowerPoint.
- Handzeichnungen können Sie auf einem weißen Blatt Papier erstellen und anschließend auf eine kopierfähige Folie übertragen.
- Grundsätzlich sollte eine Folie übersichtlich gestaltet sein. Sie dient lediglich der Unterstützung und sollte Ihren Vortrag nicht ersetzen.
- Mit sog. Flipframes (Plastikhüllen mit Papprand) haben Sie die Möglichkeit, einen Teil des blendenden Projektorlichtes abzudecken und zusätzlich Notizen auf dem Folienrand anzubringen, die Sie bei Ihrem Vortrag unterstützen.
- Wenn Sie eine Folie aufgelegt haben, sollten Sie dem Publikum 10–20 s Zeit für die Betrachtung lassen. Lesen Sie die Folie nicht vor, sondern lassen Sie Ihre Rede um den Folieninhalt kreisen, so dass die Zuhörer den Text auf der Folie als Substrat dieses Redeabschnittes mitnehmen können.
- Sprechen Sie immer zum Publikum, nicht zum Overheadprojektor.
- Sie können auch eine Folie erst während Ihres Vortrags beschreiben. Das hat den didaktischen Vorteil, dass der Zuhörer die Entstehung miterlebt und Ihre Gedankengänge viel direkter nachvollziehen kann. Nachteilig ist jedoch, dass es nicht einfach ist, den Vortrag auf diese Weise zu gestalten. Sie müssen bedenken, dass Sie in gebeugter Haltung bei blendendem Licht einen leserlichen und übersichtlichen Text auf die Folie bringen müssen, der nicht mehr korrigiert werden sollte. Außerdem ist es auch eine kleine Kunst, die Folie so zu beschriften, dass Sie nicht mit der Hand den Text abdecken und weiterhin alles für den Zuhörer sichtbar ist. Es ist also unerlässlich, dass Sie dies zuvor einige Male üben.
- Das Abdecken von Folien und die schrittweise Offenlegung werden zwar immer wieder praktiziert, doch ist dies eher als unhöfliche Bevormundung der Teilnehmer anzusehen, wenn sie bestimmte Dinge wie kleine Kinder noch nicht sehen dürfen. Eine Ausnahme ist es, wenn Sie am Ende des „Striptease“ eine echte Pointe bieten können. Eleganter ist jedoch auf jeden Fall die Arbeit mit sog. Überlegern, also Folien, die auf eine andere aufgelegt wird und diese inhaltlich ergänzt bzw. erweitert. Bei mehr als drei Überlegern stoßen Sie jedoch an technische Grenzen.
- Wenn Sie farbige Stifte einsetzen, können Sie die Darstellungskraft von einer gut ge-

stalteten Folie noch verstärken. Allerdings sollten Sie hier nicht wahllos vorgehen, sondern sich im Vorfeld auch den Einsatz der Farben wohl überlegen und begründen können, sonst stiften Sie eher Verwirrung.

Umgang mit Diaprojektoren

Diaprojektoren sind für Patientenseminare eher weniger geeignet. Sie erinnern an die Vorführung von Urlaubsdias und der Zuschauer macht es sich bequem. Die erforderliche Dunkelheit im Raum trägt das ihrige dazu bei, dass sich jeder nur noch berieseln lässt. Außerdem werden Gedankenaustausch und Diskussionen in dieser Atmosphäre ohne Blickkontakte sehr schwer. Die festgelegte Reihenfolge bremst ebenfalls jede Möglichkeit, flexibel auf Teilnehmeräußerungen und Fragen einzugehen.

Umgang mit einem Flipchart

Das Flipchart ist ein hilfreiches Werkzeug für Präsentationen, Seminare und Brainstormings. Obwohl heute viele Redner sich mehr um technisch anspruchsvolle Beamer-Präsentationen bemühen, ist das Flipchart nach wie vor ein einfaches und sehr wirkungsvolles Medium. Der Einsatz von Hightech garantiert nicht immer auch einen hohen Präsentationserfolg. Die besten Animationen und Clip-Arts nutzen nichts, wenn die Ansprache der Zuhörer nicht funktioniert. Visualisierungen sollten Hilfsmittel für die Rede sein und sie nicht ersetzen. Der Redner füllt die Präsentation mit Leben. Die einfachsten Visualisierungen sind oft die besten.

Da Flipcharts keinen Strom benötigen, sind Sie sehr flexibel, und bei ausreichend Papier und Stiften müssen Sie sich keine Gedanken mehr um die Technik machen. Die Informationen werden direkt angeschrieben und wirken sehr lebendig und persönlich. Die Zuhörer können die Entstehung der Visualisierung selber beobachten und Veränderungen sind schnell und problemlos möglich. Die entstandenen Blätter können nach dem Seminar oder nach einem Teilabschnitt im Raum aufgehängt werden und so noch eine ganze Weile als Erinnerungshilfe der Zuhörer genutzt werden.

- Ein Flipchart können Sie bei einer Präsentation oder Schulung auch als heimlichen Merkzettel verwenden. Notieren Sie sich Stichpunkte oder während des Seminars gestellte Fragen einfach mit einem Bleistift auf dem Flipchart-Papier. Die Notizen sind für das Publikum praktisch unsichtbar und stören nicht. Sie hingegen können sie wunderbar lesen.
- Verwenden Sie ausreichend dicke Filzstifte und prüfen Sie, wie groß Sie schreiben müssen, damit auch die hinteren Reihen noch alles gut lesen können.
- Vergewissern Sie sich vor dem Beginn der Veranstaltung, dass ausreichend Papier und Stifte vorhanden sind. Überprüfen Sie außerdem, dass die Stifte nicht eingetrocknet sind. Am besten nehmen Sie zur Sicherheit Ihre eigenen mit.
- Bemühen Sie sich um eine gute Schrift, am besten in Druckbuchstaben.
- Reden Sie nicht zu dem Flipchart. Wenden Sie sich den Zuhörern zu, wenn Sie etwas sagen wollen und tun Sie dies nicht während Sie das Flipchart beschriften.
- Verwenden Sie nach Möglichkeit liniertes oder kariertes Papier, damit Ihre Texte und Grafiken einigermaßen Form haben. Praktisch ist ebenfalls an der Kopfseite perforiertes Papier, das wie bei einem Notizblock abgetrennt werden kann.
- Verwenden Sie nur Stifte mit kräftigen Farben (Schwarz, Rot, Grün, Blau). Helle Farben wie Gelb, Hellgrün oder Orange sind besonders bei ungünstigen Lichtverhältnissen kaum zu lesen und rufen nur Unmut bei den Zuhörern und Frust bei Ihnen hervor. Bei Stiften mit keilförmiger Spitze können Sie noch die Schriftstärke variieren.
- Fassen Sie sich am Flipchart immer kurz. Es ist am besten geeignet, um Stichpunkte festzuhalten oder Zusammenhänge mit Hilfe von Linien darzustellen. Möchten Sie hingegen umfangreichere Sachverhalte darlegen, dann verwenden Sie besser einen Over-

head-Projektor mit vorbereiteten Folien oder ein Präsentationsprogramm.

- Wenn Sie bereits wissen, dass Sie bestimmte grafische Darstellungen während des Seminars aufzeichnen wollen, sollten Sie zuvor einen Entwurf im Din-A-4-Format anfertigen. Sind die Anforderungen an die Grafik sehr hoch (oder ist Ihr zeichnerisches Talent gering ausgeprägt), können Sie mit Bleistift und Radiergummi die Grafik vorzeichnen, um die Darstellung während des Vortrags sicher entwickeln zu können. Die Abstände zwischen Bildelementen lassen sich bei wenig Übung auf diese Weise besser abschätzen.
- Als Rechtshänder bauen Sie das Flipchart links von sich auf, damit Sie es beim Schreiben weniger stark verdecken.
- Geben Sie jeder Seite eine Überschrift.
- Bei mehr als zwanzig Zuhörern sollten Sie eventuell auf einen Overhead-Projektor ausweichen, was erfahrungsgemäß die Lesbarkeit für die weiter hinten sitzenden Teilnehmer verbessert.

Beispiele für Fragen und Antworten

Rückenschule

- *„Wie ist unser Rücken aufgebaut?“* – Hier sind Schautafeln oder ein Skelett hilfreich.
- *„Wie kommen Rückenprobleme zu Stande?“* – Z. B. durch Überbelastung von Bändern und Sehnen, Fehlhaltung, Unfälle.
- *„Wie kommt es zu Überlastungen?“* – Ungünstige Körperhaltung, Übergewicht, falsches Bewegen, falsches Heben und Tragen.
- *„Was kann man selbst tun?“* – Arbeitsplatz überprüfen, sich aufrecht halten, auf das Gewicht achten.
- *„Kann man Sport treiben?“* – Schwimmen ist sehr gut für Patienten mit Rückenleiden, allerdings ist das Rückenschwimmen dem Brustschwimmen vorzuziehen; Radfahren, Skilanglauf. Ungünstige Sportarten sind die, die im Hinblick auf den Rücken abrupte und exzessive Leistungsspitzen mit sich bringen, z.B. Golfspielen oder auch der alpine Skilauf.

Asthmaschulung

- *„Was ist Asthma?“* – Wir erklären den Aufbau und die Funktion der Atemwege mit Hilfe von Schautafeln.
- *„Kann ich als Asthmatiker überhaupt Sport treiben?“* – Die Antwort ist ganz klar: „Ja, Sie sollen sogar“. Durch regelmäßige körperliche Betätigung werden Atmung und Muskulatur trainiert und der Kreislauf in Schwung gehalten. Aber nicht jede Sportart ist geeignet, günstig sind jene Sportarten, bei denen der Asthmatiker den Grad der Belastung selbst steuern kann.
- *„Welches sind typische Asthmaauslöser und wie kann ich sie vermeiden?“* - Halten Sie die Raumluft möglichst staubfrei, verbannen Sie Staubfänger wie Teppichböden, Federkissen, Tierfelle, dicke Vorhänge. Haushalts- und Hygienesprays sollen innerhalb der Wohnung nicht mehr verwendet werden.
- *„Muss ich das Rauchen wirklich einstellen?“* – Ein Asthmatiker darf nicht rauchen, auch das Passiv-Rauchen ist für ihn gefährlich!
- *„Soll ich Hunde und Katzen meiden?“* – Haustiere können sowohl Asthma verursachen als auch vorhandenes Asthma verstärken.

Adipositasschulung

- *„Lieber rund und gesund als schlank und krank – Warum soll ich überhaupt abnehmen?“* – Übergewicht ist nicht nur ein „Schönheitsfehler“ sondern auch Mitauslöser für viele Krankheiten.
- *„Das schaffe ich nie!“* – Setzen Sie sich gemeinsam mit den Patienten Ziele, die in einer überschaubaren Zeit erreichbar sind.
- *„Ich soll mehr Spaß an mehr Bewegung haben?“* – Hierfür sechs gute Gründe:
  - Sie nehmen schneller an Gewicht ab.
  - Sie werden Spaß an der Bewegung haben und Ihre Stimmung wird sich verbessern.
  - Sie verbessern Ihre Gesundheit.
  - Sie lernen neue Menschen kennen.
  - Sie vermeiden Ex-Fett-Falten.
  - Sie halten das Gewicht nach einer Diät.

B4 PRAXISZEITUNG ERSTELLEN

ALLGEMEINES

Sie und Ihre Mitarbeiter benötigen viel Zeit für die Beratung Ihrer Patienten über außervertragliche Leistungen, Spezialitäten Ihrer Praxis und viele andere Themen, die nicht direkt Diagnose, Therapie und Terminvereinbarung betreffen. Mit einer Praxiszeitschrift können Sie Ihre Patienten sehr gut außerhalb Ihrer Behandlungszeiten beraten. Eine regelmäßig z.B. 4-mal jährlich erscheinende Praxiszeitung verbessert außerdem die Darstellung Ihrer Praxis nach außen. Informieren Sie Ihre Patienten nicht nur über Ihr Leistungsspektrum, sondern auch über andere Themen, die Ihnen am Herzen liegen.
Sie haben mit einer Praxiszeitung eine gute und attraktive Möglichkeit, den Patienten mehrmals im Jahr sachliche medizinische Informationen über Ihre Praxis und auch andere Themen an die Hand zu geben. Änderungen in der Praxisorganisation, Sprechstundenzeiten, Urlaub, Mitarbeiterwechsel – alle diese Dinge können hervorragend in einer Zeitung präsentiert werden. Mit den heutigen Möglichkeiten, die jeder durchschnittliche PC und die dazugehörige Textverarbeitungssoftware bieten, können Sie einfach und preiswert eine solche Zeitung erstellen. Dabei können 1–3 Seiten absolut ausreichend sein. Vielleicht haben Sie ja schon Erfahrung mit der Erstellung eines Faltblatts für die Praxis. Analog hierzu können Sie eine solche Zeitung angehen.

HINWEISE ZUR ERSTELLUNG EINER PRAXISZEITUNG

- Gehen Sie zielgruppenorientiert vor. Überlegen Sie sich eine Reihe von Themen, die speziell für Ihre Patienten relevant sind. Wenn Sie sich in einer Team-Sitzung damit befassen, werden Sie erstaunt sein, wie viele Themen dort angedacht und vorgeschlagen werden. Widerstehen Sie aber dann der Versuchung, alles in die erste Ausgabe packen zu wollen – im Gegenteil: Teilen Sie sich die Themen gut ein und erzeugen Sie kleine Serien, wie z.B. über die Mitarbeiter oder spezielle Praxisleistungen. Aufklärerische Themen zu Gesundheitsfragen sollten jedoch immer abgeschlossene Beiträge sein.
- Lassen Sie von sich und Ihren Kollegen für eine Rubrik „Mitarbeiterporträt“ aktuelle Fotos anfertigen. Eventuell sind auch gelungene „Urlaubsfotos“ möglich. Seien Sie aber gerade bei der Bildauswahl sehr kritisch. Personenfotos für eine Praxiszeitung sollten weder zu privat aussehen noch aus dem nächsten „FotoFix“-Automaten am Bahnhof stammen.
- Sie können auch die Patienten zu Wort kommen lassen – sei es in einer eigenen Rubrik oder indem Sie Anregungen zu medizinischen oder organisatorischen Problemen aufgreifen und für alle beantworten.
- Stellen Sie in jeder Ausgabe z.B. einen Punkt aus Ihrem Leistungsspektrum vor.
- Daneben ist natürlich reichlich Platz für interessant aufgemachte medizinische Informationen rund um die diagnostischen und therapeutischen Themen zu den Schwerpunkten Ihrer Praxis.
- Wichtige Nachrichten und Meldungen aus der Gesundheitspolitik, besonders mit Blick auf die unaufhörliche Diskussion um Krankenkassenbeiträge und Kostenübernahmen sichern eine interessierte Leserschaft.
- Nicht zuletzt ist die Praxiszeitung ein perfektes Instrument, um über IGEL-Leistungen in Ihrer Praxis zu informieren.
- Vielleicht nutzen Sie das Blatt auch für Aufklärung der Patienten zu organisatorischen Problemen, die dem Patienten nicht immer unmittelbar einleuchtend sind. Aus Patientensicht ist das Thema Wartezeit vordringlich. Verständnisvolle und freundliche Artikel zu diesem Thema können hier für die Zukunft eine deutliche Abnahme von Spannung und Nervosität während der Sprechstunde bewirken.
- Weitere Themen ergeben sich in Anlehnung an die Schwerpunkte Ihrer Praxis. Wenn Sie

viele Patienten mit ernährungsmedizinischen Fragen und Stoffwechselerkrankungen haben, sind vielleicht gesunde Kochrezepte interessant. Auch Berichte über vegetarisch lebende Prominente wirken sich möglicherweise zusätzlich motivierend im Hinblick auf eine gesunde Ernährung aus. Eine orthopädische Praxis kann ihren Patienten gymnastische Übungen oder geeignete Sportarten vorstellen. Auch Buchbesprechungen zu bewegungstherapeutischen oder entspannungstechnischen Fragen können für solche Patienten interessant sein.

- „Füllmaterial“ können Cartoons, Weisheiten und Zitate oder einfach besinnliche Texte sein.
- Sie können Umfragen zur Patientenzufriedenheit in der Zeitung platzieren.
- Holen Sie (möglichst ehrliche) Meinungen zu der Zeitschrift ein, um sie stärker auf die Bedürfnisse Ihrer Patienten zuschneiden zu können und sie damit immer interessanter zu machen.

Dr. Senger's Praxiszeitung für Sie – zum Mitnehmen – No. 7

VITADERM

Herbst 2001

Informationen zur Gesundheit und Ästhetik der Haut
Allergie – Venerologie – Umweltmedizin – Praxis-News + Events

Liebe Patientin, lieber Patient,

die Gesundheit ist unser wichtigstes Gut. Oft weiß man dies erst zu schätzen, wenn eine Krankheit vorliegt und wir uns wieder danach sehnen, gesund zu werden. Ob ambulante ärztliche Hilfe, notärztliche Versorgung, stationärer Aufenthalt oder Kur: als Patient erwarten Sie, dass Sie **bestmöglich** [illegible] Zukunft? Noch zu Beginn der 90-er Jahre bestand ein System der Gesundheitsversorgung, bei dem der Patient fast alles medizinisch mögliche erhalten hat, scheinbar ohne wirtschaftliche Grenzen.

In den darauffolgenden Jahren wurde durch die Kohl-Regierung ein Konzept der **Budgetpolitik** eingeführt, um die Gesundheitsausgaben zu begrenzen. Dem Patienten wurde hierbei verschwiegen, dass diese Politik zu einer **schlechteren medizinischen Versorgung** führen wird, wie dies jetzt auch im aktuellen **Bericht des Sachverständigenrates im Gesundheitswesen** offen gelegt wurde. Während die SPD-Regierung als „Kostenbremse“ den bisher freien Zugang zum Facharzt durch einen Hausarztbonus verhindern möchte, kommen von Seiten der CSU andere Konzepte der Eigenbeteiligung der Patienten in die Diskussion.

Meines Erachtens ist es jetzt höchste Zeit, den Patienten zu fragen. Denn es ist schließlich seine Gesundheit und sein Geld, um das es hier geht. Diese Diskussion ist seit Jahren überfällig und muß nun geführt werden. Wir brauchen ein Gesundheitssystem, welches für alle Beteiligten **einfach** und **überschaubar**, **sozial** und **bezahlbar** ist. Und wir sollten nicht noch weitere Jahre darauf warten müssen.

Zu den **Kernelementen einer Reform** gehören meines Erachtens:

- Förderung der Konzepte zur **Gesunderhaltung und Vorsorge**
- **Aufklärung und Information** der Patienten
- **Transparenz** der Leistungen und Kosten
- Demokratisierung durch mehr **Eigenverantwortung** und **Eigenbeteiligung** aber auch **mehr Mitsprache der Patienten** in den Entscheidungsgremien

freie Arztwahl – keine Gängelung durch Krankenkassen

- **bedarfs- und qualitätsgerechte Patienten-Versorgung**

Ich würde es begrüßen, auch bei Ihnen das Nachdenken über ein besseres Gesundheitssystem anstoßen zu können, denn

nichts ist so wertvoll wie die Gesundheit

meint Ihr Hautarzt Dr. med. Erik Senger

Ana Weber

ist unsere Kosmetikerin und Spezialistin für Hautreinigung, Hautpflege und Ästhetikberatung. Ein weiteres Spezialgebiet sind Bindegewebsmassagen, die nicht nur verjüngend wirken, sondern auch sehr entspannend sind.
Durch Fortbildungen hat sie sich ein breites Wissen und Know how im Rahmen der medizinischen Kosmetik angeeignet. Ihre geschickten Hände und ihre liebenswerte Art können unsere Patienten jeweils mittwochs und freitags erleben.

Update unserer Web-Site

Wir haben unsere Web-Site aktualisiert und ausgebaut. Auf der Site **Unser Team** können Sie jetzt mehr über die MitarbeiterInnen der Praxis erfahren. Unter **Veröffentlichungen** informieren wir Sie über eigene wissenschaftliche Arbeiten und PR-Arbeit. **Fragen sie uns** soll Ihnen ein bisschen die Schwellenangst für Ihre Fragen nehmen. **Ärzteforum** dient dem fachlichen Austausch mit unseren ärztlichen Kollegen.

Das Ei auf Beinen...

ist kein Abfallprodukt der Genforschung, sondern eine besonders lichtstarke und hochauflösende **Web-Cam**, mit der wir auch feine Hautdetails im Life-Bild darstellen. Möglich ist auch hiermit eine **Online-Konferenz** mit Ihnen oder mit unseren ärztlichen Kollegen. Weitere Informationen finden Sie hierzu unter hautarzt-senger.de/de/_dkontakt.htm.

Hast

Ach, was sind wir dumme Leute
wir genießen nie das Heute
unser ganzes Menschenleben
ist ein Hasten und ein Streben,
ist ein Bangen, ist ein Sorgen
heute denkt man schon an Morgen,
Morgen an die spät're Zeit
und kein Mensch genießt das Heut'
auf des Lebens Stufenleiter
eilt man weiter, immer weiter.

Nutz den Frühling deines Lebens
leb im Sommer nicht vergebens
denn gar bald stehst Du im Herbste
bis der Winter naht, dann sterbste.
und die Welt geht trotzdem heiter
immer weiter, immer weiter...

OTTO REUTTER*

*Mehr über Otto Reutter finden sie unter www.como.de/reutter/nav_home.html

Lebenskunst

Die wahre Lebenskunst besteht darin, im Alltäglichen das Wunderbare zu sehen.

Pearl S. Buck,
(1892-1973), amerikanische Schriftstellerin, Literatur-Nobelpreis 1938

Neue digitale Kamera

Mit der Coolpix 995 von Nikon steht uns jetzt eine Spitzenkamera zur Verfügung, die durch hochauflösende 3,34 Mega-Pixel jedes Hautdetail für die Verlaufs-Dokumentation von Haut-, Haar und Nagelbefunden sowie für Vorher-Nachher-Bilder nach Operationen oder Behandlungen kenntlich macht.

Interview für Radio Regenbogen

Am 31.7. befragte Radio Regenbogen Dr. Senger zum Thema „Gefahren beim Sonnenbaden“.

Vitaderm-Praxiszeitung

Für die Abdruckgenehmigung bedanken wir uns herzlich bei Dr. Erik Senger, Rödermark.

Notizen

DESINFEKTION UND HYGIENE IN DER PRAXIS C

Notizen

C1 HYGIENISCHE HÄNDE-DESINFEKTION

ALLGEMEINES

Hände sind die wichtigsten Keimüberträger beim Umgang mit dem Patienten. Die hygienische Händedesinfektion ist somit die wichtigste Maßnahme zum Schutz des Patienten als auch zu Ihrem eigenen Schutz.
Die hygienische Händedesinfektion führen Sie durch:
- vor und nach einem Verbandwechsel
- vor und nach Kontakt mit Eintrittsstellen von Kathetern, Drainagen u.ä.
- nach Kontakt mit Blut, Sekreten oder Exkreten
- vor der Assistenz bei invasiven Eingriffen (z.B. Lumbalpunktion, Angiographie). Dies gilt auch dann, wenn bei den Eingriffen sterile Handschuhe getragen werden müssen.
- nach Kontakt mit Patienten, von denen Infektionen ausgehen können
- nach Kontakt mit kontaminierten Flächen oder Gegenständen (z.B. Beatmungszubehör, Steckbecken, Arbeitsflächen).

HINWEISE ZUR HYGIENISCHEN HÄNDE-DESINFEKTION

- Eine sichtbare Verschmutzung der Hände ist vor der Desinfektion zunächst mit Desinfektionsmittelgetränktem Zellstoff o.ä. zu entfernen!
- Nehmen Sie zur alkoholischen Händedesinfektion 2–3 Hübe (ca. 3 ml) aus einem Wandspender in die trockene Hohlhand und verteilen Sie die Flüssigkeit auf beiden Händen einschließlich Fingerzwischenräumen und Unterarmen. Befolgen Sie die Einwirkzeit von mindestens 30 s!
- Desinfizieren Sie die Hände, insbesondere an den Nagelseiten und am Handgelenk, gründlich.
- Die Mindesteinwirkzeit von 30 s reicht für die Inaktivierung einiger resistenter Erreger wie z.B. Mykobakterien nicht aus und muss hier für insgesamt 60 s durchgeführt werden.
- Schmuck an den Händen beeinträchtigt die Wirkung der Händedesinfektion und kann überdies zu Hautschäden führen. Armbanduhren und Armreife können bei der Pflege und Behandlung von Patienten zu Verletzungen führen und werden abgelegt.
- Geben Sie das Desinfektionsmittel nicht in nasse Hände.
- Planen Sie die Arbeiten, so dass Sie unnötige Händewaschungen vermeiden.
- Weitere nützliche hygienische Maßnahmen:
  - kurzgeschnittene Fingernägel
  - tägliche Nagelpflege
  - keine Uhren
  - keine Ringe
  - keine überlangen Ärmel
  - Papierhandtücher aus Spender
  - Abwurfeimer.
- **Hautschädigung durch häufiges Waschen**: Gutes Abtrocknen und regelmäßige Hautpflege mit geeigneten Salben. Verwenden Sie aufeinander abgestimmte Produkte, damit die Haut optimal gepflegt wird.
- **Hauterkrankung (z.B. Panaritium (Nagelumlauf), Allergie oder Ekzem)**: Keine Arbeit am Patienten, weil das Ansteckungsrisiko erhöht ist.
- Literaturempfehlung: „Meine Hände sind sauber. Warum soll ich desinfizieren?“ Euridiki, mhp-Verlag GmbH Wiesbaden, ISBN 3-88681-028-3.

C2 HAUTDESINFEKTION

ALLGEMEINES

Die Hautdesinfektion dient der weitgehenden Reduktion der Hautflora des Patienten. Damit soll verhindert werden, dass bei einem Einschnitt oder einer Punktion infektionsfähige Erreger von der Haut in tiefere Gewebeabschnitte verlagert werden und dort zu Infektionen führen.

Das Vorgehen ist für folgende Maßnahmen gültig:
- intrakutane Injektion
- subkutane Injektion
- intramuskuläre Injektion
- intravenöse Injektion
- kapilläre Blutentnahme
- venöse Blutentnahme
- arterielle Blutentnahme.

Bei Operationen oder Punktionen von Körperhöhlen und Gelenken wird mit Hautreinigung, Enthaarung und Entfettung (mit Waschbenzin) begonnen, bevor man dann ein Desinfektionsmittel (z.B. PVP-Jod) zweimal für jeweils 2,5 min einwirken lässt (*siehe auch G4, Chirurgische Händedesinfektion*).

DURCHFÜHRUNG

- Unterscheiden Sie zwischen Händedesinfektionsmittel und Hautdesinfektionsmittel. Händedesinfektionsmittel enthalten rückfettende Substanzen, die bei der Hautdesinfektion die Haftung von Pflastern behindern würden.
- Sprühen Sie die Haut satt mit Hautdesinfektionsmittel ein und lassen Sie es bis zur Trocknung einwirken (ca. 30 s).
- Sie können auch einen mit einem Hautdesinfektionsmittel getränkten, sterilisierten Tupfer verwenden und damit die Haut abreiben. Auch hier warten Sie ca. 30 s ab.
- Die Einstichstelle darf anschließend nicht mehr berührt werden.

C3 INFEKTIONS-PROPHYLAXE

ALLGEMEINES

Die Erreger von Infektionen, ganz gleich, ob Bakterien oder Viren, treten über die Schleimhaut in den Organismus über. Demnach sind also leicht zugängliche Schleimhäute wie die Atemwege, die Bindehaut der Augen und der Urogenitaltrakt bevorzugte Eintrittspforten. Geschädigte Haut ist ebenfalls ein willkommener Zugangsweg für Infektionserreger. Hierzu bedarf es keiner offenen Wunde, sondern es reichen mitunter Schürfungen, Pickel, ekzematöse Veränderungen und Reizungen z.B. durch einen Sonnenbrand. Bei Selbstverletzung mit infizierten Materialien kann es auch bei gesunder Haut zu Infektionen kommen.

Eine erhöhte Infektionsgefahr besteht in folgenden Arbeitsbereichen:
- Operationseinheiten
- Endoskopie-Einheiten
- medizinisches Labor
- Lungenfachpraxen.

DURCHFÜHRUNG

- Sorgen Sie dafür, dass sich an den Stellen, an denen Sie mit infektiösen Materialien arbeiten, auch die Mittel zur Desinfektion befinden, also z.B. Desinfektionsmittelspender, Seifenspender und Einmalhandtücher neben dem Waschbecken.
- Kanülen werden nie in ihre Hülsen zurückgesteckt. Fast die Hälfte aller Stichverletzungen in der Medizin entstehen durch diesen leicht zu vermeidenden Fehler. Gebrauchte Kanülen werden in dafür vorgesehenen Behältern entsorgt (*siehe C4, Desinfektion und Hygiene in der Praxis*).
- Nehmen Sie Ihre Arbeit mit Kanülen, Skalpell, Spritzen und Ampullen ernst und schaffen Sie optimale Arbeitsbedingungen für diese Tätigkeiten. Sorgen Sie für eine weitestgehend ungestörte Arbeitsumgebung sowie gute Licht- und Sichtverhältnisse.

- Tragen Sie bei Laborarbeit mit Blut und anderen möglicherweise infizierten Substanzen und Gegenständen immer Einmalhandschuhe. Beachten Sie, dass jedes Patientenmaterial als infektiös angesehen werden muss.
- Vermeiden Sie es, sich während des Arbeitens in infektionsgefährdeten Bereichen ins Gesicht zu fassen.
- Tragen Sie während der Arbeit im Labor oder im OP keinen Schmuck an Händen und Unterarmen, da sich z.B. unter Ringen, Uhren und Armreifen leicht Krankheitserreger sammeln können. So können z.B. auch die Handschuhe durch den Schmuck geschädigt werden. Im Übrigen würden Sie durch das Tragen von Schmuck an Händen und Unterarmen gegen die Unfallverhütungsvorschriften verstoßen.
- Offiziell ist der Praxisinhaber für die Ausstattung mit Schutzkleidung und deren Pflege und Reinigung verantwortlich.
- In jeder Praxis muss ein Hygieneplan vorhanden sein, auf dem erkennbar ist, welche Hygienemaßnahme mit welchen Desinfektions- oder Reinigungsmitteln durchzuführen ist *(siehe folgende Seite)*.
- Tragen Sie Ihre Schutzkleidung geschlossen (und keine offenen Kittel wie im Fernsehen). Bei kurzen Ärmeln ist das Waschen und Desinfizieren von Händen und Unterarmen einfach durchzuführen. Zu lange Ärmel müssen gekürzt werden.
- Falls Sie selbst mit Erbrochenem oder Blut verschmutzt sind, wird zuerst der Patient gesichert (z.B. Lagerung bzw. Stauschlauch lösen, Nadel entfernen).
- Verschmutzte Kleidung muss gleich nach der Sicherung des Patienten gewechselt werden, damit die unterliegende Kleidung nicht ebenfalls verunreinigt wird. Die verschmutzte Kleidung muss mit einem desinfizierenden Reinigungmittel gewaschen werden.
- Tragen Sie die Berufskleidung nicht in Speise- oder Aufenthaltsräumen.
- Bewahren Sie Ihre Schutzkleidung nicht mit der privaten Kleidung zusammen auf.
- Aerosole sind feste und flüssige Schwebstoffe in der Luft, wie sie z.B. beim Reinigen infektiöser Instrumente oder beim Verschütten von (Körper-)Flüssigkeiten entstehen können. Vor dem Einatmen dieser möglicherweise infektiösen Stoffe schützen Sie sich durch das Tragen eines Mundschutzes.
- Aerosole bilden sich ebenfalls bei der Sprühdesinfektion. Achten Sie darauf, Ihre Atemwege nicht übermäßig zu belasten. Wenden Sie die Wischdesinfektion an, wo es möglich ist.
- Desinfizieren Sie bei häufigem Händeschütteln oft Ihre Hände und waschen Sie sie mit einem für den medizinischen Bereich geeigneten Reinigungsmittel, wenn es notwendig ist. Händewaschungen sind nur dann notwendig, wenn spürbare oder sichtbare Verschmutzungen vorliegen. So schützen Sie nicht nur sich selbst, sondern Sie vermeiden auch die Übertragung von Keimen auf einen anderen Patienten.
- Bedenken Sie, dass auch Keime, die Ihnen bei guter Gesundheit oder wegen einer Impfung nichts anhaben können, für Patienten mit einer Abwehrschwäche (z.B. Tumortherapie mit Zytostatika), einer Cortison-Behandlung oder AIDS unter Umständen sehr gefährlich sein können.
- Metallische Instrumente wie Spekulum-Blätter, Scheren (immer geöffnet!) und Pinzetten müssen nach Patientenkontakt in ein Bad mit Desinfektionslösung gegeben werden. Beachten Sie die jeweilige Gebrauchsanweisung des Herstellers für das Desinfektionsmittel (Konzentration, Einwirkzeit, Haltbarkeit der angesetzten Lösung). Je nach Einsatz der Instrumente wird eine anschließende Sterilisation erforderlich.

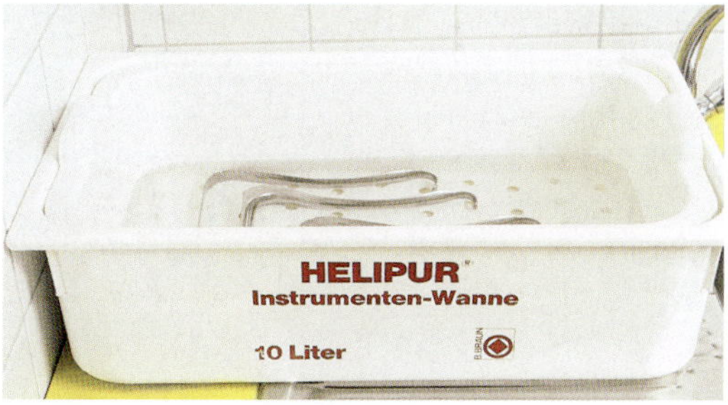

Bad für Desinfektionslösung

Hygieneplan für die Arzt-Praxis

„Der Unternehmer (d.h. der Arzt) hat für die einzelnen Arbeitsbereiche Maßnahmen zur Desinfektion, Reinigung und Sterilisation sowie zur Ver- und Entsorgung schriftlich festzulegen und ihre Durchführung zu überwachen." (gem. §9 UVV)

WAS	WANN	WIE
Hygienische Händedesinfektion	Vor- und nach Patientenkontakt, nach Kontakt mit Blut und kontaminiertem Material, vor Blutabnahmen, Verbandwechsel, etc.	In Hände einreiben bis zur vollständigen Auftrocknung
Chirurgische Händedesinfektion	Vor invasiven Eingriffen in der Praxis bzw. Tagesklinik	In Hände und Oberarme einreiben bis zur vollständigen Auftrocknung
Händereinigung / Waschen	Nach Bedarf bzw. bei Kontamination	Hände und Unterarme mit Wasser waschen, Fingernägel mit Bürste gründlich reinigen
Hände-/Hautpflege	Bei Bedarf, mehrmals täglich	In die Hände / Haut einmassieren
Hautdesinfektion	Vor allen Injektionen, Blutabnahmen	Desinfektionsmittel auf die Haut satt aufsprühen, Hautbereich gut nachwischen. Antrocknen lassen
Schleimhaut-Desinfektion	Vor diagnostischen Maßnahmen im Urogenitalbereich, vaginalen Eingriffen, prä-, intra- und postnatalen Eingriffen	Schleimhautbereich mit getränkten, sterilen Tupfern unverdünnt abstreichen
	Desinfektion Sofort nach Gebrauch	Instrumente sofort in Lösung einlegen und vollständig benetzen. Lösung täglich erneuern. Nach Aufbereitung der Sterilisation zuführen
Allgemeine und Chirurgische Instrumente	Reinigung	Nach Desinfektion in Lösung einlegen
Masken, Schläuche, Anästhesiezubehör, Endoskope	Sofort nach Gebrauch	Material sofort in Lösung einlegen und vollständig benetzen. Lösung täglich erneuern
Fußboden im Behandlungszimmer	Nach Dienstschluss und bei Bedarf	Mit Desinfektionsmittellösung nach Zweieimer-Wischmethode wischen. Antrocknen lassen
Geräte, Untersuchungstische, Behandlungsstuhl im Bereich der Liegefläche	Nach Kontamination und arbeitstäglich	Lösung aufsprühen, bis Oberfläche vollständig benetzt. Abtrocknen lassen. Bei Bedarf Wischdesinfektion durchführen
Toiletten, WC-Becken, Brille	Nach Dienstschluss und bei Bedarf	Mit Desinfektionsmittellösung wischen. Abtrocknen lassen
Abfall	Nach Bedarf Desinfektion	Sammeln. Spitze, scharfe und zerbrechliche Gegenstände dürfen nur sicher umschlossen in den Abfall gegeben werden (§ 13 UVV)

- Stellen Sie sicher, dass Sie zumindest gegen Poliomyelitis, Hepatitis B, Tetanus und Diphtherie geimpft sind. Dies gilt im Übrigen für alle Mitarbeiter einer ärztlichen Praxis einschließlich der Reinigungskräfte. Gerade diese können sich leicht an einer achtlos weggeworfenen Kanüle in einem Müllsack verletzen. Die Kosten trägt die Praxis.

TIPPS UND TRICKS

- Schützen Sie auch im Alltag die Haut Ihrer Hände, z.B. durch vorsichtige Maniküre, Handschuhe bei Haus- und Gartenarbeit und Vermeidung von Sonnenbrand.
- Auch wenn selten befolgt, bleibt es doch sinnvoll, auch bei gesunden Augen eine Schutzbrille oder eine normale Brille mit Fensterglas aufzusetzen, um Spritzer in die Augen beim Umgang mit Körperflüssigkeiten zu vermeiden.
- Nehmen Sie an einer arbeitsmedizinischen Vorsorgeuntersuchung teil, die zunächst nach 12 und dann nach 36 Monaten angesetzt wird. Befürchten Sie einen Zusammenhang zwischen einer Erkrankung und Ihrer Arbeit, können Sie eine arbeitsmedizinische Untersuchung verlangen, deren Kosten die Praxis trägt.
- Lassen Sie sich bei der Reinigung der Geräte im Zweifel vom Hersteller beraten, der natürlich die jeweils beste Pflege für das Gerät kennt (*siehe E1, Gerätewartung*).

PROBLEME UND SONDERFÄLLE

- **Fahrradergometer:** Griffe, Elektroden und Sattel sind regelmäßig zu reinigen.
- **Reizstromgeräte:** Desinfektion, insbesondere der Elektroden.

Umgang mit sterilen Materialien

- Kehren Sie dem Material nicht den Rücken zu.
- Sprechen Sie nicht über sterilem Material.
- Halten Sie den Abstand zu sterilem Material immer möglichst groß.
- Durchzug und andere starke Luftbewegungen sollen wegen Staubaufwirbelung vermieden werden.
- Eine Materialentnahme aus Trommeln und Kästen erfolgt nur mit sterilen Greifinstrumenten. Kanten und Ränder der Innenseite sind als infektiös zu betrachten.
- Führen Sie die Materialentnahme erst unmittelbar vor dem Einsatz durch. Heben Sie dabei den Behälterdeckel lediglich ab, ohne ihn abzulegen.

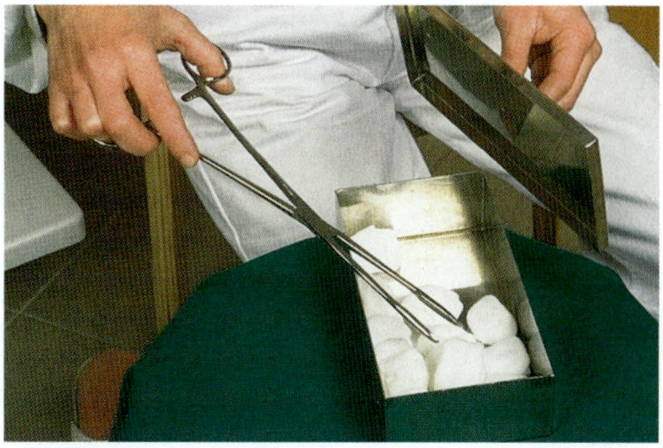

- Arbeiten Sie mit sterilen Materialien immer auf einer sterilen Arbeitsfläche (Abdecktuch).
- Behälter, die unsteril geworden sind, werden deutlich gekennzeichnet.

INTERNET

- *http://www.bc-verlag.de/uvven/103/ titel.htm*
- *http://www.e-bgb.de/haftungsrecht/Arbeits7 unfall/Arbeitsunfall.html*

C4 DESINFEKTION UND HYGIENE IN DER PRAXIS

ALLGEMEINES

Hygieia war die griechische Göttin der Gesundheit. Die Erkenntnis, dass sich bestimmte Krankheiten durch Einhaltung hygienischer Regeln vermeiden lassen, setzte sich jedoch erst Mitte des 19. Jahrhunderts durch. Der österreich-ungarische Arzt Semmelweis konnte das oft tödliche Wochenbettfieber vieler Frauen nach der Geburt durch einfache hygienische Maßnahmen deutlich reduzieren. Heute ist daraus der Krieg gegen Krankheitserreger geworden. Insbesondere Krankenhäuser und Arztpraxen sind Orte, an denen sich viele Menschen mit übertragbaren Krankheiten und entsprechend vielen Krankheitserregern aufhalten.

VORBEREITUNG

- Die regelmäßige Reinigung und Desinfektion von Fußboden, Waschbecken, Toilette, Anrichten und Arbeitsflächen erfolgt durch die Reinigungskraft. Allerdings sollten Verunreinigungen mit Blut oder anderen – möglicherweise infektiösen – Substanzen sofort von Ihnen beseitigt werden und dulden keinen Aufschub bis zum Eintreffen der Reinigungskraft.
- Führen Sie Schmutzarbeiten zu Ihrem eigenen Schutz vor Kontaminationen nur mit Handschuhen durch.

DURCHFÜHRUNG

Toilette

- Kontrollieren Sie in regelmäßigen Abständen den Zustand der Toilette. Es macht für Ihre Praxis keinen guten Eindruck, wenn Patienten sich über den unsauberen Zustand der Toilette beklagen müssen.
- Die Toilette ist auch ein wichtiger Übertragungsort von Keimen vom einen auf einen anderen Patient (z.B. Salmonellen, Rota-Viren, Hepatitis A). Gewöhnlich besitzt jede Praxis eine eigene Patiententoilette. Hier wäre es angebracht, die Möglichkeit einer Sprühdesinfektion (z.B. mit Sagrotan) zu bieten, so dass zumindest in regelmäßigen Abständen die Toilettenbrille desinfiziert werden kann. Achten Sie ebenfalls auf eine regelmäßige Desinfektion der Türgriffe.
- Richten Sie auch das Waschbecken für die Patienten mit Seifenspender, Einmalhandtüchern, Mülleimer mit Fußhebeln und Desinfektionsmittelspender ein.
- Besitzt Ihre Praxis eine Durchreiche von der Toilette ins Labor, z.B. für Urinproben, so muss dieses Fach sehr sorgfältig kontrolliert und häufig desinfiziert werden. Hier ist ebenfalls eine regelmäßige Desinfektion der Knäufe oder Griffe erforderlich.
- Die normale, regelmäßige Reinigung und Desinfektion der Toilette und des Waschbeckens erfolgt durch die Reinigungskraft.
- Stellen Sie Hygienebeutel zum Wegwerfen von Damenbinden auf. Sinnvoll ist ferner ein Hinweisschild „Bitte keine Hygieneartikel in die Toilette werfen". Darüber hinaus kann es je nach Praxis hilfreich sein, eine Anleitung zur Gewinnung von Mittelstrahlurin aufzuhängen (*siehe F22, Umgang mit Untersuchungsmaterialien und M4, Keimzahl-Bestimmung im Urin*).
- Halten Sie Damenbinden und Tampons vorrätig. Es kommt immer vor, dass eine Frau vergisst, Binden mitzunehmen.
- Toilettenpapier und Einmalhandtücher sollten ebenfalls immer in ausreichenden Mengen vorrätig sein.
- In manchen Praxen macht es Sinn, Einmalwindeln (Pampers) vorrätig zu haben.

Untersuchungsliege

- Ein sehr sensibler Bereich für die Hygiene in einer Praxis ist die Untersuchungsliege, auf die sich die meisten Patienten in Unterwäsche legen. Die beste Methode ist sicherlich die Papierrolle, die bei Bedarf für jeden neuen Patienten abgerollt werden kann. Bettlaken können sicher so oft nicht gewechselt werden, und ohne Bezug ruiniert die ständige Desinfektion aus der Sprühflasche das (Kunst-)Leder. Achten Sie bei der Verwendung von Sprühdesinfektionsmitteln jedoch darauf, ob sie für Kunststoffe geeignet sind. Das frisch abgerollte Papier bietet für jeden neuen Patienten einen ausreichend sauberen Anblick, was es ihm erleichtert, sich entspannt auf der Liege auszustrecken.

- Das anfallende Papier kann zur Altpapiersammlung gegeben werden (sofern keine grobe, potenziell infektiöse Verschmutzung vorliegt).

Bodenpflege

- Der Bodenbelag einer ärztlichen Praxis sollte leicht und gründlich zu reinigen und zu desinfizieren sein. Ein Teppichboden ist in dieser Hinsicht wenig geeignet, auch wenn er gemütlich aussieht. Labor- und Untersuchungsräume müssen über einen abwasch- und desinfizierbaren Belag verfügen. Diese Arbeit wird in aller Regel von der angestellten Reinigungskraft erledigt. Allerdings ist es wichtig, sie durch eine kompetente Arzthelferin einweisen zu lassen.
- Man verfolgt das so genannte Zwei-Eimer-System, wobei ein Eimer mit einer Desinfektionslösung gefüllt ist, während der andere ein normales Reinigungsmittel enthält. Es muss ein getrennter Lappen und Eimer für den Toilettenbereich existieren.
- Machen Sie Ihre Reinigungskraft darauf aufmerksam, dass Desinfektionslösungen mit kaltem Wasser angesetzt werden, sonst ist die Belastung der Atemwege zu groß.
- Das Tragen von Einmalhandschuhen ist für die Reinigungskraft erforderlich.
- Der erste Reinigungsschritt ist immer das Saugen des gesamten Fußbodens. Damit beseitigt man insbesondere die reichlich anfallenden Haare vor der Nassreinigung. Der Staubsauger muss allerdings über einen Schwebstoff-Filter verfügen.
- Als zweites wird der Boden mit der Desinfektionslösung behandelt. Hierbei muss auf allen gewischten Flächen ein Feuchtigkeitsfilm zurückbleiben.
- Erst im dritten Durchgang erfolgt der Reinigungsgang mit einem Reinigungsmittel.
- Der zweite und dritte Schritt kann durch spezielle Reiniger mit desinfizierender Wirkung zusammengefasst werden. Sie dürfen allerdings die Mittel nicht eigenmächtig zusammenmischen, denn ungeeignete Reiniger können die Wirkung des Desinfektionsmittels aufheben.

Anrichten und Arbeitsflächen

- Anrichten im Labor und im OP werden täglich mit dafür vorgesehenen Lösungen desinfiziert.
- Da in einer Praxis davon ausgegangen werden muss, dass jedes Patientenmaterial infektiös sein kann, ist jeder Patient auch ein möglicher Überträger ansteckender Krankheiten. Sie sollten also nach jeder Blutentnahme die Arbeitsfläche mit einem Flächendesinfektionsmittel behandeln, sei es mit einer Sprüh- oder Wischdesinfektion mit angesetzter Lösung oder mit Fertigtüchern.
- Die Anmeldung wird ebenfalls desinfiziert.
- Andere Arbeitsflächen wie Schreibtische und Zeitschriftenablagen werden nach dem Staubwischen mit einem herkömmlichen Reinigungsmittel behandelt. Diese Arbeit wird von der Reinigungskraft übernommen.

Abfalltrennung und Abfallentsorgung

- Sorgen Sie für verschiedene Müllbehältnisse, über die sich der Müll einer ärztlichen Praxis sinnvoll verteilen lässt:
  - Verpackungsmaterialien: in den gelben Sack,
  - Spritzen und Infusionsbestecke: in einen Sack, der verschlossen dem Hausmüll zugeführt werden kann,
  - Kanülen und Butterflies kommen in so genannte Kanülensammler (Safebox). Wichtig ist, dass ein solches Behältnis nicht von den Kanülen durchstochen werden kann.

- Infektiöse Materialien (z.B. Tupfer, Kompressen, Körpergewebe) müssen separat gesammelt und der Verbrennung zugeführt werden. Es gibt hierfür regionale Abholdienste. Sie müssen für Ihr Gebiet klären, ob ein solcher Dienst von der Stadt oder z.B. von der nächstgelegenen Großklinik angeboten wird.

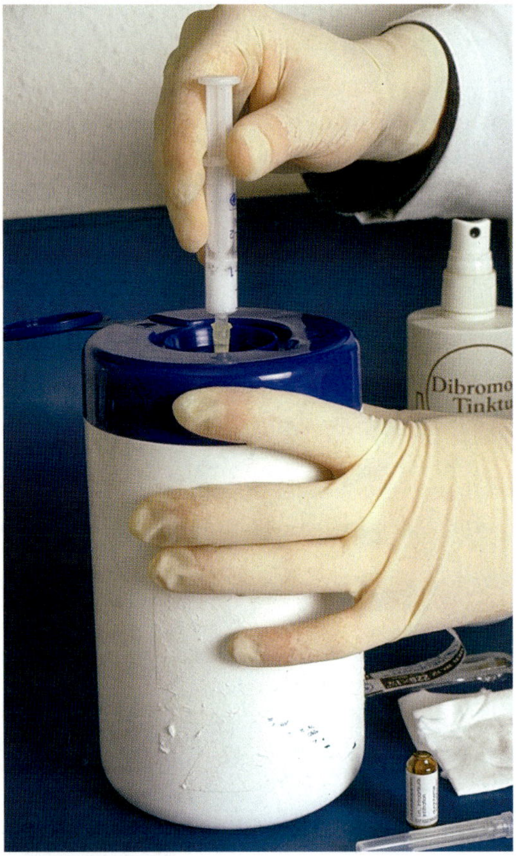

Kanülensammler (Safebox)

- Infusionsflaschen und Ampullen können dem Hausmüll zugeführt werden, da diese Glasgefäße einen anderen Schmelzpunkt als Normalglas besitzen (Rückholsysteme gibt es nicht).
- Chemikalien, auch aus dem Röntgenbereich werden häufig vom Hersteller zurückgenommen. Achten Sie darauf, dass die Vertreiberrücknahme vor dem Einkauf geklärt wird.

INTERNET

- *http://www.hyg.uni-heidelberg.de/Hygieneordner/K1_c.htm*
- *http://www.hygieneforum-siegen.de/seite 17a.html*
- *http://www.pflege-im-op.de/Praxisberichte/Sonstige/Handedesinfektion/handedesinfektion.html*
- *http://olc.chirurgie-goettingen.de /Op_ruft___ /Waschen/waschen.html*
- *http://www.medizinfo.de/quality/html/hytech1.html*
- *http://www.kvno.de/texte/aktuell/kvnoaktu/99_12/hygiene.htm*

KOMMUNIKATION D

Notizen

D1 EMPFANG DES PATIENTEN AN DER ANMELDUNG

ALLGEMEINES

Jede Praxis ist ein kleines Wirtschaftsunternehmen, ein Geschäft, in dem Diagnose und Behandlung verkauft werden. Der Patient ist der Kunde und somit die Voraussetzung für ein Fortbestehen der Praxis und Ihres Arbeitsplatzes. Wie in einem Geschäft sollte der Kunde auch in der Arztpraxis „König" sein und auch so empfangen werden. Hierbei dürfen Sie sich jedoch im Unterschied zu einem Geschäft nicht alleine von wirtschaftlichen Überlegungen leiten lassen. Der Patient wendet sich wegen einer Erkrankung an Sie. Das bedeutet, dass er leidet und viel Hoffnung auf Besserung durch Ihre Hilfe mitbringt. Gleichzeitig hat er auch Ängste, ob ihm überhaupt geholfen werden kann, ob die Untersuchungen schmerzhaft sein werden, ob man ihn verstehen wird und ob er sein bisheriges Leben wird ändern müssen. Er wird also mehr oder weniger nervös und aufgeregt sein. Schon allein aus Gründen der Menschlichkeit ist es also erforderlich, den Patienten willkommen zu heißen und ihm das Gefühl zu vermitteln, bei Ihnen an genau der richtigen Adresse zu sein und auf jeden Fall mit all seinen Ängsten und Hoffnungen ernst genommen zu werden. Ein Patient, der sich in dieser Hinsicht vernachlässigt fühlt, wird sich rasch nach einer anderen Praxis umsehen, was der Praxis als Wirtschaftsunternehmen Schaden zufügt. Denn viele Patienten berichten in ihrem Verwandten- und Bekanntenkreis gerne über ihre Arztbesuche.

VORBEREITUNG

- Sorgen Sie dafür, dass Sie ein gepflegtes äußeres Erscheinungsbild bieten. Dies ist ganz unabhängig davon, was Sie für eine Figur haben oder ob Sie Ihre Nase für zu groß oder zu klein halten.
- Kontrollieren Sie jeden Morgen den Anmeldebereich auf Ordnung und Sauberkeit und legen Sie alle erforderlichen Formulare griffbereit zurecht.

DURCHFÜHRUNG

- Viel gewonnen ist bereits, wenn Sie einen bekannten Patienten mit seinem Namen anreden und begrüßen können. Entscheidend dafür ist der Vorsatz, sich einen Namen merken zu wollen. Hören Sie sich den Namen genau an, schreiben Sie ihn auf und lassen Sie ihn unter Umständen auch buchstabieren. Versuchen Sie auch, sich bestimmte, äußerliche Eigenheiten der Person einzuprägen wie z.B. Haare, Stimme, Bart und Augen. Sprechen Sie den Patienten während des Gesprächs mit seinem Namen an und wiederholen Sie den Namen oft.
- Der Patient, der in die Praxis kommt, ist die Hauptperson. Er muss das Gefühl bekommen, dass sich alles um ihn dreht.
- Ablenkungen durch den Chef, das Telefon oder andere Patienten sollten mit einer kurzen Entschuldigung so schnell wie möglich beseitigt werden.
- Widmen Sie sich dem Anliegen des Patienten in einer ruhigen und freundlichen Art und konzentrieren Sie sich auf ihn.
- Nehmen Sie die Personalien auf und befragen Sie den Patienten nach seinen Beschwerden und Wünschen. Dies geschieht nie im Beisein anderer Patienten. Bei mehreren Patienten an der Anmeldung ist es Ihre Aufgabe, eine Reihenfolge festzulegen und die anderen Patienten höflich zu bitten, zu warten, bis Sie sie herbeirufen.
- Warten ist gerade für Patienten sehr unangenehm. Auch wenn die meisten Patienten trotz eines Termins heute Wartezeiten einplanen, sind sie ein Zeichen mangelhafter Zeitplanung und werden den Patienten (also den Kunden) verärgern. Können Sie einen Grund für eine Verzögerung anführen, werden die meisten Wartenden sicher Verständnis dafür aufbringen. Allerdings müssen Sie einen solchen Grund dann auch mit-

teilen, ohne dabei Ihre Schweigepflicht zu verletzen. Ein wichtiger Grund ist natürlich ein medizinischer Notfall. Andere Gründe wie etwa eine akute Erkrankung, hohes Fieber oder anhaltende Durchfälle rechtfertigen eine bevorzugte Behandlung. Auch blinden Menschen in Begleitung oder hochschwangeren Frauen kann eine lange Wartezeit nicht ohne weiteres zugemutet werden. Allerdings sollten Sie auch dann, unter Wahrung der Schweigepflicht, den anderen Patienten unaufgefordert eine Erklärung liefern.
- Schaffen Sie für jeden Patienten einen Sitzplatz.
- Eine Spielecke für Kinder kann mancher Unruhe vorbeugen.
- Vergessen Sie nicht, jeden Patienten, der die Praxis verlässt, zum Abschied zu grüßen.

TIPPS UND TRICKS

- Die Anmeldung sollte von der besten und erfahrensten Arzthelferin geleitet werden, da diese Position entscheidend das Erscheinungsbild der Praxis nach außen und die Stimmung innerhalb der Praxis prägt. Unzufriedene Patienten und unzufriedene Arzthelferinnen verstärken sich gegenseitig und schaffen ein schlechtes Klima.
- Wenn die Räumlichkeiten es zulassen, kann Wasser für die Patienten bereitgehalten oder im Wartezimmer eine entsprechende Ecke eingerichtet werden.
- Wenn Sie einen schlechten Tag haben, sollten Sie versuchen, Ihren Dienst an der Anmeldung an eine Kollegin abzugeben, die besser gelaunt ist.
- Natürlich herrscht an einer Anmeldung (leider) oft Unruhe. Sie stehen unter Zeitdruck, sind ungeduldig, oder die Atmosphäre ist gespannt. Der Patient soll davon nichts mitbekommen. Sie müssen deshalb trainieren, sich in solchen Situationen nur auf den Patienten zu konzentrieren. Dies bedeutet nicht, dass Sie darüber die anderen Anforderungen vergessen. Allerdings ist die Konzentration auf den Patienten und das gute Zuhören auch wichtig, um die Unruhe und den Zeitdruck zu beseitigen. Wenn Sie unkonzentriert sind, werden Sie viele Dinge vergessen, übersehen und überhören, was später einen erhöhten Zeitaufwand nach sich zieht und die Probleme an der Anmeldung verstärkt.
- Bemühen Sie sich auch im Gespräch um Kreativität. Vermeiden Sie die Verwendung immer gleicher Floskeln, damit Sie nicht wie eine Verkäuferin klingen, die zum zehnten Mal fragt: *„Darf es sonst noch etwas sein?"*.
- Wenn Sie einen Fehler begangen haben, dürfen Sie nicht zögern, dafür auch gegenüber dem Patienten die Verantwortung zu übernehmen und sich zu entschuldigen.
- Sprechen Sie nie mit mehreren Personen gleichzeitig.
- Wenn Sie Zeitabläufe gut kalkulieren können, wird es Ihnen möglich sein, Patienten eine gute Schätzung der Wartezeit zu geben. Die Patienten können sich dann überlegen, ob sie die Praxis vielleicht noch einmal verlassen, um z.B. Einkäufe zu tätigen.
- Denken Sie immer an Ihre Körpersprache, an Ihre Gestik und Mimik. Sehen Sie den Patienten während des Gesprächs an und versuchen Sie, von Zeit zu Zeit ein ehrliches Lächeln zu Stande zu bringen.
- Geben Sie einem neu eingetroffenen Patienten auch in einer hektischen Situation an der Anmeldung durch einen freundlichen Blick oder einen kurzen Gruß zu verstehen, dass Sie ihn wahrgenommen haben. Er weiß dann, dass Sie ihn registriert haben und sich um ihn kümmern werden, sobald Sie den anderen Patienten bedient haben.
- Bemühen Sie sich, private Dinge des Patienten im Gedächtnis zu behalten. Gelingt es Ihnen, den Patienten beim nächsten Besuch erneut auf etwas Privates anzusprechen (z.B. *„Wie war der Urlaub in Italien?"* oder *„Geht es Ihrer Katze wieder besser?"*), wird er es Ihnen – und damit der Praxis – hoch anrechnen und sich bei Ihnen entsprechend gut aufgehoben fühlen. Hat ein Patient hingegen das Gefühl, eigentlich zu stören, wird

er sich bald nach einer anderen Praxis umsehen.

- Die Einführung der Chipkarte hat so manches Gespräch mit dem Patienten überflüssig gemacht. Um sich in der Praxis wohl zu fühlen, braucht der Patient jedoch auch den persönlichen Kontakt. Auch wenn die Chipkarte Ihre Arbeit erleichtert, müssen Sie andere Wege finden, um ein kleines Gespräch mit dem Patienten zu führen und ihm so einen Teil seiner Angst und Aufregung zu nehmen.
- Verschonen Sie Schwerkranke oder Trauernde mit nichtssagenden Bemerkungen wie *„Es wird schon wieder“* oder *„Sicher ist alles gar nicht so schlimm“*. Kommen Sie tatsächlich mit solchen Patienten ins Gespräch, wird es diesen viel mehr helfen, wenn Sie einfach nur zuhören und Ihr Mitgefühl ausdrücken. Wenn Sie dadurch wirkliches Interesse zeigen, wird der Patient rasch Vertrauen zu Ihnen fassen. Erweisen Sie sich dann dieses Vertrauens auch würdig.
- Die Angst, im Wartezimmer vergessen zu werden, macht den Patienten nervös und reizbar. Verständlich ist dies allemal, da es ja tatsächlich vorkommt. Ersparen Sie sich und dem Patienten unnötigen Ärger, indem Sie ihm bei einer längeren Wartezeit gelegentlich Bescheid geben, wann er an der Reihe ist. Dies wird die Lage für den Patienten deutlich entspannen.

PROBLEME UND SONDERFÄLLE

- **Streit mit dem Patienten:** Es kann an der Anmeldung schon einmal zu Meinungsverschiedenheiten kommen, z.B. weil die Wünsche des Patienten nicht zu erfüllen sind. In jedem Fall sollten Sie ruhig bleiben und weiterhin freundlich und sachlich sprechen, auch wenn der Patient sich aufregen sollte oder beleidigend wird. Beharren Sie nicht um jeden Preis (und schon gar nicht lautstark) auf Ihrem Recht. Suchen Sie immer nach einer Lösung, mit der auch der Patient zunächst leben kann. Dies kann durch Hinzuziehen einer dritten Person, durch eine Vertagung des Problems oder durch einen Kompromiss geschehen, auch wenn Sie dabei eventuell zurückstecken müssen. Versuchen Sie immer, sich in die Lage des Patienten zu versetzen. Sie tun Ihre Arbeit, doch der Patient hat eventuell große gesundheitliche und private Probleme.
- **Offene Anmeldung:** Offene Anmeldungen sind inzwischen sehr weit verbreitet. Zwischen Wartezimmer und den Arzthelferinnen gibt es höchstens eine Theke als Trennung. Dies hat einige Vorteile und lässt die Patienten auch am Geschehen teilhaben. Schließlich ist ein Wartezimmer für den Patienten trist und langweilig, und ein wenig Abwechslung ist willkommen. Allerdings entstehen auch Probleme bei der Wahrung der Schweigepflicht. Denken Sie immer daran, dass Sie ständig gesehen und gehört werden können. Verhalten Sie sich dementsprechend. Eventuell können Sie auch mit Kolleginnen vereinbaren, sich gegenseitig auf die äußere Erscheinung und unbemerkte Verletzungen der Privatsphäre aufmerksam zu machen. Üben Sie sich auch in Selbstbeobachtung.

D2 RUHE AN DER ANMELDUNG

ALLGEMEINES

Das Ruhighalten der Anmeldung gehört zu den wesentlichen Aufgaben der Arzthelferin. Nur mit Ruhe ist ein wirklich glatter Ablauf des Praxisalltags zu gewährleisten. Es gibt eine Reihe von Störfaktoren, die den sorgfältig geplanten Ablauf immer wieder durcheinander bringen können.

Unruhequellen an der Anmeldung:
- mehrere Kolleginnen sind mit dem gleichen Patienten beschäftigt
- der Arzt hat ein besonderes Anliegen
- schwieriges Telefonat
- unerwarteter Patientenansturm
- besondere, schwierige oder ungeduldige Patienten
- Lärm von außerhalb.

Unruhe an der Anmeldung geht zwar oft nur von einer Kleinigkeit aus, kann jedoch bei mangelnder Gegensteuerung ins reinste Chaos führen. Eine derartige Unruhe ist gewissermaßen ansteckend und überträgt sich von den Arzthelfern auf die Patienten und umgedreht. Auch ein nervöser oder überlasteter Arzt kann der Auslöser dafür sein, dass sich plötzlich alle Patienten erkundigen, ob sie auch wirklich an die Reihe kommen und nicht vergessen werden.

VORBEREITUNG

- Informieren Sie sich jeden Morgen über die anstehenden Aufgaben des Tages und über eventuelle Besonderheiten:
  - Patienten, die eine Verzögerung des Ablaufs erwarten lassen
  - besondere Termine für den Arzt
  - enge Belegungen eines bestimmten Raumes
  - Vertreterbesuche
  - auch gegenteilige Besonderheiten wie z.B. größere zeitliche Spielräume.
- Vielleicht bürgert sich in Ihrer Praxis ein kurzes morgendliches Treffen im Team ein, bei dem Besonderheiten des Tages besprochen werden können. Dies kann wesentlich zu einem reibungslosen Ablauf an der Anmeldung beitragen.
- Verteilen Sie mit den Kolleginnen die tägliche Arbeit (Labor, Anwendungen, Untersuchungen, Anmeldung).

DURCHFÜHRUNG

- Treffen Sie klare Absprachen mit dem Arzt darüber, in wie weit er sich in den Ablauf an der Anmeldung einschalten darf oder nicht. Auch wenn Sie seine Angestellte sind – es liegt im Interesse des Arztes, dass Sie an der Anmeldung das letzte Wort haben. Unauffindbare Patientenkarten, Notizzettel oder Terminkalender können Ihre gesamte Arbeit durcheinander bringen.
- Ebenso sind präzise Absprachen mit den Kolleginnen notwendig, um die jeweiligen Aufgabenbereiche getrennt zu halten. Es macht wenig Sinn, wenn sich beim Läuten des Telefons drei Hände gleichzeitig um den Hörer reißen.
- Die Sorge von Patienten, nach längerer Wartezeit vergessen zu werden, ist verständlich. Schließlich kann so etwas durchaus passieren. Es ist Ihre Aufgabe, dem Patienten das Gefühl zu vermitteln, dass sein Platz in der Reihenfolge der Wartenden gesichert ist.
- Versuchen Sie, Fragen nach der Wartezeit so präzise wie möglich zu beantworten. Vermeiden Sie Angaben wie *„Sie sind gleich dran“* oder *„Es dauert noch einen Augenblick“*. Hierunter versteht jeder Mensch etwas anderes. Der Patient hat bei einer Angabe von „30 Minuten“ oder „eine Stunde“ wenigstens die Möglichkeit, persönliche Dinge zu erledigen.

TIPPS UND TRICKS

- Wenn Sie dem Patienten die voraussichtliche Wartezeit mitteilen, können Sie auch aus voraussichtlichen 30 Minuten 40 machen. Die Freude wird groß sein, wenn es dann doch früher klappt. Vergewissern Sie

sich zuvor, ob der Patient während der Wartezeit verfügbar bleibt.
- Befinden sich in der Praxis mehrere Ärzte, gelten die genannten Hinweise natürlich für alle Beteiligten.
- Versuchen Sie gegenüber dem Patienten den Eindruck zu vermitteln, dass Sie alles im Griff haben (auch wenn dies zeitweilig nicht der Fall sein sollte).

PROBLEME UND SONDERFÄLLE

- **Chef an der Anmeldung:** Sollte ihr Chef Absprachen nicht einhalten und z.B. einen Patienten zur Terminvergabe selbst an die Anmeldung begleiten, sollten Sie es im Sinne der Ruhe zunächst beim tiefen Durchatmen belassen und einen günstigen Augenblick für ein Gespräch unter vier Augen suchen, um den Verstoß gegen die Absprache zu besprechen. Es liegt in Ihrem eigenen Interesse, darauf nicht zu verzichten.
- **Unerwartet hohes Patientenaufkommen:** Kommen plötzlich viele Patienten gleichzeitig in Ihre Praxis, ist es sicher schwer für die Anfängerin, den Überblick zu behalten und sich nicht durch mehrere, gleichzeitig fordernde Stimmen verunsichern zu lassen. Auch wenn die sichere Meisterung dieser Situation gewiss große Erfahrung voraussetzt, gibt es doch einige Punkte, die man berücksichtigen sollte:
  - Gehen Sie nach der Reihenfolge vor und fertigen Sie eine Namensliste an.
  - Patienten, die ein Rezept abholen wollen, können Sie auf wenige Minuten vertrösten.
  - Fordern Sie andere Patienten auf, vorläufig Platz zu nehmen, um sie bei Beruhigung der Situation erneut und gezielt an die Anmeldung zu bitten.
  - Man kann den Patienten auch etwas zu trinken anbieten.

D3 GESPRÄCHSFÜHRUNG MIT PATIENTEN

ALLGEMEINES

Wenn Sie das Stichwort *Gesprächsführung mit Patienten* lesen, so denken Sie vielleicht zuerst einmal an ein längeres, medizinisch gefärbtes Gespräch mit Patienten, das aus ärztlicher Sicht notwendig ist. Das ärztliche Gespräch ist *eine* Form der Gesprächsführung, doch das Gespräch mit den Patienten gehört auch zu *Ihren* täglichen Aufgaben.
Der erste und am häufigsten vorgebrachte Einwand gegen diese Aufgabe ist: *„Dazu fehlt mir die Zeit"*, der zweite *„Ich unterhalte mich ja schon mit den Patienten."* Letzteres mag stimmen, doch das kennzeichnet noch keine professionelle Kommunikation.
Das Gespräch wird von allen Patienten als wichtiges Element der Arztpraxis angesehen. Patienten erwarten vom Arzt und seinen Mitarbeiterinnen, dass sie ihnen zuhören und sich ihrer Sorgen und Nöte im Gespräch adäquat annehmen können. Sie erwarten von einem solchen Gespräch weitaus mehr als beispielsweise vom Plausch im Wartezimmer. Diese Erwartungen beziehen sich nicht nur auf den Inhalt und das medizinische Fachwissen, sondern auch auf die Gesprächsführung. Somit ist es richtig, dass Sie sich bisher mit den Patienten unterhalten haben, aber der Anforderung nach einem professionellen Gespräch sind Sie damit nicht unbedingt nachgekommen. Zum Einwand „keine Zeit" ist zu sagen, dass das professionelle Gespräch nicht viel mehr Zeit in Anspruch nimmt, als jene Gespräche, die Sie jetzt schon mit den Patienten führen. Im Gegenteil, Sie sparen selbst Zeit, denn wenn Sie es sich zur Routine machen, mit Patienten professionelle Gespräche zu führen, kommt es viel seltener zu jenen Missverständnissen und langatmigen Erklärungen, die Sie bisher als Zeit raubend erlebt haben.
Die Gesprächsführung mit Patienten basiert auf drei Elementen, deren Beachtung Sie erst zu einem professionellen Gespräch qualifizieren:

Symmetrische Gesprächsführung

Im Gespräch mit Patienten verführt der Expertenstatus des ärztlichen Personals allzu leicht dazu, den Patienten belehrend, moralisierend, vorwurfsvoll, ironisierend (lächerlich machend) usw. gegenüber zu treten (Motto: *Ich rede – Sie haben zuzuhören*). Auch wenn ein Patient durch sein Hilfe suchendes Verhalten dazu verführt, in einen belehrenden oder in einen Kommandoton zu verfallen, ist eine symmetrische Gesprächsführung, die den Patienten in allen (!) Fragen ernst nimmt, hilfreicher für den Patienten und für Sie selbst. Denn in einem gleichberechtigten Gespräch wird das Risiko von Missverständnissen und Unklarheiten minimiert.

Das aktive Zuhören

Dieses geht über das allgemeine Zuhören hinaus, indem Sie genau auf das tatsächlich Gesagte achten. Sie sollten erst einmal versuchen, das, was der Patient meint und glaubt, zu verstehen und noch keine voreiligen Schlüsse ziehen. Die Ergänzung *aktiv* beinhaltet, dass Sie unbedingt nachfragen, wenn Ihnen etwas unverständlich erscheint. Außerdem sollten Sie mit Ihren Worten dem Patienten rückmelden, *was* Sie verstanden haben. Die Aussage *„Ich verstehe Sie!"* zeigt noch kein Verständnis. Formulieren Sie, was bei Ihnen angekommen ist. So kommt es viel seltener zu Missverständnissen. Schließlich sollten Sie mit dem Patienten herausarbeiten, was *ihm* am wichtigsten erscheint.

Einfühlendes Verständnis (Empathie)

Versuchen Sie, sich in den Patienten, in seine Wahrnehmung und sein Erleben, hineinzudenken und einzufühlen. Dies bedeutet nicht unbedingt, dass Sie die Dinge genau so sehen und empfinden müssen. Aber erst wenn Sie sich ein Bild von der Welt des Patienten gemacht haben, können Sie ihm auf die richtige Art und Weise antworten und ihm begegnen.

VORBEREITUNC

- Stellen Sie sich doch einmal folgende Fragen:
  - Verstehen Sie Ihre Kommunikation mit dem Patienten als Gespräch, das Sie so gut oder schlecht führen, wie es „der gesunde Menschenverstand" erlaubt?
  - Kommt es häufiger zu Missverständnissen oder Unklarheiten?
  - Gibt es typische Floskeln (Redewendungen), mit denen Sie die Patienten abspeisen?
  - Beschäftigen ärgerliche oder besonders belastende Gespräche Sie manchmal nach Dienstschluss?

  Wenn Sie eine oder mehrere dieser Fragen bejaht haben, sollten Sie Ihre Kommunikation mit Patienten ändern.
- Die beste Vorbereitung erfolgt, indem Sie sich innerlich umstellen und damit beginnen, die oben genannten Elemente in Ihrem Gespräch mit Patienten umzusetzen. Versuchen Sie, die Kommunikation mit Patienten nicht als „schmückendes Beiwerk", sondern als zentrale und erlernbare Tätigkeit Ihres professionellen Verhaltens anzusehen.
- Versuchen Sie immer zunächst einzuschätzen, wie viel Zeit das Gespräch mit dem Patienten erfordern wird. Handelt es sich um eine einfache Frage des Patienten, die Sie in Sekunden beantworten können (z.B. Wo befindet sich die Toilette?), können Sie sicherlich jederzeit antworten. Wenn Sie aber einige Minuten benötigen, um dem Patienten Informationen zu geben oder sich seinen Fragen zu stellen, sollten Sie dafür sorgen, dass Sie während dieser Zeit nicht gestört werden.

DURCHFÜHRUNG

Benötigen Sie Informationen vom Patienten?

- Teilen Sie dem Patienten Ihre Absicht mit, z.B.:
  „Ich habe noch einige Fragen an Sie."

„Ich möchte Ihnen noch einige Informationen geben."
„Ich möchte etwas mit Ihnen besprechen."

- Wenn Sie eine kurze, klärende Antwort erhalten möchten, stellen Sie eine geschlossene Frage, d.h. eine Frage, auf die man nur mit „ja" oder „nein" antworten kann oder die eine eindeutige Antwort zulässt:
  „Hat sich Ihre Adresse seit dem letzten Besuch geändert?"
  „Wann war Ihre letzte Menstruation?"
- Wenn Sie zu einem Thema eher einen Eindruck gewinnen möchten, stellen Sie eine offene Frage, die den Patienten zum Sprechen ermutigt:
  „Was führt Sie heute zu uns?"
  „Wie sehen Sie das?"
- Vermeiden Sie Suggestivfragen, da sie Ihnen nur selten Informationen liefern. Also **nicht**:
  „Sie haben bisher keine Tablette ausgelassen?"
- Vermeiden Sie Doppelfragen, da sie schnell dazu führen, dass Informationen verloren gehen. Also **nicht**:
  „Wann hatten Sie zuletzt Stuhlgang, und ist bei Ihnen schon mal eine Darmspiegelung durchgeführt worden?"

Möchten Sie dem Patienten Informationen vermitteln?

- Bei der Informationsvermittlung sollten Sie sich zunächst vergewissern, dass der Patient aufnahmebereit ist. Ein Patient, der gerade vom Arzt einen schwerwiegenden Befund mitgeteilt bekommen hat, wird häufig mit unterschiedlichsten Gefühlen beschäftigt sein und Ihnen vielleicht zuhören wollen, aber das Gesagte möglicherweise nicht aufnehmen können. Fragen Sie gegebenenfalls nach:
  „Ich habe noch einige Informationen für Sie. Sollen wir das jetzt besprechen, oder möchten Sie lieber erst noch einige Minuten Platz nehmen?"
- Formulieren Sie klar, deutlich und professionell, ohne unnötige Fachsprache zu verwenden:
  „Beim nächsten Termin werden Sie wegen des Beruhigungsmittels, das Sie eventuell bekommen, anschließend nicht fahrtauglich sein."
- Wenn z.B. auf dem Überweisungsschein Fachbegriffe stehen, ist es hilfreich, wenn Sie sie kurz erklären.
  „Dies ist eine Überweisung zum Gastroenterologen für die Gastroskopie, also die Magenspiegelung."
- Vermeiden Sie Verniedlichungen oder flapsige Formulierungen. Also **nicht**:
  „Hiermit gehen Sie dann zum Magendoktor, der guckt sich Ihr gutes Stück mal ein bisschen von innen an."
- Vergewissern Sie sich, was von dem Gesagten angekommen ist.
  „Welche Informationen nehmen Sie mit?"
- Möglicherweise hat der Patient noch weitere Fragen, die für einen möglichst reibungslosen Ablauf zu klären sind. Versuchen Sie, nicht von Ihrem Wissen und Erfahrungsstand auszugehen, sondern ermutigen Sie den Patienten, seine Fragen zu äußern:
  „Welche Fragen haben Sie noch?"
  „Welche Dinge sind Ihnen jetzt noch unklar?"
- Haben Sie dem Patienten mehrere Informationen mitgeteilt oder hat das Gespräch etwas länger gedauert, sollten Sie das Gesagte noch einmal kurz zusammenfassen.
  „Die Untersuchung beim Radiologen wird am Montag stattfinden, dazu nehmen Sie diese Überweisung mit. Direkt anschließend kommen Sie dann mit den Bildern wieder zu uns."

Hat der Patient Fragen an Sie oder möchte der Patient Ihnen etwas mitteilen?

Geht die Gesprächsinitiative vom Patienten aus und Sie haben die als notwendig geschätzte Zeit zur Verfügung, lassen Sie den Patienten sein Anliegen darstellen und ihn ausreden. Häufig sind Sie sich vielleicht sicher, bereits verstanden zu haben, worum es geht und wollen ihm helfen, sein Anliegen schneller oder prägnanter zu formulieren. Einerseits können Sie sich aber auch irren, dann kann es schnell zu Missverständnissen kommen. Andererseits ist es für den Patienten wichtig, sein Anliegen vollständig darzustellen. Hilfreich ist es, wenn Sie anschließend in Ihren Worten formulieren, was Sie verstanden haben:

- **Patient:** *„Ich brauche das nicht unbedingt, diesen ganzen Weihnachtsrummel mit der Familie… Im Krankenhaus kämen alle zu Besuch und danach hätte ich wieder meine Ruhe.“*
- **Arzthelferin:** *„Wenn ich Sie richtig verstanden habe, wären Sie ganz zufrieden, wenn Sie über die Festtage in der Klinik bleiben müssten.“*

- Fragen Sie nach, wenn Sie etwas nicht verstanden haben:
  „Ich habe noch nicht verstanden, was Sie mir zu Ihren Medikamenten sagen wollen.“

TIPPS UND TRICKS

- Patienten reagieren oft mehr auf das *Wie* Ihrer Aussage, weniger auf den Inhalt. Sie drücken Ihre Haltung dem Patienten gegenüber (wie ernst Sie ihn als Gesprächspartner nehmen) durch Ihre Körperhaltung, Mimik, Gestik und den Tonfall aus. Lernen Sie, sich selbst zu beobachten. Fragen Sie Ihre Kolleginnen, wie Sie auf sie wirken, wenn Sie mit Patienten sprechen.
- Tauschen Sie sich mit Ihren Kolleginnen und dem Arzt darüber aus, welche (bemerkenswerten) Eindrücke Sie von Patienten haben. Diese Informationen sind diagnostisch und therapeutisch sehr wichtig.
- Das professionelle Gespräch lebt davon, dass jeder Patient von Ihnen als Stammpatient behandelt wird, von dem Sie im Laufe der Zeit zwangsläufig viele private Informationen (Familie, Beruf, Hobbys, Ferienreisen) erhalten. Legen Sie auf der Karteikarte (auch für Ihre Kolleginnen und Chefs) eine Notizensammlung als Gedächtnisstütze an.
- Wenn Sie noch wenig Übung in Gesprächsführung haben, dann
  - besuchen Sie einen Kurs oder eine Balint-Gruppe
  - sprechen Sie mit anderen Kollegen darüber
  - haben Sie Geduld mit sich. Gute Gespräche zu führen ist ziemlich schwer.
- Versuchen Sie nicht, psychotherapeutische Gespräche zu führen. Möglicherweise stellen Sie fest, dass Sie sich gut in Patienten einfühlen können und durch Ihre Fragen und Ihr aktives Zuhören Patienten dazu bewegen, Ihnen „ihr Herz auszuschütten“. Das kann für Sie sehr belastend werden, und bei dem Patienten können Erwartungen geweckt werden, die Sie nicht erfüllen können. Sie haben weder eine psychotherapeutische Ausbildung noch besteht zwischen Ihnen und dem Patienten eine Vereinbarung zur psychotherapeutischen Behandlung. Achten Sie daher darauf, dass Ihre Gesprächsführung begrenzend ist. Gehen Sie nicht auf jedes „Angebot“ des Patienten ein, Ihnen bereitwillig von sich Tiefgreifendes zu erzählen.
  - **Patient**: *„Mit meiner Familie habe ich es auch nicht leicht. Von meiner Frau fühle ich mich so kleingemacht, dass ich gar nicht weiß, ob ich mich nicht besser von ihr trenne …“*
  - **Arzthelferin**: *„Ich habe den Eindruck, dass Sie das sehr belastet. Andererseits kann <u>ich</u> dem gar nicht gerecht werden, was Sie mir sagen möchten.“*

D4 GESPRÄCHSFÜHRUNG AM TELEFON

ALLGEMEINES

Die Gesprächsführung am Telefon einer Arztpraxis unterscheidet sich grundlegend vom Telefonieren zu Hause. Wahrscheinlich arbeiten Sie an einer offenen Anmeldung, die sich praktisch im oder direkt neben dem Wartezimmer befindet. In solchen Fällen ist es an Ihnen, den Drahtseilakt zwischen Informationsvermittlung und Diskretion gegenüber dem Patienten am anderen Ende der Leitung zu meistern. In einem solchen Gespräch sollte von Ihrer Seite nach Möglichkeit kein Wort über die Erkrankung des Patienten fallen. Die wartenden Patienten haben meist ein natürliches Interesse daran, was in der Praxis geschieht. Man kann nicht erwarten, dass der Patient angestrengt weghört. Deshalb sollten Sie keinerlei Dinge am Telefon besprechen, die Aufschlüsse über die Erkrankung des Patienten oder seine Person selbst geben.

VORBEREITUNG

- Legen Sie gemeinsam mit Ihrem Chef fest, welche Absprachen Sie mit den Patienten treffen können und welche Informationen weitergegeben werden dürfen bzw. für welche Fragen Sie den Arzt einschalten müssen. Im Zweifel verbinden Sie jedoch immer an den Chef weiter.
- Legen Sie alles zurecht, was Sie für die Arbeit am Telefon benötigen:
  - Terminkalender
  - (Blei-)Stift
  - Radiergummi
  - Notizzettel.
- Ordnen Sie diese Utensilien immer so an, dass Ihre Kolleginnen alles auf Anhieb finden können.
- Sind Sie der Anrufer, überlegen Sie sich zuvor folgende Punkte:
  - Was ist der Grund meines Anrufs?
  - Welche Uhrzeit ist dafür am besten geeignet? Viele Menschen essen z.B. um 12.00 Uhr, halten danach Mittagsschlaf.
  - Welche Unterlagen benötige ich für das Gespräch (Kalender, Patientenkarte, Befunde, Unterlagen für Bestellungen)?
  - Auf welche Rückfragen muss ich mich einstellen?
- Lassen Sie einen Moment Ruhe einkehren, bevor Sie den Hörer abnehmen, damit Sie nicht abgehetzt klingen.

DURCHFÜHRUNG

- Lassen Sie das Telefon nicht zu lange klingeln.
- Versuchen Sie, Ihre Stimmung ausgeglichen und freundlich zu halten. Schlechte Laune oder Geringschätzung des Patienten wird von diesem auch durch den Hörer schneller und stärker wahrgenommen, als Sie es für möglich halten. Ebenso hören Sie sich tatsächlich freundlicher an, wenn Sie lächelnd den Hörer abnehmen.
- **Meldung am Telefon**: Hier sollten Sie mit Ihrem Chef eine Formel für das Melden absprechen. Bedenken Sie dabei, dass besonders in Gemeinschaftspraxen, z.B. bei Ärztinnen mit Doppelnamen und auch bei zusätzlichen Arzthelferinnen mit Doppelnamen usw. eine extrem lange Formulierung entstehen kann, die den (meist aufgeregten Patienten) nur am Rande interessiert. Sprechen Sie die Begrüßungsformel langsam und deutlich, da besonders ältere Patienten sonst nur die Hälfte verstehen.
- Lassen Sie den Patienten zu Ende sprechen.
- Vermitteln Sie dem Patienten durch aktives Zuhören das Gefühl, dass Sie noch da sind und auch zuhören. Vermeiden Sie längeres Schweigen. Auch wenn es sich für Sie zunächst seltsam anhören mag: Mit regelmäßig eingestreuten *Ja, Ja, verstehe…*, *Hmm…* oder *Alles klar…* zeigen Sie dem Patienten, dass Sie noch da sind und auch zuhören. Mimik und Gestik entfallen beim Telefonieren als wichtige Kommunikationsmittel. Die Sprache muss dies alles ersetzen.

- Achten Sie darauf, dass Sie den Namen des Patienten genau verstanden haben. Im Weiteren kann eine Namensverwechslung, z.B. bei der Verwechslung von Befunden, ernste Folgen haben. Das Geburtsdatum kann hier einer sicheren Identifizierung dienen:
  „Würden Sie Ihren Namen bitte noch einmal wiederholen?"
  „Könnten Sie mir bitte Ihren Namen buchstabieren?"
  „An welchem Tag sind Sie geboren?"
- Sprechen Sie den Patienten regelmäßig mit seinem Namen an, damit er merkt, dass Sie im Moment nur für ihn da sind. Der Patient wird sich dadurch gleich viel persönlicher bedient fühlen.
- Vermeiden Sie unnötige Fremdwörter oder eine bürokratische Sprache.
- Achten Sie auf eine angenehme Stimme beim Telefonieren. Je höher Ihre Stimme ist, um so eher klingt sie am Telefon verzerrt, wodurch besonders alte Menschen mitunter Verständnisprobleme bekommen. Sprechen Sie bei hoher Stimmlage am Telefon bewusst langsam.
- Fertigen Sie immer sorgfältig und leserlich Gesprächsnotizen an. Alle Daten müssen stimmen. Im Zweifel fragen Sie so lange nach, bis Sie alles genau verstanden haben!
- Nach einem längeren Gespräch sollten Sie die getroffenen Absprachen für den Patienten zusammenfassen und wiederholen. Damit zeigen Sie, dass Sie zugehört und alles verstanden haben und beugen möglichen Missverständnissen vor:
  „Wenn ich Sie richtig verstanden habe, möchten Sie also den Termin auf den 14. verlegen und eine Überweisung zum Orthopäden zugeschickt bekommen."
  „Sie werden also morgen eine Urinprobe abgeben, können aber auf den Befund nicht warten, so dass der Doktor Sie dann morgen Nachmittag unter der Telefonnummer Ihres Arbeitsplatzes erreichen kann, um Ihnen den Befund mitzuteilen."
- Beenden Sie das Gespräch immer mit einer persönlichen Anrede:
  „Vielen Dank für Ihren Anruf, Herr Schmitz."
  „Wir erwarten Sie also morgen um 12.00 Uhr. Auf Wiederhören, Frau Meyer."
- Werfen Sie den Hörer nicht auf die Gabel.
- Bei redseligen Patienten hängt es natürlich von Ihnen ab, das Gespräch rechtzeitig und in aller Freundlichkeit zu beenden:
  „Gut, Herr..., ich habe verstanden, was Ihnen wichtig ist. Ich werde mich darum kümmern und Ihnen in Kürze Bescheid geben."
  „Wenn ich hier einmal unterbrechen dürfte... Ich werde Ihnen den Befund umgehend zusenden."
  „Wenn ich Sie richtig verstanden habe, meinen Sie, dass Ihnen ein weiterer Termin in zwei Wochen zu langfristig erscheint. Ich werde mit dem Doktor darüber reden und Sie anschließend zurückrufen."
- Die Führung des Gesprächs obliegt Ihnen. Sie sollten in der Lage sein, die Wünsche des Patienten zu erfassen und auch für ihn zu verdeutlichen.
- Achten Sie darauf, ob Sie am Telefon eine abrechenbare Leistung erbracht haben.

TIPPS UND TRICKS

- Ein freundliches Wort zu viel ist immer besser als eines zu wenig und gibt Ihnen mehr Anerkennung als ein geschliffener, spröde vorgetragener Satz. *Danke* und *Bitte* sollten Sie wie selbstverständlich in Ihre Aussagen einbauen.
- Vermeiden Sie lapidare und negative Sätze wie:
  „Heute noch einen Termin? Das ist ganz schlecht!"
  „Wer ist am Apparat?"
  „Der Doktor hat jetzt keine Zeit. Rufen Sie später noch einmal an."
  „Ich habe doch schon einmal gesagt, dass wir Ihnen damit nicht weiterhelfen können."
  „Unmöglich. Das habe ich nie gesagt."
  „Das kann nicht sein."
- Verwenden Sie immer freundliche und positive Formulierungen, wie:
  „Ich verbinde Sie gerne an Frau Doktor weiter."
  „Dürfen wir Sie zurückrufen?"

„Würden Sie mir bitte noch einmal Ihren Namen und die Telefonnummer nennen?"

- Halten Sie einen Zettel neben dem Telefon bereit, auf dem alle Personen, die zurückgerufen werden müssen, mit Namen und Telefonnummer notiert sind.
- Fertigen Sie sich bei Abwesenheit des Arztes eine Telefonliste an *(Beispiel unten)*.
- Nicht unerhebliche Ersparnisse für die Praxis können Sie am Telefon erwirtschaften, wenn Sie regelmäßig die aktuellen Preise der verschiedenen Telefonanbieter abrufen (z.B. *http://www.billiger-telefonieren.de*). Was am Anfang noch ein wenig umständlich erscheinen mag, wird Ihnen nach wenigen Wochen in Fleisch und Blut übergegangen sein, was sich auf der Telefonrechnung positiv bemerkbar machen wird. Drucken Sie sich dazu z.B. einmal pro Woche die billigsten Anbieter für die verschiedenen Uhrzeiten aus und heften Sie die Liste ans Telefon oder in seine unmittelbare Nähe.
- Rufen Sie doch einmal unter einem anderen Namen mit einer ausgedachten Krankengeschichte selbst in Ihrer Praxis an und achten Sie darauf, ob Sie mit dem Service zufrieden sind:
  - *Sind die Namen verständlich?*
  - *Werden Sie mit Namen angesprochen?*
  - *Wurden Sie freundlich und verständnisvoll behandelt oder war Ungeduld spürbar?*
  - *Wurde Ihr Anliegen verstanden?*
  - *Gab es laute Hintergrundgeräusche oder Flüstern?*
  - *Wurde Diskretion und Datenschutz beachtet?*
  - *Wurden Sie freundlich verabschiedet?*

Wahrscheinlich haben Sie den einen oder anderen Kritikpunkt anzubringen. Schwärzen Sie aber niemanden an, sondern besprechen Sie Ihre Kritik mit der Kollegin, mit der Sie telefoniert haben, selber.

PROBLEME UND SONDERFÄLLE

- **Diskretionssicherung am Telefon:** Sollten Sie gezwungen sein, am Telefon mit dem Patienten über Erkrankung oder andere Privatangelegenheiten zu sprechen, müssen Sie (bei einer offenen Anmeldung) das Gespräch in einen ungestörten Raum legen oder einen Rückruftermin vereinbaren, an dem ein Gespräch ohne Zuhörer möglich ist.
- **Unsympathische Patienten:** Es ist absolut normal, dass Sie nicht jeden Patienten mögen. Manche werden Ihnen vielleicht regelrecht abstoßend vorkommen. Der Kern eines professionellen Verhaltens ist jedoch, dass Sie Gefühlsmäßiges und Berufsmäßiges trennen können. Jedem Patienten steht Ihre Aufmerksamkeit und Freundlichkeit im gleichen Maße zu. Lassen Sie auch nach dem Telefonat keinerlei Äußerungen über den Patienten fallen, kein Aufatmen und keine verächtlichen Blicke oder Gesten. Die Patienten im Wartezimmer haben Sie immer im Visier.
- **Befundmitteilung am Telefon:** Grundsätzlich sollten Sie Befunde am Telefon nur

Datum	Uhrzeit	Name + Telefonnr.	Grund des Anrufs	angenommen von	erledigt von
1.					
2.					
3.					
...					

nach Rücksprache mit dem Arzt weitergeben. Möglich, dass Sie nach einiger Zeit und Erfahrung Ihre Patienten kennen und wissen, dass bestimmte Befunde diesem speziellen Patienten am Telefon durchgegeben werden können. Bei neuen Patienten sollten Sie jedoch immer zunächst Ihren Chef fragen.

- **Aufgeregte Patienten:** Vielleicht kennen Sie es von sich selbst: Bei einem Arztbesuch (oder dem Anruf bei einem Arzt) ist man meist aufgeregter als sonst. Besonders alte Menschen verzetteln sich dann leichter, vergessen, was sie eigentlich sagen oder fragen wollten. Übernehmen Sie in einer solchen Situation in aller Ruhe die Gesprächsführung und stellen Sie kurze und gezielte Fragen, um den Patienten durch das Gespräch zu leiten und seine Anliegen herauszufinden.
- **Keine kurzfristige Verbindung mit dem Arzt möglich:** Bieten Sie einen Rückruf an, damit der Patient nicht zu lange in der Leitung hängt. Sie sollten sich jedoch vergewissern, ob es sich um einen medizinischen Notfall handelt, z.B.:
  „Die Situation ist leider im Moment so, dass der Doktor nicht zu sprechen ist. Aber wenn Sie mir Ihre Telefonnummer hinterlassen, wird er Sie etwa gegen 15.00 Uhr zurückrufen. Wäre Ihnen das recht?"
  „Worum geht es denn genau in Ihrem Fall? Wäre es möglich, dass der Doktor Sie am Nachmittag zurückruft, oder lassen Ihre Beschwerden keinen Aufschub zu?"
  Verabreden Sie mit dem Patienten einen Zeitpunkt, den Sie für Ihren Chef abschätzen können. Dies kann natürlich in wenigen Minuten sein oder aber auch erst in einigen Stunden. Treffen Sie hierzu mit Ihrem Chef die erforderlichen Verabredungen.
- **Akute Erkrankung:** Der Patient wird aufgeregt sein und sich außerdem Sorgen machen, ob Sie alles korrekt an den Arzt weitergeben. Sie sollten beim Patienten den Eindruck hinterlassen, absolut verstanden zu haben, worum es geht und ihm glaubhaft versichern, dass Sie genau die richtigen Schritte unternehmen werden:
  „Ich kann mir gut vorstellen, dass Sie sich elend fühlen. Der Doktor ist gerade in einer Untersuchung, aber ich werde ihm sofort danach Bescheid geben."
  „Ich werde mich sofort darum kümmern, dass die Ärztin das Rezept unterschreibt, um es Ihnen gleich anschließend zuzuschicken."
  Wünschen Sie solchen Patienten immer am Ende des Gesprächs eine gute Besserung, denn der letzte Eindruck wird haften bleiben. Der Patient wird sich anschließend mit Sicherheit etwas besser fühlen.
- **Bitte um Hausbesuch:** Bei der telefonischen Bitte um einen ärztlichen Hausbesuch müssen Sie verschiedene Angaben in Erfahrung bringen:
  - vollständige Anschrift des Patienten (evtl. exakte Beschreibung des Hauses oder der Wohnung, Name auf der Türklingel?)
  - Uhrzeit des Anrufs
  - Warum kann der Patient nicht selber kommen?
  - Bestehen Schmerzen (wie und wo?), Fieber (wie hoch und wie gemessen?) oder Atemnot (seit wann und wie stark?).

  Weisen Sie den Patienten darauf hin, sich bei einer Änderung des Befundes umgehend wieder zu melden. Die Mitschriften präsentieren Sie sofort dem Arzt.

Buchstabieralphabet

A	Anton	J	Julius	Sch	Schule
Ä	Ärger	K	Konrad	T	Theodor
B	Berta	L	Ludwig	U	Ulrich
C	Cäsar	M	Martha	Ü	Übel
Ch	Charlotte	N	Nordpol	V	Viktor
D	Dora	O	Otto	W	Wilhelm
E	Emil	Ö	Ödipus	X	Xanthippe
F	Friederich	P	Paula	Y	Ypsilon
G	Gustav	Q	Quelle	Z	Zeppelin
H	Heinrich	R	Richard		
I	Ida	S	Siegfried		

Anrufbeantworter

In der normalen Arztpraxis ist ein Anrufbeantworter mehr ein Ansagegerät. Es hat sich nicht als sinnvoll erwiesen, die Patienten auf

das Band sprechen zu lassen. Es geht hauptsächlich darum mitzuteilen, warum die Praxis nicht erreichbar ist und wie lange dies andauert (Mittagspause, freier Nachmittag, Feierabend, Krankheit). Vielfach werden noch die Telefonnummern von Vertretungsärzten oder diensthabenden Ärzten mitgeteilt.
Das erscheint zunächst ganz einfach, doch sollten Sie auch hier einige Punkte berücksichtigen, denn für Patienten, die sich zum ersten Mal bei Ihnen melden, sind der Text und die Stimme auf dem Anrufbeantworter der erste Eindruck Ihrer Praxis – und wie Sie wissen kann der erste Eindruck sehr entscheidend sein:

- Wechseln Sie Ihren Ansagetext spätestens alle zwei Monate.
- Versuchen Sie möglichst objektiv unter Ihren Kolleginnen die angenehmste Telefonstimme auszuwählen, welche dann auch für das Besprechen zuständig ist. Vielleicht wird die Auswahl erleichtert, wenn alle Mitarbeiter einen Probetext auf einer Cassette sprechen, da sich dadurch der Eindruck einer Stimme noch sehr verändern kann.
- Schreiben Sie sich den Ansagetext vor der Aufnahme auf.
- Wählen Sie keine negativen Formulierungen.
- Versuchen Sie nach Möglichkeit, den Ansagetext weitgehend auswendig zu sprechen. Abgelesener Text wirkt schnell lieblos und geleiert.
- Nehmen Sie sich Zeit und Muße für das Besprechen des Ansagebandes.
- Wenn Sie sich einmal selbst beobachten, werden Sie wahrscheinlich feststellen, dass Sie jedesmal ein wenig enttäuscht sind, wenn sich irgendwo ein Anrufbeantworter meldet. Halten Sie deshalb Ihre Stimme immer natürlich, sympathisch und möglichst freundlich, wie bei einem echten Telefonat.
- Stellen Sie sich zum Besprechen aufrecht und gerade hin und senken Sie beim Sprechen den Kopf nicht zu sehr ab. Stellen Sie sich einen Anrufer vor, zu dem Sie gerade sprechen.
- Sprechen Sie klar, deutlich und keinesfalls zu schnell. Telefonnummern und Namen werden grundsätzlich wiederholt.
- Hören Sie sich auch mal die Ansagetexte anderer Praxen an. Vielleicht können Sie sich eine gelungene Formulierung oder einen angenehmen Tonfall zu eigen machen. Fragen Sie gelegentlich einen Patienten nach seinem (ehrlichen!) Eindruck zur Bandansage.

D 5 UMGANG MIT AUSLÄNDISCHEN PATIENTEN

Jeder Mensch ist in einer bestimmten medizinischen Kultur aufgewachsen. Menschen aus anderen Ländern gehen unter Umständen mit Krankheit und Schmerz anders um, als wir es gewohnt sind. Dies betrifft z.B. Personen aus süd- oder süd-osteuropäischen Staaten. Wenn uns lautes Klagen und Jammern übertrieben erscheint, kann das in anderen Kulturen ganz normal sein.

Auch wir haben Vorstellungen von Krankheiten, die in anderen Kulturen nicht geteilt werden. Während man sich etwa bei uns mit Kopfschmerzen zurückzieht und Ruhe sucht, bemüht man sich im Iran um lebhaftere Kontakte, weil dort Gesellschaft Entspannung und Ablenkung fördert.

Aus solchen Missverständnissen entsteht oft Misstrauen. Die Patienten befürchten, nicht ernst genommen oder falsch behandelt zu werden, das medizinische Personal vermutet, dass man ihm etwas vorspielt oder „sich anstellt“.

Ausländische Mitbürger gehen viel seltener zum Arzt, weil ihnen das Vertrauen in unsere ärztliche Versorgung fehlt. Es ist wichtig, dass man seine Beschwerden in der eigenen Sprache ausdrücken kann, denn sonst ist die Gefahr groß, falsch verstanden und also auch falsch behandelt zu werden.

Vielleicht haben Sie selber schon einmal die Erfahrung bei einem Auslandsaufenthalt gemacht. Oftmals ist es schon schwer genug, seine Beschwerden zu erklären, wenn der Arzt die gleiche Sprache spricht. Natürlich muss es für einen Patienten bedrohlich sein, wenn ein Arzt ihm erklärt, was er tun und lassen soll, davon aber nicht einmal die Hälfte versteht. Selbst bei einem Armbruch muss der Patient wissen, wie er den Arm zu lagern oder zu halten hat. Hinzu kommt noch, dass in vielen Ländern den Patienten wesentlich weniger Entscheidungsspielraum und Mitsprache eingeräumt wird, so dass sich ausländische Patienten – auch bei vollem sprachlichen Verständnis – leicht überfordert fühlen können.

Als Dolmetscher werden dann manchmal Putzkräfte herangezogen, die vielleicht zufällig die gleiche Sprache wie bestimmte Patienten sprechen. Das kann gelegentlich dem Patienten helfen, seine Beschwerden zu verdeutlichen. Umgedreht ist es jedoch in der Regel sehr schwierig, denn auch wenn solche Personen eventuell die Sprache ganz gut verstehen und beherrschen, ist es etwas ganz anderes, medizinische Sachverhalte als ungeschulte Person an Laien weiterzugeben.

Es ist schon viel gewonnen, wenn Sie im Umgang mit ausländischen Patienten anderer Kulturkreise ein besonderes Feingefühl walten lassen und von Beginn an in Rechnung stellen, dass es andere kulturelle Normen als unsere gibt, die auch ein anderes Verhalten zur Folge haben.

Die Sprachtabellen im Anhang machen es Ihnen vielleicht möglich, einen besseren Kontakt zu ausländischen Patienten herzustellen.

D6 UMGANG MIT SCHWIERIGEN PATIENTEN

ALLGEMEINES

Bestimmt haben Sie dieses Kapitel aufgeschlagen, um sich schnell Rat und Tat für einen *schwierigen* Patienten zu holen. Das ist verständlich. Dennoch werden Sie gerade das hier nicht finden. Es gibt keine Patentrezepte im Umgang mit schwierigen Patienten. So wie es auch keine Patentrezepte im Umgang mit Menschen generell gibt. Sie können jedoch einige Dinge berücksichtigen, die Ihnen helfen, mit Patienten, die Sie als schwierig erleben, besser umgehen zu können.

In der Praxis und auf jeder Station gibt es so genannte schwierige Patienten. Diese werden als belastend erlebt, und der Umgang mit ihnen wird oft auf das Nötigste reduziert. Im Gegensatz dazu gibt es die angenehmen Patienten, die – und das sollten Sie sich immer wieder ins Gedächtnis rufen – bei weitem überwiegen. Wirklich schwierige Patienten kommen nur selten vor, aber die Belastungen, die sie dem Personal bereiten, werden als überproportional groß erlebt. In erster Linie ist dieses Missverhältnis auf die unzureichenden Mittel zurückzuführen, die dem medizinischen Personal zur Verfügung stehen, um mit diesen Patienten umzugehen.

Im Gegensatz dazu erleben sich schwierige Patienten selbst nicht als schwierig, sondern fühlen sich oft nicht ausreichend oder ungerecht behandelt, missverstanden oder nicht ernst genommen. Wie kommt es zu diesen beiden verschiedenen Sichtweisen und welche Abhilfe gibt es?

Die Karriere eines schwierigen Patienten beginnt mit der Wahrnehmung durch das Personal. Hat er erst einmal das Etikett *schwierig*, beginnt meist ein Teufelskreis, in dessen Verlauf Patient und Personal sich immer weiter voneinander entfremden. Die Überansprüchlichkeit, das Nörgeln, die Klagsamkeit, das misstrauische Nachfragen, die Behandlungsverweigerung, die psychologische Kleinkriegsführung – alles dies bedingt, dass man schwierigen Patienten weniger gewissenhaft, weniger intensiv, weniger hilfsbereit, gleichgültiger, abweisend oder gar unfreundlich begegnet. Dadurch wird der Patient in seiner Haltung bestätigt und er verstärkt sein problematisches Verhalten. Er zeigt sich noch anspruchlicher, misstrauischer usw., was wiederum dazu führt, den Kontakt zu ihm noch weiter zu reduzieren, womit sich der erwähnte Teufelskreis schließt. Diesen Teufelskreis zu durchbrechen oder gar nicht erst entstehen zu lassen, ist nicht die Aufgabe des Patienten, sondern Aufgabe des Personals.

VORBEREITUNG

- Vermeiden Sie Sich-selbst-erfüllende-Erwartungen (Vorurteile). Bilden Sie immer Ihr eigenes Urteil. Prüfen Sie, ob Sie einem neuen Patienten unvoreingenommen entgegen treten. Oft gibt es Informationen von Kollegen und Kolleginnen, die uns erwarten lassen, dass ein Patient ein schwieriges Verhalten zeigt. Auch ein schwieriger Patient muss nicht für jeden und immer gleich schwierig sein.
- Besprechen Sie mit Ihren Kolleginnen und dem Arzt Ihre Eindrücke von Patienten, die Sie als schwierig erleben. Überprüfen Sie, wie andere diesen Patienten sehen. Oft lösen Patienten in uns etwas aus (und eben nicht in anderen), was aus unserer eigenen Biographie stammt (schlechte Vorerfahrungen mit bestimmten Patiententypen, oder Persönlichkeitseigenschaften, die an negative eigene Erlebnisse erinnern). Wenn Ihnen bewusst wird, dass Sie mit einem Patienten eine unangenehme Erinnerung verbindet, so versuchen Sie, sich davon zu lösen. Das erfordert ein wenig Übung, aber es ist erlernbar.
- Fragen oder beobachten Sie die Kolleginnen, die den Patienten *nicht* als schwierig erleben, wie sie mit dem Patienten umgehen. Lernen Sie andere Verhaltensweisen. Darin liegt oft ein Schlüssel zum Durchbrechen des negativen Kreises.

- Ergänzen Sie Ihre Informationen über den Patienten. Manchmal führen negative Vorerfahrungen des Patienten zu seinem Verhalten. Andere Gründe für als schwierig erlebtes Verhalten sind beispielsweise familiäre Probleme, berufliche Belastungen, Angst vor Verlust der Gesundheit, Angst vor bevorstehenden Eingriffen.

DURCHFÜHRUNG

- Wenn Sie einen Patienten als schwierig erleben, so geschieht dies meist in einer ganz konkreten Situation. In diesen Gesprächen geht es meist um die Frage, wer Recht hat, wer der dominierende Partner ist, wer als Sieger hervorgeht. Solche Kämpfe sind von Ihnen von Anfang an zu vermeiden, denn sie führen nur zu einer Festschreibung des Verhaltens. Gewinnt der Patient, so muss er seine Position behaupten und zeigt immer wieder sein als erfolgreich erlebtes Verhalten. Gewinnen Sie, so muss der Patient Ihnen zeigen, dass er am Ende doch der Stärkere ist und er variiert beim nächsten Mal sein Verhalten, bis es zum Erfolg führt. In jedem Fall reduziert sich Ihre Interaktion auf einen Machtkampf und entfernt sich immer mehr von ihrem ursprünglichen Ziel.
- Kommt es zu einem Konflikt, muss dieser umgehend gelöst werden. Dabei hilft Ihnen das folgende Vier-Schritte-Programm. Wichtig ist, dass Sie jeden Schritt durchführen und keinen überspringen oder auslassen.

Das Vier-Schritte-Programm im Umgang mit schwierigen Patienten

Schritt 1: Nehmen Sie Ihren Gesprächspartner ernst.

- Hören Sie dem Patienten aktiv zu. Bilden Sie sich erst Ihre Meinung, *nachdem* der Patient sich geäußert hat.
- Bestätigen Sie nicht die Argumente des Patienten, sondern zeigen Sie, dass Sie ihn verstanden haben:

„Sie haben im Augenblick das Gefühl, dass …"
„Ich habe den Eindruck bekommen, dass …"
„Habe ich Sie richtig verstanden, dass …?"

Schritt 2: Ermitteln Sie gemeinsam das Problem.

- Schwierige Patienten haben immer ein Anliegen, das sie indirekt, aggressiv, nachdrücklich oder vorwurfsvoll vorbringen. Darauf erfolgt allzu leicht eine spontane Reaktion, die wiederum eine emotionale Aktion im Patienten auslöst. Dies gilt es zu unterbrechen.
- Formulieren Sie keine Vorwürfe gegenüber dem Patienten.
- Bewerten Sie das Verhalten und Empfinden des Patienten nicht. Jeder lebt in einer eigenen Wertewelt, die Sie während des kurzen Kontaktes nicht ändern können.
- Formulieren Sie keine Lösungen. Klären Sie erst, was genau das Anliegen des Patienten ist. Es ist geradezu eine Berufskrankheit, sofort Hilfe und Lösungen anzubieten:

„Sie sehen ein Problem darin, dass …"
„Sie fühlen sich … behandelt, dadurch dass…"
„Sie möchten gern, dass etwas daran geändert wird, dass …".
„Sie würden sich weitaus besser fühlen, wenn …".

Schritt 3: Entwickeln Sie mit dem Patienten *gemeinsam* alternative Lösungen.

- Halten Sie Ihre eigenen Vorschläge noch zurück.
- Fragen Sie zuerst den Patienten selbst nach Lösungen für sein Anliegen oder Problem.
- Kritisieren oder werten Sie nicht die Lösungen des Patienten, auch wenn Sie erst einmal keine Möglichkeit der Verwirklichung sehen. Achten Sie besonders auf Ihren Tonfall, denn gerade darüber werden Wertungen ausgedrückt.
- Erarbeiten Sie mit dem Patienten gemeinsam eine für Sie durchführbare und für ihn annehmbare Lösung.
- Dies ist der aufwändigste Teil des Vier-Schritte-Programms. Patienten können

manchmal unrealistische Vorschläge machen. Wehren Sie diese nicht sofort ab, sondern fragen Sie den Patienten, wie dies seiner Meinung nach durchführbar sei. Da es ja der Vorschlag des Patienten ist (und nicht Ihrer), wird er dabei auch hilfreich sein. Sie werden erleben, dass seine und Ihre Interessen in vielen Fällen doch noch vereinbar sind.

Schritt 4: Konsequenzen aus dem Gespräch.

- Allzu leicht wird dieser vierte Schritt ausgelassen, obwohl er sehr wichtig ist. Denn erst durch ihn machen Sie dem schwierigen Patienten deutlich, dass 1. sich durch ein Gespräch Konflikte lösen lassen und 2. sich das stattgefundene Gespräch gelohnt hat.
- Sie werden jetzt wahrscheinlich einwenden, dass das Vier-Schritte-Programm zeitaufwändig ist. Bis Sie einige Routine mit dieser Art der Gesprächsführung haben, trifft dies auch zu. Allerdings ist es zeitsparender als sich wiederholende Diskussionen mit Patienten wegen des gleichen Problems. Darüber hinaus erreichen Sie durch die Vier Schritte eine Lösung und somit ist der Zeitaufwand übersehbar und Ihre Nerven bleiben geschont.

TIPPS UND TRICKS

- Wie Sie bisher sehen konnten, hängt der Erfolg des Umgangs mit schwierigen Patienten hauptsächlich von *Ihrer* Einstellung ab. Sind Sie bereit, Ihre Wahrnehmung des Patienten zu ändern, sich nicht auf die Machtspiele einzulassen, sich Ihre eigene Meinung zu bilden und ein klärendes Gespräch mit dem Patienten zu suchen, so sind Sie auf dem besten Weg, immer weniger schwierige Patienten in Ihrem Berufsalltag anzutreffen.
- Nutzen Sie Gelegenheiten zur Fortbildung. Die Angebote für Arzthelferinnen sind seit langem nicht mehr allein auf rein medizinische und verwaltungstechnische Themen begrenzt (*siehe auch Abschnitt O, Beruf und Weiterbildung*), sondern es werden immer häufiger auch psychologische Themen angeboten. Dies gibt Ihnen die Möglichkeit, sich auch außerhalb Ihres Teams über Problempatienten auszutauschen.
- Wahrscheinlich haben Sie schon die Erfahrung gemacht, dass ein schwieriger Patient nach einem klärenden Gespräch sein problematisches Verhalten abgelegt hat und sich zu einem zufriedenen und manchmal sogar zuvorkommenden Patienten wandelte. Das oben beschriebene Vier-Schritte-Programm hat oft genau diesen Effekt. Setzen Sie es ein.

PROBLEME UND SONDERFÄLLE

- Die Probleme werden sich reduzieren, wenn Sie die vorherigen Punkte durchgearbeitet haben. Ansonsten suchen Sie Rat in Ihrem Team. Bitten Sie eine Kollegin, Ihr Gespräch mit dem Patienten *unvoreingenommen* zu beobachten und Ihnen ihre Eindrücke zu schildern. Betrachten Sie diese Rückkopplung nicht als Kritik, sondern als Anregung, einmal einen anderen Blickwinkel einzunehmen. Sollte dies nicht möglich sein, bitten Sie eine Kollegin, den Kontakt mit dem Patienten zu übernehmen und erforschen Sie, warum Sie gerade diesen Patienten als so schwierig erleben. Überprüfen Sie, ob andere Patienten Ihnen gleichfalls als schwierig erscheinen. Scheuen Sie sich in solchen Fällen nicht, professionelle Hilfe außerhalb Ihres Teams zu suchen.
- Es gibt Patienten, die es schaffen, Sie trotz aller professioneller Gesprächsführung immer wieder zu provozieren. Versuchen Sie, die Muster dabei zu verstehen und nutzen Sie eine Supervision, um solche Fälle zu besprechen. Aber seien Sie nicht zu streng mit sich, wenn es trotzdem noch Patienten gibt, die Sie als besonders schwierig erleben.

D 7 UMGANG MIT SPRACH-, SEH- UND HÖRBEHINDERTEN MENSCHEN

ALLGEMEINES

In diesem Kapitel geben wir einige Hinweise zum Umgang mit Patienten, die eine Behinderung haben, wodurch der Umgang für Ungeübte oft schwierig erscheint. Wichtig ist die Unterscheidung dieser Patienten von Menschen, die tatsächlich verwirrt sind (*siehe D8, Umgang mit verwirrten Menschen*). Denn besonders Sprach- und Hörbehinderte lösen beim Unerfahrenen oft den Eindruck verminderter Intelligenz aus, was zu einer erheblichen Fehleinschätzung des Leistungsvermögens dieser Menschen führt und sie darüber hinaus herabwürdigt. Denn gerade die Bevormundung und die Herabstufung der Kommunikation auf das Niveau eines kleinen Kindes sind bei solchen Patienten gänzlich unangebracht. Sie leiden nämlich nicht nur unter ihrer Einschränkung, sondern vielfach noch stärker an der Reaktion der Umgebung. Im Folgenden finden Sie einige Verhaltenstipps, die helfen können, den Kontakt zu diesen Menschen zu verbessern.

SPRACHGESTÖRTE MENSCHEN (APHASIKER)

Gestörte Ausdrucksfähigkeit

Als Aphasie bezeichnet man den teilweisen oder totalen Verlust der Ausdrucksfähigkeit von Gedanken und Gefühlen. Eine Aphasie kann auch das Verstehen, Lesen und Schreiben betreffen. Hierbei geht es nicht um das Verstehen mit den Ohren oder das Sprechen mit Mund, Zunge und Kehlkopf. Der Aphasiker hat meist einen Hirnschlag (Apoplex) erlitten, bei dem spezielle Hirngebiete geschädigt wurden. Hierdurch kann das so genannte Sprachzentrum (und angrenzende, verwandte Hirnzentren) betroffen sein.

Um ein Wort zu sprechen, muss dieses Wort zunächst gewissermaßen für die Aussprache vorbereitet werden. Ein Aphasiker kann *Tisch* denken, er sieht ihn wahrscheinlich vor seinen Augen, weiß womöglich auch wie man *Tisch* schreibt, weiß genau, was er meint, auch Mund, Zunge und Kehlkopf sind nicht geschädigt und könnten das Wort mühelos aussprechen. Doch der entscheidende Befehl aus dem Sprachzentrum an die Nerven, die die Sprechmuskulatur bewegen, findet wegen des Hirnschlages nicht seinen Weg.
Umgekehrt kann dies auch für das Verstehen gelten. Das Hören ist nicht gestört, auch wird das Wort vielleicht gelesen und verstanden, und natürlich weiß der Patient, was ein Tisch ist. Doch ist Hören nicht gleich Verstehen. Das Wort wird also wahrgenommen und an das Sprachzentrum weitergeleitet, bleibt dort jedoch hängen. Man könnte grob vereinfachend sagen, dass die Zelle mit dem Bild *Tisch* nicht mit dem Wort *Tisch* zusammenkommt.
Patienten und Angehörige, die sich dieser Zusammenhänge nicht bewusst sind, haben oft große Probleme im Umgang mit dieser Erkrankung oder halten die Betroffenen schlicht für verrückt. Tragisch ist oft die Verzweiflung der Betroffenen, denen man manchmal ihre Not ansieht, etwas ausdrücken zu wollen, damit jedoch kläglich scheitern und sich vielleicht in einem absurden Gestammel verzetteln.

Gestörtes Sprachverständnis

Der Patient versteht nicht alles, was gesprochen wird, auch wenn er selbst sehr viel und flüssig spricht. Schwierigkeiten bekommt er vor allem dann, wenn sehr schnell auf ihn eingeredet wird oder wenn mehrere Personen gleichzeitig sprechen. Es kann sein, dass der Patient eigene Fehler (z.B. Wortverdrehungen, Wortverwechslungen oder Wortneubildungen) nicht bemerkt und seiner Umwelt ein Nicht-Verstehen-Wollen unterstellt.

- Es ist wichtig, ruhig und deutlich in kurzen und einfachen Sätzen zu sprechen, ohne dabei in einen Telegrammstil oder in Kindersprache zu verfallen – der Aphasiker hat keinen Verlust der Intelligenz oder der Persönlichkeit erlitten.

- Diese Patienten benötigen viel Verständnis und Geduld.
- Fragen Sie häufig nach, ob Sie richtig verstanden wurden und ob Sie den Patienten richtig verstanden haben.
- Für Telefonate mit dem Patienten sollte eine Kontaktperson zur Verfügung stehen (Angehöriger, Freund, Nachbar).
- Es kann sinnvoll oder sogar notwendig sein, dass eine Begleitperson den Patienten in die Praxis bringt.

Das Sprechen bereitet große Mühe

Der Patient kann große Schwierigkeiten haben, spontan zu sprechen. Oft können Lippen und Zunge nicht richtig bewegt werden, da die Nerven im Gehirn, die diese Muskeln steuern, (teilweise) zerstört sind. Dies führt zu einer sehr undeutlichen Sprache. Manche Patienten sprechen viel und schnell oder wiederholen fortgesetzt bestimmte Wörter und Sätze. Diese sind meist nur teilweise oder gar nicht verständlich und passen nicht zur Situation.

- Hier ist sehr viel Geduld erforderlich, um den Patienten in Ruhe sprechen zu lassen. Die Sprachversuche sollten nicht unterbrochen und auch nicht ständig korrigiert werden. Ruhiges Nachfragen ist besser.
- Helfen Sie nicht mit Wörtern aus, so lange ein Aphasiker noch überlegt. Wortvorschläge können den Aphasiker beeinflussen. Lenken Sie das Gespräch nicht zu sehr in die eigene Richtung. Unterbrechen Sie bei unverständlichen Äußerungen nicht, sondern warten Sie ab, ob sich der Sinn nachträglich ergibt. Achten Sie nur auf den Inhalt einer Äußerung, korrigieren Sie nicht die Form.
- Versuchen Sie stets zuzuhören, mitzudenken und zu beobachten. Es ist wichtig, sorgfältig darauf zu achten, ob die Absicht des Aphasikers verstanden wurde. Genaues Beobachten der Situation hilft beim Verstehen. Bestehen Sie nicht auf sprachliche Äußerungen, auch nonverbale Signale wie Gestik, Mimik oder das Zeigen von Bildern können zur Kommunikation herangezogen werden.
- Stellen Sie einfache Fragen, die sich mit Ja oder Nein beantworten lassen.
- Nutzen Sie Eselsbrücken, um an das richtige Thema heranzukommen. Versuchen Sie gemeinsam mit dem Aphasiker herauszufinden, worauf sich seine Aussage bezieht. Unpassende Wörter können oft doch zum beabsichtigten Ziel hinführen.
- Wenn der Patient „hängen bleibt“ und ein Wort oder einen Satz beständig wiederholt, sollten Sie ihn unterbrechen und ablenken. Oft kann die Äußerung zu einem anderen Zeitpunkt besser bewältigt werden: „*Vielleicht können Sie es später sagen*“.
- Geben Sie nicht auf. Oft ist es sehr anstrengend, erfolgreich mit Aphasikern zu kommunizieren. Nehmen Sie sich jedoch die Zeit und ermuntern Sie zum Sprechen: „*Wir werden herausfinden, was Sie mir sagen möchten. Fangen Sie noch einmal von vorne an!*“

Störungen der Lese- und Schreibfähigkeit

Zwar können die Patienten einzelne Wörter und Sätze lesen, verstehen jedoch deren Bedeutung und Inhalt nicht. Einzelne Buchstaben können unbekannt sein.

SEHBEHINDERTE MENSCHEN

- Wenn möglich, sollten sehbehinderte Patienten mit Begleitung in die Praxis kommen. Bei der Terminplanung muss dies genau abgeklärt werden. Auch Sie sollten sich bei erfolgter Verabredung einen Eintrag machen, dass Sie für diesen Patienten einen längeren Zeitraum einplanen, da alle Verrichtungen, auch mit Begleitung, immer langsamer ablaufen als bei nicht sehbehinderten Menschen.
- Wenn Sie sich einem blinden bzw. schwer sehbehinderten Patienten nähern, machen Sie sich immer bemerkbar. Fassen Sie den

blinden Patienten nie an, ohne sicher zu sein, dass er Sie bemerkt hat. Sprechen Sie ihn frühzeitig an.

- Sprechen Sie einen sehbehinderten Patienten immer mit Namen an, wenn sich auch noch andere Personen im Raum befinden (oder eben noch befunden haben), denn er weiß sonst möglicherweise nicht, dass Sie ihn meinen.
- Der Blinde lässt sich führen und wird nicht geführt, d.h. er hakt sich bei Ihnen unter.

- Beim Führen zu einem Stuhl legen Sie die Hand des Patienten auf die Stuhllehne.
- Beim Gehen wird der Blinde auf Hindernisse, Richtung und An- oder Abstieg hingewiesen.
- Kündigen Sie dem Patienten eine neue Tätigkeit an, damit er nicht von einem unerwarteten Reiz überrascht wird.
- Wenn Sie die Mitarbeit eines sehbehinderten Patienten erlangen wollen, sollten Sie in Ihren Anweisungen sehr konkret sein. Ein einfaches „*Heben Sie bitte das Bein an*“ kann den Patienten durchaus verunsichern, da er nicht weiß, welches Bein gemeint ist, wenn er Ihnen bei der Arbeit nicht zusehen kann.
- Es gibt verschiedene Hilfen zur Unterhaltung für Sehbehinderte wie Großdruckbücher, Lupen, Texte in Blindenschrift, Hörspiele auf Kassette, professionelle Vorleser. Außerdem gibt es die Blindenuhr, den Blindenkalender und andere Gebrauchsgegenstände, die speziell auf die Erfordernisse blinder Menschen zugeschnitten wurden.
- Besonders schwierig ist eine plötzliche starke Sehverschlechterung für alte Menschen, die sich oft ohne ihr Augenlicht kaum noch zurechtfinden.
- Für schwerst Sehbehinderte stellt die Sozialhilfe die so genannte Blindenhilfe (finanzielle Unterstützung) zur Verfügung, da diese Menschen besonders viele Mehrausgaben haben.

SCHWER HÖRENDE MENSCHEN

- Ein Schwerhöriger versteht am besten eine langsame, deutliche und nicht zu laute Sprechweise.
- Gebrauchen Sie kurze Sätze.
- Der schwerhörige Patient versteht durch gutes Betrachten (Mimik, Gestik, Lippenlesen) vieles besser. Sehen Sie deshalb den Hörbehinderten bei der Ansprache immer direkt an.
- Bekanntermaßen ernten Schwerhörige, im Gegensatz zu Sehbehinderten, oft Spott, da ihre Behinderung oftmals den Eindruck minderer Intelligenz vermittelt. Lassen Sie sich nicht auf diese Fehldeutungen ein.
- Bei schwerer Behinderung sollten Sie frühzeitig dazu übergehen, wesentliche Dinge aufzuschreiben. Dies macht zwar zunächst mehr Mühe, verhindert jedoch Missverständnisse.
- Sofern noch nicht geschehen, sollten Sie mit dem Patienten und dem Arzt abklären, ob ein Hörgerät Besserung bringen würde.

D8 UMGANG MIT VERWIRRTEN MENSCHEN

ALLGEMEINES

Verwirrtheit im Alter kann verschiedene Ursachen haben. Am häufigsten sind die Störungen, die durch eine verminderte Durchblutung und einen herabgesetzten Hirnstoffwechsel ausgelöst werden. Hierzu gehören der normale altersbedingte Abbauprozess, aber auch die Folgen eines großen Schlaganfalls oder zahlreicher kleiner Schlaganfälle. Auch die Alzheimer-Erkrankung spielt eine immer größere Rolle. Kontaktmangel und fehlende geistige Beanspruchung tragen einen wesentlichen Teil dazu bei, dass ein solcher Prozess schneller als notwendig verläuft.
Auf der anderen Seite werden Patienten oft vorschnell als verwirrt bezeichnet, was besonders Patienten mit Schüttellähmung (Morbus Parkinson) oder Schwerhörige bestätigen können. Auch Widersprechen oder ein für alte Menschen vermeintlich unangebrachtes Verhalten wird schnell als Verwirrung oder Altersstarrsinn eingestuft. Liegt jedoch eine Verwirrung vor, die ärztlicherseits bestätigt wurde, sind einige Verhaltensweisen im Umgang mit diesen Menschen zu beachten.

DURCHFÜHRUNG

- Die Patienten brauchen viel Zuwendung.
- Halten Sie die Vertrauensbasis aufrecht und nehmen Sie den Patienten weiterhin ernst. Er hat häufig noch klare Momente, in denen nicht nur die eigene Behinderung deutlich erkannt wird, sondern auch eine herablassende und bevormundende Behandlung als solche wahrgenommen wird.
- Erstes Anzeichen einer Alzheimer-Demenz ist der Verlust des Kurzzeitgedächtnisses, der ganz zu Beginn nicht wirklich von der jedem bekannten alltäglichen Zerstreutheit und Vergesslichkeit zu unterscheiden ist (z.B. nicht mehr wissen, was man gerade holen wollte, Namen von Freunden oder Angehörigen werden verwechselt oder vergessen, Termine werden vergessen usw.). Die Patienten neigen in diesem Stadium dazu, zu „mogeln". Sie erfinden Ausflüchte und Entschuldigungen, um ihre Scham über die Vergesslichkeit zu überspielen.
- Legen Sie Papier und Stift für Notizen jeder Art in Reichweite des Patienten.
- Vorsicht: Auch eine Depression kann im Alter leicht wie Verwirrtheit erscheinen.
- Es kann erforderlich sein, dem Patienten beim Aus- und Ankleiden zu helfen und ihn zur Toilette zu begleiten.
- So mancher demente Patient wird eine angebotene Hilfestellung barsch zurückweisen. Schließlich bedeutet die Annahme von Hilfe auch Hilfsbedürftigkeit, die nicht immer gern zugegeben wird. Dies betrifft häufig Menschen, die ihr Leben lang gerade auf Selbstständigkeit großen Wert gelegt haben.
- Hilfe nach Maß bedeutet, dass Sie immer versuchen, die vorhandenen Fähigkeiten des Patienten zu unterstützen. Helfen Sie ihm, wo er Hilfe braucht, aber lassen Sie ihn allein bei den Tätigkeiten, die er selbst erledigen kann.
- Wichtig ist es, den Glauben daran zu nähren, dass der Patient an seinem Zustand noch etwas ändern kann. Man ermutigt und unterstützt immer dort, wo noch kleine Erfolgserlebnisse möglich sind. Anderenfalls wird der Patient resignieren und depressive oder sogar aggressive Züge zeigen. Er folgt dann Ihren Anweisungen und Aufforderungen möglicherweise gar nicht mehr (z.B. Weigerung, sich den Blutdruck messen zu lassen).
- Bemühen Sie sich um einen freundlichen, zugewandten und respektvollen Umgangston, am besten in der Art, wie Sie selbst angesprochen werden möchten.
- Verwenden Sie im Gespräch kurze und einfache Sätze und halten Sie Blickkontakt.
- Denken Sie auch daran, dass der verwirrte Patient nicht immer verwirrt war, sondern (meist) ein langes Leben hinter sich hat.

Bringen Sie in Erfahrung, woran er Freude hatte, was er gekonnt und geleistet hat, welche Krisen er in seinem Leben bewältigt hat und was er erlitten hat. So erhalten Sie ein tieferes Verständnis für die schrulligen Eigenheiten dieses Menschen.

- Demente Patienten haben oft einen starken Bewegungsdrang. Sie laufen z.B. auch sehr gerne herum und verlassen vielleicht plötzlich die Praxis, ohne dass Sie es bemerken.
- Versuchen Sie nicht, einen dementen Patienten etwas mit „logischen" Argumenten zu erklären oder auszureden. Es gehört zum Wesen der Erkrankung, dass Argumentationsketten nicht mehr gefolgt werden kann.

D 9 UMGANG MIT DEPRESSIVEN MENSCHEN

ALLGEMEINES

Depressionen als psychiatrische Erkrankung haben verschiedene Ursachen. Manche Menschen leiden ein Leben lang unter dieser Erkrankung, andere nur kurze Zeit, z.B. ausgelöst durch die Trauer nach dem Verlust eines geliebten Menschen. Gründe für eine Depression lassen sich längst nicht immer ohne weiteres ausmachen.

Depression wird immer noch häufig als Traurigkeit fehlinterpretiert. Ein depressiver Mensch klagt über innere Leere und Empfindungslosigkeit. So wünschen sich Depressive mitunter vergeblich, weinen zu können. Zur Symptomatik gehört häufig eine Antriebsstörung. Das bedeutet das Fehlen von Schwung und Initiative, wodurch selbst kleinste Verrichtungen wie das Zähneputzen zur unüberwindbaren Aufgabe werden. Weiter gehören dazu Entschlussunfähigkeit bei alltäglichen Fragen („*Möchte ich heute Kartoffeln oder Nudeln essen?*"), Gleichgültigkeit und Interessenverlust, was sich auch auf den Lebenspartner, die eigenen Kinder und Freunde beziehen kann.

Die depressive Gefühlswelt ist für nicht depressive Menschen meist nur schwer nachzuvollziehen, sofern keine größere Erfahrung mit psychisch Kranken oder eine selbst durchlebte Depression vorliegt.

Die nicht selten im Alter auftretende Depression wird durch verschiedene Faktoren mitbeeinflusst. Mit dem Verlust körperlicher und geistiger Leistungsfähigkeit schwindet oft das Selbstwertgefühl. Viele gleichzeitige Gebrechen erschweren immer mehr Tätigkeiten. Die soziale Rolle muss häufig aufgegeben werden: Man wird nicht mehr gebraucht. Aufgaben und Pflichten werden zunehmend entzogen. Erschwerend kommt vielfach eine Vereinsamung hinzu, da die früher intakte Familie auseinanderfällt und der Tod immer mehr Freunde wegnimmt.

DURCHFÜHRUNG

- Unterlassen Sie unbedingt Aufforderungen wie *„Reißen Sie sich doch zusammen"* oder *„Geben Sie sich einen Ruck"*, die bei gesunden Menschen in einer Schwächeperiode manchmal Wunder tun. Es ist genau das, was ein Mensch mit Depressionen eben nicht kann. Einen Gelähmten fordert man auch nicht auf, das lahme Bein zu bewegen.
- Vermeiden Sie scheinbar aufmunternde Worte wie *„Kopf hoch"* oder *„Alles wird gut"*. Diesen Patienten helfen sie nicht, da die Perspektivlosigkeit zu ihrer Erkrankung gehört. Besser versucht man zuzuhören.
- Wichtig ist starke Zuwendung.
- Der Patient braucht das Gefühl, ernst genommen und als Person angenommen zu werden.
- Manche Menschen mit einer Depression fühlen sich besonders leicht angegriffen und ungerecht behandelt. Nehmen Sie Kritik oder Beschimpfungen nicht persönlich.
- Es ist wichtig, sich dem Patienten gegenüber zugewandt, freundlich und respektvoll zu verhalten. Nehmen Sie ihn so, wie er ist.
- Rechnen Sie damit, dass ein depressiver Mensch sich nicht an Absprachen hält und Erklärungen liefert wie *„Ich habe es nicht geschafft, das Bett zu verlassen, um meinen Termin bei Ihnen einzuhalten"* oder *„Ich kann Ihnen diese Fragen jetzt nicht beantworten"*. Diese Dinge gehören zur Erkrankung. Der Patient leidet darunter wesentlich mehr als Sie.

PROBLEME UND SONDERFÄLLE

- **Suizidalität:** Nehmen Sie den Patienten ernst und informieren Sie den Arzt, der dann mit dem Patienten klären muss, ob dieser so stark gefährdet ist, dass er vor sich selbst geschützt werden muss bzw. welche Maßnahme einer fachärztlichen Behandlung erforderlich ist.
- **Agitierte Depression:** Hier kann es statt der Bewegungsunlust im Rahmen der Antriebsstörung auch zu ständigem Herumlaufen und lautem Klagen kommen.

D 10 UMGANG MIT SCHIZOPHRENEN MENSCHEN

ALLGEMEINES

Die Schizophrenie (Bewusstseinsspaltung) ist neben den affektiven Psychosen (Depression, Manie) die zweite große Gruppe von psychiatrischen Erkrankungen. Leider ist der Begriff der Schizophrenie erheblich verwässert, da er in der Umgangssprache für alles herhalten muss, das irgendwie widersprüchlich erscheint. Tatsächlich beschreibt man mit Bewusstseinsspaltung keine Teilung des Denkens in zwei Hälften, sondern eine Auflockerung sämtlicher gedanklicher Zusammenhänge. Die Schizophrenie kommt geschichtlich in allen Kulturen relativ gleichmäßig vor und ist nicht als Zivilisationskrankheit anzusehen.

Die Beschwerden, unter denen ein schizophrener Patient (meistens) leidet, sind schwer zu beschreiben und schwer zu verstehen. Sie muten für Unerfahrene oft gespenstisch an. Schizophrene hören Stimmen, die sonst niemand hört, sehen Dinge, die sonst niemand sieht und riechen Stoffe, die sonst niemand riecht. Die meisten Patienten fühlen sich von diesen Sinneseindrücken bedroht. Sie riechen Gas, sehen Menschen, die ihnen auflauern oder hören Stimmen, die ihnen Befehle geben, ihr Tun kommentieren und bewerten und sie sogar zum Selbstmord auffordern.

Charakteristisch für Schizophrenie ist auch der Verfolgungswahn. Zum Beispiel haben Nachbarn, Briefträger und der Zeitungsjunge sich verschworen und versuchen, den Patienten verrückt zu machen oder umzubringen. Dies kann zu panischer Angst vor Vergiftung und Verfolgung führen. Der Patient kann nicht mehr zwischen Trug und Wirklichkeit unterscheiden. Patienten leiden nur dann nicht unter ihrer Erkrankung, wenn ihre Halluzinationen keine Angst auslösen.

Die Ursachen dieser Erkrankung sind noch immer weitgehend unbekannt. Es scheint ein Zu-

sammenspiel von genetischen und familiären Einflüssen zu geben.
Ein Modell der Erkrankung macht eine Schwäche des Zensors für die Symptome der Schizophrenie verantwortlich. Mit Zensor bezeichnet man eine Instanz des Gehirns, die alle Sinneseindrücke vorsortiert und nur einen kleinen Teil in unser Bewusstsein lässt. Wir entscheiden, auf welches Gespräch auf einer Party wir unser Ohr richten. Lenken wir die Aufmerksamkeit auf ein anderes Gespräch, lässt sich alles verstehen, obwohl wir es kurz zuvor anscheinend noch nicht hören konnten. Ohne diese Funktion des Zensors wären wir hilflos einer unbeschreiblich großen Zahl von Eindrücken ausgeliefert. Hinzu kämen unsere eigenen Gedanken und Gefühle, die ebenfalls ungefiltert und ungebremst in unser Bewusstsein vorstoßen würden.
Unter dieser Vorstellung lässt sich erahnen, was einen schizophrenen Menschen quält.

DURCHFÜHRUNG

- Vermeiden Sie im Umgang mit schizophrenen Menschen unklare Aussagen, vage oder ironische Bemerkungen. Also nicht: *„Vielleicht kann ich Ihnen die Depot-Spritze gleich geben, wenn der Raum frei wird“*, sondern *„Sobald der Raum frei ist, werde ich Ihnen Ihre Depot-Spritze geben.“*
- Achten Sie noch mehr als sonst darauf, keine Versprechungen zu machen, die Sie nicht einhalten können. Ihr Handeln sollte immer Ihren Aussagen entsprechen.
- Lassen Sie sich im Kontakt mit diesen Patienten auf kein Du-Verhältnis ein, sondern wahren Sie die therapeutische Distanz.
- Akzeptieren Sie eventuelle Wahnvorstellungen der Patienten. Sie können jedoch deutlich machen, dass Sie diese nicht teilen.
- Suchen Sie Gesprächsinhalte außerhalb der Wahnthemen.
- Je nach Zustand des Patienten kann es sein, dass er (innere) Stimmen hört, die ihn ablenken. So wird er eventuell unkonzentriert und fahrig wirken. Machen Sie ihm keinen Vorwurf – er hat schon Probleme genug.

D 11 TEAMAUFBAU UND TEAMBESPRECHUNG

ALLGEMEINES

Ein Team kennzeichnet sich durch ein gemeinsames Ziel, eine gemeinsame Aufgabe und eine besondere Form der Gruppenzusammensetzung. In einem Team ist jedes Mitglied Experte für sein Aufgabengebiet, braucht aber die anderen Mitglieder als notwendige Partner in der Bewältigung der Aufgabe.
Diese Arbeitsform setzt Kommunikationswege voraus, die in vielen sog. Teams wenig oder gar nicht vorhanden sind. Um ein Team aufzubauen, müssen Sie bestehende Gruppenstrukturen und deren Organisation verändern.
Die Vorteile von Teamarbeit sind höhere Leistungsfähigkeit durch größere Abstimmung der Mitarbeiter, mehr Engagement, größere Kreativität, höhere Konstruktivität, offene Kommunikationsformen, weniger Konflikte. Das Herz der Teamarbeit ist die Teambesprechung, durch die ein Team sich gründet und fortbesteht.

VORBEREITUNG

Wie oft: Es sollte ein regelmäßiger Turnus festgelegt werden (z.B. an jedem 2. Freitag). Berücksichtigen Sie praxisrelevante Zeiten (z.B. Abrechnung, feste OP-Tage). Der Termin sollte für alle günstig liegen, optimal ist während der gemeinsamen Arbeitszeit. Die Abstände zwischen den Teambesprechungen hängen von der Größe des Teams und der Zahl der anstehenden Probleme ab, in der Regel einmal wöchentlich bis einmal monatlich. Seltener sollte die Besprechung nicht stattfinden. Die Teambesprechung ist nicht zu verwechseln mit geselligen Zusammenkünften. Sie ist ein wichtiger Bestandteil der Teamarbeit.
Wie lange: Bei der Einführung von Teambesprechungen werden diese oft zu lang terminiert. Es ist günstiger, sie eng umrissen zu ge-

stalten und dafür weniger dringende Punkte auf die nächste Besprechung zu vertagen. Dies fördert auch die Disziplin, an den festgelegten Punkten zu arbeiten und die Besprechungszeit nicht zu verquasseln. Abhängig davon, wie oft man sich trifft, sollte eine Sitzung zwischen 30 und 60 min dauern.

Worüber: Es gibt bestimmt viele Themen, über die Sie sich mit Ihren Kolleginnen austauschen möchten: Organisatorisches, Verwaltungstechnisches, Aufgabendelegation, Problempatienten, Fachliches. All diese Themen gehören in die Teambesprechung, aber nicht gleichzeitig. Machen Sie es sich zur Gewohnheit, eine Themenliste anzufertigen, zu der jeder sein dringendstes Anliegen beitragen kann. Als hilfreich hat sich eine zentral zugängliche Tafel (Flipchart) erwiesen, auf der jeder seinen Besprechungspunkt festhalten kann. Somit steht für alle sichtbar die Tagesordnung der nächsten Besprechung bereit, und jeder kann sich zu bestimmten Punkten auch vorbereiten.

Warum: Teambesprechungen sind eine Art Informationsbörse. Hier werden Probleme für alle hörbar vorgestellt und gemeinsam an deren Lösung gearbeitet. Das fördert die Durchsetzungsbereitschaft der erarbeiteten Lösungen. Schließlich sind es Lösungen, zu denen alle beigetragen haben und keine Anordnung. Teambesprechungen erlauben eine offene Interaktion, so dass es viel weniger zu Gerüchten und Missverständnissen kommen kann. Schließlich können hier auch personelle Probleme gemeinsam gelöst werden. Beispielsweise kann ein Konflikt zwischen zwei Mitarbeitern durch die Unterstützung des Teams einer Lösung zugeführt werden.

DURCHFÜHRUNG

- Legen Sie zuerst den Besprechungsleiter fest. Jedes Teammitglied sollte im regelmäßigen Turnus einmal für eine Besprechung zuständig sein, die Gesprächspunkte ansprechen, die Diskussion leiten und auf die Zeiteinhaltung achten.
- Ein zweites Teammitglied führt stichpunktartig Protokoll.
- Die Tagesordnung soll anhand der Vorschläge festgelegt werden. Eventuell muss auch eine Prioritätenliste erstellt werden, so dass weniger dringende Punkte auf die nächste Sitzung vertagt werden.
- Jeder Tagesordnungspunkt wird von demjenigen, der ihn vorgeschlagen hat, vorgestellt.
- Die Diskussion ist sachlich zu führen, worauf auch der Besprechungsleiter zu achten hat. Sie können sehr zur Sachlichkeit beitragen, wenn Sie diese Punkte beachten:
  - Üben Sie keine pauschale Kritik (*„Das ist ja alles Quatsch. So geht es nun wirklich nicht“).* Sie tragen dadurch überhaupt nicht zur Lösung des Problems bei, sondern fördern statt dessen Ressentiments.
  - Üben Sie konstruktive Kritik: Benennen Sie zuerst die positiven Aspekte des vorgebrachten Vorschlags (*„An der Idee gefällt mir, dass...“).* Erst dann schlagen Sie alternative oder ergänzende Vorgehensweisen vor, die Ihrer Meinung nach das anstehende Problem besser lösen können (*„Darüber hinaus könnten wir doch ...“, „Ich glaube, dass es noch besser wäre, wenn...“).*
  - Sprechen Sie in der Ich-Form (statt *„Wir sollten das so nicht machen“*, eher *„Ich finde diese Lösung weniger Erfolg versprechend“).*
- Beenden Sie jede Teamsitzung mit einer kurzen Zusammenfassung der Beschlüsse, was verändert werden soll und wer welche Aufgaben übernommen hat.

TIPPS UND TRICKS

- Erarbeiten Sie einige Regeln für Besprechungen, in die o.g. Punkte eingehen sollten. Somit können Sie von Anfang an zu einer positiven Gesprächskultur beitragen.
- Fertigen Sie am Ende jeder Besprechung eine Kurzliste an, auf der festgehalten wird, welche Veränderungen oder Ergänzungen beschlossen wurden und wer dafür zuständig ist (Aktionsplan).

- Der erste Punkt Ihrer Besprechung sollte diese Liste sein. Wurden die Beschlüsse der letzten Besprechung durchgeführt und gab es dabei Probleme oder Verbesserungsideen. Nur so können Sie gewährleisten, dass Ihre Teambesprechungen produktiv sind.
- Achten Sie darauf, dass alle Teammitglieder zu den Besprechungen beitragen.

D 12 UMGANG MIT PHARMAREFERENTEN

ALLGEMEINES

Pharmareferenten sind die Vertreter der Pharma-Firmen. Sie besuchen regelmäßig die Praxen in ihrem Einzugsgebiet und informieren Ärzte (und Personal) über Neuerungen auf dem Medikamentenmarkt, stellen ihre neuen Produkte vor und verfügen meistens über ein hochqualifiziertes Hintergrundwissen, was Wirkung und Nebenwirkung der Medikamente anbelangt. Darüber hinaus organisieren sie oft Fortbildungsveranstaltungen, die sich nicht immer nur um das eigene Produkt drehen. Letztendlich sind sie jedoch Verkäufer, die eine Ware präsentieren mit dem Ziel, dass die Ärzte sie häufiger verschreiben.
In manchen Praxen werden Pharmareferenten als störend empfunden, doch wird dabei ihre wichtige Funktion als Produktberater übersehen. Außerdem kann das Störende am Besuch eines Pharmareferenten auch damit zusammenhängen, dass die Praxis auf den Besuch nicht eingestellt ist.
Die folgenden Punkte sollen dazu beitragen, den Besuch eines Pharmareferenten vielleicht sogar zu einer willkommenen Abwechslung zu machen.

VORBEREITUNG

- Vorab sollten Sie und auch alle anderen Arzthelferinnen in der Praxis mit dem Chef eine Vereinbarung darüber treffen, ob und wann Pharmareferenten willkommen sind.
- Im Sinne aller Beteiligten ist es, dass Pharmareferenten einen Termin bekommen. Dies erspart Ihnen die Mühe, die Viertelstunde für den Vertreter noch irgendwo einzuschieben, und es erspart dem Pharmareferenten unnötige Wartezeiten.

DURCHFÜHRUNG

- Pharmareferenten bringen meist neue Medikamente mit, die in Form von Musterpackungen in der Praxis belassen werden, damit der Arzt sie probeweise einsetzen kann. Vielfach werden aber auch Geschenke jeder Art mitgebracht. Dabei kann es sich um nützliche Utensilien für die Arzthelferinnen handeln, aber auch um eine CD mit Weihnachtsliedern oder eine Packung Kaffee (über die man sich ja immer freut). Lassen Sie sich aber nicht kaufen! Bleiben Sie immer gleichbleibend korrekt und freundlich, unabhängig davon, ob es Kaffee, Körperlotion oder gar nichts gibt.
- Auch für den Arzt sind oft spezielle Präsente im Gepäck, wie z.B. Einladungen zu Kongressen oder Fortbildungen, die der betreffende Pharmakonzern organisiert und mitfinanziert. Auch hierfür bedarf es genauer Absprachen zwischen dem Chef und den Arzthelferinnen, wie in solchen Fällen verfahren werden soll. Vielleicht kann ein Pharmareferent mit derartigen Angeboten mit einer bevorzugten Behandlung rechnen (sofern es nicht auf Kosten der Patienten geht).
- Oft haben die Pharmareferenten, die regelmäßig Ihre Praxis besuchen, eine genaue Vorstellung davon, was in Ihrer Praxis wirklich benötigt wird. Hier eine kleine Auflistung von hilfreichen Mitbringseln:
  - Fortbildungsvideos
  - Abrechnungshilfen (z.B. Ratiopharm)
  - Unterstützung bei Impf-Aktionen (z.B. Behring oder Pasteur Merieux)
  - Namensschilder für das Praxispersonal
  - Internet-Schulungen (Pfizer)
  - Mustertext-Dateien (z.B. Merckle „Therapiebegleitrezepte“).
- Manchmal kommen die Vertreter auch nur kurz vorbei und bauen die neuen Produkte auf der Anmeldung auf. Dies kann ein kurzer, freundlicher Besuch sein, der den Ablauf in der Praxis nicht weiter stört. Hier reicht es meist, die Packungen mit einem freundlichen Dankeschön entgegenzunehmen und nach erbrachter Unterschrift als Beleg für den Pharmareferenten für seinen Besuch mit einem netten Gruß wieder zu verabschieden.
- Mit manchen Pharmareferenten kann sich natürlich auch ein angenehmes, persönliches Verhältnis entwickeln, das gar nichts mit der vertretenen Firma zu tun haben muss. Man ist sich entweder „grün“ oder nicht. Bei gegenseitiger Sympathie kann ein solcher Besuch, verbunden mit einer Tasse Kaffee und einem Stück Kuchen, eine durchaus willkommene Abwechslung sein.
- Die Termine für Pharmareferenten sollten Sie am besten in die Zeiten vor oder nach der Sprechstunde bzw. in absehbare Freiräume innerhalb des Praxisablaufes legen. Termine für Pharmareferenten während einer vollbesetzten Sprechstunde stoßen bei den wartenden Patienten auf wenig Verständnis, da sie die Patientenbehandlung natürlich weiter verzögern. Hinzu kommt der Gedanke, dass ein Pharmareferent, der ohne Wartezeit zum Chef geführt wird, scheinbar mehr wert ist als ein gewöhnlicher Patient. Organisieren Sie die Termine lieber so, dass Ihr Chef das Gespräch zu einer kleinen, kreativen Pause nutzen kann.
- Natürlich gibt es auch unter den Pharmareferenten schwarze Schafe, die sich nicht an Termine halten, die die Arzthelferinnen übergehen oder die es für selbstverständlich halten, bevorzugt behandelt zu werden. Lassen Sie sich von dieser Art nicht über-

rumpeln, sondern bleiben Sie immer bei den in Ihrer Praxis gültigen Absprachen. Vergessen Sie nicht, dass der entscheidende Wirtschaftsfaktor im Unternehmen Arztpraxis der Patient ist.

TIPPS UND TRICKS

- Machen Sie den Pharmareferenten unter Umständen auf einen Zeitmangel aufmerksam. Meist wird hierfür Verständnis vorhanden sein, zumal die Pharmareferenten naturgemäß an einem guten Kontakt interessiert sind.
- Heben Sie die Visitenkarten in einem separaten Kästchen oder Ordner auf. Dies kann bei Nachfragen jeder Art z.B. bezüglich bestimmter Medikamenten-Nebenwirkungen für den Arzt nützlich sein. Auf den Rückseiten können Sie Spezialkenntnisse vermerken, wie z.B. Marketing, Organisation, EBM-Neuigkeiten, Labor oder EDV.
- Sagen Sie Termine mit Pharmareferenten rechtzeitig ab, sofern keine Möglichkeit der Einhaltung besteht. Oftmals reisen Pharmareferenten nämlich von weit her an.
- Pharmareferenten sehen täglich 5 – 10 verschiedene Praxen und werden somit zu Profis bei Themen wie Umgang mit dem Patienten, Service in der Praxis, Wirtschaftlichkeit, Terminierung und Organisation. Fragen Sie sie gezielt, wie andere Praxen bestimmte Probleme lösen. Vielleicht bitten Sie sie – bei einem sehr guten Verhältnis – auch um kritische Anmerkungen z.B. für den Eindruck der Praxis, das Erscheinungsbild von Ihnen und Ihren Kollegen und die Atmosphäre in der Praxis.

D 13 UMGANG MIT DEN KOLLEGEN

ALLGEMEINES

Nur wer Spaß an der Arbeit hat, arbeitet gut, aber der Umgang mit den Kolleginnen ist oft schwieriger als mit dem Chef. Es gibt Unterschiede zwischen der Erstkraft, anderen voll ausgebildeten Arzthelferinnen und Azubis in verschiedenen Ausbildungsjahren. Jede dieser Kolleginnen hat eine andere Stellung in der Praxis.

DURCHFÜHRUNG

- Wenn Sie als Neuling in eine Praxis kommen, fragen Sie den Chef, welche Arzthelferinnen Ihnen gegenüber weisungsbefugt sind.
- Lassen Sie sich auf keinen Machtkampf ein. Nur durch Wissen und Können kommen Sie weiter.
- Freundlichkeit untereinander ist das oberste Gebot.
- Falls doch einmal Differenzen mit einer Kollegin auftreten, regeln Sie diese bitte nie vor den Patienten. Es würde ein schlechtes Bild auf die ganze Praxis werfen. Die Patienten bekommen weitaus mehr mit, als Sie glauben.
- Wenn Sie mit einer Kollegin Probleme haben und diese nicht mit dieser selbst regeln können, vertrauen Sie sich dem Chef an.

- Vergessen Sie im Umgang mit den anderen nicht die Worte *Bitte* und *Danke*. Selbstverständlich können Sie Ihre Kolleginnen auch darauf hinweisen, dass es sich besser anhört, wenn man z.B. sagt „*Gibst Du mir bitte die Karteikarte?*“ anstatt „*Gib mal die Karte her*“.
- Hinter dem Rücken zu tratschen ist immer falsch. Wenn Ihnen etwas an einer Kollegin nicht gefällt, sagen Sie es Ihr selbst. Nur so lassen sich Dinge verbessern.
- Bemühen Sie sich, je nach Können, eigenständig zu arbeiten.
- Die Kolleginnen werden es schätzen, wenn Sie selbst sehen, wo noch Arbeiten zu erledigen sind, anstatt Sie immer darauf hinweisen zu müssen.
- Falls man Ihnen ein eigenständiges Arbeitsgebiet zuweist, sollte es für Sie zur Selbstverständlichkeit werden, den Kolleginnen zu helfen, wenn dort Not an der Frau ist.
- Denken Sie immer an Ihre eigene Ausbildungszeit oder an Ihr erstes Lehrjahr und haben Sie Verständnis für die anderen Azubis. Was Ihnen (mittlerweile) leicht von der Hand geht, ist für andere vielleicht sehr schwierig.
- Nehmen Sie bei unsicheren Mitarbeiterinnen (z.B. Auszubildende) ruhig auch mal die Schuld auf sich (*„Wahrscheinlich habe ich nicht gut genug erklärt, wie die Elektroden aufgeklebt werden müssen“*).
- Kritisieren Sie immer höflich in der Form und sachlich im Inhalt, nie persönlich.
- Bringen Sie mehr Lob als Tadel. Lob motiviert und hebt die Stimmung, Kritik kann, wenn sie ungeschickt vorgetragen wird, sehr verletzend und entmutigend sein. Loben Sie die Kollegin für sauber getippte Briefe, die Reinigungskraft für einen besonders gut hergerichteten Raum, die Auszubildende für das selbstständige Vorbereiten einer schwierigen Untersuchung, den Chef für die erfolgreiche Zusammenarbeit und die stete Bereitschaft zuzuhören und auch den Patienten für sein Verständnis.
- Stehen Sie selbst zu Fehlern und Wissenslücken und bitten Sie Kolleginnen oder Chef um Rat. Vorgetäuschte Kompetenz kann unter Umständen ernste Folgen haben.
- Kritisieren Sie nicht jeden Fehler, sondern belobigen Sie die richtigen Arbeiten.
- Organisieren Sie regelmäßige Verabredungen mit den Kolleginnen in lockerer Atmosphäre wie z.B. Stammtisch, gemeinsamer Sport, Kinobesuche. Hierbei (oder anschließend) lässt sich vieles leichter besprechen.
- Wenn es in Ihrer Praxis einen Schichtdienst gibt, sollte bei jedem Schichtwechsel eine Übergabe stattfinden, um alle über wichtige Vorkommnisse zu informieren. Für eine Übergabe ist Zeit zu reservieren.

D 14 UMGANG MIT DEM CHEF

ALLGEMEINES

Obwohl man als Arzthelferin in vielen Praxen die meiste Zeit des Tages ohne direkten Kontakt mit dem Chef verbringt, kommt es immer wieder zu Problemen und Konflikten. Angesichts des klassischen Verhältnisses zwischen Arbeitgeber und Arbeitnehmer bleiben Auseinandersetzungen hier nicht aus.

Ein wesentlicher Unterschied zu anderen Angestelltenverhältnissen besteht jedoch darin, dass der Chef keinen kaufmännischen Beruf erlernt hat, dieser Bereich jedoch eine wesentliche Rolle bei der erfolgreichen Gestaltung einer Praxis spielt. Diesen Teil muss oft die (erfahrene) Arzthelferin übernehmen. Für viele Praxisinhaber stellt diese Unsicherheit auf einem wesentlichen Gebiet der Praxisführung einen erheblichen Stressfaktor dar, in dessen Folge Konflikte mit der Arzthelferin, die einen im Grunde kauffräulichen Beruf erlernt hat, vorprogrammiert sind.

Eine weitere Konfliktquelle besteht darin, dass ein niedergelassener Arzt häufig über wenig Erfahrung in Führungsfragen verfügt. Um so wichtiger ist es, dass sich auch die Arzthelferin über diesen Umstand im Klaren ist und in jedem Fall bei auftretenden Problemen konstruktive Lösungen anstrebt und ihren Teil dazu beiträgt, der Verschärfung eines Konflikts aktiv entgegenzuwirken. Der Königsweg besteht sicherlich immer in der rechtzeitigen, offenen Ansprache aufgetretener Probleme.

DURCHFÜHRUNG

- Vergessen Sie nie, dass der Chef das letzte Wort hat, sofern das Arbeitsverhältnis fortdauert. Auch Anweisungen, die Ihnen unsinnig erscheinen, müssen eventuell nach eingehender Diskussion ohne Lösung des Problems ausgeführt werden.
- Gewähren Sie Ihrem Chef, wie auch sich selbst, gute und schlechte Tage, ohne sofortige Beschwerden.
- Vermeiden Sie immer großspuriges, rechthaberisches und lärmendes Auftreten, auch wenn Sie sich einmal absolut im Recht fühlen.
- Das Gefühl, ungerecht behandelt worden zu sein, verlangt nach einem klärenden Gespräch unter vier Augen. Anderenfalls besteht die Gefahr, dass ein solches Erlebnis (oft genug nur durch ein Missverständnis ausgelöst) hängenbleibt und einen nicht mehr loslässt. Dies kann zu dauerhaften Trübungen der Praxisatmosphäre führen, die keiner gewollt hat, die aber jeden und damit die Qualität der Arbeit belasten.
- Klärende Gespräche sollten nicht während des Praxisbetriebs gesucht werden. Am besten eignet sich der gemeinsame Feierabend oder die Mittagspause. Passen Sie eine Gelegenheit ab, die ein Gespräch unter vier Augen ermöglicht, oder bitten Sie um ein solches Gespräch.
- Bei großem Ärger empfiehlt es sich manchmal, eine Nacht darüber zu schlafen. Dies lässt manches in einem anderen Licht erscheinen und hilft einem selbst, die richtigen Worte zu finden. Mit Wut im Bauch kann man kein sachliches Gespräch führen. Dies ist jedoch wichtig, wenn man in Zukunft weiterhin (besser) zusammenarbeiten möchte.
- Befolgen Sie auch Ihrem Chef gegenüber die Minimalregeln eines Gesprächs:
  - Schauen Sie Ihren Gesprächspartner an und signalisieren Sie damit aufmerksames Zuhören.
  - Versetzen Sie sich gerade bei Problemen immer in die Situation Ihres Gesprächspartners und überlegen Sie, was Sie an seiner Stelle tun würden.
  - Lassen Sie Ihren Gesprächspartner immer aussprechen, und machen Sie gegebenenfalls deutlich, dass auch Sie das Recht haben, zu Ende zu sprechen.
  - Prüfen Sie, ob Sie eine wichtige Aussage Ihres Gesprächspartners verstanden haben, indem Sie sie mit eigenen Worten wiedergeben:

„Also, wenn ich Sie richtig verstanden habe, sind Sie der Ansicht, dass ich meine Kompetenzen beim Telefonieren überschreite."
Dies hat den Vorteil, dass auch Ihr Gegenüber erkennt, dass man verstanden hat, worum es geht. Drohende Missverständnisse können dann sofort ausgeräumt werden.

- Bleiben Sie immer ehrlich, auch wenn Sie einen Fehler gemacht haben. Nur wer nichts tut, macht keine Fehler. Gestehen Sie Ihre Fehler ein. Sie werden sich besser fühlen als wenn Sie versuchten, etwas unter den Teppich zu kehren oder gar anderen in die Schuhe zu schieben. Das Eingeständnis von Fehlern und Irrtümern setzt eine gewisse Charakterstärke voraus, die Ihnen jeder hoch anrechnen wird.
- Nicht zu tolerieren ist es, wenn der Chef Sie in Anwesenheit von Patienten maßregelt. Auch ein grober Fehler Ihrerseits erlaubt es Ihrem Chef nicht, Sie wie eine Leibeigene zu behandeln. Öffentliche Maßregelungen sind herabsetzend und entwürdigend. Versuchen Sie, ruhig zu bleiben und sich in keine Diskussion verstricken zu lassen. Im Notfall verlassen Sie den Raum oder die Anmeldung. Nutzen Sie jedoch die nächste sich bietende Gelegenheit, um Ihrem Chef deutlich zu machen, dass dieses Verhalten von Ihnen nicht geduldet wird.

PROBLEME UND SONDERFÄLLE

- **Keine Lösung:** Sollten wider erwarten die Probleme am Arbeitsplatz oder das Arbeitsverhältnis zum Chef und/oder den Kolleginnen nicht zu lösen bzw. zu verbessern sein, sollten Sie ernsthaft über einen Wechsel des Arbeitsplatzes nachdenken.

Notizen

Notizen

GERÄTEBENUTZUNG E

Notizen

E1 GERÄTEWARTUNG

BLUTDRUCKMESSGERÄTE (ELEKTRONISCH)

- Kontrollieren Sie die Batterien bzw. den Akku.
- Vergleichen Sie in regelmäßigen Abständen die elektrisch gemessenen Werte mit dem Ergebnis einer manuellen Messung (bevorzugt Messgerät mit Quecksilbersäule, das noch über eine gültige Eichung verfügt). Elektronische Geräte haben hier meist deutlich breitere Toleranzwerte.

BLUTDRUCKMESSGERÄTE (MANUELL)

- Manschetten auf Schmutz und Lecks untersuchen.
- Nicht abwaschbare Manschetten aus Stoff müssen regelmäßig gewaschen werden.
- Regelmäßige Eichung nach 2 Jahren (gemäß der Med-GV); dies übernimmt für Sie auch ein Eichamt.

BLUTZUCKERMESSGERÄTE

- Kontrollieren Sie die Batterien.
- Geräte mit Sensortechnik werden außen nur feucht abgewischt.
- Beachten Sie die Wartungsanleitung.
- Lassen Sie nie Feuchtigkeit ins Gerät gelangen.

DEFIBRILLATOR

- Führen Sie einen Testlauf gemäß der Beschreibung am Gerät durch.

DOPPLER

- Laden Sie den Akku.
- Schallkopfreinigung.

EKG-GERÄT

- Überprüfen Sie den Netzanschluss.
- Kontrollieren Sie die Papierfüllung und die Tintenpatronen.
- Führen Sie täglich eine Funktionsprüfung durch.

LANGZEIT EKG-GERÄT

- Batterien.
- Uhrzeit (Sommer/Winter).
- Kabel.

EEG-GERÄT

- Kontrollieren Sie die Papierfüllung und die Tintenpatronen.
- Prüfen Sie die Elektrodenkabel auf intakte Verbindungen und mögliche Bruchstellen.
- Bei Silberelektroden werden die unterzulegenden Filzplättchen routinemäßig wöchentlich ausgetauscht, bei starker Verschmutzung auch sofort.
- Eine Programmkontrolle wird von den meisten modernen Geräten selbsttätig durchgeführt.

ENDOSKOP

- Die Kontrolle der Geräte wird von einer unabhängigen Firma durchgeführt. Sehen Sie in Ihren Gelben Seiten nach oder wenden Sie sich an Ihre örtliche Ärztekammer, die Ihnen entsprechende Firmen empfehlen kann.

ERGOMETER

- Lassen Sie regelmäßig die Programmkontrolle ablaufen.
- Sattelpflege.
- Kontrollieren Sie die Verstellbarkeit der Sattelhöhe.
- Prüfen Sie die Papierfüllung und die Tintenpatrone des Druckers.
- Bei automatischer RR-Messung erfolgt die regelmäßige Eichung nach 2 Jahren (gemäß der Med-GV).

MIKROSKOP

- (*siehe E6, Umgang mit dem Mikroskop*)

SONOGRAPH

- Filme in Kamera.
- Netzanschluss.
- Schallkopfreinigung.

ZENTRIFUGE

- Reinigung und Desinfektion.
- Netzanschluss.
- Achten Sie auf Splitter.

Geräte zur Physikalischen Therapie

IONTOPHORESE

- Reinigung.
- Netzanschluss.

REIZSTROMGERÄT

- Reinigung.
- Netzanschluss.

ULTRASCHALL

- Reinigung.
- Netzanschluss.
- Kabelüberprüfung.

MIKROWELLE/KURZWELLE

- Reinigung.
- Netzanschluss.

INHALATIONSGERÄT

- Reinigung.
- Netzanschluss.

INTERNET

- Gesetz über Medizinprodukte: *http://www. ce-zeichen.de/download/mpg. htm#p1*

E2 DESINFEKTION UND STERILISATION

ALLGEMEINES

Desinfektion bedeutet, die Keimzahl eines Gegenstandes oder der Haut so weit zu verringern, dass eine Übertragung dieser Keime nicht mehr möglich ist. Eine Desinfektion wird meist mit Lösungen wie Formalin, Alkohol (70%, reiner Alkohol desinfiziert nicht) oder jodhaltigen Mitteln (Betaisodona) erreicht.
Sterilisation ist die vollständige Beseitigung sämtlicher Keime und deren Sporen.

VORBEREITUNG

- Die Reihenfolge der Behandlung eines benutzten Instrumentes ist immer die gleiche, nämlich: Desinfektion – Reinigung – Sterilisation.
- Eine exakte Dosierung der Desinfektionslösung, wie sie vom Hersteller vorgegeben wurde, ist wichtig, da nicht nur eine zu geringe, sondern auch eine zu hohe Konzentration den Desinfektionseffekt schwächen kann. Eine zu hohe Dosierung belastet außerdem unnötig die Umwelt. Das genaue Abmessen gemäß der Verdünnungsvorgaben des Herstellers ist unbedingt notwendig und erfolgt meist mit einem Messbecher *(siehe Tabelle)*.
- Bei Verwendung einer Trockensubstanz müssen Sie in der Dosiertabelle lediglich die ml-Angaben durch g-Angaben ersetzen, also z.B. für eine 2%-Lösung: 20 g Trockensubstanz mit Wasser auf 1 Liter auffüllen oder 200 g Trockensubstanz mit Wasser auf 10 Liter auffüllen. Das Pulver muss sich vollständig aufgelöst haben, bevor Instrumente in die Lösung gelegt werden.

DURCHFÜHRUNG

- Tragen Sie beim Umgang mit gebrauchten Instrumenten immer Gummihandschuhe,

Dosiertabelle

Anwendungsbeispiel:
10 l : 1 %igen Anwendungslösung =
100 ml Desinfektionsmittel + 9,9 l Wasser

Liter-Lösung	Konz. in %									
	0,25%	0,5%	0,75%	1%	1,5%	2%	2,5%	3%	4%	5%
1 Liter	2,5 ml	5 ml	7,5 ml	10 ml	15 ml	20 ml	25 ml	30 ml	40 ml	50 ml
2 Liter	5 ml	10 ml	15 ml	20 ml	30 ml	40 ml	50 ml	60 ml	80 ml	100 ml
3 Liter	7,5 ml	15 ml	22,5 ml	30 ml	45 ml	60 ml	75 ml	90 ml	120 ml	150 ml
4 Liter	10 ml	20 ml	30 ml	40 ml	60 ml	80 ml	100 ml	120 ml	160 ml	200 ml
5 Liter	12,5 ml	25 ml	37,5 ml	50 ml	75 ml	100 ml	125 ml	150 ml	200 ml	250 ml
8 Liter	20 ml	40 ml	60 ml	80 ml	120 ml	160 ml	200 ml	240 ml	320 ml	400 ml
10 Liter	25 ml	50 ml	75 ml	100 ml	150 ml	200 ml	250 ml	300 ml	400 ml	500 ml
20 Liter	50 ml	100 ml	150 ml	200 ml	300 ml	400 ml	500 ml	600 ml	800 ml	1000 ml
30 Liter	75 ml	150 ml	225 ml	300 ml	450 ml	600 ml	750 ml	900 ml	1200 ml	1500 ml

ebenso beim Herausnehmen der Instrumente aus einem Desinfektions- und Reinigungsbad.

- Gebrauchte Instrumente werden in eine desinfizierende und reinigende Lösung gegeben.
- Zangen, Scheren und ähnliche Instrumente werden geöffnet in die Lösung gelegt.
- Metallspritzen werden vor der Reinigung in die Einzelteile zerlegt.
- Der Reinigungseffekt stellt sich nach etwa 10 min, die Desinfektion nach etwa 30 min ein. Dies sind Richtwerte. Vergewissern Sie sich, dass sie mit den Angaben des Herstellers übereinstimmen.
- Wenn das Desinfektionsmittel eingewirkt ist, werden stärker verschmutzte Instrumente im Desinfektions- und Reinigungsbad mit einer weichen Bürste (keine Metallbürste) gereinigt. Die Desinfektion sollte wegen der Gefahr der Tröpfcheninfektion beim Bürsten abgeschlossen sein.
- Anschließend werden die Instrumente unter fließendem Wasser und oftmals zur Vermeidung von Wasserflecken mit entmineralisiertem Wasser abgespült und danach mit einem sauberen Tuch abgetrocknet.
- Instrumente mit Scharnieren und Gelenken wie Scheren oder Zangen werden mit einem Anti-Rost-Spray besprüht.
- Desinfizierte Instrumente, die nicht unbedingt steril sein müssen, können in einer Desinfektionsmittellösung aufbewahrt werden, was jedoch auf Dauer zu Materialschäden führt.
- Zur Sterilisation müssen die desinfizierten und gereinigten Instrumente vollständig trocken sein.
- Die Instrumente werden in einen Heißluftsterilisator oder in einen sog. Autoklav gegeben. Die Instrumente müssen gleichmäßig verteilt sein. Das Gerät darf nicht überfüllt werden.

- Temperatur des Sterilisators:
  - Autoklav: mindestens 121 °C bei einem Druck von 1 bar.
  - Heißluft: Luft hat eine deutlich geringere Wärmeleitfähigkeit als Wasserdampf, weshalb bedeutend höhere Temperaturen und längere Zeiten angewendet werden müssen. Von Ausnahmefällen außerhalb der direkten Patientenversorgung abgesehen, stellt die Heißluftsterilisation auch bei ordnungsgemäßer Vorbereitung des

Sterilgutes kein zuverlässiges Verfahren dar. Die Heißluftsterilisation in Krankenhaus und Praxis ist daher nicht mehr vertretbar! Wenn Sie dieses Verfahren trotz der bekannten Mängel anwenden, müssen Sie eine Temperatur von 180 °C für mindestens 30 min anwenden.
- Die erreichte Temperatur kann außen am Gerät abgelesen werden.
- Wichtig ist das Einhalten der sog. Ausgleichszeit, da die Temperatur des Thermometers nicht notwendigerweise die Temperatur im ganzen Gerät anzeigt. Daher muss die vom Hersteller des Gerätes vorgegebene Zeit unbedingt eingehalten werden.
- Einhalten der Abtötungszeit und des *Sicherheitszuschlags* (Herstellerangaben beachten):
  - *Autoklav*: Abtötungszeit 20 min (bei 134° C, 2 bar: 5 min).
  - *Heißluft*: Abtötungszeit 30 min (bei 200° C: 10 min)
- Nach der Sterilisation bleiben die Instrumente entweder im Sterilisator oder im sterilen Behälter im Instrumentenschrank.
- Sterilisiergut sollte mit Indikatorbändern (Autoklaven-, Sterilisatorband) gekennzeichnet werden, damit später nachvollzogen werden kann, dass die Sterilisation erfolgt ist. Diese Indikatorbänder ähneln herkömmlichen Klebefilmen, haben aber im unbenutzten Zustand helle Schrägstreifen, die nach der Sterilisation dunkelbraun verfärbt sind. Kleben Sie einen kleinen Streifen auf die Behälter mit dem Sterilisiergut, bevor Sie sie in den Sterilisator stellen.
- Sterilisierte Instrumente werden grundsätzlich mit einer Instrumentenfasszange, die sich in einem Standzylinder befindet, aus dem Behälter genommen. Dieser Behälter und die Fasszange werden täglich sterilisiert. Der Standzylinder darf nicht mit Desinfektionsmittellösung gefüllt werden.

TIPPS UND TRICKS

- Skalpelle werden nicht gebürstet, da es ihnen die Schärfe nehmen kann.
- Sondern Sie beschädigte Instrumente direkt aus.
- Lassen Sie die Instrumente nicht unnötig lange im Desinfektionsmittelbad liegen, da sonst das Material unnötig leidet.
- Instrumente, die die Hitze nicht vertragen (z.B. Endoskope und Katheter) werden nach Vorgaben des Herstellers desinfiziert.
- In dem weniger heißen Autoklav können auch empfindliche Materialien wie Kittel, Verbandsmaterialien und OP-Wäsche sterilisiert werden. Beachten Sie, dass das Material im Autoklaven feucht wird.
- Während einer laufenden Sterilisation dürfen Sie das Gerät nicht nachträglich beladen.
- Mischen Sie nie verschiedene Desinfektionsmittel. Dies kann zu einer erheblichen Wirkungsverringerung führen. Mischen Sie auch nie ein Desinfektionsmittel mit einem beliebigen Reiniger. Das Desinfektionsmittel kann seine Wirkung verlieren (Seifenfehler von Desinfektionsmittel).
- Beachten Sie, dass viel anhaftendes Blut oder Eiter die Wirksamkeit des Desinfektionsmittels herabsetzen kann (Eiweißfehler von Desinfektionsmittel). Setzen Sie frühzeitig und täglich frisches Desinfektionsmittel an.
- Verwenden Sie nur Desinfektionsmittel, die vom Robert-Koch-Institut geprüft und anerkannt sind.

INTERNET

- *http://www.rki.de/GESUND/DESINF/DESINFLI.HTM*
- *http://www.bibliomed.de/ARCHIV/SP5_99/THEMEN/INST.HTM*
- *http://www.rzuser.uni-heidelberg.de/~er3/Web/DESINF_Jun2001.htm#_Toc516409322*

E3 PIPETTIEREN

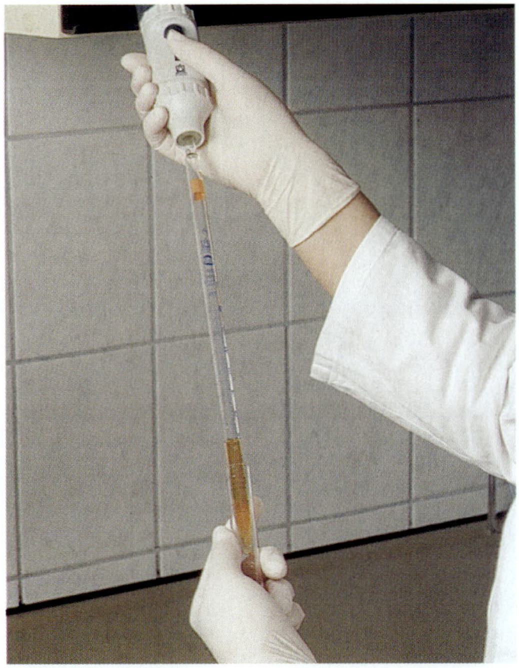

ALLGEMEINES

Pipetten sind Glasröhrchen mit einem genau festgelegten Fassungsvermögen. Es gibt sie in verschiedenen Größen und Arten (Voll-, Messpipetten) für unterschiedliche Zwecke. Manche sind so dünn, dass sie sich allein durch die kapillare Saugkraft füllen (*Kapillarpipetten*). Heute werden meist sog. *Kolbenhubpipetten (= Luftpolsterpipetten)* verwendet, die über eine sehr hohe Messgenauigkeit verfügen. Die früher verbreitete Pipettier-Technik des Saugens bzw. Ausblasens mit dem Mund ist heute verboten, da es im Laufe der Zeit je nach Substanz immer wieder zu Vergiftungen, Infektionen und Verätzungen gekommen ist.

VORBEREITUNG

- In den meisten Arztpraxen werden Sie einen kleinen Ständer mit verschieden großen Kolbenhubpipetten und Einmalspritzen finden. Wählen Sie eine Pipette aus, die der benötigten Menge an Untersuchungsmaterial entspricht.
- Setzen Sie den passenden Einmalaufsatz auf. Pipetten mit einer gelben Markierung (–100 ml Pipettiervolumen) benutzt man mit einer gelben Pipettenspitze, bei Pipetten mit einer blauen Markierung (> 100 – 1000 ml) verwenden Sie blaue Spitzen.

Arbeiten mit Kolbenhubpipetten

- Setzen Sie entsprechend der Pipettenmarkierung eine Einmal-Spitze auf.
- Drücken Sie vor dem Eintauchen des Pipettenaufsatzes in die zu pipettierende Flüssigkeit den Druckknopf der Kolbenhubpipette bis zum ersten Widerstand nach unten.
- Tauchen Sie den Aufsatz in die Substanz ein. Dabei darf nie mehr als der auswechselbare Aufsatz in die Substanz geraten. Halten Sie die Pipette beim Arbeiten immer senkrecht.
- Lassen Sie den Knopf nun langsam los. Die genau bestimmte Menge an Flüssigkeit wird aufgesogen. Bei zu schnellem Ansaugen könnte es passieren, dass Ihre Lösung in die Pipette hineinspritzt. Das geschieht übrigens ebenfalls, wenn die Spitze beim Ansaugen nicht in der Flüssigkeit verbleibt.
- Legen Sie eine gefüllte Pipette niemals hin. Am besten gewöhnen Sie sich an, Kolbenhubpipetten immer in ihren Ständer zu stellen.
- Um die Pipettenspitze zu entleeren, drücken Sie nun erneut den Knopf der Kolbenhubpipette. Diesmal drücken Sie zunächst bis zum ersten Widerstand, warten kurz, damit sich Flüssigkeitsreste sammeln können und drücken dann den Knopf vollständig herunter (bis zum zweiten Widerstand). Hierdurch wird die Pipettenspitze vollständig entleert.
- Die Pipettenspitze wird durch Druck auf den seitlich gelegenen Spitzenabwurfknopf in einen dafür vorgesehenen Behälter entfernt. Achtung: Es gibt einige Pipetten, die den Spitzenabwurf nicht seitlich, sondern als dritten Widerstand des Pipettierknopfes haben!

- Für den nächsten Pipettiervorgang wird eine neue Pipettenspitze aufgesetzt. Diesen Wechsel sollten Sie immer vornehmen, sobald sich das zu pipettierende Material ändert. Nur wenn die gleiche Lösung pipettiert wird, kann eine Spitze bis zu 10 mal verwendet werden.
- Einmalpipetten werden direkt zum infektiösen Müll gegeben. Kolbenhubpipetten werden nach den Angaben des Herstellers gewartet. Wenn Sie den Eindruck haben, dass Ihre Pipetten nicht mehr genau arbeiten, können Sie sie durch Auswiegen des pipettierten Volumens überprüfen.

PROBLEME UND SONDERFÄLLE

- **Glaspipette:** Beim Ablesen der Füllung der Pipette sieht man, dass der Pegel an den Seiten höher als in der Mitte ist (Haftung der Flüssigkeit an der Glasoberfläche). Diese gebogene Flüssigkeitsoberfläche heißt Meniskus. Lesen Sie den Meniskus bei wässrigen Flüssigkeiten immer am tiefsten Punkt ab. Halten Sie dabei die Pipette senkrecht und in Augenhöhe. Der Meniskus ist dann richtig eingestellt, wenn sein tiefster Punkt die Messmarke berührt.
- **Giftige, infektiöse oder ätzende Substanzen:**
  - Verwenden Sie eine Pipettierhilfe.

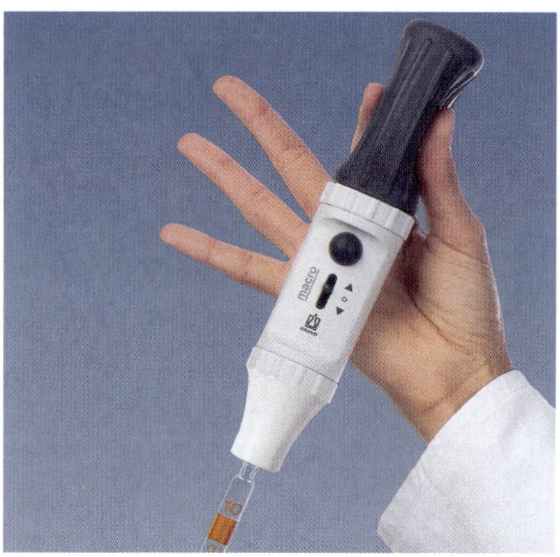

- Zum **Ansaugen** der Flüssigkeit wird die Luft aus dem Gummiaufsatz gedrückt. Anschließend wird der Pipettierhebel nach oben bewegt – je weiter nach oben, desto stärker die Saugkraft, d.h. der Meniskus steigt schneller.

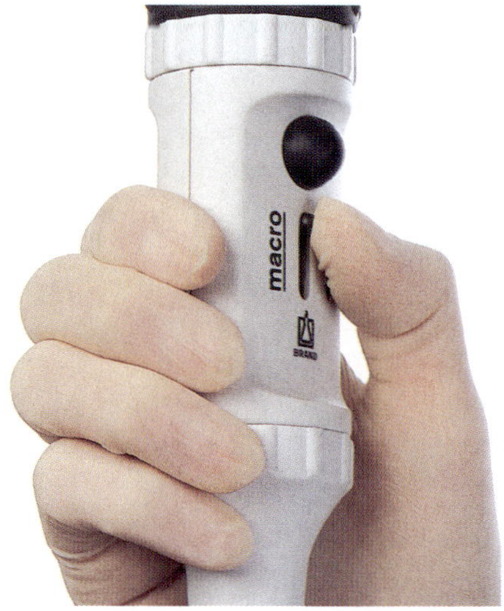

- Die **Abgabe** erfolgt, wenn der Pipettierhebel ganz nach unten bewegt wird. Die Flüssigkeit läuft ab. Das Ventilsystem ist so konstruiert, dass beim freien Ablauf die Volumengenauigkeit nicht beeinträchtigt wird.

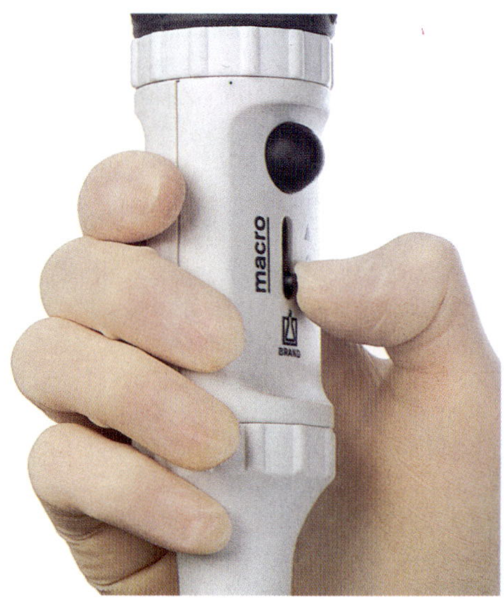

- Ausblasen (Blow-out Funktion): Bei der Verwendung von Ausblas-Pipetten lassen Sie die Flüssigkeit ablaufen, bis der Meniskus in der Spitze stillsteht. Zum Ausblasen drücken Sie nur einmal kurz auf die kleine Gummiblase.

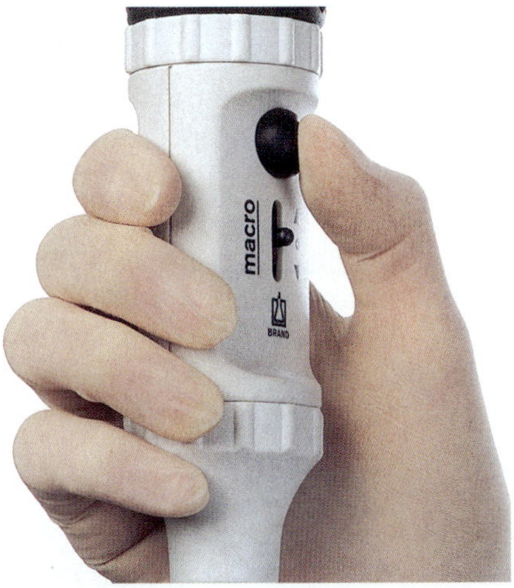

- **Blutverschmierte Glaspipetten:** Solche werden zunächst in eine Desinfektionslösung gelegt und anschließend gereinigt.

Kapillarpipetten

- Sie werden in der Regel als Einmalartikel gekauft und haben eine Messmarke, sofern es sich nicht um *end-to-end-Kapillaren* handelt, die vollständig von einem bis zum anderen Ende mit Blut gefüllt werden.
- Achten Sie beim Füllen von Kapillarpipetten immer darauf, dass keine Luftblasen hinein gelangen. Kippen Sie die Kapillaren zum Füllen leicht nach unten.
- Nach dem Füllen werden Kapillarpipetten in Richtung der Einfüllöffnung vorsichtig an der Außenseite abgewischt.
- Entleert werden Kapillaren mit einem Pipettierhelfer.
- Zum Ansaugen drehen Sie das Rad zunächst nach unten, damit der im Pipettierhelfer befindliche Gummischlauch zusammengedrückt wird, dann nach oben, zum Einstellen des Meniskus bzw. zum Abgeben der Flüssigkeit nach unten.

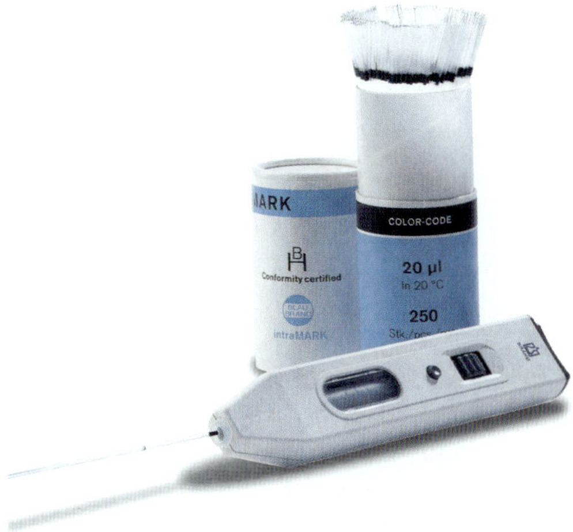

Pipettierhelfer

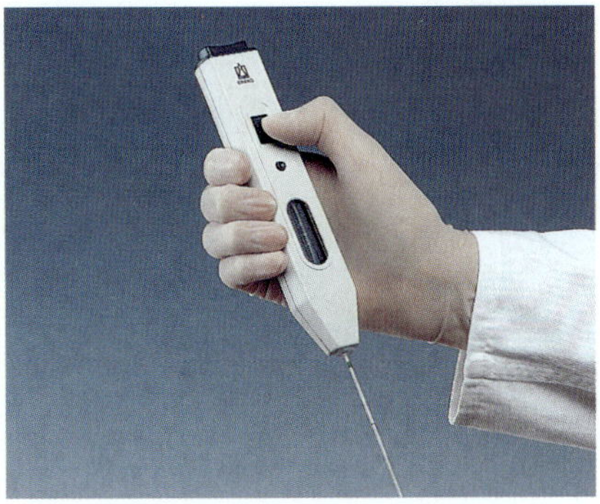

- Zur Belüftung betätigen Sie den Druckknopf. Die Flüssigkeit kann frei ablaufen (für auf „Ex“ justierte Pipetten).

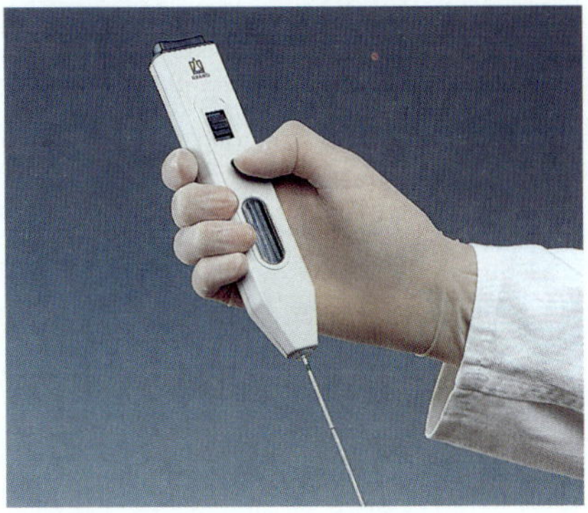

- Durch Drücken der großen Taste können Einmal-Mikropipetten bis 50 µl berührungsfrei abgeworfen werden.

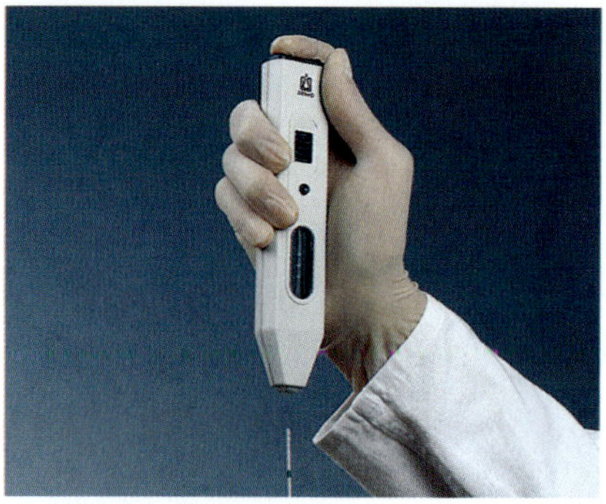

- Kapillarpipetten gehören zu den „In"-Pipetten. Sie werden in der Regel in Analysereagenz entleert und mit dieser ausgespült (durch mehrmaliges Ansaugen und Entleeren der Kapillare), damit z.B. bei der Hämoglobinbestimmung das gesamte aufgezogene Blut in den Testansatz gelangt.
- Einmal-Kapillarpipetten werden in einem festen Behälter, der nicht durchstochen werden kann, entsorgt (Safebox).

Dispenser

- Dispenser werden verwendet, wenn von einer Lösung häufig die gleiche Menge benötigt wird.
- Schrauben Sie den Dispenser auf die Reagenzienflasche auf.
- Stellen Sie das benötigte Volumen ein.
- Ziehen Sie den Kolben vorsichtig nach oben, so dass sich der obere Teil des Dispensers mit der Reagenz füllt. Dies muss ohne Bildung von Luftbläschen erfolgen.
- Beim Herunterdrücken des Kolbens wird das gewünschte Volumen freigegeben.
- Achten Sie beim ersten Pipettieren darauf, dass der Schlauch, durch den die Reagenz abgegeben wird, vollständig mit Reagenz gefüllt ist.

INTERNET

- Unfallverhütungsvorschriften: *http://www.bc-verlag.de/uvven/7Z/2.HTM*

Die Abbildungen wurden uns freundlicherweise von der Firma Brand, Wertheim, zur Verfügung gestellt.

E4 UMGANG MIT DEM FOTOMETER

ALLGEMEINES

Sendet man Lichtstrahlen durch eine Flüssigkeit, treffen einige von diesen auf die darin enthaltenen Moleküle und werden von ihnen verschluckt – andere Lichtstrahlen können die Flüssigkeit ungehindert passieren und treten unverändert aus. Je mehr Moleküle sich in dieser Lösung befinden, desto mehr Lichtstrahlen werden verschluckt (absorbiert).

Mit einem Fotometer kann man die absorbierte Lichtmenge genau messen und daraus die Konzentration des nachzuweisenden Stoffes in der Probe berechnen. Auf diese Weise lässt sich die Konzentration sehr vieler Bestandteile im Blut bestimmen (z.B. Hämoglobin, Glucose, Harnstoff, Eiweiß, Bilirubin u.a.). Allerdings müssen diese Stoffe im Blut zunächst durch eine chemische Reaktion in fotometrisch messbare Verbindungen umgewandelt werden. Auch Enzyme wie z.B. die Transaminasen AST (ehem. GOT) und ALT (ehem. GPT) lassen sich bestimmen. Sie können allerdings nicht in chemische Verbindungen überführt werden, da Enzyme chemische Reaktionen in Gang setzen oder beschleunigen, ohne selber Bestandteil der neu gebildeten Verbindung zu werden. Nachgewiesen wird ihre „Aktivität". Dabei misst man mit dem Fotometer in Zeitintervallen die Menge, mit der bei der einmal gestarteten chemischen Reaktion das Reaktionsprodukt entsteht und berechnet aus den Messergebnissen die vorhandene Enzymaktivität.

Bis auf die Bestimmung der Hämoglobin- und Erythrozytenkonzentration werden diese sog. „nass-chemischen" Analysen heutzutage fast nur noch in Laborgemeinschaften und Krankenhäusern durchgeführt, wo sie weitgehend automatisch in einem Analyseautomaten ablaufen.

Im Praxislabor werden die wichtigsten Bestimmungen meist durch „trocken-chemische" Bestimmungen (mit entsprechenden

Teststreifen) in einem Reflexionsfotometer (z.B. Reflotron) oder einem elektrochemischen Messgerät (Blutzucker) durchgeführt.
Für die Bestimmung der Hämoglobin- und Erythrozyten-Konzentration im Vollblut reicht ein kleines Fotometer aus (*siehe Abb.*). Durch einfachen Tastendruck nimmt das Fotometer alle notwendigen Einstellungen (Reagenzienleerwert, Faktor) vor und rechnet die absorbierte Lichtmenge automatisch in die entsprechende Konzentration um.

Die Hämoglobin-Bestimmung mit einem Kleinfotometer

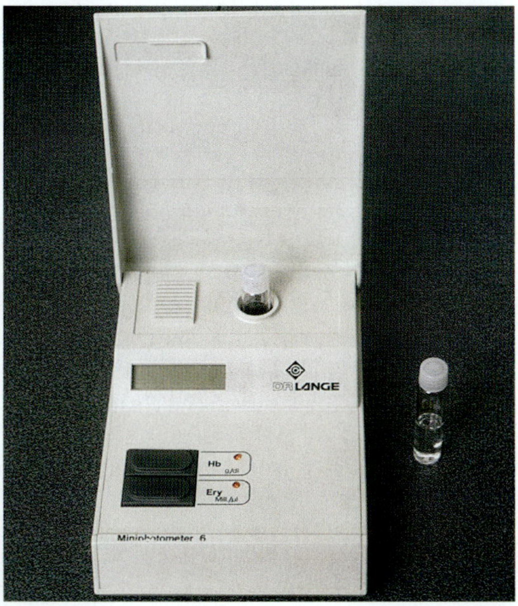

DURCHFÜHRUNG

- Lassen Sie 10 ml Kapillarblut (*siehe F15, Kapilläre Blutentnahme*) luftblasenfrei in eine Kapillarpipette laufen.
- Wischen Sie außen an der Kapillare anhaftendes Blut vorsichtig ab. Sie dürfen dabei kein Blut aus der Kapillare absaugen.
- Geben Sie das Blut aus der Kapillarpipette in die Hb-Miniküvette und spülen Sie mehrfach die Kapillare mit der Reagenz aus, damit innen am Glas anhaftendes Blut nicht für den Testansatz verloren geht. Schrauben Sie die Küvette zu und mischen Sie den Inhalt gründlich. Lassen Sie den Testansatz mindestens 3 min reagieren.
- Drücken Sie mehrmals die Taste „Mode", bis im Display „Hb" und „g/dl" angezeigt wird.
- Setzen Sie die Proben-Küvette ein – der Messvorgang wird dadurch gestartet.
- Lesen Sie nun die Hämoglobinkonzentration in g/dl auf dem Display ab.
- Beachten Sie, dass bei der Benutzung anderer Fotometer Abweichungen in der Testdurchführung und der Arbeitsweise am Gerät möglich sind. Lesen Sie immer die Test- und Gerätebeschreibungen sorgfältig durch.

TIPPS UND TRICKS

- Die Küvetten müssen sauber und frei von Fingerabdrücken sein. Fassen Sie sie deshalb nur am oberen Rand an.
- Die Lösung in der Küvette muss frei von Luftblasen und Fusseln sein.
- Setzen Sie die Küvette vorsichtig in das Fotometer ein. Häufig müssen Sie hierbei einen leichten Widerstand im Küvettenhalter überwinden. Falsch eingesetzte Küvetten führen zu falschen Messergebnissen. Die Testreagenz (Transformationslösung) ist lichtempfindlich. Achten Sie auf eine Lagerung in dunklen Flaschen bzw. im Dunkeln.
- In verschlossenen Küvetten ist der Testansatz über mehrere Stunden stabil.

E5 ZENTRIFUGIEREN

ALLGEMEINES

Das Zentrifugieren dient der Trennung von flüssigen und festen Bestandteilen, so z.B. beim Blut der Trennung der Blutkörperchen vom Serum oder beim Urin der Trennung des Harnsediments vom Harn. Dazu werden die mit den Substanzen gefüllten Zentrifugenröhrchen in eine sehr schnelle Rotation versetzt, wodurch sich die festen Bestandteile auf dem Boden des Reagenzglases absetzen.

VORBEREITUNG

- Die Zentrifuge muss an einem gesicherten festen Platz stehen. Hierzu eignet sich eine Stelle in unmittelbarer Nähe einer Spüle.

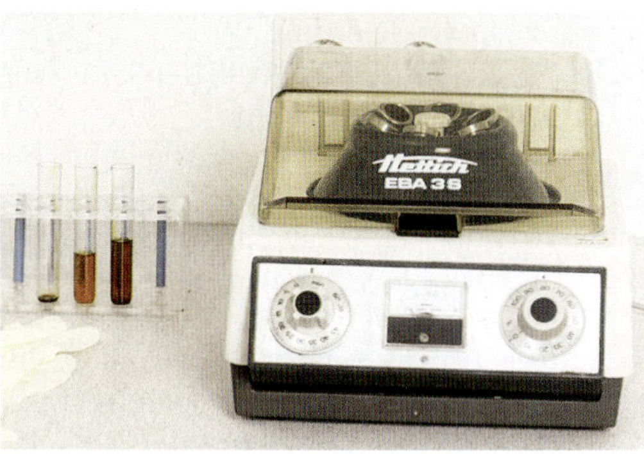

- Durch die beim Zentrifugieren entstehenden Schwingungen können z.B. Fotometer, Blutsenkungsständer oder Mikroskop beschädigt werden. Solche Dinge sollen darum nicht in der Nähe einer Zentrifuge aufgestellt werden.

DURCHFÜHRUNG

- Die Zentrifuge muss sehr genau austariert werden, damit sie nicht durch die ungleiche Schwere der eingesetzten Röhrchen in ungleichmäßige Schwingungen versetzt wird und wie eine schlecht ausbalancierte Waschmaschine umherzuwandern beginnt. Eine schlecht ausbalancierte Zentrifuge nimmt und verursacht leicht Schaden.
- Beim Beladen der Zentrifuge wird jedem Röhrchen ein gleich volles Röhrchen gegenübergesetzt.

- Wird eine ungerade Anzahl von Röhrchen zentrifugiert, müssen Sie die Zentrifugenladung durch ein entsprechend mit Wasser gefülltes Röhrchen ausgleichen.
- Vor dem Einschalten das Gerät schließen.
- Stellen Sie die Zentrifugierzeit und Drehzahl entsprechend den Anweisungen des Herstellers ein. Halten Sie diese Vorgaben so genau wie möglich ein, denn eine zu hohe Drehzahl bedeutet z.B. für Blut die Gefahr der Hämolyse, während bei zu niedriger Drehzahl keine ausreichende Trennung der verschiedenen Blutbestandteile erfolgt.
- Die Zentrifuge darf erst geöffnet werden, wenn der Rotor ganz still steht.
- **Urin** wird in der Regel 5 min lang bei 2000 U/min zentrifugiert.
- Frisch entnommenes **Blut** lässt man zunächst bis zur Gerinnung (ca. 30 min) bei Zimmertemperatur stehen. Das geronnene Blut wird mit einem Glas- oder Kunststoffstäbchen von der Wand des Röhrchens gelöst und meist 10 min lang bei 3000 U/min zentrifugiert. Eventuell wird der gewonnene Überstand (Serum) noch einmal 5 min lang zentrifugiert. Dies wird notwendig, wenn das Blut während des Zentrifugierens noch einmal nachgerinnt.

- Das Abgießen des Überstandes (dekantieren) oder das Abpipettieren muss innerhalb von 30 min nach der Zentrifugation erfolgen, da die Werte sonst durch Auflösung der roten Blutkörperchen (Hämolyse) oder durch Diffusion verfälscht werden.
- Bei einer Untersuchung des **Serums** wird direkt mit den flüssigen Anteilen des Blutes gearbeitet. Die festen, auf dem Boden des Röhrchens befindlichen Anteile (Blutkuchen) werden in verschließbaren Behältern entsorgt. Bei einer Untersuchung des **Harnsediments** wird der flüssige Teil in das Waschbecken abgekippt (dekantiert) und der feste Bodensatz (Sediment) nach leichtem Aufschütteln (resuspendieren) der mikroskopischen Untersuchung zugeführt.
- Schließlich werden gläserne Urin-Röhrchen zur Reinigung in die Schüssel mit Desinfektionslösung gegeben. Blut-Röhrchen werden entsorgt.
- Die Metallhülsen für die Röhrchen und das Innere der Zentrifuge werden regelmäßig mit Flächendesinfektionsmittel besprüht.

PROBLEME UND SONDERFÄLLE

- **Zerbrochenes Zentrifugenröhrchen:** Wegen der Verletzungs- und Infektionsgefahr müssen die Bruchstücke entfernt und die Zentrifuge umgehend desinfiziert werden.
- **Große Rotordurchmesser:** Sie führen dazu, dass veränderte Umdrehungszahlen für Blut und Urin notwendig werden. Die entsprechenden Werte sind der Gerätebeschreibung zu entnehmen.

INTERNET

- Berechnung von *G: http://www.hettich-ag.ch/de/zentrifugen/applikationsbeispiele/g_zahl.htm*
- Zentrifuge und Sicherheit: *http://www.uni-muenster.de/Rektorat/Sicherheit/ as/ba/b_zen_01.pdf*
- Berufsgenossenschaftliche Vorschrift für Sicherheit und Gesundheit bei der Arbeit mit Zentrifugen.

E 6 UMGANG MIT DEM MIKROSKOP

ALLGEMEINES

Mit dem Lichtmikroskop werden in der ärztlichen Praxis vor allem Blutzellen in der Zählkammer sowie (nach Vorbehandlung) Urin und Stuhl untersucht. Diese Stoffe werden dafür in sehr geringer Menge auf einen Objektträger gebracht, mit einem hauchdünnen Deckglas bedeckt und bei hundert-, vierhundert- oder tausendfacher Vergrößerung analysiert.

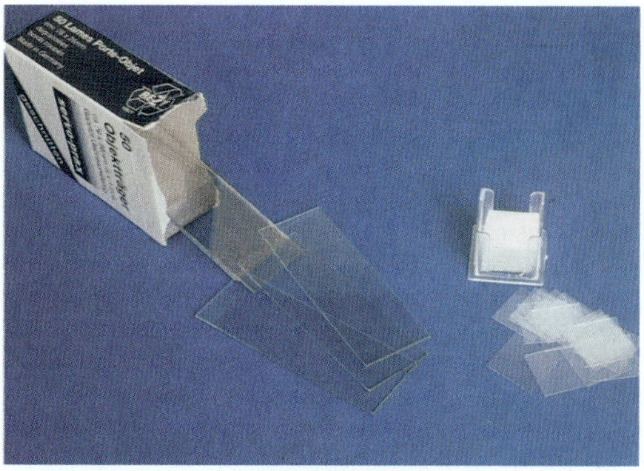

Objektträger und Deckgläser

Auch Bakterien sind bei diesen Vergrößerungen erkennbar und manchmal auch identifizierbar. Das Mikroskopieren nach Bakterien erfordert oft eine vorherige Färbung des Präparats. Außerdem erfordert das Arbeiten mit dem 100er-Objektiv die Verwendung von so genanntem Immersionsöl.

VORBEREITUNG

- Stellen Sie Arbeitsstuhl und Arbeitstisch auf eine bequeme Höhe ein.
- Mikroskopieren erfordert ein gewisses Maß an Übung. Versuchen Sie bei monokularen Mikroskopen nicht, ein Auge zuzukneifen. Halten Sie beide Augen offen, entspannen Sie sich und konzentrieren Sie sich auf ein Auge. Es wird Ihnen nach einiger Übung ge-

lingen, das andere Auge auszuschalten. Beim Binokular sehen Sie mit beiden Augen auf das Präparat, was oft leichter fällt und zudem ein plastisches Bild liefert. Allerdings müssen Sie den Abstand der beiden Okulare zuerst genau auf Ihren Augenabstand einstellen, was ebenfalls ein wenig Übung erfordert. Bei richtiger Einstellung sehen Sie nur einen Kreis (Gesichtsfeld). Manche Menschen haben nicht auf beiden Augen die gleiche Sehkraft. Für sie ist es sehr nützlich, wenn mit Mikroskopen gearbeitet wird, deren Okulare verstellbar sind. Durch Drehen dieser Okulare verändert man (einseitig für ein Auge) die Tubuslänge und somit die Schärfe des wahrgenommenen Bildes. Für beide Augen kann dann eine gleichwertige Schärfe eingestellt werden.

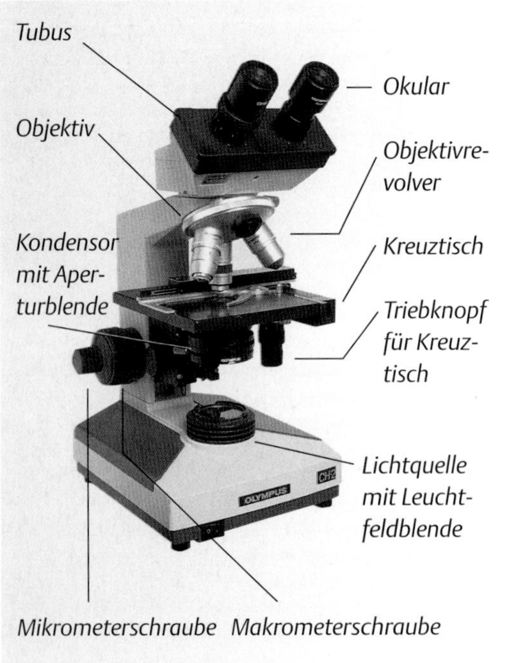

Kondensor – Er befindet sich direkt unter dem Objekttisch und enthält eine Sammellinse (Konvexlinse), die das Licht bündelt und meist eine Aperturblende zur Kontrasteinstellung. An dem Kondensor-Haltering befinden sich zwei Zentrierschrauben.

DURCHFÜHRUNG

- Klemmen Sie das vorbereitete Präparat auf dem Kreuztisch in den Präparatehalter. Achten Sie darauf, dass sich das Präparat wirklich unter Ihrem Objektiv befindet. Die Stelle, an der das Licht durch Ihren Objektträger hindurchtritt, werden Sie im Mikroskop betrachten. (Um diese Stelle von der Seite zu sehen, müssen Sie möglicherweise kurzfristig das Licht stärker aufdrehen. Achtung: Schauen Sie dann auf keinen Fall durch die Okulare, das würde in den Augen schmerzen. Vor dem Mikroskopieren müssen Sie also die Lichtstärke wieder zurücknehmen.)
- Stellen Sie die Okulare an dem Ring auf Ihre Sehschärfe ein. Das ist nur notwendig, wenn Sie nicht auf beiden Augen die gleiche Sehkraft haben. Achten Sie ansonsten darauf, dass beide Okulare in der Ausgangsstellung sind.
- Wählen Sie die zehnfache Objektivvergrößerung (Übersichtsvergrößerung), um eine Grobeinstellung mit der Makrometerschraube vorzunehmen und die Präparateebene einzustellen.
- Bewegen Sie hierfür das Objektiv bis auf einige Millimeter an das Präparat heran. Achten Sie (auch jetzt schon) darauf, dass keines der Objektive das Präparat berührt. Am besten werfen Sie zur Sicherheit einen Blick von der Seite (her) auf das Präparat und Objektiv. Gerät das Objektiv nämlich in Kontakt mit dem Präparat, kann sowohl das empfindliche Objektiv beschädigt als auch das Präparat zerstört werden.
- Wenn Sie nun wieder durch das Okular schauen, können Sie durch vorsichtiges Drehen an der Makrometerschraube das Präparat soweit einstellen, dass sich erste Strukturen erkennen lassen. Der Objekttisch bewegt sich beim Aufsuchen der Ebene vom Objektiv weg. Sie werden häufig zuerst die Verunreinigungen des Deckglases wahrnehmen und, wenn Sie weiter drehen, die eigentliche Objektebene sehen. Die Feineinstellung der Bildschärfe erfolgt mit der Mikrometerschraube.

- Bei gefärbten Präparaten (Blutbilder, gefärbte Bakterienausstriche) werden Sie die Aperturblende etwas weiter öffnen, bei ungefärbten Präparaten (Harnsediment, Leukozytenzählung in der Zählkammer) die Blende zu 2/3 schließen.
- Gefärbte Präparate mikroskopieren Sie mit hochgestelltem Kondensor, d.h. er befindet sich dann dicht unter dem Kreuztisch. Ungefärbte Präparate werden mit tiefgestelltem Kondensor betrachtet. Machen Sie das nicht, können kontrastarme Strukturen wie hyaline Zylinder im Urinsediment überblendet (und somit „unsichtbar") werden.
- Bei Verwendung des 100er Objektivs ist der Einsatz von Immersionsöl erforderlich. Geben Sie einen Tropfen des Öls auf das Präparat und drehen Sie den Objektivrevolver so, dass das 100er Objektiv in das Öl eintaucht. Das 100er Objektiv hat nur eine kleine Linsenöffnung, durch die wenig Licht eindringt. Das Immersionsöl bewirkt, dass mehr Licht in das Objektiv gelangt. Es vermindert die Lichtstreuung.

Pflege

- Die Linsensysteme sollten nicht herausgenommen werden, da hierdurch das Risiko deutlich ansteigt, dass Staub in das Innere des Mikroskops gelangt.
- Bei groben und hartnäckigen Verschmutzungen können Sie etwas Waschbenzin auf den Lappen geben.
- Üben Sie keinen Druck auf die Linsen der Objektive aus.
- Verwenden Sie kein anderes Reinigungsmittel, da ein solches die Halterung der Linsen lösen kann.
- Das 100er Objektiv muss nach jeder Benutzung gereinigt werden.

TIPPS UND TRICKS

- Bei schwacher Beleuchtung (tiefgestelltem Kondensor, 2/3 geschlossener Aperturblende) sind feine Strukturen meist etwas besser zu erkennen.
- Durch Änderung der Kondensorhöhe verändern Sie die Helligkeit, durch Verstellen der Aperturblende den Kontrast. Je dichter am Objekt der Kondensor das Licht bündelt, um so mehr Licht gelangt in das Präparat. Auf jeden Fall ist es notwendig, dass Sie zuvor mit dem Dimmer die notwendige Lichtstärke vorgeben.

PROBLEME UND SONDERFÄLLE

- **Zerbrechen eines Präparats:** Sollte es trotz aller Vorsichtsmaßnahmen doch zum Bruch eines Präparates kommen, müssen alle Splitter sehr sorgfältig vom Mikroskop entfernt werden. Falls notwendig desinfizieren Sie den Objekttisch.
- **Fehlende Schärfe:** Wenn Sie trotz aller Bemühungen ein Präparat nicht scharf einstellen können, sollten Sie sich vergewissern, dass der Objektträger richtig befestigt wurde (Deckglas zum Betrachter hin). Beim Arbeiten mit dem 100er Objektiv kann es sein, dass Sie zu wenig Immersionsöl aufgebracht haben und dass das Objektiv nicht mehr in das Öl eintaucht. Kontrollieren Sie ebenfalls, ob das verwendete Objektiv sauber ist.
- **Die Bildebene findet sich nicht:** Beginnen Sie Ihre Suche erneut mit der Übersichtsvergrößerung. Reduzieren Sie die Helligkeit. Stellen Sie das Präparat dicht unter dem Objektiv ein und drehen Sie dann mit der Makrometerschraube den Objekttisch langsam nach unten. Die Ebene *muss* auftauchen. Der Abstand zum Objektiv wird so sein, dass das nächststärkere Objektiv (ohne auf das Deckglas aufzusetzen) eingeschwenkt werden kann. Taucht das Präparat trotz wiederholter Suche nicht auf, kontrollieren Sie, ob das Objektiv wirklich sauber ist und ob das Präparat richtig unter dem Objektiv liegt (Lichtpunkt).
- **Das Bild wirkt ungleichmäßig ausgeleuchtet:** Dazu kommt es, wenn die Zentrierung des Mikroskopes verändert wurde. Beim Mikroskopieren ist es notwendig, dass das Licht zentriert (mittig) von der Licht-

quelle durch den Kondensor und das Präparat in das Objektiv gelangt.
Dezentrierte Mikroskope zentrieren Sie, indem Sie die Leuchtfeldblende schließen, die Aperturblende öffnen und den Kondensor soweit senken, bis sich die Ränder der Leuchtfeldblende beim Blick durch das Mikroskop darstellen. Verwenden Sie das 10er Objektiv. Mit Hilfe der Zentrierschrauben stellen Sie den Lichtpunkt, den Sie sehen, in der Mitte des Blickfeldes ein. Sie haben das Mikroskop richtig zentriert, wenn beim Öffnen der Leuchtfeldblende ihre Ränder gleichmäßig aus dem Bild verschwinden.

- **Das Bild hat einen schwarzen Rand:** Kontrollieren Sie, ob das Objektiv richtig im Objektivrevolver eingerastet ist.
- **Mit der Übersichtsvergrößerung finden Sie die Ebene, mit dem 40er Objektiv findet sich kein Bild:** Normalerweise müssen Sie nur mit der Mikrometerschraube die Bildschärfe nachregulieren, wenn Sie das nächststärkere Objektiv einschwenken. Ist das nicht der Fall, überprüfen Sie, ob sich das Objektiv im Objektivrevolver gelockert hat und schrauben es ggf. fest. Es kann auch sein, dass das 40er Objektiv verschmutzt ist und gereinigt werden muss. Kontrollieren Sie, ob der Objektträger richtig auf den Objekttisch gelegt wurde. Wenn das Deckglas unten liegt (bei eingedeckten Präparaten), können Sie die Ebene nicht finden.

E7 RÖNTGEN

ALLGEMEINES

Röntgenstrahlen sind elektromagnetische Wellen, die feste Substanzen durchdringen, dort aber auch abhängig von der Substanz teilweise absorbiert werden. Die durch den Körper hindurchgehenden Strahlen schwärzen lichtempfindliche Filme. Somit sind auf Röntgenbildern Körperteile mit großer Absorption wie z.B. Knochen heller zu sehen als Körpersubstanzen wie Fett und Muskel, welche von der Strahlung durchdrungen wurden. Da Röntgenstrahlen jedoch Zellen zerstören können und besonders Keim- und wachsende Zellen schädigen, sind die Regeln für die Anwendung von Röntgenstrahlen in der Strahlenschutzverordnung aufgestellt worden. Die Praxisinhaber sind als Strahlenschutzbeauftragte für die Einhaltung der Regeln verantwortlich, und jede Helferin muss Kenntnisse über die Anwendung nachweisen, um sich und andere zu schützen.
Um die Zahl der Röntgenaufnahmen so gering wie möglich zu halten, muss die Technik des Röntgens perfekt beherrscht werden.
Bei der Röntgenaufnahme werden in der über dem Tisch angebrachten Röntgenröhre Elektronen erzeugt und mittels Hochspannung vom Generator stark beschleunigt und wieder abgebremst. Dadurch entsteht Röntgenstrahlung, die durch eine Blende auf den Patienten geleitet wird. Die Größe der Blendenöffnung entspricht dem gewählten Filmformat. Am Schaltpult wird vorher die Spannung in Kilovolt (kV) und die Stromstärke in Milliampere (mA) eingestellt. Je höher die Spannung ist, desto „schneller" und „härter" ist die Strahlung und umso stärker durchdringt sie das Gewebe. Je geringer die Spannung ist, desto mehr Strahlung wird von den Geweben absorbiert. Eine hohe Stromstärke bewirkt, dass mehr Röntgenstrahlung entsteht, welche schwärzere Röntgenbilder erzeugt. Mit der Stromstärke verbunden ist die Belichtungszeit (mAs). Bei z.B. sehr adipösen oder muskulö-

sen Patienten wird mit höherer Spannung und Stromstärke geröntgt.
Die Röntgenfilme sind in verschiedenen Größen erhältlich. Die Auswahl des Films richtet sich nach dem entsprechenden Körperteil (s.u.). Röntgenkassetten gibt es ebenfalls in verschiedenen Größen und Qualitäten. Sie bestehen meist aus Aluminium und haben einen bleihaltigen Boden, der die Röntgenstrahlung nach Durchdringung von Patient und Film dort absorbiert („auffängt"). Das Innere der Kassette ist mit Spezialfolien ausgelegt, die die Röntgenstrahlung verstärken. Dadurch verringert sich die erforderliche Strahlungsstärke.

VORBEREITUNG

- Fragen Sie zunächst den Patienten, ob, wann und von wem die betroffene Körperregion schon einmal geröntgt wurde und ob er über einen Röntgenpass verfügt. Prüfen Sie dann in Ihrem Röntgenarchiv, ob diese Aufnahmen zur Verfügung stehen. Wenn ein Patient z.B. wegen einer oder mehrerer Frakturen häufig geröntgt wird, verlieren Sie ohne Röntgenpass sehr bald den Überblick. So kann es leicht zu überflüssigen Doppel-Aufnahmen kommen.
- Wenn bisher kein Röntgenpass existiert, sollten Sie immer einen ausstellen. Erklären Sie dem Patienten den Sinn des Passes und bitten Sie ihn, diesen dauernd bei sich zu tragen. Prüfen Sie bei vorhandenem Röntgenausweis, ob und wann die geplante Aufnahme zuletzt gemacht wurde. Wenn eine andere (Röntgen-) Praxis die Aufnahme erstellt hat, sollten Sie sich den Befund faxen lassen, damit der Arzt sofort einen entsprechenden Vergleich anstellen kann.
- Frauen im gebärfähigen Alter müssen immer nach einer bestehenden Schwangerschaft gefragt werden. In diesem Fall muss die Röntgenaufnahme zunächst unterbleiben. Halten Sie Rücksprache mit den Medizinern in Ihrer Praxis.
- Ist die Aufnahme erforderlich, schreiben Sie einen Skribor. Dabei handelt es sich um einen Aufkleber, der die Patientendaten und das Aufnahmedatum trägt. In eine spezielle Vorrichtung eingelegt, erscheint er dann zur Identifikation auf den Röntgenaufnahmen. Später verwenden Sie ihn auch zur Archivierung der Röntgentüte.
- Wählen Sie die in Abhängigkeit des zu untersuchenden Körperteils kleinstmögliche Filmgröße.

Größe	Körperteil
13 x 18 cm	z.B. Handgelenk, Finger, Fersenbein
18 x 24 cm	z.B. Kniegelenk, Schulter
20 x 40 cm	z.B. Wirbelsäule; evtl. auch Kniegelenk + Unter- oder Oberschenkel
24 x 30 cm	z.B. Handgelenk + Unterarm, kindliches Becken
35 x 43 cm	z.B. Beckenübersicht (beim Erwachsenen), Thorax, beide Knie + Unterschenkel (bei fraglicher Valgus- oder Varusdeformität)

- Führen Sie den Patienten in den Röntgenraum.
- Benötigte Materialien:

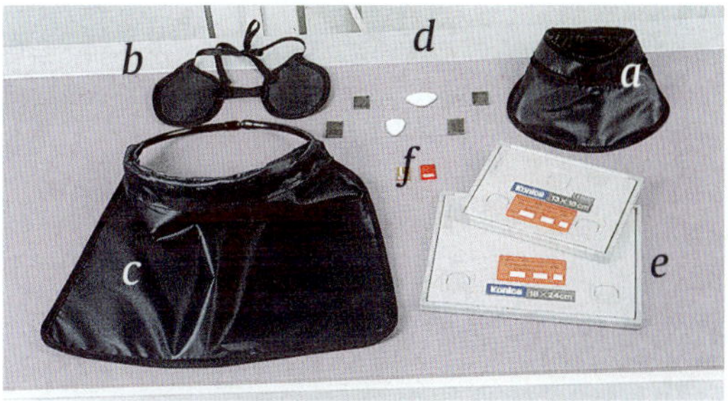

– a Schilddrüsenbleischutz
– b Kinderbrustbleischutz
– c Bleischürze
– d indirekter Gonadenschutz
– e Filmkassetten
– f Buchstaben zur Markierung der Körperseite.

- Vergewissern Sie sich, dass Sie vor jeder Aufnahme Ihr Personendosimeter am Körper tragen. Es registriert die auf Ihren Körper auftreffende Streustrahlung und dient der Überwachung der Strahlenschutzvorschriften.

DURCHFÜHRUNG

- Bitten Sie den Patienten, die betroffene Körperregion freizumachen. Dabei müssen, je nach Körperregion, alle Kleidungsstücke ausgezogen werden, die Metall enthalten, wie z.B. Hose (Reißverschluss, Gürtelschnalle) oder BH (Verschluss).
- In der betroffenen Region müssen auch alle Schmuckstücke des Patienten abgelegt werden.
- Während sich der Patient auszieht, haben Sie Gelegenheit, den Röntgentisch und die Röntgenröhre vorzubereiten und die Aufnahme im Röntgenbuch einzutragen.
- Ermöglichen Sie besonders älteren oder behinderten Patienten z.B. durch einen kleinen Hocker oder ein Bänkchen, möglichst bequem auf den Röntgentisch steigen zu können.
- Sofern es sich um keine Hüft- oder Beckenaufnahme handelt, legen Sie dem Patienten zum Schutz der Gonaden eine Bleischürze um. Bei Hüft- oder Beckenaufnahmen verwenden Sie entweder einen direkten Gonadenschutz oder einen indirekten, bei dem an der Röntgenröhre selbst der über den Gonaden befindliche Anteil des Strahlenfeldes ausgeblendet wird.
- Bringen Sie die Kassette zum Röntgengerät und legen Sie sie mit der Bleiseite nach unten in die direkt unter dem Röntgentisch montierte Schublade ein. Auf der Oberseite platzieren Sie dann ein „L“ (für die linke Körperseite) oder „R“ (für die rechte Körperseite).
- Legen Sie die Kassette so in das unter dem Tisch befindliche Fach ein, dass sie deutlich hörbar einrastet. Bei Aufnahmen kleinerer Extremitätengelenke legen Sie die Kassette direkt auf den Tisch unter die betroffene Extremität, da hier das Strahlenfeld sehr weit eingegrenzt werden kann.
- Bringen Sie den Patienten bzw. die zu untersuchende Region in ihre endgültige Position. Die Röntgenröhre können Sie mit Hilfe des Steuerungsmechanismus in alle Richtungen bewegen. Sie ist über das Stativ mit dem Tisch und der Kassette darunter verbunden. Wenn Sie die richtige Position der Röntgenröhre im Verhältnis zur Kassette gefunden haben, bemerken Sie dies an einem leisen Einrasten der Mechanik. Eine andere Möglichkeit besteht darin, zunächst das Lichtvisier auf den zu untersuchenden Körperbereich zu projizieren (bei Übertischaufnahmen).
- Vor der Aufnahme wird die zu untersuchende Stelle ausgeblendet bzw. ausgeleuchtet. Dazu müssen Sie jetzt das Lichtvisier auf die Körperregion projizieren. Mit Hilfe von Steuerungshebeln an der Röntgenröhre verkleinern Sie das Strahlenfeld auf die minimal erforderliche Größe.
- Bitten Sie jetzt den Patienten, sich nicht mehr zu bewegen. Bei Thoraxaufnahmen soll der Patient zunächst tief ein- und ausatmen und dann die Luft anhalten.
- Begeben Sie sich jetzt an das Steuerungspult hinter der Schutzwand, und führen Sie die Aufnahme durch.
- Der Patient kann sich jetzt wieder anziehen und für die Dauer der Entwicklung und Befundung der Aufnahme im Wartezimmer Platz nehmen.
- Nehmen Sie die Kassette aus der Schublade, und bringen Sie sie zur Dunkelkammer.
- Die Kassette mit dem belichteten Film darf nur in Dunkelheit geöffnet werden. Deshalb gehört zu jedem Röntgengerät eine Dunkelkammer, in der die Filme weiterbearbeitet werden, bis sie durch die Fixierung lichtunempfindlich geworden sind und betrachtet werden können. Die Tür der Dunkelkammer muss von innen abzuschließen sein. Ansonsten ist ein Warnhinweis „Nicht eintreten!“ auf der Tür unerlässlich. Der Lichtschalter muss sich ebenfalls im Innern des Raumes befinden.
- Schalten Sie das normale Licht aus und das Rotlicht ein.
- Im Dunkeln wird der nun belichtete Film aus der Kassette genommen und mit den

Patientendaten und dem Datum beschriftet, wofür es spezielle Stifte gibt. Besser ist es jedoch den Skribor zu verwenden. Mit einem speziellen Belichtungsgerät übertragen Sie seine Daten auf den Film.

- Geben Sie den Film in die automatische Entwicklungsmaschine. Bei der Entwicklung von Hand spannen Sie den Film in einen Rahmen ein und hängen ihn in den Entwicklertank.
- Bei den meisten modernen Entwicklungsmaschinen wird Ihnen die gesamte Entwicklungsarbeit abgenommen. Zum Beispiel durch ein Kontrolllämpchen wird Ihnen dann signalisiert, dass die Entwicklung abgeschlossen ist. Dieser Vorgang dauert wenige Minuten. Sie können danach das normale Raumlicht wieder einschalten und den Raum verlassen.
- Jede Aufnahme wird mit folgenden Angaben in ein Röntgenbuch eingetragen:
  - Datum
  - Patientenname und -geburtsdatum
  - evtl. Kostenträger
  - Körperteil
  - Spannung
  - Stromstärke
  - Zahl und Format der Filme und Fehlaufnahmen
  - Ihr persönliches Kürzel
  - evtl. „Erstaufnahme“ oder „Kontrollaufnahme“
  - Frage nach Schwangerschaft
  - evtl. Archivierungsnummer.
- Wenn die Aufnahme entwickelt ist, können Sie sie aus der Entwicklungsmaschine nehmen und beurteilen, ob sie unter technischen Gesichtspunkten gelungen ist und zur Befundung vorgelegt werden kann.

TIPPS UND TRICKS

- Röntgenchemikalien verursachen schwer entfernbare Flecken. Deshalb sollten Sie beim Umgang mit den Fotochemikalien auf jeden Fall eine Schürze tragen.
- Zehenaufnahmen machen es manchmal erforderlich, dass der Patient etwas mithilft. Bei seitlichen Aufnahmen der Zehen kommt es häufig zu einer nicht vermeidbaren Überlappung der Gelenke, wodurch die Aufnahme nur schwer zu beurteilen ist. Sie können dieses Problem lösen, indem Sie eine feine Schnur an den betroffenen Zehen anbringen und den Patienten bitten, diese während der Aufnahme so zu halten, dass die Zehen etwas auseinander gezogen werden.
- Bestimmte Aufnahmen machen den Einsatz von Lagerungshilfen aus Schaumstoff erforderlich, z.B. bei Handgelenkschrägaufnahmen oder bei einer Schrägaufnahme der Wirbelsäule.

PROBLEME UND SONDERFÄLLE

- **Säuglinge:** Bei Röntgenaufnahmen an Säuglingen muss eine Hilfsperson anwesend sein, die den betroffenen Bereich während der Aufnahme fixiert. Diese Hilfsperson muss immer eine große Bleischürze tragen und sich Bleihandschuhe überziehen.
- **Schwangerschaft:** Grundsätzlich kann oder muss in bestimmten Fällen auch bei einer bestehenden Schwangerschaft geröntgt werden. Hier trifft jedoch der Arzt die Entscheidung.

Notizen

ALLGEMEINÄRZTLICHE UND INTERNISTISCHE PRAXIS F

Notizen

F1 PULS FÜHLEN

ALLGEMEINES

Der Puls ist die Druckwelle des Blutes, die sich nach jeder Kontraktion des Herzens im ganzen Körper ausbreitet. Überall dort, wo im Körper Arterien (transportieren das Blut vom Herzen fort) relativ oberflächlich oder über Knochen und Muskeln verlaufen, lassen sie sich „ertasten“. Sie können das bei sich selber feststellen (z.B. am Hals an der A. carotis, in der Kniekehle an der A. poplitea, in der Leiste an der A. femoralis, am Oberarm an der A. brachialis und vielleicht auch an den Wurzeln der Finger oder auf dem Fußrücken). Die in der Regel am leichtesten zugängliche Stelle ist jedoch die A. radialis an der Innenseite des Handgelenks.

Den Puls zu fühlen ist zunächst gar nicht so schwierig. Allerdings ist es mitunter sehr schwer, genau zu bestimmen, *was* man eigentlich fühlt. Manche, sehr erfahrene Ärzte sind in der Lage, nur durch den Puls wichtige oder sogar entscheidende Aussagen über den Patienten zu treffen.

VORBEREITUNG

- Legen Sie sich eine Uhr mit Sekundenzeiger zurecht.
- Sorgen Sie dafür, dass der Patient ruhig liegt oder sitzt.
- Wenn der Patient gerade erst angekommen ist, warten Sie, bis er zur Ruhe gekommen ist. Jemand, der sich beeilt hat oder mit dem Fahrrad, zu Fuß oder über Treppen die Praxis erreichen musste, hat noch eine Zeit lang einen erhöhten Puls (etwa 10 min warten).

DURCHFÜHRUNG

- Nehmen Sie sich Zeit für das Tasten des Pulses.
- Tasten Sie so lange, bis Sie sich ganz sicher sind, den Puls des Patienten zu fühlen und über mindestens eine halbe Minute verfolgen zu können.
- Tasten Sie nun mit Zeige-, Mittel- und Ringfinger nach dem Puls an der Daumenseite des Handgelenks. Suchen Sie immer zunächst am Arm nach dem Puls.

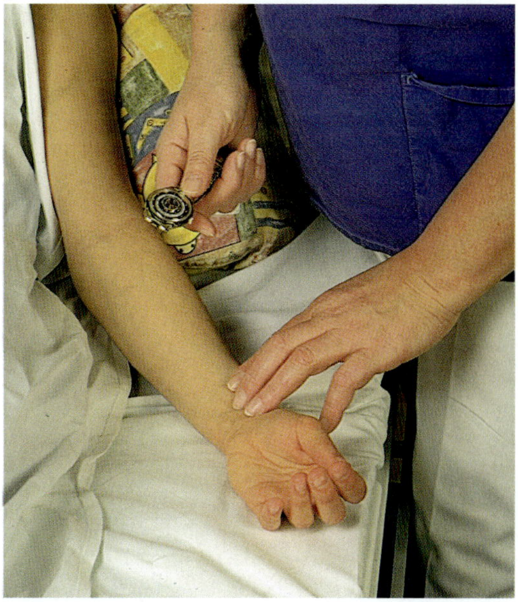

- Achten Sie dabei auf folgende Punkte:
  - Frequenz: Wie viele Schläge werden in 15 s gezählt? Diese Zahl mit 4 multipliziert ergibt die Schlagzahl pro Minute.
  - Rhythmus: Sind die Abstände zwischen den Schlägen gleich oder gibt es unterschiedlich lange Pausen?
  - Qualität: Versuchen Sie zu beurteilen, ob sich der Pulsschlag stärker oder schwächer anfühlt.
- Notieren Sie den Wert und alle Besonderheiten.
- Teilen Sie dem Patienten auf Wunsch Ihre Messung mit. Seien Sie jedoch sparsam mit positiven Kommentaren. Bei einem schlechten Ergebnis wird sonst auch eine Antwort von Ihnen erwartet.
- Normal sind Werte von 60–100 pro Minute (in Ruhe). Wichtig ist jedoch auch der Vergleich mit den Werten, die der Patient sonst aufweist. Ein Puls über 100/min bezeichnet man (bei Erwachsenen) als Tachykardie, unter 60/min als Bradykardie. Bei Kleinkin-

dern bis 2 Jahren sind 120/min normal, bei Neugeborenen sogar 140/min.

TIPPS UND TRICKS

- Tasten Sie den Puls nie mit dem Daumen, da dieser selbst über einen relativ starken Pulsschlag verfügt. Dadurch kann es leicht passieren, dass Sie Ihren eigenen Puls zählen.
- Bei einem Puls über 100/min sollten Sie nach 10–15 min eine erneute Messung durchführen, da es (wie auch bei der Blutdruckmessung) durch Anstrengung oder Aufregung zu einer Beschleunigung des Pulses kommen kann.

PROBLEME UND SONDERFÄLLE

- **Geschwollener Arm:** Ist ein Arm z.B. durch eine Wasseransammlung (Ödem), wie nach einer Brustoperation, geschwollen, soll an dieser Seite keine Pulszählung vorgenommen werden.
- **Herzrhythmusstörung:** Bei Patienten mit bekannter Herzrhythmusstörung sollten Sie den Puls über eine Minute verfolgen. Achten Sie dabei dann auf eventuelle Pausen, deren Regelmäßigkeit und Länge.

F 2 TEMPERATUR MESSEN

ALLGEMEINES

Die Körpertemperatur ist ein wichtiger, leicht zu bestimmender Wert, der für den Arzt sehr aufschlussreich ist. Dies gilt jedoch weniger für den einmaligen Wert, als vielmehr für den Fieberverlauf. Es gibt Erkrankungen, bei denen die Körpertemperatur schnell ansteigt und nach einiger Zeit wieder abfällt (z.B. Infektionen). Andere Erkrankungen, z.B. viele chronische Erkrankungen wie Rheuma, entzündliche Darmerkrankungen aber auch bösartige Tumorerkrankungen, können eine gleich bleibend leicht erhöhte Körpertemperatur mit sich bringen, ohne dass dies gleich bedeutend mit einer plötzlichen Verschlechterung sein muss.

Der Messung im Po (rektal) sollte immer der Vorzug vor der Messung unter dem Arm (axillär) gegeben werden, da hier naturgemäß die Temperatur 0,5° – 1° unter der eigentlichen liegt und das Risiko des Verrutschens unter dem Arm viel größer ist. Außerdem lassen sich aus dem gleichen Grunde Messwerte aus dem Po viel besser miteinander vergleichen, da unter dem Arm erfahrungsgemäß eigentlich nie immer wieder die gleiche Stelle der Achsel gefunden wird.

Die Körpertemperatur des gesunden Menschen schwankt im Laufe des Tages um ca. 0,8°, wobei der tiefste Wert in der Nacht und der höchste am frühen Abend gemessen wird. Die Normaltemperatur beträgt bei rektaler Messung 36,5° – 37°, bei axillärer Messung etwa 35,5° – 36,5°. Bei der Frau vor den Wechseljahren liegt die Temperatur in der 2. Hälfte des Zyklus etwa 0,4° höher als in der ersten Hälfte und kann dabei auch 37° überschreiten, ohne dass dies einen Krankheitswert hätte.

Die Messung im Mund (oral) nimmt in jeder Hinsicht eine Zwischenstellung ein.

Man benutzt folgende Begriffe (jeweils bei rektaler Messung):

subfebrile Temperatur = 37,1° – 37,7°C
leichtes Fieber = 37,8° – 38,5°C

Fieber = 38,6° – 39°C
hohes Fieber = 39,1° – 39,9°C
sehr hohes Fieber (Hyperthermie) = 40° und mehr

VORBEREITUNG

- Auswahl des Fieberthermometers:
  - Das herkömmliche Thermometer besteht aus einer äußeren Glashülle, einer Skala von 35°–42° und einem Röhrchen im Inneren, das unten in einem kurzen, schmalen Quecksilberdepot endet (silberfarben). Die obere Grenze liegt bei 42°, da ein längerfristiges Überschreiten dieser Grenze nicht mit dem Leben vereinbar ist. Es kann dann nämlich zur Auflösung von Eiweißen im Körper kommen. Das Quecksilber (bzw. der Alkohol) steigt im Thermometer übrigens hoch, weil sich die Flüssigkeit bei zunehmender Wärme ausdehnt.
  - Thermometer speziell für die Temperaturmessung über den Mund (oral) sind kürzer und schmäler, und das Quecksilberdepot ist auch gerade oder eventuell auch kugelförmig.
  - Digitale Thermometer erfreuen sich immer größerer Beliebtheit. Äußerlich bestehen sie aus stabilem Kunststoff. Wie bei den herkömmlichen Thermometern ist das schmale Ende mit Quecksilber gefüllt. Ein kleines, rechteckiges Sichtfenster zeigt die Temperatur über digitale Ziffern an, wie man sie von modernen Uhren oder Radioweckern gewohnt ist an. Diese Thermometer verfügen über eine kleine Batterie (Knopfzelle) und müssen vor Gebrauch eingeschaltet werden.
- Nehmen Sie das Thermometer fest in die Hand und „schlagen" Sie das Quecksilber (bzw. den Alkohol) durch kurze, peitschende Schlagbewegungen in das Depot herunter. Auf der Skala soll kein Quecksilber (oder Alkohol) mehr sichtbar sein. Ein digitales Thermometer muss eingeschaltet werden. Dazu befindet sich in der Regel neben dem Sichtfenster ein kleiner Knopf. Das Thermometer wird einmal piepen. Im Fenster ist meist zunächst „42" und dann „——" zu sehen. Danach ist das Instrument bereit.
- Bei Verwendung eines herkömmlichen Thermometers müssen Sie eine Uhr bereitlegen.

DURCHFÜHRUNG

Messung in der Achselhöhle (axillar)

- Legen Sie das Thermometer mit der Spitze in die tiefste Stelle der trockenen Achselhöhle, so dass es völlig von Haut umgeben ist.
- Fordern Sie den Patienten auf, wenn möglich den Oberarm fest an den Körper und den Unterarm fest und gerade über der Brust zu halten, damit das Thermometer nicht herausrutscht.
- Während der Messung sollten Sie bei dem Patienten bleiben, um ein Verrutschen des Thermometers bemerken zu können. Bei einem unruhigen Patienten sollte es eventuell festgehalten werden.
- Die Messung mit einem herkömmlichen Thermometer dauert 8 – 10 min, mit einem digitalen 1–2 min, wobei das Ende der Messung durch einen meist dreimaligen Piep-Ton angezeigt wird.
- Das Ergebnis bei Messung in der Achsel liegt 0,5° – 1° unter der tatsächlichen Temperatur! Das gilt für alle Thermometer.

Messung im After (rektal)

- Die Messung erfolgt im Liegen auf der Seite.
- Bitten Sie den Patienten, den Po freizumachen, bzw. helfen Sie ihm dabei.
- Fetten Sie das Thermometer am besten mit Vaseline, Hämorrhoidensalbe o.ä. ein. Verwenden Sie keine kosmetischen, parfümierten Cremes, da sie zu Schleimhautreizungen im After führen können.
- Das schmalere silbrige Ende wird nun in die Poöffnung eingeführt (ca. 1,5 cm).
- Auch hier bleibt man am besten beim Patienten und hält eventuell das Thermometer

fest. Decken Sie den Patienten während der Zeit der Messung wieder zu.

- Die Messung dauert mit herkömmlichen Thermometern 2–3 min, mit digitalen geht es noch schneller.
- Bei Entfernung des Thermometers können noch Stuhlreste an der Spitze haften. Waschen Sie daher nach jeder rektalen Messung (nach dem Ablesen) das Thermometer (und Ihre Hände!), da sonst Keime an andere Orte übertragen werden können, was besonders bei kranken und liegenden Patienten folgenschwer sein kann. In Einzelfällen kann es sinnvoll sein, ein Desinfektionsmittel zur Reinigung griffbereit zu haben, so dass auch die Übertragung infektiöser Darmerkrankungen ausgeschlossen wird.

Messung im Mund (oral)

- Das Thermometer wird mit der Spitze unter die Zunge gelegt und der Mund geschlossen gehalten.
- Die Messdauer beträgt 5 Minuten.
- Zum Messergebnis müssen etwa 0,3° addiert werden.
- Beim digitalen Thermometer ist das Ergebnis einfach in dem kleinen Fenster abzulesen. Beim herkömmlichen Thermometer muss das Ende des silbergrauen (bzw. blauen) Streifens gesucht werden, wo die Temperatur abzulesen ist. Dazu hält man das Thermometer waagerecht und bewegt es leicht zwischen den Fingern, während man den Silberstreifen sucht.
- Denken Sie an die Dokumentation der Werte und der Messmethode.

TIPPS UND TRICKS

- Die leicht zerbrechlichen Thermometer schlagen Sie am besten über einer sehr weichen Unterlage herunter. Rutscht es Ihnen aus der Hand, besteht die Chance, dass es nicht zerbricht.
- Beim herkömmlichen Thermometer kann es sein, dass Sie den Wert nicht ablesen können, da Sie die Quecksilbersäule zunächst nicht finden. Dies geschieht um so leichter, wenn der Wert weit von dem erwarteten Wert abweicht (plötzlicher Fieberabfall/-anstieg).
- Auch wenn oft praktiziert, sollte der Patient bei der rektalen Messung nach dem Einführen des Thermometers keinesfalls wieder auf den Rücken gedreht werden, da hier immer Verletzungsgefahr bzw. Bruchgefahr für herkömmliche Thermometer besteht.
- Für die rektale Messung stehen in Apotheken frei verkäufliche Plastikhüllen für die Thermometer zur Verfügung. Sie werden bei Verwendung ebenfalls eingefettet. Nach der Messung wird die Schutzfolie von der Seite mit der Öffnung her nach unten abgezogen, wodurch sich die Folie auf links dreht und hygienisch entsorgt werden kann.

PROBLEME UND SONDERFÄLLE

- **Zerbrochenes Quecksilberthermometer:** Zerbricht ein Quecksilberthermometer, kann es recht schwierig sein, das flüssige Quecksilber, das zu kleinen Kugeln zusammenfließt, zu entsorgen. Ziehen Sie sich Handschuhe an, da Quecksilber giftig ist und auch über die Haut aufgenommen werden kann. Streuen Sie etwas Mehl oder Puder über die silbernen Kügelchen, wodurch sie sich gut mit einem Handfeger aufkehren lassen. Geben Sie das Quecksilber in ein verschließbares Gefäß (leeres Jogurtglas, leere Wasserflasche o.ä.), und bringen Sie es zur nächsten Apotheke.
- **Messung bei Krampfgefahr, Gesichtslähmung und unruhigen Patienten:** Die orale Messung darf hier nicht durchgeführt werden.

F 3 BLUTDRUCK MESSEN

ALLGEMEINES

Der Blutdruck ist der Druck, der in den Blutgefäßen herrscht. Er hängt von der Leistung des Herzens und der Elastizität der Blutgefäße ab. Zieht sich das Herz zusammen, wird das Blut in die Gefäße gedrückt (Systole), worauf der Druck steigt. Erschlafft das Herz, fällt der Druck (Diastole). Der Blutdruck schwankt von Minute zu Minute und im gesamten Tagesablauf mitunter sehr stark. Morgens nach dem Aufstehen z.B. ist er niedriger, während er bei körperlicher Belastung (auch beim Essen) steigt. Dauerhaft zu hoher Blutdruck wird als „Hypertonie" bezeichnet. Er erhöht das Risiko für Schlaganfall und Herzinfarkt.

Die übliche Messmethode mit einer Druckmanschette und einem Stethoskop geht auf den italienischen Kinderarzt Riva-Rocci zurück, weshalb für die Blutdruckmessung auch oft das Kürzel „RR" verwendet wird. Die Maßeinheit für den Blutdruck ist „mm Hg", d.h. „Millimeter Quecksilbersäule" (Hg = Hydrargyrum).

Es gibt auch bei dieser scheinbar so einfachen Messung zahlreiche Fehlerquellen, die gerade dem Anfänger nicht immer bekannt sind und nicht selten durch falsche Ergebnisse Verwirrung stiften. Die Häufigkeit der Messung wird vom Arzt vorgegeben.

Bedenken Sie immer, dass der Blutdruck nur eine Momentaufnahme der Blutdrucksituation ist. Gerade dann, wenn die Messung noch nicht zur Routine geworden ist oder wenn Sie sogar die erste Messung beim Patienten durchführen, können Sie meistens davon ausgehen, dass der Druck aufgrund der Erwartungshaltung und der sicher vorhandenen Nervosität des Patienten erhöht ist. Wenn keine bekannte Blutdruckerkrankung vorliegt, müssen Sie hier erst einige Messreihen abwarten, bevor Sie echte Schlüsse ziehen können.

VORBEREITUNG

- Der Patient sollte keine größere Menge Flüssigkeit getrunken haben. Die Blase muss weitgehend entleert sein. Ab 1 Stunde vor der Blutdruckmessung sollten weder Alkohol noch Nikotin konsumiert worden sein. Auch der letzte Einnahmezeitpunkt blutdruckwirksamer Medikamente sollte bekannt sein.
- Materialien:
  - Blutdruckapparat mit Manometer und Manschette

Empfohlene Manschettenmaße für die Blutdruckmessung am Oberarm

Patient	Oberarm-umfang (cm)	Gummiteil der Manschette (cm)
Kleinkind		5 x 8
Kind		8 x 13
Erwachsener	< 33 33–41 > 41	13 x 24 15 x 30 18 x 36

  - Stethoskop – Die Art des verwendeten Stethoskops ist ohne Bedeutung für das Messergebnis. Die Verwendung der Stethoskopglocke bietet den Vorzug eines besseren Luftabschlusses zur Umgebung im Vergleich zur Stethoskopmembran, aber dafür auch die Gefahr einer Kompression der Arterie mit Erzeugung von Strömungsgeräuschen.
- Schaffen Sie Ruhe.
- Erklären Sie dem Patienten, was Sie tun werden.
- Entblößen Sie den Oberarm und messen Sie nie durch das Hemd oder einen Bademantel.
- Die Luft in der Manschette muss völlig herausgedrückt werden.

DURCHFÜHRUNG

- Der Patient sollte liegen oder sitzen. Eventuell besteht auch eine Indikation für eine Messung im Stehen, sie ist jedoch lediglich eine Ergänzung zur Prüfung der orthostatischen Toleranz.

- Am besten ist es, wenn Sie die Messung immer unter den gleichen Bedingungen durchführen, damit die Werte miteinander vergleichbar sind.
- Die Manschette wird in der Regel eng um den Oberarm etwa 5 cm oberhalb des Ellenbogens (A. brachialis) angelegt.
- Schließen Sie die Ventilschraube.
- Setzen Sie das Stethoskop in der Ellenbeuge an.

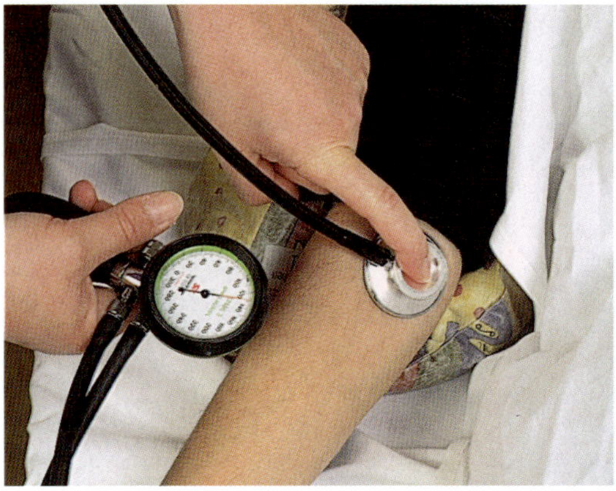

- Pumpen sie die Manschette etwa 30 mmHg über den letzten Wert auf, den Sie während des Aufpumpens am Radialispuls palpieren können (ca. 170–200 mmHg).
- Lockern Sie durch Öffnen der Ventilschraube langsam den Manschettendruck (3–5 mmHg/s). Eine höhere Druckablassgeschwindigkeit kann systolisch zu niedrige und diastolisch zu hohe Werte zur Folge haben. Bei einigen Automaten, die nach dem oszillometrischen Prinzip arbeiten, sind größere Ablassgeschwindigkeiten ohne Beeinträchtigung der Messgenauigkeit möglich.
- Beim ersten hörbaren Ton wird zum ersten Mal abgelesen (systolischer Wert). Sie können ihn auch palpatorisch an der A. radialis („Puls") bestimmen.
- Beim letzten hörbaren Ton wird zum zweiten Mal abgelesen (diastolischer Wert). Oft liegt der diastolische Wert nicht beim letzten hörbaren, sondern beim letzten *laut* hörbaren Ton, bevor das Pulsgeräusch nicht mehr hart sondern nur noch weich klingt. Das Druckgeräusch selbst kann bis 0 mmHg hörbar sein.
- Normwerte: 100–140/60–90 mmHg. Entscheidend dafür, was als „normaler" Blutdruck angesehen wird, ist die Vorgabe des Arztes. Viele ältere Patienten haben seit Jahren eine Blutdruckerkrankung, die medikamentös auf einen bestimmten Wert eingestellt ist, mit dem der Patient gut lebt, auch wenn dieser vielleicht den Normwertbereich (besonders systolisch) übersteigt.
- Notieren Sie den Wert und vermerken Sie Besonderheiten der Messung wie z.B. eine besondere Haltung. Berücksichtigen Sie dabei auch, ob der Patient sich unmittelbar zuvor aufgeregt oder angestrengt hat. Wenn er z.B. gerade auf der Toilette war, kann der Druck deutlich verändert sein.
- Unterschiede zwischen rechtem und linken Arm können normal und relativ ausgeprägt, aber auch krankhaft sein. Notieren Sie an welchem Arm gemessen wurde. Wenn Sie eine bislang unbekannte Seitendifferenz feststellen, müssen Sie dies dem Arzt mitteilen.

TIPPS UND TRICKS

- Achten Sie darauf, die richtige Reihenfolge bei der Messung einzuhalten. Das hohe Aufpumpen der Manschette ist (besonders wenn es länger währt) für den Patienten unangenehm oder sogar schmerzhaft.
- Seien Sie gewissenhaft bei der Durchführung. Vielleicht pumpen Sie die Manschette auf 200 mmHg auf und hören beim Ablassen der Luft sehr schnell den ersten Ton. Sie können sich dann also nicht sicher sein, ob der tatsächliche systolische Wert nicht vielleicht über 200 mmHg liegt. Gerade als Anfänger müssen Sie sich zwingen, die Messung zu wiederholen und die Manschette eventuell noch höher aufzupumpen (nicht nachpumpen!), bis Sie sich sicher sind, die richtigen Werte ermittelt zu haben.
- Vor einer erneuten Messung muss der Manschettendruck ganz auf 0 gebracht werden.

Helfen Sie eventuell durch Auspressen der Manschette nach. Außerdem sollten etwa 3 Minuten Abstand zwischen den Messungen liegen.

- Auch wenn der Blutdruck immer normal ist und Sie bereits Zweifel am Sinn der Messung haben, sollten Sie bedenken, dass die Messung des Blutdrucks und die Mitteilung des Ergebnisses oft ein beruhigtes Lächeln hervorruft (*„Der Blutdruck ist in Ordnung. Damit können Sie 100 Jahre alt werden.“*).
- Falsch niedrige systolische und falsch hohe diastolische Werte erhalten Sie, wenn die Manschette zu locker gewickelt, nicht ausreichend entleert oder der Druck zu rasch abgelassen wurde. Wiederholen Sie die Messung, wenn Sie einen solchen Fehler bemerken.
- Gerade als Anfängerin sollten Sie auch zuhause das Blutdruckmessen bei Freunden und Verwandten gut üben. Probieren Sie es auch einmal an sich selbst aus, um zu spüren, wie eng und straff sich eine Manschette, die über 200 mmHg aufgepumpt wurde, anfühlt.
- Das Auf- oder Abrunden auf 10 oder 5 mm Hg Werte ist abzulehnen. Die Messgenauigkeit ist vor allem im grenzwertigen Blutdruckbereich von großer Bedeutung. Wenn Sie bei einem Messergebnis unsicher sind und/oder die Werte nicht genau hören konnten, sollten Sie nicht zögern, eine erneute Messung durchzuführen. Zwischen aufeinander folgenden Messungen sollte jedoch wenigstens 1 Minute vergangen sein.
- Einzelne Ausreißer in den Messergebnissen sollten noch kein Grund zur Panik sein – sie kommen immer mal vor. Das Urteil muss jedoch dem Arzt überlassen bleiben.
- Der Fehler einer zu schmalen Manschette kann durch in die Manschette integrierte Gummiblasen verschiedener Größe, die in Abhängigkeit vom Oberarmumfang aufgepumpt werden (z.B. Tricuff), vermieden werden.
- Auch bei der Blutdruckmessung am Handgelenk können falsch dimensionierte Manschetten zu Fehlern führen. Hier sind die Angaben der Gerätehersteller zu beachten

PROBLEME UND SONDERFÄLLE

- **Dialyse-Patienten:** Sie dürfen keine Messung am Shunt-Arm durchführen.
- **Anhängende Infusionen:** Sie dürfen keine Messung am Infusionsarm durchführen.
- **Adipositas:** Verwenden Sie breitere Manschetten (18 cm), da es beim Einsatz normaler Manschetten zu einem falsch hohen Wert kommt.
- **Brustoperierte Patientinnen:** An der Seite der Operation soll nicht gemessen werden.
- **Kein Blutdruckgeräusch zu hören:** Dies liegt wahrscheinlich an der Apparatur (Stethoskop oder Messgerät) oder an Ihren Ohren. Eventuell wurde auch das Stethoskop nicht richtig in der Ellenbeuge aufgesetzt. Drehen Sie eventuell einmal die Glocke des Stethoskops.
- **Blutdruck über 200/100 (am Oberarm):** Benachrichtigen Sie sofort den Arzt (sofern ein solcher Blutdruck nicht ausdrücklich als normal bei diesem Patienten gilt).
- **Messungen bei Kindern:** Hier ist die Wahl der richtigen Manschettengröße entscheidend (s.o.). Im Zweifel kann die jeweils größte passende Manschette verwendet werden, denn während zu schmale Manschetten falsch hohe Blutdruckwerte ergeben, beeinflusst eine im Verhältnis zum Oberarmumfang zu lange und zu breite Manschette das Ergebnis weniger. Vermeiden Sie eine zu starke Kompression der A. cubitalis durch das Stethoskop. Ganz allgemein lässt sich sagen, dass Kinder und Jugendliche oft noch stärker als Erwachsene auf ungewohnte Messsituationen reagieren. Deshalb ist es notwendig, die Kinder zuvor mit dem Vorgehen bei der Messung vertraut zu machen und den Ablauf in Ruhe zu erklären, damit auch das Kind ruhig wird oder bleibt. Günstigerweise werden zwei Messungen im Abstand von wenigen Minuten vorgenommen, bei größeren Differenzen auch eine dritte. Auch bei Kindern erfolgt

die Messung am besten im Sitzen, bzw. bei Säuglingen auf dem Schoß der Mutter.

- **Messungen bei Alten:** „Verkalkte" Arterien können bei der Blutdruckmessung im Alter grobe Fehler bewirken, da sie die Druckübertragung von der Manschette auf das Arterienlumen behindern. Wird hier bei normalem intraarteriellen Druck ein erhöhter Blutdruck gemessen, so besteht eine Pseudohypertonie. Im Zweifelsfall können zur Klärung intraarterielle Blutdruckmessungen indiziert sein.

ANLEITUNG DER PATIENTEN ZUR SELBSTMESSUNG

- Patienten, die ihren Blutdruck selbst messen, benötigen eine ausführliche Einweisung in die Messtechnik. Besonders in der ersten Zeit sollte die richtige Anwendung des Gerätes kontrolliert werden. Häufige Fehler sind die falsche Positionierung von Manschette oder Mikrofon, das zu rasche Ablassen des Drucks aus der Manschette, Nachpumpen oder die zu rasche Wiederholung der Messung.
- Bei der Blutdruckselbstmessung im Alter sollte ein Gerät gewählt werden, das die Manschette automatisch aufpumpt, um Blutdrucksteigerungen durch Pumparbeit zu vermeiden.
- Auch der automatische Druckablass ist für alte Patienten eine wichtige Erleichterung. Das Display der gemessenen Druckwerte sollte große Ziffern haben, die ausreichend lange lesbar bleiben.
- Betonen Sie bei der Einweisung in die Selbstmessung gegenüber dem Patienten die Variabilität des Blutdrucks. Der Arzt wird den in korrekter Weise selbstgemessenen Werten des Patienten in der Langzeitbetreuung eine größere Bedeutung zumessen als den in der Praxis ermittelten Werten.
- Weisen Sie den Patienten auf die Notwendigkeit einer sorgfältigen Dokumentation der Messergebnisse hin.
- Etwa einmal jährlich sollte eine Überprüfung von Gerät und Messtechnik durch Sie oder den Arzt erfolgen.

F 4 24-STUNDEN-BLUTDRUCKMESSUNG

ALLGEMEINES

Die 24-Stunden-Blutdruckmessung wird bei Hypertonie und Hypotonie durchgeführt. Der Blutdruckmonitor misst in bestimmten Zeitintervallen den Blutdruck und die Herzfrequenz und zeichnet diese Werte auf. Damit die Monitoraufzeichnungen optimal ausgewertet werden können, führt der Patient während der Aufzeichnungszeit ein Tagebuch. Er kann seine alltäglichen Aktivitäten ausüben, notiert aber während der Zeit der Messung alle außergewöhnlichen Ereignisse (z.B. Arbeit, Freizeit, Medikamenteneinnahme, Symptome). Treten während der Überwachung Symptome auf, kann durch Drücken der Start/Stop-Taste am Monitor eine zusätzliche Messung ausgelöst werden.
Das praktische Vorgehen sei hier am Beispiel eines gängigen modernen Gerätes beschrieben (boso TM-2430 PC). Viele andere Geräte werden Sie in vergleichbarer Weise bedienen können.

VORBEREITUNG

- Das Gerät ist nicht größer als eine Zigarettenschachtel.

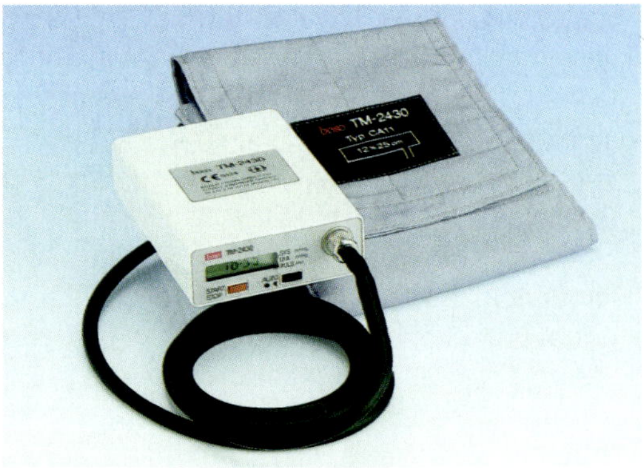

Die Abbildung wurde uns feundlicherweise von der Firma Bosch und Sohn, Jungingen, zur Verfügung gestellt.

- Setzen Sie drei aufgeladene Akkus in das Gerät ein. Achten Sie dabei auf die richtige Polarität (Pluspol zu +, Minuspol zu -).
- Installieren Sie die mitgelieferte Software, die Ihnen die Programmierung des Gerätes über den PC ermöglicht. Damit können Sie auch nach den Messungen eine komfortable Auswertung starten.
- Verbinden Sie das Gerät über den Adapter mit dem PC und programmieren Sie das Gerät nach den diagnostischen Vorgaben, die Ihnen der Arzt genannt hat sowie mit Datum und Uhrzeit. Dann wird das Gerät wieder vom PC getrennt.
- Schließen Sie jetzt die Manschette an das Gerät an und machen Sie sich mit der korrekten und sicheren Anlage von Manschette und Manschettenschlauch vertraut, damit Sie dies dem Patienten gut erklären können. Denn auch wenn Sie ihm vielleicht das Gerät in Ihrer Praxis selber anlegen, muss er doch in der Lage sein, es in der häuslichen Umgebung selber zu tun.

ERLÄUTERUNG FÜR DEN PATIENTEN

„Wir möchten bei Ihnen eine Blutdruckmessung über 24 Stunden durchführen. Der Arzt kann sich dadurch ein genaueres Bild von Ihrer Blutdruck- und Kreislaufsituation machen. Sie müssen das Gerät die ganze Zeit anbehalten, auch in der Nacht, was etwas störend sein kann. Sie müssen außerdem ein Protokoll über Ihre Aktivitäten und Ruhephasen anfertigen. Der Arzt kann dann feststellen, ob die Änderung Ihres Blutdrucks der Belastung entspricht. Es ist jedoch ganz wichtig, dass Sie dieses Protokoll sehr genau führen."

DURCHFÜHRUNG

- Befestigen Sie das Gerät an der {Hüfte des Patienten (immer an der Seite, die der Manschette gegenüber liegt, entweder am Hosengürtel oder in einer Tragetasche mit Schulterriemen).
- Wählen Sie die passende Manschette für den Patienten aus und legen Sie sie am Oberarm des Patienten in Herzhöhe (!) an. Wählen Sie den Arm, bei dem eine Probemessung den höheren Wert angezeigt hat.
- Halten Sie die Position der Manschette über der Arteria brachialis, wie durch die gelbe Markierung auf der Manschette angedeutet, genau ein. Der untere Manschettenrand soll 2–3 cm oberhalb der Ellenbeuge liegen.
- Die Armmuskulatur muss ganz entspannt sein. Der Arm ist bewegungslos.
- Die Manschette darf nicht zu fest anliegen. Es sollten noch 2 Finger zwischen Arm und Manschette passen, denn nach einer abgelaufenen Messung darf der Blutfluss nicht behindert sein.
- Fixieren Sie den Manschettenschlauch mit einem Tape an der linken Schulter.
- Informieren Sie den Patienten währenddessen über folgende Themen:
  - Start der Intervallautomatik, Schlaftaste, Sonderperioden
  - korrektes Anlegen der Manschette, so dass er diese im Falle eines Abrutschens selbst wieder anlegen kann
  - Einträge ins Patiententagebuch.
- Wenn alles reibungslos funktioniert und eventuelle Fragen des Patienten beantwortet sind, kann der Patient die Praxis verlassen. Normalerweise misst das Gerät jetzt den Blutdruck tagsüber alle 20 oder 30 min, während der Nacht jede Stunde.
- Am nächsten Tag kommt der Patient in die Praxis. Das Gerät und die Manschette werden abgenommen. Das Gerät wird wieder mit dem PC verbunden. Sie können jetzt die Daten gemäß der Anleitung für die Software übertragen. Die Auswertung wird ein Mediziner übernehmen.
- Vereinbaren Sie mit dem Patienten einen neuen Termin.
- Für den nächsten Patienten müssen die Akkus wieder vollständig aufgeladen werden.

- Zur Reinigung des Gerätes und der Manschette verwenden Sie ein weiches Tuch, das Sie mit Seifenwasser anfeuchten – keine Lösungsmittel, Benzin, Scheuermittel oder Spiritus! Die Schutzbezüge waschen Sie bei maximal 30° C.

TIPPS UND TRICKS

- Der Patient soll den Monitor unbedingt trocken halten. Falls der Monitor nass wird, wird er ausgeschaltet. Es besteht jedoch für den Patienten keine Gefahr.
- Da die Manschette meist einen Klettverschluss hat, empfiehlt es sich, über die Manschette Stülpa-Schlauchgaze zu ziehen, damit die Kleidung des Patienten nicht am Klettverschluss hängenbleibt.

PROBLEME UND SONDERFÄLLE

- **Patient hat sehr dicke Arme:** Hat ein Patient sehr dicke oder kräftige Arme, kann die Messung eventuell nicht durchgeführt werden. In diesem Fall organisiert man für den Patienten ein Selbstmessgerät für das Handgelenk, wobei der Patient selbst die Werte abliest und protokolliert.

F5 SCHELLONG-TEST

ALLGEMEINES

Der Schellong-Test dient der Untersuchung der peripheren Kreislaufregulation bei hypotonen Kreislaufregulationsstörungen.

VORBEREITUNG

- Der Patient muss mindestens 15 min körperliche Ruhe wahren und flach liegen.
- Materialien:

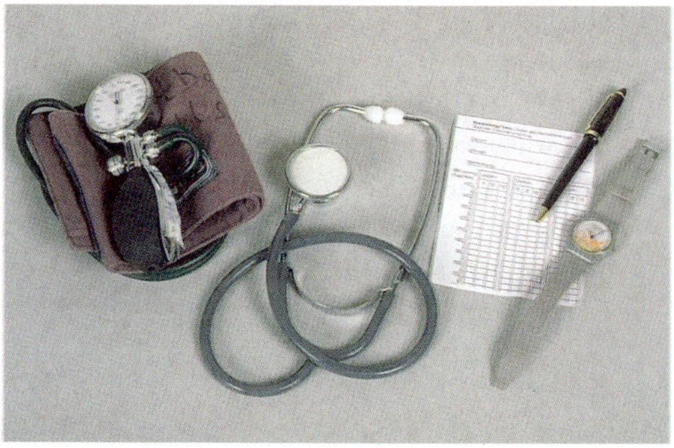

  - *Blutdruckmanschette*
  - *Stethoskop*
  - *Stift und Notizblock*
  - *Uhr.*

DURCHFÜHRUNG

- Bestimmen Sie mehrmals Puls und Blutdruck in Ruhe.

Schellong I

- Der Patient soll rasch aufstehen und 10 min in entspannter Haltung stehen bleiben.
- Messen Sie alle 60 s Puls und Blutdruck und tragen Sie die Werte in eine Tabelle ein.
- Danach legt sich der Patient wieder hin.
- Bestimmen Sie ab jetzt im 1-minütigen Abstand Puls und Blutdruck, bis die Ausgangswerte wieder erreicht sind.

Schellong II

- Belasten Sie den Patienten individuell bis zur leichten Dyspnoe und mäßiger Anstrengung. Bei jungen gesunden Menschen können Sie etwa 20 tiefe Kniebeugen oder 50 Treppenstufen in 30–45 s fordern.
- Bestimmen Sie ab jetzt im 1-minütigen Abstand Puls und Blutdruck, bis die Ausgangswerte wieder erreicht sind.
- Sie bleiben während der gesamten Untersuchung beim Patienten. Da Patienten mit Kreislaufproblemen getestet werden, kann jederzeit ein Kollaps auftreten.
- Auswertung: Der systolische Blutdruck bleibt beim Gesunden nach dem Aufstehen gleich oder sinkt nur kurz etwas ab, der diastolische bleibt gleich oder steigt etwas an. Der Puls kann um bis zu 20% zunehmen.
  - Steigt der Puls um mehr als 16/min, handelt es sich um eine sympathikotone Regulationsstörung.
  - Steigt der Puls kaum oder gar nicht, spricht man von einer hyposympathikotonen Regulationsstörung.
  - Fallen Puls und diastolischer Blutdruck (asympathikotone Regulationsstörung), besteht der Verdacht auf eine Störung des autonomen Nervensystems. Hier müssen sich neurologische Untersuchungen anschließen.

ERLÄUTERUNG FÜR DEN PATIENTEN

„Ich werde mit Ihnen einen Test zur Prüfung Ihrer Kreislaufregulationsfähigkeit durchführen. Wir möchten wissen, wie schnell sich Ihr Kreislauf an veränderte Bedingungen anpasst. Der Test tut nicht weh, kann aber etwas anstrengend sein. Bitte befolgen Sie genau meine Anweisungen. Sagen Sie mir sofort, wenn etwas nicht in Ordnung ist und Sie sich unwohl fühlen. Ich werde die ganze Zeit über bei Ihnen bleiben. Insgesamt dauert die Untersuchung etwa eine halbe Stunde."

F6 EKG-ANLAGE

ALLGEMEINES

Das EKG bleibt trotz der Zunahme zahlreicher neuer invasiver (in den Körper eingreifender) und nicht-invasiver Techniken ein unerlässliches Instrument in der Diagnostik von Herzerkrankungen. Etwa jede Sekunde entsteht im Herz ein Nervenimpuls, der sich in Form eines winzigen Stromstoßes auf den Herzmuskel überträgt, wodurch der Muskel sich zusammenzieht (ein Herzschlag). Dieser Strom lässt sich aufzeichnen. Bei gesunden Menschen hat der Strom ein bestimmtes Muster. Abweichungen von diesem Muster können ein Hinweis auf eine Erkrankung des Herzmuskels sein.

VORBEREITUNG

- Wenn Sie ein mobiles Gerät zum Patienten schaffen müssen, sollten Sie es stets auf der linken Patientenseite platzieren, da die Elektroden für die Brustwandableitungen um die linke Thoraxseite geklebt werden müssen. Von rechts kommend entstünde dabei jedoch ein zu starker Zug auf den Kabeln.

Ableitung nach Einthoven (I, II, III)

- Die Anlage folgt der Ampelregel: rechter Arm = rot, linker Arm = gelb, linker Fuß =

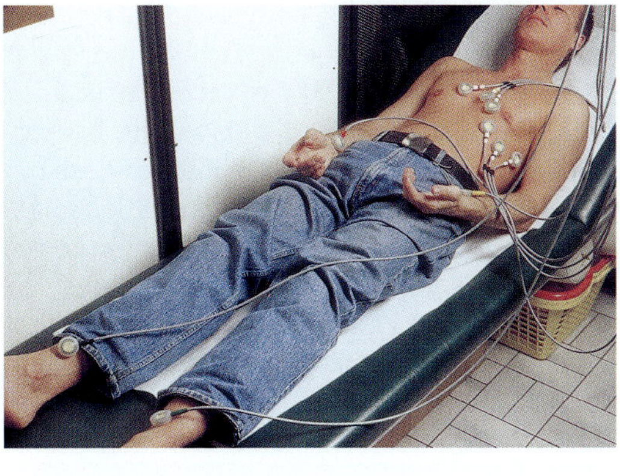

grün, rechter Fuß = schwarz (Erdungselektrode).

Ableitung nach Goldberger (augmented Voltage, aVR, aVL, aVF)

- Auch hier erfolgt die Anlage nach der Ampelregel:

Brustwandableitung (V1 bis V6)

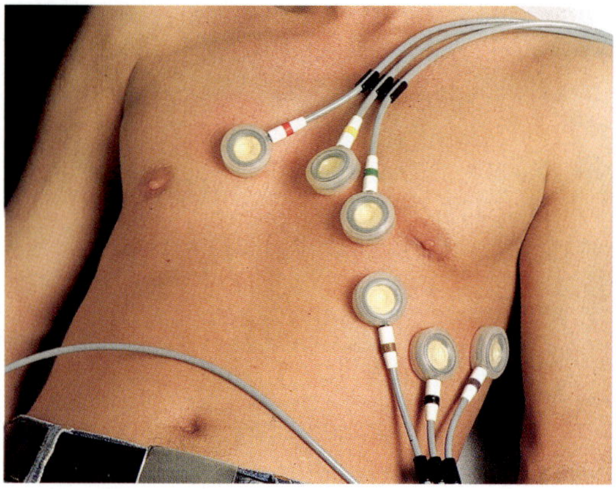

V1: rechter Rand des Brustbeins (Sternum), 4. ICR (Intercostalraum = der Raum zwischen den einzelnen Rippen).
V2: linker Sternumrand, 4.ICR.
V3: auf der Hälfte zwischen V2 und V4.
V4: über der Herzspitze des Patienten (etwa 6. bis 7. ICR in Medioklavikularlinie).
V5: vordere Axillarlinie auf der gleichen Horizontalen wie V4.
V6: mittlere Axillarlinie auf der gleichen Horizontalen wie V4.

- Sind die Kabel lediglich farbig unterschieden und nicht mit V1 bis V6 beschriftet, ist an der Austrittstelle der Kabel die Reihenfolge der farbig markierten Kabel ablesbar.
- Die Anlage erfolgt am besten mit Klebeelektroden. Sie sind zwar etwas teurer, bieten jedoch die größte Chance auf ein gutes und aussagefähiges EKG. Die ebenfalls verbreiteten Vakuumballons lassen sich zwar sehr rasch anbringen, fallen aber meist ebenso rasch wieder ab. Eine weitere Möglichkeit ist die Befestigung der Elektrodenkabel an Gummigurten, die dem Patienten um die Extremitäten und um die Brust gewickelt werden.
- Alle Elektroden müssen an ihrem Platz sein, bevor die Aufzeichnungen begonnen werden.
- Machen Sie sich mit dem Gerät vertraut, indem Sie z.B. das Papiereinlegen üben.
- Die Raumtemperatur sollte etwa 20° C betragen. Der Patient darf keinesfalls frösteln oder frieren, da er sich dadurch anspannt und unter Umständen leicht zittert, was das Messergebnis erheblich verfälschen kann.

ERLÄUTERUNG FÜR DEN PATIENTEN

„Wir möchten bei Ihnen eine Untersuchung durchführen, durch die wir sehen können, ob Ihr Herz noch gesund ist. Wir zeichnen mit dem Gerät den Strom in Ihrem Herzen auf. Sie selbst kommen nicht mit Strom in Berührung. Am besten gelingt die Untersuchung, wenn Sie sich so gut wie möglich entspannen."

DURCHFÜHRUNG

- Der Patient liegt auf dem Rücken.
- Fordern Sie den Patienten zu Ruhe und Entspannung auf und sprechen Sie nicht.
- Vor Beginn der Registrierung sollten Sie eine Eichzacke aufzeichnen. Man sieht ein kleines Rechteck (1 mV = 10 mm).
- Zur Verbesserung der Leitfähigkeit können Sie die Elektroden anfeuchten, indem Sie sie entweder mit Desinfektionsmittel besprühen oder ein feuchtes Läppchen unterlegen.
- Stellen Sie die Vorschubgeschwindigkeit des Papier ein (meist 50 mm/s für normale Ableitungen).
- Eine Standardmessung erfordert jeweils etwa 15 s Einthoven-, Goldberger- und Brustwandableitung. Je nach Anordnung schrei-

ben Sie jetzt noch zusätzlich einen Rhythmus-Streifen von gleicher Dauer bei einem Vorschub von 25 mm/s und nur für eine Ableitung.

- In den meisten Fällen ist es angebracht, die Filterfunktion einzuschalten.
- Beschriften Sie das EKG gleich nach der Ableitung mit Name, Datum, Uhrzeit und Geburtsdatum.
- Trennen Sie die Seiten, heften Sie sie zusammen und legen Sie sie bei den Patientenunterlagen ab bzw. legen Sie sie einem Mediziner vor. In diesem Fall müssen Sie immer eventuelle frühere EKGs beifügen.

TIPPS UND TRICKS

- Das größte Problem bei der EKG-Ableitung ist die Haftung der Elektroden an der Brustwand. Sie sollten bei starker Brustbehaarung unbedingt Klebe-Elektroden verwenden und diese z.B. mit einem Sandsack beschweren, um den Kontakt zwischen Haut und Elektrode zu verbessern. Zur Not kann hier auch vorher rasiert werden, was jedoch kosmetisch nicht befriedigend ist.
- Wenn Sie bei einer Frau wegen einer üppigen Brust Elektroden in der Brustfalte anbringen müssen, sollten auch die anderen Elektroden bei der Brustwandableitung entsprechend tiefer gesetzt werden. Allerdings müssen Sie dann eine entsprechende Bemerkung auf dem EKG-Ausdruck vornehmen (z.B. „Brustwandableitungen 1 ICR tiefer platziert“).
- Wenn Sie zuerst die Extremitätenableitungen befestigen, können Sie einen Kabelsalat vermeiden.
- Achten Sie darauf, dass die Elektroden immer symmetrisch befestigt werden, da es sonst zu einer falschen Darstellung der Herzachse kommt.

PROBLEME UND SONDERFÄLLE

- **Ableitung nach Amputation:** Die entsprechende Klemme kann am Stumpf der Extremität angebracht werden. Allerdings sollte die Elektrode der Gegenseite symmetrisch platziert werden.
- **Starker Tremor:** Bei starkem Zittern können Sie die Kabel auch symmetrisch am Ansatz der Extremitäten anbringen, um das Muskelzittern zu umgehen.
- **Muskelzittern:** Es gibt einen Muskel- (25 Hz) und einen Wechselstromfilter (50 Hz). Setzen Sie den Muskelfilter bei Artefakten durch Muskelzittern ein (z.B. bei älteren Patienten mit Parkinson-Syndrom). Den Wechselstromfilter können Sie eigentlich immer eingeschaltet lassen.
- **Sägezahnähnliche Störungen:** Solche Störungen, die regelmäßig mit einer Frequenz von 50/s auftreten (also bei 50 mm/s Vorschub eine Zacke pro Millimeterkästchen), sind ein Hinweis auf eine Wechselstromquelle. Hierfür infrage kommen etwa mangelnde Erdung, mangelnde Elektrodenhaftung, wackelnde Stecker, in Betrieb befindliche Elektrogeräte in der Nähe (z.B. Staubsauger, Rasierer, Neonleuchten, Ventilator). Kontrollieren Sie die richtige und feste Position der Elektroden. Schalten Sie auch nicht benötigte Geräte aus. Manchmal kann es schon reichen, die Liege einfach mal ein Stück von der Wand wegzurollen.
- **Unregelmäßige kleingezackte Störungen:** Kleine Schwingungen von unterschiedlicher Amplitude und Frequenz können ein Hinweis auf muskelbedingte Einflüsse sein. Als Ursachen kommen hier falsche Lagerung, Angst oder ungenügende Entspannung der Muskulatur, Frieren oder zu stramm sitzende Elektroden in Betracht.
- **Wandernde Null-Linie:** Phasische oder sprunghafte Wanderung der Null-Linie. Mögliche Ursachen sind: lose Elektrodenkontakte, Elektrode unter Zug, Atembewegungen, Husten, Schluckauf, Bewegungen der Extremitäten, Kabelbruch.
- **Amplitudenverzerrung durch falsche Eichung:** Normalerweise steigt die Eichzacke senkrecht an, bildet einen rechten Winkel und fällt im rechten Winkel wieder ab. 1 mV entspricht 10 mm. Das EKG wird nicht verzerrt. Bei zu starker Dämpfung ist die Eich-

zacke zu Beginn oder am Ende abgerundet; Q-Zacken und S-Zacken werden in der Folge gedämpft. Bei zu geringer Dämpfung kommt es zu einem raschen Anstieg der Eichzacke mit überschießender Amplitude, der QRS-Komplex wird vergrößert.

- **Falsch gepolte Ableitungen:** Werden Elektroden des rechten und linken Arms vertauscht, kann irrtümlich das Bild eines Herzinfarkts entstehen.
- **Ältere, zitternde Patienten:** Da das Muskelzittern die EKG-Aufzeichnung erheblich stören kann, sollten in diesem Fall die Armelektroden symmetrisch am Oberarm angebracht werden und die Knie eventuell mit einer Pflasterrolle unterlegt werden.
- **Mögliche allgemeine Störquellen:**
  - Netzkabel zu nah an der Messelektrode
  - Wackelkontakt an einem laufenden Elektrogerät in der Nähe
  - in unmittelbarer Nähe des EKG-Geräts betriebene Elektrogeräte (z.B. Bohrmaschine, Küchenmaschine, Staubsauger, Ventilator, Röntgenanlage)
  - Kurzwellengeräte, Dezimeterwellengeräte, Mikrowellengeräte.

F7 LANGZEIT-EKG

ALLGEMEINES

Das Langzeit-EKG unterscheidet sich im Grunde nicht von einem normalen EKG. Es bietet dem Arzt jedoch die Möglichkeit, die Aktivität des Herzens über einen Zeitraum von 24 Stunden zu beobachten und somit auch Störungen der Herzfunktion zu erkennen, die nur gelegentlich auftreten. Es werden mindestens zwei Brustwandableitungen über meist 24 Stunden aufgezeichnet. Dazu werden sechs Metallplättchen (Elektroden) in bestimmter Reihenfolge an der Brustwand angebracht. Die Elektroden sind mit einem kleinen EKG-Gerät verbunden, das ohne Probleme am Körper oder am Gürtel befestigt werden kann. Außerdem verfügt es über ein spezielles Speichermedium für die einzelnen EKG-Aufzeichnungen, z.B. ein Magnetband.

VORBEREITUNG

- Überprüfen Sie die Stärke der Batterie, oder denken Sie daran, die Batterie nach jedem Langzeit-EKG auszuwechseln. Bei den meisten Geräten reicht die Batterieleistung nur für *ein* Langzeit-EKG.
- Tisch decken:

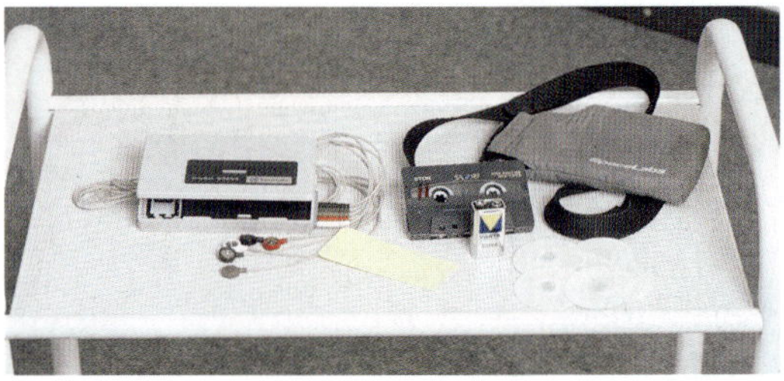

  - *Aufzeichnungsgerät für Langzeit-EKG mit aufgeladener Batterie und intakter 24-Stunden-Kassette*
  - *Klebe-Elektroden*
  - *eventuell Einmalrasierer*
  - *alkoholische Lösung oder ein Desinfektionsmittel zur Entfettung der Haut*

  - *hautfreundliches Pflaster*
  - *feines Schmirgelpapier.*
- Das Langzeit-EKG kann dann über den Computer eingelesen und bei Bedarf ausgedruckt werden.

ERLÄUTERUNG FÜR DEN PATIENTEN

„Um festzustellen, ob Sie eine Herzkrankheit haben, die sich nur gelegentlich äußert, müssen Sie dieses Gerät 24 Stunden lang tragen. Es handelt sich dabei um einen Kassettenrekorder, der während der ganzen Zeit Ihr EKG aufzeichnet. Sie müssen ihn auch über Nacht tragen. Tragen Sie bitte alle Ereignisse, bei denen Sie Ihren Kreislauf be- oder auch entlastet haben, alle Medikationen und auch alle Beschwerden mit Angabe der Uhrzeit auf dem Gerät in das Protokoll ein. Es ist möglich, dass Sie mit dem Gerät etwas schlechter schlafen, aber behalten Sie es bitte an."

DURCHFÜHRUNG

- Rauhen Sie die Haut z.B. mit feinem Schmirgelpapier etwas auf, um den Hautwiderstand zu senken (a).

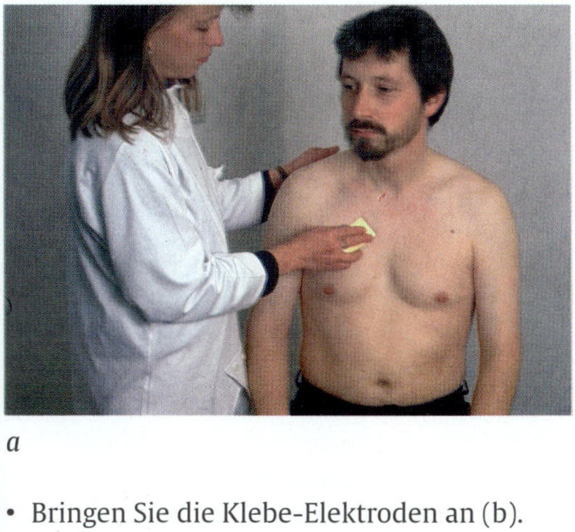

a

- Bringen Sie die Klebe-Elektroden an (b).
- Befestigen Sie die Elektrodenkabel an den Klebe-Elektroden (c).

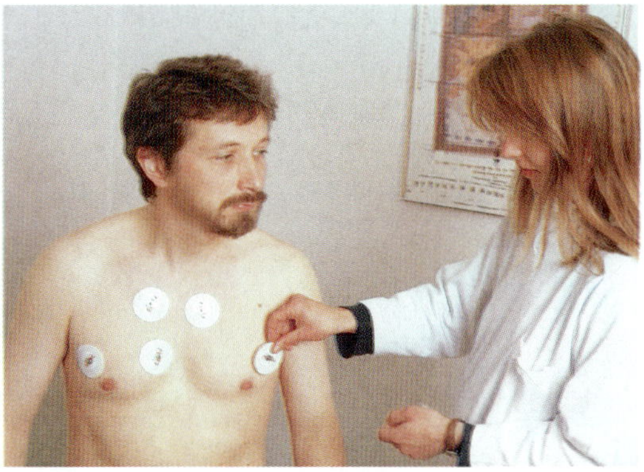

b

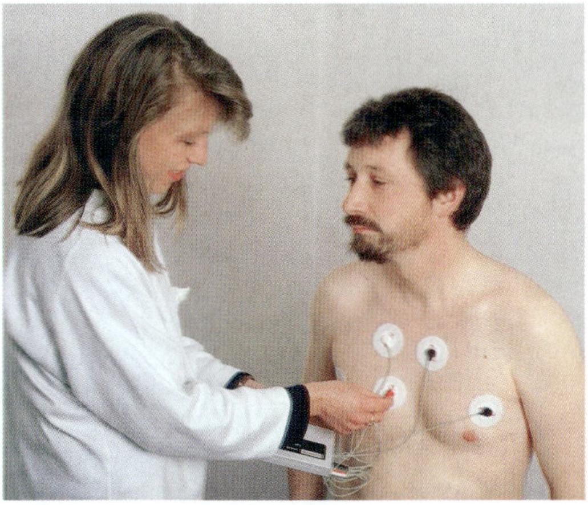

c

- Schieben Sie das Aufzeichnungsgerät in den Halter (d) und hängen Sie es dem Patienten um oder schnallen Sie es an seinem Gürtel fest (e).

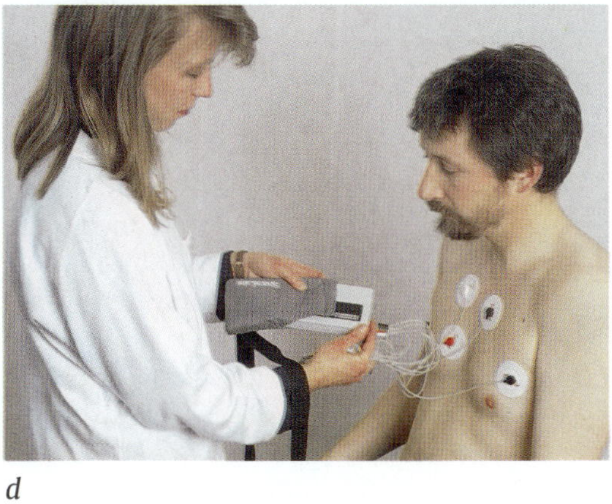

d

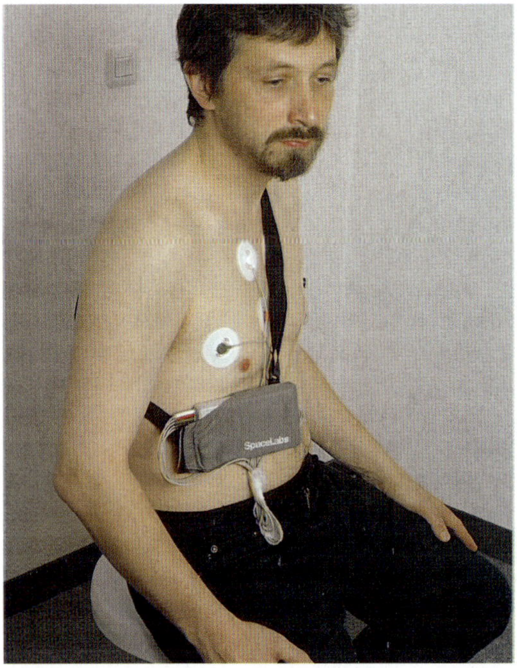

e

- Eventuell bevorzugt der Patient eine andere Art der Befestigung am Körper. Er wird sich wahrscheinlich Sorgen machen, dass er das Gerät beschädigt, falsch umbindet oder versehentlich die Aufzeichnung stört. Es ist Ihre Aufgabe, ihn hierbei zu unterstützen und zu beruhigen.
- Machen Sie den Patienten darauf aufmerksam, dass das Gerät wahrscheinlich seine Nachtruhe etwas stören wird, da er sich mit dem Kästchen nicht ganz frei im Bett bewegen kann.
- Stellen Sie die Uhrzeit am Gerät ein.
- Der Patient wird aufgefordert, alle Besonderheiten, die mit einer Kreislaufbelastung einhergehen, auf dem Protokoll zu notieren (z.B. Spaziergänge, Treppe steigen, Rasen mähen). Das bedeutet natürlich auch, dass Ruhephasen eingetragen werden müssen, da auch diese von einer veränderten Kreislaufbelastung begleitet werden.
- Auch alle Beschwerden, die während der 24 Stunden auftreten, sollen vermerkt werden. Hierzu gehören Herzstiche, Schwarzwerden vor den Augen, Schwindelgefühle.
- Fordern Sie den Patienten auf, alle Medikamente, die er während der Zeit einnimmt, einzutragen. Auch der Einnahmezeitpunkt wird notiert.
- Bei Einträgen in das Protokoll soll sich der Patient nach der Uhrzeit des EKG-Gerätes richten.

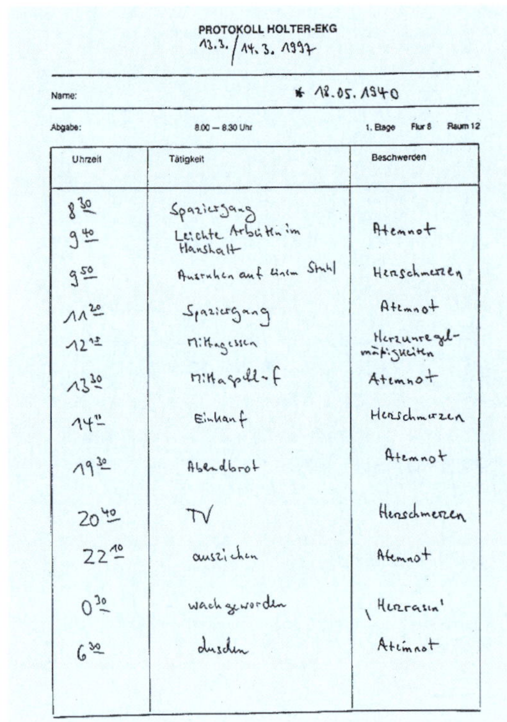

PROTOKOLL HOLTER-EKG

13.3./14.3.1997

Name: * 18.05.1940

Abgabe: 8.00 – 8.30 Uhr 1. Etage Flur 8 Raum 12

Uhrzeit	Tätigkeit	Beschwerden
8.30	Spaziergang	
9.40	Leichte Arbeiten im Haushalt	Atemnot
9.50	Ausruhen auf einem Stuhl	Herzschmerzen
11.20	Spaziergang	Atemnot
12.15	Mittagessen	Herzunregelmäßigkeiten
13.30	Mittagsschlaf	Atemnot
14.11	Einkauf	Herzschmerzen
19.30	Abendbrot	Atemnot
20.40	TV	Herzschmerzen
22.10	ausziehen	Atemnot
0.30	wach geworden	'Herzrasen'
6.30	duschen	Atemnot

Protokoll für Langzeit-EKG

TIPPS UND TRICKS

- Die Kassetten sollten nicht häufiger als sechsmal verwendet werden, da danach die Qualität der Aufnahmen erheblich nachlassen kann (verfälschte Ergebnisse).
- Die Batterien können dem Patienten nach dem Langzeit-EKG mitgegeben werden. Ihre Ladung reicht zwar nicht mehr für ein Langzeit-EKG, allerdings sind sie noch brauchbar z.B. für die TV-Fernbedienung.
- Befestigen Sie die Kabel zusätzlich mit hautfreundlichem Pflaster auf der Brust oder dem Bauch, um ein versehentliches Ab-

reißen, besonders in der Nacht, zu verhindern.
- Überprüfen Sie regelmäßig den Bestand an Batterien und Klebe-Elektroden in der Praxis, damit es keine bösen Überraschungen gibt, wenn Sie das Gerät bei einem neuen Patienten anlegen möchten.
- Um die Köpfe der Ableitungskabel (die auf die Klebe-Elektroden aufgesetzt werden) vor Verunreinigung durch den Pflasterklebstoff zu schützen, können Sie einen Zellstofftupfer auf die Kabelköpfe legen und erst darüber das Pflaster kleben.

PROBLEME UND SONDERFÄLLE

- **Abgelöste Elektroden:** Viele Patienten werden verunsichert, wenn sich eine Elektrode ablöst. Beruhigen Sie den Patienten bereits im Vorfeld dahingehend, dass er die Elektrode ohne weiteres wieder an der gleichen Stelle befestigen kann. Zusätzlich soll er allerdings in diesem Fall einen entsprechenden Eintrag in das EKG-Protokoll vornehmen.
- **Starke Behaarung:** Bei Männern mit starker Brustbehaarung kann die Anlage eines Langzeit-EKGs schwierig sein, da die Klebe-Elektroden dann schlecht haften. Eventuell muss hier die Brust stellenweise rasiert werden.

F 8 BELASTUNGS-EKG (ERGOMETRIE)

ALLGEMEINES

Die Ergometrie ist eine Untersuchung, die mit relativ geringem personellen, zeitlichen und apparativem Aufwand durchgeführt werden kann. Die praktische Durchführung ist einfach. Der theoretische Hintergrund ist jedoch groß.
Im Rahmen einer Ergometrie können lebensbedrohliche Komplikationen auftreten, insbesondere bei Nichtbeachten der Indikationen und Kontraindikationen, mit denen der Arzt sich vor Beginn der Untersuchung auseinandersetzen muss.

VORBEREITUNG

- Materialien:
  - Stoppuhr/Wecker,
  - Blutdruckmanschette,
  - Herzfrequenzanzeige,
  - Medikamente: Nitrospray, Atropin, Betablocker.
- Die Durchführung erfolgt in einem Raum, in dem sich ein Notfallkoffer, Defibrillator und die Möglichkeit zur Schrittmachertherapie befinden.
- Der Arzt muss sich in unmittelbarer Nähe aufhalten. Entweder kann er die Untersuchung auf einem Kontrollmonitor im Sprechzimmer verfolgen, oder er ist auf Knopfdruck zu alarmieren.
- Die Raumtemperatur soll zwischen 18° C und 22° C liegen.
- Der Patient soll zwei Stunden vor der Untersuchung keinen Kaffee oder Tee zu sich nehmen und nicht rauchen.
- Der Patient sollte möglichst Sportkleidung tragen. Wichtig sind feste Schuhe, am besten Sportschuhe.
- Bitten Sie den Patienten, auf der Liege oder dem Fahrradergometer Platz zu nehmen.
- Legen Sie die Blutdruckmanschette an.

ERLÄUTERUNG FÜR DEN PATIENTEN

„Wir möchten bei Ihnen eine Untersuchung durchführen, um die Belastbarkeit Ihres Kreislaufs und Ihres Herzens zu prüfen. Zunächst werde ich Ihnen Kabel wie bei einem EKG anlegen, das Sie sicherlich kennen. Dann müssen Sie eine Weile auf einem Heimtrainer Fahrrad fahren, wobei die Belastung alle 2 Minuten erhöht wird. EKG und Blutdruck werden ständig kontrolliert. Sie brauchen keine Angst zu haben, der Arzt ist auf Knopfdruck bei uns (*oder*: Der Arzt kann die Untersuchung auf seinem Bildschirm verfolgen). Sie müssen mir allerdings sofort sagen, wenn Sie irgendwelche Schmerzen verspüren oder Ihnen nicht wohl ist."

- Dann folgt die Elektrodenanlage:
  - Ableitung eines normalen Ruhe-EKG (*siehe F6, EKG-Anlage*)
  - während der Belastung sind in der Regel 6 Ableitungen ausreichend: z.B. V1 bis V6 oder I, II, III, V2, V4, V6.
- Legen Sie im Sitzen die Brustwandelektroden an, z.B. mit einem Gummigurt oder mit Einmalklebeelektroden. Die Extremitätenelektroden können mit dem Gurt am Rücken fixiert werden.
- Anlage von Einmalklebeelektroden im Liegen:
  I: unterhalb der rechten Klavikula (Schlüsselbein)
  II: unterhalb der linken Klavikula
  III: unterhalb des linken Rippenbogens
  Erde: unterhalb des rechten Rippenbogens
  V1: 4. Intercostalraum (ICR, der Raum zwischen den Rippen), rechts parasternal (neben dem Brustbein)
  V2: 4. ICR links parasternal
  V3: zwischen V2 und V 4
  V4: 5. ICR, Schnittpunkt mit linker Medioklavikularlinie (Linie von der Mitte des Schlüsselbeins in Richtung der Füße)
  V5: in Höhe von V4 in der vorderen Axillarlinie (Linie vom vorderen Rand der Achselhöhle in Richtung der Füße)
  V6: in Höhe von V4 in der mittleren Axillarlinie (Linie vom mittleren Rand der Achselhöhle in Richtung der Füße).
- Überprüfen Sie die EKG-Registrierung, indem Sie ein Ruhe-EKG ableiten. Wenn die Aufzeichnung fehlerfrei ist, kann das Belastungs-EKG starten.

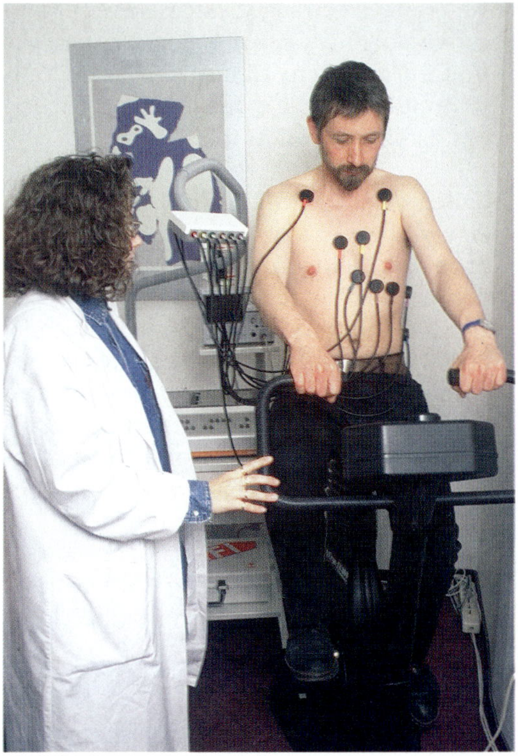

Belastungs-EKG

- Vor Beginn der Belastung wird der Blutdruck noch einmal gemessen.

DURCHFÜHRUNG

- Stellen Sie die erste Belastungsstufe nach der Vorgabe des Arztes ein:
  - 25 Watt bei Patienten mit pektanginösen Beschwerden oder nach frischem Myokardinfarkt
  - 50 Watt bei älteren Patienten ohne manifeste Herzerkrankung
  - 75 Watt bei jugendlichen Patienten

- Orientierung anhand der im Alltag ausgeübten körperlichen Tätigkeit:
- 25 bis 30 Watt = Spaziergang in der Ebene
- 50 Watt = Radfahren in der Ebene
- 75 bis 125 Watt = Treppensteigen, Gartenarbeit, Radfahren mit leichter Steigung
- 150 Watt = Dauerlauf, Radfahren mit stärkerer Steigung.

- Der Patient soll versuchen, die Drehzahl konstant bei 50 bis 60/min zu halten.
- Die laufende Monitor-Überwachung erfolgt mit einem Papiervorschub von 10 mm/s.
- Nach jeder Minute erfolgt die EKG-Registrierung bei 50 mm/s und eine erneute Blutdruckkontrolle, um pathologische Veränderungen direkt erkennen zu können. Notieren Sie die Herzfrequenz, den Blutdruck, die Wattzahl und die Dauer der Belastung.
- Es sollten mindestens drei Belastungsstufen erreicht werden. Steigern Sie die Belastungsstufe alle 2 Minuten um 25 Watt, bei gut trainierten Personen um 50 Watt.
- Wenn der Patient Beschwerden meldet oder die submaximale Ausbelastung erreicht ist, wird die Untersuchung abgebrochen:
  - submaximale Ausbelastung = 85% der maximalen Herzfrequenz oder 200 minus Lebensalter, sollte über 2–3 min durchgehalten werden.
  - maximale Ausbelastung = maximale Herzfrequenz = 220 minus Lebensalter bei herzgesunden Jugendlichen, zur Beurteilung der allgemeinen Leistungsfähigkeit.
- Während der Erholungsphase wird über 5–10 min lang eine kontinuierliche EKG-Registrierung (s.o.) durchgeführt, bis der Kreislauf seinen Ausgangszustand wieder erreicht hat.

TIPPS UND TRICKS

- Machen Sie sich zu Beginn der Einarbeitung in die Ergometrie mit den Notfallinstrumenten und dem Notfallkoffer in dem Raum vertraut.
- Treten Sie ruhig auf und sagen Sie zu dem Patienten einige beruhigende Worte. Viele Patienten sind sehr nervös, was zu einem erhöhten Ausgangswert beim Blutdruck führen kann.
- Spornen Sie den Patienten zum Durchhalten an, wenn er über Müdigkeit der Beine klagt. Oft kann er mit einer kleinen Willensanstrengung noch einige Minuten durchhalten. Andere Beschwerden müssen jedoch zur sofortigen Benachrichtigung des Arztes führen.
- **Vorsicht**: Der Ausschluss einer koronaren Herzerkrankung ist mit Hilfe der Ergometrie nicht möglich. Allerdings gilt: Je höher der Patient belastet wird, desto größer ist die Aussagekraft der Untersuchung.

PROBLEME UND SONDERFÄLLE

- **Artefakte (künstliche oder falsche Ausschläge):** Durch die Bewegung während der Belastung kommt es zu zahlreichen Artefakten. Weisen Sie den Patienten darauf hin, möglichst ruhig sitzen zu bleiben, was sich jedoch oft schwierig gestaltet.
- **Elektroden lösen sich durch Schweißproduktion:** Fixieren Sie die Elektroden zusätzlich mit weißem Pflaster.

F 9 ULTRASCHALL-DOPPLER-DRUCKMESSUNG

ALLGEMEINES

Bei der Ultraschall-Doppler-Druckmessung werden die systolischen Drücke der Beinarterien (A. tibialis posterior, A. dorsalis pedis) gemessen. Es gibt auch die Bestimmung der Drucksituation an den Armen, allerdings wird diese seltener durchgeführt. Mit Hilfe des hörbaren Signals und mit der graphischen Darstellung des Kurvenverlaufs kann der Arzt eine Aussage über die Strömungsverhältnisse – und damit auch über die Durchblutung in dem betreffenden Gebiet machen.

VORBEREITUNG

- Materialien:

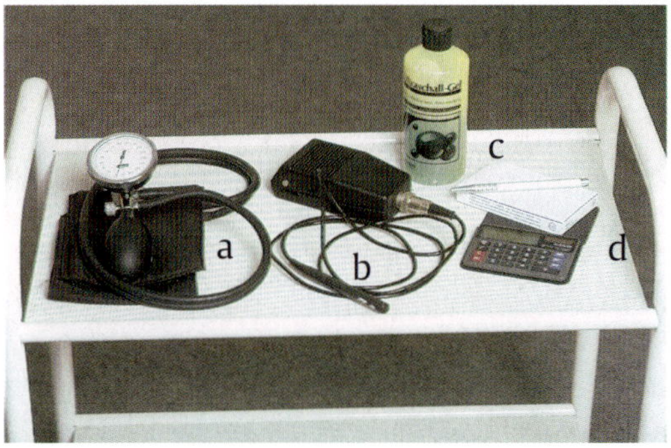

a – Blutdruckmanschette
b – Messgerät
c – Ultraschallgel
d – Papiertücher.

- Der Patient wird aufgefordert, die Beine frei zu machen bzw. Schuhe, Strümpfe und Hose abzulegen und sich bequem hinzulegen.
- Nehmen Sie sich ausreichend Zeit für diese Untersuchung. Die Suche nach den Arterien ist manchmal schwierig und erfordert Geduld.

ERLÄUTERUNG FÜR DEN PATIENTEN

„Wir möchten bei Ihnen den Blutdruck der Beine messen, um dadurch etwas über die Durchblutung ihrer Füße aussagen zu können. Die Messung erfolgt im Grunde wie an den Armen, allerdings nehmen wir den Wert über Ultraschall an beiden Füßen an zwei verschiedenen Stellen ab."

DURCHFÜHRUNG

- Legen Sie die Manschette um den Unterschenkel.
- Geben Sie etwas Ultraschallgel auf das Gebiet hinter dem inneren Knöchel.
- Schalten Sie das Gerät ein.
- Suchen Sie mit dem Mikrofon an den folgenden Stellen die Pulsgeräusche auf:

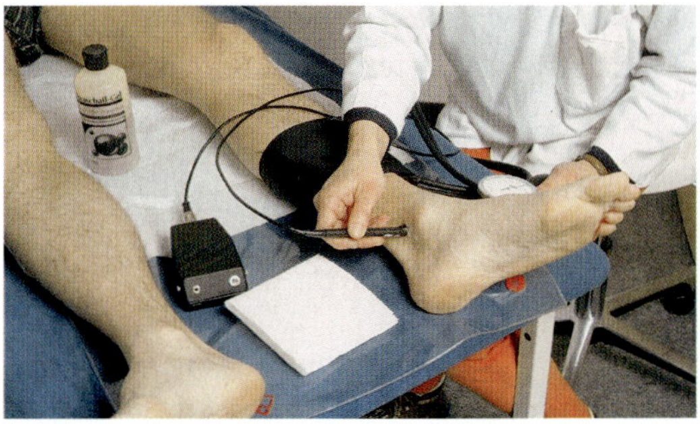

Aufsuchen der A. tibialis posterior

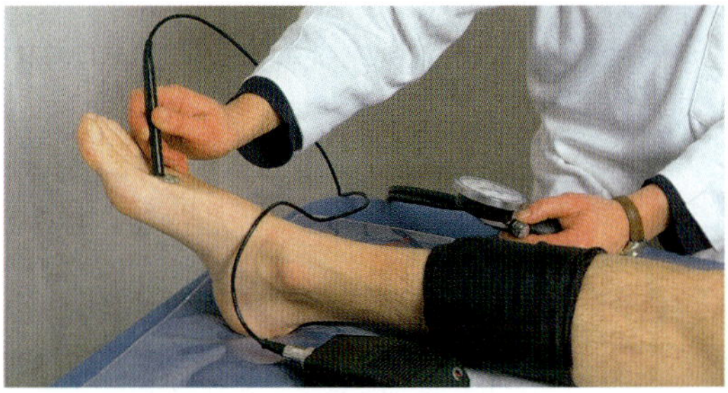

Aufsuchen der A. dorsalis pedis

- Pumpen Sie die Manschette über den systolischen Blutdruckwert hinaus auf, also bis kein Puls mehr hörbar ist.

- Lassen Sie den Manschettendruck sehr langsam ab. Beim ersten hörbaren Pulsschlag lesen Sie den Wert ab und notieren ihn.
- Lassen Sie den Manschettendruck jetzt ganz ab.
- In gleicher Weise suchen Sie die A. dorsalis pedis auf, die etwa auf der Mitte des Fußrückens in Verlängerung der zweiten Zehe zu tasten ist. Orientieren Sie sich bei der Suche eher zur ersten als zur dritten Zehe hin.
- Wiederum pumpen Sie die Manschette über den letzten hörbaren Pulsschlag hinaus auf, lassen den Druck langsam ab und lesen den Wert ab, bevor Sie die Manschette wieder abnehmen.
- Notieren Sie den gefundenen Wert.
- Verfahren Sie am anderen Fuß auf die gleiche Weise.
- Schließlich messen Sie den Blutdruck an beiden Armen, wobei Sie sich ebenfalls auf den systolischen Wert beschränken.
- Die sechs Messergebnisse werden nun mit folgender Formel ausgewertet:

$$\text{USD rechts} = \frac{\text{höchster Blutdruck am rechten Fuß}}{\text{höchster der beiden Blutdrücke am Arm}}$$

$$\text{USD links} = \frac{\text{höchster Blutdruck am linken Fuß}}{\text{höchster der beiden Blutdrücke am Arm}}$$

- Somit erhalten Sie den so genannten USD-Index. Bei gesunden Personen liegt dieser Wert etwa bei 1 oder etwas darüber, da der Blutdruck in den Beinarterien normalerweise höher liegt als in den Armarterien. Ein Wert zwischen 0,7 und 1 weist auf eine deutliche Stenose der untersuchten Arterien hin. Ein Wert unter 0,5 macht einen Verschluss der für die Durchblutung der Füße zuständigen Arterien sehr wahrscheinlich.

TIPPS UND TRICKS

- Versuchen Sie, die beiden genannten Arterien bei sich selbst zu tasten. So bekommen Sie ein besseres Gefühl dafür, wo Sie suchen müssen.

F 10 LUNGENFUNKTIONSPRÜFUNG

ALLGEMEINES

Die Lungenfunktion wird gemessen, um die Leistungsfähigkeit der Lunge zu prüfen. Eine komplette Lungenfunktionsuntersuchung besteht normalerweise aus drei Messungen:
- Widerstandsmessung (Rfo)
- Vitalkapazitätsbestimmung (VC)
- Bestimmung der forcierten Vitalkapazität (fVC).

Das Vorgehen wird hier an einem handelsüblichen Spirometer dargestellt, das in vielen Praxen verwendet wird (Microspiro). Aber auch wenn dieses Gerät in Ihrer Praxis nicht geführt wird, können Sie sich mit den folgenden Angaben an den meisten Lungenfunktionsgeräten zurechtfinden.

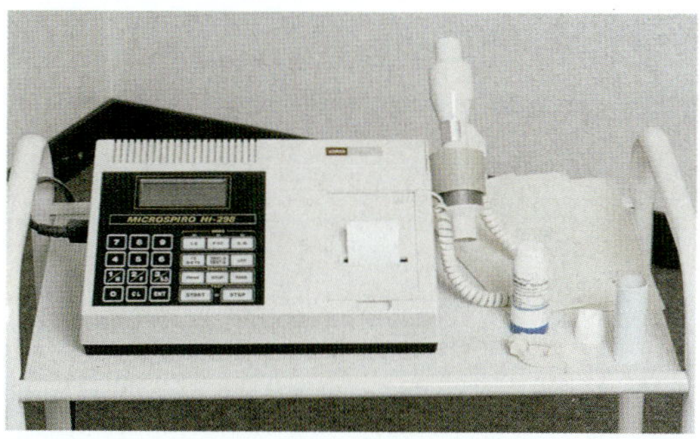

Das Lungenfunktionsprüfgerät

Das Gerät besteht aus einer Bedieneroberfläche mit Anzeige, dem Papierrollenhalter und dem Messkopf. Die Tastatur ist in 3 Bereiche eingeteilt:
links: schwarze Tasten mit Zahlen von 0 bis 9, für die Eingabe der Patientendaten (Geburtsdatum, Größe, Gewicht und Geschlecht). In diesem Bereich befindet sich auch die Taste *Enter* zum Bestätigen der Funktionen sowie die Taste *Cl*, mit der Eingaben gelöscht werden.
rechts: Hier befinden sich unter Mode die Tasten für die einzelnen Messungen (*VC, fVC, B.D.*) und die Steuerungsfelder für die Patientendaten ID Data, Tests und das Anzeigefeld. Unter

Printer (Drucker) finden Sie *Print* (drucken), *Stop* und *Feed* für das Einspannen einer neuen Papierrolle (feed, *engl.* = füttern). Ganz unten schließlich *Start*, womit Sie die gewünschte Messung beginnen und *Stop*. Hiermit können Sie die Messung jederzeit unterbrechen, z.B. um dem Patienten Anweisungen zu geben. Wollen Sie die Messung fortsetzen, drücken Sie wieder auf *Start*.

- Neben der Tastatur gibt es eine Halterung für den Messkopf mit Mundstückaufsatz, welcher durch ein Kabel mit dem Gerät verbunden ist. Der Drucker zeichnet alle Patientendaten sowie Atemkurven, Soll- und Ist-Werte auf. Auf der unteren Bildschirmleiste erscheinen Anweisungen darüber, wie der Patient zu atmen hat, z.B. *ruhig ein- und ausatmen, tief einatmen, tief ausatmen*.

VORBEREITUNG

- Informieren Sie den Patienten über den Untersuchungsablauf und üben Sie mit ihm die für die Untersuchung erforderliche Ein- und Ausatemtechnik.
- Materialien:
  - Nasenklemme
  - Kleenex
  - Einmalatemstücke oder wiederverwendbare Kunststoff- oder Latexmundstücke, (nach Gebrauch in ein Desinfektionsbad).
  - für evtl. Bronch-Test: bronchialerweiternde oder bronchialverengende Medikamente
  - Notfallset.
- Der Patient darf am Untersuchungstag noch kein bronchienerweiterndes Medikament eingenommen bzw. inhaliert haben.
- Empfehlen Sie dem Patienten, die Lippen mit einer fetthaltigen Salbe einzufetten, da das Mundstück aus Pappe ist und manchmal unangenehm an den Lippen haftet.

DURCHFÜHRUNG

- Wenn Sie das Gerät einschalten, erscheinen auf dem Bildschirm Angaben über die im Raum herrschende Temperatur, den Luftdruck und die relative Luftfeuchtigkeit. Außerdem sind die unterschiedlichen Messmethoden aufgeführt.
- Wählen Sie eine Messmethode (Tastatur),
- Sie werden aufgefordert, die Daten des Patienten einzugeben:
  - Geburtsdatum
  - Größe
    Gewicht
  - Geschlecht.
- Der Patient sollte während der Untersuchung bequem stehen (sofern es sein Gesundheitszustand erlaubt).
- Stecken Sie auf den Mundstückaufsatz ein Einmalmundstück.
- Nachdem Sie mit *Enter* alle Angaben be-

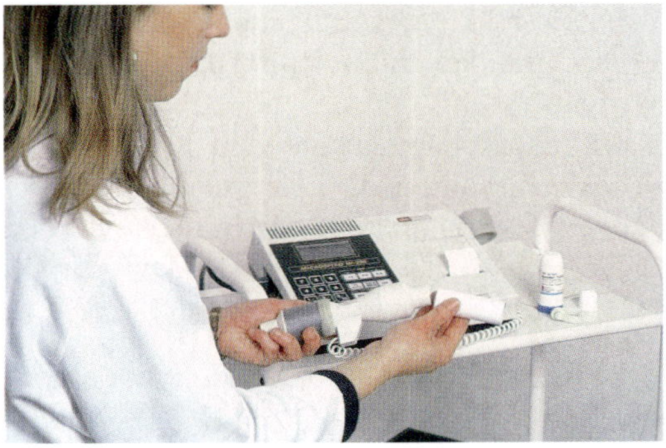

stätigt haben, setzen Sie dem Patienten die Nasenklemme auf, so dass er nur durch den Mund atmen kann.
- Der Patient nimmt den Messkopf in die Hand. Das Mundstück nimmt er in den Mund und hält es leicht mit den Zähnen fest. Die Lippen sollen das Mundstück fest umschließen. Die Zunge liegt möglichst unter dem Mundstück.
- Der Patient atmet ganz normal und ruhig ein und aus.
- Drücken Sie auf *Start*.
- Weisen Sie den Patienten ruhig aber bestimmt an. Seine konzentrierte Mitarbeit ist bei dieser Untersuchung unerlässlich. Sie müssen ihn durch Ihre Kommandos motivieren, so tief wie möglich und so fest wie möglich aus- und einzuatmen.
- Wenn die erforderlichen Messungen beendet sind, drücken Sie die Taste *Print*. Die

Atemkurven werden auf einem Papierstreifen ausgedruckt.

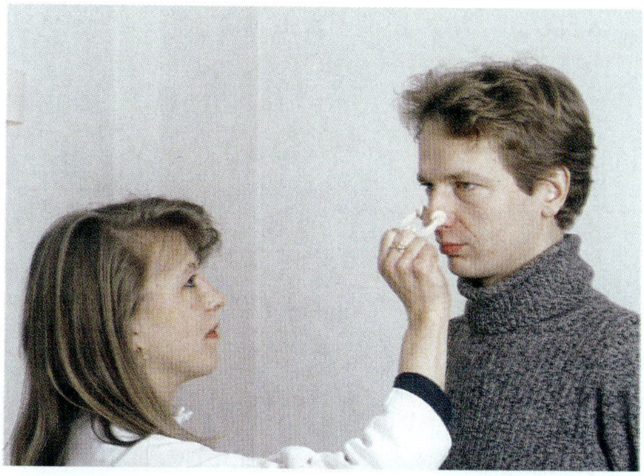

ERLÄUTERUNG FÜR DEN PATIENTEN

„Wenn Sie heute noch kein Mittel zur Bronchienerweiterung genommen haben, werden wir mit Ihnen einige Tests durchführen, die uns Informationen über den Zustand Ihrer Lunge geben. Diese Untersuchungen tun nicht weh, allerdings ist es manchmal schwer, in der geforderten Weise zu atmen. Bitte befolgen Sie deshalb genau meine Kommandos."

- Falls sich kein normaler Befund ergibt (z.B. Obstruktion), wird der Arzt eventuell einen Bronch-Test durchführen lassen (Testuntersuchungen Rfo, VC, fVC). Dabei wird dem Patienten zunächst in der Regel ein bronchienerweiterndes Aerosol verabreicht. Der Patient soll davon 1–2 Hübe einatmen. Nach einer Wartezeit von mindestens 10 min (variiert je nach Medikament), wird die Bronch-Test-Kontrolle durchgeführt.
- Nach der Untersuchung werden die Einzelteile der Messapparatur gereinigt. Siebrohr, Mundstückaufsatz und Schläuche werden entweder sterilisiert (Autoklav bis 124° C) oder in eine geeignete Desinfektionslösung gelegt. Das Siebrohr wird anschließend nur mit destilliertem Wasser gespült (um Verkalkungen zu vermeiden) und mit einem Fön oder an der Luft getrocknet. Die Reinigung des Siebrohrs in einem Ultraschallbad ist zu empfehlen.
- Siebrohr, Mundstückaufsatz und alle Schläuche müssen vor der nächsten Messung trocken sein, da Feuchtigkeit die Messwerte verfälscht.

TIPPS UND TRICKS

- Üben Sie vor der Aufzeichnung mit dem Patienten das Ein- und Ausatmen. Am besten führen Sie ihm die richtige Atemtechnik vor.

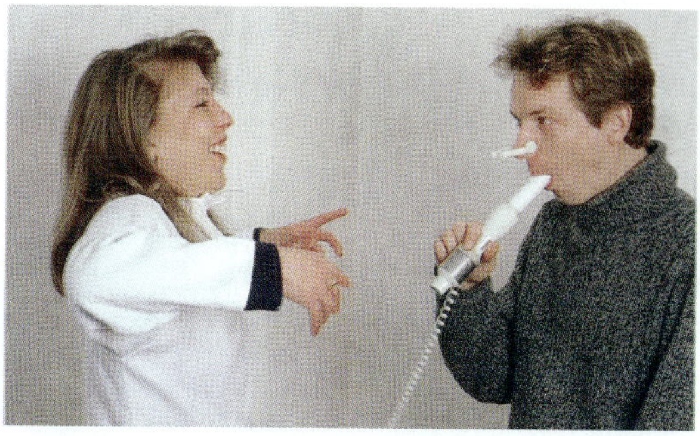

- Bei Hustenanfällen sollten Sie mittels *Stop* eine kleine Pause einlegen.
- Oft ist es hilfreich, mit dem Patienten zu atmen, d.h. ebenfalls ein Pappröhrchen in den Mund zu nehmen und die richtige Atemweise vorzumachen oder mitzumachen. Insbesondere ältere Patienten arbeiten besser mit, wenn sie sehen können, was von ihnen verlangt wird.

PROBLEME UND SONDERFÄLLE

- **Ausländische Patienten:** Diese verstehen oft aus sprachlichen Gründen nicht, dass zunächst einmal geübt wird. Für diese Fälle lohnt es sich, die Vorgehensweise zunächst auf Papier aufzuzeichnen und dem Patienten einmal vorzuführen (*siehe auch D5, Umgang mit ausländischen Patienten und N4, Kleines Fremdsprachenlexikon*).
- **Patient bekommt Panik durch Nasenklemme:** Der Patient sollte seine Nase selber zuhalten.

F11 UMGANG MIT MEDIKAMENTEN

ALLGEMEINES

Die Gabe von Medikamenten ist eine höchst verantwortungsvolle Aufgabe, denn Fehler, die durch Unachtsamkeit bei der Verabreichung entstehen, können schlimme Folgen haben. Sie müssen nicht nur wissen, wie Sie ein Medikament auf die richtige Weise verabreichen, Sie müssen auch die richtige Dosierung, den richtigen Zeitpunkt und die richtige Anwendungsform kennen. Man unterscheidet Tabletten, Kapseln, Dragees, Zäpfchen, Suspensionen, Tropfen, Säfte, Aerosole, Sprays, Beutel sowie intrakutan, subkutan, intramuskulär oder intravenös zu verabreichende Medikamente.

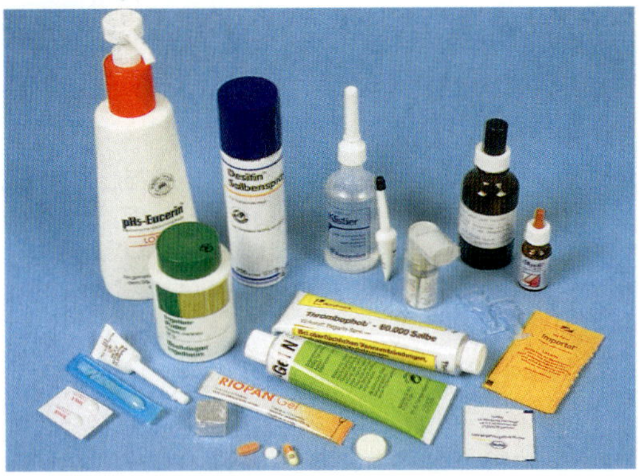

Sie werden je nach Verordnung durch den Hausarzt in der Regel bis zu 4 x täglich gegeben (morgens, mittags, abends, nachts).
Wenn Sie in der Praxis Medikamente verabreichen, muss zuvor eine eindeutige Anweisung des Arztes vorliegen. Manchmal sind nach der Verabreichung Blutdruckmessungen oder eine EKG-Kontrolle notwendig.

DURCHFÜHRUNG

- Flüssige Medikamente müssen eventuell vor Gebrauch geschüttelt werden. Achten Sie auf die Packungsaufschriften.
- Zählen Sie bei flüssigen Medikamenten die erforderlichen Tropfen genau ab.
- Medikamente, die über den Mund gegeben werden (oral), sollten immer im Sitzen oder Stehen mit einem vollen Glas Wasser genommen werden. Ansonsten können Medikamente in der Speiseröhre hängen bleiben, was nicht nur die Wirkungsentfaltung beeinträchtigt, sondern auch zu Reizungen der Speiseröhre führen kann.
- **Tabletten** werden ganz geschluckt, in Wasser aufgelöst oder zerkaut. Manche Tabletten können oder müssen geteilt werden. Dies erfolgt nur bei Tabletten mit dafür vorgesehenen Bruchrillen. Andere Tabletten sollten Sie nicht eigenhändig teilen!
- **Dragees** haben einen Zuckermantel (und sehen oft wie „Smarties" aus), der bewirkt, dass sie erst im Dünndarm zersetzt werden. Aus diesem Grunde dürfen sie nicht geteilt werden.
- **Kapseln** dürfen Sie nicht öffnen, um etwa Patienten, die Schwierigkeiten haben die relativ großen Kapseln zu schlucken, die Einnahme zu erleichtern. Der Sinn der Kapsel-Umhüllung ist, dass das Medikament erst im Dünndarm durch Zersetzung der Kapsel freigesetzt wird. Würde das Medikamentenpulver direkt in den Magen gegeben, könnte seine Wirksamkeit durch die Magensäure herabgesetzt werden.
- **Ampullen** enthalten flüssige Wirkstoffe, die in die Haut (intrakutan, i.c.), unter die Haut (subkutan, s.c.), in den Muskel (intramuskulär, i.m.) oder in die Vene (i.v.) gespritzt werden.
- Gabe von **Aerosolen**: Der Patient soll nach dem kräftigen Schütteln des Inhalators das Mundstück in den Mund nehmen und mit den Lippen fest verschließen. Lassen Sie den Patienten ein- und ausatmen und geben Sie ihm beim nächsten Einatmen einen Hub. Warten Sie dann 5–10 Sekunden ab, bis sich das Aerosol in der Lunge verteilt hat. Wiederholen Sie das Ganze eventuell je nach Dosierungsvorgaben.
- **Tropfen** werden in Flaschen mit senkrechter oder um 45° geneigter (schräger) Tropf-

richtung geliefert. Beim Gebrauch einer Tropfflasche ist also auf die Art der Flasche zu achten.

- Gabe von **Spray** z.B. Nitrolingual-Spray: Das Spray wird unter die Zunge gesprüht, was über die Schleimhäute zu einem besonders raschen Wirkungseintritt führt.
- **Medikamenten-Säfte** sollten mit den meist mitgelieferten Messbechern verabreicht werden. Sie sind genauer als Tee- oder Esslöffel. Außerdem sollten die Säfte immer dicht verschlossen sein und kühl aufbewahrt werden.
- Gabe von **Zäpfchen**: Sie sollten im Kühlschrank aufbewahrt werden und erst vor der Gabe herausgenommen werden, da viele Zäpfchen bei Zimmertemperatur weich werden. Sie werden am besten mit einem Fingerling oder einem Handschuh in Linksseitenlage des Patienten eingeführt. Waschen Sie sich anschließend die Hände.
- **Mikroklysmen** sind kleine Kunststoffflaschen, deren Inhalt vollständig und möglichst auf einmal in den Enddarm gedrückt wird, um diesen zu entleeren.
- **Beutel:** In Beuteln werden oft Magenmedikamente wie Maaloxan oder Riopan gepackt. Meist müssen diese Beutel vor der Einnahme geschüttelt und geknetet werden. Diese Magenmedikamente werden übrigens immer vor dem Essen eingenommen.
- Bei Medikamenten, die länger nicht gegeben wurden, müssen Sie auf das Verfallsdatum achten.
- Der Insulinvorrat muss in Abhängigkeit vom Hersteller im Kühlschrank aufbewahrt werden. Das gleiche gilt für manche Antibiotika und Zäpfchen. Beachten Sie also immer die Packungsbeschriftung!

TIPPS UND TRICKS

- Kontrollieren Sie regelmäßig, ob alle Notfallmedikamente in ausreichender Menge in der Praxis vorrätig sind.
- Achten Sie bei der Rezeptierung mit darauf, ob Großpackungen sinnvoll sind oder ob eine Kleinpackung reicht. Vielleicht können Sie die Ärzte auch auf den Einsatz von Medikamentenmustern aufmerksam machen.
- Es empfiehlt sich, etwa zweimal im Jahr die Praxisapotheke gründlich aufzuräumen und veraltete Medikamente auszusortieren. Sollten Sie sich bei bestimmten Mitteln unsicher sein, treffen Sie die Entscheidung nicht allein, sondern wenden sich an eine Apotheke.
- Zäpfchen in Torpedoform kann man auch mit der stumpfen Seite zuerst einführen. Sie rutschen dann seltener wieder heraus. Ein wenig Vaseline auf das Zäpfchen und/oder auf die behandschuhte Fingerspitze macht das Einführen für den Patienten weniger unangenehm. Verwenden Sie jedoch keine parfümierten Cremes.
- Medikamente mit abgelaufenem Verfallsdatum werden in eine Apotheke gebracht und nicht in den Mülleimer geworfen. Neben dem Verfallsdatum gibt es noch andere Hinweise dafür, dass ein Medikament nicht mehr gebraucht werden darf: Brüche und Risse in Tabletten und Dragees, ausgetrocknete Salben sowie Trübungen oder Ausflockungen in Tropfen und Säften. Ob solche Veränderungen das Medikament unbrauchbar machen, können Sie der Packungsbeilage entnehmen. Manchmal sind Ausflockungen auch harmlos.
- Nehmen Sie nie selbstständig Dosisänderungen vor. Auch wenn sich der Zustand des Patienten gebessert hat, darf die Medikation nicht ohne Rücksprache mit dem Arzt abgesetzt oder verändert werden. Auch hat die Dosierungsangabe des Arztes Vorrang vor den Mitteilungen auf dem Beipackzettel.
- Ampullen können Sie mit einem sauberen Tupfer aufbrechen, um sich nicht an den Glassplittern zu verletzen.
- Verabreichen Sie ein Medikament nie auf Verdacht, wenn Ihnen z.B. beim Richten einer Wochenpackung mit verschiedenen Mitteln ein Fehler unterlaufen ist und Sie die Medikamente nicht mehr sicher differenzieren können. In einem solchen Fall müssen Sie alle Medikamente verwerfen,

die Sie nicht sicher identifizieren, und neu richten.

PROBLEME UND SONDERFÄLLE

- **Schluckstörungen:** Wenn ein Patient Schwierigkeiten oder einen Unwillen hat, Medikamente zu schlucken, sollten Sie in Rücksprache mit dem Arzt versuchen, ein Ersatzpräparat zu finden (z.B. Tropfen oder Zäpfchen).
- **Ohren-Medikamente:** Zur Vermeidung von Schmerzen und Schwindelgefühlen (das Gleichgewichtsorgan liegt ebenfalls im Ohr) sollten Ohrentropfen etwa Körpertemperatur haben. Der Kopf wird seitlich geneigt. Zum Ausgleich der normalen Krümmung im Gehörgang kann das Ohr nach hinten und oben gezogen werden.
- **Nebenwirkungen:** Klagt der Patient bei Ihnen über neue, unerwünschte Wirkungen nach Medikamenteneinnahme, wie z.B. Übelkeit, Erbrechen, Durchfall, Hautausschläge, Herz- oder Kreislaufstörungen, Atembeschwerden usw., müssen Sie den Arzt darüber informieren. Auch nach langer Einnahme eines Medikamentes kann es noch zu plötzlichen Nebenwirkungen kommen, obwohl „das Medikament doch immer gut vertragen wurde".
- **Augen-Medikamente:** Lagern Sie Augenmedikamente unter äußerster Hygiene und lichtgeschützt. Augentropfen sollten körperwarm sein. Kontaktlinsen dürfen während und nach der Behandlung nicht anbehalten werden. Das Verfallsdatum ist hier meist sehr kurz (meist nur 6 Wochen oder kürzer!). Deshalb wird beim Öffnen das Datum auf den Behälter geschrieben. Der Patient sollte eine sitzende Position einnehmen und den Kopf nach hinten legen. Ziehen Sie mit einer Hand das Unterlid herab. Fordern Sie dann den Patienten auf, nach oben zu schauen, und lassen Sie dabei die Tropfen in den Bindehautsack fallen.
- **Gleichzeitige Einnahme mehrerer Medikamente:** Müssen verschiedene Medikamente gleichzeitig eingenommen werden, erhöht sich die Gefahr der Nebenwirkungen durch mögliche Wechselwirkungen zwischen den einzelnen Substanzen. Achten Sie hierbei um so mehr auf mögliche Nebenwirkungen und befolgen Sie genau die Anweisungen des Arztes. Eventuell müssen die Medikamente zeitlich versetzt eingenommen werden.
- **Placebos:** *Placebo* heißt „ich glaube". Es handelt sich bei den Placebos also um so genannte „Scheinmedikamente", was sie in einem etwas anrüchigen Licht erscheinen lässt. Bei vielen Symptomen spielen jedoch die Selbstheilungskräfte des Organismus eine entscheidende Rolle. Wichtig ist es dabei lediglich, diese Fähigkeiten zu wecken bzw. anzustoßen. Ein Placebo kann so die Wirkung eines „echten" Schmerz- oder Schlafmittels in gewissen Grenzen übernehmen, ohne dass der Organismus gleichzeitig mit den meist vorhandenen Nebenwirkungen belastet wird. Sie sollten sich bei der Gabe eines Placebos gegen das Gefühl wehren, den Patienten „überlistet" zu haben oder gar die Schlussfolgerung ziehen, dass der Patient „eigentlich" keine Schmerzen oder Schlafstörungen habe.
- **Versehentlich falsche Medikamente verabreicht:** Gerade wenn Sie noch etwas unerfahren sind, kann es Ihnen leicht passieren, dass Sie einmal ein falsches Medikament verabreichen. In diesem Fall sollten Sie sich keinesfalls scheuen, den Fehler einzugestehen. Rufen Sie den Arzt hinzu. Oft wird eine falsche Medikation folgenlos bleiben, aber u.U. retten Sie durch Ihr Eingeständnis auch Leben.

NASEN-MEDIKAMENTE

Sprays und Tropfen für die Nase werden jeweils nur von einer einzigen Person verwendet. Der Kopf des Patienten sollte nicht zu lange hintenüber gebeugt werden, damit die Flüssigkeit nicht zu rasch in den Rachen abfließt.

- Kontrollieren Sie das Haltbarkeitsdatum und den Namen des Medikaments.

- Lassen Sie den Patienten seine Nase putzen.
- Bringen Sie den Kopf des Patienten in die gewünschte Position, d.h. nach Möglichkeit mit aufgerichtetem Oberkörper und leicht nach hinten und zur Seite geneigtem Kopf.

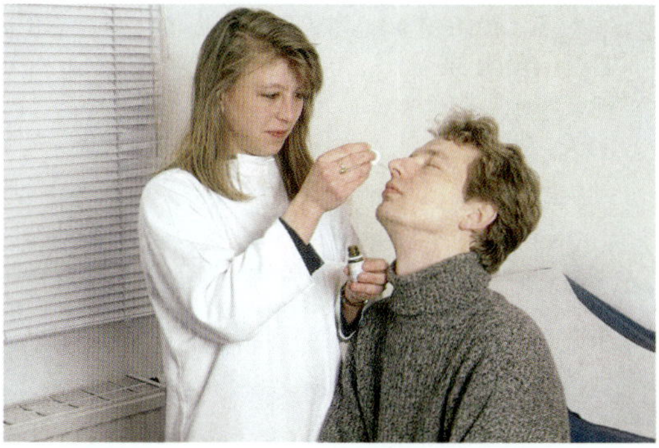

- Drücken Sie die Nase des Patienten leicht nach oben und halten Sie das andere Nasenloch verschlossen.
- Lassen Sie die vorgesehene Menge Tropfen auf die Nasenscheidewand fallen, so dass sie nicht vorzeitig in den Rachen ablaufen. Dies wäre nicht sehr schlimm, allerdings können die Tropfen dann ihre Wirkung in der Nase nicht richtig entfalten.
- Halten Sie Ihren Patienten dazu an, die Tropfen in der Nase hochzuschnupfen.
- Vermeiden Sie die Berührung der Nasenscheidewand mit der Pipette.
- Die Nasentropfen werden ähnlich der Augentropfen nur für einen Patienten verwendet.
- Ist das Verfallsdatum vom Zeitpunkt des Öffnens der Flasche abhängig, sollten Sie das Öffnungsdatum auf der Flasche notieren.

F12 UMGANG MIT BETÄUBUNGSMITTELN

ALLGEMEINES

Als Betäubungsmittel bezeichnet man Wirkstoffe und Medikamente, die einer bestimmten gesetzlichen Regelung unterliegen. Dieses Gesetz ist das so genannte Betäubungsmittelgesetz (BtMG). Neben dem Umgang mit illegalen Drogen regelt es außerdem den Einsatz von Wirkstoffen, die von illegalen Drogen (meist Opiaten) abstammen, jedoch in bestimmten Krankheitsfällen nach ärztlicher Einschätzung meist gegen sehr starke Schmerzen verordnet werden dürfen.
1998 trat eine Gesetzesänderung in Kraft, die das Ausstellen eines BtM-Rezeptes stark vereinfacht hat.
Die BtM-Rezepte sind gelb und unterscheiden sich kaum noch von normalen Rezepten. Sie sind jeweils mit einer nur für den jeweiligen Arzt gültigen Codenummer versehen, die Rezepte fortlaufend nummeriert. Außerdem muss der Praxisinhaber seine Unterschrift hinterlegen und sich noch einigen weiteren Kontrollmaßnahmen unterziehen.
Mit diesen Sicherungsmaßnahmen wird dem Missbrauch der Rezepte vorgebeugt, z.B. nach einem Diebstahl.

VORBEREITUNG

- Folgende Höchstmengen darf der Arzt innerhalb von 30 Tagen bei bis zu zwei der folgenden Betäubungsmittel unter Einhaltung der nachstehenden festgesetzten Höchstmengen für einen Patienten verordnen:
- Für die Verordnung eines Betäubungsmittels sind spezielle Rezepte erforderlich. Diese BtM-Rezepte gehören nicht zur Standardausrüstung einer Praxis. Wenn in der Praxis noch nie ein BtM-Rezept ausgestellt wurde, muss der Praxisinhaber zunächst eine Erstanforderungskarte beim Bundesinstitut für Arzneimittel und Medizinprodukte (BfArM), Bundesopiumstelle, Genthiner

Betäubungsmittel (Höchstmengen)

Modafinil	12000mg
Methylphenidat (Ritalin)	1500mg
Buprenorphin	150 mg
Fenetyllin	2500 mg
Fentanyl	1000 mg
Hydromorphon	5000 mg
Morphin	20000 mg
Pentazocin	15000 mg
Pethidin	10000 mg
Levomethadon	1500 mg
Oxycodon	15000 mg

Str. 38, 10785 Berlin, Fax 030-45485210, Tel 030-45485101 stellen. Bei der Wiederholung wird einfach der mitgelieferte Nachbestellungsvordruck oder ein formloses Fax verschickt *(siehe Beispiel)*.

DURCHFÜHRUNG

- Sie dürfen BtM-Rezepte jetzt – wie andere Rezepte auch – maschinell erstellen. Es empfiehlt sich aber die Verwendung eines Nadeldruckers, wie bei Arbeitsunfähigkeitsbescheinigungen, damit alle Teile I-III durchgedruckt werden.
- Über die üblichen Angaben hinaus müssen noch die Bezeichnung des Betäubungsmittels und die Gewichtsmenge angegeben werden. Auch die Dosierung muss auf dem Rezept stehen oder die Angabe „Gemäß schriftlicher Anweisung“, d.h. Angaben zusätzlich zur Arzneimittelbezeichnung wie Darreichungsform und BtM-Gehalt sind nur noch erforderlich, wenn die Arzneimittelbezeichnung allein nicht eindeutig ist.
- Neben dem Arztstempel sind die Telefonnummer und die eigenhändige Unterschrift des Arztes vorgeschrieben.
- Entgegen den früheren Anforderungen müssen Angaben zur Menge nicht mehr in Worten wiederholt werden.
- Sie dürfen die Angaben des Abgebenden auf der Rückseite von Teil I des BtM-Rezeptes jetzt auch auf der Vorderseite machen. Die BtM-Nummer der Apotheke muss nicht mehr angegeben zu werden.
- Kontrollieren Sie jedes BtM-Rezept noch einmal auf seine Richtigkeit – auch nach der Ausstellung durch den Arzt.
- Der mittlere Teil des BtM-Rezeptes wird herausgetrennt und muss 3 Jahre lang bei fortlaufender Nummerierung in der Praxis aufbewahrt werden. Die anderen beiden Teile werden dem Patienten zur Vorlage in der Apotheke ausgehändigt.
- Patienten, die die Voraussetzungen für eine eigenverantwortliche Einnahme des Substitutionsmittels erfüllen, dürfen Rezepte über eine Menge für bis zu 7 Tagen (bisher 3 Tage) ausgehändigt bekommen. Machen Sie den Patienten darauf aufmerksam. Das Überlassen zum unmittelbaren Verbrauch darf jetzt auch in der Apotheke stattfinden. Zur Versorgung bei Auslandsaufenthalten wurde ein längerer Verschreibungszeitraum (bis max. 30 Tage) eingeräumt, allerdings mit der Aufla-

[Stempel]

[Datum]

Bundesinstitut für Arzneimittel
und Medizinprodukte BfArM
- Opiumstelle -
Genthiner Str. 38
10785 Berlin

Bitte übersenden Sie mir die Erstanforderungskarte zum Bezug von Betäubungsmittel-Rezepten.
Herzlichen Dank.

[bzw. Bitte übersenden Sie mir weitere BtM-Rezepte.]

Mit freundlichen Grüßen

[Unterschrift]

ge, derartige Fälle der zuständigen Landesbehörde anzuzeigen.

- Die Rezepte müssen so aufbewahrt werden, dass kein unbefugter Dritter Zugriff erhalten kann. Am besten eignet sich ein Safe. Auf jeden Fall sollte es sich aber um einen abschließbaren und nicht leicht zugänglichen Platz halten. Keinesfalls dürfen Betäubungsmittelrezepte auf Vorrat gestempelt werden.
- Der Bestand an Betäubungsmitteln für den Praxisbedarf muss in einer Kartei bzw. in einem Betäubungsmittelbuch dokumentiert werden. Sie erhalten Sie bei *Bundesanzeiger Verlags GmbH, Postfach 100534, 50445 Köln.* Die Karteien bzw. Betäubungsmittelbücher können auch von Ihnen geführt werden. Am Ende jedes Kalendermonats muss der Arzt jedoch den Bestand kontrollieren. Bestandsveränderungen werden mit Namenszeichen und Prüfdatum dokumentiert. Wenn Sie die Nachweisführung elektronisch verwalten, erfolgt die Prüfung am Monatsende mit angefertigten Ausdrucken. Die Karteikarten, Betäubungsmittelbücher bzw. EDV-Ausdrucke werden ebenfalls 3 Jahre nach der letzten Eintragung aufbewahrt. Eine Kontrolle kann durch das Bundesinstitut für Arzneimittel und Medizinprodukte oder durch das jeweilige Regierungspräsidium erfolgen.

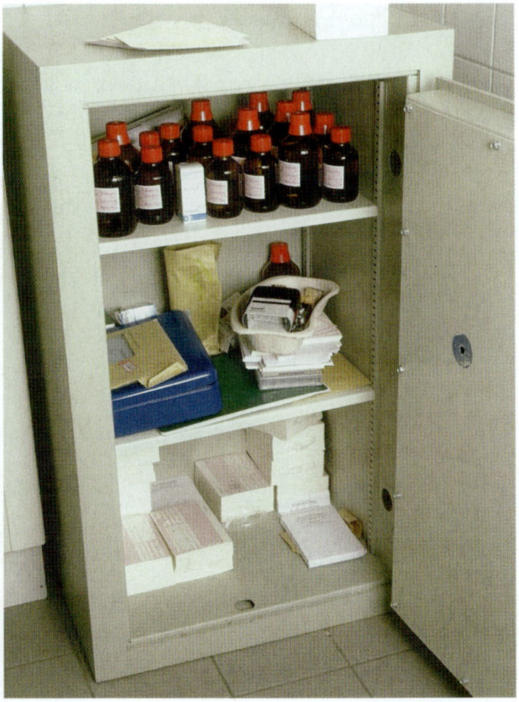

TIPPS UND TRICKS

- Haben Sie – oder der Arzt – beim Ausfüllen eines BtM-Rezeptes einen Fehler gemacht, dürfen Sie das Rezept nicht wie ein normales Rezept zerreißen und wegwerfen. Es muss wie die mittleren Teile für 3 Jahre in der Praxis aufbewahrt werden.
- Patienten, die nicht gut schlucken können, erhalten das Morphin als Tropfen oder als Trinkgranulat.

PROBLEME UND SONDERFÄLLE

- **Vertretungspatienten:** Vor Beginn einer Urlaubsvertretung sollte mit der vertretenden Praxis genau über die BtM-Medikation der jeweiligen Patienten gesprochen werden.
- **A-Rezept (Ausnahme-Verschreibung):** Bei Überschreitung der Höchstmengen oder der Anzahl der verschriebenen unterschiedlichen BtM ist das Rezept mit einem A zu versehen.
- **Substitutionsmittel:** Verschreibungen eines Substitutionsmittels müssen mit „S“ gekennzeichnet werden.
- **Notfall:** Im Notfall darf ein BtM auch auf einem normalen Rezept, das als „Notfall- Verschreibung“ zu kennzeichnen ist, verschrieben werden. Das BtM-Rezept muss aber mit „N“ gekennzeichnet und der Apotheke nachgereicht werden. Die Apotheke muss sich mit dem Arzt in Verbindung setzen.

F13 OHRENSPÜLUNG

ALLGEMEINES

Durch eine Ohrenspülung kann mit sehr geringem Aufwand ein großer Effekt erzielt werden. Bei Verlegung des Gehörgangs mit Ohrenschmalz (Cerumen) kann das Hörvermögen erheblich beeinträchtigt sein. Bei Kontakt mit Wasser quillt Ohrenschmalz, was das häufige Druckgefühl in den Ohren z.B. nach dem Baden erklärt. Ohrenschmalz wird von den Epithelzellen des Gehörgangs abgesondert und besitzt eine bakterizide (Bakterien abtötende) Wirkung. Es dient also dem Schutz des Ohres vor Krankheitserregern. Normalerweise wandert Cerumen zum Ohr heraus. Wattestäbchen zur Ohrreinigung sind unter Medizinern sehr umstritten, da diese das Schmalz eher ins Ohr hineinschieben statt es herauszubefördern.

Da sich tiefer im Ohr das Gleichgewichtsorgan befindet, muss sehr gut auf die Wassertemperatur und die Reaktion des Patienten während der Spülung geachtet werden. Bei einer falsch gewählten Wassertemperatur kann es durch die sog. kalorische Reizung zu schweren Schwindelanfällen kommen.

Sie dürfen eine Ohrenspülung selbst durchführen, wenn der Arzt die Indikation stellt und Sie mit der Durchführung beauftragt.

VORBEREITUNG

- Materialien:

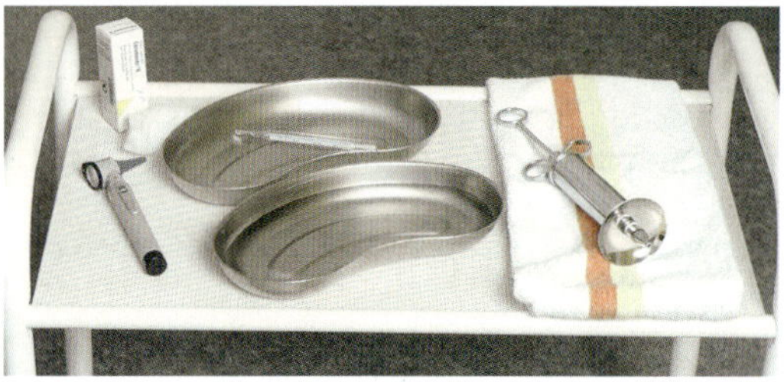

  - *Spülspritze*
  - *Nierenschale mit warmem Wasser*
  - *Thermometer zur Kontrolle der Spülwassertemperatur*
  - *leere Nierenschale*
  - *Schürze oder Handtücher*
  - *Otoskop*
  - *Watte.*

- Zur Auflösung des Schmalzpfropfes können Ohrentropfen (z.B. Cerumenex) oder bereits zu Hause ein paar Tropfen Speiseöl in das Ohr geträufelt werden, die 10 min lang einwirken sollen.
- Decken Sie den Patienten mit einem Handtuch oder einer Schürze ab, um ihn vor Wasserspritzern zu schützen.
- Stellen Sie eine Nierenschale mit lauwarmem Wasser bereit. Halten Sie ferner eine Nierenschale zum Auffangen des Wassers bereit. Die Wassertemperatur muss sorgfältig gewählt werden, da es sonst zu Schwindel kommen kann. Den meisten Patienten ist eine Temperatur von 37° C angenehm.

DURCHFÜHRUNG

- Füllen Sie die Spülspritze mit Wasser.
- Spritzen Sie bei mittlerem gleichbleibendem Druck das Wasser ins Ohr. Der Patient hält dabei die Nierenschale mit einer Hand unter dem Ohr fest, um das herauslaufende Spülwasser direkt aufzufangen.

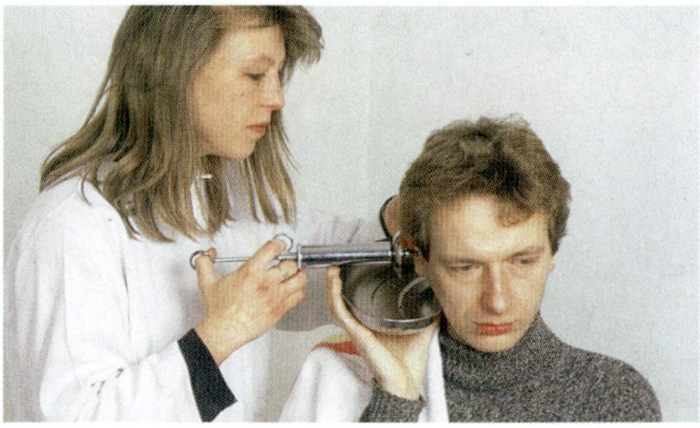

- Dieser Vorgang wird so lange wiederholt, bis der Schmalzpfropfen herausgespült wird.
- Kontrollieren Sie mit dem Otoskop, ob der Blick auf das Trommelfell frei ist und ob sich

hinter dem Pfropf keine Entzündung versteckt. Die Haut des Gehörgangs ist nach Entfernung des Pfropfes meist gerötet. Im Zweifel lassen Sie den Arzt kontrollieren.

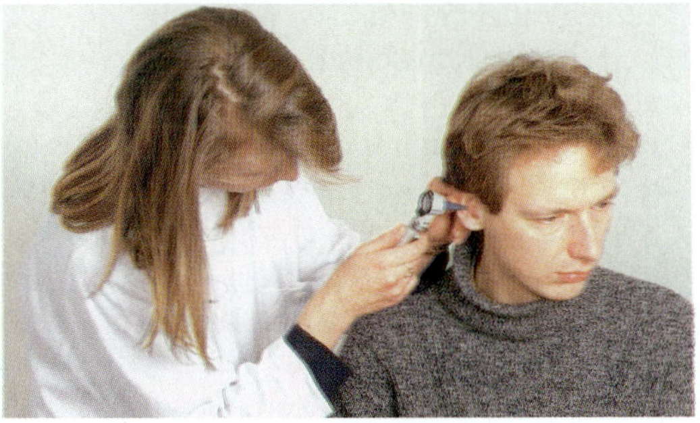

TIPPS UND TRICKS

- Nach erfolgreicher Spülung bleiben Wasserreste im Gehörgang zurück. Da Kälte oder Wind für den Patienten sehr unangenehm sein können, drücken Sie etwas Watte leicht in den Gehörgang. Keinesfalls darf die Watte so weit hineingeschoben werden, dass sie eventuell nur schwer wieder entfernt werden kann.
- Raten Sie dem Patienten, zur Vermeidung einer raschen Neubildung des Pfropfes gelegentlich den äußeren Gehörgang selbstständig mit Wattetupfern zu säubern. Dabei muss der Patient allerdings darauf aufmerksam gemacht werden, nicht sehr weit in den Gehörgang zu gehen, da dann eine Verletzungsgefahr des Trommelfells besteht und das Schmalz immer weiter in die Tiefe geschoben wird.

PROBLEME UND SONDERFÄLLE

- **Fester Pfropf:** Bei einem sehr fest sitzenden Pfropf sollten nicht mehr als 5 – 10 Spülvorgänge unternommen werden. Danach muss eine Pause eingelegt werden oder der Patient wird für den nächsten Tag erneut einbestellt. Verabreichen Sie in der Zwischenzeit zur Lösung des Pfropfes Ohrentropfen (z.B. Cerumenex) oder Speiseöl.

F14 PRICK-TEST

ALLGEMEINES

Bei allergischen Erkrankungen reagiert der Patient überempfindlich auf bestimmte Stoffe (Allergene), die meist in seiner Umgebung zu finden sind. Um eine Allergie auszuschließen oder zu bestätigen, führt man z.B. einen Prick-Test (prick, *engl.* = Stich) durch. Es gibt Inhalations- und Nahrungsmittelallergene, die als flüssige Konzentrate zur Verfügung stehen. Um eine bessere Übersicht und größere Sicherheit bei der Durchführung der Testung zu gewährleisten, sind die Flaschenetiketten der verschiedenen Konzentrate farblich kodiert (was wiederum von Firma zu Firma unterschiedlich ist).

Von den Herstellerfirmen werden praxisgerechte Testbestecke angeboten, die so kombiniert werden können, dass sie den speziellen Anforderungen der Praxis und des Einzugsgebietes gerecht werden. Falls bei einem Patienten mit den angebotenen Allergenen das auslösende Allergen nicht ermittelt werden kann, besteht die Möglichkeit einer Sonderanfertigung aus patienteneigenem Rohmaterial (bei der Herstellerfirma der Testsubstanz). Diese sog. Kontroll-Lösungen bestehen aus einer Negativ-Kontrolle und einer Positiv-Kontrolle. Die Negativ-Kontrolle für den Prick-Test enthält eine Glycerin-Lösung, die Positiv-Kontrolle enthält Histamin. Histamin ist ein körpereigener Stoff, der bei einer Allergie vom Körper freigesetzt wird, was sich durch Juckreiz und Hautquaddeln unangenehm bemerkbar macht. Bei der Durchführung des Prick-Testes dient die Positiv-Kontrolle als Testmarker für die anderen Allergene. Es kommt dabei meist zu Rötung und Juckreiz, deren Intensität anzeigt, in welchem Maß der Patient reagiert, *wenn* er reagiert.

VORBEREITUNG

- Bereiten Sie den Patienten auf die Untersuchung vor und erklären Sie ihm, was gemacht wird.

- Meistens gibt man dem Patienten vor der Untersuchung einen Allergiefragebogen, mit dessen Hilfe er über seine Umgebung sowie den Krankheitsverlauf und die Art der Beschwerden befragt wird.

- Materialien:

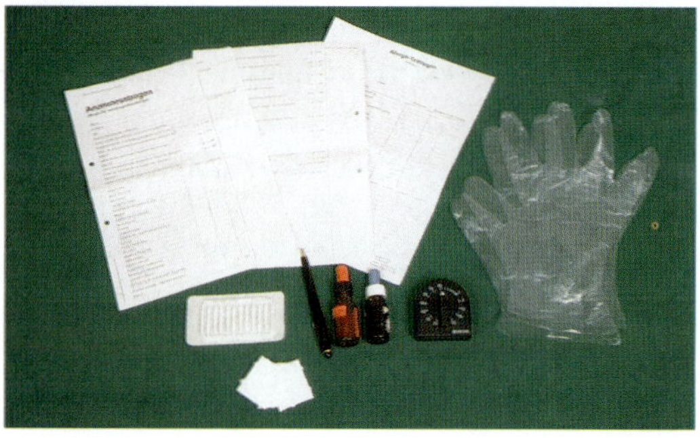

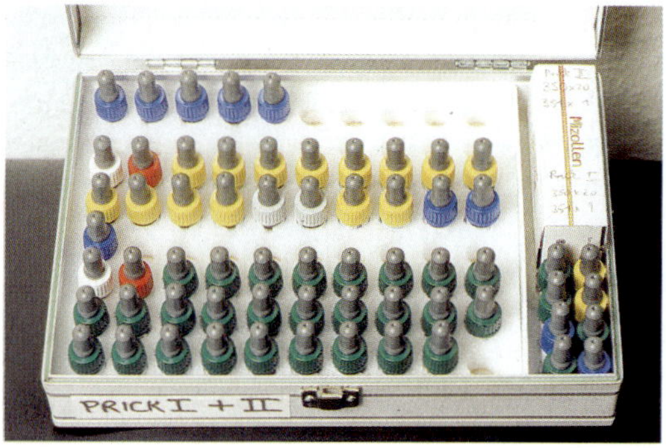

Testkoffer

  - *Testkoffer mit den Lösungen für Prick-Test (3-ml-Glasfläschchen mit Tropfpipetten)*
  - *Protokollblatt, auf dem die zu testenden Allergene aufgeführt sind*
  - *Zellstofftupfer*
  - *Handschuhe*
  - *Markierungsstift*
  - *Kugelschreiber*
  - *Uhr*
  - *Einmalspritze mit feiner Nadel (siehe F18, Intrakutane Injektion).*

DURCHFÜHRUNG

- Bitten Sie den Patienten, sich bequem hinzusetzen. Ängstliche oder voraussichtlich stark reagierende Patienten legen sich hin.
- Reiben Sie beide Unterarme des Patienten leicht mit Wasser ab.
- Markieren Sie auf der trockenen Haut die Einstichstellen entsprechend der Anzahl der zu testenden Substanzen mit Tinte: z.B. *1, 2, 3…*, für die Kontrollen: (-) *negativ* oder (+) *positiv*.
- Tragen Sie dann mit der Tropfpipette das zu testende Allergen auf die entsprechende Hautmarkierung auf – jedes Fläschchen hat seine eigene Tropfpipette! Verfahren Sie ebenso mit den Kontroll-Lösungen.
- Nachdem Sie alle erwünschten Allergene und die Kontroll-Lösungen aufgetragen haben, muss die Haut mit der Einmal-Pricklanzette angeritzt werden, damit die aufgetragene Lösung in die Haut eindringen kann *(siehe Abb.)*. Die Pricklanzette ähnelt im Aussehen der Blutlanzette (*siehe F15, Kapilläre Blutentnahme*), hat aber eine feinere Spitze. Beim *Pricken* soll nämlich nur die Haut an der Tropfstelle leicht angeritzt werden. Es soll kein Blut fließen und die Durchführung soll nicht schmerzhaft sein, was insbesondere bei Kindern sehr wichtig ist.
- Die Positiv-Kontrolle (+) wird als intrakutane Quaddel gesetzt (*siehe F18, Intrakutane Injektion*).

ERLÄUTERUNG FÜR DEN PATIENTEN

„Wir werden bei Ihnen einen Allergie-Test durchführen, um herauszufinden, wogegen Sie allergisch sind. Dazu bringen wir winzige Mengen von verschiedenen Substanzen in Ihre Haut. An der Reaktion der Haut kann man dann erkennen, ob Sie auf den betreffenden Stoff allergisch reagieren. Es wird kaum weh tun. Allerdings kann die betreffende Stelle bei einer Reaktion auf die Substanz unangenehm jucken und anschwellen. Für diesen Fall können wir Ihnen anschließend eine Salbe aushändigen, die die Beschwerden lindert."

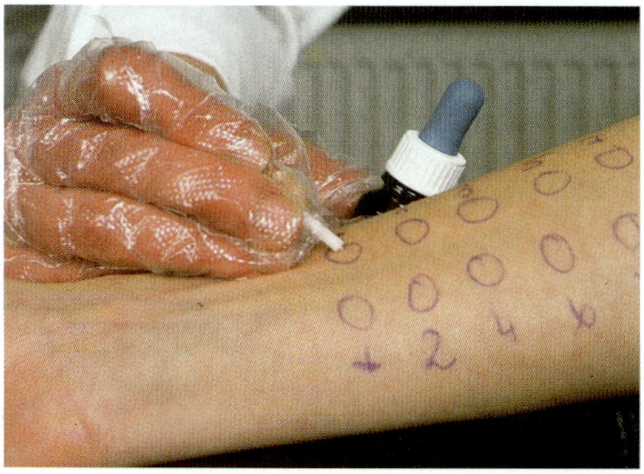

Anritzen der Haut

- Wenn alle markierten Hautstellen angeritzt sind, wird der Test nach 20 min abgelesen.
- Die Tropfen werden mit Zellstofftupfern abgewischt und das Ergebnis wird auf dem Protokollblatt eingetragen.
- An den Markierungen zeigt sich entweder keine Hautreaktion (*negativ*) oder eine Quaddel, Rötung oder Juckreiz (*positiv*).
- Zuerst wird das Ergebnis der Kontrolllösungen notiert, dann werden die einzelnen Allergene bewertet. Das Ergebnis wird anschließend in einen Testbogen übertragen.
- Bei Unsicherheit über das Ergebnis müssen Sie immer einen Mediziner nachschauen lassen.
- Reinigen Sie abschließend den Arm bzw. Rücken des Patienten mit einer hautfreundlichen Seifenlösung. Spülen Sie dann gut ab und tragen Sie evtl. eine juckreizstillende Salbe oder Creme auf.

TIPPS UND TRICKS

- Für die Durchführung des Prick-Testes gibt es auch Prick-Nadeln, die im Aussehen Stopfnadeln ähneln.
- Die Prick-Nadeln werden in eine Halterung geschraubt. Nach jedem Anritzen der Haut muss die Nadel mit einem Tupfer abgewischt werden. Prick-Nadeln werden vor jedem neuen Test sterilisiert.
- Beim Anblick der Lanzetten werden Kinder meist ängstlich. Nehmen Sie dann einen Watteträger und befestigen Sie eine Prick-Nadel mit weißem Leukosilk so daran, dass die Spitze der Nadel kaum sichtbar am Wattekopf liegt. Damit gelingt die Testung im Allgemeinen ohne Tränen.
- Bei starker Behaarung der Unterarme können Sie die Testreihe auf der Rückenhaut ansetzen.

PROBLEME UND SONDERFÄLLE

- **Anaphylaktischer Schock**: Theoretisch besteht das Risiko einer lebensbedrohlichen Überreaktion auf ein Testallergen. Die Hauptsymptome einer solchen Reaktion sind Unruhe, Angst, Juckreiz, Blutdruckabfall, schneller Puls, Schweißausbruch, kalter Schweiß, Übelkeit und Erbrechen sowie Kollapsneigung mit Atemnot. Bei Verdacht auf Anaphylaxie müssen Sie sofort einen Arzt zu Hilfe rufen und Schockbekämpfungsmaßnahmen einleiten (*siehe auch N8, Anaphylaktischer Schock- Notfall in der Praxis*).

F15 KAPILLÄRE BLUTENTNAHME

ALLGEMEINES

Mit der kapillären Blutentnahme gewinnt man Blut aus dem kapillären Gefäßsystem. Diese Blutentnahme ist für den Patienten wenig belastend und es entstehen kaum Komplikationen. Allerdings sind damit nur wenige Blutwertbestimmungen möglich. Am häufigsten wird die kapilläre Blutentnahme zur Bestimmung des Blutzuckerspiegels und der Blutgase (besonders Sauerstoff, Kohlendioxid) angewandt. Mit einem kleinen Fotometer (z.B. Reflotron) lassen sich auch Blutleberwerte und Blutfettwerte auf diese Weise bestimmen (*siehe E4, Umgang mit dem Fotometer*).

VORBEREITUNG

- Materialien:

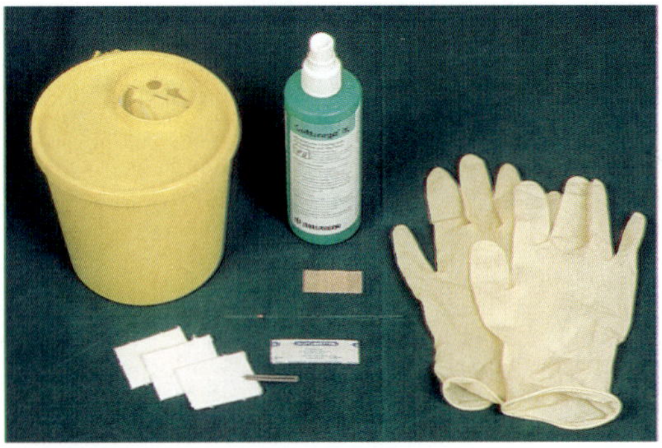

  - *Lanzette*
  - *Kapillare oder Glucose-Teststreifen*
  - *Tupfer*
  - *Desinfektionsmittel*
  - *Pflaster*
  - *Handschuhe*
  - *Kanülensammler.*
- Klären Sie, ob das Messgerät verfügbar ist.
- Kontrollieren Sie, ob der Gerätecode mit dem Teststreifencode übereinstimmt.
- Günstige Punktionsstellen sind Fingerbeeren, Ohrläppchen und insbesondere beim Säugling die Ferse. Das Ohrläppchen ist als Punktionsort weniger empfindlich, allerdings sind die Finger besser zugänglich. Entscheidet man sich für die Finger, sollte der Ringfinger der nicht dominanten Hand genommen werden. Da die Fingerbeere der Kuppe sehr empfindlich ist, sollte man seitlich in die Fingerkuppe stechen.
- Fragen Sie den Patienten, welchen Finger er derzeit wenig benötigt.
- Fördern Sie die Durchblutung der Punktionsstelle durch Reiben oder warmes Wasser. Bei sehr kalten Händen empfiehlt es sich, den Patienten an ein Waschbecken zu setzen und ein warmes Unterarmbad zu machen. In der Zeit, in der der Patient dort sitzt, kann ein anderer Patient versorgt werden. Das Unterarmbad regt die Durchblutung großflächig an und erleichtert die Kapillarblutentnahme deutlich. Bei Säuglingen kann der Fuß in ein feuchtwarmes Tuch gewickelt werden, damit die Durchblutung angeregt wird (*siehe L4, Kapilläre Blutentnahme bei Säuglingen und Kleinkindern*).

ERLÄUTERUNG FÜR DEN PATIENTEN

„Ich muss Ihnen etwas Blut abnehmen. Es reicht aber aus, Sie dazu in den Finger zu stechen, da ich nur einen Tropfen benötige. Gibt es einen Finger, den Sie zur Zeit am wenigsten benutzen?“

DURCHFÜHRUNG

- Ziehen Sie Handschuhe an.
- Führen Sie die Hautdesinfektion durch, die zusätzlich gefäßerweiternd wirkt (30 s Einwirkzeit) (a). Leider halten verschiedene Autoren die Desinfektion für nicht erforderlich, was jedoch fahrlässig ist. Wichtig ist es allerdings, eventuelle Desinfektionsmittelreste vor der Punktion vollständig zu entfernen, da bereits kleinste Rückstände das Ergebnis erheblich verfälschen können.
- Reden Sie während der Kapillarblutentnahme mit Ihrem Patienten, so dass er sich ent-

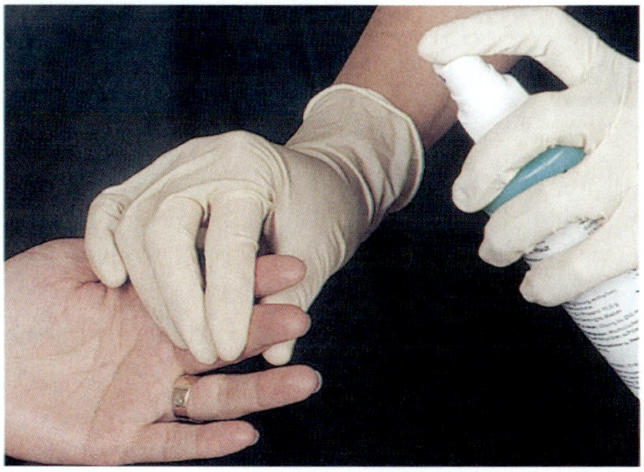

a

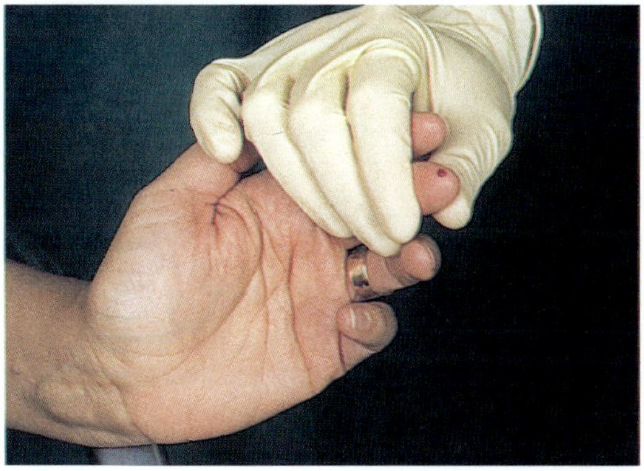

c

spannt. Die Kapillarblutgewinnung wird hierdurch erleichtert. Patienten mit Angst haben kaltschweißige Hände. Sie erhalten bei der Blutentnahme keine schöne „Blutperle" und der Blutstropfen zerläuft.

- Stechen Sie rasch und tief genug (b).

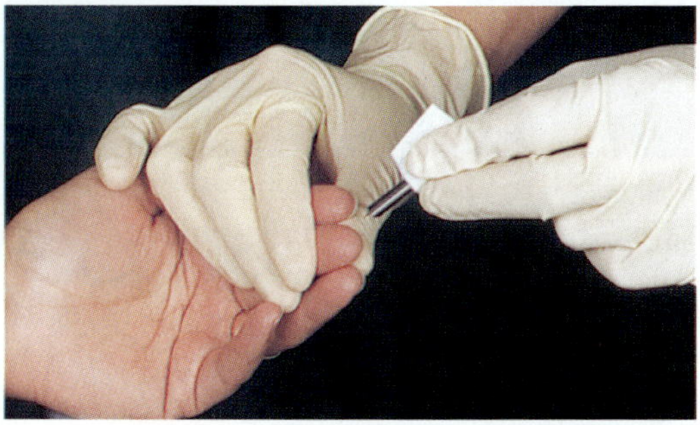

b

- Wischen Sie den ersten Blutstropfen ab, da dieser viel interstitielle Flüssigkeit (Gewebeflüssigkeit) enthält.
- Durch leichten Druck neben der Punktionsstelle bildet sich ein ausreichend großer Tropfen Blut (c).
- **Glucoseteststreifen:** Lassen Sie den Blutstropfen auf das vorgesehene Feld fallen bzw. halten Sie bei Teststreifen für Sensortechnik den Teststreifen an den Blutstropfen. Achten sie darauf, dass der Finger das Testfeld nicht berührt.
- **Blutgasanalyse**: Bei der Blutgasanalyse führen Sie das Kapillarröhrchen vorsichtig an den Tropfen heran und lassen das Blut bis zur Markierung hochlaufen. Das Röhrchen muss etwas über der Waagerechten gehalten werden, damit keine Luftblasen hineingelangen (d).

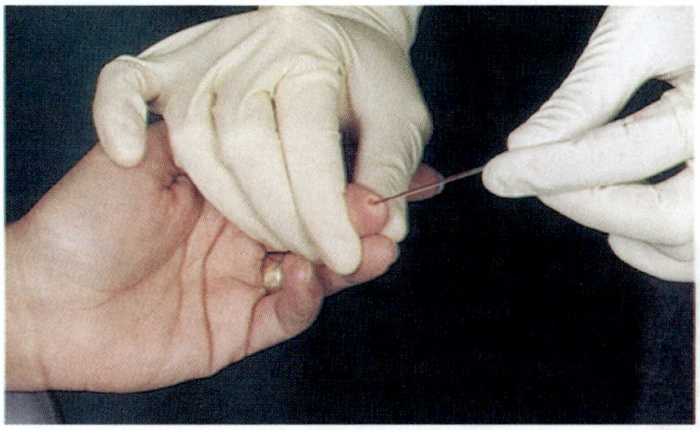

d

- Tupfen Sie die Punktionsstelle ab und kleben Sie bei Bedarf ein Pflaster auf.
- Bei BGA müssen Sie die Kapillare direkt zum Messgerät tragen. Die Kapillare darf außen nicht mit Blut verschmutzt sein, da dies die Ergebnisse verfälschen würde.

TIPPS UND TRICKS

- Zu starkes Pressen bei der Kapillarblutentnahme führt zum Lymphaustritt, was die Blutwerte verfälscht.
- Die Einstichtiefe der Einmallanzetten für Erwachsene (2,4–3,0 mm) kann für Säuglinge zu tief sein (Gefahr von Knochenverletzungen an der Ferse). Deswegen sollten Sie bei Säuglingen an der seitlichen Fußsohlenhaut

neben dem Fersenbein (Calcaneus) stechen (*siehe L4, Kapilläre Blutentnahme bei Säuglingen und Kleinkindern*). Für die Kapillarblutentnahme bei Säuglingen gibt es Lanzetten mit einer geringeren Einstichtiefe. Stechen Sie bei Säuglingen aber nicht in die Finger oder in die Ohren.

- Nicht in infizierte oder verletzte Haut stechen.
- Beim Einsatz von Teststreifen muss das Verfallsdatum kontrolliert werden.
- Verwenden Sie nur Einmallanzetten.
- Drücken Sie Stechhilfen fest auf den Finger, damit der Einstich ausreichend tief ist. Eine solche Stechhilfe wird seitlich auf die Fingerkuppe oder das Ohrläppchen aufgesetzt und sticht auf Knopfdruck eine festgelegte, ausreichende Tiefe zur kapillären Blutentnahme. Die abnehmbare Kappe, die Lanzette und das Andrückplättchen werden nach jedem Einsatz gewechselt, da nachgewiesenermaßen ein erhöhtes Infektionsrisiko für HI- und Hepatitisviren besteht.
- Moderne Stechhilfen arbeiten anstelle von Lanzetten mit Lasertechnik. Die Patienten sollen bei dieser Stechhilfe keinen Schmerz, sondern nur einen Druck spüren. Der Preis dieser Stechhilfe liegt bei ca. 1500 €.
- Mittel, die die Durchblutung fördern (z.B. Finalgon) werden nur bei der kapillären Blutentnahme zur Blutgasanalyse verwendet.
- Die Blutentnahme am Ohrläppchen sollte der Blutgasanalyse vorbehalten bleiben. Für die Praxis hat diese Methode zahlreiche Nachteile:
  - Die Patienten müssen vor der Entnahme aus hygienischen Gründen ihre Ohrringe ablegen, was unnötig viel Zeit fordert.
  - Die Gefahr, die Kleidung des Patienten mit Blut zu beschmutzen, ist größer als bei der Kapillarblutentnahme an der Fingerbeere.
  - Man kommt dem Patienten deutlich näher als bei der Probengewinnung am Finger.
  - Man kann sich bei der Kapillarblutentnahme am Ohrläppchen leichter selbst verletzen, was das Infektionsrisiko erhöht.
  - Für ein Blutbild ist das Kapillarblut des Ohrläppchens weniger gut geeignet.

F16 VENÖSE BLUTENTNAHME

ALLGEMEINES

Das Beherrschen der venösen Blutentnahme erfordert viel Übung, besonders wenn die Entnahme den Patienten so wenig wie möglich schmerzen soll. Es stehen verschiedene Systeme zur Verfügung, die wir nachfolgend kurz darstellen wollen:

Sarstedt-Monovetten

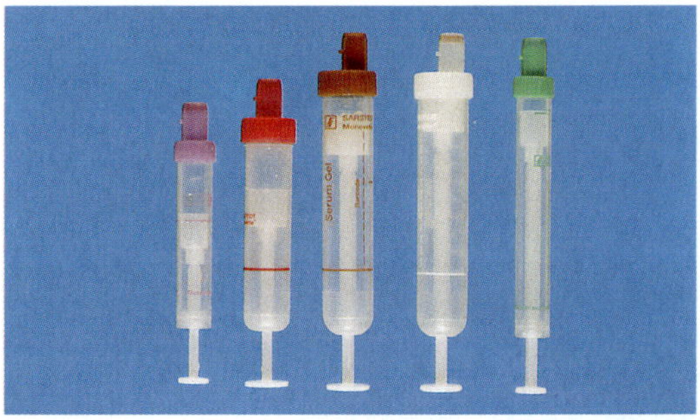

rot-braun	*Enzymdiagnostik, Stoffwechselparameter*
lila (+ Na-Zitrat)	*Blutsenkung*
rot (+ EDTA)	*Blutbild*
grün (+ Na-Zitrat)	*Gerinnungswerte*
weiß (+ Kugeln)	*Kreuzprobe, Antikörper*

- Der Einstich erfolgt mit dem auf die Nadel gesteckten Röhrchen.

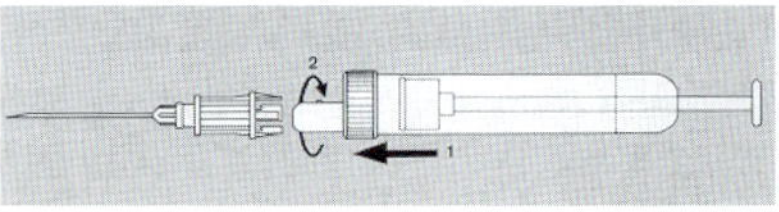

- Ziehen Sie den Kolben langsam nach hinten, damit das Blut nicht mit zu starker Sogwirkung in die Spritze einläuft und die Erythrozyten dadurch hämolysieren.
- Vor dem Herausziehen der Nadel sollten Sie unbedingt die Monovette abdrehen, da das Blut sonst wieder aus der Spritze bzw. Kanüle läuft.

- Ziehen Sie den Kolben weiter hoch, bis er einrastet. Monovetten, die Antikoagulantien (EDTA, Na-Zitrat, Na-Fluorid, Heparin) enthalten, müssen vollständig mit Blut gefüllt sein. Die Werte würden anderenfalls verfälscht, weil das Mischungsverhältnis zwischen Antikoagulanz und Blut nicht stimmt.
- Brechen Sie den Kolben ab.
- Das Aspirieren des Blutes und das Wechseln der Röhrchen erfordert etwas Geschick (jedoch sind die Korrekturmöglichkeiten gut). Halten Sie die Kanüle in der Vene gut fest, wenn Sie die Röhrchen während der Blutentnahme wechseln. Es besteht die Gefahr, dass Sie aus Versehen die Venenwand verletzen oder durchstechen.

Vacutainer, Vacuette

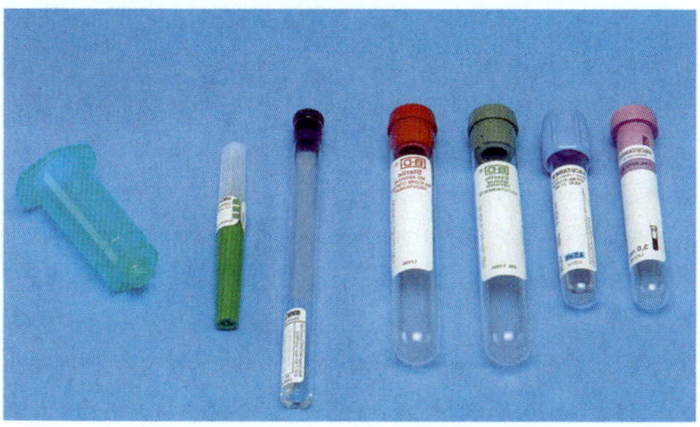

rot-braun *Serum*
grün *Gerinnung*
lila (+EDTA) *Blutbild*
schwarz *BSG*
blau *Quick*

- Schrauben Sie die Kanüle in den Halter.

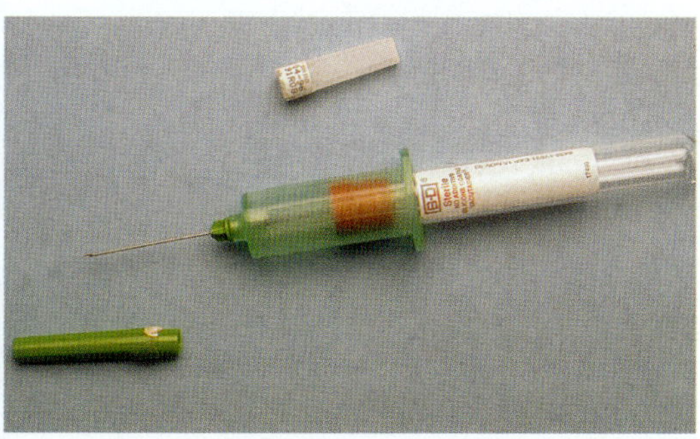

- Die Röhrchen müssen auf die Kanüle gedrückt werden. Die Halterungen haben eine innen liegende Kanüle, die das Gummi des Entnahmeröhrchens durchstechen muss. Zunächst wird die Vene nur mit der in der Halterung eingesetzten Kanüle punktiert – leider sieht man dabei nicht, ob man in der Vene ist. Dann wird das Röhrchen eingedrückt.
- Sobald die Kanüle in der Vene liegt, drücken Sie das Vakuumröhrchen vorsichtig auf den Stopfen. Das Blut strömt in das Röhrchen.
- Die Handhabung ist sicher, jedoch ist eine Korrektur des Einstiches im Gewebe nur begrenzt möglich.
- Da das System in sich gut geschlossen ist, besteht nur ein geringes Risiko, mit Blut in Berührung zu kommen. Die Gefahr einer Infektion ist damit gering.

Einfache Spritze mit Einmalkanüle

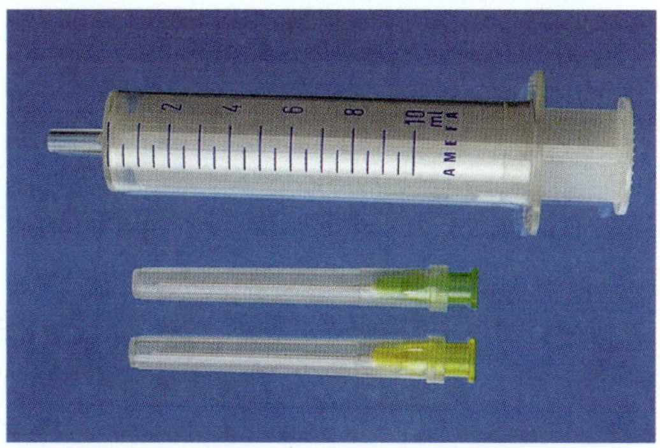

- Dieses „System" ist schwierig zu handhaben. Es existiert auch keine farbige Kennzeichnung für verschiedene Entnahmespritzen und auch auf die Zusätze müssen Sie verzichten, bzw. sie selber einfüllen (z.B. für BSG 0,4 ml Na-Zitrat in der Spritze vorlegen und dann 1,6 ml Blut nachziehen). Da das Blut nach der Entnahme umgefüllt werden muss, ist überdies das Infektionsrisiko erhöht. Dabei ist es gar nicht zulässig, mit diesen Spritzen Blut abzunehmen und anschließend in Röhrchen mit Antikoagulantien (Gerinnungshemmer, z.B. EDTA, Na-Zitrat) umzufüllen. Bereits mit der Blutstauung und dem Einstich in die Vene wird das Blutgerinnungssystem aktiviert. Diese Art der Blutentnahme kann somit zu fehlerhaften Laborwerten führen.

Butterfly

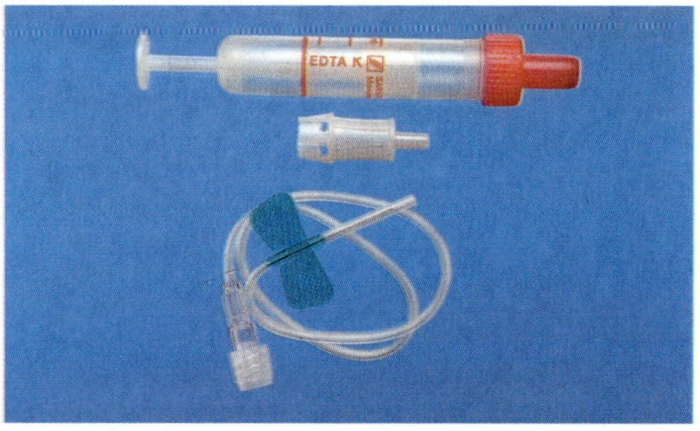

- Fassen Sie den Butterfly an den Flügeln und punktieren Sie. Fixieren Sie den Schlauch mit vorgeschnittenem Pflaster. Die Nadel kann locker in der Vene stecken bleiben, während Blut den Schlauch füllt, bis er ganz entlüftet ist (Vorsicht: Hierbei wird schnell gekleckert). Die Entnahme erfolgt mit Monovette/Vacutainer und Adapter oder Einmalspritze. Nach der Fixierung hat die Nadel guten Halt, aber das System führt zu höheren Kosten und zu vermehrter Hämolyse wegen des langen Wegs des Blutes durch den Schlauch.

VORBEREITUNG

- Materialien:
  - mehrere Nadeln oder Butterflies, falls mehrmaliges Stechen erforderlich ist – Nadelstärke: 0,8 mm = 21G/grün oder 0,9 mm = 20G/gelb
  - Die Röhrchen müssen eindeutig mit den Patientendaten beschriftet sein. Halten Sie Ersatzröhrchen in jeder Farbe bereit.
  - einige Tupfer
  - Stauschlauch
  - Einmalrasierer (bei normaler Blutentnahme nur selten notwendig)
  - Hautdesinfektionsmittel
  - Pflaster (fragen Sie immer nach einer Pflasterallergie)
  - Handschuhe
  - Kanülenbox.
- Legen Sie Ihre Utensilien so zurecht, dass Sie sie von Ihrem Platz aus erreichen können, ohne Ihre Position zu verändern.
- Stellen Sie einmal Ihre eigene Handschuhgröße fest und arbeiten Sie dann nur mit Handschuhen in der richtigen Größe.
- Legen Sie eine Einmalunterlage oder einige Lagen Zellstoff unter. Es geht manchmal Blut daneben.
- Vergewissern Sie sich, ob die Kanülen gesteckt oder geschraubt werden und ob sich die Nadel aus der Hülse lösen lässt.
- Sind alle notwendigen Probenröhrchen vorbereitet?
- Der Patient muss sicher identifiziert sein. Achtung bei Schwerhörigen.
- Bitten Sie Besucher oder Zuschauer hinaus.
- Nehmen Sie sich Zeit und lassen Sie Ruhe einkehren.
- Der Patient sitzt bequem in einem Stuhl mit Armlehne. Der Arm ist gestreckt und ruht auf dem Unterarmkissen. Patienten die Angst vor der Blutentnahme haben oder denen schlecht wird, sollten nach Möglichkeit liegen.
- Nehmen Sie selbst eine bequeme und entspannte Haltung ein. Am besten nimmt man sich einen Hocker, um bequem und entspannt zu sitzen. Zittern und Wackeln wird so besonders am Anfang deutlich vermindert.

DURCHFÜHRUNG

- Die Entnahme erfolgt zum Schutz des Patienten und zu Ihrem Schutz nur mit Handschuhen. Ziehen Sie sie am besten vor dem Stauen an, damit dies nicht unnötig lange währt.
- Beginnen Sie die Suche nach einer geeigneten Vene distal, also am körperfernen Ende des Arms. Schonen Sie, wenn möglich, große Venen für Zugänge.
- Stauen Sie etwa eine Hand breit oberhalb der Entnahmestelle – nicht zu straff und nicht zu lange. Die Stauung sollte den Puls nicht abschnüren. Vorsicht bei alten, exsik-

kierten (ausgetrockneten) Menschen, deren dünne Hautfalten schnell im Stauband eingeklemmt werden.
- Die Seite der Händigkeit ist gewöhnlich mit stärkeren Venen ausgestattet.
- Bei Entnahme aus der Hand stauen Sie am Unterarm. Straffen Sie die Haut durch Beugung der Hand. Eventuell suchen Sie eine „Y"-Stelle auf, an der zwei Venen zusammenfließen.
- Weisen Sie den Patienten darauf hin, dass die Entnahme vom Handrücken schmerzhafter ist als aus dem Arm.
- Sprühen Sie ein Desinfektionsmittel auf und wischen Sie es mit einem Tupfer nach ca. 30 s (!) ab.
- Nach der Desinfektion dürfen Sie nicht mehr nachtasten.
- Halten Sie die Nadel außer Sicht des Patienten (besonders bei Kindern) und fordern Sie den Patienten auf wegzusehen, falls er ängstlich ist.
- Der Nadelschliff und die ml-Skala der Spritze zeigen nach oben, sonst benötigen Sie einen viel zu steilen Einstichwinkel.
- Stechen Sie beherzt und zügig in einem Winkel von 30° bis 40° in die Haut.

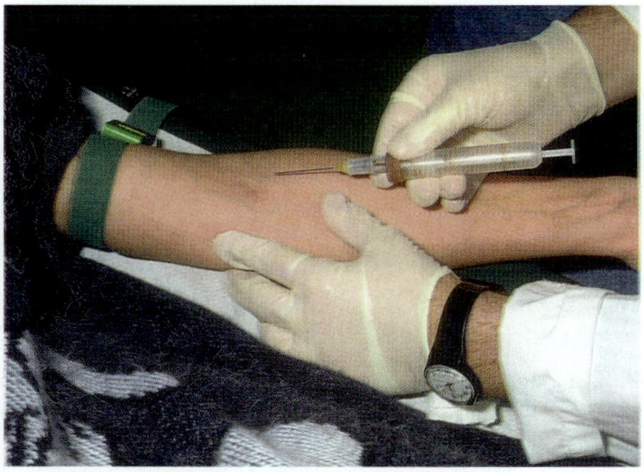

- Halten Sie die entnommene Blutmenge so klein wie möglich und so groß wie nötig. Beachten Sie die Markierung auf den Röhrchen. Im Zweifel sollten Sie Kolleginnen, Mediziner oder das zuständige Labor fragen.
- Halten Sie beim Röhrchen- oder Spritzenwechsel die Nadel ruhig.
- Röhrchen, die Zusätze enthalten, werden direkt nach der Entnahme mehrmals gekippt.
- Lösen Sie vor der Entfernung der Nadel den Stauschlauch – einer der häufigsten Anfängerfehler.
- Nach der Entnahme dürfen Sie die Schutzkappe nicht wieder auf die Nadel setzen. Sie stechen sich leichter als Sie glauben. Halten Sie deshalb immer einen Behälter zum Abwurf von gebrauchten Nadeln bereit.
- Nach dem Herausziehen der Nadel drücken Sie die Einstichstelle mit einem Tupfer ab oder lassen dies den Patienten tun (verhindert blaue Flecken).
- Kleben Sie bei Bedarf ein Pflaster auf.

TIPPS UND TRICKS

- Neben dem Stauen gibt es verschiedene Methoden, die „widerspenstigen" Gefäße an die Oberfläche zu locken:
  - häufiges Öffnen und Schließen der Faust (pumpen; kann jedoch zu erhöhten Kalium-Werten führen)
  - den Arm unter Herzniveau hängen lassen
  - den Arm klatschen, reiben, aber nicht übertreiben (bei gestauten Venen ist zu festes Klatschen häufig schmerzhaft)
  - ein warmes Armbad (15 min) oder warme Armwickel.
- Bedenken Sie immer, dass das Blut irgendwo abfließen muss. Eventuell ist die Vene nicht sichtbar, sondern nur tastbar. Versuchen Sie in diesem Fall die Punktion, wenn Sie sicher sind, dass es sich nicht um eine Sehne (gefüllte Vene: prall und federnd, Sehne: hart und unnachgiebig) oder eine Arterie (Gefäß pulsiert) handelt.
- In hartnäckigen Fällen kann auch schon mal aus den Füßen Blut entnommen werden. Man geht dabei analog zur Entnahme aus den Händen vor. Stellen Sie sich darauf ein, dass auf dem Fußrücken die Haut etwas schwieriger zu durchstechen ist.
- Ein leichtes Abknicken der Nadel nach oben gibt einen etwas besseren Halt.
- Die Normalwerte können von Labor zu Labor recht verschieden sein.

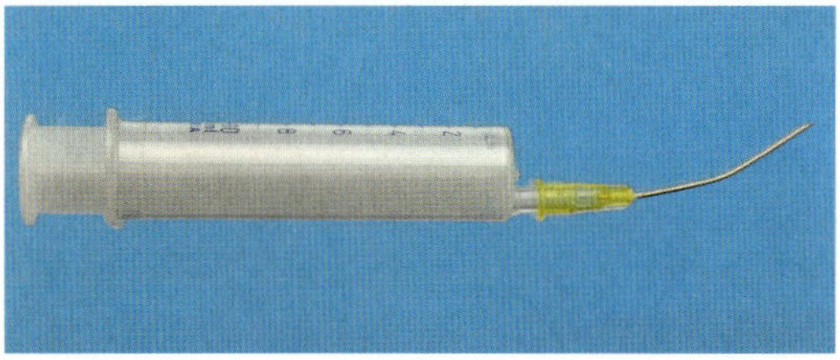

- Bei Infektionsverdacht wird das entnommene Blut mit einem roten Punkt gekennzeichnet.
- Wenn die Entnahme nur zur Bestimmung der Gerinnungsparameter oder der BSG erfolgt, sollten Sie keinen Butterfly verwenden oder ihn vorher entlüften. Eventuell können Sie nach Absprache mit dem Arzt auf die nächste große Blutentnahme warten. Sie können auch 1–2 ml in einer gesonderten Spritze entnehmen und das Blut dann entsorgen. Bei Verwendung der ersten Blutprobe nach dem Einstich kann es durch in das Untersuchungsmaterial gelangte Gewebswasser zu fehlerhaften Ergebnissen kommen (enthält den Gerinnungsaktivator Gewebsthrombokinase). Bei Gerinnungsanalysen muss auf eine kurze Stauzeit (max. 1 min) geachtet werden.
- Zu starkes Ziehen am Spritzenkolben (aspirieren) führt zur Hämolyse und verfälscht die Werte. Besonders Kalium, AST (früher GOT), LDH und saure Phosphatase sind dann falsch hoch. Zu langes Stauen führt zu einem Abfall des pH-Wertes. Achten Sie auf einen langsamen und gleichmäßigen Blutfluss.
- Sprechen Sie mit dem Patienten und stellen Sie sich auf ihn ein. Oft wissen gerade Patienten mit schwierigen Venen recht gut, wo man bei ihnen am besten das Blut abnimmt.
- Sehr beunruhigend können gerade für Anfänger Äußerungen von Patientenseite sein, wie z.B.: *„Haben Sie überhaupt schon mal Blut abgenommen?“* oder *„Bei mir hat noch nie jemand Probleme mit der Entnahme gehabt.“* oder *„Wenn Sie nicht treffen, brauchen Sie gar nicht wiederzukommen.“* oder *„An dem Arm finden Sie sowieso nichts.“*. Schalten Sie auf „Durchzug“ und lassen Sie sich nicht verunsichern. Es gibt immer wieder schlechte Tage, und noch nach jahrelanger Erfahrung begegnet man Patienten, bei denen man kein Blut bekommt. Nach dem zweiten Fehlversuch sollte man deshalb eine andere Person mit der Entnahme beauftragen.
- Die ersten Versuche sollten vielleicht bei Freunden, Kollegen oder Verwandten erfolgen. Erst nach Rücksprache mit dem Arzt wenden Sie sich dann dem Patienten zu. Bitten Sie auf jeden Fall den Arzt, Ihnen einmal bei der Blutentnahme zuzuschauen.
- Stauen Sie bei älteren Menschen weniger straff, da die Venen brüchiger sind.
- Punktieren Sie keine kleinen oberflächlichen Venen, auch wenn Sie noch so „verlockend“ erscheinen. Das geht meistens schief.
- Das Stechen durch eine Desinfektionsmittelpfütze ist schmerzhafter. Wischen Sie also nach der Einwirkzeit verbliebene Reste mit einem sauberen Tupfer ab und verwenden Sie beim nächsten Mal weniger Desinfektionsmittel.
- Versuchen Sie keine Entnahme aus verhärteten Venen.
- Bei Patienten mit schwerem Nierenleiden sollte grundsätzlich aus dem Handrücken entnommen werden, um die Venen der Arme für die eventuelle spätere Anlage eines Shunt zu schonen.
- Möglich ist auch die Stauung mit einer Blutdruckmanschette, die auf 60 bis 80 mm Hg aufgepumpt wird. Normalerweise bleibt der Manschettendruck damit unter dem diastolischen Wert. Der Blutstrom wird also nicht unterbrochen.
- Üben lässt sich das Gefühl bei der Punktion an einer Apfelsine, da der Widerstand einer Apfelsinenschale dem Hautwiderstand gleicht. Eine weitere Möglichkeit besteht darin, einen nicht mehr benötigten Schlauch (z.B. von einem alten Blutdruckmessgerät) unter ein Tuch zu legen, um das Tasten und Stechen zu trainieren.
- Den inneren, oberen Quadranten der Ellenbeuge sollte man meiden, da hier die Gefahr einer Arterienpunktion relativ hoch ist.

- Legen Sie keinen Druckverband an der Punktionsstelle mit dem Stauschlauch an. Man vergisst leicht, den Verband nach fünf Minuten wieder zu lösen. Besser ist es Tupfer einmal zu falten und mit einem Pflaster unter deutlichem Zug festzukleben. Der Tupfer wirkt wie ein Druckverband und kann vom Patienten nach angemessener Zeit (5 min) entfernt werden. Gerade bei Patienten, die Marcumar einnehmen, ist eine gute Versorgung der Einstichstelle wichtig. Mit einiger Erfahrung lässt sich manchmal durch vorsichtiges Suchen mit der Nadel in der Tiefe des Unterhautgewebes noch eine Vene finden, ohne erneut die Haut durchstechen zu müssen
- Versuchen Sie niemals, die Röhrchen verschiedener Patienten auf einem Tablett z.B. durch ihre Anordnung den Patienten zuzuordnen. Die einzige eindeutige und zulässige Methode ist die vorherige Beschriftung der Röhrchen.

PROBLEME UND SONDERFÄLLE

- **Einstichstelle wird dick**: Lösen Sie den Stauschlauch und ziehen Sie die Nadel heraus. Drücken Sie dann fünf Minuten lang die Einstichstelle mit einem Tupfer kräftig ab. Falls es notwendig ist, sollten Sie die restlichen Proben am anderen Arm abnehmen.
- **Verwirrte Patienten**: Eine zweite Person sollte den Arm fixieren, weil er oft unbeabsichtigt beim Stechen weggezogen wird. Sprechen Sie unbedingt freundlich mit dem Patienten, um ihm die Angst zu nehmen.
- **Rollvenen**: Sie finden sie oft bei älteren Menschen aufgrund einer mangelnden Venenfixierung im Bindegewebe (es ist etwa so, als versuche man eine Erbse mit der Gabel aufzuspießen). Die nicht punktierende Hand zieht die Haut unter dem Arm so straff, dass eine künstliche Fixierung der Vene erreicht wird.
- **Gelähmter Arm:** Nach Möglichkeit sollte die Entnahme nicht aus diesem Arm erfolgen, da meistens der Gewebestoffwechsel gestört ist, was zu einer generell schlechteren Wundheilung führt. Außerdem erzeugt die geringe Beweglichkeit ein erhöhtes Thromboserisiko.
- **Dialyse-Patienten**: Solche Patienten weisen an einem Unterarm meist eine scheinbar große Vene auf. Hierbei handelt es sich um einen operativ angelegten Shunt (s.o.), über den die Dialyse erfolgt. Aus diesem Gefäß soll keine Entnahme erfolgen, da die Werte nicht ganz denen des venösen Blutes entsprechen und da dieses Gefäß unbeschädigt der Dialyse vorbehalten bleiben muss.
- **Zustand nach Brustamputation, axilläre Lymphknotenausräumung**: Nach Möglichkeit keine Blutentnahme an der betroffenen Seite, da der Lymphabfluss häufig mangelhaft ist oder ganz fehlt.
- **Histaminbestimmung:** Die Entnahme erfolgt mit einer einfachen (großen) Spritze ohne Stauung.
- **Alkohol-Bestimmung:** Keine Desinfektion.
- **Marcumarpatienten:** Bei Patienten, die das gerinnungshemmende Medikament Marcumar oder ein verwandtes Präparat einnehmen, dürfen Sie nur nach ausdrücklicher Genehmigung Blut entnehmen. Nach einer Blutentnahme muss sichergestellt sein, dass die Einstichstelle mindestens fünf Minuten lang abgedrückt wird. Die Blutung muss gestillt sein, bevor der Patient die Praxis verlässt.

INTERNET

- Broschüre mit guten Abbildungen zum Herunterladen: *http://www.vacuette.com/images/Blutentnahme_1.PDF*
- *http://olc.chirurgie-goettingen.de/ Blutabnahme/blutabnahme.html*
- Blutentnahme für Gerinnungsanalysen: *http://www.saale-med.de/Labor/Citrat.html*

F 17 SPRITZEN RICHTEN

ALLGEMEINES

Auch wenn das Aufziehen einer Spritze eine ganz alltägliche Angelegenheit ist, birgt sie doch genügend Fehlerquellen, die bei Nichtbeachtung den Patienten und auch Sie selbst gefährden können. Bei unsachgemäßer Entsorgung sind sogar die Angehörigen oder gänzlich Unbeteiligte betroffen. Es muss nicht die achtlos im Park weggeworfene Spritze eines HIV-infizierten Heroinabhängigen sein, an der sich spielende Kinder und andere Menschen anstecken können. Die Gefährdung durch eine Spritze geht auch nicht in erster Linie von der spitzen Nadel aus, sondern von der *infizierten* spitzen Nadel, und zwar vor und nach der Injektion: vor der Injektion für den Patienten durch mangelnde Sterilität und nach der Injektion für das Personal durch unachtsame Entsorgung.

VORBEREITUNG

- Materialien:

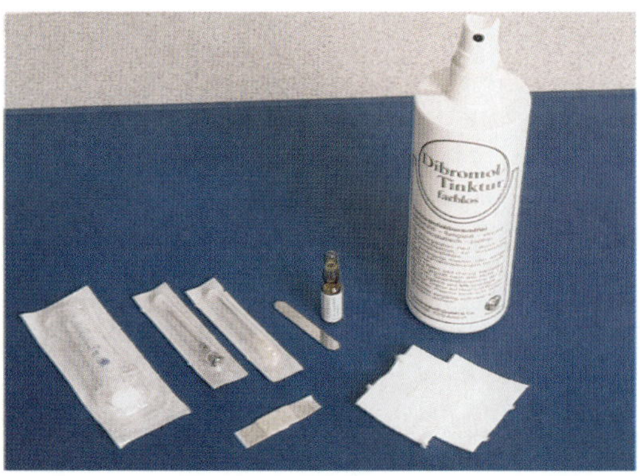

  - *1-, 2-,5- oder 10-ml-Spritze*
  - *2 Kanülen (zum Aufziehen und zur Injektion)*
  - *Desinfektionsspray*
  - *Medikamentenampulle bzw. Flasche mit Injektionslösung*
  - *Ampullensäge*
  - *Tupfer.*

DURCHFÜHRUNG

- Nehmen Sie die Spritze so aus der Verpackung, dass die sterile Spitze nicht berührt wird. Fassen Sie sie also am besten nur am Kolben an *(Abb. a)*.

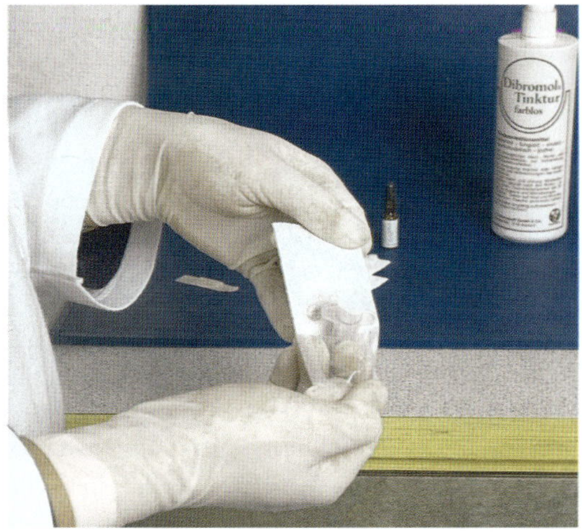

a

- Belassen Sie die Spritze in der geöffneten Verpackung.
- Öffnen Sie nun auf die gleiche Weise die Verpackung der Kanüle. Diese sollten Sie jedoch nicht mehr ablegen, da die sensible Stelle hier direkt nach dem Öffnen offen liegt.
- Behalten Sie die Kanüle mit Verpackung in der einen Hand, während Sie nun die Spritze am Kolben aus ihrer Verpackung ziehen und auf die Kanüle stecken *(Abb. b)*.

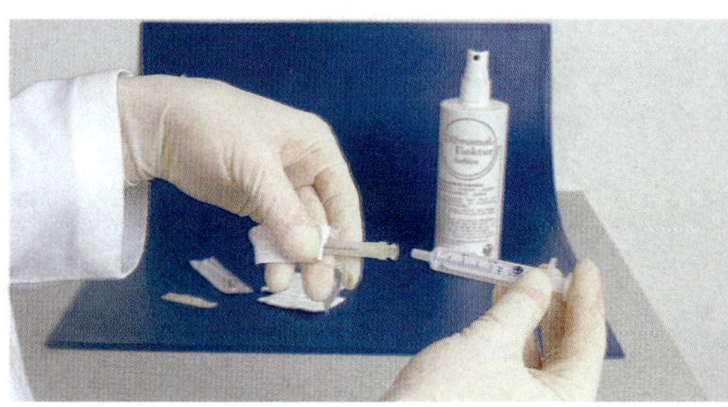

b

- Nun können Sie die Spritze mit der Kanüle ablegen.

- Nehmen Sie die Ampulle und treiben Sie die Flüssigkeit durch Hinunterschlagen (wie ein Fieberthermometer) oder Schnippen mit den Fingern gegen den Ampullenkopf in den Ampullenbauch.
- Wenn die Ampulle keine z.B. durch einen weißen Punkt eingearbeitete Sollbruchstelle aufweist, sägen Sie mit der Ampullensäge den Ampullenhals an der markierten Stelle an *(Abb. c)*.

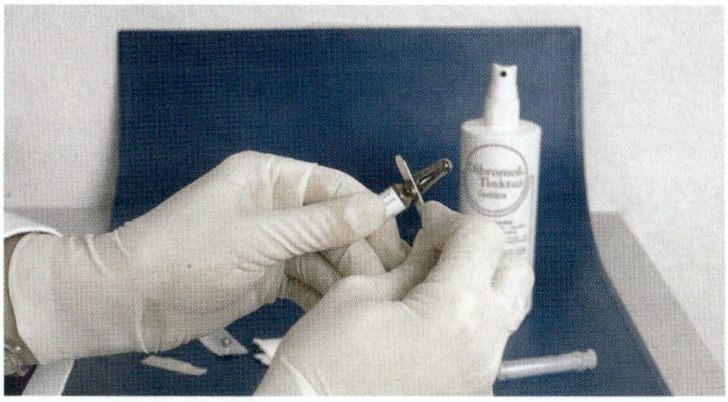

c

- Brechen Sie nun den Ampullenkopf ab. Das Verletzungsrisiko ist hierbei recht hoch, so dass es verschiedene Möglichkeiten gibt, sich vor einer Verletzung durch die scharfen Glassplitter zu schützen. Am besten geeignet ist wohl die Verwendung eines sauberen Tupfers, mit dem der Ampullenkopf gefasst und abgebrochen wird *(Abb. d)*.

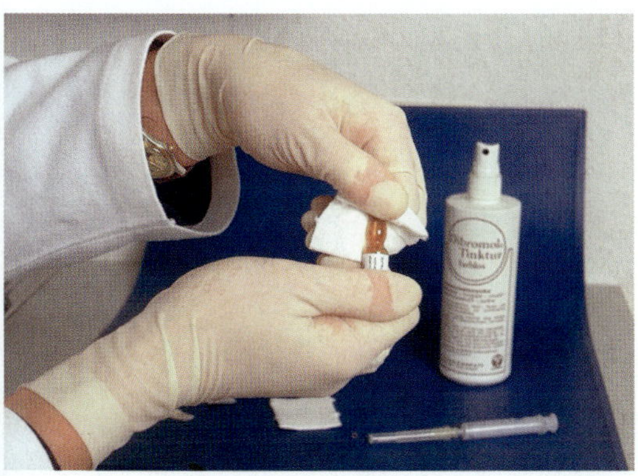

d

- Beim Aufziehen des Medikaments aus einer Durchstechflasche müssen viele Medikamente zuvor geschüttelt werden, damit sich die verschiedenen Phasen wieder mischen. Stellen Sie auch hier immer sicher, dass die Injektionslösung für die geplante Injektionsart geeignet ist.
- Nehmen Sie die Kanülenhülse ab.
- Führen Sie nun vorsichtig die Nadel in die Ampulle ein.
- Halten Sie die Ampulle dabei schräg genug, so dass die Nadel auch den Bodensatz der Ampullenflüssigkeit aufnehmen kann. Ziehen Sie die Flüssigkeit auf und achten Sie darauf, dass der Nadelschliff gegen Ende des Aufziehens nach unten gerichtet ist *(Abb. e)*.

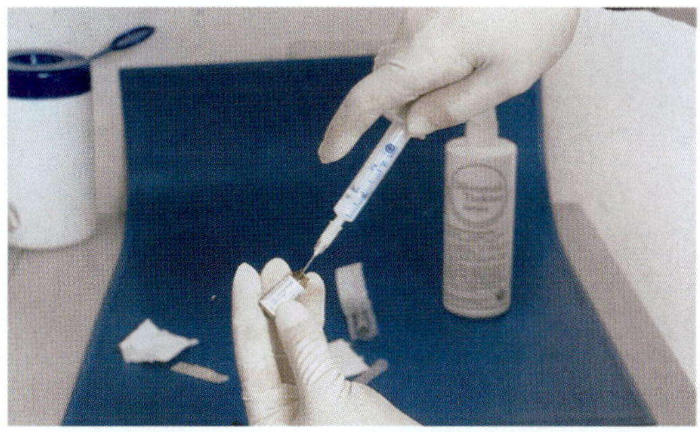

e

- Halten Sie die Spritze zwischen Mittel- und Ringfinger und öffnen Sie mit der anderen Hand und den freien Fingern eine weitere Kanülenverpackung. Sie können auch die aufgezogene Spritze mit Nadel ablegen und die zweite Kanülenverpackung mit beiden Händen öffnen. Dann müssen Sie allerdings einen echten Kanülensammler haben, in dem Sie mit einer Hand die Spritze mitsamt der Nadel einführen und die Kanüle abstreifen können, ohne eine weitere Hand zu benötigen *(siehe Abb. auf S. 64)*.
- Wenn Sie Durchstechflaschen verwenden, setzen Sie nun die neue Kanüle auf.
- Drücken Sie vorsichtig die Luft aus der Spritze, indem Sie die Spritze nach oben halten und langsam einen kleinen Tropfen aus der Nadelspitze treten lassen. Dies ist auch durch die durchsichtige Verpackung und die Schutzkappe hindurch erkennbar.
- Legen Sie die aufgezogene Spritze auf eine saubere Unterlage, z.B. auf ein Tablett oder

in eine Nierenschale. Zusätzlich muss sich auf der Unterlage die entleerte Ampulle, ein Tupfer und eine Flasche mit Sprühdesinfektionsmittel befinden.

- Die Unterlage sollten Sie immer beschriften, sofern Sie sie nicht gleich weiterreichen oder selbst benutzen. Dafür eignen sich z.B. Leukosilk-Pflasterstreifen.

Nachsorge

- Nach Gebrauch erhalten Sie das Tablett mit der entleerten, offenen Spritze, den benutzten Tupfern und der ohnehin leeren Ampulle wieder zurück.
- Nehmen Sie zuerst die Spritze und stecken Sie die Nadel in den Kanülensammler.
- Das Tablett mit der Spritze, den Tupfern und der Ampulle entleeren Sie in den Treteimer.
- Tablett (oder Nierenschale) werden jetzt noch desinfiziert.

TIPPS UND TRICKS

- Vermeiden Sie es, das Aufziehen oder die Injektion zu delegieren. Beide Arbeitsgänge gehören eng zusammen. Eine Trennung beider erhöht nur das Risiko einer Verwechslung. Sie sollten nur das injizieren, was Sie selber aufgezogen haben. Auch eine dazugelegte Ampulle oder ein beschrifteter Pflasterstreifen sind keine Garantie. Denn Injektionslösungen sind sich zu ähnlich und Verwechslungen wegen der meist starken Wirkung zu riskant.
- Kanülen werden nie in die Hülsen zurückgesteckt! Fast die Hälfte aller Stichverletzungen in der Medizin entstehen durch diesen leicht zu vermeidenden Fehler. Gebrauchte Kanülen werden in dafür vorgesehenen Behältern entsorgt.
- Legen Sie nie mehrere Spritzen für verschiedene Patienten auf ein Tablett. Die Verwechslungsgefahr ist einfach zu groß.
- Ampullen mit weißem Halsring müssen nicht angesägt werden, da vom Hersteller hier bereits eine Sollbruchstelle eingearbeitet wurde.

F 18 INTRAKUTANE INJEKTION

ALLGEMEINES

Die intrakutane Injektion erfordert etwas Geschick, da man mit sehr feinen Nadeln sehr flach in die Haut stechen muss, um den gewünschten Effekt zu erzielen. Die Technik wird bei Allergietestungen, Tuberkulin-Testung nach Mendel-Mantoux und bei lokaler Quaddelung mit Lokalanästhetika wie etwa bei der Neuraltherapie angewendet.

VORBEREITUNG

- Kontrollieren Sie, ob Sie das richtige Medikament haben und ob das Verfallsdatum noch nicht überschritten ist.
- Ziehen Sie das Medikament auf und achten Sie auf Ausfällung oder Trübung.
- Entlüften Sie dann die Spritze und stellen Sie sie auf die verordnete Menge ein.
- Materialien:

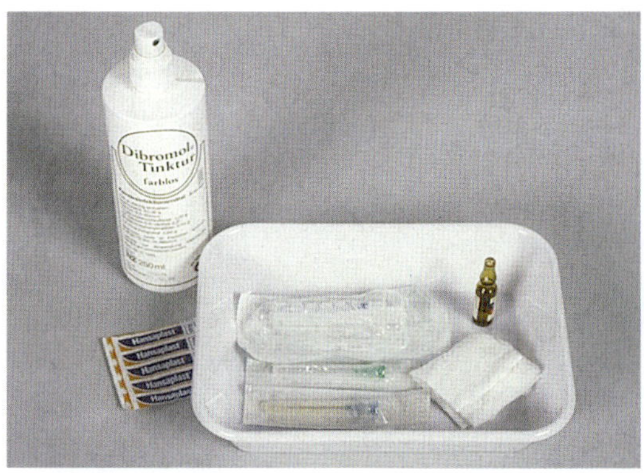

  - *sterile Spritze*
  - *Schale oder Tablett*
  - *Medikament in steriler verschlossener Ampulle oder in Durchstechflasche:*
  - *zur Entnahme: Kanüle 0,63 mm = 23G/blau oder 0,5 mm = 25G/braun,*
  - *zur Injektion: 0,5 mm = 25G/orange*
  - *einige Tupfer*
  - *Desinfektionsmittel*

- *Pflaster*
- *Handschuhe.*

- Erläutern Sie dem Patienten Ihre Vorgehensweise sowie die zu erwartenden Schmerzen und Reaktionen.

ERLÄUTERUNG FÜR DEN PATIENTEN

„Ich werde Ihnen eine Spritze in die Haut geben. Das heißt, ich steche beinahe parallel zur Haut in die oberste Hautschicht. Die Substanz wird dadurch sehr langsam aufgenommen. Es wird eine kleine, weißliche Schwellung entstehen, die ein bisschen wie ein Mückenstich aussieht."

DURCHFÜHRUNG

- Injektionsort ist meist die oberste Hautschicht der Unterarminnenseite. Die Aufnahme des Medikaments erfolgt sehr langsam.

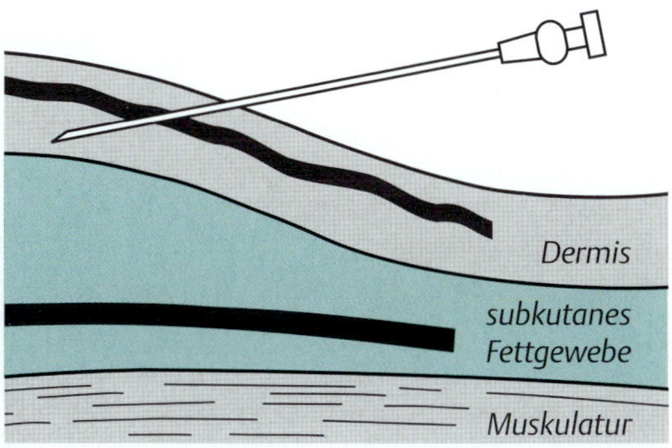

- Desinfizieren Sie Ihre Hände und die Haut des Patienten.
- Spannen Sie die Haut und stechen Sie sehr schräg mit der Kanüle ein.
- Die Injektion erfolgt langsam. Beobachten Sie währenddessen den Patienten.
- Es muss sich eine Quaddel bilden. Die Haut erscheint dann weißlich mit deutlich vergröbertem Hautporenrelief. Es werden nicht mehr als 0,1 bis 0,2 ml verabreicht.

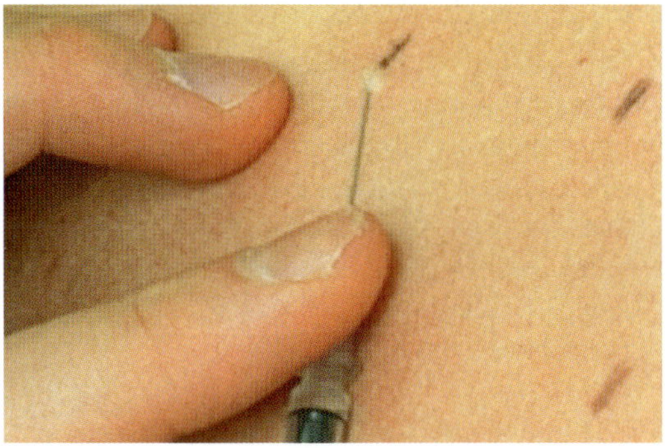

- Legen Sie einen trockenen Tupfer auf die Einstichstelle und ziehen Sie darunter die Kanüle heraus.
- Um die Reaktion später besser beurteilen zu können, sollten Sie die Injektionsstelle mit einem Fettstift oder Kugelschreiber einkreisen und eventuell mit Datum und Uhrzeit beschriften.

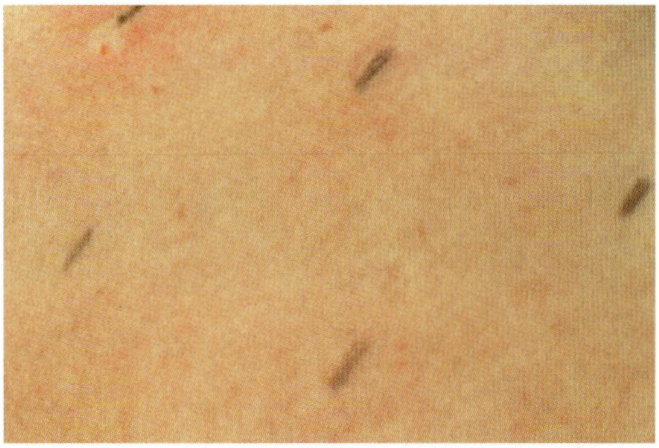

TIPPS UND TRICKS

- Vor dem Aufbrechen der Ampulle sollten Sie den Ampullenkopf durch Beklopfen von Flüssigkeit befreien.
- Um Schnittverletzungen beim Ampullenbrechen zu vermeiden, können Sie die Ampulle mit Hilfe eines sauberen Tupfers brechen.
- Nach der Injektion dürfen Sie die Kappe nicht wieder auf die Nadel stecken. Sie stechen sich selbst schneller, als Sie glauben. Nehmen Sie vielleicht gleich einen Behälter für gebrauchte Nadeln mit.

- Eine zu tiefe Injektion erkennen Sie daran, dass sich die Haut lediglich vorwölbt, ohne dass die charakteristische Weißfärbung und Porenvergröberung sichtbar wird.
- Nach einigen häufig vorkommenden intrakutanen Testungen ist das Waschen der Injektionsstelle meist für 2–3 Tage nicht erlaubt. Außerdem darf die Punktionsstelle nicht berührt werden.

PROBLEME UND SONDERFÄLLE

- **Entzündungen:** Injizieren Sie nicht in die Nähe einer entzündeten Hautregion.
- **Blutaspiration:** Eine Vene wurde punktiert. Injizieren Sie nicht, sondern brechen Sie den Vorgang ab, und versuchen Sie es an einer anderen Stelle erneut.
- **Gelähmte Extremität:** Injizieren Sie nicht in eine gelähmte oder teilweise gelähmte (paretische) Extremität.

F19 SUBKUTANE INJEKTION

ALLGEMEINES

Die subkutane Injektion dient der langsamen Resorption bestimmter Wirkstoffe, wodurch ein konstanter Wirkstoffspiegel über einen längeren Zeitraum aufrechterhalten werden kann. Viele Substanzen zur subkutanen Injektion werden heute in Fertigspritzen angeliefert, so dass ein Teil der Vorbereitungen (s.u.) entfällt.
Bevor Sie jedoch ein Medikament verabreichen, sollten Sie sich Folgendes klar machen: Auch wenn es trivial erscheint, müssen Sie sich immer vergewissern, dass Sie das richtige Medikament dem richtigen Patienten in der richtigen Dosierung zum richtigen Zeitpunkt verabreichen *(siehe 5-R-Regel, S. 169)*. Aber auch mit dem richtigen Medikament in der richtigen Konzentration können Sie falsch liegen, wenn das Verfallsdatum des Medikaments überschritten oder es falsch gelagert wurde.

VORBEREITUNG

- Materialien:

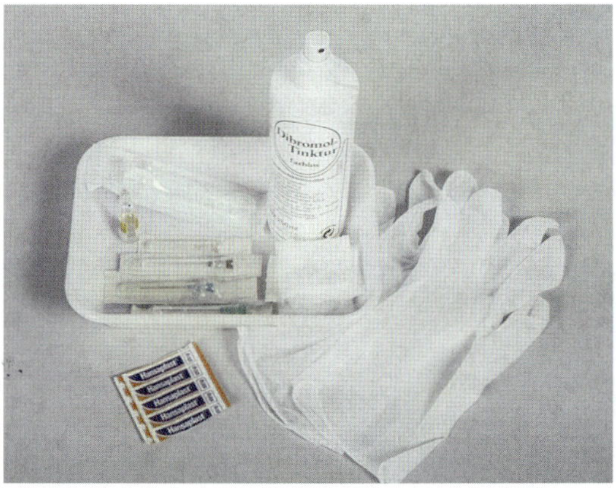

  - *sterile Spritze*
  - *Medikament (in Fertigspritze oder Ampulle)*
  - *zur Entnahme und zur Injektion (Achtung: jeweils neue Kanüle verwenden): Kanüle*

zum Aufziehen: Größe 1 oder 2 (20 oder 21 Gauge bzw. gelb oder grün); zur Injektion: Größe 12–20 (22–27 Gauge bzw. alle anderen Farben)
  - *Tupfer*
  - *Desinfektionsmittel*
  - *evtl. Pflaster*
  - *Handschuhe.*
- Kontrollieren Sie immer, ob Sie das richtige Medikament aufgezogen haben.
- Vergewissern Sie sich ebenso, ob Sie die richtige Menge und Konzentration gewählt haben.
- Prüfen Sie, ob das Medikament für die subkutane Injektion geeignet ist.
- Bei Unklarheiten sollten Sie zunächst einen Blick auf den Beipackzettel werfen. Er ist nicht nur für Patienten geschrieben und es ist keine Schande ihn zu benutzen.

DURCHFÜHRUNG

- Desinfizieren Sie Ihre Hände und die Einstichstelle. Tun Sie dies zuerst, da das Desinfektionsmittel etwa 30 s einwirken sollte.
- Achten Sie unbedingt darauf, dass Insulin vor dem Aufziehen „geschwenkt" werden muss, um eine einwandfreie Durchmischung zu erhalten. Sie sollten es auch nicht aus Zeitgründen schütteln oder sonstigen abrupten Bewegungen unterziehen.
- Ziehen Sie ggf. das Medikament auf und achten Sie auf Ausfällung oder Trübung.
- Wechseln Sie die Kanüle.
- Entlüften Sie die Spritze und stellen Sie sie auf die verordnete Menge ein.
- Der Injektionsort ist meist das subkutane Fettgewebe der Bauchdecke oder des seitlichen Drittels des Oberschenkels. Insulinpatienten nutzen auch häufig das subkutane Fettgewebe des Oberarms.
- Mit Daumen und Zeigefinger heben Sie eine Hautfalte aus Haut und Fettgewebe ab und stechen etwa 2 cm tief in einem Winkel von 45° ein.

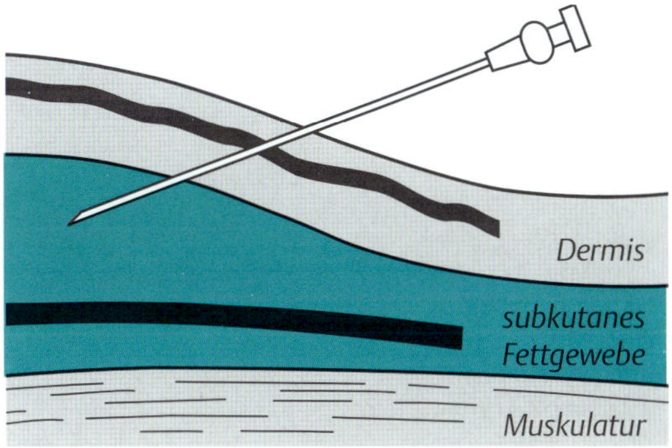

- Halten Sie den Nadelschliff nach oben und führen Sie die Nadel an die Haut heran. Gehen Sie zügig und in einer Bewegung mit der Nadel ein.

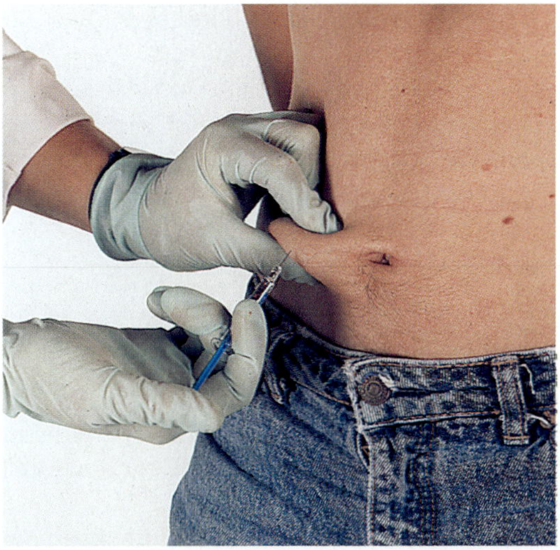

- Ziehen Sie einmal am Spritzenkolben (aspirieren), um zu prüfen, ob Sie versehentlich in ein Blutgefäß gestochen haben. In diesem Fall müssen Sie die Injektion abbrechen und an einem anderen Ort wiederholen.
- Die Injektion erfolgt langsam. Der Druck durch die Injektion wird gelegentlich als unangenehm empfunden. Besonders Heparin erzeugt bei zu schneller Injektion ein brennendes Gefühl. Durch langsamere Injektion wird die Gabe weniger unangenehm. Beobachten Sie den Patienten dabei. Sie können auch während der Applikation einen Moment innehalten.

- Setzen Sie mit leichtem Druck einen trockenen Tupfer auf die Einstichstelle und ziehen Sie darunter die Kanüle wieder heraus.
- Verteilen Sie mit einem Tupfer durch leichten Druck das Medikament im Unterhautgewebe und verschließen Sie dadurch auch den Stichkanal.

Nachsorge

- Wenn kein Blut austritt, hat ein Pflaster hier nur kosmetischen Charakter.
- Setzen Sie nach der Injektion nie die Kappe wieder auf die Nadel. Sie stechen sich schneller als Sie glauben. Halten Sie immer eine Safebox *(siehe Abb. S. 64)* oder ein einfaches Glas mit Schraubdeckel bereit, um die benutzten Kanülen zu entsorgen. Ampullen oder Kanülen haben ungesichert im Hausmüll nichts zu suchen. Im Zweifel sollten Sie die gebrauchten Utensilien wieder mitnehmen. Letztlich werden diese verschlossenen Behältnisse zur Zeit noch im Hausmüll entsorgt!

TIPPS UND TRICKS

- Viele Insulin-Pens oder Fertigspritzen haben eine kurze Nadel. Hier wird die Nadel in einem Winkel von 90° in die Haut eingestochen.
- Eine angebrochene Insulinampulle kann bei Zimmertemperatur (bis 25° C) bis zu 4 Wochen aufbewahrt und benutzt werden. Manche Insuline werden im Kühlschrank aufbewahrt, dürfen jedoch nie gefrieren.
- Wird die anvisierte Hautfalte vor der Injektion eine Weile durch Kneifen massiert, fällt der anschließende Nadelstich weniger schmerzhaft aus, da die Massage Gewebshormone mit schmerzlindernder Wirkung freisetzt.
- Subkutane Injektionen sind meistens recht schmerzarm. Dennoch kann es sein, dass Sie einen kleinen Hautnerv treffen, was stärkere Schmerzen erzeugt, ohne dass dies Folgen hätte.
- Besonders bei jüngeren Patienten mit eher straffer Haut tritt gelegentlich etwas Injektionsflüssigkeit aus der Injektionsstelle aus, aber auch das bleibt ohne Konsequenzen.

PROBLEME UND SONDERFÄLLE

- **Nachblutungen:** Auch wenn Sie aspiriert haben, ohne dass Blut aufgezogen wurde, kann es sein, dass nach dem Entfernen der Nadel etwas Blut aus der Einstichstelle austritt. Wahrscheinlich haben Sie ein kleines Gefäß durchstochen, ohne jedoch die Injektion in das Gefäß hineingesetzt zu haben. Es kann auch sein, dass dadurch ein Hämatom („blauer Fleck“) entsteht.
- **Entzündungen:** Stechen Sie nicht in die Nähe einer entzündeten Hautregion.
- **Blutaspiration:** Sie haben ein Blutgefäß getroffen. Injizieren Sie nicht, sondern brechen Sie ab und wiederholen Sie die Injektion mit einer neu aufgezogenen Spritze an einer anderen Stelle.
- **Paretische (gelähmte) Extremität:** Setzen Sie keine subkutane Injektion in eine paretische Extremität.

F20 INTRAMUSKULÄRE INJEKTION

ALLGEMEINES

Richtig durchgeführt, ist die intramuskuläre Injektion eine segensreiche Applikationsform, weil Wirkungseintritt, -dauer und -stärke gut kalkulierbar sind. Nachlässig und falsch angewandt, besteht die Gefahr von Infektion, Nekrose, Abszess, Hämatom und Nervenschädigung. Beachtet man jedoch einige wichtige Prinzipien, ist das Risiko einer Schädigung sehr gering.
Sie dürfen die i.m.-Injektion durchführen, nachdem Sie von einer ärztlichen Person angelernt wurden und diese sich davon überzeugt hat, dass Sie die Methode beherrschen.

VORBEREITUNG

- Kontrollieren Sie, ob Sie das richtige Medikament haben und ob sein Verfallsdatum noch nicht überschritten ist.
- Achten Sie besonders darauf, ob das Medikament für die jeweilige Applikationsform vorgesehen ist.
- Materialien:

  - *sterile Spritze*
  - *kleine sterile Nadel zum Aufziehen des Medikaments*
  - *Injektionsnadel (die Wahl der Größe wird unten beschrieben)*
  - *einige sterile Tupfer*
  - *Desinfektionsmittel*
  - *Handschuhe (wenn Sie möchten)*
  - *evtl. Safebox (siehe Abb. S. 64).*

5-R-Regel zur Medikamentengabe

Richtiger Patient: Fragen Sie den Patienten nach seinem Namen. Namensschilder können vertauscht werden. Manche Namen klingen sehr ähnlich oder sind sogar identisch. Ältere Menschen hören manchmal schlecht und nicken aus Höflichkeit oder Unsicherheit.
Richtiges Medikament: Wie auch die Namen können die Medikamente leicht verwechselt werden.
Richtige Dosierung und Konzentration: Kontrollieren Sie selber die Menge und Konzentration, wenn Sie die Spritze nicht selbst aufgezogen haben.
Richtige Applikationsform: Viele Medikamente gibt es in unterschiedlichen Zubereitungen für verschiedene Applikationsformen und somit auch in verschiedenen Konzentrationen.
Richtiger Zeitpunkt: Nicht nur Tabletten werden zu unterschiedlichen Zeiten eingenommen. Im Zweifel schauen Sie auf den Beipackzettel. Er ist nicht nur für Patienten geschrieben, und es ist keine Schande ihn zu benutzen.

- Ziehen Sie das Medikament auf und achten Sie auf Ausfällung oder Trübung.
- Wechseln Sie die Kanüle.
- Entlüften Sie die Spritze und stellen Sie sie auf die verordnete Menge ein.
- Sie müssen den Patienten sicher identifizieren und über Vorgehensweise, Schmerzen und zu erwartende Reaktionen informieren.

ERLÄUTERUNG FÜR DEN PATIENTEN

„Ich werde Ihnen eine Spritze in den Po (bzw. Arm) geben. Das Medikament wirkt dadurch schneller und besser. Lassen Sie den Arm ganz locker (oder: Verlagern Sie Ihr Gewicht dabei ganz auf das andere Bein)."

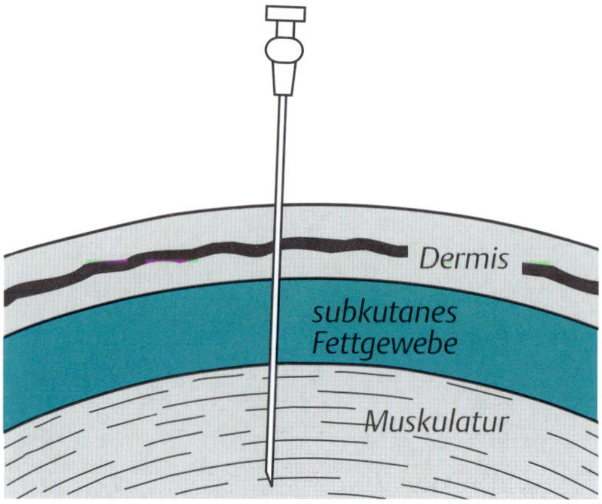

DURCHFÜHRUNG

Injektion nach von Hochstetter

- Der Patient liegt flach auf der Seite und hält das obere Bein leicht gebeugt.
- Desinfizieren Sie Ihre Hände.
- Der Injektionsort liegt in einem gedachten Dreieck zwischen Spina iliaca anterior superior, Crista iliaca und Trochanter major.
- Führen Sie eine gründliche Hautdesinfektion zur Vermeidung eines Spritzenabszesses durch.
- Zur Injektion in den linken M. glutaeus suchen Sie als Rechtshänder mit dem linken Mittelfinger die Spina iliaca anterior superior auf. Der gleichseitige Zeigefinger wird so weit abgespreizt, dass er die Crista iliaca erreicht.
- Der Injektionsort liegt zwischen Ihren beiden gespreizten Fingern.

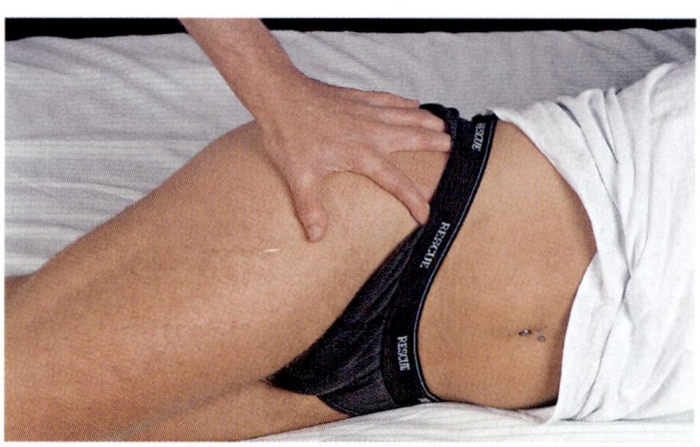

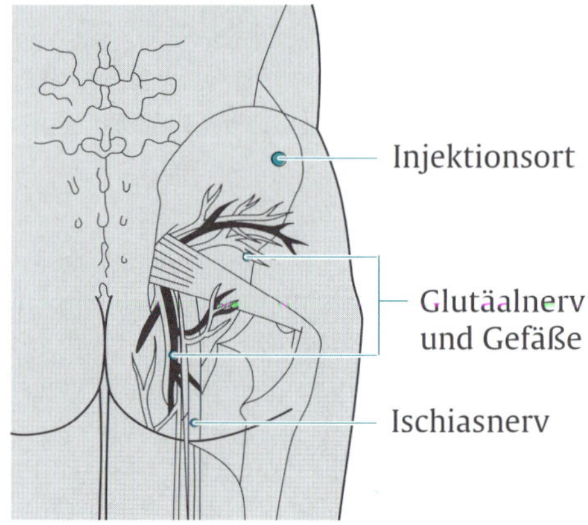

- Die Injektionsrichtung ist senkrecht zum Beckenknochen in Richtung des Bauchnabels in der unteren Hälfte des durch die Finger geformten Hautdreiecks. Als Linkshänder wechseln Sie Zeige- und Mittelfinger.
- Halten Sie die Spritze schreibfederartig und stechen Sie die Kanüle kurz und rasch etwa 5–7 cm tief ein.

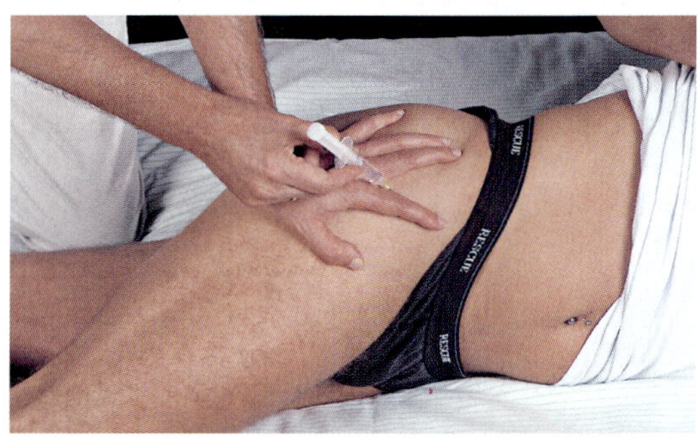

- Aspirieren Sie immer.
- Injizieren Sie das Medikament langsam und beobachten Sie dabei den Patienten.
- Ziehen Sie die Kanüle heraus und setzen Sie dann einen Tupfer auf die Injektionsstelle.

Crista-Methode nach von Sachtleben

Die Methode orientiert sich an der Crista iliaca. Sie wurde von einem Pädiater entwickelt, da die Körperproportionen bei Kindern bei der Methode nach von Hochstetter zu einer falschen Einschätzung der Injektionsstelle führen können. Die Kanülenlänge beträgt bei

Kleinkindern 30–32 mm und bei Schulkindern 38–40 mm. Bei Erwachsenen gelten die Längen der Methode nach von Hochstetter.

- Der Patient liegt auf der Seite.
- Eine Hand wird so in die Taille des Patienten gelegt, dass die Innenseite von Daumen und Zeigefinger dem Darmbeinkamm anliegt. Bei Erwachsenen befindet sich die Injektionsstelle jetzt auf einer gedachten Linie 3 Querfinger unterhalb des Darmbeinkamms. (Bei etwa 3–11jährigen Kindern beträgt der Abstand 2 Querfinger und bei Säuglingen und Kleinkindern 1 Querfinger). Die Injektion erfolgt möglichst lateral in der verlängerten mittleren Axillarlinie unterhalb des Darmbeinkamms.

Injektion in den Oberschenkelmuskel

Bei Säuglingen wird der Oberschenkel ausdrücklich als Injektionsort empfohlen, da sich die sonst favorisierte Gesäßmuskulatur erst im 2. Lebensjahr ausreichend entwickelt. Schlecht geeignet ist die Injektion in den Oberschenkel für ölige oder kortikoidhaltige Substanzen, Antibiotika und Antirheumatika. Die Kanülenlänge für Erwachsene liegt hier bei 38–40 mm, bei Kindern 30–32 mm.

- Bei der Injektion in den Oberschenkelmuskel liegt der Patient flach auf dem Rücken.
- Suchen Sie die Mitte der Verbindungslinie zwischen Trochanter major und Patella. Legen Sie die Hände so auf den Oberschenkel, dass die Kleinfingergrundgelenke auf der Patella bzw. auf dem Knochenvorsprung des Trochanter major liegen. Wenn Sie in dieser Haltung die Daumen abspreizen, können Sie die Begrenzung des M. vastus lateralis ertasten, der Teil des M. quadriceps femoris ist.

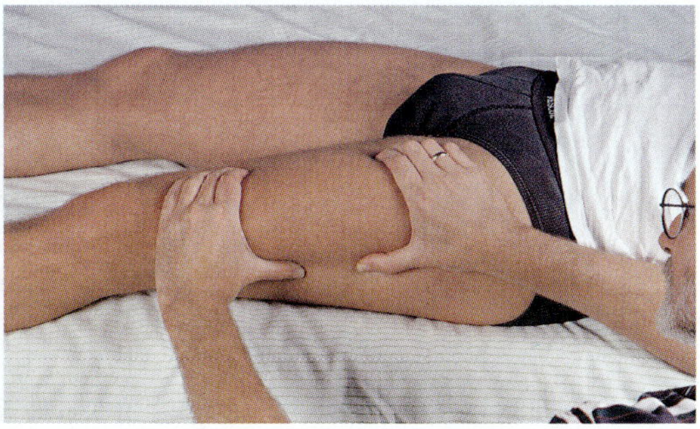

- Die Injektion erfolgt dann oberhalb der beiden Daumenspitzen, nicht dazwischen.

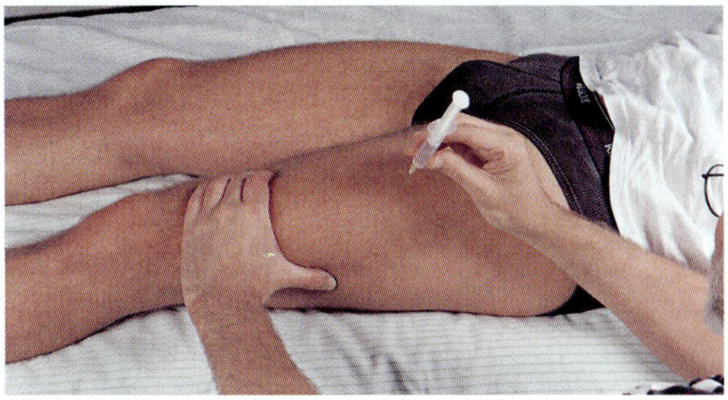

Oberarminjektion

Die Oberarminjektion wird mit Vorliebe bei Impfungen im Erwachsenenalter gewählt. Problematisch ist jedoch, dass die Muskelmasse an dieser Stelle nicht so groß ist. Deshalb darf auch nur eine relativ kleine Menge von maximal 2 ml Lösung injiziert werden. Die Kanülenlänge für Erwachsene beträgt hier 30 – 32 mm, für adipöse Patienten 38 – 40 mm.

- Wählen Sie die höchste Erhebung des M. deltoideus, etwa 3 Querfinger unterhalb des Akromions. Die Mm. biceps und triceps brachii sind zwar dicker, aber die Verletzungsgefahr für Gefäße und Nerven ist dort größer.

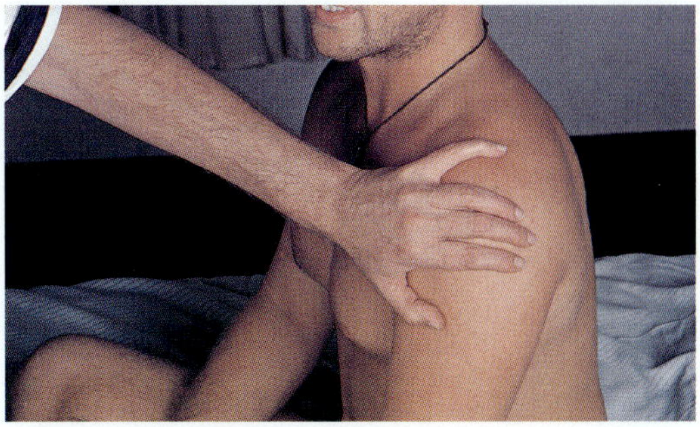

- Beim sitzenden Patienten liegt der entspannte Arm locker im Schoß, im Stehen hält er ihn mit der anderen Hand am Unterarm fest. Stechen Sie senkrecht zur Hautoberfläche ein.

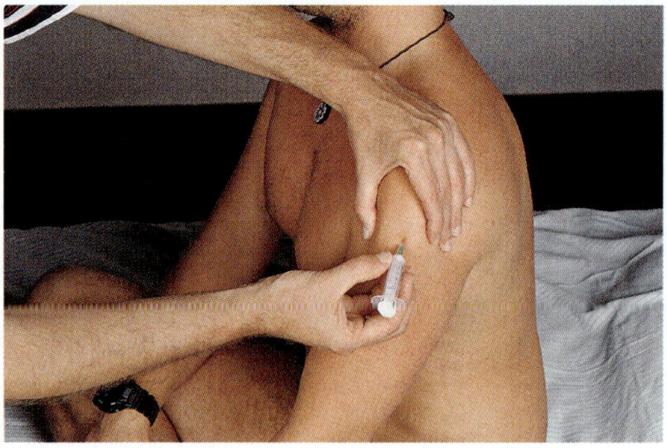

TIPPS UND TRICKS

- Kontrollieren Sie nach der Injektion, ob die Kanüle vollständig entfernt wurde. In seltenen Fällen wurden Stücke abgebrochen, was einen chirurgischen Eingriff erfordert.
- Vor dem Aufbrechen der Ampulle sollten Sie den Ampullenkopf durch Beklopfen von Flüssigkeit befreien.
- Um Schnittverletzungen beim Ampullenbrechen zu vermeiden, können Sie die Ampulle mit einem Tupfer brechen.
- Das Stechen kann auch in zwei Stufen erfolgen: Zunächst wird der derbe Hautwiderstand kurz und schnell überwunden, danach schiebt man die Nadel langsam bis zur gewünschten Tiefe in die Muskulatur vor. Üben lässt sich dies z.B. an einer Apfelsine.
- Setzen Sie nach einer Injektion nie die Kappe wieder auf die Nadel. Sie stechen sich dabei schneller als Sie glauben. Nehmen Sie einen Behälter für gebrauchte Nadeln mit.
- Das Stechen durch eine Desinfektionsmittelpfütze ist schmerzhaft. Also entweder warten Sie 30 s, bis sich die Lösung verflüchtigt hat oder Sie wischen die Reste mit einem sterilen Tupfer ab. Beachten Sie jedoch immer die Einwirkzeit.
- Bei mehreren Injektionen sollten Sie den Injektionsort wechseln.
- Nehmen Sie Beschwerden des Patienten nach der Injektion immer ernst.
- Die ehemals verbreitete „Quadrantenmethode" darf nicht mehr angewandt werden, da eine Nervenverletzung mit „Spritzenlähmung" hierbei weit wahrscheinlicher ist. Mit der Methode nach von Hochstetter kann man zwar eher das sehr schmerzempfindliche Periost berühren, doch birgt dies keine weiteren Risiken. Man zieht die Nadel in diesem Fall 1 cm zurück und injiziert dann.
- Bei sehr ängstlichen oder empfindlichen Patienten können Sie die Haut durch Auftragen eines lokalanästhetischen Sprays betäuben.
- Vor dem Einstich können Sie den Patienten durch reden oder durch eine Frage ablenken. Sie können ihm auch kurz vorher einen Klaps auf die andere Körperseite geben, so dass seine Wahrnehmung von der Punktionsstelle fortgeleitet wird.
- Für besonders adipöse Patienten gibt es extra lange Kanülen.

PROBLEME UND SONDERFÄLLE

- **Antikoagulation/Gerinnungsstörungen:** Führen Sie keine i.m.-Injektion bei Antikoagulation oder Gerinnungsstörungen durch, auch nicht bei Verdacht auf Herzinfarkt oder Lungenembolie, was eventuell eine Lysebehandlung nach sich zieht.
- **Zucken, Parästhesien und Schmerzen:** Wahrscheinlich haben Sie einen Nerv berührt. Brechen Sie die Punktion ab und versuchen Sie es an einer anderen Stelle.
- **Harter Widerstand und Schmerzen:** Wahrscheinlich haben Sie das Periost berührt. Beruhigen Sie den Patienten und ziehen Sie vor der Injektion des Medikaments die Nadel ein Stück zurück.
- **Blutaspiration:** Eine Vene wurde punktiert. Injizieren Sie nicht, sondern brechen Sie die Punktion ab und wiederholen Sie die Injektion an einer anderen Stelle. Ziehen Sie auch das Medikament neu auf.
- **Spontaner druckvoller Blutfluss:** Eine Arterie wurde punktiert. Injizieren Sie nicht und rufen Sie den Arzt. Drücken Sie die Blutungsstelle kräftig für mehrere Minuten ab.
- **Entzündungen:** Injizieren Sie nicht in die Nähe einer entzündeten Hautregion.
- **Reaktionen nach der Injektion:** Benachrichtigen Sie sofort den Arzt bei Hautaus-

schlag, Übelkeit, anaphylaktischem Schock und Glottisödem.

- **Paretische Extremität:** Setzen Sie keine i.m.-Injektion in eine gelähmte Extremität.
- **Selbstverletzung:** Trotz vorsichtigen Umgangs mit Nadeln und trotz Tragens von Handschuhen kann es zu Selbstverletzungen mit bereits verwendeten Nadeln kommen. Folgende Maßnahmen werden in diesem Fall allgemein empfohlen:
  - Nadel entfernen
  - Wunde ausdrücken
  - Blutung anregen, um möglichst alles Fremdmaterial aus dem Stichkanal zu entfernen – Dauer 1–2 min.
  - zur Desinfektion den Stichkanal spreizen, um eine Tiefenwirkung des Mittels zu erreichen – Dauer der Desinfektion 2–4 min. Die Effektivität der Desinfektionswirkung kann nur am Schmerz gemessen werden. Es muss weh tun! Eine ausgiebige Spülung mit Alkohol oder alkoholischer Jodlösung ist hierbei zu bevorzugen.

Zudem sollte die Wunde abgebunden und chirurgisch revidiert werden. Die Wirksamkeit eines Blutstaus durch Abbinden zur Infektionsverhinderung ist unklar und unsicher. Durch eine Vakuumsaugvorrichtung kann die Spülung des Stichkanals jedoch verbessert werden. Anschließend stellen Sie sich beim hausinternen oder zuständigen D-Arzt vor. Neben einer Blutentnahme zur sofortigen HIV-, Hepatitis B- und Hepatitis C-Testung (außerdem nach 6 Wochen und nach 3, 6 und 12 Monaten) muss natürlich auch das Serum des Patienten umgehend auf diese Viren getestet werden, um ggf. die Indikation für eine medikamentöse Infektprophylaxe zu stellen. Unerlässlich ist eine genaue Dokumentation. Bei erkennbarem Infektionsrisiko wird eine Meldung an das Gesundheitsamt und an den Unfallversicherungsträger gemacht.

Alle Maßnahmen werden abschließend dokumentiert.

Jedes Material von Patienten im Labor, auf Station, in der Praxis kann infektiös sein!

F21 I.V.-INFUSIONEN ANHÄNGEN

ALLGEMEINES

Das Anhängen von Infusionen kommt in manchen Fachrichtungen häufig (Allgemeinmedizin, Innere Medizin), in manchen seltener vor (Gynäkologie, Urologie, Augenheilkunde). Infusionen dienen der raschen, aber kontrollierten Zufuhr von Medikamenten, Flüssigkeit und Nahrung oder einfach dem Offenhalten eines venösen Zugangs durch die Gabe von physiologischer Kochsalzlösung (NaCl-Lösung). Physiologische Kochsalzlösung ist eine Substanz, die der Zusammensetzung des Wassers im Blut weitgehend entspricht. Man unterscheidet Kurz- und Dauerinfusionen. Nährlösungen und Medikamente sollten grundsätzlich über verschiedene Zugänge laufen.

Häufige Indikationen in der Praxis sind z.B. Durchblutungsstörungen und Tinnitus (Ohrgeräusche). Sie können die Infusionen vorbereiten und anhängen. **Das Öffnen der Infusion liegt jedoch in der Verantwortung des Arztes.**

VORBEREITUNG

- Materialien:

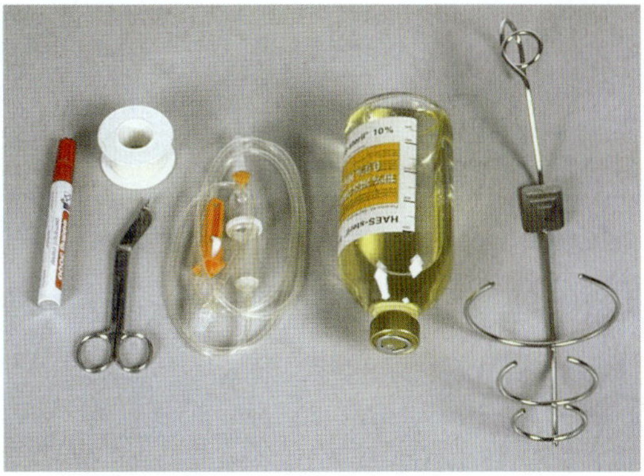

  - *Aufhängevorrichtung*
  - *Infusionslösung, evtl. Zusätze*
  - *Infusionsbesteck*

- *Schere*
- *beschriftbares Pflasterband*
- *Filzstift.*

- Informieren Sie den Patienten über Sinn und Dauer der Infusion.

ERLÄUTERUNG FÜR DEN PATIENTEN

„Wir möchten bei Ihnen eine Infusion durchführen, durch die das Medikament besonders schnell in Ihren Körper gelangt. Sie müssen dafür mit etwa 1 Stunde Dauer rechnen." (Kurzinfusion: eine halbe Stunde)

- Infusionslösungen müssen absolut steril sein, darum müssen alle Utensilien wie Behälter, Schlauch und Dreiwegehähne aseptisch behandelt werden.

DURCHFÜHRUNG

- Desinfizieren Sie Ihre Hände.
- Bereiten Sie die Infusion wegen möglicher Übertragung von Keimen (Kontamination) und Verfall des Medikamentes erst unmittelbar vor dem Anhängen vor.
- Bei der Auflösung von Trockensubstanzen richtet man sich genau nach den Herstellerangaben.
- Stülpen Sie die Aufhängevorrichtung über die Glasflasche. Plastikflaschen sind meist mit Ösen am Flaschenboden versehen.
- Kontrollieren Sie die Infusionslösung auf Verfallsdatum, Etikett, Vollständigkeit des Inhalts. Nicht ausdrücklich für die i.v.-Infusion vorgesehene Medikamente dürfen nicht als Infusion gegeben werden.
- Öffnen Sie den Verschluss aseptisch, also ohne Kontakt mit keimbesiedelten Flächen wie den eigenen Händen oder Gegenständen. Eventuell desinfizieren Sie den Verschlussgummi.
- Schließen Sie die Radklemme am Schlauch und stechen Sie den Dorn des Infusionsbestecks an vorgesehener Stelle in die Flasche. Der Flaschenverschluss zeigt nach oben.

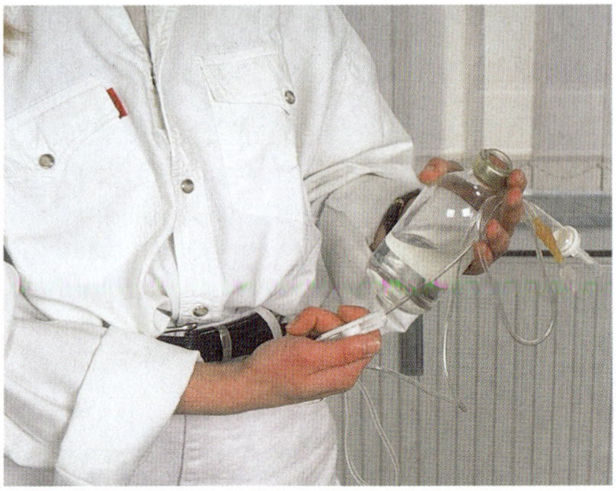

- Injizieren Sie eventuelle medikamentöse Zusätze durch den Verschlussgummi neben dem Dorn in die Flasche.

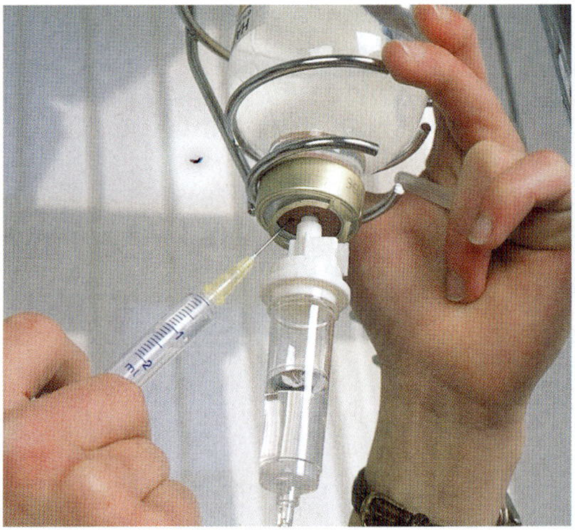

- Drehen Sie die Infusion um und halten Sie sie hoch oder hängen Sie sie am Infusionsständer auf.

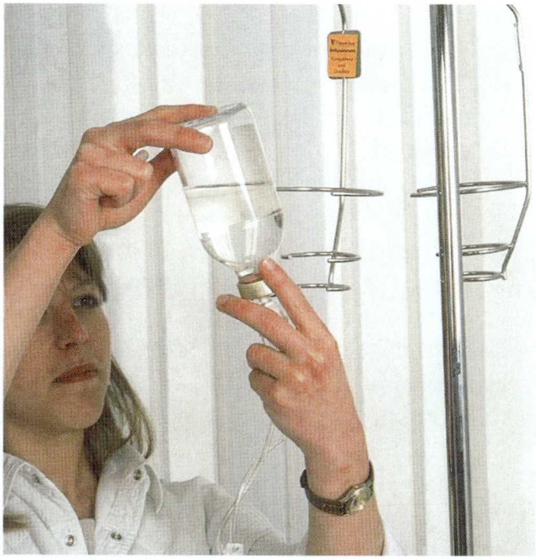

- Zapfen Sie bei geschlossener Radklemme die Tropfkammer durch leichtes Pumpen halb voll.

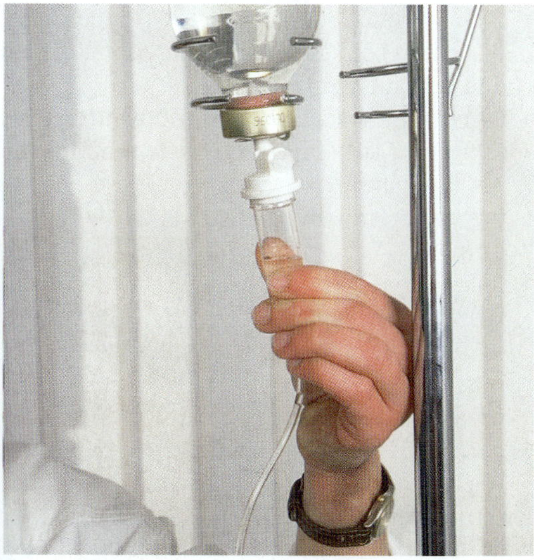

- Zur vollständigen Entlüftung des Systems öffnen Sie die Radklemme und lassen die Flüssigkeit bis zum Schlauchende durchlaufen.
- Schließen Sie die Klemme wieder.
- Beschriften Sie die Infusion auf dem Etikett oder auf einem Zusatzzettel: eventuelle Zusätze (oder leere Ampulle an die Flasche heften), Infusionsdauer, Tropfenzahl, Datum, Uhrzeit.
- Verbinden Sie das Schlauchende mit dem intravenösen Zugang unter sterilen Bedingungen.
- Der Arzt gibt die Dauer der Infusion vor.
- Stellen Sie die Tropfenzahl ein (Faustregel: 40 bis 60 Tr./min):

$$\frac{\text{Infusionsmenge (ml)} \times 20}{\text{Infusionsdauer (min)}} = \text{Tropfen pro Minute}$$

oder

$$\frac{\text{Infusionsmenge (ml)}}{\text{Infusionsdauer (Std.)} \times 3} = \text{Tropfen pro Minute}$$

- Bilden Sie mit dem Schlauch eine kurze Schleife und fixieren Sie diese mit Pflaster auf der Haut, um einen direkten Zug am Zugang zu vermeiden.
- Beobachten Sie die Einstichstelle eine Minute lang, ob die Infusion statt in die Vene in das Gewebe läuft (paravasal). Schwillt das Gewebe an oder rötet sich die Haut?
- Kontrollieren Sie häufig die Vitalzeichen des Patienten und erkundigen Sie sich nach seinem Befinden (besonders bei erstmaliger Infusion von Antibiotika, Zytostatika, Herzmedikamenten, Blut). Überprüfen Sie auch die eingestellte Tropfenzahl.
- Bringen Sie alle benötigten Gegenstände in Reichweite des Patienten.
- Besprechen Sie mit den Angehörigen das Vorgehen bei einer leer gelaufenen Infusion.

TIPPS UND TRICKS

- **Infusomat:** Er ermöglicht eine genaue Dosierung über Stunden und Tage. Bei leerer Infusionsflasche oder gestörter Tropfenfolge erfolgt die automatische Abschaltung und es gibt einen optischen/akustischen Alarm. Er wird besonders zur Gabe von Heparin, Insulin und herzwirksamen Medikamenten eingesetzt.

- **Perfusor:** Diese auch Spritzenpumpe genannten Apparate werden überall dort eingesetzt, wo hochwirksame Medikamentenlösungen mit kleinen Volumina optimal steuerbar gegeben werden müssen.
- Tropfenzähler.

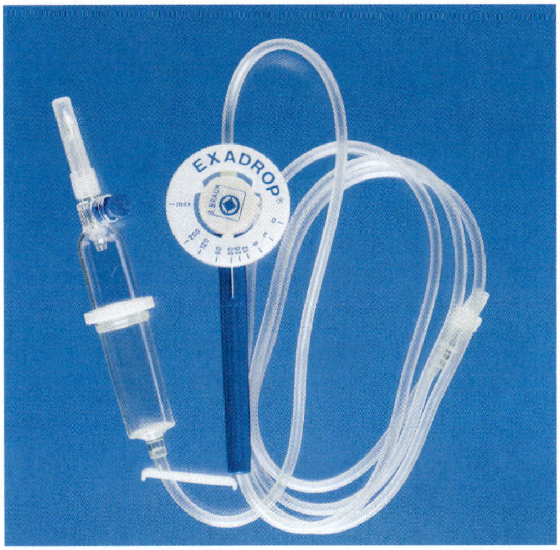

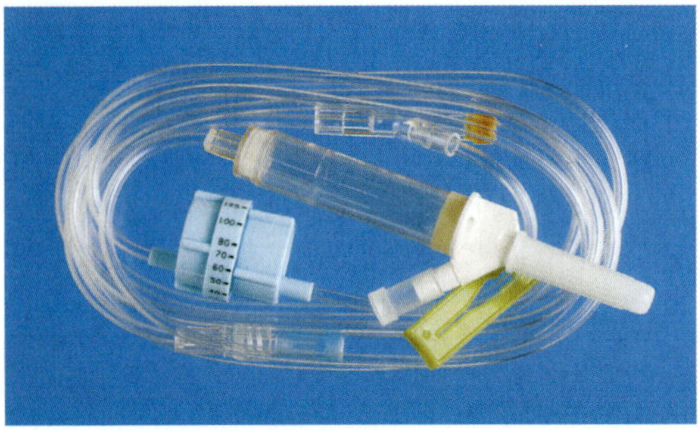

- Das Hauptproblem bei Infusionen ist, dass sie oft nicht laufen. Folgende Versuche sollten vor der Benachrichtigung des Arztes oder dem Neustechen unternommen werden:
  - Aufhebung aller Knicke im Infusionssystem
  - den Arm strecken
  - Öffnen der Klappe an der Tropfkammer
  - Leichtes Bewegen des Zugangs; eventuell liegt der Teflonschlauch der Venenwand an
  - vorsichtiges Aspirieren mit einer Spritze am Zugang
  - aus dem gleichen Grund wird das Durchspülen des Zugangs mit physiologischer Kochsalzlösung skeptisch betrachtet, ist in der Praxis jedoch durchaus üblich.
- Inzwischen sind die Infusionsbestecke in der Regel mit einem gefilterten Luftkanal an der Tropfkammer versehen, der für die Luftzufuhr in die Infusionsflasche sorgen sollte. Gelegentlich ist der Filter mit einem Deckel verschlossen, der beim Starten der Infusion geöffnet werden muss. Wenn die Infusion nicht (mehr) läuft, muss korrekterweise eine neue Flasche mit einem neuen Besteck verwendet werden. Vielfach wird mit einer Kanüle durch den Filter gestochen, was zwar oft hilft, aber die Gefahr einer Kontamination mit sich bringt und deshalb unterbleiben muss. Gelegentlich läuft die Flüssigkeit auch später an dieser Stelle heraus.
- Wenn Gewinde durch klebrige oder zuckrige Infusionen nicht zu öffnen sind, haben Kocher-Klemmen einen hervorragenden Effekt als Zange. Eine einfache Kombizange findet sich auch in vielen Haushalten.
- Bei Ungewissheit über die Infusion: kein Risiko eingehen. Rückfrage beim Arzt.
- Der Schlauch sollte luftleer sein. Kleine Bläschen können durch Schnippen gegen den Schlauch zum Aufsteigen in die Tropfkammer gebracht werden. Obwohl die Gefahr einer Luftembolie bei solchen Mengen verschwindend gering ist, existiert ein gewisser Summationseffekt bei Wiederholung.
- Ein leeres Infusionssystem unterscheidet sich auf den ersten Blick fast nicht von einem gefüllten Infusionssystem – also genau hinschauen.
- Bei halb- bis einstündigen Infusionen können Sie eventuell einen Butterfly benutzen. Auch kann man den Patienten fragen, was ihm lieber ist.
- Medikamente, die nicht notfallmäßig eingesetzt werden, laufen im Zweifel besser zu langsam als zu schnell. Jedoch ist das von Fall zu Fall nachzuprüfen. Eine Auswahl der immer besonders langsam zu verabreichenden Medikamente (normale Dosis während

5 min): Lidocain, Digitalis-Präparate, Furosemid, Zytostatika, Verapamil, Theophyllin, Phenytoin, Ajmalin. Am besten nehmen Sie eine Uhr zu Hilfe.

PROBLEME UND SONDERFÄLLE

- **Komplikationen:** Bei jeder Art von Komplikation die Infusion sofort stoppen, System belassen, Arzt rufen und Patienten überwachen.
- **Arm schwillt während Infusion an:** Die Infusion läuft paravasal (neben dem Blutgefäß). Stellen Sie die Infusion ab und entfernen Sie den Zugang. Behandeln Sie die Schwellung mit einem Umschlag mit Heparin-Salbe oder mit einem in hypertoner Kochsalzlösung (stärker als 0,9%) getränkten Umschlag.
- **Veränderung der Lösung:** Nach dem Hinzumengen von Medikamenten können Trübungen, Ausflockungen oder Verfärbungen der Infusionslösung auftreten. Eventuell ist dies ein Zeichen dafür, dass die Substanzen miteinander reagieren. Die Infusion muss dann sofort gestoppt werden.
- **Verwirrte Patienten:** Fixieren Sie Zugang und Schlauch doppelt. Nötigenfalls wird der Patient fixiert, wenn der Arm nicht ruhig gehalten wird.
- **Infusion und Straßenverkehr:** Durch manche Infusionen kann, wie bei allen Medikamenten, das Reaktionsvermögen beeinträchtigt werden. In diesem Fall müssen Sie den Patienten darauf aufmerksam machen, dass er nicht mehr Auto fahren darf, sondern dass er sich um eine andere Transportmöglichkeit bemühen muss. Bieten Sie ihm eventuell an, für ihn ein Taxi zu rufen.

F 22 UMGANG MIT UNTERSUCHUNGSMATERIALIEN

ALLGEMEINES

Will man eine sinnvolle und genaue Labordiagnostik betreiben, so muss vor allem auf die korrekte Gewinnung und Aufbewahrung des Materials bis zur Weiterverarbeitung geachtet werden. Im Folgenden werden die wichtigsten Untersuchungsmaterialien sowie deren Verarbeitung und Lagerung aufgelistet (*siehe P1, Laborwerte und ihre Bedeutung*). Bei der Vielzahl an Bestimmungen, die im Labor möglich sind, empfiehlt es sich, dass Sie bei der Anforderung von neuen Messgrößen mit dem Labor Rücksprache nehmen.

VORBEREITUNG UND DURCHFÜHRUNG

EDTA-Blut

(engl. ethylene diamine tetraacetic acid, Äthylendiamintetraessigsäure)

Verarbeitung:

- Innerhalb von 4 bis 6 Stunden.
- Blutausstriche müssen innerhalb von 2 Stunden angefertigt werden.
- Lagerung: bei Raumtemperatur (25°C).

Untersuchungen:

- Blutbild, Blutausstrich, CO-Hämoglobin, Thrombozyten, Hb-A_1 (Hämoglobin-A_1, *siehe P1, Laborwerte und ihre Bedeutung*), Laktat (aus ungestauter Vene abnehmen, Verarbeitung so rasch wie möglich).

Serum

Verarbeitung:

- 10 ml Vollblut entnehmen.
- 20 bis höchstens 45 min lang gerinnen lassen.
- 10 min bei 3000 U/min zentrifugieren.
- Überstand = Serum, für Untersuchungszwecke.

- Lagerung: bei Raumtemperatur möglich, bei Kühlschranktemperatur sind viele Bestandteile länger stabil. Entnehmen Sie die beste Lagerungsweise entsprechenden Tabellen über Probenstabilität.

Untersuchungen:
- u.a. Antikörperbestimmungen, Bluteiweiße, Leberwerte, Bauchspeicheldrüsenwerte, Schilddrüsenhormone, Entzündungsparameter, Rheumafaktoren, Tumormarker.
- Tiefgefrorenes Serum: Calcitonin (nüchtern), Gastrin, Insulin.

Besonderheiten:
- Achten Sie darauf, dass Blutproben zur Bilirubinbestimmung dunkel gelagert werden, sonst zerfällt das Bilirubin.
- Serumröhrchen enthalten häufig Granulat oder Gel, die sich als Trennmittel zwischen den Blutkuchen und das Serum setzen. Bevorzugen Sie Gelröhrchen, wenn Sie Messwerte bestimmen wollen, deren Konzentration durch Stoffaustritt (AST früher GOT, Kalium, LDH, alk. Phosphatase) aus den Erythrozyten verändert werden kann.

Plasma

Verarbeitung:
- Zitrat-Blut: Gerinnung sollte innerhalb von 4 Stunden bestimmt werden.
- EDTA/Heparin-Plasma, Lithium-Heparinat-Plasma oder Zitrat: Vollblut in entsprechenden EDTA-, Heparin oder Zitratröhrchen abnehmen.
- Natriumfluorid-Blut: Lactat- und Glucosebestimmung aus venösem Blut, Glykolyse wird gestoppt.
- Sofort nach der Blutentnahme durchmischen.
- Versendung zur Laborgemeinschaft.
- Lagerung: unterschiedlich, entsprechenden Tabellen über Probenstabilität entnehmen.

Untersuchungen:
- Antithrombin III, Blei, Fibrinogen, Gerinnungsfaktoren, PTT, PTZ, Plasminogen, Quick, ACTH, ADH, Adrenalin, Ammoniak (in Lithium-Heparinat-Plasma, Verarbeitung innerhalb von 30 min), Dopamin, Katecholamine, Parathormon.

Besonderheiten:
- Viele Hormone (z.B. Adrenalin, Katecholamine, Osteocalcin, PTH) und Gerinnungsfaktoren müssen nach der Entnahme sofort zentrifugiert, abgesert und tiefgefroren werden (–20°C). Das Plasma muss während des Transports tiefgefroren bleiben (bei längeren Strecken Transport auf Trockeneis).
- Gerinnungsbestimmung aus Zitratplasma: Verhältnis Zitrat zu Blut muss 1:9 betragen, d.h. dem mit 0,5 ml Zitrat gefüllten Röhrchen müssen genau 4,5 ml Blut hinzugefügt werden. (Das Röhrchen muss ganz voll sein.) Dieses Mischungsverhältnis ergibt sich automatisch, wenn Sie mit Vakuumsystemen arbeiten. Vacuetten müssen sich nur ihrem Vakuum entsprechend gefüllt haben.
- Für die Blutkörperchensenkungsgeschwindigkeit müssen 0,4 ml Zitrat und 1,6 ml Blut aufgezogen und umgehend gemischt werden. Veränderungen in diesem Mischungsverhältnis führen zu verfälschten Werten.

Morgenurin

- Hierbei wird der erste Urin nach dem Aufstehen verwendet, allerdings auch nur der so genannte Mittelstrahlurin, d.h. der Patient muss sich seine Urinmenge in drei Portionen einteilen (gefühlsmäßig). Die erste Portion lässt er in die Toilette ablaufen, die mittlere Portion fängt er im Uringefäß auf und den Restharn lässt er wieder in die Toilette ab. Bitten Sie den Patienten, sich zuvor im Genitalbereich zu reinigen, damit Verunreinigungen durch Zellen des äußeren Genitalbereiches, Ausfluss aus der Scheide oder Wäschefasern vermindert werden. Ideal wäre es, wenn der Patient während des Wasserlassens den Harnstrahl nicht unterbricht, allerdings wird das von den wenigsten Patienten gemacht. Wird ansonsten die Harngewinnung gewissenhaft umgesetzt, ist der auftretende Fehler gering und kann vernachlässigt werden.

ERLÄUTERUNG FÜR DEN PATIENTEN

„Bitte geben Sie uns in diesem Urinbecher eine Urinprobe ab. Damit wir auch wirklich nur Urin aus der Harnblase untersuchen, benötigen wir einen so genannten Mittelstrahl-Urin.

- Bitte waschen Sie zunächst die Umgebung der Harnröhren-Öffnung mit Wasser und Seife, spülen mit klarem Wasser nach und trocknen mit einem frischen Handtuch ab.
- Beginnen Sie mit dem Wasserlassen in das Toilettenbecken – halten Sie dabei das geöffnete Probengefäß mit einer Hand bereit.
- Nach einigen Sekunden fangen Sie, ohne den Strahl zu unterbrechen, eine **kleine** Menge Urin aus der Mitte des Strahles auf.
- Entfernen Sie den Probenbecher, ohne den Strahl zu unterbrechen.
- Die letzte Portion des Urins können Sie dann in die Toilettenschüssel lassen.
- Bitte geben Sie uns die Probe sofort ab."

Verarbeitung:

- 5 min zentrifugieren bei 2000 U/min.
- Lagerung: im Kühlschrank (4° bis 8° C).
- Für den Trichomonadennachweis muss der Urin noch körperwarm bei 1500 U/m zentrifugiert und umgehend mikroskopiert werden.

Untersuchungen:

- Glucose, Albumin, Erythrozyten, pH, spezifisches Gewicht, Ketone, Schwangerschaftsnachweis, pathogene und nicht-pathogene Keime, Pilze, Trichomonaden; ferner Aluminium, Bilirubin, Blei, Chrom, Hb, Mikroalbumine, Nitrit, Urobilinogen.

Weitere Formen der Uringewinnung:

- **Spontan-Urin** wird ohne besondere Vorbereitung des Patienten in einem Plastikbecher oder bei Säuglingen in einem angeklebten Urin-Beutel gewonnen. Diese Art reicht meistens für die Teststreifen-Untersuchung und das Urin-Sediment aus.
- **Katheter-Urin:** Nach Desinfektion des äußeren Genitale wird unter sterilen Bedingungen ein Katheter in die Harnröhre eingeführt und in die Harnblase hinaufgeschoben. Der gewonnene Urin wird zur bakteriologischen Untersuchung verwendet.
- **Blasen-Punktionsurin:** Der Patient muss hierbei zunächst so viel trinken, dass die Harnblase gut gefüllt ist. Dann punktiert man mit einer sterilen Spritze die Harnblase durch die Bauchhaut oberhalb der Symphyse und saugt Urin ab. Dies ist die sicherste Methode, um Urin zu gewinnen, der frei von Verunreinigungen ist.

24 Std.-Sammelurin

- Denken Sie daran, rechtzeitig entsprechende Sammelgefäße bei Ihrer Laborgemeinschaft anzufordern.

Verarbeitung:

- Morgens um 7.00 Uhr nach dem Verwerfen des ersten Morgenurins (Blasenentleerung in die Toilette) wird mit dem Sammeln begonnen. Die Sammelperiode dauert bis zum nächsten Tag um 7.00 Uhr einschließlich des Morgenurins.
- Gesamturinmenge vermerken.
- Gesamturin durchmischen.
- Teilurinmenge (je nach Untersuchung 5 ml bis 50 ml) abfüllen.
- Sammelzeit vermerken: von ... bis ... .
- Lagerung: während der Sammelphase am besten im Kühlschrank oder an einem anderen kühlen Platz (die Patienten ekeln sich häufig davor, den Urin im Kühlschrank zu lagern). Auf jeden Fall sollten Sie die Patienten darauf hinweisen, dass das Sammelgefäß nicht in Bereichen mit Fußbodenheizung auf dem Boden stehen darf.

Anmerkungen:

- Machen Sie den Patienten darauf aufmerksam, dass er Urinproben getrennt vom Stuhlgang auffangen muss.

- Diabetiker benötigen häufig mehr als ein Sammelgefäß. Geben Sie in Zweifelsfällen besser zwei Sammelbehälter mit. Für das Labor müssen Sie aus beiden durchmischten Gefäßen Harn abnehmen.

Untersuchungen:
- Sammelurin: Aminosäuredifferenzierung, Kalzium, Chlorid, Cortisol, Elektrophorese, Eiweiß, Fluorid, Harnsäure, Harnstoff, Immunelektrophorese, Kalium, 17-Ketosteroide, Kreatinin, Kreatininclearence (zweimalige Kreatininbestimmung im Serum: 1. zu Beginn der Sammelperiode, 2. nach 12 Std.), Natrium, Phosphat.
- Tiefgefrorener, angesäuerter Urin: Sammelurin in 5 ml 3 normale Salzsäure sammeln, während der Sammelperiode im Kühlschrank aufbewahren, danach durchmischen und 10 ml einfrieren): Adrenalin, Dopamin, Katecholamine, Vanillinmandelsäure.
- Tiefgefrorener, nicht angesäuerter Urin: Sammelurin im Kühlschrank sammeln, danach gut durchmischen, 10 ml davon tieffrieren bei –20°C.
- Freies Aldosteron: Aldosteron wird ebenfalls auf HCl gesammelt, muss aber nicht eingefroren werden.

Stuhl

- Denken Sie daran, rechtzeitig entsprechende Gefäße anzufordern.

Verarbeitung:
- Der Transport muss möglichst rasch erfolgen, um ein Absterben empfindlicher Keime zu vermeiden. Bei Verdacht auf pathogene Keime sollten die Stuhlproben evtl. an drei aufeinander folgenden Tagen abgenommen und eingesendet werden. Bei Untersuchungen auf Amöben muss die Stuhlprobe in SAF-Medium fixiert werden. Die Probe wird gut mit dem Medium durchmischt, so dass eine Suspension entsteht.
- Lagerung: bei 4°C.

Untersuchungen:
- Stuhl: Blut im Stuhl *(siehe F25, Test auf okkultes Blut)* Chymotrypsin, Fette, pathogene Keime, Wurmeier.
- Tiefgefrorener Stuhl: Clostridium difficile Toxin A.

Anmerkungen:
- Es empfiehlt sich, in der Praxis ein „Musterröhrchen“ als Anschauungsobjekt bereitzustellen. Sie mindern damit die Zahl der Proben, bei denen das Gefäß randvoll gefüllt bei Ihnen abgegeben wird.
- Bei Untersuchungen auf Shigellen muss die Stuhlprobe innerhalb von 3 Stunden untersucht werden und darf nicht gekühlt werden. Im Transportmedium überleben die Keime länger.

Abstriche

Verarbeitung:
- Entnahme des Materials an verdächtigen Stellen unter guter Einsicht mit speziellen, sterilen Abstrichtupfern. Tupfer anschließend vollständig in ein passendes Transportröhrchen geben. Abstrichtupfer und Röhrchen werden meist passend zusammen geliefert.
- Bis zum Transport zur Mikrobiologie keine besonderen Maßnahmen.
- Lagerung: bei 4°C. Gelegentlich muss ein Präparat im Brutschrank aufbewahrt werden.
- Vaginalabstriche zur Krebsvorsorge werden auf einem Objektträger nach der Entnahme abgerollt. Die so aufgebrachten Zellen dürfen nicht lufttrocknen. Sie werden umgehend fixiert.

Untersuchung:
- Aerobe und anaerobe Keime, Antibiogramm, Cytologie.

Sputum

- Denken Sie daran, sterile Gefäße im Labor anzufordern.

Verarbeitung:

- Möglichst Gewinnung bei morgendlichem Abhusten, nachdem der Patient mehrfach mit klarem Wasser seinen Mund gespült hat.
- Sputum zur Keimtestung in ein steriles Gefäß abhusten und ohne Verunreinigung durch Berührung mit den Händen verschließen. Eventuell kann zur Gewinnung von mehr Material die i.v.-Gabe eines Expektoranz am Vorabend und morgens hilfreich sein.
- Histologische Sputumuntersuchungen auf Zellen: Sputum in einen Behälter mit Alkohollösung (50%-iger Ethylalkohol) oder Carbowax geben.
- Bei der bakteriologischen Untersuchung darf kein Alkohol verwendet werden.
- Lagerung: bei 4°C.

Untersuchung:

- Keimnachweis (Normalbesiedlung des Mundes, pathogene Keime, säurefeste Stäbchen zum Tbc-Nachweis), Antibiogramm, Nachweis maligner Zellen.

Blutkulturen

Verarbeitung: (abhängig vom Blutkultursystem des Labors):

- Nach ausreichender Hautdesinfektion und mindestens 1 min Einwirkzeit ca. 20 ml Blut mit einem Serumröhrchen ohne Zusätze mit einer sterilen Kanüle entnehmen. 5–10 ml Blut jeweils über eine neue Kanüle in die Blutkulturflaschen injizieren. Zunächst die anaerobe, dann die aerobe Blutkulturflasche füllen. Diese wird anschließend durch Abnehmen der Spritze von der Kanüle belüftet.
- Günstigster Zeitpunkt während Fieberanstieg, beim Fiebermaximum oder während Schüttelfrost. Mehrfach bis zu stündlich vor Beginn einer antibiotischen Therapie.
- Sorgen Sie für einen raschen Transport ins Labor (Transporttemperatur 37°C).
- Die Kultur wird in der Regel zur weiteren Verarbeitung und Analyse in eine mikrobiologische Abteilung versendet.
- Lagerung: bei 37°C in einem Brutschrank aufbewahren.

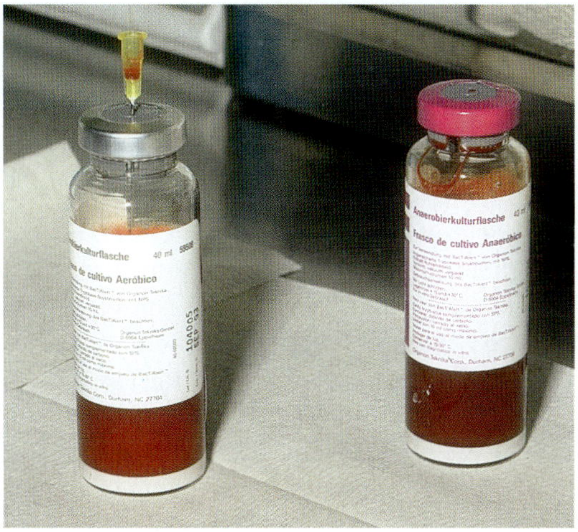

Untersuchungen:

- Aerobe und anaerobe Keime. Antibiogramm zur Austestung der Sensibilität bzw. Resistenz gegenüber antibiotischen Substanzen. Hemmstoffnachweis bei bereits vorbestehender Antibiose.

Anmerkungen:

- Für Kinder gibt es spezielle Blutkulturflaschen, bei denen weniger Blut eingesetzt werden muss. Diese Kulturflaschen sind ebenfalls für Liquorkulturen geeignet.
- Für die Anzüchtung von Pilzen gibt es spezielle Kulturflaschen, ebenso für die Anzüchtung von Mykobakterien.
- Bei der Entnahme ist sehr auf steriles Arbeiten zu achten. Es muss eine gründliche Händedesinfektion durchgeführt worden sein, Handschuhe sind Pflicht. Die Gummistopfen der Kulturflaschen müssen desinfiziert werden und bei der Belüftung der aeroben Flasche muss darauf geachtet werden, dass keine Verunreinigung erfolgt.

Liquor (Rückenmarkflüssigkeit)

Verarbeitung:

- Möglichst rasche Verarbeitung im Labor.
- Zentrifugieren über 5 min bei 2 000 U/min zur Zelldifferenzierung.
- Lagerung: Kühlschrank bei 4°C bis 8°C.

Untersuchungen:
- Bewertung von Farbe und Trübung, Zellzahl, Zellsedimentierung mit Differenzierung, Bakterien, Pilze (Kulturen anlegen), Virologie, Albumin, CEA, Gesamteiweiß, Laktat, isoelektrische Focussierung, PCR, Erregerschnelltests z.B. auf Menigokokken
- Parallel im Liquor und im Serum bestimmt man Glucose, IgG, IgM, IgA, Tumormarker, Antikörper z.B. auf Borrelien.
- Spezialtests z.B. bei Verdacht auf Jacob-Kreuzfeld-Erkrankung sind Tau-Protein und beta-Amyloid.
- Nach Zentrifugieren: Gelbfärbung des Überstandes spricht für stattgefundene Blutung.

Magensaft

Verarbeitung:
- Keine Besonderheiten.
- Lagerung: bei Raumtemperatur.

Untersuchungen:
- Aufbewahrung zu gerichtsmedizinischen Zwecken, pH, Bakterien (Tbc, Heliobacter pylorii), Pilze.

Trachealsekret

Verarbeitung:
- Gewinnung mit sterilem Absaugkatheter und Aspirat oder die Spitze des Absaugkatheters mit einer sterilen Schere abschneiden und in ein steriles Gefäß geben.
- Weiterverarbeitung in Mikrobiologie.
- Lagerung: bei 4°C maximal 24 Stunden.

Untersuchung:
- Keimnachweis, Tbc-Diagnostik, Antibiogramm.

Gewebeproben, Biopsien

Verarbeitung:
- Entnahme des Materials an verdächtigen Stellen
- Sofortige Fixation in 4 – 10%igem Formalin
- Weiterverarbeitung in einem pathologischen oder histologischen Labor

Lagerung: Raumtemperatur

Untersuchungen:
- Gewebeveränderungen, Antikörpernachweise im Gewebe

TIPPS UND TRICKS

- Informieren Sie den Patienten bei der Einbestellung eingehend über erforderliche Vorbereitungen (nüchtern: 12–16 Stunden nichts gegessen, am Morgen nichts getrunken außer einem halben Glas Wasser, am Morgen nicht geraucht; Ernährungsumstellung; Medikamenteneinnahme u.ä.)
- Beschriften Sie die Proben immer sehr sorgfältig, um Verwechslungen zu vermeiden.
- Sorgen Sie stets für eine ausreichende Menge Untersuchungsmaterial, damit keine Untersuchungswiederholungen erforderlich werden.
- Vermeiden Sie eine lange Lagerung von Proben in der Praxis.
- Für Bestimmungen, die in enger zeitlicher Abfolge zur Probengewinnung erfolgen müssen, empfiehlt es sich, die Patienten direkt in das Labor zu schicken.

PROBLEME UND SONDERFÄLLE

- **Verunreinigung mit Keimen (Kontamination):** Kontamination durch unsteriles Arbeiten bei mikrobiologischen Befunden ist häufig. Daher immer genau hinterfragen, ob es sich z.B. um einen Keim der Mundflora oder um einen Hautkeim handelt.

INTERNET

- Graphische Darstellungen und weitere Spezialuntersuchungen: *http://www.viomecum.ch/de/preanaly/index.html*

F23 HARNSEDIMENT BESTIMMEN

ALLGEMEINES

Die Bestimmung des Harnsediments bedeutet hier die mikroskopische Untersuchung des Harns auf Kristalle, Bakterien, Blutkörperchen und andere feste Bestandteile. Meist wird zuvor eine Harnuntersuchung mittels Teststreifen durchgeführt. Je nach Befund dieser Untersuchung ist nun eine Bestätigung und Befundergänzung durch die mikroskopische Kontrolle angezeigt.

VORBEREITUNG

- Materialien:
  - 10 ml Urin (Mittelstrahl des Morgenurins oder des Katheterurins)
  - Spitzröhrchen (für die Zentrifuge)
  - Zentrifuge
  - Mikroskop
  - Objektträger
  - Deckgläschen.

DURCHFÜHRUNG

- Zentrifugieren Sie zunächst den Urin 3–5 min bei 1500–2000 U/min.
- Nach dem Zentrifugieren gießen Sie den Überstand ab (dekantieren). Die festen Bestandteile des Urins haben sich am Boden des Spitzröhrchens abgesetzt. Sie können sich aber lösen, wenn das Reagenzglas vorsichtig oder wiederholt umgekippt wird. Aus diesem Grund kippen Sie am besten das Reagenzglas nach dem Zentrifugieren einmal zügig um 180° und zählen in Gedanken bis 5. Es läuft weitgehend der gesamte Urin ab. Der geringe Harnrest, der sich nach dem Aufrichten noch im Reagenzglas befindet, reicht zum Resuspendieren des Sedimentes aus. Wenn Sie das Reagenzglas zu schnell wieder aufrichten, läuft zu viel Harn zurück. Das Sediment wird dann in einem zu großen Volumen resuspendiert und die Werte sind nicht korrekt. Wahrscheinlich sind Sie zunächst etwas unsicher, wenn Sie das Reagenzglas vollständig umkippen sollen, aber bald werden Sie sehen, dass es so funktioniert. Um das zu umgehen, muss das Sediment mit dem „MD-Kova-System" hergestellt werden, was jedoch relativ teuer ist.

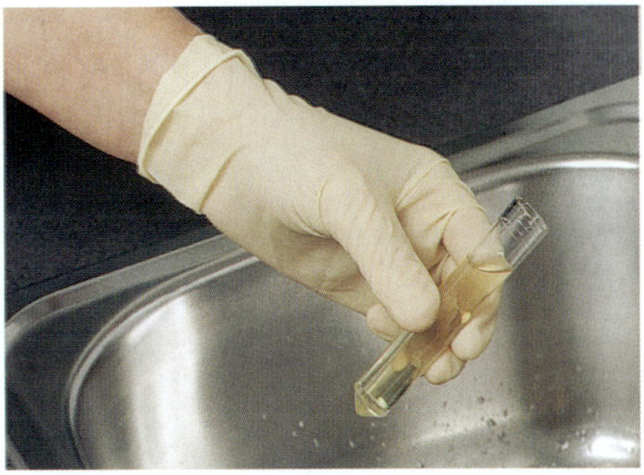

- Zunächst wird der Bodensatz mit den verbliebenen Flüssigkeitsresten durch leichtes Klopfen und Schütteln aufgelockert („resuspendiert").
- Entnehmen Sie mit einer Pipette einen kleinen Tropfen des Sedimentes.

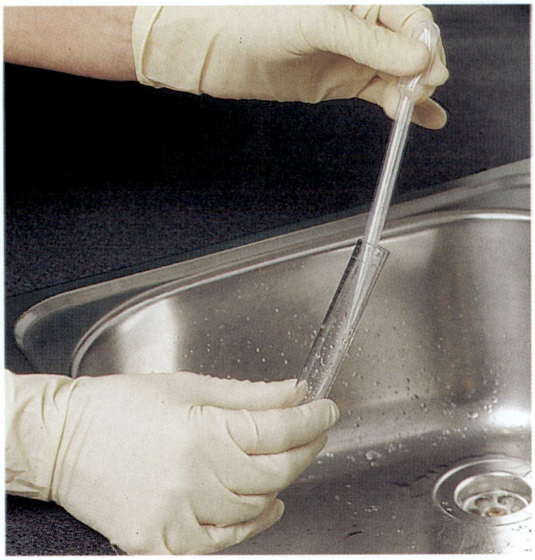

- Bringen Sie ihn auf den Objektträger auf und decken Sie diesen mit einem Deckgläschen ab.

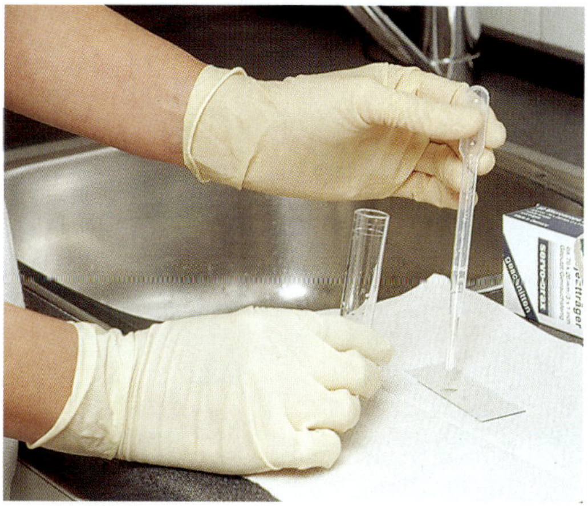

- Legen Sie das Deckgläschen vorsichtig auf den Objektträger, wodurch sich die Probe des Harnsediments zwischen Deckgläschen und Objektträger verteilt.

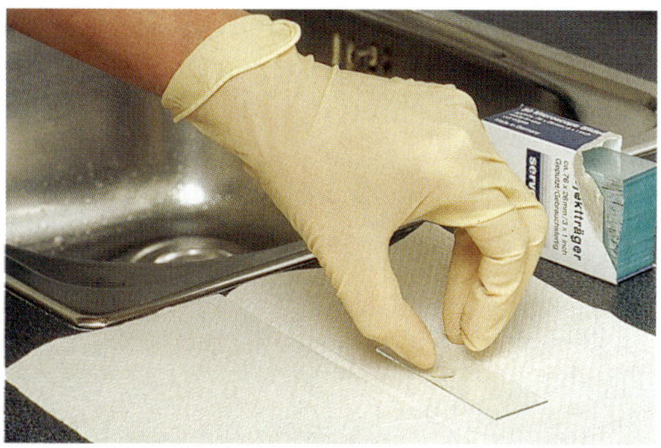

- Achten Sie darauf, dass das Deckglas schräg an das Sediment herangeführt wird. So vermeiden Sie Luftblasenbildung im Präparat.
- Das Deckglas sollte nicht am Rand des Objektträgers sondern in der Mitte platziert werden.

Unter dem Mikroskop

- Zum Einstellen der Ebene verwenden Sie zunächst die Übersichtsvergrößerung mit dem 10er Objektiv (Gesamtvergrößerung: 80 x bis 100 x). Zum Erkennen von Einzelheiten (Differenzierung) wählen Sie dann die mittlere Vergrößerung (40er Objektiv) (Gesamtvergrößerung: 300 x bis 400 x).
- Zur mikroskopischen Bestimmung *siehe E6, Umgang mit dem Mikroskop.*
- Betrachten Sie zunächst das Sediment in seiner Gesamtheit. Suchen Sie dabei nach dem Blickfeld, das Ihnen am auffälligsten erscheint. Grundsätzlich muss sich unter dem Mikroskop eine gleichmäßige Verteilung des Sedimentes zeigen, sonst wurde nicht ausreichend resuspendiert.
- Achten Sie bei der Beurteilung vor allem auf folgende Punkte und notieren Sie nur, was Sie sehen, z.B.:
  - Zellen: Leukozyten, Erythrozyten, Epithelien
  - Harnzylinder (immer danach suchen, wenn der Eiweißnachweis positiv war)
  - Harnkristalle
  - Verschiedenes: Schleim, Fett-Tröpfchen, Spermien, Trichomonaden, Hefen, Bakterien, Verunreinigungen.

- **Auszählung**:
  - **Erythrozyten/Leukozyten:** Beispielsweise 3 oder 4 Erythrozyten oder Leukozyten pro Gesichtsfeld beschreibt man mit „3-4“, da es sich immer um Mittelwerte handelt. Bei massenhaft sichtbaren Erythrozyten oder Leukozyten wird der Befund auch als „massenhaft“ bezeichnet.
  - **Bakterien:** Eine genaue Zählung ist hier nicht sinnvoll. Folgende Begriffe stehen Ihnen zur Beschreibung zur Verfügung: „massenhaft“ oder „vereinzelt“.
  - **Kristalle:** Beachten Sie besonders die Form, z.B. Harnsäurekristalle, Sargdeckelkristalle, Oxalatkristalle, Zystinkristalle.
  - **Epithelzellen:** z.B. Platten-, Rund- und Übergangsepithel.
- Notieren Sie alle Beobachtungen und teilen Sie sie dem Arzt mit.
- Werfen Sie Objektträger und Deckgläschen erst in den dafür bereitstehenden Behälter, wenn der Arzt diese freigegeben hat.

Dokumentation der Bestandteile des Harnsediments

Bestandteil	Dokumentation
Erythrozyten, Leukozyten, diverse Epithelien	pro Gesichtsfeld 0–1,1–5, 5-10, 10–20 usw. bis „massenhaft“
Bakterien	ungefähre Angabe pro Gesichtsfeld vereinzelt, (+) Spur, + positiv, ++ viele, +++ sehr viele bis massenhaft
Zylinder	in absoluten Zahlen im gesamten Präparat
Zylindroide (Schleimfäden)	keine diagnostische Bedeutung
alle Kristalle	ungefähre Angabe pro Gesichtsfeld vereinzelt, (+) Spur, + positiv, ++ viele, +++ sehr viele bis massenhaft

(nach Zimmermann-Spinnler M.: Urinlabor; Medical Laboratory Consulting AG)

TIPPS UND TRICKS

- Lassen Sie den Urin nicht bei Zimmertemperatur stehen, da sich die Bakterien sehr schnell vermehren und so das Ergebnis verfälschen.
- Oftmals fallen Salze aus, wenn der Urin abkühlt. Die mikroskopische Untersuchung wird hierdurch erschwert bis unmöglich. In einigen Fällen hilft es, den Urin im Wasserbad auf 37° C zu temperieren und umgehend zu verarbeiten. Am besten ist es allerdings, den Harn sofort nach der Blasenentleerung zu untersuchen. Hierdurch steigt die Chance, Trichomonaden zu erfassen. Sie sind sehr temperaturempfindlich und kaum von Leukozyten zu unterscheiden, wenn sie sich nicht bewegen.
- Weiterführende Literatur:
  - Heintz R., Althof S.: Das Harnsediment; Thieme Verlag.
- Bei der **Dokumentation** des Sedimentbefundes werden diagnostisch wertvolle Sedimentbestandteile zahlenmäßig angegeben. Begriffe wie z.B. „viel“ oder „spärlich“ sind relativ und jeder versteht darunter etwas anderes.

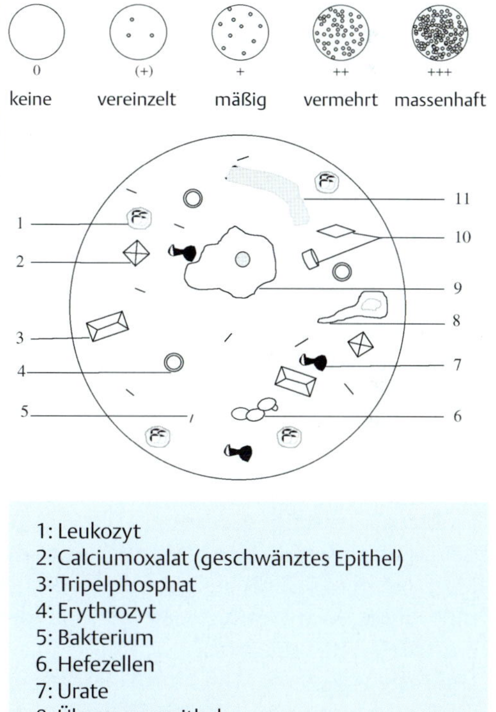

1: Leukozyt
2: Calciumoxalat (geschwänztes Epithel)
3: Tripelphosphat
4: Erythrozyt
5: Bakterium
6. Hefezellen
7: Urate
8: Übergangsepithel
9: Plattenepithel
10: Harnsäurekristalle
11: Zylinder

(umgezeichnet nach: Frank, Hünewinkel: Laborkunde Arzthelferinnen, Stamm 1999)

INTERNET

- Abbildungen zum Urinsediment: *http:// www.biorama.ch/biblio/b50chem/k30niere/neph933.htm*
- Allgemeines zur Urinanalyse: *http:// www.m-ww.de/krankheiten/nephrologie/labor.html*

F 24 BLUTZUCKER-BESTIMMUNGEN

ALLGEMEINES

Die Diagnose Diabetes mellitus lässt sich durch den oralen Glucosetoleranztest (oGTT) stellen. Hierbei wird dem Patienten eine definierte Menge Traubenzucker (Glucose) zugeführt. Der gesunde Organismus ist in der Lage, diese Menge Traubenzucker in einer bestimmten Zeit abzubauen. Bei einem leicht zuckerkranken Menschen dauert es etwas länger, bis der Blutzucker wieder normale Werte erreicht hat. Ein Diabetiker liegt mit seinen Werten über dem Normalbereich.

Der orale Glucosetoleranztest ist zur Feststellung eines Diabetes mellitus nicht unbedingt notwendig, wenn bei einem spontanen Blutzuckertest stark überhöhte Werte auftreten. Spontanblutzuckerwerte werden in der Regel als Schnelltestung mittels Teststreifen und Blutzuckermessgerät (Fotometer), die den Blutzuckerwert zu diesem Zeitpunkt angeben, bestimmt. Blutzuckermessgeräte arbeiten nach verschiedenen Testprinzipien:

- **Reflektrometrische Messung:** Kennzeichnend für diese Geräte ist es, dass der Teststreifen mit dem aufgetragenen Blut zur Messung in das Gerät eingeführt wird.
- **Elektrochemische Messung:** Die hierbei benötigten Teststreifen werden vor der Messung in das Gerät gesteckt und lediglich mit ihrem Blutaufnahmefeld an den Bluttropfen herangeführt.
- **Unblutige Messung:** Die hierfür benötigten Geräte stehen unmittelbar vor der Markteinführung. Sie ermitteln mit Hilfe von Infrarotlicht die Glucosekonzentration im Blut.
- Weitere neue Geräte sind:
  - Messgeräte, die die benötigte Blutmenge mit dem Stich durch die Haut entnehmen
  - Messgeräte, bei denen der Bluttropfen am Arm gewonnen wird
  - Messgeräte, mit denen Blutzucker- und Blutketonwerte bestimmt werden können.
  - Messgeräte, die gleichzeitig zur Glucosemessung und als Applikationshilfe zur Insulingabe eingesetzt werden können.

Schließlich gibt es in den Praxen noch die Urinzuckerbestimmung allein mittels Urin-Teststreifen. Dabei wird der Teststreifen in den Urin des Patienten getaucht. Nach der auf der Packung vermerkten Einwirkzeit lässt sich dann eine ungefähre (semiquantitative) Aussage über den Zuckergehalt anhand des Farbumschlags auf dem Teststreifen machen. Die der Farbe entsprechenden Werte sind immer auf dem Teststreifenbehälter abzulesen (diese Methode wird nachfolgend nicht weiter beschrieben). Zucker (Glucose) wird mit dem Urin ausgeschieden, wenn die Nierenschwelle für Glucose überschritten wurde. Sie liegt bei einem Blutzuckerwert von 160 – 180 mg/dl.

Oraler Glucosetoleranztest (oGTT)

- Materialien:
  - *75 g Glucose (oder ein gleichwertiges Oligosaccharidgemisch) in 300 ml Flüssigkeit*
  - *Utensilien für zweimalige kapilläre Blutentnahme (siehe F15, Kapilläre Blutentnahme)*
  - *Uhr.*

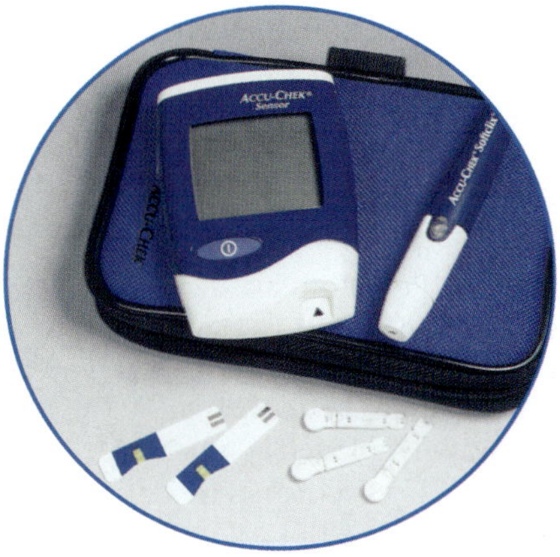

- Klären Sie den Patienten bereits bei der Einbestellung zur Untersuchung und nochmals

Die Abbildung wurde uns freundlicherweise von der Firma Roche Diagnostics, Mannheim, zur Verfügung gestellt.

vor der Durchführung des Tests über das Prozedere auf.

ERLÄUTERUNG FÜR DEN PATIENTEN

„Wir werden bei Ihnen eine Untersuchung durchführen, mit der eine Zuckererkrankung erkannt werden kann. Sie müssen sich dazu ab drei Tage vor dem Test normal körperlich belasten und bei der Ernährung darauf achten, dass täglich mindestens 150 g Kohlenhydrate (1 Scheibe Brot hat ca. 50 g Kohlenhydrate) gegessen werden. Am Untersuchungstag kommen Sie bitte nüchtern in die Praxis. Essen Sie 12–16 Stunden vorher nichts mehr, trinken und rauchen Sie vor und während des Tests nicht. Wir werden Ihren Nüchtern-Blutzuckerwert bestimmen. Anschließend werden Sie innerhalb von 5 Minuten einen sehr süßen Sirup trinken. Ihren Blutzuckerwert werden wir erneut nach (einer und) zwei Stunden bestimmen. Da wir genau messen wollen, wie Ihr Körper den Zucker abbaut, ist es wichtig, dass Sie während des Tests in der Praxis bleiben. Richten Sie sich bitte darauf ein, dass Sie an dem Untersuchungstag für etwa 2,5 – 3 Stunden in unserer Praxis sind."

VORBEREITUNG

- Der Patient sollte z.B. ein belegtes Brot bei sich haben. Durch die starke Insulinfreisetzung als Reaktion auf die große Menge Zucker kann es nach der Untersuchung zu einer Unterzuckerung kommen, der durch das Essen des Brotes entgegengewirkt wird.
- Der Patient sollte (nach WHO) vor dem Test zur Vermeidung eines Hungerzustandes drei Tage lang täglich mindestens 150 g Kohlenhydrate zu sich genommen haben.
- Der Arzt muss dem Patienten mitteilen, welche Medikamente er für welchen Zeitraum absetzen soll.
- 10 bis 16 Std. vor dem Test darf nichts mehr gegessen werden.
- Kontraindikationen: Bei Fieber, Monatsblutung und bekanntem Diabetes mellitus darf der Test nicht durchgeführt werden. Liegt der Nüchtern-Blutzuckerwert über 130 mg/dl, darf der oGTT nur nach Rücksprache mit dem Arzt durchgeführt werden.
- Wird eine venöse Blutentnahme zur Glucosebestimmung durchgeführt, muss als Glykolysehemmer Na-Fluorid eingesetzt werden oder das Plasma bzw. Serum muss innerhalb von 30 min von den Zellen getrennt werden. Ohne Glykolysehemmung kann der Glucosewert um 10–20 mg/dl pro Stunde sinken!

DURCHFÜHRUNG

- Die kapilläre Blutentnahme erfolgt im nüchternen Zustand.
- Die Verabreichung des Glucosesirups soll innerhalb von 5 min geschehen. Der Sirup soll dabei Raumtemperatur haben und der Patient während des Trinkens sitzen, falls er kollabieren sollte.
- Während des weiteren Tests darf der Patient nichts mehr trinken.
- Notieren Sie die Uhrzeit.
- Nach zwei Stunden erfolgt die zweite Blutentnahme.
- Tragen Sie alle Werte direkt in den beiliegenden Untersuchungsbogen ein, der anschließend in die Patientenakte gelegt wird.

Auswertung des oGTT

	normal	*pathologische Glucosetoleranz*	*Diabetes mellitus*
nüchtern (vor Glucosegabe)	70–100 mg/dl	100–120 mg/dl	>120 mg/dl
2 Stunden nach Glucosegabe	<140 mg/dl	140–200 mg/dl	>200 mg/dl

Blutzuckerbestimmung mittels Teststreifen

ALLGEMEINES

Eine andere Form der Blutzuckerbestimmung ist die Schnelltestung mittels Teststreifen und Blutzuckermessgerät, die den augenblicklichen Blutzuckerwert angibt (*siehe F15, Kapilläre Blutentnahme*).

VORBEREITUNG

- Materialien:

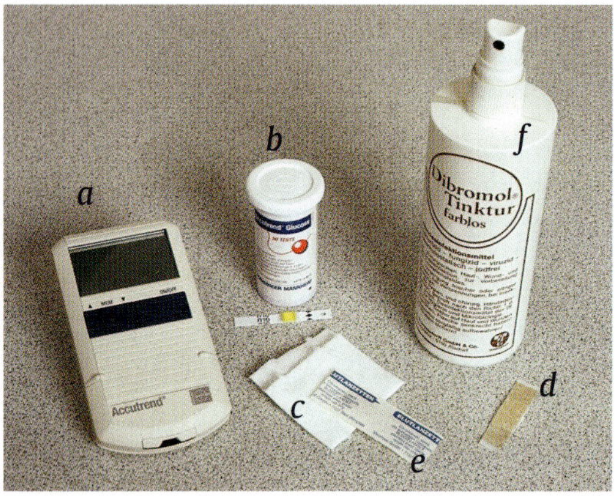

a – Fotometer
b – Glucose-Teststreifen
c – Tupfer
d – Pflaster
e – Lanzette
f – Desinfektionsmittel.

DURCHFÜHRUNG

- Ziehen Sie Handschuhe an.
- Desinfizieren Sie die seitliche Fingerkuppe. Dieser Stich ist weniger schmerzhaft als der Stich in die Fingerbeere.
- Stechen Sie kurz und tief mit einer sterilen Lanzette ein. Den ersten Bluttropfen wischen Sie ab. Zu starkes Pressen dabei verfälscht die Werte nach unten, da gleichzeitig viel Gewebeflüssigkeit abgepresst wird.
- Bringen Sie einen Tropfen Kapillarblut wie in der Gerätebeschreibung angegeben auf oder an das Testfeld.

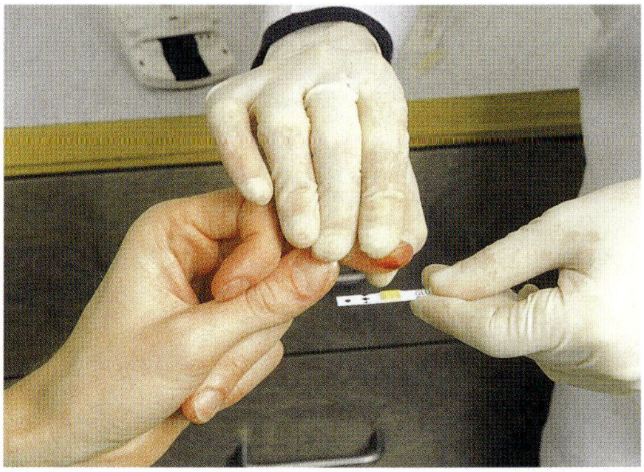

- Führen Sie den Streifen in das Messgerät ein und lesen Sie nach Ablauf der Reaktionszeit die Glucosekonzentration auf der Digitalanzeige ab.

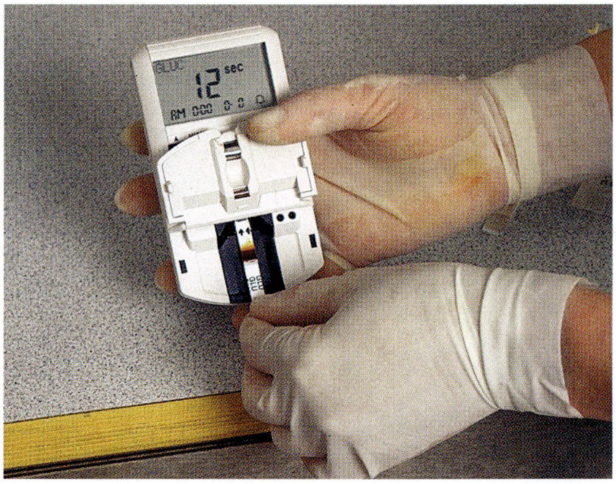

- Die schwarzen Markierungen (Elektroden) auf den Teststreifen dürfen nicht mit den Fingern berührt werden.
- Das Gerät muss gemäß der Geräteanweisung regelmäßig gewartet und desinfiziert werden.

PROBLEME UND SONDERFÄLLE

- **Alte Systeme:** Bei verschiedenen älteren Systemen muss das Blut nach der vorgeschriebenen Zeit mit einem Tupfer vom

Teststreifen abgewischt werden (wipe-Technik, siehe Packungsbeilage).

- **Komplikationen beim oGTT:** Verspürt der Patient während oder nach der Einnahme des Glucosetrunks Schwindel oder Übelkeit, muss sofort der Arzt benachrichtigt werden. Der Patient sollte während des oGTT in der Praxis bleiben, denn körperliche Anstrengungen und Stress wirken sich auf den Zuckerstoffwechsel aus.

INTERNET

- *http://www.derdiabetiker.de/*
- *http://www.diabeticus.com/*
- *http://www.diabetiker-mailbox.com/bz/a3h1.html*
- *http://home.t-online.de/home/diabetiker-bund.hamburg/links.htm*

F 25 TEST AUF OKKULTES BLUT ANFERTIGEN UND AUSWERTEN

ALLGEMEINES

Gängige Tests hierfür sind der Hämoccult, HämoFec und HämoCARE. Diese leicht durchzuführenden Tests gehörten zu den Krebsvorsorgeuntersuchungen und dienen der Feststellung von verstecktem *(okkultem)* Blut *(häm)* im Stuhl. Ein positives Ergebnis verlangt in jedem Fall nach einer weiteren Abklärung. Ein negatives Ergebnis gibt nicht die Sicherheit, dass keine Veränderungen im Darm vorliegen. Die möglichen Ursachen für positive Ergebnisse reichen von eher harmlosen Hämorrhoiden über entzündliche Magendarmerkrankungen bis hin zum Darmkrebs, dessen Früherkennung dank dieser Methode stark verbessert wurde. Ein rechtzeitig erkannter Darmkrebs ist unter Umständen heilbar.
Das Prinzip ist ein Testpapier, das einen Indikator enthält, der zusammen mit dem aufzutropfenden Reagenz den Blutfarbstoff Hämoglobin im Stuhl nachweist.

VORBEREITUNG

- Der Patient sollte sich drei Tage vor und während der Testphase an einige diätetische Maßnahmen halten:
  - Der Patient sollte bevorzugt schlackenreiche Kost wie Gemüse, Salat, Nüsse, Vollkornbrot und Obst essen, wodurch ein eventuell vorhandenes Karzinom zur Blutung angeregt wird.
  - Rohe und halbrohe Fleisch- und Wurstprodukte (besonders Tartar und Blutwurst) sollten während dieser Zeit gemieden werden, da diese bluthaltigen Nahrungsmittel die Ergebnisse verfälschen können (falsch positive Ergebnisse).
  - Auch die Einnahme von Vitamin C-Tabletten, Multivitaminsäften oder stark Vitamin C-haltigen Früchte kann die Ergebnisse verfälschen und sollte deshalb kurz vor

und während der Testphase unterbleiben (Vitamin C kann durch Hemmung der chemischen Reaktion zu falsch negativen Ergebnissen führen).
- Bewahren Sie die Packung trocken bei Raumtemperatur (nicht über 30° C) auf. Setzen Sie die Packung nicht der Sonne oder UV-Licht aus. Beachten Sie bei jeder Übergabe an den Patienten das auf den Testbriefchen ausgedruckte Verfallsdatum.

DURCHFÜHRUNG

ERLÄUTERUNG FÜR DEN PATIENTEN

„Wir werden bei Ihnen eine Untersuchung durchführen, mit der auch sehr kleine Mengen Blut im Stuhl festgestellt werden. Die Untersuchung funktioniert am besten, wenn der Darm aktiv ist. Darum bitten wir Sie, bereits drei Tage vor Testbeginn viel schlackenreiche Kost zu essen. Meiden Sie bitte rohes Fleisch und Blutwurst und verzichten Sie auf Multivitaminpräparate und Obst mit hohem Vitamin C-Gehalt. Diese Lebensmittel könnten den Test beeinflussen.“ *(Erklären Sie ebenfalls die Zeitspanne des Tests, die Probengewinnung und die Rücksendung an die Praxis).*

- Händigen Sie dem Patienten einen Umschlag mit drei Testbriefchen aus und erläutern Sie ihm die Anwendungsweise.

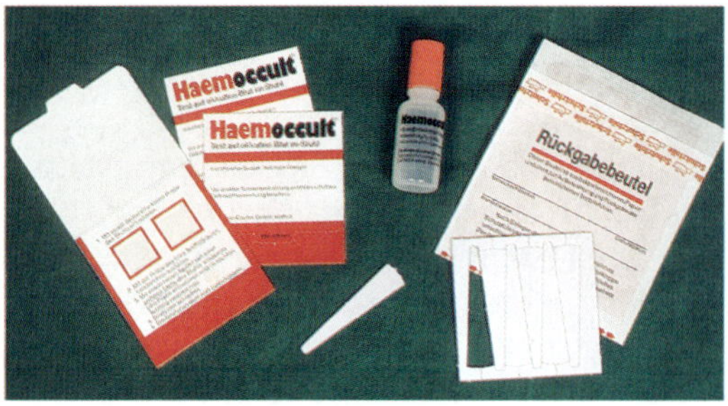

- Der Patient trägt zu Hause Stuhlproben von drei aufeinanderfolgenden Tagen auf. Entnimmt der Patient die Stuhlproben an einem Tag, weil er mehrfach Stuhlgang hat, sinkt die Wahrscheinlichkeit, eine Darmblutung zu entdecken. Die Proben soll der Patient aus zwei verschiedenen Bereichen (Anfang und Ende) des ausgeschiedenen Stuhls entnehmen. Die mit Stuhl versehenen Testbriefe bringt oder schickt der Patient nach der letzten Probe direkt an die Praxis. Dabei sollen keine luftdichten Verpackungen oder Plastikbeutel verwendet werden.
- Die Stuhlprobe muss vollständig getrocknet sein. Am besten führen Sie die Untersuchung am Folgetag durch, spätestens jedoch innerhalb von 12 Tagen
- Öffnen Sie die Rückseite des Testbriefchens und geben Sie auf jedes Feld 2 Tropfen des Entwicklerreagenz. Der gesamte Bereich, in dem Stuhl aufgetragen wurde, muss sich anfeuchten.

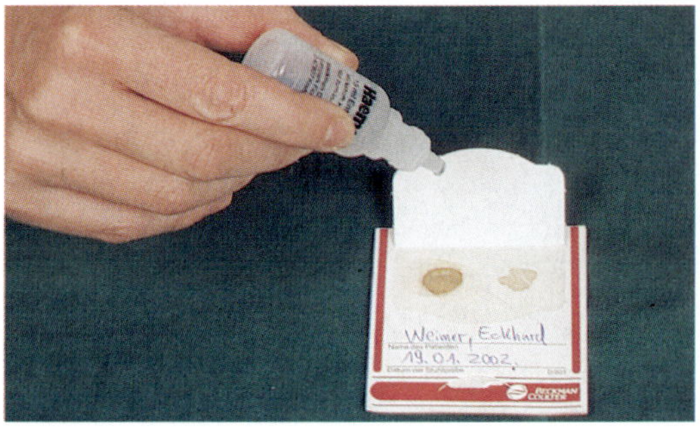

- Jede Blaufärbung innerhalb von 30 s ist als positiver Befund anzusehen. Auch eine einzelne, unsymmetrische und schwache Blaufärbung unter den sechs Proben gilt als positiv und bedarf der weiteren Abklärung. Die Abklärung darf aber nicht so erfolgen, dass ein neuer Test auf okkultes Blut im Stuhl durchgeführt wird. Auch bei einem vorhandenen Darmkrebs könnte der Test negativ ausfallen, da das Karzinom nicht immer blutet. Es muss eine Darmuntersuchung durchgeführt werden.

TIPPS UND TRICKS

- Lesen Sie den Test unbedingt innerhalb der ersten 30 s ab, da eine schwache Blaufärbung unter Umständen rasch wieder verschwindet.

- Führen Sie den Test nicht im direkten Sonnenlicht oder am offenen Fenster durch, da UV-Licht das angefeuchtete Testpapier blaugrün verfärben kann, was zu falsch positiven Ergebnissen führt.
- Der Patient sollte die Anweisungen auf der Innenseite der Testbriefchen genau befolgen, also Proben von drei aufeinander folgende Stuhlgängen entnehmen. Außerdem müssen die Proben pro Testbriefchen von zwei verschiedenen Stellen der Stuhlprobe genommen werden. Weisen Sie den Patient auch darauf hin, dass beide Fenster vollständig mit Stuhl bedeckt sein müssen.
- Für den Fall, dass die Patienten zu Hause ein WC haben, bei dem der Stuhl sofort ins Wasser fällt (Tiefspülbecken), gibt es spezielle Auffangstreifen aus Papier, die am Toilettensitz befestigt werden können. In manchen Praxen empfiehlt man den Patienten, sich verkehrt herum auf die Toilette zu setzen. Dann gleitet der Stuhl nicht direkt ins Wasser und die Proben können entnommen werden.

PROBLEME UND SONDERFÄLLE

- **Monatsblutung:** Patientinnen während der Regel sollten die Durchführung des Tests nach Möglichkeit einige Tage verschieben, da bereits winzige Blutmengen das Ergebnis verfälschen.
- **Durchfall:** Bei einer bestehenden Durchfallerkrankung sollte der Test nicht durchgeführt werden, da die Aussagekraft dann zu gering ist. Hier lohnt es sich, das Einsetzen der normalen Darmtätigkeit abzuwarten.
- **Nasenbluten, Zahnfleischbluten:** Diese Erkrankungen stehen der Durchführung eines Hämoccult-Tests nicht im Wege.

INTERNET

- *http://www.kvnw.de/home/stichworte/204.html*

F 26 BLUTKÖRPERCHEN-SENKUNGSGESCHWINDIGKEIT (BSG)

ALLGEMEINES

Die Ermittlung der Blutkörperchensenkungsgeschwindigkeit ist eine der wenigen Laboruntersuchungen, die noch in den Arztpraxen direkt durchgeführt werden. Obwohl das Ergebnis der Senkung keine eindeutige Diagnose ermöglicht, sollten Sie diese Untersuchung ernst nehmen. Sie gehört zu den Basisuntersuchungen bei Verdacht auf Entzündungen im Körper oder Tumore und dient zur Verlaufskontrolle entzündlicher Knochenerkrankungen.

Der BSG-Bestimmung liegt folgendes Prinzip zu Grunde: Erythrozyten weisen im Blut gesunder Personen eine erhebliche Schwebefähigkeit auf, die sich im Blut Kranker ändert und zu ihrem beschleunigten Absetzen führt. Ursache hierfür sind Verschiebungen der Bluteiweiße (Albuminverminderung, Globulin- und Fibrinogenzunahme) und Veränderungen an der Erythrozytenoberfläche (Änderungen des elektrischen Ladungszustands).

Bei der BSG werden drei Phasen unterschieden:

Phase I: Erythrozyten setzen sich als einzelne Zellen auf Grund ihrer Schwere ab.

Phase II: Erythrozyten ballen sich in kleineren oder größeren Zellverbänden zusammen (Agglomerationsphase). Es kommt zur sog. Geldrollenbildung und zu einem schnelleren Absinken der Zellen. Dieses Zusammenballen der Erythrozyten tritt hauptsächlich bei Erkrankungen auf und klingt später wieder ab.

Phase III: Allmähliche Abnahme der Sinkgeschwindigkeit durch gegenseitige Behinderung der Zellen.

Normiert ist die Blutkörperchensenkungsgeschwindigkeit nach Westergren (DIN 58935).

DURCHFÜHRUNG

- 0,4 ml 3,8 %-iges Natriumzitrat (als Gerinnungshemmer) werden mit 1,6 ml Blut in einer Spritze gemischt. Im Handel gibt es viele Entnahmeröhrchen, die die notwendige Menge Natriumzitrat enthalten.
- Nach der Blutentnahme wird das Blut mit dem Antikoagulanz (Gerinnungshemmer) durch mehrmaliges Kippen gemischt.
- Das Blut-Zitrat-Gemisch wird in einer Senkungspipette aus Glas oder Kunststoff bis auf eine Höhe von 200 mm aufgezogen. Hierfür sollten Sie Systeme verwenden, bei denen Sie keinen direkten Blutkontakt haben.
- Nach 1 und nach 2 Stunden können Sie ablesen, wie weit sich die Erythrozytensäule abgesetzt hat (in mm). Dieser Wert wird als Befund angegeben.

Varianten der BSG

- In Anlehnung an die Methode nach Westergren arbeitet man heute zunehmend mit „geschlossenen" Entnahmesystemen, bei denen das Aufziehen des Blutes in Senkungspipetten entfällt. Die zu untersuchende Blutsäule in den Probenröhrchen ist deutlich kürzer, die Ergebnisse sind vergleichbar und das Infektionsrisiko ist stark vermindert.
- In vielen Praxen wird die BSG als „Schnellsenkung" durchgeführt. Hierfür wird der Senkungsständer in einem Winkel von 45° gekippt. Der 1-Stunden-Wert wird bereits nach 7 Minuten, der 2-Stunden-Wert nach 10 Minuten abgelesen, so dass das Ergebnis danach bereits vorliegt. Diese Variante der BSG ermöglicht es dem Patienten, auf seinen Befund zu warten.

Normalwerte

	Männer	Frauen
nach 1 Stunde	3 – 8 mm	6 – 11 mm
nach 2 Stunden	5 – 18 mm	6 – 20 mm

TIPPS UND TRICKS

- Senkungsständer müssen erschütterungsfrei stehen, sonst treten falsch erhöhte Werte auf.
- Kälte verzögert, Wärme beschleunigt das Absetzen der Erythrozyten. Raumtemperaturen über 24° C führen bereits zu einem Anstieg der Werte. Bei 27° C sind sie etwa doppelt so hoch wie bei 20° C.
- Das Mischungverhältnis Blut/Zitrat muss genau eingehalten werden, um exakte Werte zu erhalten. Zu wenig Blut führt zu falsch hohen Werten.
- Medikamente (Salicylate, Corticoide) können sich hemmend auf die Senkung auswirken.
- Bei einer Polyglobulie oder einer Polyzythämie ist die Senkung verzögert.
- Wenn die Senkung nicht sofort angesetzt wird, muss das Probenröhrchen vor Untersuchungsbeginn unbedingt noch einige Male geschwenkt werden.
- Beim Ablesen der Senkung kann das Aussehen des Plasmas bereits Hinweise auf Erkrankungen geben:
  - weißliches trübes (lipämisches) Plasma: Fettstoffwechselstörung
  - intensiv gelbes (ikterisches) Plasma: Lebererkrankung (V.a. Hepatitis)
  - wasserhelles Plasma: Eisenmangelanämie.

F27 MAGENSPIEGELUNG

ALLGEMEINES

Die Magenspiegelung (Gastroskopie) gehört zu den häufigsten Untersuchungen in einer internistischen Praxis. Die Methode wird angewandt zur Abklärung unklarer Bauchbeschwerden und bei der Tumorsuche. Geringe Blutungen aus Magengeschwüren über längere Zeit bleiben häufig unerkannt und können zu Blutarmut (Anämie) führen. Auch hier führt die Gastroskopie meist zur Klärung.

VORBEREITUNG

- Materialien *(Abb. a)*.
- Der Patient muss vom Arzt aufgeklärt sein und sein Einverständnis in die Untersuchung bekundet haben. Er wird über die möglichen Folgen der Untersuchung unterrichtet. Die Dokumentation über die Aufklärung des Patienten sollte schriftlich erfolgen. Seine Mitarbeit gilt formal als Einverständniserklärung.
- Die Bestimmung von Blutbild und Gerinnung sollte nach Möglichkeit bereits am Vortag erfolgen.

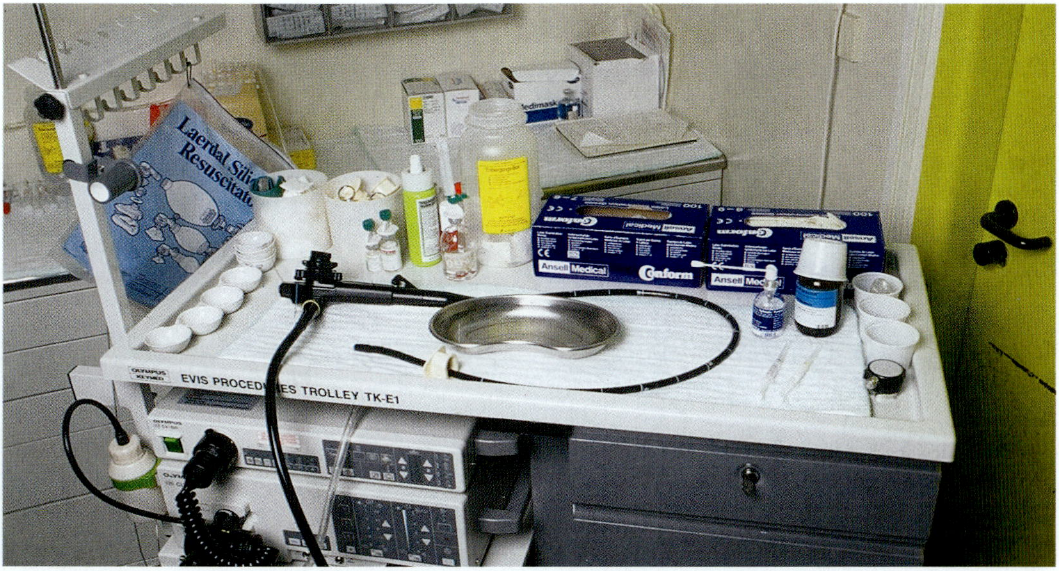

a

- *Gastroskop*
- *Spritzen*
- *Kanülen, Braunülen*
- *Mandrins zum Verschluss eines Zugangs (und Stöpsel)*
- *Pulsoxymeter*
- *eventuell EKG*
- *Pflaster*
- *Desinfektionsspray*
- *mehrere 20-ml-Spritzen, gefüllt mit Wasser oder Kochsalzlösung*
- *Infusionssystem*
- *Medikamente: Diazepam, Dormicum, Buscopan, Xylocainspray zur Rachenanästhesie, Sab simplex als Entschäumer, 500 ml Infusionslösung (physiologische Kochsalzlösung)*
- *Handschuhe und Unterlagen*
- *Beißring und Gleitgel für die Gerätespitze*
- *Set zur Sklerosierung: Äthoxysklerol, Sklerosierungsnadel*
- *Fremdkörperfasszange, Biopsiezange*
- *Röhrchen und Versandbehälter mit Alkohollösung zum Versand von Biopsien.*

- Patienten, die mit Marcumar oder anderen gerinnungshemmenden Medikamenten (z.B. ASS) behandelt werden, müssen diese meist 4–6 Tage vor der Untersuchung absetzen (nach Ermessen des Arztes).
- Der Patient bleibt ab 22.00 Uhr des Vorabends nüchtern und trinkt auch nichts mehr. In manchen Praxen werden 6 Stunden Nüchternheit als ausreichend angesehen. Medikamente sollen erst nach der Untersuchung wieder eingenommen werden.
- Schließen Sie das Gastroskop an die Lichtquelle und an die Absaugevorrichtung an und schalten Sie es ein (b).

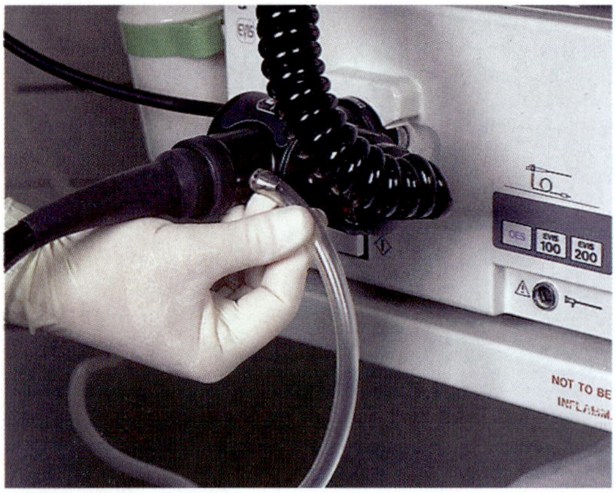

b

- Bestimmen Sie Blutdruck und Puls.
- Beschriften Sie die Röhrchen für die Biopsien vollständig mit Name, Datum und Entnahmeort, den der Arzt Ihnen während der Entnahme nennt.
- Lassen Sie den Patienten eventuelle Zahnprothesen herausnehmen.
- Sprühen Sie mehrfach am sitzenden Patienten den Rachen mit Xylocainspray ein. Fordern Sie den Patienten dann zum Schlucken auf, so dass sich die Lokalanästhesie im ganzen Rachenraum ausbreiten kann (c).
- Falls der Patient ein Beruhigungsmittel wünscht oder sich diese Möglichkeit offenhalten möchte, wird vor der Untersuchung ein venöser Zugang gelegt (Braunüle).
- Der Patient nimmt eine Linksseitenlage ein und hält den Kopf leicht gesenkt. Er nimmt

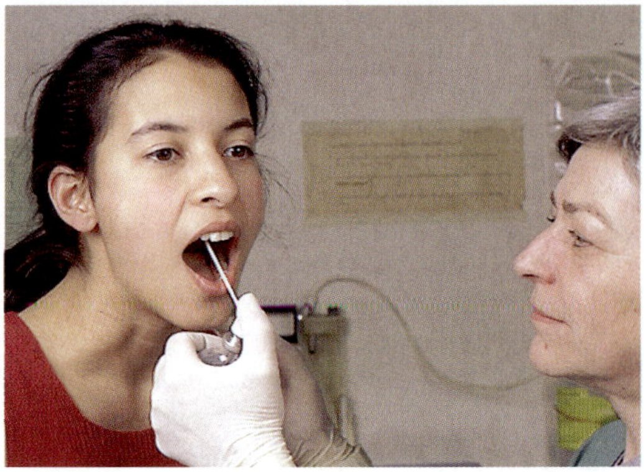

c

den Beißring zwischen die Zähne und soll darauf beißen (d).
- Zur Sedierung, die Sie vorbereiten können, werden meist Diazepam (5 mg), Midazolam oder Etomidate gegeben. Oft sind wesentlich höhere Dosierungen notwendig.
- Sie stehen während der Untersuchung am Kopfende und fixieren den Kopf des Patienten und den Geräteschlauch. Wenn erforderlich, können Sie Medikamente aufziehen oder die Zangen anreichen.

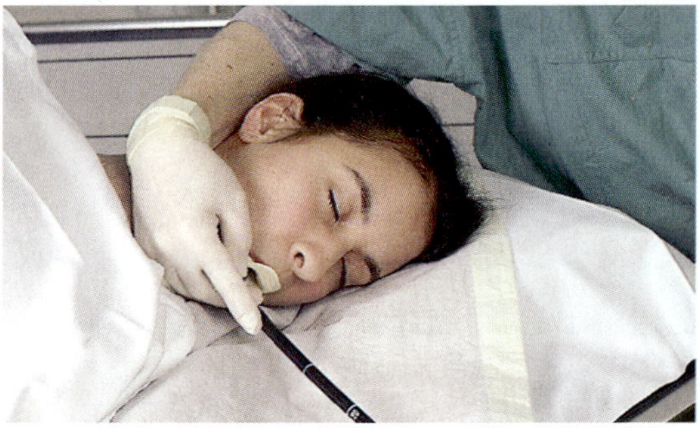

d

DURCHFÜHRUNG

- Eventuell ist die Abdunklung des Raumes erforderlich.
- Überprüfen Sie die richtige Lage des Patienten.
- Der Arzt führt nun im Stehen das Gastroskop durch den Beißring hindurch unter Drehbewegungen in den Mund ein. Dabei

ERLÄUTERUNG FÜR DEN PATIENTEN

„Wir werden bei Ihnen eine Magenspiegelung vornehmen. Sie ist fast nie schmerzhaft, aber durchaus unangenehm. Sie müssen dazu einen dünnen Schlauch schlucken. Die Atmung ist dadurch übrigens in keiner Weise beeinträchtigt. Ein Beruhigungsmittel ist meistens nicht erforderlich. Es werden winzige Gewebeproben entnommen, was für Sie auch schmerzfrei geschieht."

werden dem Patienten, sofern er wach ist, die einzelnen Schritte nochmals erklärt.

- Bei Probenentnahme reichen Sie die Biopsiezange an. Der Arzt führt die geschlossene Zange in die Öffnung des Gastroskops ein. Ist die Zange richtig positioniert, gibt der Arzt die Kommandos zum Öffnen und Schließen der Zange. Die Zange wird dann im geschlossenen Zustand herausgezogen.
- Das entnommene Gewebestück (Biopsat) wird in das bereitstehende Röhrchen gegeben. Dabei müssen Sie darauf achten, dass die Zange nicht in die Lösung getaucht wird.
- Patienten, die ein Beruhigungsmedikament erhalten haben, werden mit einem Pulsoxymeter überwacht.
- Versuchen Sie während der Untersuchung, beruhigend auf den Patienten einzuwirken: *„Das machen Sie prima. Gleich haben Sie's geschafft".*
- Weisen Sie den Patienten regelmäßig darauf hin, dass er durch die Nase atmen soll.
- Bei Rachenanästhesie darf der Patient nach 1 Stunde wieder essen. Kam es zu einer Gewebeentnahme (Biopsie), muss er 2 Stunden bis zur nächsten Mahlzeit verstreichen lassen.
- Nach der Untersuchung wird das Gastroskop herausgezogen und zunächst mit Zellstoff von groben Verunreinigungen befreit. Spülen und saugen Sie alle Kanäle mit warmem Wasser durch.
- Vor der Hauptreinigung muss unbedingt der Dichtigkeitstest durchgeführt werden. Die Anleitung dazu finden Sie bei der Bedienungsanleitung des Geräts.
- Die innerliche und äußerliche Hauptreinigung erfolgt in einer Reinigungslösung.
- Die Endreinigung erfolgt mit klarem Wasser.
- Denken Sie auch daran, den Kontrollteil und den Versorgungsschlauch mit dem Versorgungsstecker zu reinigen.
- Dann werden die Kanäle, die Luftdüse und die Wasserdüse getrocknet.
- Zur Desinfektion wird das Ventil des Instrumentierkanals in eine 10%ige Desinfektionslösung gelegt, das Ventilgewinde wird mit Wattestäbchen und Desinfektionslösung desinfiziert, die Schutzkappe am distalen Ende wird entfernt und in die Lösung gegeben.

Bedienung des Gastroskops

Licht und Schärfe des Gerätes überprüfen Sie, indem Sie das Endoskop vor eine Schrift (z.B. Firmenname auf Lichtquelle) halten und die Optik scharf einstellen.

Auf die Optik kann man einen „Spion", eine Kamera oder einen Brillenschutzring aufsetzen.

Drehung des inneren Rades zum Untersucher hin	Spitze stellt sich auf
Drehung des inneren Rades vom Untersucher weg	Spitze wird gesenkt
Drehung des äußeren Rades zum Untersucher hin	Spitze nach rechts
Drehung des äußeren Rades vom Untersucher weg	Spitze nach links
Verschluss des oberen Knopfes	Luftinsufflation
Verschluss des unteren Knopfes	Absaugen von Luft und Flüssigkeit
kräftiges Herunterdrücken des oberen Knopfes	Spülen mit Wasser
Öffnung rechts am Endoskopschlauch	Einführen der Zangen, Aufsetzen von Spritzen zum Spülen

- Wasserdichte Gastroskope werden komplett in die Flüssigkeit getaucht. Anderenfalls wird nur der Einführungsschlauch hineingelegt.
- Es wird nun erneut gründlich mit destilliertem Wasser gespült. Alle Kanäle werden durchgesaugt und trockengeblasen. Die Ventile und die trockene Schutzkappe werden wieder eingesetzt.
- Die Lagerung des Gastroskops erfolgt entweder hängend oder liegend, aber immer möglichst gestreckt.

TIPPS UND TRICKS

- Würgt der Patient viel, kann der Magen nicht ausreichend mit Luft gebläht werden, so dass die Schleimhaut sich nicht richtig entfaltet. Außerdem besteht durch den erhöhten Druck im Bauchraum beim Würgen die Gefahr einer erneuten Blutung oder eines Einrisses der Magenwand. In solchen Fällen ist eine gute Sedierung wichtig.
- Weisen Sie den Patienten darauf hin, dass er genügend Luft bekommt, da das Gastroskop nicht in der Luftröhre liegt. Viele Patienten glauben, das Gerät verlege die Atemwege.
- Sedierten Patienten wird der Befund erst mitgeteilt, wenn sie wieder aufnahmefähig sind.
- Einmalkanülen sind sehr hilfreich, um das entnommene Gewebestück aus der Zange herauszulösen.
- Hat der Patient eine Beruhigungsspritze bekommen, darf er mindestens 12 Stunden lang nicht am Straßenverkehr teilnehmen und keine Maschinen bedienen. Denken Sie bereits vor der Untersuchung daran, mit dem Patienten den Transport von der Praxis nach Hause zu klären.

PROBLEME UND SONDERFÄLLE

- **Periendoskopische Notfälle:** Während der Magenspiegelung kann es unter ungünstigen Umständen zu einer Reihe teilweise schwerwiegender Komplikationen und Notfälle kommen:
  - Atmungskomplikationen: (Atemdepression durch Analgosedation), Aspiration
  - allergische Bronchokonstriktion, Quincke-Ödem
  - Perforation
  - anaphylaktischer Schock
  - akute Blutung
  - Gas- oder Luftembolie
  - Reflexzwischenfälle
  - Medikamentennebenwirkungen und Arzneimittelkomplikationen.

  Versuchen Sie immer, innerlich und organisatorisch auf solche plötzlichen Notfälle vorbereitet zu sein.

F28 DICKDARMSPIEGELUNG

ALLGEMEINES

Die Untersuchung des Dickdarms mit einem biegsamen (flexiblen) Schlauch mit eingebauter Lichtquelle und Optik (Endoskop) dient vorwiegend der Diagnose von Entzündungen und Tumoren (Morbus Crohn, Colitis ulcerosa, Divertikulose, Dickdarmkarzinom, Dickdarmadenom, Dickdarmpolypen). Es können neben der Betrachtung der Darmschleimhaut auch Gewebeproben entnommen werden (Biopsie). In bestimmten Fällen erfüllt die Endoskopie auch therapeutische Zwecke, wie z.B. bei der Abtragung von Polypen. Die wichtigsten Komplikationen dieser Untersuchung sind Blutungen und Perforationen (Verletzungen, die die ganze Darmwand betreffen).

VORBEREITUNG

- Die Aufklärung des Patienten erfolgt immer durch den Arzt.

ERLÄUTERUNG FÜR DEN PATIENTEN

„Wir werden bei Ihnen eine Dickdarmspiegelung durchführen. Am besten lassen Sie sich von uns eine Beruhigungsspritze geben, da die Untersuchung zwar nur wenig schmerzhaft, aber doch recht unangenehm sein kann. Die Untersuchung gelingt um so besser, je sauberer Ihr Darm ist. Die Untersuchung wird mit einem dünnen Schlauch durchgeführt. Durch diesen wird auch Luft in den Darm eingeblasen, damit der Arzt bei der Untersuchung eine bessere Sicht hat. Es werden Ihnen auch mehrere winzige Gewebeproben entnommen, doch werden Sie dies kaum spüren."

Enddarmspiegelung (Rektoskopie/Sigmoidoskopie)

- Zunächst führt der Patient einen Practoklys-Einlauf zur Reinigung des letzten Darmabschnitts durch. Macht er dies selbst, sollte er die Spitze des Klistiers mit fett- oder lokalanästhetischer Salbe (Xylocain, Nivea, Vaseline) einreiben. Der dünne Schlauch wird dann in den Anus eingeführt und der gesamte Beutelinhalt möglichst zügig in den Enddarm gedrückt.
- Wenn Sie dem Patienten dabei helfen, ziehen Sie zunächst Einmalhandschuhe an und gehen dann wie oben beschrieben vor.
- Der Patient wird angehalten, die Flüssigkeit so lange wie möglich (10 – 15 min) im Darm festzuhalten.
- Lassen Sie den Patienten in unmittelbarer Nähe der Toilette warten, da der Stuhldrang bereits nach wenigen Minuten enorm wird. Unterschätzen Sie nicht die körperliche Belastung, die dies für den Patienten bedeutet.

Komplette Dickdarmspiegelung (Koloskopie)

- Materialien:

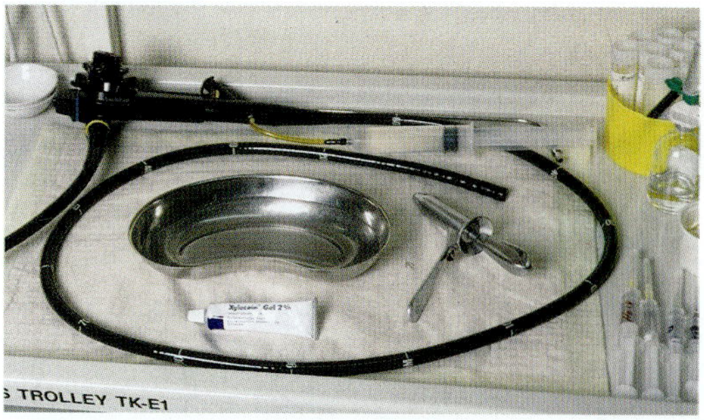

  - *Endoskop*
  - *Biopsiezange (zur Entnahme von Gewebeproben aus den verschiedenen Darmabschnitten, die Biopsiezange bleibt außer zur Reinigung und zur Probeentnahme immer geschlossen)*
  - *beschriftete Probenröhrchen*
  - *Gleitmittel (z.B. Xylocain-Gel)*
  - *Medikamente (z.B. Diazepam, Dolantin, Atropin, Buscopan)*
  - *Kochsalzlösung*
  - *Tücher oder Zellstoff.*
- Vorab müssen die Gerinnungswerte des Blutes bestimmt werden. Meist erfolgt die

Blutentnahme in der Praxis. Das Blut wird zur Untersuchung in ein Labor verschickt.
- Bei der kompletten Dickdarmspiegelung muss der Dickdarm in seiner gesamten Länge gereinigt werden. Bereits am Vortag beginnt der Patient mit der Einnahme der Abführmittel. Er wird auch am Vorabend zu Hause bereits einen Practoklys-Einlauf durchgeführt haben, der am folgenden Tag in der Praxis vor der Untersuchung wiederholt wird.
- Der Patient darf am Vortag nicht essen, muss jedoch viel trinken.
- Schließen Sie das Endoskop an.
- Halten Sie das Spülgerät bereit (z.B. Endowasher).
- Überprüfen Sie die Lichtquelle und vergewissern Sie sich gleichzeitig, ob die eingebaute Ersatzbirne intakt ist. Es wäre für den Patienten eine unnötige Belastung, wenn man während der Untersuchung die Birne auswechseln müsste.
- Unterlegen Sie Zellstoff.
- Fordern Sie den Patienten auf, Hose/Rock und Unterhose abzulegen. Manche Praxen verfügen über geschlitzte Untersuchungshosen.
- Bitten Sie den Patienten auf den Untersuchungstuhl oder (je nach Vorliebe des Arztes und Ausstattung) die Linksseitenlage einzunehmen.

DURCHFÜHRUNG

- Schließen Sie das Endoskop an.
- Messen Sie Blutdruck und Puls.
- Der Patient begibt sich in Linksseitenlage.

Entnahme von Gewebeproben

- Während der Arzt das Endoskop in den Darm vorschiebt und die Untersuchung durchführt, den Schlauch weiter mit Xylocain-Gel bestreichen.
- Anreichen der Biopsiezange bei Entnahme von Gewebeproben und kleinen Polypen.
- Wenn der Arzt die Zange nicht selbst einführt, werden Sie den Draht mit geschlossener Spitze in den entsprechenden Kanal des Endoskops einführen.
- Halten Sie die Zange immer geschlossen, bis der Arzt das Kommando „*Auf*" gibt. Dann hat das Endoskop die vom Arzt als geeignet betrachtete Stelle der Darmschleimhaut erreicht, um dort eine Gewebeprobe zu entnehmen. Beim Kommando „*Zu*" werden Sie die Zange schließen und herausziehen.

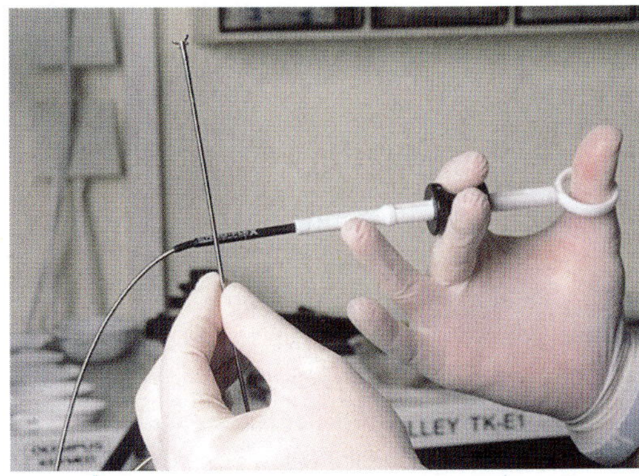

auf

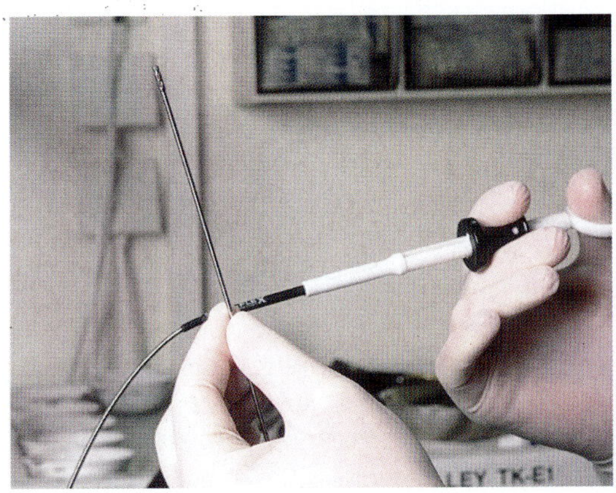

zu

- Anschließend wird das entnommene Gewebestück in ein Probenröhrchen gegeben.
- In vielen Praxen wird zunächst nur ein wenig Wasser in die Röhrchen gefüllt, damit sich die Gewebeprobe von der Zange löst. Bei der Entnahme mehrerer Proben wird auf diese Weise vermieden, dass der Darm des Patienten immer wieder der mit Formalin benetzten Zange ausgesetzt ist.
- Nach Abschluss der Untersuchung wird zusätzlich eine kleine Menge Formalin (1–2

ml) in die Probenröhrchen gegeben. Das Formalin dient der Konservierung des entnommenen Gewebes bis zur Weiterverarbeitung in der Pathologie.

- Danach werden die mit dem Patientennamen und der Entnahmestelle beschrifteten Röhrchen für den Versand vorbereitet. Hier ist größte Sorgfalt geboten, da die Verwechslung von entnommenen Proben und Befunden schwerwiegende Folgen haben kann.

Abtragung größerer Polypen

- Bei der Polypenabtragung muss eine Diathermieschlinge angeschlossen und über das Endoskop eingeführt werden. Vorher muss der Arzt die Kontrolle der Blutgerinnungswerte durchgeführt haben.
- Bei neueren Geräten ist der Anschluss eines so genannten Argon-Beamers möglich. Mit diesem Zusatzgerät kann der Arzt kleinere Blutungen verschweißen und kleine Polypen direkt zerstören.
- Wie beim Einführen der Biopsiezange wird das Gerät durch den Zusatzkanal am Endoskop eingeführt. Denken Sie daran, den Patienten zu erden.
- Sobald sich die Drahtschlinge um den Polypen gelegt hat, bestimmt der Arzt durch seine Kommandos die Geschwindigkeit des Zusammenziehens der Schlinge. Da die Schlinge unter Strom gesetzt werden kann und es dadurch zu einer gewebeverschweißenden Wirkung kommt, darf die Schlinge nicht zu schnell zugezogen werden. Bei schlechter Verschweißung kann der Polypenstumpf nachbluten.
- Anschließend wird eben so verfahren wie bei der Entnahme von Gewebeproben (s.o.).

Schienung als Hilfestellung bei der großen Darmspiegelung (Koloskopie)

- Das Endoskop ist biegsam und durch die kleinen Rädchen am Endoskopkopf, die der Arzt bedient, in seiner Spitze lenkbar. Der Dickdarm weist jedoch einige Krümmungen und Kurven auf, die selbst mit einem solchen Gerät unter Umständen nur schwer passierbar sind. Hier kann Ihre Hilfe erforderlich sein: Auf Kommando des Arztes drücken Sie mit der Hand leicht gegen die vom Arzt benannte Stelle des Bauches. Dadurch wird der Darm gewissermaßen festgehalten und das Endoskop kann die schwierige Stelle leichter passieren.

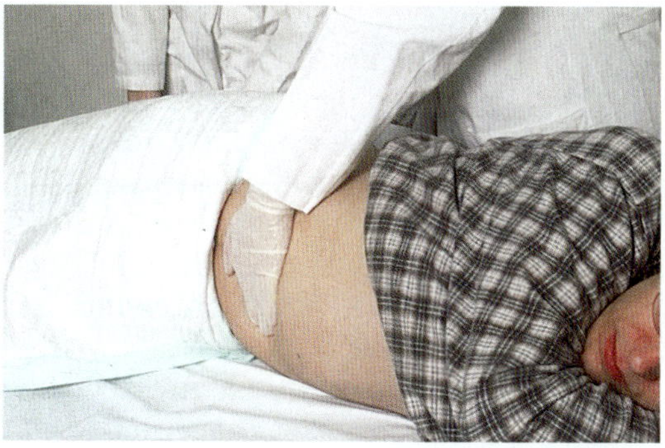

Schienung des Darms

- Ziehen Sie nach der Untersuchung vorsichtig das Gerät heraus und säubern Sie es zunächst mit Zellstoff von groben Verunreinigungen. Alle Kanäle werden mit warmem Wasser durchgespült und durchgesaugt.
- Die innere und äußere Hauptreinigung erfolgt in einer Reinigungslösung.
- Die Endreinigung wird in klarem Wasser durchgeführt.
- Denken Sie auch daran, den Kontrollteil und den Versorgungsschlauch mit Versorgungsstecker zu reinigen.
- Dann werden die Kanäle, die Luftdüse und die Wasserdüse getrocknet.
- Zur Desinfektion wird das Ventil des Instrumentierkanals in eine 10%ige Desinfektionslösung gelegt, das Ventilgewinde mit Wattestäbchen und Desinfektionslösung desinfiziert sowie die Schutzkappe am distalen Ende entfernt und in die Lösung gegeben.
- Wasserdichte Endoskope werden komplett in die Flüssigkeit getaucht. Anderenfalls wird nur der Einführungsschlauch hineingegeben.
- Es wird nun erneut gründlich mit destilliertem Wasser gespült. Alle Kanäle werden durchgesaugt und trockengeblasen. Die

Ventile und die trockene Schutzkappe werden wieder eingesetzt.
- Die Lagerung des Endoskops erfolgt entweder hängend oder liegend, aber immer möglichst gestreckt.

TIPPS UND TRICKS

- Manche Patienten können die Flüssigkeit des Miniklistiers nur 5 min im Darm festhalten. Man sollte dennoch auf Einhaltung der 10–15 min drängen. Gibt man einen Zeitraum von 5 min als ausreichend an, werden viele Patienten bereits nach 2 min die Toilette aufsuchen. Die Reinigungsflüssigkeit hat dann zu kurz eingewirkt, der Darm ist nicht sauber.
- Geben Sie bei Praxisschluss einen kleinen Tropfen Speiseöl auf die Zangenspitze, damit diese sich am folgenden Tag mühelos öffnen lässt. Kleinste Reste von Desinfektionsmittel oder Reinigungsmittel können bereits zu Verklebungen der Zangenblätter führen. Ein gewaltsames Sprengen solcher Verklebungen kann die Zange beschädigen.
- In internistischen Praxen mit starker Aufgabenverteilung kann es vorkommen, dass die Assistentin der Darmspiegelung nicht für die Verpackung und Versendung der Gewebeproben zuständig ist. In diesem Fall kann man z.B. absprechen, dass das mit Formalin versehene Röhrchen einfach durch einen schwarzen Punkt oder eine andere Markierung gekennzeichnet wird.

PROBLEME UND SONDERFÄLLE

- **Nachblutung:** Als Komplikation beispielsweise nach Polypenabtragung kann es zu einer Nachblutung kommen. Darum müssen Sonden zur Unterspritzung der blutenden Stelle bereitgestellt werden. Bei sehr großen Polypen muss ein solches Gerät nach Vorgabe des Arztes bereits vor dem Eingriff verfügbar sein.

F 29 VORBEREITUNG DER KREBSVORSORGE-UNTERSUCHUNG BEI FRAU UND MANN

ALLGEMEINES

Die Vorsorgeuntersuchung dient der Früherkennung von Krebserkrankungen. Sie besteht aus einer Reihe leicht durchzuführender Tests und Untersuchungen, die insgesamt eine relativ große Aussagekraft besitzen. Abweichungen von den Normalbefunden bedeuten eine intensivere Diagnostik, um eine Krebserkrankung entweder auszuschließen oder zu bestätigen.

Vorbereitung der Frau

DURCHFÜHRUNG

- Richten Sie den gynäkologischen Stuhl her und stellen Sie die Beleuchtung ein.
- Materialien:

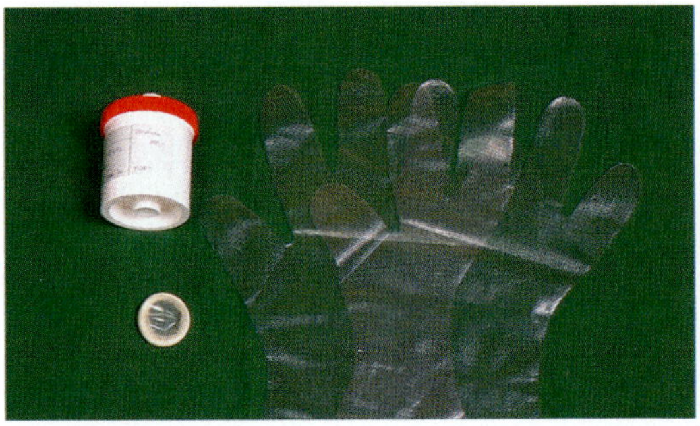

  - *1 Paar Einmalhandschuhe*
  - *Latex-Fingerlinge*
  - *2 Objektträger für Abstrich*
  - *Vaseline*
  - *Urinbecher für die Patientin*
  - *für Patientinnen über 45 Jahre: Testbriefchen für okkultes Blut im Stuhl (siehe F25, Test auf okkultes Blut).*
- Messen Sie den Blutdruck der Patientin.

- Bestimmen Sie Größe und Gewicht.
- Geben Sie der Patientin ein Testbriefchen zur Untersuchung auf okkultes Blut im Stuhl mit und erklären Sie ihr die Handhabung.
- Füllen Sie das Formular für die Krebsvorsorgeuntersuchung aus (*Muster 39a*) und tragen Sie eventuell schon vorhandene Befunde ein (z.B. Blutdruck, Urin). Das Ergebnis des Testbriefchens tragen Sie ein, wenn die Patientin es abgibt.
- Der Arzt tastet die Brüste ab, untersucht die Genitalien, entnimmt von Portio und Zervix einen Abstrich zur Untersuchung im Labor, begutachtet Hautveränderungen und veranlasst evtl. weitere Untersuchungsmaßnahmen.
- Vereinbaren Sie mit der Patientin einen Termin zur Besprechung der Befunde.

Vorbereitung des Mannes

DURCHFÜHRUNG

- Materialien:
  - *1 Paar Einmalhandschuhe*
  - *Latex-Fingerlinge*
  - *Vaseline*
  - *evtl. Urinbecher für den Patienten*
  - *für Patienten über 45 Jahre: Testbriefchen für okkultes Blut im Stuhl (siehe F25, Test auf okkultes Blut).*
- Messen Sie den Blutdruck des Patienten.
- Geben Sie dem Patienten ein Testbriefchen zur Untersuchung auf okkultes Blut im Stuhl mit und erklären Sie ihm die Handhabung.
- Füllen Sie das Formular für die Krebsvorsorgeuntersuchung aus (*Muster 40a*) und tragen Sie eventuell schon vorhandene Befunde ein (z.B. Blutdruck, Urin). Das Ergebnis des Testbriefchens tragen Sie ein, wenn der Patient es abgibt.
- Der Arzt tastet die Prostata ab, untersucht die Genitalien, begutachtet Hautveränderungen und veranlasst evtl. weitere Untersuchungsmaßnahmen.
- Vereinbaren Sie mit dem Patienten einen Termin zur Besprechung der Befunde.

Notizen

Notizen

G1 ERSTELLEN DES OP-PLANS

ALLGEMEINES

Eine sorgfältige Planung der Operationen ist für den reibungslosen Ablauf innerhalb jeder chirurgisch tätigen Praxis unerlässlich. Es gibt zahllose Möglichkeiten, den Ablauf zu organisieren. Entscheidend ist, dass Sie sich in Absprache mit den Praxisinhabern über die gewünschte Planungsweise abstimmen. Dabei sind einige wichtige Fragen zu klären:

- An welchen Tagen wird operiert?
- Wie viele Operateure stehen an einem bestimmten Tag zur Verfügung?
- Bis wie viel Uhr wird täglich operiert?
- Wie viel Zeit wird für welche Operation veranschlagt?
- Wie viele Patienten dürfen pro Tag auf dem OP-Plan erscheinen?

Vielfach wird in chirurgischen Praxen mit einem OP-Buch (oder einem entsprechenden PC-Programm) gearbeitet. In ein solches Buch werden von ärztlicher Seite die Patienten mit den erforderlichen Operationen für einen bestimmten Tag eingetragen. Sie erhalten dann dieses Buch spätestens am Vortage des betreffenden OP-Tages, um daraus den OP-Plan zu erstellen.

Wir haben uns hier für die Beschreibung *einer* möglichen Planungsform entschieden, von der es jedoch von Praxis zu Praxis große Abweichungen geben kann.

DURCHFÜHRUNG

- Der OP-Plan muss im Laufe des Vortages fertig gestellt werden, damit die Patienten noch spätestens am gleichen Tage erfahren, für welche Uhrzeit ihre OP angesetzt wurde. In den meisten Praxen endet der OP-Plan in der Mittagszeit, da die Patienten immer noch für einen Beobachtungszeitraum von etwa 2 Stunden in der Praxis bleiben müssen. Außerdem ist eine längere Nüchternheit kaum zumutbar. Schließlich dauert auch die Wiederherstellung der speziellen Bedingungen im OP durch die Reinigungskräfte mehrere Stunden, was das Ende eines OP-Tages zusätzlich limitiert.
- Überlegen Sie sich die einzelnen Faktoren, die die Dauer für die Operation eines Patienten bestimmen:

Ihre Vorbereitung

Zeitraum, den der Anästhesist benötigt
+ OP-Dauer
+ Nachbereitungszeit
+ (Überwachungszeit)
= Gesamtzeit

Die sich ergebende Gesamtzeit dient Ihnen als Planungsgrundlage. Sie können damit abschätzen, zu welchem Zeitpunkt sich wie viele Patienten an welchem Ort befinden sollten (z.B. Vorbereitungsraum, OP, Aufwachraum).

- Finden Sie heraus, wie lange Sie für die jeweilige Vor- und Nachbereitung benötigen (z.B. Rasur, Heparin-Spritze zur Thromboseprophylaxe, Markierung der zu operierenden Stelle). Mit zunehmender Erfahrung werden Sie diese Aufgabe schneller erledigen können.
- Lernen Sie, wie lange der jeweilige Operateur für eine bestimmte Operation braucht. Legen Sie hierzu vielleicht eine Liste an, in der Sie die durchschnittlichen OP-Zeiten vermerken, um so ein Schema für Ihre tägliche Planung zu erhalten.

Ungefähre Operationsdauer

(ohne Vor- und Nachbereitung)

Arthroskopie (Knie)	20 min
Arthroskopie (Schulter)	30 min
Arthroskopie (Ellenbogen)	20–40 min
Hallux valgus-OP	20–30 min
Kreuzbandersatzplastik	75–90 min

- Berücksichtigen Sie, wie viele Patienten Ihr Aufwachraum bewältigen kann. Es muss sichergestellt werden, dass ein operierter Patient dort einen Platz findet. Rechnen Sie auch damit, dass die Patienten im Einzelfall nach der eingeplanten Beobachtungszeit nicht nach Hause gehen (können).
- Kalkulieren Sie für den OP-Plan Pufferzeiten ein. Es ist wahrscheinlich, dass sich an manchen Tagen von OP zu OP eine Verzögerung zunehmend bemerkbar macht. So können Sie z.B. für die ersten drei Operationen den Zeitraum für die OP plus Ihrer Vor- und Nachbereitungszeit berechnen. Bei weiteren Operationen sollten Sie dann z.B. weitere 10 min hinzurechnen.
- Besprechen Sie mit den Praxisinhabern, wie viele Pausen Sie zu welchen Zeiten und in welcher Länge einplanen sollen.
- Patienten, die in Lokalanästhesie operiert werden, sollten Sie ans Ende des OP-Tages setzen. Diese Patienten müssen nicht nüchtern bleiben und benötigen nicht die Anwesenheit eines Anästhesisten, so dass hier die Vorbereitungszeit der Anästhesie entfällt.
- Bei Operationen unter Spinalanästhesie sollten die Patienten einen möglichst frühen Termin bekommen, da hier die Überwachungsdauer sogar bei 3–4 Stunden liegt. Es muss nämlich sichergestellt sein, dass sich die durch die Spinalanästhesie ausgesetzte Blasenfunktion sowie die zeitweilige Lähmung beider Beine wieder vollständig zurückgebildet hat. Die allerersten OP-Termine sollten jedoch nicht für diese Patienten reserviert werden, da die Vorbereitungszeit der Anästhesie unterschiedlich ist. Die Betäubung dauert etwa 10–15 min, und die Patienten sollten an zweiter oder dritter Stelle auf dem OP-Plan stehen.
- Größere bzw. zeitlich aufwändigere Operationen setzen Sie an den Anfang des OP-Plans, da sich unerwartete Verzögerungen und Komplikationen besonders in der Beobachtungsphase stärker bemerkbar machen als bei einer kleinen OP.
- Fertigen Sie so viele Kopien bzw. Ausdrucke des OP-Plans an, wie in Ihrer Praxis benötigt werden. Hängen Sie die Pläne dann an den jeweiligen Stellen aus, z.B.:
  - an Ihrer Anmeldung
  - auf dem Schreibtisch des Operateurs
  - im Vorbereitungsraum
  - im OP (Anästhesieseite und Operateurseite)
  - im Aufwachraum.
- Heften Sie ein Exemplar des OP-Plans in einer dafür vorgesehenen Mappe ab. Dies ist zu Dokumentationszwecken erforderlich.

TIPPS UND TRICKS

- Denken Sie immer daran, dass sich eine nachlässige Planung schließlich auch auf das Ende Ihres Arbeitstages auswirken wird, z.B. wenn Sie länger als erwartet im Aufwachraum bleiben müssen und dadurch andere Routinetätigkeiten liegen bleiben.
- Schaffen Sie sich zeitliche Pufferzonen, wo immer sich Ihnen die Möglichkeit dazu bietet. Wenn ein Patient z.B. von Ihrer Seite um 7:30 Uhr erwartet wird, bestellen Sie ihn um 7:15 Uhr ein, damit nicht Ihr gesamter OP-Plan durcheinander gerät, nur weil der Patient zufällig 15 Minuten im Stau stehen musste.
- Manche Patienten kommen immer auf die Minute genau, andere kommen immer und überall 10 Minuten zu spät. Versuchen Sie, diesen Unterschied zwischen den Menschen durch zahlreiche zeitliche Puffer aufzufangen.
- Bitten Sie darum, Eintragungen im OP-Buch nur mit Bleistift vorzunehmen. Wegen der zahlreichen Korrekturen und Änderungen, entsteht durch Eintragungen mit Kugelschreibern ein zunehmend unübersichtliches und verwirrendes Bild.
- Was eine „große" Operation ist und was nicht, liegt im Ermessen der Mediziner. Verabreden Sie für solche Fälle z.B. eine bestimmte Markierungsform der OP-Indikation, damit Sie gleich erkennen, dass eine Operation einen besonderen Zeitrahmen erfordert. Lassen Sie sich diesen Zeitrahmen auch nennen.

- Behalten Sie für die täglichen Planungen auch immer den Urlaubsplan Ihrer Praxis im Auge.

PROBLEME UND SONDEFÄLLE

- **Diabetiker:** Bestellen Sie Diabetiker immer früh ein, damit sich die Verzögerung ihres täglichen Diätplanes durch die erforderliche Nüchternheit vor der Operation im Rahmen hält.
- **Kinder:** Auch Kinder sollten möglichst frühzeitig auf dem OP-Plan auftauchen, da auch sie nur über eine geringe Toleranz gegenüber der morgendlichen Nüchternheit verfügen.
- **Septische Operationen:** Patienten, die z.B. an einer bakteriellen Gelenkinfektion operiert werden, sollten nach Möglichkeit am Ende des OP-Plans erscheinen, da es schwierig und zeitaufwändig ist, die für die nächste Operation erforderlichen sterilen Bedingungen wiederherzustellen.

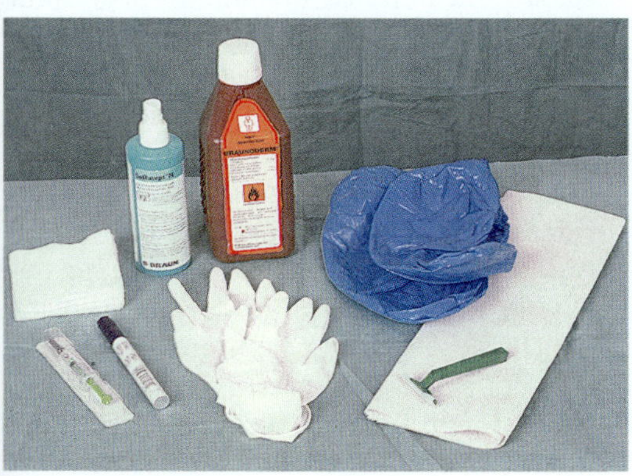

G2 PATIENTEN ZUR OPERATION VORBEREITEN

ALLGEMEINES

Eine gute Vorbereitung des Patienten trägt erheblich zum reibungslosen Ablauf der Operation bei, was letztendlich auch eine niedrige Komplikationsrate bedeutet. Je nach Ausstattung Ihrer Praxis sind die OP-Vorbereitung und die Operation selbst voneinander getrennt. Eventuell verfügen Sie auch über einen speziellen Vorbereitungsraum, in dem die erforderlichen Handlungen zur Vorbereitung am Patienten durchgeführt werden. Dazu gehören die Gabe einer Heparin-Spritze zur Thromboseprophylaxe (*siehe F19, Subkutane Injektion*), das Anziehen von Antithrombosestrümpfen, ggf. die Rasur des OP-Gebietes und seine Markierung.

VORBEREITUNG

- Im Vorbereitungsraum muss sich eine Untersuchungsliege befinden, auf der die Maßnahmen durchgeführt werden können.
- Achten Sie darauf, dass der Raum über eine für einen unbekleideten Menschen angenehme Raumtemperatur verfügt. Halten Sie immer noch eine Decke bereit, falls es dem Patienten trotzdem noch zu kühl sein sollte.
- Besprechen Sie mit dem Patienten, ob alle erforderlichen Vorbereitungen zur Operation von seiner Seite aus erfüllt wurden.

- Materialien:
- *Einmalrasierer*
- *aufgezogene Heparin-Spritze*
- *Zellstoff und/oder Einmalunterlagen für die Rasur*
- *hautfreundlicher Stift (zur Markierung des OP-Gebietes)*
- *blaue Überziehschuhe (mit denen der Patient in den OP geht; je nach Aufbau Ihrer Praxis)*
- *Desinfektionsmittel*
- *Tupfer*
- *Handschuhe.*

Informationen an den Patienten

präoperativ

- Aus anästhetischer Sicht dürfen keine Infektionserkrankungen vorliegen (besonders der Atemwege, aber z.B. auch kein Durchfall).
- In der Regel ist ein normales Abendessen bis 22:00 Uhr mit Getränken (kein Alkohol) erlaubt.
- Medikamente werden im normalen Rhythmus eingenommen.
- Am Operationstag darf absolut nicht gegessen, getrunken oder geraucht werden.
- Am Morgen ist ein Dusch- oder Vollbad zur Verringerung der Keimbesiedlung erforderlich.
- Der Patient darf keine Schminke, Cremes oder Nagellack auftragen.
- Medikamente werden am Operationstag nur eingenommen, wenn dies ausdrücklich bestätigt wurde.
- Schmuck und Wertsachen sollen zu Hause gelassen werden.
- Für eine Zahnprothese sollte ggf. ein Gefäß mitgebracht werden.
- Auch zur Operation soll der Patient nicht selber fahren.
- Pünktlichkeit ist wichtig. Bei Verspätungen soll der Patient unbedingt Bescheid sagen.

postoperativ

- Der Nachhauseweg soll unbedingt in Begleitung erfolgen. Es darf 24 Stunden lang nicht selbständig Auto gefahren werden.
- Der Patient soll am Operationstag nicht alleine bleiben.
- Da der Patient nach der Operation für 24 Stunden nicht geschäftsfähig ist, soll er an diesem Tag keine wichtigen Entscheidungen treffen.
- Die Dauermedikation soll im normalen Rhythmus eingenommen werden, sofern es keine anderslautenden Anordnungen gibt. Zusatzmedikamente z.B. gegen Schmerzen dürfen nur in der vom Arzt zugestandenen Menge genommen werden.
- Bei Entzündungszeichen an der Operationsstelle (Schmerzen, Schwellung, Rötung) soll der Patient einen Arzt konsultieren.
- Bei allen Unklarheiten oder auftretenden Problemen soll der Patient außerdem Rücksprache mit dem Arzt nehmen. Sagen Sie dem Patienten, wie er wann und wo den Arzt erreichen kann.

- Außerdem sollten Sie ggf. Antithrombosestrümpfe, eine zusätzliche Decke und eventuell ein OP-Hemd bereitlegen.
- Denken Sie mit daran, alle relevanten Befunde und Röntgenbilder für das OP-Team zusammenzustellen. Vergewissern Sie sich auch, dass die Einverständniserklärung unterschrieben vorliegt.

DURCHFÜHRUNG

- Bitten Sie den Patienten in den Vorbereitungsraum.
- Lassen Sie ihn sich bis auf die Unterhose ausziehen und auf der Untersuchungsliege Platz nehmen. An der betroffenen Extremität müssen auch alle Schmuckstücke abgenommen werden, da z.B. ein nicht entfernter Ring bei einem postoperativen Ödem der Finger Probleme bereiten kann.
- Auch alle weiteren Objekte am Körper sollen abgelegt werden: Brille, Kontaktlinsen, künstliches Gebiss, Kunstauge, Perücke, Hörgerät.
- Lange Haare werden zusammengebunden (keine Spange oder Nadel). Außerdem wird

dem Patienten eine OP-Haube übergezogen.

- Versuchen Sie immer, mit dem Patienten ins Gespräch zu kommen. Vielleicht hat er große Angst vor der Operation, Angst davor nicht mehr aufzuwachen oder Angst vor einer verheerenden Komplikation. Bleiben Sie immer bei solchen Patienten, bis das OP-Team übernimmt, und nehmen Sie den Patienten mit seinen Ängsten und Befürchtungen auf jeden Fall ernst. Hören Sie gut zu und lassen Sie sich auf ihn ein. Machen Sie ihm Hoffnung und Mut, ohne dabei auf Allgemeinplätze zu verfallen wie etwa ein lapidares *„Wird schon werden"*.
- Bei zu operierenden Kindern sollten Sie die Eltern mit in den Vorbereitungsraum nehmen. Erklären Sie ihnen zuvor, was Sie dort aus welchem Grunde mit dem Kind machen werden und wie die Eltern sich dabei zu verhalten haben.
- Vergewissern Sie sich immer, welche Seite operiert wird. Fragen Sie dazu den Patienten, aber verlassen Sie sich nie alleine auf seine Angaben, sondern schauen Sie auch noch einmal im OP-Buch nach. Beim Aufkommen des geringsten Zweifels müssen Sie mit dem Arzt, der die Indikation gestellt hat, noch einmal Rücksprache halten.
- Beginnen Sie mit der Rasur. Die Handhabung ist in den Praxen unterschiedlich. Meist wird jedoch jedes Operationsgebiet weiträumig rasiert, was z.B. auch für eine Schulteroperation bei einer Frau gilt, wo sich in der Regel nur feinste Lanugo-Behaarung findet.
- Ihnen stehen verschiedene Möglichkeiten der Rasur zur Verfügung. Sie können sich je nach Bedarf für eine oder auch mehrere Methoden entscheiden. Die manchmal sehr üppige Beinbehaarung eines Mannes sollten Sie zunächst mit einem elektrischen Langhaarschneider vorrasieren, bevor Sie dann mit einem Einmalrasierer vorsichtig nachrasieren. Feinere Behaarung kann hingegen meist trocken mit einem Einmalrasierer entfernt werden. Eine weitere Möglichkeit ist der Einsatz von Enthaarungscreme, allerdings bietet diese auch einige Nachteile. So wird z.B. der zeitliche Aufwand deutlich größer, da die Einwirkzeit etwa 10–15 min beträgt. Darüber hinaus erfordert der Umgang mit der reichlich aufzutragenden Creme eine gründliche Reinigung. Vielfach ist dann außerdem noch eine Nachrasur erforderlich, so dass der Ablauf sich noch einmal verzögert. Wenn eine Enthaarungscreme eine allergische Hautreaktion auslöst, was in seltenen Fällen vorkommen kann, muss die Operation wahrscheinlich abgesagt werden.
- Wenn Sie einen Einmalrasierer verwendet haben, wird dieser nach Gebrauch immer weggeworfen. Beim Rasieren kann es zu Mikroverletzungen kommen, die grundsätzlich ein nicht akzeptables Risiko für eine Übertragung von Viren und Keimen darstellen.
- Nach der Rasur wischen Sie das Gebiet noch einmal mit trockenem Zellstoff ab, um die letzten abrasierten Haare zu entfernen.
- Fragen Sie jetzt den Patienten noch einmal nach der Stelle des größten Schmerzes bzw. nach der betroffenen Region und Seite. Markieren Sie diese Stelle dann mit einem hautfreundlichen Stift (Kreuzchen oder Umrandung).
- Setzen Sie nun die Heparin-Spritze subkutan (*siehe F19, Subkutane Injektion*). Diese Prophylaxe einer möglichen Thrombose wird je nach Indikation und Immobilisationsdauer fünf Tage oder auch länger durchgeführt. Vielleicht kommt der Patient dafür täglich in Ihre Praxis. Es ist aber auch möglich, den Patienten darin anzuleiten. Sie können ihm dazu den Sinn der Injektion erklären und z.B. am ersten postoperativen Tag in der Praxis bei der Durchführung behilflich sein. Auch medizinisch ungeschulte Menschen, wie z.B. Diabetiker, sind nach kurzer Zeit in der Lage, sich diese Injektionen selber zu verabreichen.
- Bei der Operation an einer unteren Extremität erhält das operierte Bein immer einen Antithrombosestrumpf. Bei älteren Patienten (ca. ab 50) oder bei grundsätzlich erhöh-

tem Thromboserisiko werden beide Strümpfe übergezogen. Je nach Indikation und Zustand des Patienten werden die Strümpfe mehrere Wochen getragen.

- Das Anziehen der Antithrombosestrümpfe ist nicht ganz einfach, da sie sehr eng sitzen (müssen). Wichtig ist, dass sie faltenfrei angezogen werden. Hierauf muss auch der Patient hingewiesen werden, wenn er sie sich später zu Hause selber an- und auszieht. Vielfach liegt den Strümpfen eine Anziehhilfe bei, da besonders der richtige Sitz der Strümpfe an Zehen und Ferse Schwierigkeiten bereitet. Die Strümpfe sind immer mit einer Zehenöffnung versehen, damit eine Minderdurchblutung an der Blaufärbung der Zehen bei falschem oder zu engem Sitz der Strümpfe erkennbar bleibt.
- Wenn der vorbereitete Patient in Ihrer Praxis zu Fuß in den Operationsraum gehen muss, sollten Sie ihm blaue Überziehschuhe geben, um die hygienischen Bedingungen im OP einzuhalten. Anderenfalls fahren Sie ihn mit der Liege in den OP.

TIPPS UND TRICKS

- Frauen sollen sich nach Möglichkeit die Beine vor der Operation nicht selber rasieren. Es besteht durchaus das Risiko, dass sich die Patientin bei der Rasur selber schneidet, und sich die Wunde infiziert, was eine Operation des Gebietes dann u.U. ausschließt. Wird die Frau jedoch von Ihnen rasiert, erfolgt ja immer in Kürze die Sterilisation des OP-Gebietes, so dass eventuelle Verletzungen keine Auswirkungen haben.
- Wenn in Ihrer Praxis viel operiert wird, kann es schon einmal passieren, dass die Kleidungsstücke der Patienten durcheinander geraten oder vertauscht werden. Aus diesem Grunde empfiehlt es sich, für die Kleidung jedes Patienten z.B. einen kleinen Korb bereitzuhalten. Vielleicht haben Sie auch kleine Spinde, in denen jeder Patient seine Sachen einschließen kann.
- Falls sich die Operation des nächsten Patienten wider erwarten etwas verzögert, sollten Sie ein paar Zeitschriften bereithalten.
- Bei der Rasur können mitunter sehr viele Haare anfallen, die Sie eventuell nicht alle auffangen konnten. Wenn Sie einen kleinen Handstaubsauger bereithalten, können Sie damit auf einfache Weise die Hygiene aufrecht erhalten.
- Je nach OP kann es sinnvoll sein, bereits vor dem OP-Termin mit dem Patienten bestimmte Fähigkeiten einzuüben, die er nach der OP beherrschen muss, wie z.B. der richtige Umgang mit Gehstützen oder Gehwagen.
- Um den Patienten nicht unnötig nervös zu machen, sollten Sie ihm möglichst genaue Angaben darüber machen, wie lange es noch bis zur Operation dauert. Auch wenn unerwartete Verzögerungen eintreten, teilen Sie diese Veränderung im zeitlichen Ablauf dem Patienten mit.

PROBLEME UND SONDERFÄLLE

- **Spinalanästhesie:** Bei einer Spinalanästhesie wird die Heparin-Spritze erst nach dem Anlegen der Spinalnadel gegeben, denn die erhöhte Blutungsneigung durch das Heparin könnte sich bei der Punktion eines Gefäßes durch den Anästhesisten im Rückenmark als Problem erweisen. In diesem Fall muss die Injektion also durch eine Person innerhalb des OPs erfolgen.

INTERNET

- Sollten Sie in Ihrer Praxis auch ambulante OPs durchführen, könnte diese Seite für Sie interessant sein *http://Patientenlagerung.at.*

G3 SPRINGERTÄTIGKEIT

ALLGEMEINES

Ein Springer führt die Tätigkeiten im OP durch, die keine Sterilität erfordern. Dazu gehört das Anreichen von benötigten Utensilien, Hilfestellungen beim sterilen Einkleiden des OP-Teams und auch Unterstützungen wie z.B. Schweiß von der Stirn wischen bei einem Mitglied des OP-Teams, da sie diese Dinge wegen der Einhaltung der Sterilität nicht selber durchführen können.

Das Schwierigste an Ihrer Aufgabe als Springer wird es sein, keine Gegenstände oder Personen im OP durch zufälliges, versehentliches Berühren unsteril zu machen.

Um ein guter Springer zu sein, sollten Sie versuchen, dem OP-Ablauf zu folgen und auch ohne direkte Anweisungen bestimmte Aufgaben auszuführen. Wenn z.B. der Operateur von der instrumentierenden Person die Bohrmaschine verlangt, können Sie das Gerät bereits einschalten und dem Operateur den Fußschalter hinstellen, ohne dass die Instrumentenschwester Ihnen dies ausdrücklich aufträgt. Um den Ablauf besser kennen zu lernen und die einzelnen Aufgaben besser voraussehen zu können, sollten Sie auch mal einen Blick in ein einfaches Operationsbuch werfen, in dem die Operationen beschrieben sind. Die Tätigkeit als Springer folgt keinem festgelegten Schema. Sie müssen vielmehr in der Lage sein, Ihre Tätigkeiten rasch zu wechseln, zu improvisieren und die kommenden Aufgaben vorauszuahnen. Aus diesem Grunde sind die folgenden Punkte mehr als lose Auflistung anzusehen, denn als Handlungsanweisung.

VORBEREITUNG

- Öffnen Sie je nach OP das entsprechende OP-Set und legen Sie es unter Einhaltung der Sterilitätsvorschriften auf den Tisch der instrumentierenden OP-Assistentin, die dann beginnen kann, ihren Instrumententisch zu bestücken.
- Nehmen Sie die Eintragungen in das OP-Buch vor. Diese variieren stark von Praxis zu Praxis. Meist werden angegeben:
  - Datum
  - Art der Operation
  - Diagnose
  - Name des Patienten
  - Name des Operateurs
  - Name der Instrumentierenden
  - Name des Anästhesisten
  - Art der Narkose
  - Narkosebeginn
  - Schnittbeginn
  - Beginn der Hautnaht
  - Bemerkungen (z.B. eingesetzte Materialien wie Schrauben, Drähte usw., besondere Vorkommnisse).
- Suchen Sie ggf. die passenden Kompressionsstrümpfe heraus und vermerken Sie die Größe auf dem OP-Plan.
- Wenn Video-Aufzeichnungen angefertigt werden, müssen Sie auf das Wechseln der Kassetten sowie auf deren Nummerierung und korrekte Beschriftung achten.
- Vorbereitung des OP-Tisches:
  - Tuch auflegen
  - Nackenkissen am Kopfende platzieren
  - Neutralelektrode anbringen (abhängig von der Lagerung des Patienten)
  - Beckenhebegurt bereitlegen
  - Arm- oder Beinhalterungen je nach OP anbringen.

DURCHFÜHRUNG

- Fragen Sie den Patienten noch einmal nach der zu operierenden Seite.
- Wird eine Blutsperre angelegt, polstern Sie vorher diese Stelle mit Watte, damit keine Hautfalte eingeklemmt werden kann.
- Hängen Sie evtl. Röntgenbilder am Röntgenschirm auf.
- Wenn Sie noch mit dem Patienten alleine sind, sollten Sie sich mit ihm unterhalten, um ihm die Angst zu nehmen. Sie können ihm wenn möglich z.B. auf dem Röntgenbild den zu entfernenden freien Gelenkkörper zeigen.

- Schütten Sie das Desinfektionsmittel in die von der instrumentierenden Person bereitgestellte Nierenschale.
- Bei Bedarf helfen Sie bei der Desinfektion des OP-Bereiches, indem Sie z.B. den Arm oder das Bein hochhalten
- Bewegen Sie sich nie ruckartig, unüberlegt oder plötzlich. Denken Sie wie beim Autofahren auch immer für die anderen Personen mit.
- Stellen Sie sich immer mit dem Gesicht vor ein steriles Objekt und halten Sie dabei einen Mindestabstand von 20 cm ein.
- Richten Sie bei einer offenen OP die OP-Lampe auf den OP-Bereich und schalten Sie sie ein.
- Schalten Sie bei Arthroskopien ggf. das Licht aus und das Videogerät ein.
- Bereiten Sie Behältnisse für eventuelle Gewebeproben vor und beschriften Sie sie mit den Patientendaten.
- Bereiten Sie abschließend alles für die nächste Operation vor.
- Legen Sie zur Reinigung die Optik bzw. das Laserkabel in eine Schüssel mit Desinfektionslösung. Die Mindesteinwirkzeit bei einer 4%igen Lösung beträgt 15 min. Eine längere Einwirkzeit bietet keinen zusätzlichen Nutzen.
- Fragen Sie die instrumentierende Person, wann Sie auf den OP-Tisch und den Instrumententisch zugreifen dürfen, um aufzuräumen.
- Verteilen Sie die Instrumente nach Möglichkeit auf den Abwurfsieben. Rechnen Sie für jede OP-Box je ein Abwurfsieb. Kennzeichnen Sie die Siebe auf die gleiche Weise wie die OP-Boxen. Wenn Sie nicht über solche Siebe verfügen, sollten Sie die Instrumente so sortieren, wie sie später wieder in die OP-Boxen geräumt werden.
- Geben Sie alle Patientenunterlagen (Karte, Röntgenbilder, Video, evtl. entfernte Materialien) mit in den Aufwachraum.

TIPPS UND TRICKS

- Wenn Sie die OP-Box mit den zu sterilisierenden Instrumenten bestücken, sollten Sie darauf achten, eine bestimmte Ordnung einzuhalten, damit bei der nächsten Operation die Instrumentenschwester (vielleicht Sie selbst?) es leichter hat, die Instrumente nach ihren eigenen Vorstellungen herauszunehmen und aufzubauen:
  - Wenn Sie Scheren oder Klemmen übereinander lagern, können Sie eine weitere durch die Fingeröffnungen schieben, so dass alle mit einem Male herausgenommen werden können.
  - Legen Sie alle Pinzetten zueinander, ebenso alle Skalpellhalter.
  - Platzieren Sie auch die Bohrfutter immer zusammen mit den passenden Schlüsseln.
  - Legen Sie eine oszillierende Säge zusammen mit den Sägeblättern und dem passenden Schlüssel.
- Freie Gelenkkörper können Sie nach Entfernung und Ablage in einem formalinhaltigen Röhrchen dem Patienten zeigen, wenn er wieder aufgewacht ist. Er wird dann wesentlich besser verstehen, warum er solche Beschwerden hatte und warum er operiert werden musste.
- Die bei der OP voraussichtlich benötigte Menge an Tupfern, Watte und Kompressen können Sie bereits mit in die OP-Box für den Sterilisator geben, damit diese Dinge bei der OP nicht alle einzeln ausgepackt und angereicht werden müssen.
- Behalten Sie die anderen Personen im OP immer gut im Auge, um nicht versehentlich jemanden zu berühren, der sterile Kleidung trägt.

G4 CHIRURGISCHE HÄNDEDESINFEKTION

ALLGEMEINES

Die chirurgische Händedesinfektion ist unerlässlicher Bestandteil der Vorbereitung zur Teilnahme an einer Operation, auch in der Praxis. Sie dient ausschließlich dem Schutz des Patienten bei operativen Eingriffen und ist streng von der hygienischen Händedesinfektion zu trennen.
Wie werden die krankheitsauslösenden (pathogenen) Keime vernichtet und die Stammkeime an Händen und Unterarmen bis zu den Ellenbogen vermindert. Die tiefer gelegenen Keime an den Haarfollikeln und Schweißdrüsen werden nicht erreicht. Außerdem beginnt nach 20–30 Minuten die Wiederbesiedlung der Haut. Bei jeder zeitlichen Planung ist die etwa zehnminütige Waschzeit vor einer Operation fest einzuplanen, sei es für Sie selber oder für den Operateur.

VORBEREITUNG

- Der Waschraum wird nur in OP-Kleidung, einschließlich OP-Schuhen betreten. Die Kopfbedeckung und der Mundschutz müssen bereits ihren endgültigen Sitz haben.
- Jeglicher Schmuck an Händen oder Armen muss abgenommen werden.
- Mit einer infektiösen Hauterkrankung der Hände sollte die Teilnahme an Operationen bis zur Ausheilung unterbleiben.
- Vom Beginn der Waschung an darf nichts mehr angefasst oder berührt werden.

DURCHFÜHRUNG

- Stellen Sie sich den Wecker auf 10 Minuten: 5 min zum Waschen, 5 min zum Desinfizieren.
- Wählen Sie eine angenehme Wassertemperatur.
- Beginnen Sie mit einer einfachen Wäsche der Hände und Unterarme und spülen Sie die Arme frei. Wiederholen Sie dies einige Male.
- Halten Sie die Hände und Unterarme grundsätzlich über Ellenbogenniveau. Das Wasser sollte immer von den Händen über die Ellenbogen abfließen.
- Die Fingernägel sollten danach mit einer sterilen Bürste ausgiebig gereinigt werden. Zu heftiges und zu langes Bürsten der Hände und Arme bietet keine Vorteile. Halten Sie Ihren Körper von den bürstenden Händen weg, da es spritzt.
- Trocknen Sie jeden Arm mit einem eigenen sterilen Handtuch von den Händen in Richtung Ellenbogen ab.
- Benetzen Sie Hände und Unterarme mit einem Desinfektionsmittel, auch zwischen den Fingern. Meist nimmt man dazu ein Kurzwaschmittel aus flüssiger Seife und einem Antiseptikum (z.B. Sterilium, Rapidosept, Chirosept).
- Verteilen und verreiben Sie das Mittel bis es eingetrocknet ist, mindestens jedoch 3 Minuten, eine Minute einwirken und wiederholen Sie den Vorgang fünfmal, ohne das Mittel abzuwischen.
- Der Spender wird grundsätzlich nur mit dem Ellenbogen bedient.
- Das Waschbecken darf nicht berührt werden.
- Halten Sie zum Schluss die Hände nicht über Schulterhöhe bzw. nicht unter Hüfthöhe und nicht zu nahe am Körper.
- Die Türen können in der Regel durch Fußschalter oder große Kontaktschalter (Schulter) geöffnet werden.
- Halten Sie im Operationssaal zu unsterilen Gegenständen einen Mindestabstand von 0,5 m. Die Anästhesieseite jenseits des Tuches ist tabu!

TIPPS UND TRICKS

- Einer Hautschädigung (Rhagaden, Infektionen) durch häufige Hautdesinfektion beugt man durch Hautpflege mit alkalifreien Seifen, Cremes und Salben vor.
- Nasse OP-Kleidung wird für Körperkeime durchlässiger.

- Das Desinfektionsmittel für die Spender darf nicht von großen Gefäßen in kleinere, spendertaugliche umgefüllt werden. Die Spender für Desinfektionsmittel (so genannte Eurospender) werden vor jeder Bestückung desinfizierend gereinigt.

PROBLEME UND SONDERFÄLLE

- **Empfindliche Haut:** Entwickelt sich nach mehrmaligen Waschungen ein juckendes Ekzem, sollte man auf jodhaltige Desinfektionsmittel umsteigen (z.B. Braunosan, Betadine). Diese Desinfektionsmittel wendet man durch normale Waschbewegungen an. Es bildet sich ein gelblichbrauner Schaum, der über Hände und Unterarme verteilt wird.
- **Berühren unsteriler Gegenstände:** Berührt man während oder nach der Desinfektion unsterile Gegenstände, muss die ganze Waschung wiederholt werden!

INTERNET

- Fotoserie und Videos zum Thema: *http://olc.chirurgie-goettingen.de/Op_ruft___/Waschen/waschen.html*

G5 INSTRUMENTIEREN IM OP

ALLGEMEINES

OP-Assistenz kann bedeuten, dass Sie unmittelbar an der Operation teilnehmen, d.h. Sie müssen sich z.B. auch steril einkleiden. Oder aber Sie werden als „Springer" eingesetzt, der Dinge holt und anreicht, ohne dabei jedoch selbst an der OP mitzuwirken und auch selber nicht steril ist (*siehe G3, Springertätigkeit*).

VORBEREITUNG

- Vor einer Operation, die Ihnen noch nicht „in Fleisch und Blut" übergegangen ist, müssen Sie sich in Ruhe mit dem theoretischen Ablauf der Operation vertraut machen, damit Sie zu jedem Zeitpunkt der Operation eine Vorstellung davon haben, was gerade geschieht und was wahrscheinlich als nächstes passieren wird.
- Schauen Sie sich in einem Buch noch einmal die Anatomie der zu operierenden Struktur an.

DURCHFÜHRUNG

- Sprechen Sie mit dem Operateur ab, ob spezielle oder ungewöhnliche Maßnahmen geplant sind, die sich auf Ihre Tätigkeit als Instrumentierende auswirken.
- Kleiden Sie sich bis auf die Unterwäsche aus und ziehen Sie sich saubere OP-Kleidung an.
- Legen Sie Mundschutz und OP-Haube an.
- Führen Sie die chirurgische Händedesinfektion durch (*siehe G4, Chirurgische Händedesinfektion*).
- Halten Sie die Hände nach der Waschung gefaltet vor dem Leib, ohne dabei die eigene OP-Kleidung oder irgendwelche Gegenstände zu berühren.
- Die meisten Waschräume verfügen über einen Fußschalter, mit dem Sie die Türe öffnen können, ohne die Hände zu benutzen.

- Wenn Sie den OP betreten, wird Ihnen ein Springer einen sterilen Kittel reichen oder Sie nehmen ihn sich aus der sterilen Wäschebox.
- Fassen Sie den Kittel an der Innenseite des Kragens. Lassen Sie ihn sich nach unten hin entfalten.
- Gleiten Sie hinein, aber ziehen Sie nicht mit den Händen die Ärmel hoch.
- Ziehen Sie sich sterile Handschuhe an: Fassen Sie die nach außen umgeklappte Öffnung des Handschuhs von der Innenseite (a) und gleiten Sie mit der anderen Hand hinein. Fassen Sie dann mit dem sterilem Handschuh den anderen in der durch das Umklappen vorgegebenen Falte (b) und gleiten Sie mit der anderen Hand hinein.

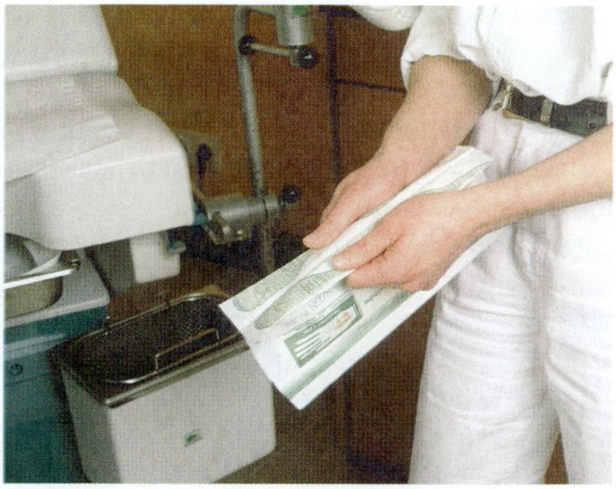

Öffnung einer sterilen Verpackung

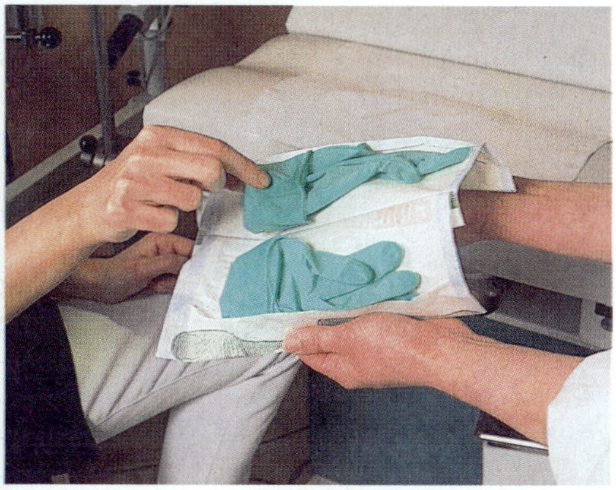

a

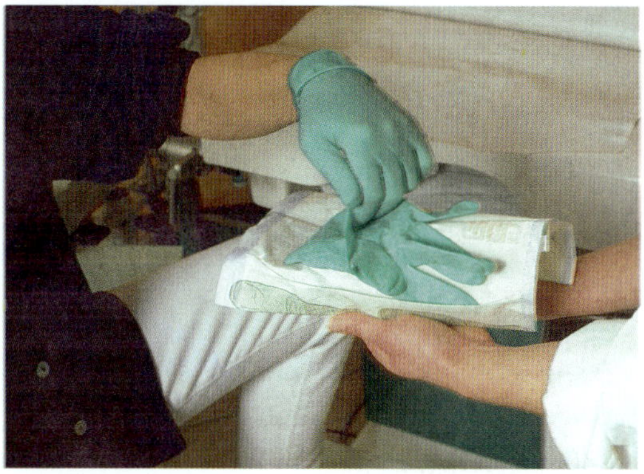

b

- Ein Springer bindet nun hinter Ihnen den Kragen und den Kittel zu.
- Sie können das hintere Band des Kittels auch unter einen sterilen Gegenstand klemmen (z.B. steriler Korb) und sich links herum selber einwickeln. Knoten Sie dann das Band vor Ihrem Leib zu. Eine andere Möglichkeit ist es, das hintere Band mit einer Klemme zu fassen. Diese reichen Sie dann dem Springer und drehen sich wieder links herum. Die Klemme behält der Springer.
- Bedecken Sie jetzt den Instrumententisch mit einem sterilen Tischbezug, ohne ihn dabei zu berühren. In den vorgefertigten Sets befinden sich meist wasserdichte Tücher. Verwenden Sie aber ein eigenes Baumwolltuch, sollten Sie darüber wiederum ein steriles, wasserdichtes Abdecktuch legen, da bei einer Durchfeuchtung des Tuches der ganze Instrumentiertisch als unsteril betrachtet werden muss.
- Legen Sie sich sämtliche für die OP erforderlichen Instrumente zurecht bzw. lassen Sie sich die entsprechende Kiste geben und öffnen.
- Holen Sie sich die Utensilien aus der Kiste und breiten Sie sie auf dem steril abgedeckten Tisch aus.
- Sagen Sie jetzt dem Springer, welche weiteren für die OP erforderlichen Utensilien steril angereicht werden sollen (z.B. sterile Spritze, Skalpellklinge, Nahtmaterial, Absaugschlauch, Einmalkittel, Operateur-Kittel).

- Lassen Sie jetzt eine gefärbte Desinfektionslösung (z.B. Betaisodona) vom Springer in die Nierenschale gießen. Zur Sicherheit sollten Sie sich noch einmal vergewissern, dass bei dem Patienten keine Jod-Allergie vorliegt, sofern Sie ein jodhaltiges Desinfektionsmittel verwenden.
- Mit einer Kocherklemme oder einer Kornzange fassen Sie sich einen sterilen Tupfer, tränken ihn in der Desinfektionslösung und desinfizieren damit das Operationsgebiet. Wischen Sie das gesamte OP-Gebiet dreimal mit jeweils neu getränkten Tupfern ab.
- Nun wird die gesamte Extremität bis auf das OP-Gebiet mit sterilen Tüchern und/oder Stockinet abgedeckt, wobei das Stockinet mit einem sterilen Klebestreifen (OP-Tape) festgeklebt wird.
- Je nach Operation müssen Sie dem Springer jetzt noch verschiedene Aufgaben übertragen, z.B.:
  - Anschluss des Absaugschlauchs
  - Anschluss des Elektrokauters
  - Anschluss des sterilen Patienteninfusionssystems (für die Spüllösung).
- Während der Operation besteht Ihre Hauptaufgabe darin, dem Operateur die geforderten Instrumente so anzureichen, dass er sie sofort benutzen kann, ohne noch einmal umgreifen zu müssen.
- Drücken Sie das Instrument dem Operateur in die Hand und lassen Sie es erst los, wenn es sicher gefasst wurde.
- Zum Umgang mit sterilen Materialien (*siehe C4, Desinfektion und Hygiene in der Praxis*).

TIPPS UND TRICKS

- Von bestimmten Firmen können Sie sich die OP-Abdecksets nach Ihren eigenen Vorstellungen zusammenstellen lassen.
- Das Decken des OP-Tisches fällt wesentlich leichter, wenn Sie für jede OP-Art eine eigene Instrumentenkiste packen und beschriften (z.B. „Arthroskopie-Set").
- Fertigen Sie eine Liste an, aus der hervorgeht, welche Utensilien bei welcher OP benötigt werden.
- Halten Sie außerdem eine Liste der Abdeckungen bei den jeweiligen Operationen bereit.
- Versuchen Sie, sich beim Decken des Instrumentiertisches eine gleichbleibende Reihenfolge bzw. Deckweise anzugewöhnen. Mit der Zeit werden Sie dann in der Lage sein, blind auf den Tisch zuzugreifen. Besonders bei größeren Operationen mit z.B. zwei kompletten Sets, verlieren Sie sonst rasch den Überblick über die eigenen Instrumente. Machen Sie allen Anwesenden klar, dass niemand etwas zurück auf den Instrumententisch legen darf, da hierdurch zum einen die sterilen Bedingungen gefährdet werden und zum anderen Ihre persönliche Ordnung durcheinander gerät.
- Je nach Operationsverlauf (oder nach Art des Operateurs) kann es sein, dass sich plötzlich der scheinbar gewohnte, normale Verlauf der Operation ändert. In diesen Fällen ist es wichtig, dass Sie Ruhe bewahren und sich nicht von einer möglicherweise auch von dem Operateur ausgehenden Unruhe anstecken lassen und nervös werden. Konzentrieren Sie sich in solchen Fällen besonders darauf, dass Sie die Aufgaben an den Springer in der richtigen Reihenfolge weitergeben.
- Stellen Sie einen Ordner zusammen, in dem alle Verfahrensweisen bei den einzelnen Operationen und die erforderlichen Gerätschaften und Utensilien aufgeführt sind.
- Fertigen Sie eine Liste über die Hersteller bzw. Vertriebsfirmen bestimmter Medizin-Produkte an (z.B. Schrauben, Drähte, Laserkabel, Ligamentklammern usw.).

Benötigte Instrumente

- Basismaterial
- Tupfer
- Kompressen
- Kornzange
- Nierenschale
- ggf. Nahtmaterial (für intrakutane, subkutane und/oder Kapselnaht)
- gefärbtes Desinfektionsmittel.

Beispiele für Instrumentensets bei orthopädischen Operationen

Arthroskopie	Stichskalpell, Tasthaken, Saugpunch, Optikschaft, stumpfer Trokar, Optik (30°), lange Injektionskanüle (90 mm lang), Kaltlichtkabel, Pinzette, Fadenschere, Duckling, Absaugschlauch, Infusionssystem
Arthroskopische Operation	je nach Indikation sind zusätzlich folgende Instrumente erforderlich: Laser, Fräse, Shaver, Biegewelle, Sieb für Kreuzbandplastik, Sieb für Knorpelplastik, Bohrmaschine und Bohrdraht, Chondropic
Offene Operationen*	Hautmesser, tiefes Messer, Präparierschere, Fadenschere, chirurgische Pinzette, chirurgische und anatomische Klemmen (je nach Größe der OP-Wunde), Raspa, Hohmann-Haken, scharfer Haken, Langenbeck-Haken (je nach Größe der OP-Wunde), Luer, Hammer, Meißel, scharfe Löffel, evtl. Roux-Haken, Feile

** Die hier aufgeführten Instrumente entsprechen einer Grundausstattung bei offenen Knochen- und Gelenkoperationen. Je nach Operation kommen einzelne Spezialinstrumente hinzu.*

PROBLEME UND SONDERFÄLLE

- **Selbstverletzung an Instrumenten:** (*siehe F17, Spritzen richten*).

G 6 PRINZIPIEN DER WUNDVERSORGUNG

ALLGEMEINES

Zu einer Wunde kommt es durch einen Unfall, eine Verletzung oder einen operativen Eingriff. Ausgelöst durch die immer vorhandene Einblutung reagiert der menschliche Organismus darauf mit lokaler Entzündung, Granulations- und letztlich Narbengewebsbildung. Wunden verheilen entweder durch direktes Zusammenwachsen (primär) eng aneinanderliegender (nicht-dehiszenter) Wundränder oder (langsamer) durch Defektausfüllung und Vernarbung bei auseinanderklaffenden (dehiszenten) Wundverhältnissen (sekundär).

Die Wundbehandlung hat zum Ziel, eine schnelle, infektions- und fremdkörperfreie, funktionserhaltende oder die Funktion wiederherstellende und kosmetisch akzeptable Heilung zu erreichen. Grundsätzlich bedürfen alle heilenden Wunden der Ruhigstellung und keimfreien Behandlung (Asepsis). Bei verletzungsbedingten Wunden muss immer nach bestehendem Tetanusschutz gefragt und, wenn nötig, geimpft werden.

Je nach Entstehungsmechanismus und Ausdehnung werden verschiedene Wundformen unterschieden. Wir haben hier einige Wundformen kurz beschrieben, mit denen Sie unter Umständen in der Praxis konfrontiert werden:

- Einfache, nicht mehr als 6–8 Stunden alte, Schnitt-, Riss- und Platzwunden werden nach Desinfektion in Lokalanästhesie durch Wundnaht (primär) versorgt. Kleinere Verletzungen werden auch mit Steristrips geklebt.
- Oberflächliche Schürfwunden werden gesäubert, desinfiziert (z.B. Mercurochrom-Lösung) und der offenen (sekundären) Wundbehandlung überlassen.
- Prellungen und Quetschungen werden gekühlt hochgelagert, ruhig gestellt und mit einem Heparin-Salbenverband versorgt. Ausgedehnte Hämatome und abgestorbene (nekrotische) Gewebeanteile werden abgetragen.

- Chemische Wunden werden ausgiebig mit Wasser gespült und bei größeren Defekten vom Arzt ausgeschnitten.

VORBEREITUNG

- Frische Wunden bleiben bis zur Wundinspektion und Wundversorgung durch den Arzt steril abgedeckt – nie mit bloßen Fingern berühren, sondern immer Einmalhandschuhe tragen.
- Meist wird eine Hilfsperson benötigt.

DURCHFÜHRUNG

(Das hier beschriebene Vorgehen bezieht sich auf die Versorgung frischer, oberflächlicher und wenig infektionsgefährdeter Wunden. Wahrscheinlich werden Sie nicht die gesamte Prozedur durchführen. Doch je nach Erfahrung werden Sie unterschiedlich weit in die Assistenz einbezogen. Aus diesem Grunde ist hier der gesamte Ablauf beschrieben, damit Sie „Ihren Einsatz" kennen.)

- Lagern Sie den Patienten horizontal und möglichst bequem auf dem OP-Tisch. Ach-

- Materialien:

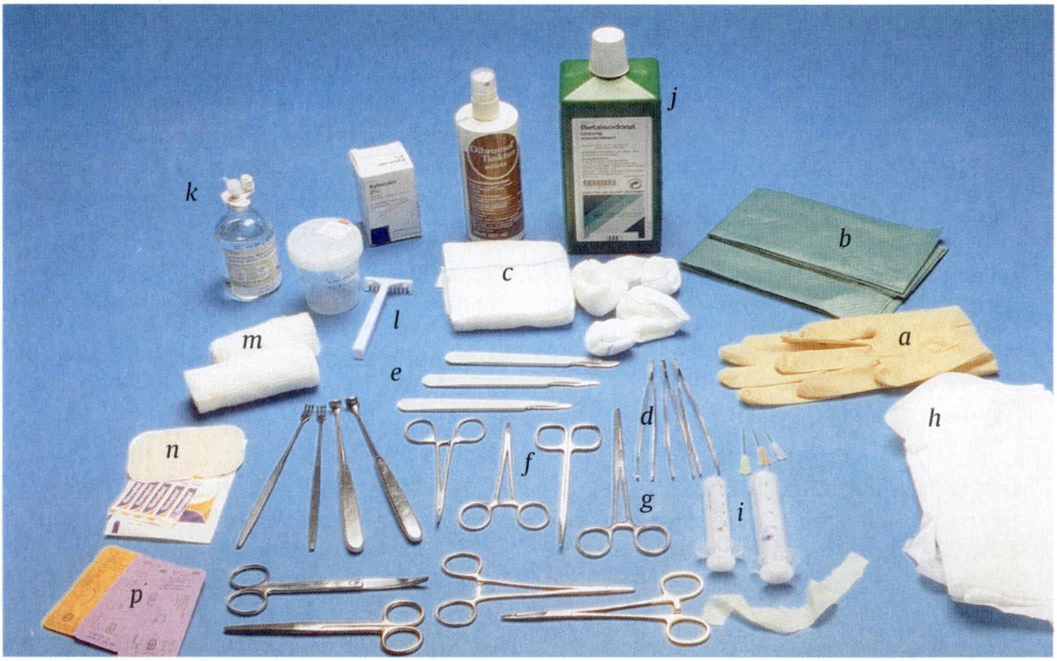

a – Sterile Handschuhe
b – Abdecktuch (z.B. Lochtuch)
c – sterile Kompressen und Tupfer
d – zwei chirurgische und zwei anatomische Pinzetten
e – steriles Einmalskalpell (Größe 10, 11 oder 13)
f – Fadenschere
g – Nadelhalter
h – Kunststoffschürze
i – Spritze (5 oder 10 ml) mit Lokalanästhetikum (z.B. Xylonest 1% oder 2%) und feiner, aber ausreichend langer Kanüle, alternativ: Vereisungs-Spray (Chloräthyl)
j – Desinfektionsmittel
k – Wundspüllösungen (H_2O_2 3%, physiologische Kochsalzlösung)
l – Einmalrasierer
m – Mullbinden
n – Pflastermaterial
o – Einmalunterlagen (nicht abgebildet)
p – Nahtmaterial: monofiler Nylonfaden 3-0 bis 5-0 für die Hautnaht

ten Sie dabei auf eine gute Zugänglichkeit der verletzten Körperstelle.

- Sorgen Sie für ausreichende Beleuchtung im Arbeitsbereich.
- Ziehen Sie Einmalhandschuhe und eine Schürze an.
- Entfernen Sie den primären Verband.
- Eventuell ist eine Rasur der verletzten Region im Umkreis von 1 cm um den Wundrand herum erforderlich (ausgenommen sind Augenbrauen, die nur sehr langsam wieder nachwachsen).
- Die oft sehr schmerzhafte Desinfektion der Wunde sollte erst nach der Lokalanästhesie erfolgen.
- Nun erfolgt die Lokalanästhesie.
- Desinfizieren Sie die Haut im Wundbereich.
- Ziehen Sie sterile Handschuhe an.
- Decken Sie das Arbeitsfeld steril ab.
- Kontrollieren Sie die Wirkung der Anästhesie (z.B. mit der Kanülenschutzhülle).
- Spülen Sie die Wunde gründlich mit Kochsalzlösung oder H_2O_2.
- Desinfizieren Sie Wunde und Wundränder. Hierbei sollten PVP-Jod-Lösungen (Braunol, Betaisodona) den weniger schmerzenden Schleimhautdesinfektionsmitteln vorgezogen werden.
- Nun erfolgt die erneute gründliche Inspektion der Wunde unter anästhetischen Bedingungen. Erst nach dem Austupfen der Wunde und Anheben der Wundränder mit einer Pinzette lässt sich das Ausmaß der Verletzung ganz erfassen. Es ist besonders auf Verunreinigungen, Fremdkörper, Gefäß-, Nerven- und Sehnenverletzungen sowie traumatische Beteiligung von Faszien, Bursen, Gelenkkapseln und Knochen zu achten.
- Arbeiten in der Wunde dürfen natürlich nur unter optimalen Sichtverhältnissen und möglichst schonend erfolgen, um zusätzlichen Gewebeschädigungen und der Verschleppung von Fremdkörpern in die Tiefe vorzubeugen.
- *Wundrandexzision*: Mit Ausnahme von Gesichts- und Handverletzungen werden alle Wundränder mit dem Skalpell oder mit einer Präparierschere sparsam ausgeschnitten (exzidiert) und geglättet. Diese Arbeit bleibt dem Arzt vorbehalten.
- Zerfetztes oder verschmutztes Gewebe wird mit Pinzette und Skalpell vorsichtig ausgeräumt. Hautfetzen, die wegen mangelnder Versorgung vermutlich absterben, dürfen nicht mitvernäht werden, sondern werden entfernt.
- *Wundnaht*: Je nach Tiefe der Wunde werden zunächst Subkutannähte oder direkt möglichst spannungsfreie Hautnähte gesetzt. Bei kleineren Wunden an den Extremitäten ist die einfache Einzelknopfnaht die Methode der Wahl.

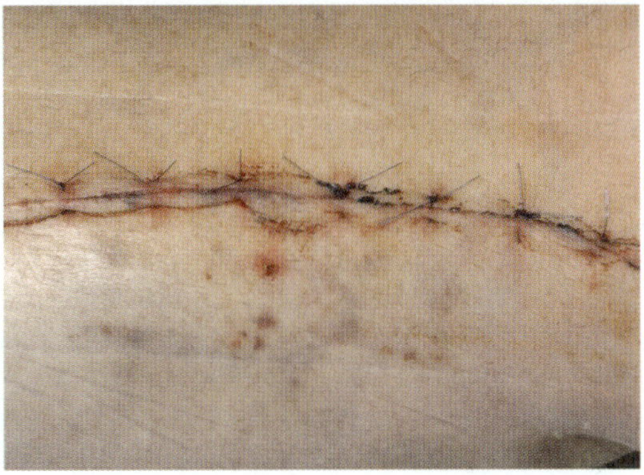

- *Steriler Verband*: Die versorgte Wunde wird, je nach Größe, mit einem sterilen Pflaster oder mit trockenen Kompressen abgedeckt, die mit Heftpflaster oder mit Mullbinden fixiert werden. Bei stärker infektionsgefährdeten Wunden können vorher PVP-Jod-Salben (z.B. Betaisodona, Braunovidon) auf die Kompresse gestrichen werden.
- Informieren Sie den Patienten über die Notwendigkeit von Wundkontrolle, Fadenentfernung und eventueller Tetanusnachimpfung.
- Stellen Sie sicher, dass der Patient über ausreichend Schmerzmittel verfügt.

TIPPS UND TRICKS

- Auch bei scheinbar oberflächlichen Wunden müssen Sie stets mit tieferen Verletzungen rechnen.

- Nicht-dehiszente, glattrandige, saubere und oberflächliche Wunden können nach Desinfektion mit Steristrips versorgt werden, sofern keine mechanische Belastung oder ein unvermeidlicher Wasserkontakt zu erwarten ist.

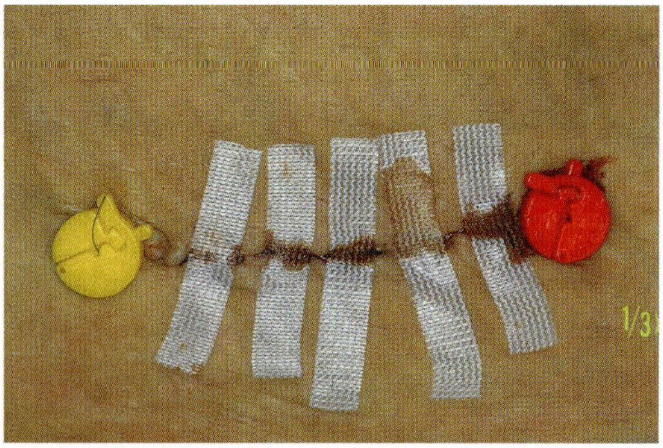

- Bei großflächigen Verletzungen kann man durch direktes Beträufeln der Wunde mit dem Lokalanästhetikum eine oberflächliche Anästhesie erreichen, die eine weitgehend schmerzlose Desinfektion und eine schonende Lokalanästhesie der Wundränder ermöglicht.
- Bei der gründlichen Inspektion unter Lokalanästhesie empfiehlt es sich, den Patienten nach Möglichkeit zur Mitarbeit aufzufordern. Durch Bewegung der verletzten Region können zum Beispiel spontan stehende Blutungen wieder eröffnet oder Sehnenrupturen sichtbar werden.
- Bei Kopfplatzwunden sollten Sie immer daran denken, dass neben der großen auch kleinere Wunden vorliegen können. Deshalb: Haare gründlich von Blutresten befreien und nicht zu sparsam rasieren.
- Auch wenn viele Patienten die Tetanusnachimpfungen leider nicht besonders ernst nehmen, sollten die konkreten Termine mitgeteilt oder besser schriftlich mitgegeben werden.

G7 WUNDVERBÄNDE

ALLGEMEINES

Entsprechend der Vielzahl von Anwendungsmöglichkeiten und Anwendungsorten gibt es eine Vielzahl von Verbandformen und Verbandmaterialien. Die Funktion eines Verbandes ist der Schutz einer Wunde, die Ruhigstellung eines verletzten oder erkrankten Körperteils und die Kompression z.B. blutender Wunden und thrombosegefährdeter Extremitäten.

Zum Schutz vor eindringenden Krankheitserregern und zum Aufsaugen von Wundsekret werden Wunden mit Wundauflagen bedeckt. Diese sollen nicht mit der Wunde verkleben und saugfähig und luftdurchlässig sein. Die Wundauflage soll das Entstehen einer so genannten feuchten Kammer verhindern, die ein optimales Milieu für Bakterien darstellt. Hierzu stehen sterile, selbsthaftende Pflasterverbände in verschiedenen Größen zur Verfügung, die in der Mitte ein luftdurchlässiges und saugfähiges Fasergewebe haben. Meist jedoch werden Wunden mit trockenen Kompressen aus Naturfasern abgedeckt. Zur Fixierung stehen verschiedene Materialien zur Verfügung: Heftpflasterstreifen, großflächiger Klebemull (z.B. Fixomull), Klebevlies (z.B. Curafix), Binden (Papierbinden, Mullbinden, elastische Mullbinden, elastische Fixierbinden, Idealbinden, elastische Pflasterbinden, Kompressionsbinden, Stärkebinden), Schlauchmull, Strickverband, Netzschlauchverband. Im Gesäßbereich kann auch mit Netzmieder fixiert werden.

Zuvor müssen noch einige Begrifflichkeiten geklärt werden, die für das Verständnis des Textes wichtig sind:

- steril, aseptisch = keimfrei
- unsteril, septisch = durch Krankheitserreger verunreinigt

Die Begriffe werden in der Medizin meist in Begriffspaaren verwendet, die sich eingebürgert haben. Man spricht z.B. von einer „aseptischen Knochennekrose“ oder einem „asepti-

schen Verbandwechsel" sowie von „sterilen Verbandmaterialien" oder „steriler Arbeitsweise".
Ein Verbandwechsel sollte immer unter sterilen Bedingungen erfolgen. „Aseptischer Verbandwechsel" bedeutet lediglich, dass die Wunde aseptisch, also keimfrei ist, was z.B. für die Wundpflege eine besondere Bedeutung hat: Beim aseptischen Verbandwechsel wird die Wunde immer von innen nach außen gereinigt, beim septischen Verbandwechsel hingegen, wo die Wunde nicht keimfrei ist, erfolgt die Wundreinigung von außen nach innen (zur Wunde hin). Die Durchführung eines septischen Verbandwechsels gleicht im Wesentlichen der des aseptischen.
Ganz unabhängig davon, welche Form des Verbandwechsels durchgeführt wird, gilt, dass Sie weder die Wunde noch die Wundauflagen oder die Wundbehandlungsmittel mit bloßen Händen anfassen dürfen (non-touch-Technik). Sie sollten beim Verbandwechsel immer sterile Handschuhe tragen.

VORBEREITUNG

- Materialien:

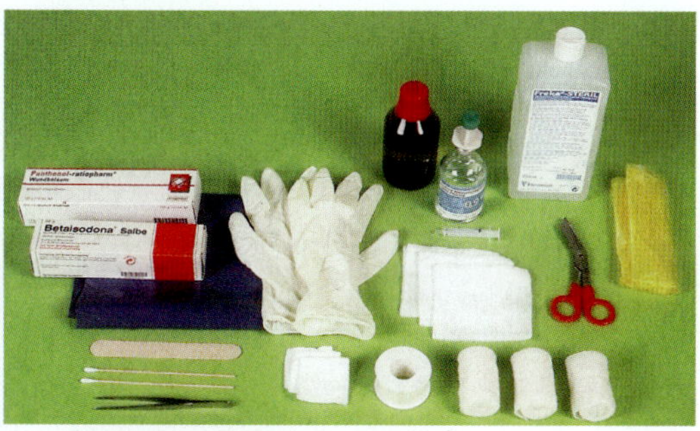

  - *Händedesinfektionsmittel*
  - *Einmalunterlage*
  - *Müllbeutel, Abfalleimer o.ä.*
  - *Hautdesinfektionsmittel*
  - *Einmalhandschuhe*
  - *sterile Kompressen (einzeln verpackt, unterschiedliche Größen)*
  - *Pflaster (z.B. Fixomull-Rollen); Fragen Sie den Patienten, ob eine Pflasterallergie vorliegt und verwenden Sie ggf. hautfreundliche Produkte.*
  - *Verbandschere*
  - *Pinzette*
  - *Spatel*
  - *Watteträger*
  - *je nach ärztlicher Anordnung Salben oder Puder.*
- Planen Sie Ihr eigenes Vorgehen sehr gut und überlegen Sie sich jeden Schritt, bevor Sie beginnen.
- Schaffen Sie alle benötigten Materialien bereits vor der ersten Berührung des Verbands herbei. Betrachten Sie jeden Verband als infektiös. Wenn Sie ihn berührt haben, sollten Sie anschließend nur noch Gegenstände anfassen, die für den Verbandwechsel bereitgelegt wurden.
- Informieren Sie den Patienten über Ihr Vorgehen, denn er hat oft Angst vor Manipulationen an der Wunde.
- Schaffen Sie sich eine Arbeitsfläche. Wenn Sie eine sterile Arbeitsfläche benötigen, können Sie z.B. die Innenseiten von sterilen Verpackungen verwenden (sofern Sie sie unter sterilen Bedingungen geöffnet haben). Unsterile Flächen schafft man nahe beim Patienten, sterile Flächen fern vom Patienten.
- Lagern Sie den Patienten so, dass der Patient es für die Dauer Ihrer Behandlung bequem hat und Sie einen guten Zugang und eine freie Sicht zur Wunde haben.

DURCHFÜHRUNG

- Führen Sie die hygienische Händedesinfektion durch (*siehe C4, Desinfektion und Hygiene in der Praxis*).
- Nehmen Sie den Verband mit unsterilen Handschuhen ab.
- Der Verband wird, ohne ihn abzulegen, direkt in den Abfallsack befördert.
- Wechseln Sie die Handschuhe und ziehen Sie sterile Handschuhe an. Zuvor müssen Sie jedoch sicherstellen, dass alle sterilen Materialien, die Sie benötigen, bereits geöffnet sind.
- Inspizieren Sie die Wunde. Kontrollieren und dokumentieren Sie den Verlauf: Farbe, Druckschmerz, Schwellung, Blutung, Nässe,

Blut, Knistern, Überwärmung, Eiter, Schorf, Pflasterallergie. Wenn Sie auf eine dieser Veränderungen aufmerksam werden, müssen Sie den Arzt informieren.

- Wenn sich in der Wunde noch Reste des alten Verbandmaterials oder Salbenrückstände befinden, müssen Sie diese zuerst entfernen. Bei septischen Wunden können Sie z.B. mit der Dusche vorsichtig spülen. Wenn der Patient dies nicht toleriert bzw. bei einer aseptischen Wunde, spülen Sie z.B. mit einer Einmalspritze mit physiologischer Kochsalzlösung. Wundtaschen werden mit einer stumpfen Knopfkanüle gespült. Zusätzlich legen Sie hier einen Gaze-Streifen ein, um die Wunde zu drainieren und gleichzeitig Verklebungen zu vermeiden. Auch heute schwören manche Hausärzte und Chirurgen auf die Spülung mit H_2O_2 besonders bei tiefen Taschen und Fistelgängen. Danach sollte aber mit physiologischer Kochsalzlösung nachgespült werden.
- Wenn die Wunde gesäubert ist, können Sie bei oberflächlichen Wunden z.B. Salben auftragen, wenn dies von ärztlicher Seite vorgesehen ist.
- Das Austamponieren einer Wunde erfolgt nur bei Blutungen, da sonst durch die Tamponade die Wundheilung unnötig gestört wird.
- Bedecken Sie jetzt die Wunde mit sterilen Kompressen. Bei einer stark nässenden Wunde müssen die Auflagen schon einmal mehrere Zentimeter dick sein, um ein Durchnässen zu verhindern. Eventuell sollten Sie auf spezielle Saugkompressen zurückgreifen. Oft ist es sinnvoll, den vorhergehenden Verband nachzuahmen. Grundsätzlich sollte der Verband straff sein und die Wunde leicht zusammendrücken, aber nicht einengen oder gar abschnüren (Ausnahme ist der Druckverband). Der Verband soll die Wunde glatt und faltenfrei bedecken.
- Fixieren Sie die Wundauflagen mit Pflaster. Achten Sie darauf, dass die Haut nicht unter Zug steht, da dies besonders bei Verbänden an beweglichen Gliedmaßen, die im Tagesverlauf einen Zug vom Pflaster hervorrufen können, zu Hautschädigungen führen kann.
- Entsorgen Sie alle verwendeten Materialien.
- Lagern Sie den Patienten wieder wie gewünscht. Achten Sie aber darauf, dass der Patient nicht auf der frisch verbundenen Wunde zu liegen kommt.
- Kontrollieren Sie regelmäßig, ob noch Verbandmaterialien in ausreichender Menge vorhanden sind. Anderenfalls müssen Sie (bzw. die Angehörigen) den Hausarzt kontaktieren und ihn um ein neues Rezept über die notwendigen Verbandmaterialien bitten.

TIPPS UND TRICKS

- Einen klebenden Verband können Sie mit Kochsalz(NaCl)-Lösung 0,9% oder mit H_2O_2 3% (Wasserstoffsuperoxid) lösen.
- Kleben Sie das Verbandspflaster nie auf Haare. Wenn Sie in einem stark behaarten Gebiet arbeiten, sollten Sie die Haare zuvor abrasieren.
- Verbinden Sie die Wunde nur mit sterilen Materialien.
- Nehmen Sie alle Beschwerden des Patienten im Zusammenhang mit seiner Wunde und dem Verband unbedingt ernst.
- Pflaster zieht man zügig und beherzt ab.

G8 PATIENTENÜBERWACHUNG UND ENTLASSUNG

ALLGEMEINES

Die Patientenüberwachung beginnt für Sie, sobald der Anästhesist den Patienten „freigibt“, d.h. er hat sich davon überzeugt, dass die Vitalzeichen wieder normal sind und der Patient wieder selbstständig atmet. Die Patienten müssen nach Verlassen des OPs für mindestens zwei Stunden in der Praxis verbleiben. Wahrscheinlich verfügt auch Ihre Praxis über einen Aufwachraum, in dem diese Patienten für eine Zeit ruhen.
Am besten ist es, wenn Sie auch über separate Kabinen verfügen, in die die Patienten z.B. auf einer fahrbaren Liege gebracht werden. Dabei ist es jedoch unerheblich, ob die Kabinen z.B. durch Vorhänge, Stellwände oder tatsächlich eingezogene Wände abgetrennt sind.
Wichtig ist, dass Sie die Kabinen gut einsehen können und dass der Patient ungestört ist. Vielleicht haben Sie es auch so eingerichtet, dass die Patienten Sie aus den Kabinen heraus jederzeit sehen und/oder hören können, damit Sie sich gut aufgehoben fühlen.

VORBEREITUNG

- Das Operieren an den Extremitäten erfordert meist die postoperative Kühlung der operierten Region, um Schwellungen und Schmerzen zu lindern. Deshalb müssen Sie immer die in Ihrer Praxis übliche Form der Kühlung vorbereiten (z.B. mit Eiswasser gefüllte Manschette). Die Kühlkissen müssen nach Gebrauch immer wieder im Tiefkühlfach gelagert werden.
- Stellen Sie Getränke für die Patienten bereit (z.B. Kaffee, Wasser, Saft).
- Achten Sie darauf, dass alle Sachen des Patienten (Kleidung, Schmuck usw.) mit in den Aufwachraum gelangen.
- Materialien:
  - Blutdruckmessgerät
  - Nierenschale
  - Einmalhandtücher
  - Kopie des aktuellen OP-Plans, auf der Sie folgende Eintragungen vornehmen:
    Zeitpunkt der Übernahme des Patienten
    Zeitpunkt der ersten Flüssigkeitszufuhr
    Zeitpunkt der Entlassung
    Blutdruckwerte
    Medikamentengabe (was, wann und wie viel).

DURCHFÜHRUNG

- Der Blutdruck wird, je nach Zustand des Patienten, zwei- bis dreimal gemessen. Wählen Sie dazu immer den Arm, an dem sich kein Zugang befindet.
- Wenn Sie dem Patienten zum ersten Mal etwas zu trinken reichen, müssen Sie dabei bleiben, falls dieser aspiriert.
- Wechseln Sie die Kühlkissen etwa alle 30–60 min.
- Kontrollieren Sie ggf. die Drainagen darauf, ob sie ausreichend fördern bzw. ob sie eventuell voll sind und gewechselt werden müssen.
- Weisen Sie den Patienten auch darauf hin, dass er jede Art der Manipulation an der Drainage zu unterlassen hat.
- Achten Sie darauf, ob Angehörige eines Patienten anwesend sind, und bitten Sie sie ggf. in den Aufwachraum. Sie sollten jedoch in Abhängigkeit der Größe der Räumlichkeiten nur eine begrenzte Anzahl von Besuchern zulassen.
- Falls es dem Patienten zu kühl wird, helfen Sie ihm dabei, sich wieder teilweise anzuziehen, oder reichen Sie ihm eine zusätzliche Decke.
- Versuchen Sie die Zeit während der Überwachung zu nutzen, denn meistens kommt es (zum Glück) zu keinen Komplikationen. Sie können z.B. bereits die Entlassungspapiere vorbereiten.
- Vor dem ersten Aufstehen fordern Sie die Patienten dazu auf, sich bereits auf der Lie-

ge etwas zu bewegen, um den Kreislauf ein wenig anzuregen (z.B. Fußkreisen, Auf- und Abbewegen der Füße, „Radfahren" im Bett). Danach soll der Patient sich zunächst auf der Liege aufrichten und dann die Beine von der Liege herabhängen lassen. Erst danach unterstützen Sie den Patienten dabei, sich selber hinzustellen.

- Wenn der Patient kreislaufstabil bleibt, unterstützen Sie ihn beim Ankleiden.
- Gehen Sie anschließend mit ihm noch einmal ein paar Schritte umher, um den Kreislauf etwas mehr zu belasten.
- Messen Sie noch einmal den Blutdruck.
- Wenn der Patient kreislaufstabil bleibt, können Sie den peripher-venösen Zugang entfernen. Dies sollte eine Ihrer letzten Handlungen am Patienten sein, denn wenn es doch noch zu unerwarteten Problemen kommt, ist der Zugang für den Arzt von großer Wichtigkeit.
- Schicken Sie nie einen Patienten nach Hause, ohne dass der behandelnde Arzt ihn noch einmal gesehen hat, denn er trägt die Verantwortung für die Entlassung des Patienten.
- Geben Sie dem Patienten alle erforderlichen Unterlagen bzw. Medikamente mit:
  - Verhaltensvorgaben
  - Telefon im Notfall/bei Komplikationen
  - Kurz-OP-Bericht
  - Bedarfsmedikation (z.B. Analgetikum, Antibiotikum, Thromboseprophylaxe) bzw. entsprechende Rezepte
  - ggf. Übungsblatt für Krankengymnastik
  - ggf. Arbeitsunfähigkeitsbescheinigung (AU)
  - ggf. Rezept für Krankengymnastik
  - ggf. Gehstützen bzw. Armtragetuch.
- Klären Sie mit dem Patienten eventuelle Fragen z.B. zu den Unterlagen, den Medikamenten oder der Krankengymnastik.
- In manchen Praxen ruft der behandelnde Arzt am Abend noch einmal den Patienten an. Fragen Sie deshalb den Patienten nach der Telefonnummer, unter der er am Abend zu erreichen sein wird.
- Begleiten Sie die Patienten nach Möglichkeit bis zum Einstieg in den Wagen.

TIPPS UND TRICKS

- Manche Praxen verfügen über ein Manschettensystem zur Thromboseprophylaxe, bei dem die Manschetten um die Unterschenkel gewickelt und in regelmäßigen Abständen aufgepumpt werden, so dass es zu einer externen Kompression der Beingefäße kommt, was den Blutfluss erhöht.
- Wenn keine Angehörigen zugegen sind, sollten Sie den Patienten frühzeitig fragen, wie er seinen Transport nach Hause geplant hat. Lässt er sich abholen, sollten Sie sich erkundigen, von wo die andere Person kommt, um möglichst rechtzeitig den Anruf zu tätigen, falls eine größere Entfernung zurückgelegt werden muss.

PROBLEME UND SONDERFÄLLE

- **Nach Spinalanästhesie:** Durch eine Spinalanästhesie wird auch das autonome Nervenzentrum im kaudalen Rückenmark stillgelegt, welches für die Steuerung der Blasen- und Mastdarmfunktion zuständig ist. Um die Funktion der Blase wieder „anzukurbeln", soll der Patient möglichst viel trinken. Platzieren Sie diese Patienten möglichst nahe an den Toilettenräumen. Halten Sie aber auch eine Bettpfanne bzw. Bettflasche bereit, falls das Aufstehen noch nicht wieder möglich ist.
- **Kreislaufprobleme:** Die häufigsten Komplikationen im Rahmen der postoperativen Überwachung sind Kreislaufprobleme (auch als allergische Reaktionen auf Medikamente) und Schmerzen. Die Kreislaufprobleme äußern sich häufig zunächst durch Übelkeit, Schwindel, Schweißausbrüche und Herzrasen. In diesen Fällen sollten Sie immer sofort den Arzt rufen.
- **Schmerzen:** Wenn der Patient über Schmerzen klagt, sollten Sie den Vorgaben des Anästhesisten für die Bedarfsmedikation folgen.

G9 OP-NACHBEREITUNG

ALLGEMEINES

Die OP-Nachbereitung betrifft die Kontrolle des OP-Ergebnisses am ersten postoperativen Tag. Von ärztlicher Seite gehört hierzu die Inspektion der Wunde sowie eine erste Einschätzung funktioneller Resultate und der Ausschluss unerwünschter OP-Folgen wie Wundinfektion oder Erguss. Auch eventuelle Operationskonsequenzen und das weitere Prozedere werden erst am nächsten Tag besprochen, weil die Patienten am OP-Tag selbst oftmals nicht mehr aufnahmefähig sind.

VORBEREITUNG

- Materialien:
  - Steristrips
  - wasserfeste Pflaster
  - Antithrombosespritze
  - (Einmal-)Unterlage
  - ggf. Handschuhe
  - Verbandmaterial
  - ggf. Mercuchrom
  - Desinfektionslösung
  - ggf. neue Drainageflasche.
- Bereiten Sie den Untersuchungsraum und den Untersuchungstisch vor (*siehe G2, Patienten zur OP vorbereiten*).
- Erkundigen Sie sich beim Patienten, ob er Probleme mit dem Anblick seiner eigenen Wunde hat. In diesem Fall sollte er sich besser hinlegen bzw. den Kopf abwenden.

DURCHFÜHRUNG

- Helfen Sie dem Patienten beim Entkleiden, besonders z.B. beim Herunterziehen von Kompressionsstrümpfen.
- Nutzen Sie die Zeit am Patienten dazu, sich nach seinem Befinden nach der Operation zu erkundigen. Hatte er Schmerzen? Hat er gut geschlafen? Fühlt er sich vielleicht fiebrig? Der Arzt wird sicherlich die gleichen Fragen erneut stellen, allerdings wird der Patient dankbar sein, wenn auch Sie Ihr Interesse an der Operation bekunden, die für den Patienten in aller Regel einen „Einschnitt" bedeutet. Außerdem vergessen viele Patienten einen Teil ihrer Fragen im Gespräch mit dem Arzt, und das Gespräch mit Ihnen hilft ihm dabei, seine Gedanken und Fragen an den Arzt zu ordnen. Bei etwaigen Besonderheiten können Sie dann bereits selber den Arzt auf eine wichtige Frage hinweisen.
- Schneiden Sie den Verband (und die Polsterung) auf, ohne die Wunde jedoch aufzudecken, denn möglicherweise klebt der Verband an der Wunde fest. Auch bietet eine frische und unnötig lange aufgedeckte OP-Wunde eine gute Angriffsfläche für Keime.
- Wenn der Patient mit einer gut gefüllten Drainageflasche bei Ihnen erscheint, können Sie bereits ihren Wechsel vorbereiten.
- Wenn angeordnet, können Sie bereits jetzt die subkutane Antithrombosespritze setzen (*siehe F19, Subkutane Injektion*).
- Weisen Sie den Patienten darauf hin, dass in wenigen Minuten der Arzt zu ihm kommen wird, um ihn zu untersuchen und Fragen zu klären.
- Je nach Absprache übernehmen Sie anschließend die Anlage eines neuen Verbandes und das Anziehen der Kompressionsstrümpfe. Helfen Sie dem Patienten immer beim Wiederankleiden.

TIPPS UND TRICKS

- In vielen Praxen werden die OP-Nachbereitungen vor Beginn der Sprechstunde und auch vor den ersten OP-Terminen durchgeführt. Bestellen Sie jeden Nachbereitungs-Patienten etwa 10 min früher ein, damit Ihre Arbeit an diesen Patienten bereits gemacht ist, wenn der Arzt seine postoperative Untersuchung beginnen will.

G10 DRAINAGENWECHSEL UND DRAINAGENENTFERNUNG

ALLGEMEINES

Redon-Drainagen dienen der Vermeidung postoperativer Hämatom- oder Serombildung und liegen meist im subkutanen Fettgewebe oder unter der Faszie. Der Sog ist nicht kontrollierbar. Das gelöcherte Ende der Redon-Drainage liegt im Wundgebiet und wird in eine unter Sog stehende Hartplastikflasche geleitet. Der Zugang wird mit einem Sticheisen durch die Haut gebohrt. Dann wird das Eisen abgeschnitten und das Drainageende mit dem Anschlussstück der Redon-Flasche verbunden. Der Schlauch wird mit einem Hautstich an der Haut fixiert.
Je mehr Sekret bereits in der Flasche ist, desto weniger Sog steht noch zur Verfügung. Deshalb müssen Sie die Flasche rechtzeitig wechseln, um eine aufsteigende Infektionen zu vermeiden.

VORBEREITUNG

- Materialien:

für den Wechsel:

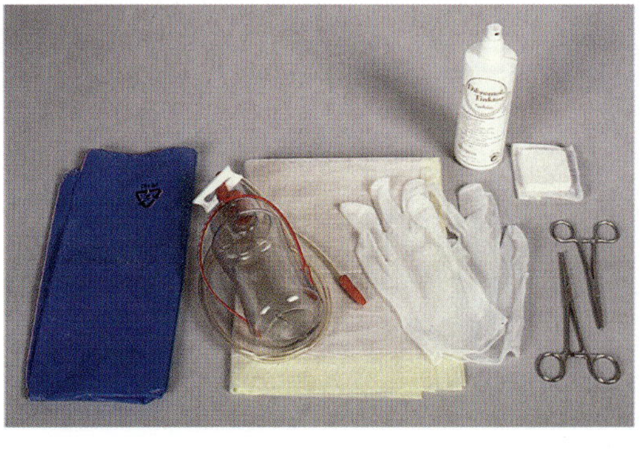

- *Kocher- oder Péan-Klemme (soweit nicht bereits am Schlauchsystem vorhanden)*
- *Abfallbeutel*
- *Desinfektionsmittel*
- *Handschuhe*
- *Einmalunterlage*
- *sterile Schere*
- *neue Flasche, abgeklemmt und mit intaktem Sog (eingezogene „Ziehharmonika“).*

zum Entfernen zusätzlich:

- *Verbandmaterial, sterile Kompressen*
- *Skalpell (wenn der Drainageschlauch angenäht wurde)*
- *Pinzette.*

- Die Entfernung der Drainage erfolgt nach ärztlicher Anordnung (bei Knochenoperation nach 24 – 48 Stunden).
- Informieren Sie den Patienten über die Vorgehensweise bei Pflege, Wechsel oder Entfernung der Drainage. Jede dieser Maßnahmen ist kaum schmerzhaft. Erinnern Sie ihn auch daran, dass er jede Art der Manipulation an der Drainage zu unterlassen hat.
- Fordern Sie den Patienten auf, jegliche Beschwerden im Zusammenhang mit der Drainage unverzüglich zu melden.

DURCHFÜHRUNG

Drainagenwechsel

- Breiten Sie eine Unterlage unter dem Arbeitsfeld aus.
- Wenn Sie beim Wechsel der Drainagen in der Umgebung der Wunde Rötung, Eiter oder ein Ekzem feststellen, sollten Sie darüber umgehend den Arzt informieren, und zwar bevor Sie alles wieder verdecken.
- Klemmen Sie die Drainage mit den am Schlauch befindlichen kleinen Schiebern ab (oder verwenden Sie eine Kocher-Klemme).
- Nehmen Sie die alte Sekretflasche ab und schließen Sie sofort eine neue Flasche an.
- Öffnen Sie die neue Flasche. Hierbei können wegen des frischen Soges eventuell zu Beginn leichte Schmerzen auftreten.
- Kontrollieren Sie, ob tatsächlich Flüssigkeit durch das System fließt.
- Befestigen Sie die Redon-Flasche am Hosenbund, Gürtel oder an der Unterwäsche des Patienten, so dass er beim Gehen nicht zusätzlich behindert wird.

- Wechseln Sie die Redon-Flasche, wenn sie halbvoll oder ohne Sog ist.
- Die Ziehharmonika am Kopf der Flasche zeigt an, wie viel Sog noch auf der Flasche ist. Es existiert eine grobe Skalierung von „max“ bis „min“.
- Notieren Sie immer die Sekretmenge.
- Entsorgen Sie die alte Sekretflasche.

Drainagenentfernung

- In der Regel wird die Flasche nach 24–48 Stunden entfernt.
- Lösen Sie dazu zunächst den Verband.
- Ziehen Sie – falls vorhanden – immer zuerst den Faden (*siehe G11, Klammern und Fäden entfernen*).
- Desinfizieren Sie die Wunde.
- Fordern Sie den Patienten zum tiefen Einatmen auf.
- Ziehen Sie die Drainage unter Sog und gleichmäßigem Zug heraus. Zu starker Zug kann zu Gewebeverletzungen führen und ist außerdem schmerzhafter. Bei Widerstand und starken Schmerzen sollten Sie den Sog eventuell vorher ablassen.
- Halten Sie sterile Kompressen bereit.
- Legen Sie einen Wundverband an.

TIPPS UND TRICKS

- Wenn Sie Schwierigkeiten haben, den Drain aus der Wunde in den Schlauch der neuen Flasche zu stecken, können Sie den Ansatz des neuen Schlauchs mit einer sterilen Schere ein Stück abschneiden, so dass der Drain besser in das zunehmend breiter werdende Verbindungsstück passt.
- Vermeiden Sie jeden Zug am Drainageschlauch.
- Achten Sie immer darauf, dass die Verbindungsstellen dicht sind. Eventuell verkleben Sie sie gründlich mit Pflaster. Klemmen Sie jedoch zuvor die Redon-Drainage ab.
- Pflegen Sie die Drain-Austrittsstelle wie eine normale Wunde.
- Betrachten Sie jedes Sekret als infektiös und behandeln Sie es dementsprechend.
- Der Patient darf die Wunde und das Schlauchsystem nicht berühren.
- Liegen mehrere Drains in einer Wunde, müssen zum Wechsel einer Flasche alle Flaschen abgeklemmt werden.
- Versuchen Sie bei gestörtem Abfluss den Schlauch zur Flasche hin auszustreichen und eventuelle Gerinnsel zu lösen.

PROBLEME UND SONDERFÄLLE

- **Herausreißen der Drainage:** Wenn die Drainage herausgerissen wurde, dürfen Sie nicht versuchen, sie zurückzuschieben. Verbinden Sie statt dessen die Wunde steril und sagen Sie dem Arzt Bescheid.

Redon-Drainage – Typische Lage und Aufhängung

G11 KLAMMERN UND FÄDEN ENTFERNEN

ALLGEMEINES

Klammern und Fäden werden bei ausgeheilten Wunden, zum Wiedereröffnen einer Wunde, bei zu großer Spannung der Wunde und bei genähten Drains und Kathetern entfernt. Die Entfernung von Fäden oder Klammern im Einzelnen:

Fäden ziehen

	Faden	Entfernung
Erwachsene		
Gesicht	5–0 monofil Nylon	nach 5 Tagen
Bein	3–0 Nylon	nach 2 Wochen
Arme/ Stamm	3–0 Seide	nach 9 Tagen
Kopfhaut	3–0 Seide	nach 5 Tagen
Kinder		
Gesicht	6–0 monofil Nylon	nach 3–5 Tagen
Körper	5–0 Catgut	tiefer Anteil wird resorbiert, oberer Teil fällt nach 10–14 Tagen ab

VORBEREITUNG

- Materialien:
  - Skalpell
  - anatomische Pinzette oder Klammerschere
  - einige Tupfer
  - Desinfektionsmittel für Haut und Hände
  - Verbandmaterial
  - Pflaster
  - Handschuhe
  - Abfallsack.
- Stellen Sie die Beleuchtung optimal ein.
- Der Zeitpunkt wird vom Arzt festgelegt, eventuell wird auch nur die Entfernung jeder zweiten Klammer oder jedes zweiten Fadens angeordnet.

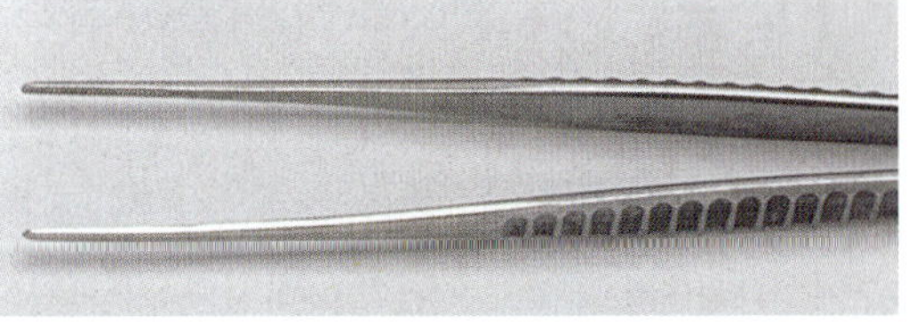

Detail anatomische Pinzette

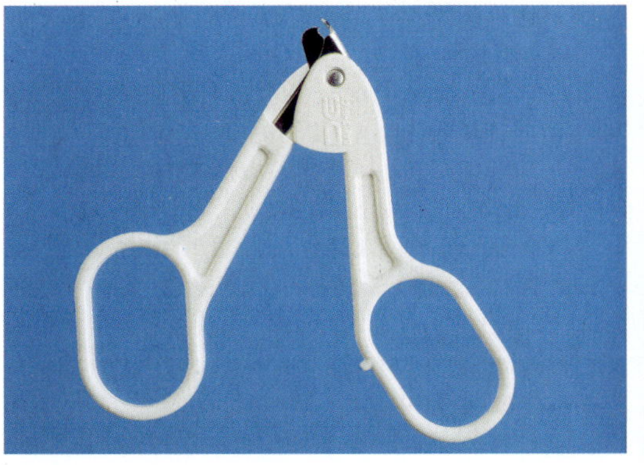

Klammerschere

ERLÄUTERUNG FÜR DEN PATIENTEN

„Wir möchten jetzt Ihre Klammern (Fäden) entfernen. Die Wunde ist sehr gut verheilt. Weil das Gewebe aber die Klammern (Fäden) etwas umwachsen hat, kann es etwas zwicken. Sie brauchen sich darüber aber keine Sorgen zu machen. Es ist ganz normal, und die Wunde wird sich dadurch auch nicht wieder öffnen."

DURCHFÜHRUNG

- Entfernen Sie den Verband.
- Desinfizieren Sie Ihre Hände.
- Desinfizieren Sie dann die Wunde.
- Fassen Sie mit der Pinzette das Fadenende oder den Knoten und ziehen Sie ihn hoch. Schneiden Sie ihn unterhalb des Knotens an der Eintrittsstelle durch die Haut durch und ziehen Sie vorsichtig den ganzen Faden he-

raus. Ziehen Sie jedoch nie einen Faden, der sich über dem Hautniveau befand, durch den Stichkanal.

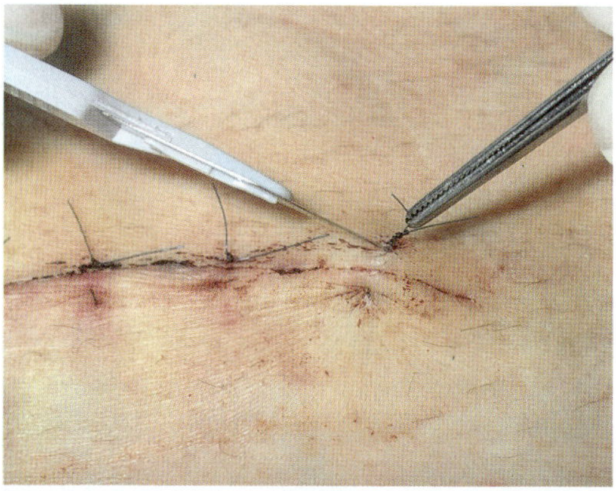

- Streifen Sie den Faden auf einem sterilem Tupfer ab.
- Zur Klammerentfernung bringen Sie die Klammerschere ganz unter die Klammer, so dass sie in der Vertiefung des Scherenkopfes zu liegen kommt.

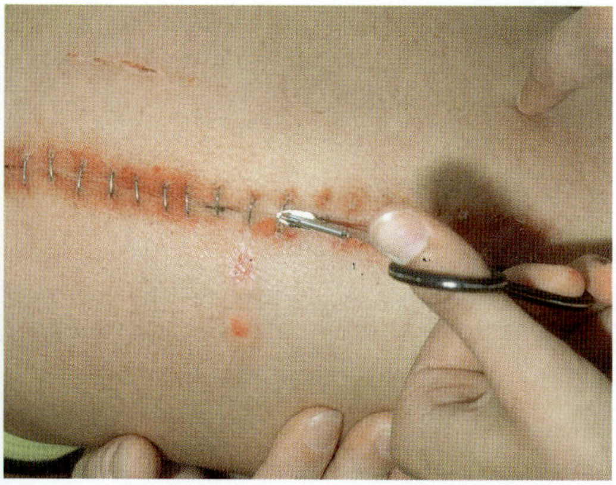

- Dann schließen Sie die Schere und heben die Klammer ab.
- Beobachten Sie die Wunde vor und während der Entfernung von Klammern oder Fäden. Achten Sie darauf, ob die Naht dicht ist und auch dicht bleibt.
- Verbinden oder pflastern Sie die Wunde eventuell.

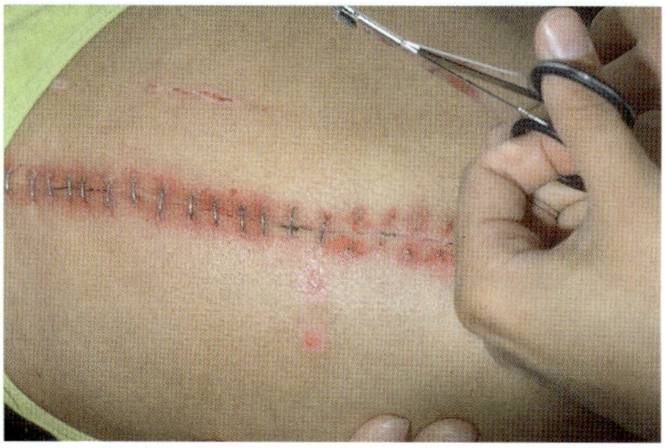

TIPPS UND TRICKS

- Verkrustete Wunden weichen Sie zunächst mit 0,9% NaCl auf.
- Manchmal sehen die Patienten beim Entfernen der Klammern oder Fäden die Wunde zum ersten Mal. Eine Bemerkung wie *„Die Wunde sieht gut aus“* kann ängstliche Patienten sehr beruhigen.
- Achten Sie sorgfältig darauf, ob der ganze Faden entfernt wurde, sonst kann sich eventuell ein Fadengranulom entwickeln.
- Der Faden wird nur an einer Stelle geschnitten. Keinesfalls werden beide aus der Haut ragenden Enden abgeschnitten!

PROBLEME UND SONDERFÄLLE

- **Drohende Wunddehiszenz:** Unterbrechen Sie die Entfernung von Klammern oder Fäden und informieren Sie den Arzt.
- **Intrakutannaht:** Diese besteht aus nur einem Faden, der seinen Weg intrakutan schlangenförmig durch beide Wundränder nimmt. Er ist mit zwei kleinen Plastikverschlüssen befestigt. Nach dem Öffnen einer Seite kann der Faden rasch hindurchgezogen werden.

Notizen

GYNÄKOLOGISCHE PRAXIS H

Notizen

H1 CTG-ANLAGE

ALLGEMEINES

Bei der Kardiotokografie (CTG; Wehenschreiber) werden simultan (gleichzeitig) die Herzfrequenz des Feten und die mütterliche Uterusaktivität aufgezeichnet. Dabei werden Wehenfrequenz, Wehendauer und Basaltonus (Grundspannung) der Gebärmuttermuskulatur erfasst. Die Ableitung erfolgt über Elektroden, die an der mütterlichen Bauchdecke fixiert werden. Ableitung und Beurteilung sind erst etwa ab der 26. SSW (Schwangerschaftswoche) sinnvoll. Schwierigkeiten bei der Ableitung können sich ergeben, wenn sich das Kind im Uterus stark bewegt und seine Lage ändert, bei Adipositas (Fettleibigkeit) der Mutter oder wenn die Mutter während der Ableitung unruhig ist.

VORBEREITUNG

- Vor dem Anlegen der Elektroden macht man sich mit dem CTG-Gerät vertraut.
- Überprüfen Sie den Papiervorrat.
- Klären Sie die schwangere Frau über die Untersuchung auf und informieren Sie sie über die beiden Elektroden und deren Bedeutung.
- Die Untersuchung sollte in einem ruhigen und gemütlichen Raum erfolgen, da sie etwa 30 min in Anspruch nimmt.

ERLÄUTERUNG FÜR DIE SCHWANGERE FRAU

„Durch das CTG, also durch den Wehenschreiber, werden die Herztöne Ihres Kindes und gleichzeitig das Verhalten Ihrer Gebärmutter aufgezeichnet. Anhand dieser Aufzeichnungen kann der Arzt sehen, ob der Kreislauf Ihres Kindes in Ordnung ist und eine eventuelle Wehentätigkeit gleich erkennen."

DURCHFÜHRUNG

- Beschriften Sie den CTG-Papierstreifen mit Vor- und Zuname, Geburtsdatum der Frau, Uhrzeit und Datum.
- Die Schwangere legt sich auf die bereits ausgelegten elastischen Bauchgurte in bequemer Seitenlage, vorzugsweise links (niemals in Rückenlage wegen der Gefahr des Vena-cava-Syndroms).

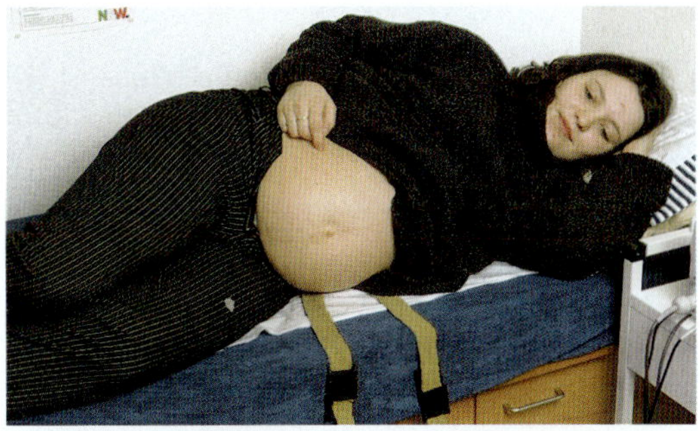

- Erfragen Sie Kindslage und Stellung. Dies erleichtert wesentlich die Suche nach den kindlichen Herztönen.
- Der Tokographie-Knopf sollte über dem Fundus uteri (oberer Teil des Uterus) unter dem Gurt fixiert werden.
- Der Schallkopf für die kindlichen Herztöne wird mit Ultraschallgel auf den lautesten Herzton (Punctum maximum) fixiert.

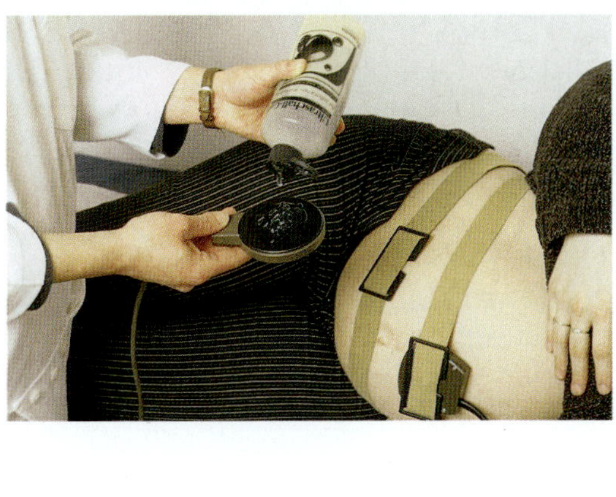

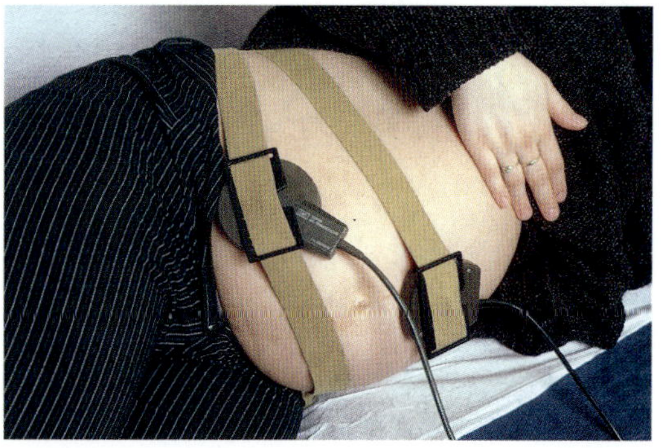

Punctum maximum der fetalen Herztöne bei Hinterhaupts- und Beckenendlagen (HHL und BEL)

1 rechte vordere BEL

2 rechte hintere BEL

3 rechte vordere HHL

4 rechte hintere HHL

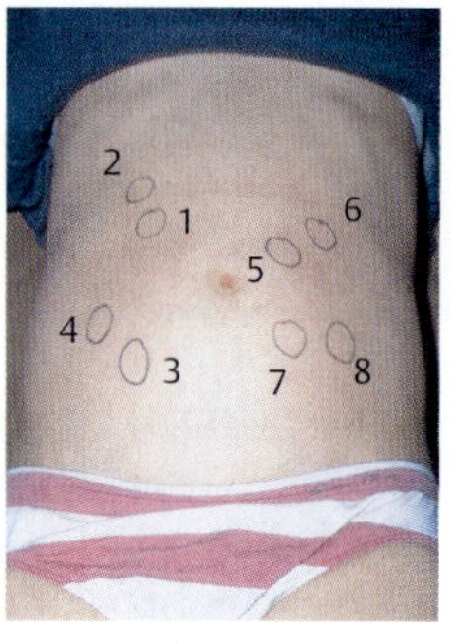

5 linke vordere BEL

6 linke hintere BEL

7 linke vordere HHL

8 linke hintere HHL

- Wenn Sie ein klares Signal der Herztöne empfangen, stellen Sie den Papiervorschub für 30 min an.
- Nehmen Sie die Elektroden ab, säubern Sie sie mit Zellstoff und desinfizieren Sie sie schließlich.
- Reichen Sie der Patientin Zellstofftuch, damit sie das Kontaktgel abwischen kann.
- Entnehmen Sie den beschrifteten CTG-Papierstreifen dem Gerät und legen Sie ihn zu den Patientenunterlagen.
- Nach der Untersuchung sollte die Patientenliege und der Raum für die nächste Patientin gesäubert und neu vorbereitet werden.

TIPPS UND TRICKS

- Besonders zu Beginn der Phase, in der CTG-Aufzeichnungen möglich werden, kann es geschehen, dass Sie den Herzschlag der Mutter statt den des Kindes aufzeichnen. Orientierend kann man das vom Kind zu erwartende Herzgeräusch mit einem galoppierenden Pferd vergleichen (fetale Herzfrequenz: 120–160 bpm – Herzfrequenz des Erwachsenen: 60–80 bpm). Stellen Sie den Lautstärkeregler nicht zu laut ein, da das Kind darauf oft mit heftigen Tritten reagiert.
- Bieten Sie der Schwangeren zur Ablenkung beispielsweise eine Zeitung an.
- Stellen Sie der Schwangeren eine Glocke oder etwas Vergleichbares in Reichweite, so dass sie sich leicht bemerkbar machen kann, ohne laut rufen zu müssen.
- Um die schwangere Frau nicht versehentlich zu vergessen, können Sie z.B. eine Eieruhr auf den Tresen stellen. Nach Ablauf der Eieruhr kann der Gurt abgenommen werden.
- Sollten Sie die Herztöne einmal nicht finden, bitten Sie die Patientin die Beine lang auszustrecken.
- Statt des Gurtes zur Fixierung auf dem Bauch können Sie auch ein StülpaFix, Nr.6 verwenden, das die Schwangere überstreift. Das Gerät, das die Herztöne aufzeichnet, kann darunter leicht fixiert und auch in der Position korrigiert werden. Es hat den Vorteil, daß Sie sich nicht mehr mit der Reinigung des mit Ultraschallgel verschmierten Gurtes zu beschäftigen brauchen. Die Schwangere kann das **StülpaFix** auch mit nach Hause nehmen und zu jeder weiteren Untersuchung mit in die Praxis bringen.

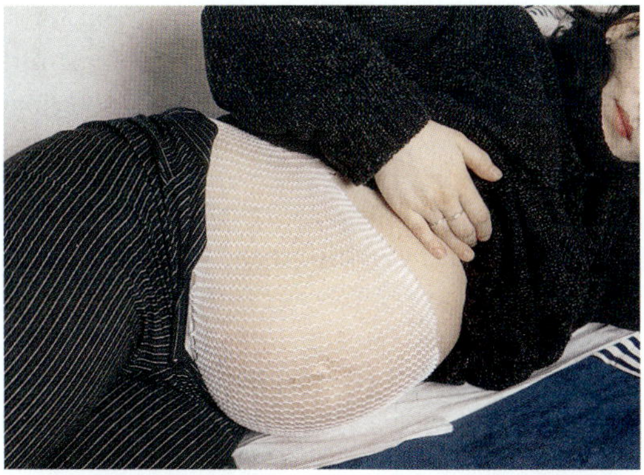

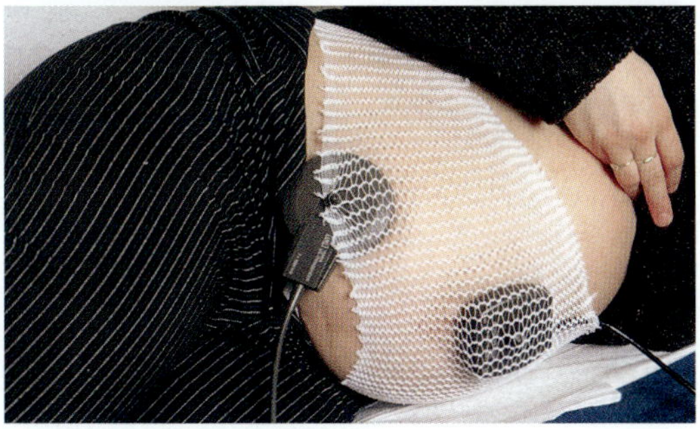

PROBLEME UND SONDERFÄLLE

- **Schlafender Fetus:** Manchmal schläft das Ungeborene während der CTG-Aufzeichnung wieder ein, was daran zu erkennen ist, dass die Aufzeichnungskurve auf gleicher Höhe bleibt. Versuchen Sie, das Kind durch lautes Klatschen mit den Händen oder leichtes Rütteln am Bauch der Mutter aufzuwecken.
- **Zwillinge:** Bei Zwillingen ist es sehr schwierig, die Herztöne des zweiten Kindes mit Sicherheit zu identifizieren. Sollten Sie selbst nicht über ein hohes Maß an Übung und Erfahrung verfügen, bleibt diese Aufgabe am besten dem Arzt überlassen.
- **Sehr übergewichtige Frauen:** Hier ist die Anlage des CTG ein Problem, da einerseits kaum eine Druckmessung der Uteruskontraktionen stattfindet und da die Herztöne sich nur schwer ableiten lassen.

H 2 ASSISTENZ BEI DER ABSTRICHENTNAHME

ALLGEMEINES

Ein Abstrich dient der Gewinnung von Untersuchungsmaterialien zur bakteriologischen, zytologischen und mikroskopischen Diagnostik. Die Abstrichentnahme der Haut oder Schleimhaut kann durch Watteträger, Metallösen, Bürstchen oder Spatel erfolgen.

VORBEREITUNG

- Materialien:
  - 2 Objektträger mit Mattrand
  - 2 Watteträger
  - Metallöse (für die Entnahme des Nativpräparates)
  - Bürstchen (zur Gewinnung von Zellmaterial aus dem Zervixkanal)
  - normaler Objektträger für das zu mikroskopierende, ungefärbte Präparat (Nativpräparat)
  - Deckgläschen
  - Fixierspray
  - NaCl-(Kochsalz-)Lösung für das Nativpräparat
  - Bleistift
  - Handschuhe für den Arzt
  - Spekulum.
- Außerdem müssen Sie noch Formulare (Überweisungsschein und zytologischer Untersuchungsantrag für den Pathologen) für den zytologischen Abstrich bereitlegen.
- Fragen Sie die Patientin nach dem Zeitpunkt der letzten Regel.
- Vor der Untersuchung führt der Arzt mit der Patientin ein Gespräch.
- Die Patientin wird nun ins Behandlungszimmer geführt und aufgefordert, ihren Unterkörper freizumachen.
- Erklären Sie der Patientin noch einmal, was gemacht wird.

DURCHFÜHRUNG

- Die Patientin nimmt auf dem gynäkologischen Untersuchungsstuhl Platz.
- Stellen Sie den Stuhl so ein, dass die Patientin möglichst bequem liegt.
- Beschriften Sie die beiden Objektträger mit Mattrand für die zytologische Untersuchung (Name, Datum des Abstrichs, „P“ für Portio-Abstrich bzw. „Ck“ für Zervixkanal-Abstrich).
- Den dritten Objektträger bereiten Sie ebenfalls vor. Geben Sie einfach einen Tropfen Kochsalzlösung auf den Träger und legen Sie ihn in Reichweite.
- Der Arzt wird nun die gynäkologische Untersuchung durchführen, wobei Sie selbst ein Blatt des Spekulums festhalten. Der untersuchende Arzt setzt die beiden Spekulumblätter ein und wird Sie auffordern, eines davon festzuhalten.
- In der anderen Hand halten Sie Wattestab und Objektträger so, dass der Arzt mühelos den Watteträger ergreifen und den Abstrich direkt auf dem Objektträger in Ihrer Hand auftragen kann.
- Legen Sie den Objektträger ab und nehmen Sie den 2. Objektträger mit Mattrand und Wattestab mit einer Hand auf.
- Legen Sie auch diesen wieder ab.
- Reichen Sie dem Arzt die Metallöse für die Entnahme des Nativpräparates an.
- Reichen Sie nun den mit Kochsalzlösung beträufelten Objektträger an, damit das Nativpräparat angefertigt werden kann.
- Das Spekulum wird aus der Scheide entfernt.
- Geben Sie das Deckgläschen auf den Objektträger. Anschließend legen Sie den Objektträger unter das bereitgestellte Mikroskop.
- Desinfizieren Sie die Metallöse durch ausbrennen (Bunsenbrenner).
- Die Patientin kann sich nun wieder ankleiden.
- Die Abstriche für die Zytologie (Objektträger mit Mattrand) müssen sofort fixiert werden. Entweder tun Sie dies in der Hand, oder aber Sie haben eine Mappe, in der die Objektträger abgelegt werden. Dann sprühen Sie das Fixierspray mit einem Mindestabstand von 30 cm zwischen Sprayflasche und Objektträger über die Präparate. Alternativ kann man die Objektträger auch in einem Behältnis mit einem alkoholischen Lösungsmittel (z.B. Aethylalkohol 50:50 – mind. 15 min und längstens 1 Woche) fixieren. Hier werden die Objektträger in einem Ständer zur Fixierung eingetaucht.
- Ihre Aufgabe ist es nun noch, den Untersuchungsstuhl zu reinigen und den Raum aufzuräumen. Vergessen Sie dabei nicht, eventuell verbrauchte und nicht mehr vorrätige Utensilien aufzufüllen bzw. zu bestellen.

TIPPS UND TRICKS

- Die Petrischale für bakteriologische Abstriche kann auch mit einem Filzstift in mehrere Abschnitte eingeteilt werden, so dass nicht für jede Patientin eine neue Petrischale angelegt werden muss. Allerdings müssen Sie Buch darüber führen, welches Feld von welcher Patientin belegt wird, z.B.:

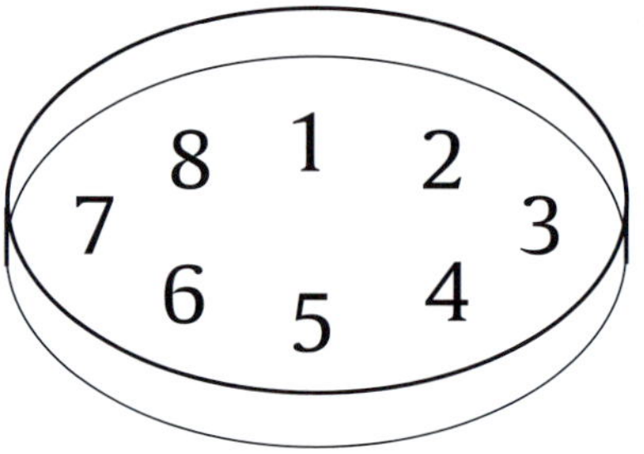

DIE WICHTIGSTEN DIAGNOSTISCHEN VERFAHREN

Abstrich bei Patientin nach Gebärmutterentfernung

- Hier wird nur ein Abstrich angefertigt und demnach auch nur ein Objektträger beschriftet. In diesem Fall schreiben Sie auf den Objektträger „SBS“ für „Scheidenblindsack“.

Ansetzen einer Pilzkultur

- Vielfach wird im Zuge der gynäkologischen Krebsvorsorgeuntersuchung eine Pilzkultur angelegt, obwohl dies nicht zum Standardprogramm gehört.
- Hierzu müssen Sie eine Petrischale und einen weiteren Watteträger bereithalten.
- Reichen Sie den Watteträger an. Es wird nun entweder vom Spekulum oder aus der Scheide ein weiterer Abstrich entnommen.
- Streichen Sie den Watteträger in leichten Wellenbewegungen über den Nährboden in der Petrischale und beschriften Sie diese mit Name und Datum des Abstrichs.
- Schließlich muss die Petrischale 72 Stunden (3 Tage) lang bei 37° C im Inkubator bebrütet werden.

Inkubator

Krebsvorsorgeuntersuchung

(siehe F29, Vorbereitung der Krebsvorsorgeuntersuchung)

Untersuchung auf Chlamydien

Chlamydien sind in den Zellen der Gebärmutterschleimhaut lebende Organismen, die durch Geschlechtsverkehr übertragen werden. Bei der Erstuntersuchung einer Schwangeren wird immer ein Abstrich zum Nachweis einer möglichen Chlamydien-Infektion angefertigt. Hierzu gibt es standardisierte Röhrchen, in denen bereits ein Watteträger enthalten ist.

- Der Arzt wird zunächst eine Stelle der Zervix (Gebärmutterhals) mit einem Wattetupfer antrocknen, damit das normale Sekret weitgehend entfernt ist.
- Entnehmen Sie den Tupfer dem Röhrchen und reichen Sie es dem Arzt an.
- Das Spekulum wird wie bei der normalen Assistenz gehalten. Der Arzt wird das Wattestäbchen durch die Muttermundöffnung in den Zervixkanal einführen. Dort wird es in eine Richtung gedreht, wobei der Tupfer gegen eine beliebige Seite des Kanals gedrückt wird, um genügend Material zu erhalten.
- Schieben Sie den Watteträger, der Ihnen gereicht wird, wieder in das Röhrchen, das Sie gut verschließen.
- Vergessen Sie nicht die Beschriftung des Röhrchens mit Name, Datum und dem Vermerk „Ck-Abstrich", also der Angabe, dass es sich um eine Probe aus dem Cervixkanal handelt.
- Nach Entnahme und Beschriftung machen Sie das Röhrchen zum Versand fertig.

Gonokokken-Abstrich

- Dieser erfolgt in der gleichen Weise wie der Chlamydien-Abstrich, mit dem Unterschied, dass das Trockentupfen der Zervix entfällt.
- Auch hier gibt es fertige Röhrchen mit Watteträgern als standardisiertes Abnahme-Instrument.
- Nach Entnahme und Beschriftung machen Sie das Röhrchen zum Versand fertig.

H3 EINSETZEN UND ENTFERNUNG EINES INTRAUTERINPESSARS (SPIRALE)

ALLGEMEINES

Das Intrauterinpessar (IUP), oft Spirale genannt, ist eine Methode zur Empfängnisverhütung für die Frau. Der Wirkmechanismus ist noch nicht vollständig geklärt und es besteht ein leicht erhöhtes Risiko für eine Entzündung der Gebärmutter und der Eierstöcke. Durch die IUP-Einlage kann möglicherweise eine starke Menstruationsblutung verursacht werden.
Fest steht, dass die Spirale nicht die Befruchtung, sondern das Einnisten des befruchteten Eis verhindert. Frauen, die noch nicht geboren haben oder die noch einen Kinderwunsch haben, sollten sich das Einsetzen einer Spirale gut überlegen, da eine Infektion der Eierstöcke und Eileiter neben der akuten Krankheit auch eine bleibende Unfruchtbarkeit nach sich ziehen kann.
In jedem Fall muss dem Einsatz einer Spirale eine eingehende ärztliche Beratung vorangehen. Auch die Arzthelferin sollte in der Lage sein, Fragen zur Spirale (und auch zu anderen Verhütungsmethoden) zu beantworten und mögliche Alternativen aufzuzeigen.
Die Liegedauer einer Spirale beträgt 2–5 Jahre.

VORBEREITUNG

- Das Set zum Einsetzen der Spirale muss immer vollständig und steril verpackt zur Verfügung stehen.
- Materialien (Inhalt des Sets):

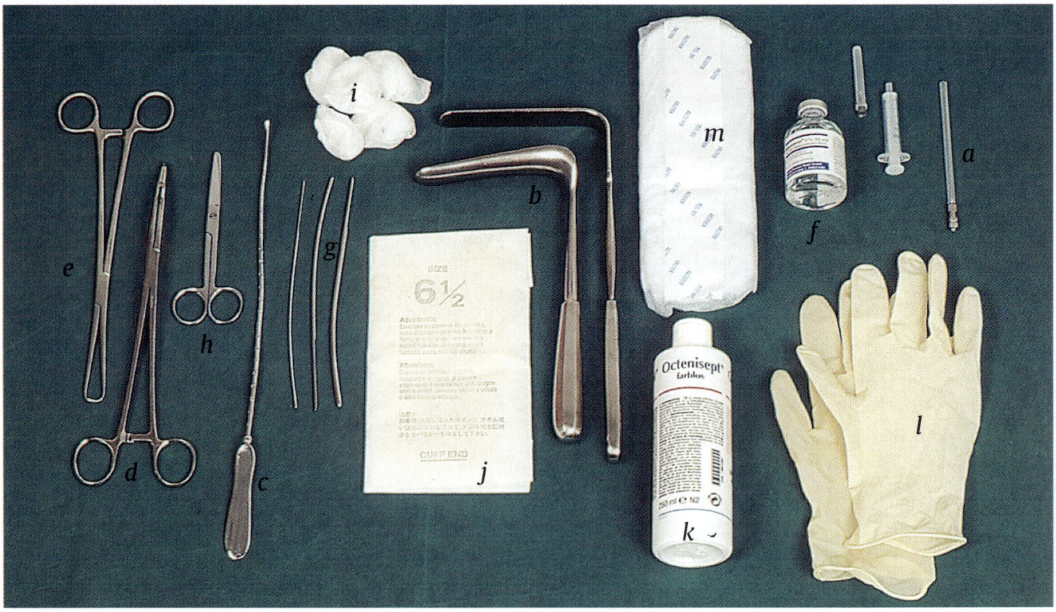

a – Spirale
b – Spekulum (beide Blätter)
c – Uterussonde
d – Kornzange
e – Hakenzange (Kugelzange)
f – evtl. 10 ml Lokalanästhetikum (z.B. Scandicain) zur Betäubung des Muttermundes (auf Wunsch der Patientin)
g – Hegar-Stifte zur Weitung der Zervix
h – Schere
i – sterile Tupfer
j – sterile Handschuhe für den Arzt
k – Desinfektionsmittellösung
l – Einmalhandschuhe für die Assistentin
m – Binden

- Fragen Sie die Patientin, ob sie eine Tablette gegen die zu erwartenden Schmerzen einnehmen möchte (z.B. Ibuprofen). In diesem Fall sollte die Tablette 20 min vor dem Eingriff genommen werden. Bei anderen Medikamenten müssen Sie auf die jeweiligen Dosierungsvorschriften achten.
- Die Patientin sollte den Termin zum Einsetzen der Spirale nach Möglichkeit am zweiten oder dritten Tag der Monatsblutung bekommen. Der Arzt kann zum einen durch die Blutung eine eventuelle Schwangerschaft ausschließen, zum anderen ist der Muttermund weicher und der Eingriff weniger schmerzhaft.
- Im Vorfeld sollte dafür gesorgt werden, dass die letzte Abstrichuntersuchung maximal 3 Monate zurückliegt. Andernfalls wird die Patientin auf den Folgemonat vertröstet. Dann wird zunächst ein Abstrich zum Ausschluss krankhafter Veränderungen oder Infektionen abgenommen. Eine eventuell vorliegende Schwangerschaft sollte unbedingt ausgeschlossen werden, da ein liegender IUP eine Indikation für einen Schwangerschaftsabbruch darstellt.

ERLÄUTERUNG FÜR DIE PATENTIN

„Damit Ihnen die Spirale richtig eingesetzt werden kann, wird der Arzt Ihnen eine so genannte Uterussonde durch den Gebärmutterhals in den Uterus schieben. Das ist ein dünner und glatter Metallstab. Da dies schon mal ein wenig schmerzen kann, wird zuvor der Muttermund mit einem Lokalanästhetikum betäubt."

DURCHFÜHRUNG

- Die Patientin wird ins Behandlungszimmer geführt und aufgefordert, ihren Unterkörper freizumachen. Da das Einsetzen der Spirale während der Monatsblutung erfolgt, wird die Patientin wahrscheinlich noch einen Tampon entfernen müssen. Bieten Sie der Patientin für den Weg zum Untersuchungsstuhl eine Vorlage an.
- Lassen Sie die Patientin auf dem Untersuchungsstuhl Platz nehmen.
- Stellen Sie den Stuhl so ein, dass die Patientin einigermaßen bequem liegt.
- Ziehen Sie die Einmalhandschuhe an.
- Öffnen Sie das Set unter Wahrung der Sterilität. Der Arzt wird die beiden Spekula entnehmen, nachdem er sich die sterilen Handschuhe übergestreift hat.
- Nach dem Einführen der Spekula durch den Arzt werden Sie das obere der beiden Blätter übernehmen und in der vom Arzt gewählten Position festhalten. Diese Position verändern Sie so lange nicht, bis Sie eine entsprechende Anweisung erhalten.
- Reichen Sie zuerst einen trockenen Stieltupfer (in eine Kornzange eingespannter, steriler Tupfer) zum Trockenwischen an.
- Der Arzt wird dann mit der Kornzange bei IUP-Wechsel die liegende Spirale entfernen (s.u.).
- Danach wird der Arzt einige sterile Tupfer ergreifen, die von Ihnen (einhändig) mit dem Desinfektionsmittel benetzt werden.
- Nachdem der Arzt den Gebärmuttermund desinfiziert hat, wird er mit der Hakenzange den Muttermund packen. Danach entfernen Sie das obere Blatt des Spekulums.
- Anschließend übernehmen Sie das untere Spekulumblatt, während der Arzt weiterhin die Hakenzange hält und mit Hilfe der Uterussonde die Länge der Gebärmutter bestimmt.
- Er wird Ihnen die gewünschte Spiralengröße mitteilen. Lassen Sie nun das Spekulumblatt los.
- Unter Wahrung der Sterilität öffnen Sie die Verpackung der gewünschten Spirale und reichen diese dem Arzt an.
- Nachdem der Arzt die Spirale entnommen hat, nehmen Sie wieder die alte Position zur Übernahme des unteren Spekulumblattes ein.
- Nach dem Einsetzen der Spirale und dem Abschneiden der Fäden wird der Arzt auch die Hakenzange vom Muttermund lösen.

Nun können Sie das untere Spekulumblatt entfernen.

- Während der Arzt die Lage der Spirale sonographisch überprüft, können Sie bereits das Set wegräumen und eine Binde für die Patientin besorgen.
- Meistens ist die Patientin nach dem Eingriff mit Blut befleckt und ein wenig nervös. Bieten Sie ihr ruhig Hilfe beim Waschen an und überreichen Sie ihr die Binde.
- Abschließend säubern Sie den Stuhl.
- Stellen Sie der Patientin vor dem Verlassen der Praxis noch eine Spiralen-Karte aus, auf der auch die Termine zur Lagekontrolle vermerkt werden (1. Kontrolle nach 4 Wochen, 2. Kontrolle nach 3 Monaten). Auf der Karte wird außerdem der Tag des Einsetzens und der verwendete Spiral-Typ eingetragen.
- Die Patientin muss für das Einsetzen der Spirale selbst zahlen.

Entfernung der Spirale

- Zur Entfernung einer Spirale entfällt die sterile Vorgehensweise. Ebenso ist die Einnahme eines Schmerzmittels nicht erforderlich. Allerdings müssen Sie eventuell an der Spirale festsitzendes Gewebe entfernen (Handschuh überstreifen) und in ein mit Formalin gefülltes Röhrchen zum Versand in die Pathologie geben.

TIPPS UND TRICKS

- Erinnern Sie die Patientin daran, dass während der Restzeit der Monatsblutung keine Tampons mehr verwendet werden sollten, da die Spirale noch nicht ausreichend in der Gebärmutter festsitzt.
- Mit sportlichen Aktivitäten sollte sich die Patientin während der ersten Woche nach Einsetzen der Spirale zurückhalten, damit die Spirale nicht verrutscht. Beim Schwimmen besteht außerdem in dieser ersten Phase ein erhöhtes Infektionsrisiko.
- Fordern Sie die Patientin auf, die Spiralen-Karte immer bei sich zu führen, da es z.B. bei Flughafenkontrollen zu einer Registrierung des eingesetzten Metallstücks kommen kann. Mit dieser Karte kann die Patientin den Grund für das Ausschlagen des Metalldetektors erklären.
- Wenn Sie die Patientin beim Erfassen des Muttermundes mit der Hakenzange (und auch beim Entfernen der Spirale) kräftig husten lassen, wird der kurze Schmerz nicht so stark wahrgenommen.

NEUROLOGISCHE / PSYCHIATRISCHE PRAXIS I

Notizen

11 ELEKTROENZEPHALOGRAPHIE (EEG)

ALLGEMEINES

Beim EEG werden mit Oberflächenelektroden Schwankungen der bioelektrischen Tätigkeit des Gehirns registriert. Das EEG hat seine herausragende Bedeutung in der Diagnostik der Epilepsie. Aber auch bei Enzephalitis (Hirnentzündung), Hirntumor, Kopfverletzungen, Ischämie (Blutunterversorgung mit Gewebeschädigung, z.B. Hirnschlag), Vergiftungen und beim komatösen Patient kann das EEG wertvolle diagnostische Hinweise liefern. Bei der Auswertung des EEG sucht der Arzt nach Veränderungen an bestimmten Stellen (Herdbefund), Veränderungen, die das gesamte Gehirn betreffen, z.B. Verlangsamung aller abgeleiteter Wellen (Allgemeinveränderung) und epilepsie-typischen Merkmalen (Krampfpotenziale). Ein normales EEG schließt jedoch kaum eine Krankheit aus.
Die Elektroden werden nach verschiedenen Mustern untereinander verschaltet. Ältere, auf Papier aufzeichnende EEG-Geräte registrieren hintereinander verschiedene Ableitungsprogramme. Moderne, digital aufzeichnende Geräte erstellen einen Rohdatensatz, aus dem die verschiedenen Ableitungsprogramme errechnet werden.

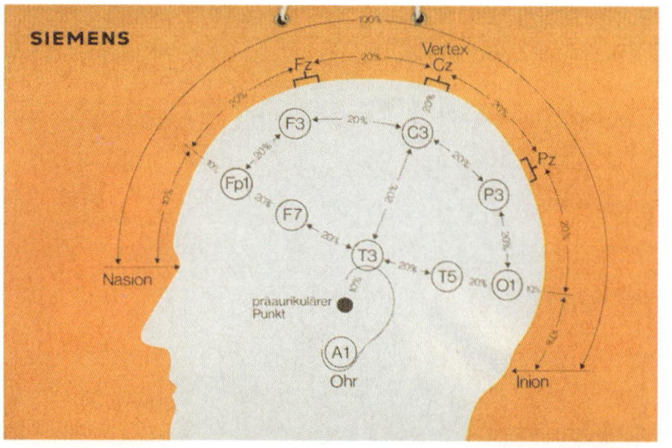

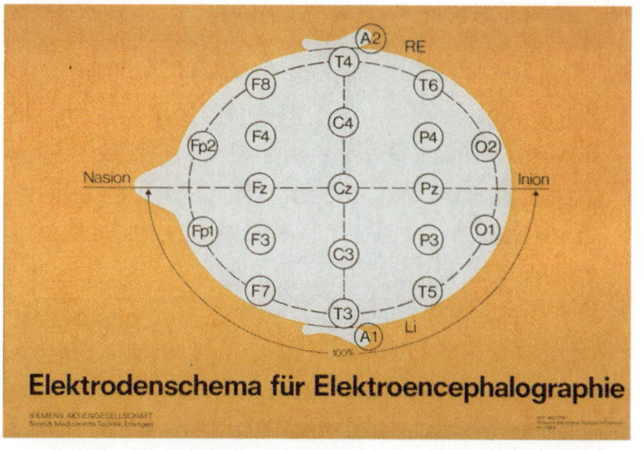

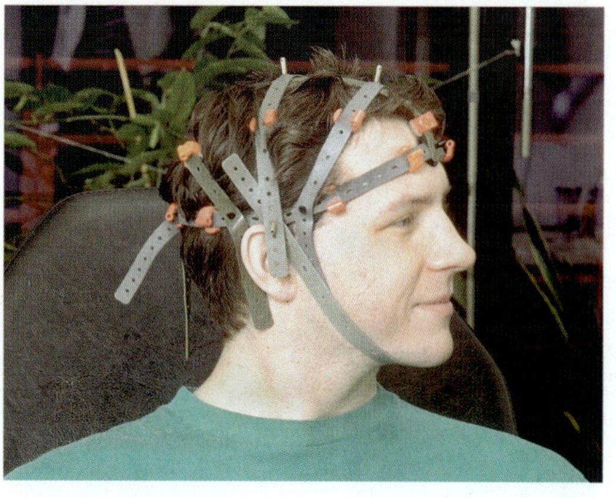

VORBEREITUNG

- Bestimmte Medikamente können das EEG verändern. Auf jede EEG-Anforderung gehört deshalb ein Vermerk über die Medikation des Patienten.
- Ebenso ist zu vermerken, ob bei dem Patienten eine Epilepsie bekannt ist. Wenn ja, dann sind Provokationsmethoden, die die Neigung zur Epilepsie belegen können, überflüssig.
- Die Oberflächenelektroden werden nach dem 10–20-System auf der Kopfschwarte verteilt und mit den entsprechenden Anschlüssen versehen.
- Vor der Ableitung müssen die Widerstände der einzelnen Elektroden überprüft, minimiert und untereinander angeglichen werden. Dies geschieht durch Anrauhen und Befeuchten der Kopfhaut.
- Üblicherweise wird an den Armen gleichzeitig das EKG abgeleitet, da bei der sehr hohen Verstärkung der EEG-Signale die elektrische Aktivität des Herzens störend wirken kann.

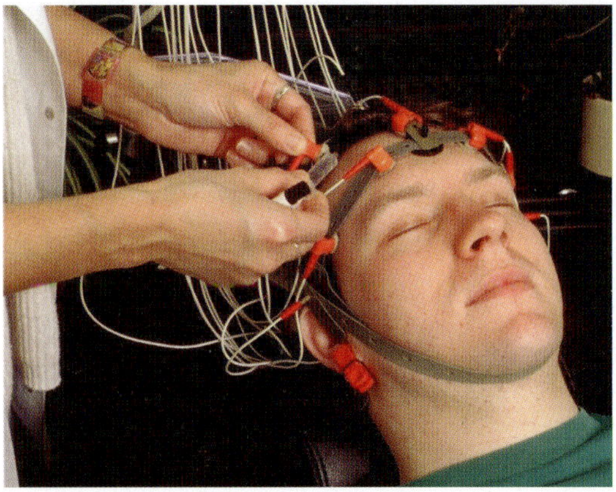

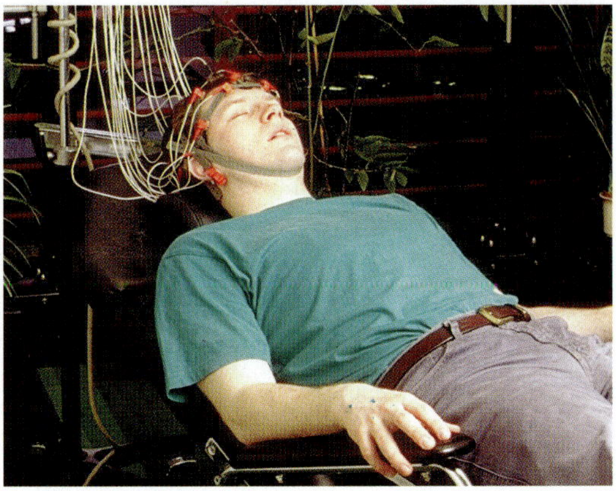

- Zum Anbringen der Elektroden sitzen die Patienten, zur Ableitung wird der Stuhl gekippt, damit die Patienten in einer halbliegend-halbsitzenden Haltung so gut es geht entspannt sind.
- Die Patienten werden über die Ungefährlichkeit der Untersuchung in Kenntnis gesetzt. Manche Patienten halten ein EEG für eine Art elektrischen Stuhl, bei dem Strom durch sie hindurchgeleitet wird. Diesen Irrtum sollten Sie unbedingt ausräumen.

ERLÄUTERUNG FÜR DEN PATIENTEN

„Wir möchten bei Ihnen eine Untersuchung durchführen, mit der wir bestimmte Schäden des Gehirns erkennen können. Die Kabel dienen nur der Registrierung der Ströme, die in Ihrem Kopf fließen, ebenso wie beim EKG, das Sie sicherlich kennen. Es wird kein Strom durch Ihren Körper geschickt. Auch Ihre Gedanken können nicht gelesen werden. Die Untersuchung wird Ihnen nicht weh tun, und die Untersuchung gelingt am besten wenn Sie ganz entspannt sind. Die Aufzeichnungen wird dann später der Arzt auswerten."

DURCHFÜHRUNG

- Mit den älteren EEG-Geräten dauert die Ableitung ca. 20–30 min, durch die digitale Aufzeichnung verkürzt sich die Ableitedauer auf ca. 15 min.
- Der Patient wird gebeten, so gut wie möglich zu entspannen, die Augen zu schließen und den Mund leicht zu öffnen, um Verfälschungen zu vermeiden, die durch angespannte Muskeln ausgelöst werden können. Angespannte Muskeln senden einen viel stärkeren Strom durch den Körper, der die schwachen Hirnströme leicht überlagern kann, so dass diese nicht mehr erkennbar sind.
- Während der Ableitung lässt man den Patienten mehrmals die Augen öffnen, um die so genannte alpha-Blockade zu registrieren, d.h. dass die rhythmische Grundaktivität des Gehirns von 8–13 Wellen/s bei geschlossenen Augen (alpha-Rhythmus) durch einen schnelleren Rhythmus von 14–30 Wellen/s nach Augenöffnung abgelöst wird. Der Zeitpunkt des Augenöffnens und -schließens muss in den Daten markiert werden.
- Auch jede andere Aktivität des Patienten wie Schlucken, Husten, Sprechen oder Umherschauen muss in den Daten protokolliert werden.
- In den meisten Kliniken wird routinemäßig mindestens ein so genanntes Provokationsverfahren während der EEG-Ableitung ausgeführt. Dabei handelt es sich um eine dreiminütige Hyperventilation (schnelle, hechelnde Atmung, wobei dem Patienten etwas schwummerig werden kann, auch Kribbeln in Händen und Füßen und im Gesicht

ist möglich) oder die Stimulation mit einem Flackerlicht (Stroboskoplicht) in wechselnder Frequenz und Rhythmus mit dem Ziel, bei Verdacht auf Epilepsie Krampfpotenziale zu provozieren.

TIPPS UND TRICKS

- Während der gesamten Ableitung ist darauf zu achten, dass alle Kanäle störungsfrei registrieren. Ist dies nicht der Fall, muss die Ableitung angehalten und die entsprechende Elektrode korrigiert werden. Störungen können beispielsweise durch starkes Schwitzen des Patienten mit veränderten Überleitungswiderständen als Folge verursacht werden.
- Beim Anschluss müssen Sie darauf achten, dass die Positionen der EEG-Haube mit denen der schematisierten EEG-Haube des Schaltkastens übereinstimmen.
- Am besten ist es, wenn der Patient vor der EEG-Untersuchung sein Haar wäscht, weil dadurch der Überleitungswiderstand deutlich verringert wird. Bei einer länger geplanten EEG-Untersuchung sollten Sie den Patienten darauf hinweisen.
- Zum Anrauhen der Kopfhaut (s.o.) haben sich Glasfaserstifte, wie sie zum Ausbessern kleiner Lackschäden in Kfz-Werkstätten verwandt werden, bewährt.
- Zum Anfeuchten der Kopfhaut verwendet man am besten isotone Kochsalzlösung.
- Erscheinen in regelmäßigen Abständen in der registrierten Kurve zackige Potenziale, kann es sich um EKG-Artefakte handeln. Ein Abgleichen mit dem gleichzeitig aufgezeichneten EKG hilft rasch, diese Frage zu klären.

PROBLEME UND SONDERFÄLLE

- **Psychiatrische Patienten:** Die an sich wenig belastende EEG-Untersuchung kann bei psychiatrischen Patienten starke Angstgefühle auslösen, was einen sehr einfühlsamen Umgang des Untersuchers mit dem Patienten erfordert. Psychotische Patienten können z.B. vermuten, auf einem elektrischen Stuhl zu sitzen.
- **Schlafentzugs-EEG:** Eine weitere Methode zur Provokation von Krampfpotenzialen ist das Schlafentzugs-EEG. Hierzu muss der Patient eine Nacht durchwachen. Man leitet am nächsten Morgen ab, wobei der Patient am besten einschlafen soll. Gerade in der Einschlafphase gelingt häufig die Registrierung von Krampfpotenzialen.
- **Video-EEG und Schlaflabor:** Zur erweiterten EEG-Diagnostik gehören das Video-EEG zum simultanen Aufzeichnen des EEG und der Körperbewegungen während eines Anfalls und das Schlaflabor, das neben dem EEG eine Vielzahl von Parametern (z.B. EKG, Atemfrequenz, Körperlage, Muskeltonus, Thoraxexkursion) misst. Es hat seine größte Bedeutung in der Diagnostik des Schlaf-Apnoe-Syndroms.
- **EEG bei Säuglingen und Kindern**: Das EEG ist in der Neugeborenenperiode und im Säuglingsalter aufwändig, erfordert besonders große Erfahrung und darf nicht überbewertet werden. Es ist vor allem als Schlaf-EEG und im Rahmen einer Polygraphie, in Speziallabors durchgeführt, wertvoll. Zur Durchführung des Schlaf-EEG bei Neugeborenen und kleinen Säuglingen genügt in der Regel eine normale Flaschenmahlzeit zur Beruhigung. Größere Säuglinge und Kleinkinder benötigen dagegen meist ein mildes Beruhigungsmittel, das selbst keinen Einfluss auf die EEG-Auswertung hat, z.B. Dominal-Tropfen.

12 EVOZIERTE POTENZIALE

ALLGEMEINES

Als evozierte Potenziale bezeichnet man Schwankungen in der Hirnaktivität, die durch Reize erzeugt werden, welche den Augen (visuell evozierte Potenziale, VEP), den Ohren (akustisch evozierte Potenziale, AEP) oder der Haut und den Muskeln (sensibel evozierte Potenziale, SEP) zugeführt werden. Die dabei vom Computer errechneten Kurven zeigen bei gesunden Patienten Ausschläge, die von der Grundlinie nach oben (per Definition negativ) oder nach unten (per Definition positiv) zeigen.

Typischerweise treten diese Wellen nach einer bestimmten Verzögerung (Latenz) auf. Bei den VEP beträgt diese Latenz etwa 100 Millisekunden (ms), weshalb diese Welle P100 genannt wird. Es sollen immer zwei reproduzierbare Kurven abgeleitet werden, damit die gesuchte Welle eindeutig identifiziert werden kann. Wichtiger als der Vergleich mit Normwerten, die im Übrigen nicht für alle Untersuchungsverfahren und Altersgruppen existieren, ist bei der untersuchten Person der Seitenvergleich der Augen, Ohren oder Arme und Beine.

Signifikante Seitendifferenzen (ab 5 ms) weisen auf Schädigungen des untersuchten Nervenbahnsystems hin.

VORBEREITUNG UND DURCHFÜHRUNG

VEP

- Verdunkeln Sie den Raum.
- Wählen Sie den Stimulus aus (gewöhnlich ein Monitor mit wechselndem Schachbrettmuster).
- Der Patient muss während der gesamten Untersuchung die speziell gekennzeichnete Mitte des Bildschirms fixieren.
- Zur Ableitung wird eine Nadelelektrode 5 cm oberhalb der Spitze des Hinterkopfes (Okzipitalpol) und eine Referenzelektrode an der Vertex (Scheitel) unter die Kopfhaut gesteckt. An einem Arm wird ein Erdungskabel angebracht.

ERLÄUTERUNG FÜR DEN PATIENTEN

„Wir möchten bei Ihnen eine Untersuchung durchführen, mit der ein bestimmtes Gebiet des Gehirns untersucht werden kann, durch das der Sehnerv verläuft. Es tut nicht weh. Ihre Gedanken können wir dabei nicht lesen und es wird auch kein Strom durch Ihren Kopf geschickt. Im Gegenteil, wir registrieren den Strom in Ihrem Kopf."

- Normalerweise reichen ca. 70 Reizdurchgänge aus, um eine stabile Kurve zu erhalten.
- Die Messung wird mindestens einmal wiederholt, um ein reproduzierbares Potenzial zu erhalten. Sie wird für jedes Auge einzeln durchgeführt.
- Routinemäßig wird die P100 registriert, d.h. ein Ausschlag der gemittelten EEG-Kurve nach unten nach ca. 100 ms.
- Die Ableitung dauert 20–30 min, wobei jedes Auge etwa 2 min lang untersucht wird.
- Der Abstand zwischen dem Patienten und dem Monitor ist normiert. Der Kopf sollte leicht abgestützt werden. Wichtig ist, das blaue Erdungskabelband z.B. am rechten Arm anzubringen.

AEP (Synonyme: BERA, FAHP, BER und BAEP)

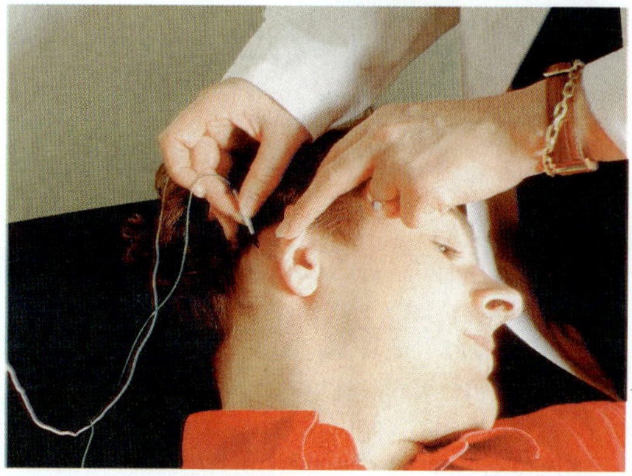

- Bei den AEP werden keine EEG-Kurven, sondern Änderungen des elektromagnetischen Feldes registriert.
- Über einen Kopfhörer wird einem Ohr ein Klickgeräusch vorgespielt, während das andere Ohr akustisch mit einem Brummen betäubt wird. Die Lautstärke beträgt ca. 80 dB.
- Ableitpunkte sind die beiden Mastoide.
- Die Referenzelektrode wird an der Vertex (Scheitel) angebracht. Es wird mit Nadelelektroden abgeleitet, die flach unter die Kopfhaut gesteckt werden.
- Der Patient wird aufgefordert, sich so gut wie möglich zu entspannen, die Augen zu schließen und den Mund zu öffnen, damit keine Fehler durch Muskelströme die Ableitung stören. Auf der Abbildung erkennt man die schematisierten Nadelpositionen auf dem Schaltkasten. Schlafen ist erlaubt.
- Bis zur Registrierung einer stabilen Kurve sind etwa 1500 Reizdurchgänge erforderlich. Die Messung erfolgt für beide Seiten getrennt.
- Während der ersten 5–6 ms nach Reizung leitet man im Normalfall fünf kurze positive Wellen ab. In der Routineauswertung wird im Seitenvergleich das Auftreten der 5. Welle und die Interpeak-Latenz, d.h. die Zeit zwischen 1. und 3. sowie zwischen 3. und 5. Welle verglichen. Die Ableitung dauert insgesamt zwischen 20–60 min.

ERLÄUTERUNG FÜR DEN PATIENTEN

„Wir möchten bei Ihnen eine Untersuchung durchführen, mit der ein bestimmtes Gebiet des Gehirns untersucht werden kann, durch das der Hörnerv verläuft. Es tut nicht weh. Ihre Gedanken können wir dabei nicht lesen und es wird auch kein Strom durch Ihren Kopf geschickt. Im Gegenteil, wir registrieren den Strom in Ihrem Kopf."

SEP

- In der klinischen Routine werden die SEP des N. medianus (an der Hand) und die SEP des N. tibialis (am Schienbein) bestimmt. Es

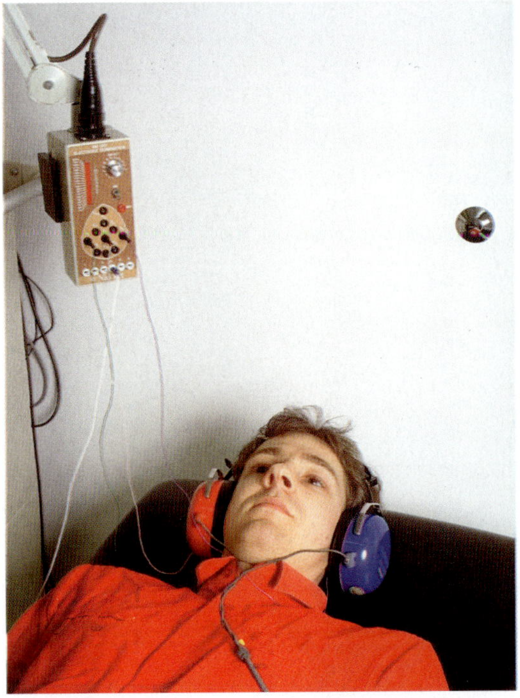

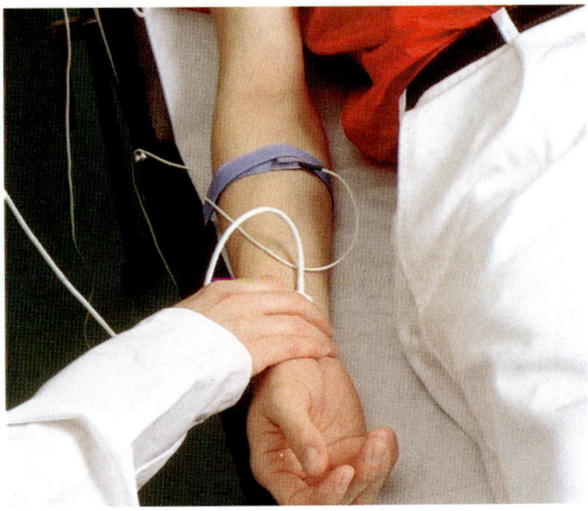

können natürlich auch andere Nerven stimuliert und deren sensibles kortikales Antwortpotenzial abgeleitet werden.

- Stimuliert wird der periphere Nerv mit einer Frequenz von 2–3/s.
- Suchen Sie zunächst mit einer niedrigen Reizstärke den peripheren Nerv auf. Der N. tibialis verläuft knapp unterhalb des Innenknöchels am Fuß (medialer Malleolus), der N. medianus zwischen den Sehnen knapp unterhalb des Handgelenks an der Innenseite des Unterarms. Die Reizelektrode wird mit dem Minuspol (Kathode) in Richtung des Körpers aufgesetzt.
- Beschreibt der Patient ein Ziehen des Stromimpulses in das sensible Versorgungsgebiet des gereizten Nervs, steigern Sie die Reizstärke so lange, bis Sie eine sichtbare Muskelantwort erhalten. Beim N. tibialis ist dies eine Beugung (Flexion) der Großzehe, beim N. medianus ein Abspreizen (Abduktion) des Daumens. Durch leichtes Verschieben des Stimulators kann man die Muskelantwort und somit den Reizort optimieren.
- Gewöhnlich benötigt man Reizstärken zwischen 5 und 15 mA. Die Ableitung mit Nadelelektroden unter der Kopfhaut erfolgt für die Tibialis-SEP beider Seiten von der EEG-Elektrodenpostion Pz (ca. 10 cm hinter der Vertex), für die Medianus-SEP von der Position P3 (rechts) und P4 (links).
- Referenzpunkt ist jeweils der Scheitel.
- Bitten Sie den Patienten, sich trotz des Stromreizes so gut wie möglich zu entspannen, die Augen zu schließen und den Mund zu öffnen. Die Messung dauert 30–40 s und muss an jedem Reizort mindestens einmal wiederholt werden, um reproduzierbare Kurven zu erhalten. Beim Medianus-SEP wird routinemäßig die N20 (negativer Kurvenausschlag nach 20 ms), beim Tibialis-SEP die P40 (positiver Kurvenausschlag nach 40 ms) bewertet.

ERLÄUTERUNG FÜR DEN PATIENTEN

„Wir möchten bei Ihnen eine Untersuchung durchführen, bei der ein Nerv in seinem ganzen Verlauf von der Hand (bzw. Fuß) bis zum Gehirn geprüft werden kann. Es tut nicht weh. Ihre Gedanken können wir dabei nicht lesen und es wird auch kein Strom durch Ihren Körper geschickt. Im Gegenteil, wir registrieren den Strom in Ihrem Körper."

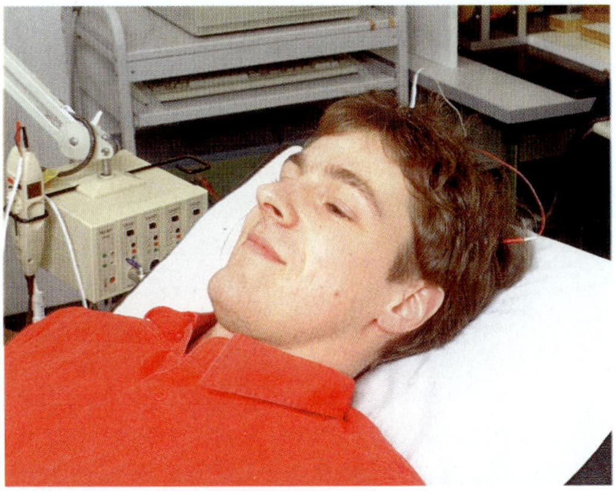

TIPPS UND TRICKS

- Bei schlecht entspannten Patienten sind die Kurven oft nicht eindeutig reproduzierbar. Darum gibt man zum Ableiten der SEP gerne ein Beruhigungsmittel.
- Sind die Nerven stark vorgeschädigt (z.B. durch eine Polyneuropathie), sind bei den SEP unter Umständen höhere Reizstärken erforderlich. Die Reizung sollte für den Patienten jedoch nicht schmerzhaft sein, da dann durch muskuläre Verspannungen keine verwertbaren Kurven abgeleitet werden können. Hat man bei Erreichen der Schmerzgrenze noch keine Muskelantwort erhalten, kann man dennoch eine Messung versuchen, da die sensiblen Impulse bereits nach zentral geleitet werden können.

PROBLEME UND SONDERFÄLLE

- **Seh- oder Hörschwäche und Erkrankungen der sensiblen Nerven (periphere Leitungsstörung):** Latenzverzögerungen der evozierten Potenziale kommen auch dann zu Stande, wenn eine periphere Leitungsstörung zugrunde liegt. Deshalb können z.B. bei starker Schwerhörigkeit die AEP oder bei starker Visuseinschränkung die VEP nicht ableitbar sein. Da es bei den evozierten Potenzialen vor allem um die Diagnose zentraler Nervenleitungsstörungen geht, kann durch Ableitung an zusätzlichen Punkten versucht werden, den Ort der Schädigung näher einzugrenzen. So kann man beispielsweise bei einer Verzögerung der Medianus-SEP durch Ableitung am Halsmark unterscheiden, ob die Verzögerung im peripheren oder im zentralen Bahnabschnitt, also im Gehirn selbst, zu Stande kommt.

13 ASSISTENZ BEI RÜCKENMARKPUNKTION (LUMBALPUNKTION)

ALLGEMEINES

Bei der Rückenmarkpunktion wird eine kleine Menge der (normalerweise wasserklaren) Rückenmarkflüssigkeit (Liquor) entnommen. Die beiden wichtigsten Indikationen sind Verdacht auf entzündliche Erkrankungen des zentralen Nervensystems (ZNS) und auf bestimmte Formen der Hirnblutung (z.B. Subarachnoidalblutung, SAB). Ferner kann beim liegenden Patient der Druck der Rückenmarkflüssigkeit (Liquordruck) gemessen werden. Auch können beispielsweise Kontrastmittel zur Darstellung des Rückenmarks bei einer Röntgenuntersuchung, Antibiotika zur Bekämpfung einer Meningitis oder tumorhemmende Medikamente bei Krebserkrankungen in den Liquor injiziert werden. Die Rückenmarkpunktion ist unter streng sterilen Bedingungen durchzuführen.

VORBEREITUNG

- Wegen der anschließenden Ruhezeit sollten Sie den Patienten vor der Punktion zu Stuhlgang und Wasserlassen auffordern.
- Sorgen Sie bereits bei der Planung der Punktion dafür, dass der Heimtransport des Patienten nach der Ruhephase gewährleistet ist, sei es durch die Begleitung eines Angehörigen oder durch ein Taxi. Der Patient sollte keinesfalls ohne Begleitung den Heimweg antreten und selbst kein Fahrzeug führen.
- Zur Durchführung einer Lumbalpunktion in der Praxis sind idealerweise neben dem punktierenden Arzt noch zwei Hilfspersonen anwesend. Eine Person stützt den Patienten bei der Punktion. Die andere Person muss sterile Handschuhe tragen und in der Lage sein, unter Einhaltung der Sterilität Gegenstände wie Nadel oder Liquorröhrchen anzureichen.

ERLÄUTERUNG FÜR DEN PATIENTEN

„Wir möchten Ihnen etwas Rückenmarkflüssigkeit entnehmen. Der Schmerz ist etwas stärker als bei einer Blutentnahme, vielleicht eher wie bei einem Zugang im Arm. Sie müssen ruhig sitzen bleiben und meine Kollegin oder ich werden Sie von vorne festhalten. Sie können die ganze Zeit sagen, wie Sie sich fühlen. Wichtig ist, dass Sie sich entspannen, nicht husten und nicht pressen. Sollten Sie einen Schlag in den Beinen spüren, sagen Sie bitte Bescheid. Es wurde dann ein Nerv berührt. Das ist zwar unangenehm, hat aber weiter keine Folgen. Anschließend ist es am besten, wenn Sie einen Tag liegen bleiben und reichlich Flüssigkeit zu sich nehmen, da es sonst zu starken Kopfschmerzen kommen kann. Wenn nötig, können wir Ihnen eine Arbeitsunfähigkeitsbescheinigung ausstellen."

- Materialien:

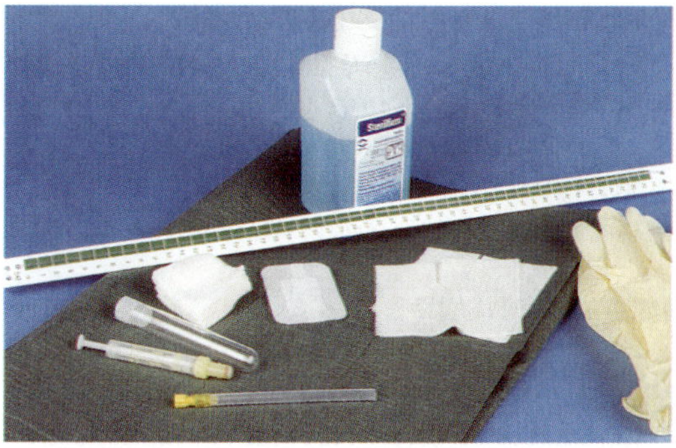

  - *Rasierer zur Entfernung der Behaarung im Punktionsgebiet*
  - *sterile Handschuhe*
  - *sterile Unterlage*
  - *steriles Pflaster*
  - *sterile Tupfer*
  - *Punktionsnadel 19G mit Mandrin (meist gelb) oder eher kleiner (Die Häufigkeit von Kopfschmerzen nach der Punktion nimmt mit dem Durchmesser der Nadel zu. Als*

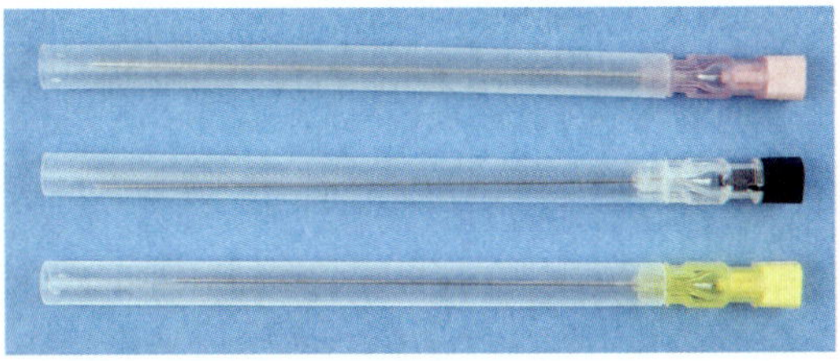

Mandrin bezeichnet man den herausnehmbaren Innenteil der Nadel, der diese verschließt)
- *Utensilien zur Blutentnahme (siehe F16, Venöse Blutentnahme)*
- *steriles Tuch zum Abdecken der Haut um die Punktionsstelle herum und zum Ablegen der Instrumente*
- *Desinfektionsmittel (Nachfragen, ob Allergie gegen bestimmte Desinfektionsmittel besteht)*
- *mindestens vier sterile Liquorröhrchen*
- *eventuell Instrument zur Druckmessung (Manometer) und Maßband, falls das Manometer über keine Skala zum Ablesen des Wertes verfügt*
- *zwei Serumröhrchen zur Blutzuckerbestimmung und Serologie.*

• Bei mehreren Röhrchen markieren Sie vor der Punktion die benötigte Menge mit einem Filzstift.
• Die Punktion und auch die Assistenz erfordern ausreichend Ruhe und Zeit. Dulden Sie keine Zuschauer dabei.

DURCHFÜHRUNG

• Wenn möglich, sollte die Lumbalpunktion im Sitzen ausgeführt werden. Hierzu setzt

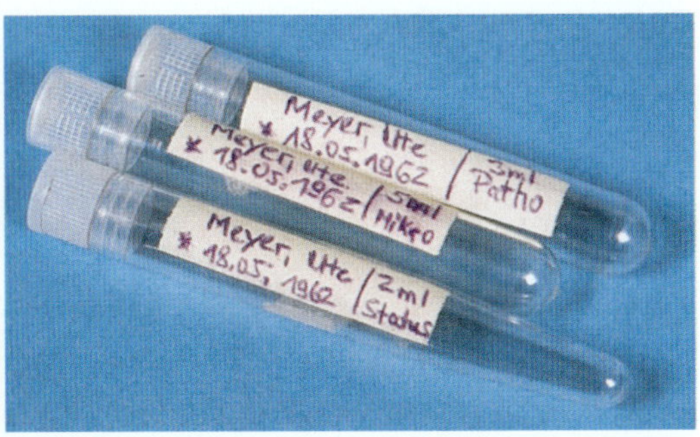

sich der Patient mit maximal gebeugtem Rücken auf die Bettkante. Eine Person unterstützt den Patienten von vorn, damit er nicht vornüber kippt und der Katzenbuckel aufrecht erhalten wird. Unter Umständen kann die Punktion auch im Liegen erfolgen. Der Patient liegt dann auf der Seite und zieht die Knie an die Brust, der Nacken ist gebeugt.

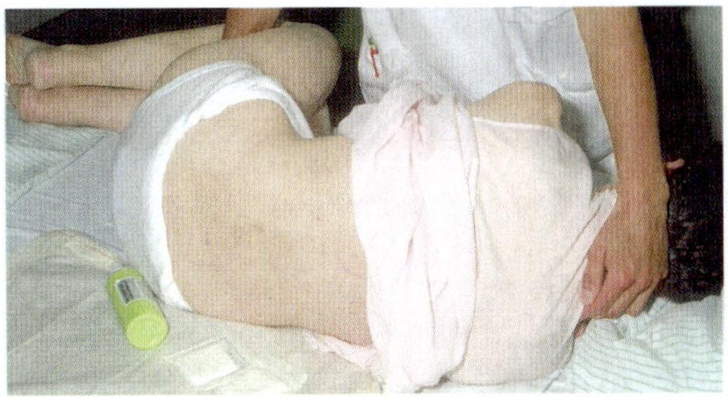

• Die andere Person beobachtet das Vorgehen des Arztes genau, um im richtigen Moment die erforderlichen Gegenstände anreichen zu können. Beim Anreichen von Nadel und Röhrchen ist ein äußerst steriles Vorgehen erforderlich.
• Der Arzt wird die Nadel unmittelbar über einem Wirbelkörper einführen und dann den Mandrin vorsichtig herausziehen, um zu überprüfen, ob Liquor abtropft.

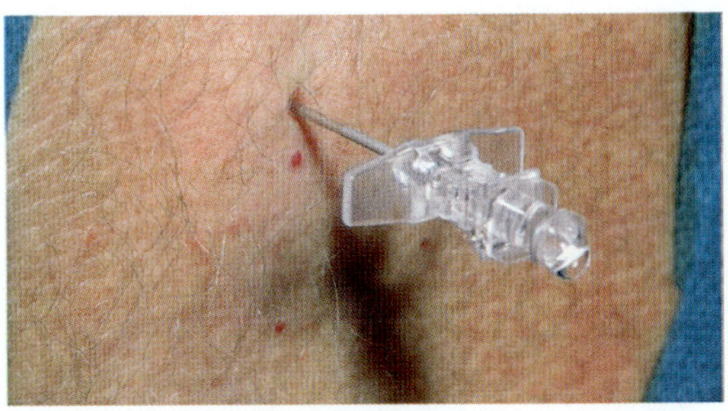

• Der Liquor wird in die bereitgestellten Röhrchen abgefüllt, die Sie dem Arzt anreichen. Achten Sie dabei auf die bereits abgetropfte Menge. Sie benötigen ca. 2 ml für die pathologische Untersuchung, 2–5 ml für laborchemische Untersuchungen und nochmals 2–5 ml für serologische Untersuchungen. Es

empfiehlt sich, zusätzlich 3 ml für eventuelle Zusatzuntersuchungen abzunehmen und zu bewahren.
- Die Punktionsstelle wird vom Arzt oder der Helferin mit einem sterilen Pflaster abgedeckt.
- Schließlich wird Blut entnommen, um verschiedene Konzentrationen mit dem Liquor vergleichen zu können.
- Danach soll der Patient eine halbe Stunde lang auf dem Bauch liegen. Die nächsten 24 Stunden sollte der Patient vornehmlich liegen, um die nach Rückenmarkpunktionen häufig auftretenden Kopfschmerzen so gering wie möglich zu halten.

TIPPS UND TRICKS

- Man sollte den Patienten stets darüber unterrichten, was sozusagen hinter seinem Rücken geschieht. Damit vermeidet man beispielsweise, dass er beim Einstechen der Kanüle ausweicht.
- Bieten Sie dem Patienten gleich nach der Punktion reichlich Mineralwasser und/oder Kaffee an.
- Empfehlen Sie dem Patienten, die 24-stündige Bettruhe einzuhalten, vor allem, wenn sich bereits beim Aufrichten aus der liegenden Position Kopfschmerzen einstellen. Manche Patienten überstehen die Lumbalpunktion ohne Kopfschmerzen. In dem Fall erübrigt sich eine lang andauernde Bettruhe.
- Bitten Sie den Patienten, nach einigen Stunden in der Praxis zurückzurufen und seinen Zustand zu schildern. Fragen Sie insbesondere nach dem Ausmaß der Kopfschmerzen.

PROBLEME UND SONDERFÄLLE

- **Kopfschmerzen:** Nach der Punktion treten häufig postpunktionelle Kopfschmerzen auf. Es wird empfohlen, nach der Punktion 24 Stunden lang Bettruhe zu halten. Allerdings treten offenbar unabhängig davon bei bis zu 30% der Patienten heftige Kopfschmerzen auf, die sich nur im Liegen etwas verringern. Gelegentlich entstehen zusätzlich Übelkeit, Ohrensausen und Ohnmachtsneigung. Zur Therapie lässt man den Patienten viel trinken. Schmerztherapie ist bei Bedarf möglich.
- **Schlag in den Beinen:** Beschreibt der Patient während der Punktion das Gefühl eines Stromschlags im Bein, hat die Nadel wahrscheinlich eine Nervenwurzel berührt. Schädigungen sind dabei in aller Regel nicht zu befürchten.

Notizen

OPHTHALMOLOGISCHE PRAXIS J

Notizen

J1 WEITTROPFEN DER PUPILLEN

ALLGEMEINES

Das Weittropfen der Pupillen dient der Diagnose oder Therapie des Augenhintergrundes. Die Untersuchung wird mit einem Augenspiegel durchgeführt, der mit einer Lampe versehen ist. Der Lichtimpuls bewirkt jedoch ein Zusammenziehen der Pupille. Die Pupille muss also gezwungen werden, offen zu bleiben. Man verwendet dazu Substanzen wie Atropin, die die pupillenverengende Wirkung des Parasympathikus unterbinden.
Am Augenhintergrund lassen sich die Gefäße auf Veränderungen besonders bei Bluthochdruck und Diabetes mellitus untersuchen. Weitere Indikationen für das Weittropfen der Pupille sind die Bestimmung der Brillenstärke (durch das Weittropfen wird die Nahanpassung ausgeschaltet), die Vorbereitung einer Laser-Behandlung oder einer Augeninnendruckmessung sowie die Therapie von Entzündungen im Augeninneren.
Leidet ein Patient unter einem Glaukom (krankhafte Erhöhung des Augeninnendrucks), darf er Tropfen zur Weitstellung der Pupillen nur mit ausdrücklicher Genehmigung des Arztes bekommen.

VORBEREITUNG

- Die Augentropfen werden lichtgeschützt und warm (etwa 30° C) gelagert. Sie müssen außerdem innerhalb von vier bis sechs Wochen verbraucht werden. Bei manchen Präparaten ist die Haltbarkeit noch kürzer. Kontrollieren Sie vor jeder Anwendung das Datum auf der Packung.
- Materialien:
  - Pupillen erweiterndes Mittel (Mydriatikum)
  - Tupfer
  - Wecker/Eieruhr

bei Untersuchung des Augenhintergrundes außerdem:
  - Volk-Linse
  - Hornhautanästhetikum
  - Mittel zum Hornhautschutz bei Kontaktglasuntersuchungen (z.B. Methocel)
  - Dreispiegelglas oder Panfunduskop

zur Vorbereitung einer Lasertherapie:
  - Hornhautanästhetikum
  - Mittel zum Hornhautschutz bei Kontaktglasuntersuchungen (z.B. Methocel)
  - Laserkontaktglas
  - Schutzbrille.
- Klären Sie den Patienten über Wirkung, Wirkungsdauer, Verkehrstauglichkeit und eventuelle Nebenwirkungen auf.

ERLÄUTERUNG FÜR DEN PATIENTEN

„Ich werde Ihnen jetzt einige Tropfen in die Augen geben. Sie bewirken, dass sich die Pupille weitet, so als wäre es dunkel oder als schauten Sie in die Ferne. Der Arzt kann dadurch besser in Ihr Auge hineinsehen und Gefäße und Netzhaut besser beurteilen. Kurzzeitig können die Augen etwas brennen. Das ist aber nicht schlimm und lässt bald wieder nach. Die Wirkung kann 3 – 4 Stunden anhalten und Sie dürfen während dieser Zeit kein Fahrzeug führen. Weil sich die Pupille in dieser Zeit nicht verengen kann, ist es möglich, dass helles Licht oder Sonnenschein für Sie unangenehm ist. Dann sollten Sie eine Sonnenbrille tragen, bis die Wirkung aufgehört hat. Da die Tropfen mit der Tränenflüssigkeit durch den Tränenkanal abfließen, kann es sein, dass Sie die Tropfen auch schmecken, aber das ist kein Problem."

- Lassen Sie Kontaktlinsen zuvor herausnehmen. Sie dürfen einige Minuten nach der Anwendung wieder eingesetzt werden.

DURCHFÜHRUNG

- Führen Sie eine Händedesinfektion durch.
- Der Patient hält den Kopf etwas nach hinten geneigt und schaut nach oben. Weisen Sie

ihn an, sich auf einen Punkt z.B. an der Decke zu konzentrieren. Fordern Sie ihn zusätzlich auf, den Lidschlag zu unterdrücken.
- Ziehen Sie mit einem Tupfer das betreffende Unterlid leicht nach unten.
- Geben Sie mit der anderen Hand einen Tropfen in die Umschlagfalte der Bindehaut. Die Flasche oder Pipette soll dabei nicht mit dem Auge in Berührung kommen, da der Spender dann als unsteril anzusehen ist. Außerdem führt die Berührung zu einem reflektorischen Lidschluss, wodurch der Tropfen meist auf der Wange landet.
- Der Patient schließt die Augen für 1–2 min, ohne sie dicht zu kneifen und bewegt sie etwas hin und her. Überlaufende Tropfen werden mit dem Tupfer aufgefangen.
- Stellen Sie den Wecker auf 10 min ein und wiederholen Sie eventuell die Tropfengabe, bis die Pupillen nicht mehr auf Licht reagieren.

TIPPS UND TRICKS

- Geben Sie die Tropfen nicht auf die Hornhaut, da dies unangenehm ist.
- Stützen Sie die Hand mit der Tropfflasche an der Stirn oder Schläfe des Patienten ab. Damit vermeiden Sie, dass der Patient bei plötzlichen Kopfbewegungen mit der Pipette am Auge verletzt wird.
- Kann der Patient den Kopf nicht nach hinten legen oder nicht nach oben schauen, lässt man ihn nach unten sehen und tropft in den äußeren Lidwinkel des leicht nach unten gezogenen Unterlides.
- Kinder sollen nach dem Tropfen die flache Hand auf das getropfte Auge legen. Sie öffnen dann das andere Auge leichter.
- Um ein zu rasches Abfließen der Augentropfen über den Tränenkanal in den Rachenraum zu vermeiden, können Sie (oder der Patient) leicht auf den Nasenknochen am Augeninnenwinkel drücken.
- **Nebenwirkungen:** Bei Hautrötung oder Unruhe unterbrechen Sie das Weittropfen und informieren den Arzt.

J2 AUGENSALBE EINBRINGEN

ALLGEMEINES

Augensalben werden aus therapeutischen Gründen (oft unter Einwirkung einer Rotlichtlampe) angewendet.

VORBEREITUNG

- Materialien:
  - Augenglasstäbchen
  - Augensalbe.

ERLÄUTERUNG FÜR DEN PATIENTEN

„Ich werde Ihnen ein wenig Salbe in das Auge geben. Dadurch bildet sich auf der Hornhaut ein Fettfilm, und Ihr Blick wird etwas verschleiert. Das ist aber ganz normal. Sollte es Sie nach einer halben Stunde immer noch stören, können Sie das Auge mit etwas klarem Wasser spülen. Verwenden Sie jedoch keine Kamille oder andere Lösungen, da gerade die pflanzlichen Substanzen gerne allergische Reaktionen auslösen."

DURCHFÜHRUNG

- Führen Sie eine Händedesinfektion durch.
- Geben Sie einen Streifen Augensalbe von etwa 3 mm Länge auf das Glasstäbchen.
- Lassen Sie den Patienten nach oben schauen.
- Ziehen Sie das Unterlid mit einem Tupfer nach unten.
- Bringen Sie Salbe in den unteren Bindehautsack ein.
- Fordern Sie den Patienten auf, die Augen leicht zu schließen (*„wie beim Schlafen"*).
- Ziehen Sie nun das Glasstäbchen seitlich zwischen den geschlossenen Lidern hervor, so dass möglichst viel Salbe im Bindehautsack verbleibt.

J3 SPÜLUNG DES TRÄNEN-NASEN-WEGS

ALLGEMEINES

Bei Patienten mit ständig tränenden Augen werden die Tränen-Nasen-Wege gespült, um deren Durchgängigkeit zu prüfen. Bei Bedarf kann auf diesem Wege auch ein entzündungshemmendes Medikament in den Tränensack gebracht werden.

VORBEREITUNG

- Materialien:

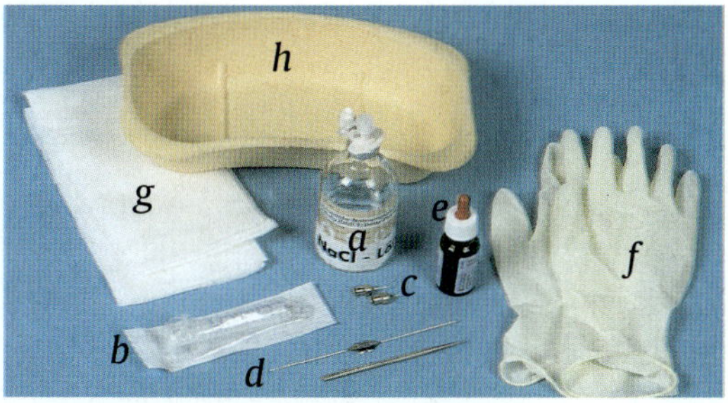

a – physiologische (isotone) Kochsalzlösung (0,9% NaCl-Lösung)
b – 5-ml-Spritze
c – Tränenwegskanüle
d – Tränenwegssonde
e – anästhesierende Augentropfen
f – Handschuhe
g – Zellstoffserviette
h – Schale oder Tablett.

ERLÄUTERUNG FÜR DEN PATIENTEN

„Wir überprüfen durch die Spülung, ob Ihre Tränen regelrecht abfließen. Die Augentropfen haben Ihre Hornhaut und die Bindehaut schmerzunempfindlich gemacht. Wenn Sie beim Spülen etwas in den Hals bekommen, können Sie es ruhig herunterschlucken. Es handelt sich dabei lediglich um Salzwasser.“

DURCHFÜHRUNG

- Führen Sie eine Händedesinfektion durch.
- Geben Sie anästhesierende Augentropfen in den Bindehautsack (dreimal im Abstand von je 5 min) (*siehe J1, Weittropfen der Pupillen*).
- Ziehen Sie eine Spritze mit physiologischer Kochsalzlösung auf und setzen Sie die Tränenwegskanüle auf.
- Richten Sie ein Tablett mit (entlüfteter) Spritze, Tränenwegssonde und Serviette (ggf. auch weitere Spritze mit gefordertem Medikament).
- Fordern Sie den Patienten auf, während der Spülung das Ankommen der Lösung im Rachen per Handzeichen anzugeben (salziger Geschmack). Die Lösung kann heruntergeschluckt werden.

TIPPS UND TRICKS

- Achten Sie darauf, dass keine Reste der Reinigungslösung in der Tränenwegskanüle verbleiben, da die Kanüle leicht verstopft und wegen der gebogenen Form nicht mit einem Mandrin durchstoßen werden kann. Deshalb sollten Sie die Kanüle vor der Sterilisation mit reichlich klarem Wasser nachspülen und gründlich trocknen.

J4 BRILLE AUSMESSEN AM SCHEITELBRECHWERTMESSER

ALLGEMEINES

Die Gläserstärke einer Brille lässt sich leicht am automatischen Scheitelbrechwertmesser bestimmen. Das hier beschriebene Vorgehen wird meist in den Bedienungsanleitungen der Geräte in gleicher Weise beschrieben. Allerdings sind diese in der Praxis häufig nicht mehr auffindbar.

VORBEREITUNG

- Das Gerät:

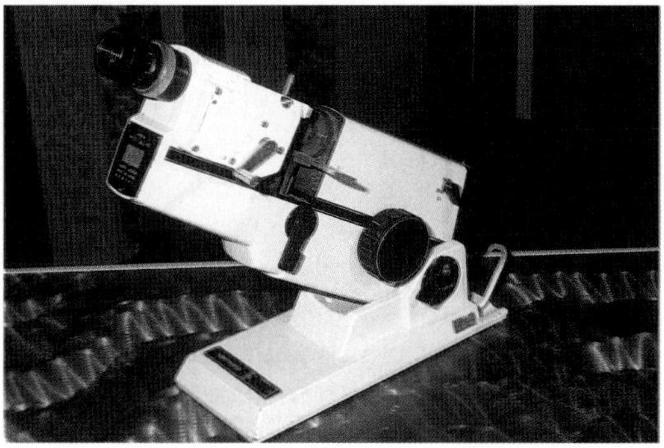

- Schließen Sie das Gerät an den Strom an und schalten Sie es ein.
- Legen Sie die Brille mit der konkaven (nach innen gewölbten) Seite nach unten auf und stellen Sie sie mit den Befestigungshebeln fest.

DURCHFÜHRUNG

- Betätigen Sie die Taste „right/left" (rechts/links).
- Verschieben Sie das Glas so lange, bis sich die kreuzförmige Testmarkierung im Zentrierungsdisplay befindet. Bei korrekter Zentrierung wird das Kreuz rot.
- Durch Druck auf „read" wird der Wert gespeichert.
- Verfahren Sie ebenso beim zweiten Glas.
- Durch Druck auf „print" werden die ermittelten Werte ausgedruckt.
- Eine Prismenmessung wird durch Druck auf die entsprechende Taste eingeleitet.
- Die Umrechnung von (+) in (-) Zylindergläser erfolgt ebenfalls einfach durch Tastendruck.

PROBLEME UND SONDERFÄLLE

- **Bifokalgläser:** Beachten Sie, dass sich beim Ausmessen von Bifokalgläsern die Trennlinie nicht im Messbereich befindet, da dies zu falschen Werten führen würde.
- **Multifokalgläser:** Multifokalgläser (Gleitsichtgläser) werden im Fernsichtbereich ausgemessen, wie oben beschrieben. Zur Bestimmung des Nahbereichs wird der Messbereich so lange nach unten verlagert, bis die gemessenen Werte stabil bleiben. Durch Betätigung der Taste „ADP" wird der Verzerrungswert angegeben. Verschieben Sie jetzt den Messbereich, bis auf dem Display 000 erscheint und drucken Sie die Messwerte aus.

Notizen

K1 GANGSCHULE MIT GEHHILFEN

ALLGEMEINES

Nach einer Operation am Bein benötigt der Patient in der Regel für eine gewisse Zeit Unterarmgehstützen, um das operierte Bein teilweise oder vollständig zu entlasten. Auch wenn der richtige Umgang mit diesen Gehhilfen nicht schwer zu erlernen ist, gibt es doch einige wichtige Punkte, die unbedingt beachtet werden müssen. Neben dem richtigen Bewegungsablauf spielt auch die Höheneinstellung eine wichtige Rolle. Zu hoch eingestellte Unterarmgehstützen können Schulterschmerzen verursachen. Außerdem wird der Kraftaufwand des Patienten viel zu hoch, weil er sich nicht richtig abstützen kann. Zu niedrig eingestellte Unterarmgehstützen führen hingegen zu Rückenschmerzen.

VORBEREITUNG

- Die Unterarmgehstützen müssen auf die Größe des Patienten eingestellt werden. Heute bestehen sie meist aus ineinandergeschobenen Metallröhren, die durch eine Klammer oder Schraube leicht höhenverstellbar sind.
- Erkundigen Sie sich nach der Größe des Patienten und schätzen Sie die Länge seiner Arme und Beine ab.
- Stellen Sie die Höhe der Unterarmgehstützen zunächst nach Ihrer persönlichen Einschätzung ein.
- Bitten Sie jetzt den Patienten, die Unterarmgehstützen zu fassen und sich gerade hinzustellen. Dabei sollten die Arme ausgestreckt oder leicht gebeugt sein. Wenn die Einstellung der Unterarmgehstützen falsch ist, müssen Sie sie jetzt entsprechend korrigieren.
- Bitten Sie den Patienten, mit den Unterarmgehstützen ein Stück zu gehen, damit Sie genau sehen können, ob sie jetzt auf die richtige Höhe eingestellt sind.

DURCHFÜHRUNG

- Der Belastungsgrad des Beines richtet sich nach der Anordnung des Arztes. Allerdings lautet diese dann z.B. „Teilbelastung“, „Belastung mit maximal 10 Kilogramm“ oder auch „völlige Entlastung“. Zur Einschätzung einer definierten Belastung stellt der Patient seinen Fuß sehr vorsichtig auf eine Waage (in der Praxis oder zu Hause). So erhält er ein Gefühl für das richtige Belastungsmaß.
- Erklären Sie jetzt dem Patienten die richtige Schrittfolge, indem Sie sich direkt neben ihn stellen, so dass er Ihre Schritte und den Unterarmgehstützen-Einsatz einfach imitieren kann, bis er den Bewegungsablauf gelernt hat:

1. Beide Unterarmgehstützen werden gleichzeitig etwa eine Schrittlänge vorgesetzt.

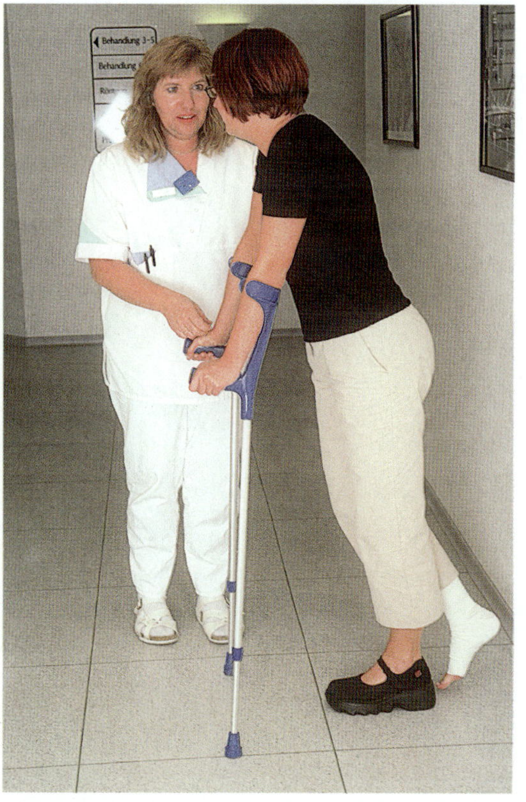

2. Das betroffene Bein wird jetzt auf gleiche Höhe zu den Unterarmgehstützen vorgesetzt.

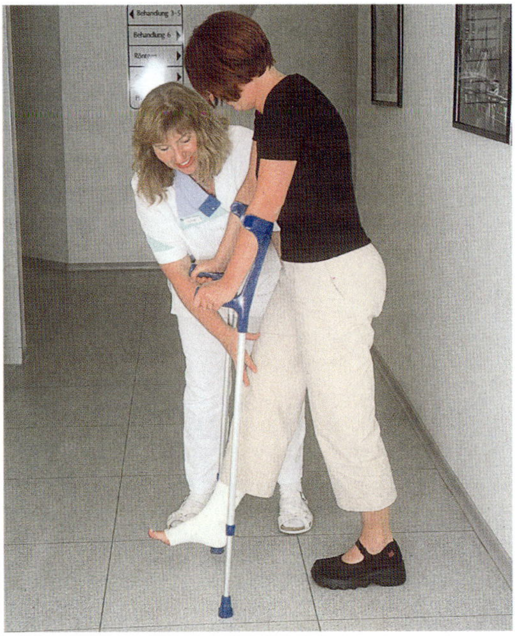

3. Jetzt wird das Gewicht vollständig von dem gesunden Bein auf die Unterarmgehstützen verlagert.

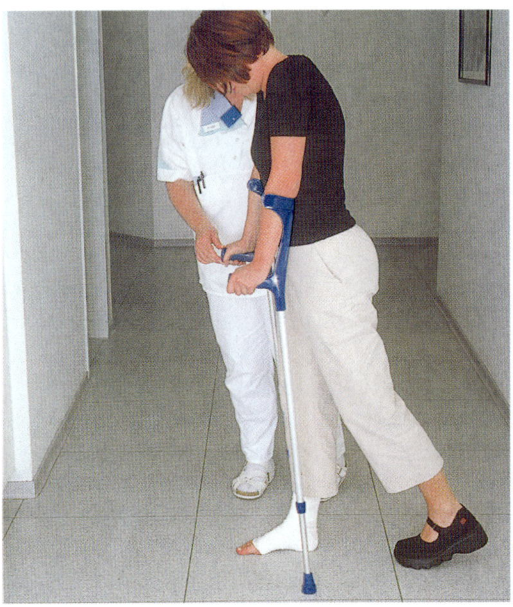

4. Das gesunde Bein wird jetzt nachgezogen und erhält wieder das volle Gewicht. Die Unterarmgehstützen werden entlastet.

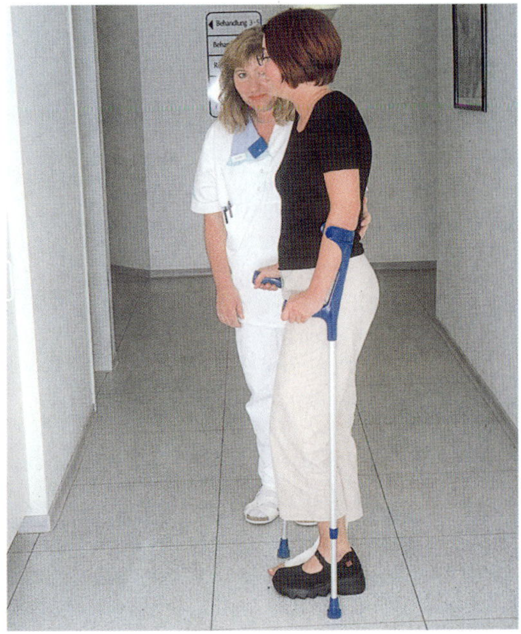

- Üben Sie dies mit dem Patienten, bis er es beherrscht. Weisen Sie ihn auch darauf hin, dass er sich schon bald an den Bewegungsablauf gewöhnt haben wird und er immer flüssiger werden wird. Viele Patienten wählen nach einiger Zeit von selbst einen einfacheren Bewegungsablauf:
  1. Beide Unterarmgehstützen und das operierte Bein werden gleichzeitig etwa eine Schrittlänge vorgesetzt. Das Körpergewicht wird auf die Unterarmgehstützen verteilt.
  2. Das gesunde Bein wird jetzt nachgezogen und erhält wieder das volle Gewicht. Die Unterarmgehstützen werden entlastet.
- Wenn der Patient nur eine Unterarmgehstütze benötigt, weisen Sie ihn darauf hin, dass er die Gehstütze an der gesunden Seite einsetzen muss.
- Weisen Sie den Patienten dazu an, sich beim Einsatz der Unterarmgehstützen stets um eine gerade Körperhaltung zu bemühen (was teilweise bereits durch die richtige

Höheneinstellung der Unterarmgehstützen gewährleistet wird). Außerdem soll er den Blick nach vorne und nicht auf den Boden richten.

PROBLEME UND SONDERFÄLLE

- **Schwergewichtige Patienten:** Manche Unterarmgehstützen sind nur für ein bestimmtes maximales Körpergewicht ausgelegt. Bei Patienten über 100 kg sollten Sie die Herstellerangaben beachten, bevor Sie sie dem Patienten überlassen. Eventuell ist es erforderlich, zusätzlich verstärkte Unterarmgehstützen anzufordern.
- **Kinder:** Kinder sollten nur kindgerechte Unterarmgehstützen erhalten.

K2 ELEKTROTHERAPIE

ALLGEMEINES

In der Medizin versteht man unter Elektrotherapie therapeutische Anwendungen, die sich elektrischer Ströme bedienen. Sie wird nach den Stromfrequenzen weiter unterteilt in Hochfrequenzwärmetherapie (z.B. Mikrowellenbehandlung; > 500 kHz), Mittelfrequenztherapie (500 Hz – 4000 Hz), Niederfrequenztherapie (0,5 – 200 Hz), Ultraschalltherapie (80 – 300 kHz). Die wichtigsten Anwendungsbereiche sind:

- Muskelstimulation
- Ödemreduktion
- Schmerzreduktion
- Entzündungshemmung
- Durchblutungsförderung
- Stoffwechselanregung
- Regenerationsförderung.

Es gibt mehrere Firmen, die verschiedene Gerätschaften herstellen und vertreiben. Wir stellen in diesem Kapitel die Vorgehensweise am Beispiel des NEMEC Edit 2 der Firma Nemectron dar. Dieses Gerät arbeitet mit einem Stromfeld, während andere Geräte sich eines Stromflusses bedienen. Dies bedeutet vor allem, dass auch Patienten mit Metall im Körper (z.B. Endoprothesen, Osteosynthesematerialien) mit diesem Gerät risikolos behandelt werden können, während bei anderen Modellen wegen der Metalle eine Kontraindikation vorliegen kann, was eine besondere Bedeutung für orthopädische Praxen hat.

Am häufigsten erfolgt die Anwendung an den großen Gelenken wie Knie und Schulter sowie an der Rückenmuskulatur und der Wirbelsäule. Die Behandlungshäufigkeit reicht von täglich bis zu dreimal wöchentlich. Die Anzahl der Sitzungen richtet sich nach dem Krankheitsbild und dem Therapieerfolg. Im Einzelfall kann bereits eine einmalige Behandlung erfolgreich sein, meistens sind jedoch 6 – 12 Behandlungen erforderlich. Bei chronischen Leiden können auch langfristige Behandlungen als unterstützende Behandlung dem Patienten nutzen.

VORBEREITUNG

- Die Dauer einer NEMEC-Sitzung beträgt in der Regel 10–20 min, wobei auch längere Behandlungen möglich sind, wie z.B. bei Muskelstimulation, entzündlichen Prozessen oder starken Dauerschmerzen.
- Es stehen Ihnen Elektroden in verschiedenen Größen zur Verfügung. Sie werden entweder per Vakuum-Ballon oder mit einem Klettband auf der Haut fixiert. Man kann wie auch beim EKG einen Gummigürtel verwenden.
- Die Auswahl der Elektroden richtet sich besonders nach der Körperregion, die Sie behandeln möchten, aber auch nach der Indikation. Welche Größe Sie wählen, hängt von der Statur des Patienten ab.
- Die Elektroden dürfen nicht direkt auf der Haut platziert werden. Deshalb wird der Elektrode immer ein feuchtes Schwämmchen unterlegt, damit der Strom über die Feuchtigkeit und nicht unmittelbar über die Haut übertragen wird, wodurch es zu Verbrennungen kommen könnte.
- Feuchten Sie die Schwämmchen mit (warmem) Wasser an.

DURCHFÜHRUNG

- Ermöglichen Sie dem Patienten eine bequeme Position. Bei Anwendung an Arm und Schulter reicht die sitzende Position aus. Für die Behandlung schmerzhafter Stellen an den Beinen sollte der Patient liegen. Bei Anwendung am Rücken legt sich der Patient, je nach Indikation, auf den Bauch oder auf den Rücken.
- Überlegen Sie, welches Gebiet im Körper Sie erreichen möchten. Danach richtet sich die Anlage der Elektroden. Das Gerät arbeitet mit einer 2- oder einer 4-poligen Anlage. Das Behandlungsgebiet, das Sie erreichen wollen, sollte immer genau zwischen den Elektroden liegen.
- Erklären Sie dem Patienten, was Sie tun werden.
- Legen Sie jetzt die Elektroden an und befestigen Sie sie sicher. Bitten Sie ggf. den Patienten um etwas Mithilfe.
- Achten Sie darauf, dass bei Verwendung eines Klettbandes die richtige Seite oben liegt.
- Vergewissern Sie sich noch einmal, dass die Schwämmchen die Elektroden vollständig bedecken.
- Wählen Sie das Programm, das Ihnen vom behandelnden Arzt vorgegeben wurde. Hiermit erfahren Sie auch, welche Stromstärke (sensibel/motorisch, unter-/überschwellig), welche Frequenz und welches Reizzeit-Pausen-Verhältnis Sie einstellen müssen.
- Teilen Sie dem Patienten mit, dass Sie jetzt den Strom einschalten.
- Betrachten Sie den Patienten genau, während Sie die Stromstärke langsam erhöhen. Achten Sie auf seine Reaktionen. Verzieht er sein Gesicht? Beißt er die Zähne zusammen? Erschrickt sich der Patient? Eventuell können Sie je nach Stromform auch die Aktivität in der Muskulatur fühlen und sehen. Manche Patienten meinen fälschlicherweise, einen unangenehmen Strom und/oder Schmerzen durch den Strom aushalten zu müssen.
- Nach jeder Anwendung sollten Sie die Schwämmchen z.B. mit einem Handdesinfektionsmittel (z.B. Sterilium, Cutasept) auswaschen.

TIPPS UND TRICKS

- Bevor Sie sich zum ersten Mal mit dieser Technik an einen Patienten begeben, sollten Sie die Anlage der Elektroden ruhig einmal „trocken" üben.
- Unterziehen Sie sich bei Gelegenheit selber einmal einer solchen Behandlung, damit Sie erfahren, wie es sich anfühlt. Dann werden Sie viele Fragen der Patienten sicher besser verstehen und leichter beantworten können.
- Wenn Sie sich mit der Technik des Gerätes vertraut machen wollen, sollten Sie sich ge-

rade zu Beginn möglichst intensiv um den Patienten kümmern. Mit der Zeit werden Sie dann ein deutliches Gespür dafür entwickeln, wie viel Sie dem Patienten zumuten können.

- Nehmen Sie sich Zeit für die Anlage und für die Betreuung des Patienten. Vielleicht nutzen Sie die Gelegenheit, um mit dem Patienten ins Gespräch zu kommen.
- Erkundigen Sie sich während der Anwendung von Zeit zu Zeit nach dem Befinden des Patienten.
- Nach einer gewissen Zeit wird das Anlegen der Elektroden für Sie zur Routine. Auch wenn viel zu tun ist und Sie unter Zeitdruck stehen, versuchen Sie immer ruhig und konzentriert zu bleiben, damit sich die Patienten nicht „abgefertigt" fühlen.
- Sorgen Sie dafür, dass die Geräte und Kabel immer im tadellosen Zustand und gut sortiert sind, damit Sie nie z.B. über die Kabel stolpern können und sie womöglich abreißen.
- Denken Sie immer daran, dass die Geräte zum Teil täglich über Jahre hinweg genutzt werden. Deswegen sollten Sie pfleglich mit ihnen umgehen.

PROBLEME UND SONDERFÄLLE

- **Verletzte Hautregionen:** Setzen Sie die Elektroden nie auf verletzte bzw. vorgeschädigte Hautregionen.
- **Herzschrittmacher:** Bei Patienten mit Herzschrittmacher ist jede Form (Iontophorese, Mikrowellen, Stangerbad) der Elektrotherapie mit Ausnahme der Ultraschallanwendung kontraindiziert.

Ultraschall

ALLGEMEINES

Als Ultraschall bezeichnet man Materieschwingungen mit einer Frequenz von mehr als 20 kHz. Der Schallbereich liegt somit oberhalb der menschlichen Hörgrenze. In der Medizin werden Ultraschallgeräte besonders in der Diagnostik (z.B. Ultraschallscreening in der Schwangerschaft) und in der Therapie eingesetzt. Das folgende Kapitel beschäftigt sich mit dem Einsatz von Ultraschall in der Therapie. Es gibt dafür verschiedene Ultraschallgeräte. Allen gemeinsam ist, dass sie einen Ultraschallkopf besitzen, über den Schallwellen auf das jeweilige Behandlungsgebiet übertragen werden. Der Ultraschallkopf wird auf der Haut bewegt und gleitet dabei immer auf einem Flüssigkeitsfilm, meistens einem Ultraschall-Kontaktgel. Statt des Kontaktgels kommen auch je nach Anordnung bestimmte Salben zum Einsatz wie z.B. Voltaren. Vom Ultraschallkopf aus breiten sich die Schallwellen ins Gewebe aus. Dabei können sie mehrere Zentimeter ins Gewebe eindringen und bewirken eine Art Mikromassage. Kaum wahrnehmbar entsteht auch Wärme, die den therapeutischen Effekt unterstützt. Die wohl wichtigste Wirkung ist jedoch die Verbesserung des Gewebestoffwechsels.

DURCHFÜHRUNG

- Je nach Behandlungsgebiet nimmt der Patient eine für ihn angenehme Position ein.
- Erklären Sie dem Patienten kurz, was Sie machen werden und was auf ihn zukommt.
- Dann tragen Sie das Ultraschall-Kontaktgel auf das Behandlungsgebiet auf und stellen das Gerät in der Ihnen vom Arzt vorgegebenen Intensität und Zeitdauer ein.
- Setzen Sie den Ultraschallkopf auf die Haut und bewegen Sie ihn gleichmäßig und ruhig auf dem Kontaktgel. Eine Lampe (meist am Ultraschallkopf) zeigt Ihnen an, ob Kontakt besteht. Es muss immer eine Gel-Schicht zwischen Haut und Ultraschallkopf sein.

TIPPS UND TRICKS

- Bei der Behandlung an den Fingern bietet sich die indirekte Beschallung unter Wasser an, da der Ultraschallkopf meist zu groß ist.
- Kommt ein Patient häufiger, können Sie ihm nach den ersten Behandlungen eventuell selbst den Ultraschallkopf anvertrauen, so

dass er seine Behandlung praktisch selber ausführt. Dies sollten Sie jedoch sorgfältig prüfen und auch mit dem Arzt absprechen.

Iontophorese

ALLGEMEINES

Mit der Iontophorese können die Wirkungen des Reizstromes mit denen bestimmter Medikamente kombiniert werden. Sie lässt bestimmte Salben besser aus der Haut in tiefere Körperschichten eindringen. Der durch den Körper fließende Strom führt außerdem zu einer Förderung der Durchblutung in dem betreffenden Gebiet.
Die Anwendung wird meist in einer Serie von 6 Sitzungen durchgeführt.

VORBEREITUNG

ERLÄUTERUNG FÜR DEN PATIENTEN

„Mit dieser Methode können wir das Medikament besser an den Ort bringen, wo es tatsächlich wirken soll. Sie werden dabei zwar einem Strom ausgesetzt und ein leichtes Kribbeln spüren, allerdings werde ich ihn so einstellen, dass er für Sie noch angenehm ist. Sollte er für Sie nach einiger Zeit doch unangenehm sein, melden Sie sich bitte. Ich werde ihn dann etwas weiter herabsetzen. Nach 10 Minuten erklingt ein Signalton und ich werde das Gerät abschalten."

Neben dem Gerät selbst benötigen Sie folgende Dinge:
- 2 Schwämmchen
- Salbe (vom Arzt verordnet; häufig Voltaren oder Exhirud)
- Gummigürtel oder Bänder mit Klettverschluss
- durchsichtige Folie.

DURCHFÜHRUNG

- Ermöglichen Sie dem Patienten eine bequeme Position. Bei Anwendung am Arm reicht die sitzende Position aus. Für die Behandlung schmerzhafter Stellen an den Beinen sollte der Patient liegen.
- Reinigen Sie die betreffende Hautregion. Eventuell sollten Sie zuvor für eine verbesserte Durchblutung sorgen (z.B. durch Heißluft- oder Warmwasseranwendung).
- Feuchten Sie die Schwämmchen mit Leitungswasser an.
- Führen Sie die Platten der Elektroden in die Spezial-Schwämmchen ein.
- Geben Sie einen Streifen Salbe auf die Folie. Geizen Sie nicht mit der Salbe. Der Streifen kann schon einmal 10 cm lang sein.
- Legen Sie die vorbereitete Folie auf die betroffene Körperstelle.
- Bei Salben müssen Sie darauf achten, ob sie positiv oder negativ geladen sind, damit Sie die richtige Elektrode verwenden.
- Legen Sie das Schwämmchen mit dem Plus-Kabel (rote Markierung) auf die Folie.
- An der gegenüberliegenden Seite wird das Minus-Kabel angelegt (schwarze/weiße Markierung).
- **Wichtig**: Achten Sie immer darauf, dass sich die Schwämmchen nicht berühren.
- Befestigen Sie die Konstruktion mit einem Gummigürtel oder einem anderen geeigneten Hilfsmittel.

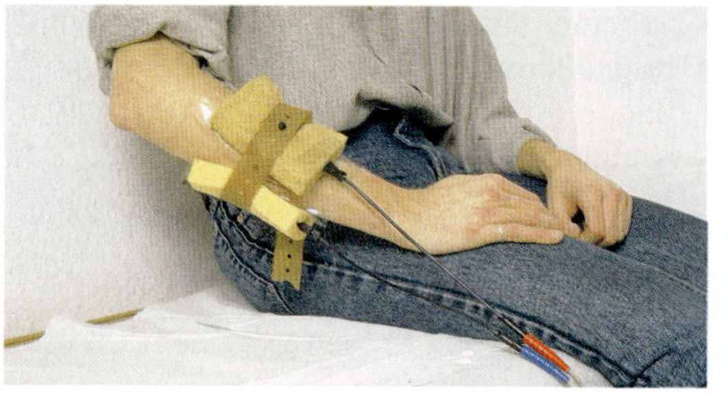

- Stellen Sie zunächst die Anwendungsdauer ein (meistens 10 min).
- Geben Sie dann die Dosierung ein. Sie finden an Ihrem Gerät einen stufenlosen Reg-

ler, mit dem Sie die Stromstärke so lange erhöhen, bis der Patient ein leichtes Kribbeln verspürt (*„Bitte sagen Sie mir sofort, wenn Sie ein leichtes Kribbeln verspüren“*). Steigern Sie die Dosis nicht weiter, da es ansonsten zu Verbrennungen an der Hautoberfläche und auch in der Tiefe kommen kann.

- Die in den Körper eingebrachte Wirkstoffmenge hängt von der Stromstärke, der Behandlungdauer und der Größe der Behandlungsfläche ab.
- Nach dem Signalton nehmen Sie die Schwämmchen ab und schalten das Gerät aus.
- Je nach Vorgabe des Arztes wird jetzt die Salbe abgewischt oder belassen und mit einem Verband bedeckt.
- Achten Sie darauf, nach jeder Anwendung die Gerätschaften und besonders die Elektroden gründlich zu reinigen, um auch die letzten Salbenreste sicher zu entfernen.

TIPPS UND TRICKS

- Statt der Folien können Sie auch feuchte Zemuko-Streifen verwenden.
- Bei mehrfachen Anwendungen dürfen Sie sich nicht einfach nach dem vormalig eingestellten Wert richten. Die Fortleitung des Stroms hängt von verschiedenen Faktoren ab, wie z.B. der Feuchtigkeit der Schwämmchen.
- Der Patient darf im Bereich der Anwendung keine Metallteile am Körper tragen (z.B. Schmuck, Nieten, Münzen).
- Prüfen Sie regelmäßig, ob die Vorräte der in Ihrer Praxis bevorzugten Salben ausreichend groß sind.

PROBLEME UND SONDERFÄLLE

- **Verletzte Hautregionen:** Legen Sie die mit Salbe bestrichene Folie möglichst nie auf verletzte oder vorgeschädigte Hautregionen.
- **Schwangerschaft:** Schwangere sollten sich sicherheitshalber nicht einer solchen Behandlung unterziehen.

Mikrowelle

ALLGEMEINES

Die Mikrowellenbehandlung führt zu einer Erwärmung tiefer gelegener Gewebeschichten und zur Durchblutungsförderung. Anwendungsbereiche sind die Halswirbelsäule (HWS), die Brustwirbelsäule (BWS), die Lendenwirbelsäule (LWS) und die größeren Körpergelenke. Ein weiterer Anwendungsbereich sind die Nasennebenhöhlen z.B. bei chronischer Sinusitis.

DURCHFÜHRUNG

- Stellen Sie die Frequenz des Gerätes nach den Vorgaben des Arztes ein.
- Die Dauer einer einzelnen Anwendung liegt bei etwa 10 min.
- In der Regel umfasst eine Behandlungsserie 6 – 10 Anwendungen.
- Die Mikrowellen durchdringen die Kleidung, d.h. der Patient braucht sich nicht zu entkleiden.

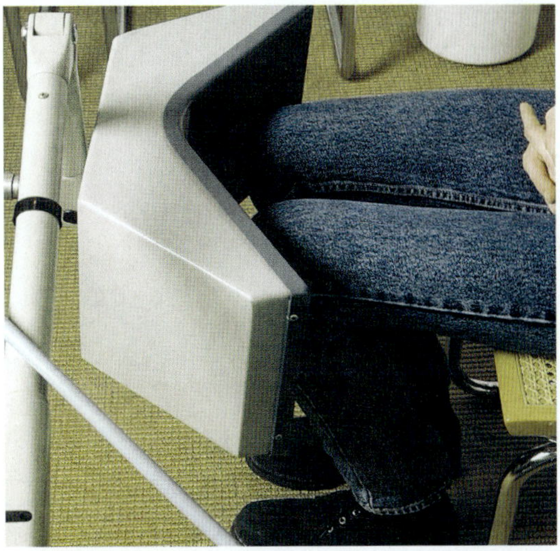

- Der Patient darf im Bereich der Anwendung keine Metallteile am Körper tragen (z.B. Schmuck, Nieten, Münzen). Achten Sie auch auf Kleidungsstücke, in die Metallteile ein-

gearbeitet wurden (Lurex-Streifen, Nieten, Gürtel).
- Schwangere sollten sicherheitshalber keine solche Behandlung erhalten.

Stangerbad (Hydrogalvanische Längs- bzw. Querdurchflutung)

ALLGEMEINES

Die galvanische Durchströmung des Körpers in auf- oder absteigender Stromrichtung wird in einer Art Badewanne mit warmem Wasser durchgeführt. Die therapeutische Wirkung beruht auf der komplexen Beeinflussung der motorischen (Tonusveränderung der Muskulatur), sensorischen (Schmerzlinderung) und vasomotorischen (Steigerung der Durchblutung) Nervenfasern. Es können auch antirheumatische Badezusätze verwendet werden. Früher (um 1900) verwendeten die aus Ulm stammenden Gerbermeister Johann und Heinrich Stanger dazu Gerberlohe. Daher kommt auch der Name „Stangerbad". Zur Anwendung kommt die hydrogalvanische Längs- bzw. Querdurchflutung vor allem bei Patienten mit rheumatischen Erkrankungen. Auch bei Gefäßerkrankungen oder akuten Schmerzzuständen (z.B. nach einem Bandscheibenvorfall) kann man Patienten im Stangerbad behandeln.

DURCHFÜHRUNG

- Das Stangerbad wird mit Wasser (37–38 °C) gefüllt. Die in der Wanne befestigten Metallelektroden müssen sich dabei unter Wasser befinden. Ohne Patienten im Bad reicht es meist aus, wenn das Wasser bis zum oberen Rand der Elektroden reicht. Wenn der Patient in das Bad eintritt, steigt der Wasserpegel ja noch etwas an. Das Wasser sollte dabei bis an die Schultern reichen, der Kopf liegt auf der Kopfstütze.
- Die Patienten werden unbekleidet oder in Badekleidung behandelt.
- Der Patient steigt in das Bad ein und nimmt eine bequeme liegende Position ein. Manchen Patienten müssen Sie beim Einsteigen in die Wanne behilflich sein.
- Achten Sie darauf, dass die Metallelektroden nicht berührt werden.
- Erklären Sie dem Patienten, was auf ihn zukommt. Die Durchströmung des Körpers durch den Strom ist als ein Kribbeln zu spüren, besonders an der Wasseroberfläche.
- Die Stromrichtung wird nach der Vorgabe des Arztes eingestellt. Der Körper kann in verschiedenen Richtungen durchflutet werden. Meistens wählt man die Richtung zur schmerzhafteren Körperhälfte hin. Merken Sie sich, dass der Strom immer **von + nach –** fließen soll.
- Nun wird der Strom eingestellt und langsam erhöht. Dabei erkundigen Sie sich beim Patienten, ob er etwas spürt.
- Da in der Regel 6–10 Anwendungen verordnet werden, sollten Sie lieber mit geringen Dosierungen beginnen und diese dann erhöhen, wenn der Patient diese ohne Probleme vertragen hat.
- Die Behandlungszeit beträgt in der Regel 20 min.
- Nach der Anwendung sollte der Patient noch 15–20 min ruhen, bevor er die Praxis wieder verlässt.
- Nach jeder Anwendung wird das Wasser gewechselt und das Bad gründlich gereinigt.

TIPPS UND TRICKS

- Die Temperaturanzeige hinkt bei vielen Bädern etwas hinterher. Hier eignet sich zur Temperaturkontrolle ein einfaches Kinderbadthermometer, welches zuverlässig und schnell die Wassertemperatur anzeigt.
- Der Raum, in dem das Bad steht, sollte stets gut gelüftet werden.

PROBLEME UND SONDERFÄLLE

- **Metallteile:** Der Patient darf im Bereich der Anwendung keine Metallteile am Körper tragen (z.B. Schmuck). Auch in Badekleidung eingearbeitete Metallteile sind zu vermeiden.

- **Metallteile im Körper:** Metallteile im Körper (Osteosynthesematerial, Endoprothesen etc.) können eine Kontraindikation darstellen. Fragen Sie im Zweifel einen Arzt.
- **Schwangerschaft:** Schwangere sollten sich sicherheitshalber nicht einer solchen Behandlung unterziehen.

K 3 FANGO

ALLGEMEINES

Fango kommt aus dem Italienischen und heißt dort Schmutz oder Schlamm. Für die Therapie verwendet man in der Regel Mineralschlamm aus heißen Quellen vulkanischen Ursprungs. Sowohl die Inhaltsstoffe des Mineralschlamms, als auch die Wärme haben einen therapeutischen Effekt. Vor allem Rheumapatienten aber auch Patienten mit Rückenschmerzen oder Schmerzen an den großen Körpergelenken werden mit Fango behandelt. Die Anwendung erfolgt entweder im Bad oder als Packung. Ein Fangobad ist recht aufwändig und wird in der Arztpraxis meist nicht angewendet, sondern eher in Kurkliniken. Daher wird im Folgenden die Technik der Fango-Packungen beschrieben.

VORBEREITUNG

- Materialien:
  - Fangobeutel
  - Wärmeträger
  - einige saubere Bettlaken
  - Eieruhr.
- Fango-Packungen, die in der Praxis verwendet werden, sind schon fertig vorbereitet und ähneln einem großen Teebeutel. Das Naturfango ist in Zellstoff eingepackt und wird entweder in einem speziellen Mikrowellenherd oder mit einem in einem Wasserbad erhitzten Wärmeträger aufgewärmt. Durch den Zellstoff bleiben der Patient und der Behandlungsraum einigermaßen vom „Schmutz“ verschont, das Naturmaterial kann aber trotzdem durch den Stoff zur Haut des Patienten und damit zum Behandlungsgebiet gelangen und seine therapeutische Wirkung entfalten.
- Fango-Packungen werden nur einmal verwendet und müssen danach entsorgt werden.

DURCHFÜHRUNG

- Fango-Packungen werden meist im Liegen durchgeführt. Dabei sollte der Patient so entspannt wie möglich liegen können.
- Die Behandlungsliege wird mit einem großen Bettlaken zur Hälfte abgedeckt. Die andere Hälfte lässt man an einer Seite herunterhängen. Sie wird später zum Zudecken des Patienten gebraucht.
- Dann nimmt der Patient Platz. Die Fango-Packung wird entweder vorher so platziert, dass der Patient sich darauf legt, oder nachher auf das Behandlungsgebiet gelegt.
- Die Fango-Packung wird in der Mikrowelle erhitzt. Wenn Sie einen Wärmeträger verwenden, erhitzen Sie ihn im Wasserbad auf 70 °C.
- Die Packung wird so platziert, dass der Zellstoff direkt der Haut aufliegt.
- Wenn der Patient mitsamt Fango-Packung bequem liegt, „packt“ man ihn mit der anderen Hälfte des Bettlakens ein. Man kann auch noch zusätzlich eine Decke verwenden, damit der Patient nicht auskühlt.
- Erkundigen Sie sich nach Möglichkeit von Zeit zu Zeit nach dem Befinden des Patienten.
- Die Behandlungszeit beträgt in der Regel 20 min. Eine handelsübliche Eieruhr reicht aus, um diese Zeit zu messen.
- Nach 20 min helfen Sie dem Patienten beim Aufstehen. Reinigen Sie das Behandlungsgebiet, indem Sie es mit einem nassen Tuch abwaschen. Duschen ist auch möglich.
- Nach der Anwendung sollte der Patient noch 15–20 min ruhen, bevor er die Praxis wieder verlässt.

TIPPS UND TRICKS

- Bei der Verwendung von Wärmeträgern müssen Sie gut aufpassen, dass diese keinen direkten Kontakt zur Haut haben. Die Kunststoffhülle der Wärmeträger kann so heiß werden, dass sie Verbrennungen verursacht. Ein um den Wärmeträger gewickeltes Handtuch verhindert dies zuverlässig.
- Vergewissern Sie sich, dass immer ausreichend saubere Bettlaken vorrätig sind.
- Das Behandlungszimmer sollte immer sauber und aufgeräumt sein.

PROBLEME UND SONDERFÄLLE

- **Akute Infektionserkrankungen:** Bei akuten Infektionserkrankungen sollte man auf eine Fango-Anwendung verzichten. Auch andere Krankheiten können eine Kontraindikation darstellen. Halten Sie im Zweifel immer Rücksprache mit dem Arzt.

K4 TAPEN

ALLGEMEINES

Jede Art von Ruhigstellung (Immobilisierung) ist eine unphysiologische aber notwendige Maßnahme in der Therapie der Extremitäten. Der Patient ist dadurch in seiner Bewegung mäßig bis stark eingeschränkt. Ruhigstellungen bergen ein gewisses Risiko, weshalb ihre korrekte Indikationsstellung und gewissenhafte Ausführung sehr entscheidend sind. Ruhigstellungen werden angeordnet, um:

- Reizzustände von Gelenken zu beseitigen
- Heilung von Wunden zu unterstützen
- Schmerzen zu lindern
- Knochenbrüche zu stabilisieren.

Über die Dauer der Behandlung entscheidet der zuständige Arzt. In der Regel gilt für Ruhigstellungen: *so kurz wie möglich, so lange wie nötig!*

Die Stellung der zu fixierenden Extremität ist von großer Wichtigkeit. In der Regel ist die Funktionsstellung verlangt (Abweichungen hiervon nur nach Anordnung), d.h. die betreffende Extremität wird so fixiert, dass sie während der Ruhigstellung möglichst wenig Funktion einbüßt, so dass die vollständige Rehabilitation bald möglich wird. Meistens bedeutet Funktionsstellung in etwa die Mittelstellung eines Gelenks innerhalb seines möglichen Bewegungsausschlages. Eine Ausnahme ist die Achillessehnenverletzung, die in Spitzfußstellung fixiert wird. Bei längerfristigen Langfingergipsen wird meist die Intrinsic-plus-Stellung angeordnet, wobei die Fingergrundgelenke einen Winkel von ca. 90° einnehmen. Dieser Winkel verhindert die Einsteifung der Finger durch Schrumpfungen des Bandapparates. Das Handgelenk wird in der Regel in 20–30° Streckung fixiert und das Sprunggelenk in 90°-Stellung (Patient steht barfuß auf dem Boden).

Das Tapen zur Teilimmobilisation von Muskeln, Sehnen und Bändern wird heute zunehmend in der frühfunktionellen Behandlung eingesetzt. In der Sportmedizin wird diese Art

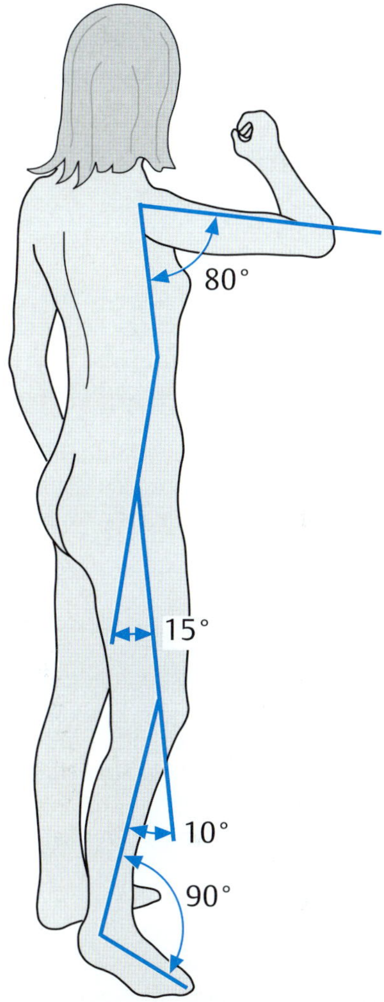

Normalwinkelstellung (aus Checkliste Gipstechnik, Fixationsverbände; Georg Thieme Verlag 1998; S. 30)

der Fixierung schon seit längerem, meist sogar prophylaktisch, angewendet.

Um einen Tapeverband wirklich effektiv anzulegen, muss man wissen, welche Funktionen zugelassen werden sollen und welche nicht. So ergibt sich die Möglichkeit, die Tapetechnik dem Patienten individuell anzupassen.

Handgelenktape

Der Handgelenktapeverband wird hauptsächlich zur Ruhigstellung bei Distorsionen, Kontusionen, Zerrungen der radialen und ulnaren Bänder, Fissuren der Metakarpalknochen und Reizzuständen der Metakarpalgelenke angewendet.

VORBEREITUNG

- Materialien:
  - Verbandschere
  - 3,75 cm breites Tapematerial
  - selbsthaftende elastische Wickel als Unterzug (z.B. Gazofix, 6 cm breit).
- Entfernen Sie, wenn vorhanden, den alten Tapeverband.
- Säubern Sie das zu verbindende Gebiet. Beseitigen Sie eventuelle Kleberreste oder Schmutz mit Benzin oder Wasser und medizinischer Seife.

DURCHFÜHRUNG

- Legen Sie die Unterzugbinde (blau) von distal nach proximal an. Lassen Sie dabei die Fingergrundgelenke frei und beenden Sie die Wickelung im distalen Unterarmdrittel. In jedem Fall sollte auf eine möglichst schmerzarme (-freie) Gelenkstellung geachtet werden.

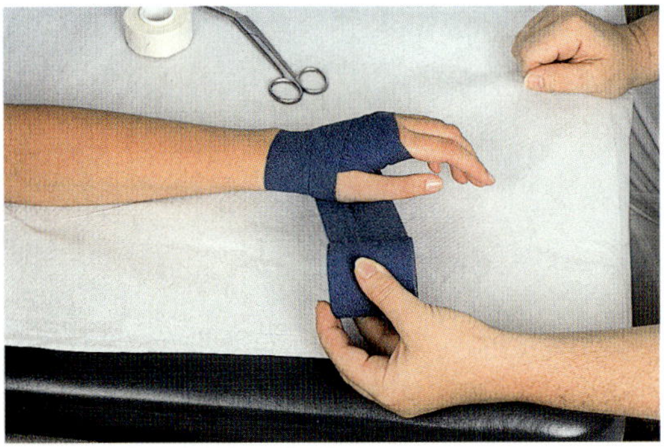

- Schneiden Sie den Wickel von proximal nach distal etwa 2 cm weit ein, um eine Öffnung für den Daumen zu schaffen.
- Bringen Sie den ersten Anker am distalen Unterarm (semi-)zirkulär und kurz überlappend auf der Unterzugbinde an.

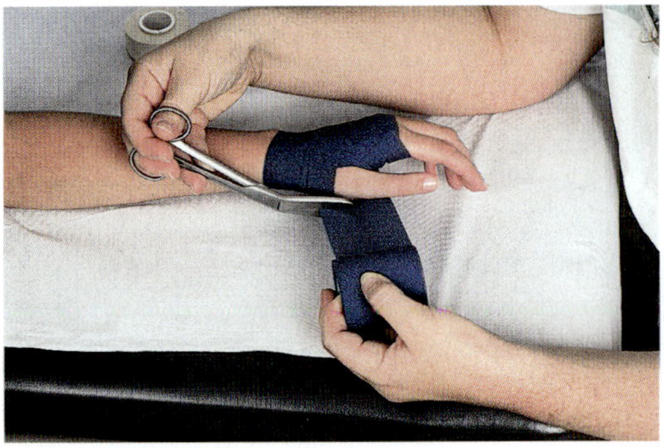

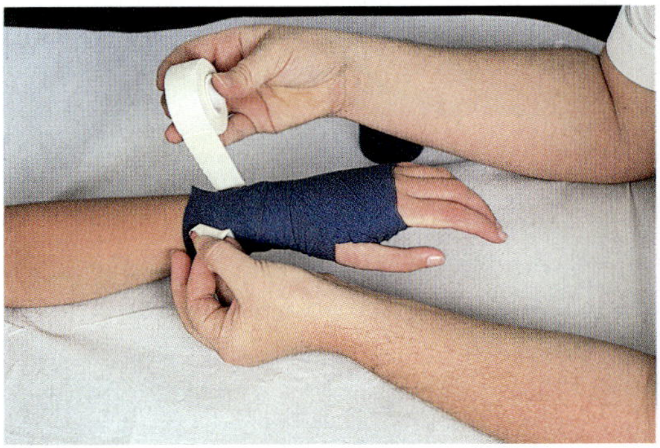

- Den zweiten Anker setzen Sie zirkulär und kurz überlappend von palmar nach dorsal, wobei Sie die Fingergrundgelenke aussparen.

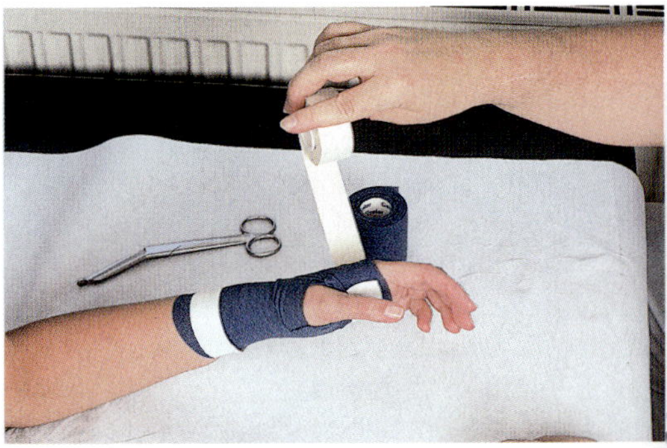

- Die Zügel verlaufen vom zweiten Anker über das Daumensattelgelenk zum ersten Anker am Unterarm.

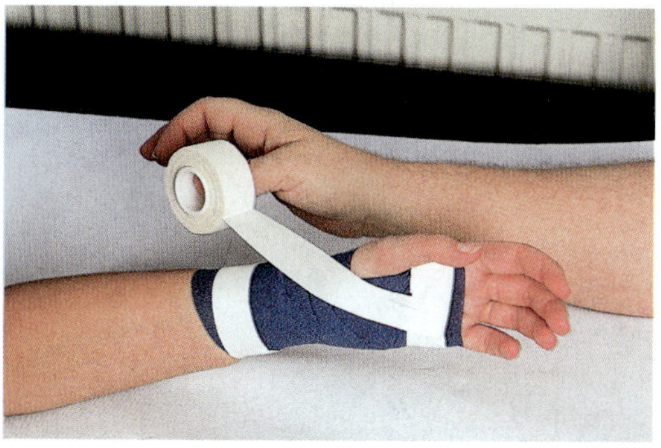

- Zwei weitere Zügel verlaufen hierzu parallel und halbüberlappend. Setzen Sie die Zügel von radial nach ulnar.

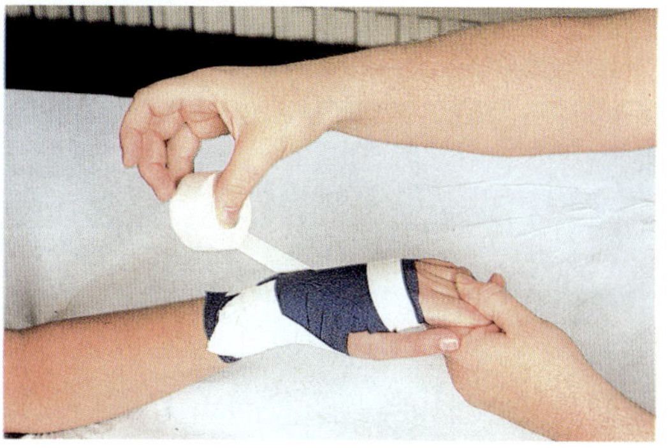

- Führen Sie drei Fixiertouren semizirkulär über den Handrücken.

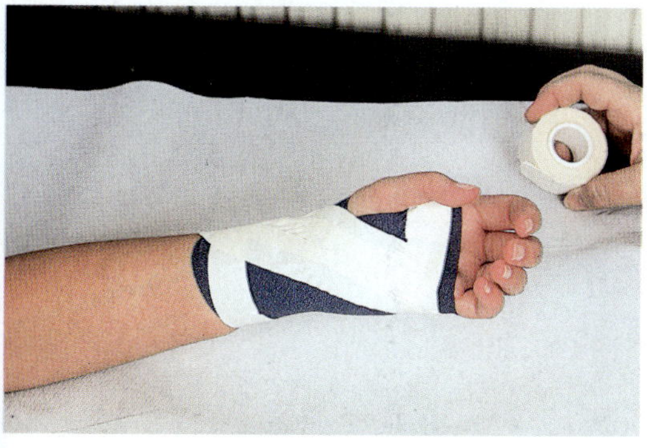

- Ein Zügel verläuft von palmar nach dorsal am distalen Unterarm über die radiale Seite zum ersten Anker, ein weiterer Zügel verläuft entgegengesetzt über die ulnare Seite.

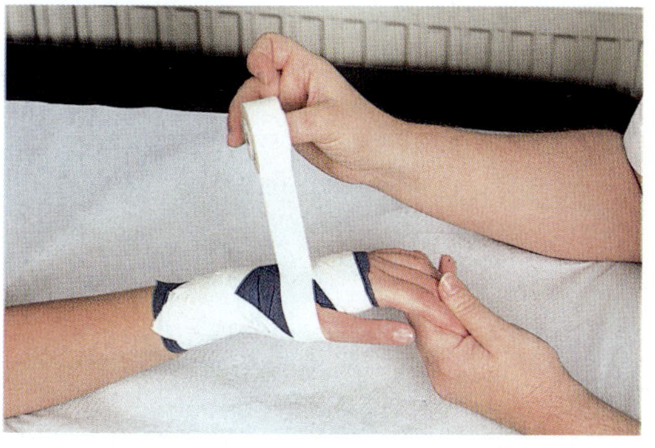

- Fixieren Sie die palmare Handgelenkseite mit einem Zügel über dem Thenarmuskel vom zweiten zum ersten Anker. Bringen Sie zwei weitere Zügel parallel hierzu in Richtung Kleinfinger an.

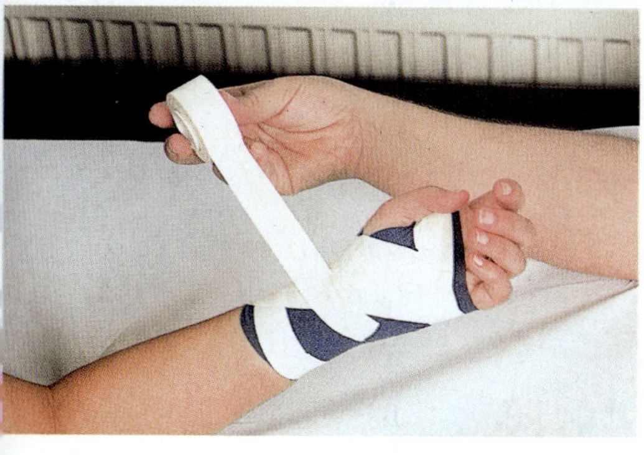

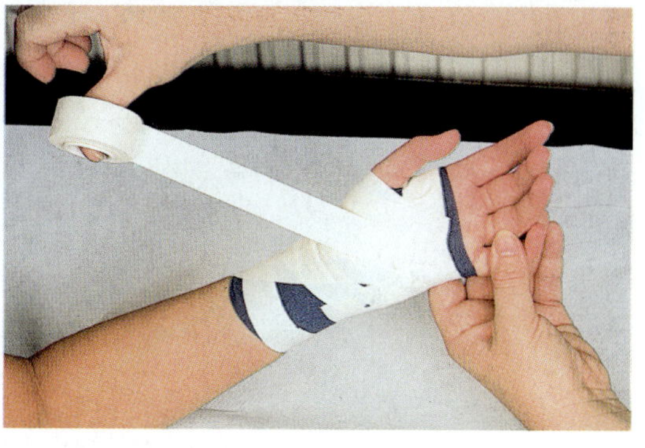

- Führen Sie zwei Zügel (wie bei Punkt 7 beschrieben) von palmar nach dorsal. Befestigen Sie sie unterhalb der Fingergrundgelenke mit Fixierstreifen.
- Decken Sie den Verband zum Schluss mit Verschalungsstreifen ab.

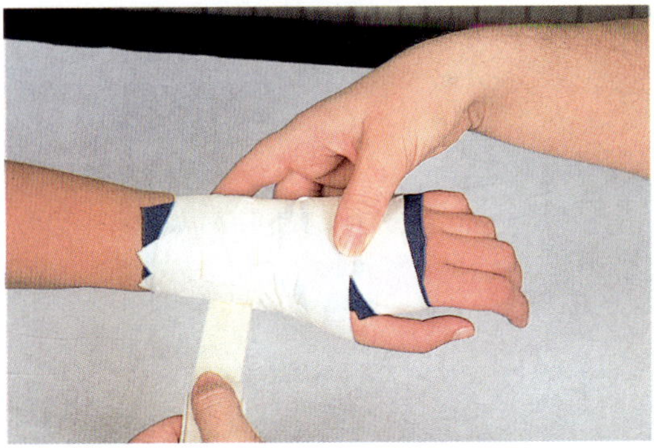

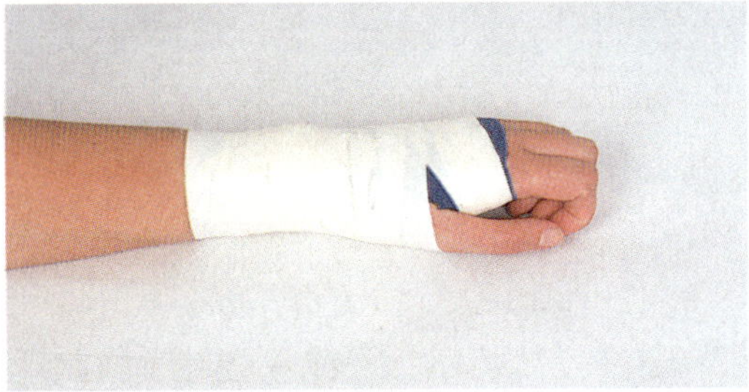

fertiger Handgelenktape

- Der Verband sollte nach 6–8 Tagen entfernt bzw. erneuert werden. Ggf. hat der Arzt die weitere Anlage eines Tapes angeordnet. Entfernung des Handgelenktape: Der Verband wird von palmar nach distal aufgeschnitten.

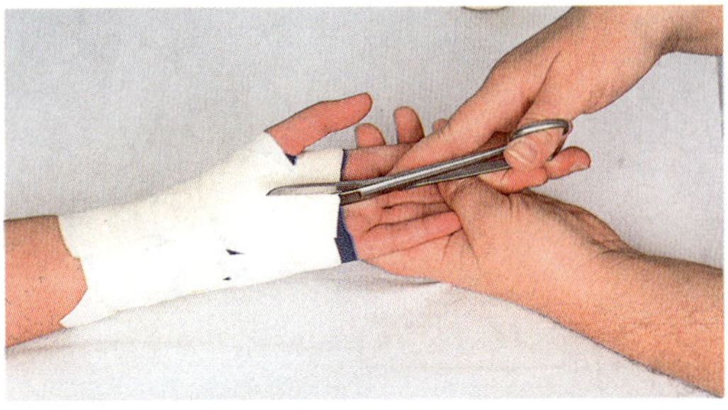

Tapen des oberen Sprunggelenkes

Das Tapen des oberen Sprunggelenkes ist meist bei Distorsionen, Überdehnungen des fibularen Bandapparates, Kapseleinrissen und Bandinsuffizienz erforderlich.

VORBEREITUNG

- Materialien:
  - 3,75 cm breites Tapematerial
  - Unterzugbinde
  - Artifoam.
- Entfernen Sie ggf. den alten Tapeverband und säubern Sie das zu verbindende Gebiet. Beseitigen Sie eventuelle Kleberreste oder Schmutz mit Benzin oder Wasser und medizinischer Seife. Bei offenen Wunden dürfen Sie hier nur nach Anordnung reinigen.

DURCHFÜHRUNG

- Führen Sie eine hygienische Händedesinfektion durch
- Bitten Sie den Patienten, das Gelenk möglichst in einem Winkel von 90° zu halten.
- An der medialen Seite des Gelenkes wird ein L-förmiges Stück Artifoam angelegt.
- Legen Sie eine feine Haftbinde zum Schutz der Haut vor Feuchtigkeit durch Schwitzen an.

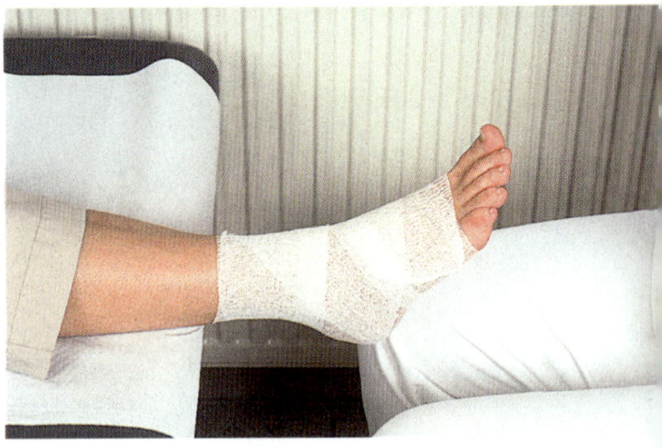

- Bringen Sie etwa eine Handbreit oberhalb des Außenknöchels halb überlappend zwei Ankerzügel (blau) an. Setzen Sie mittig an der dorsalen Seite des Unterschenkels an

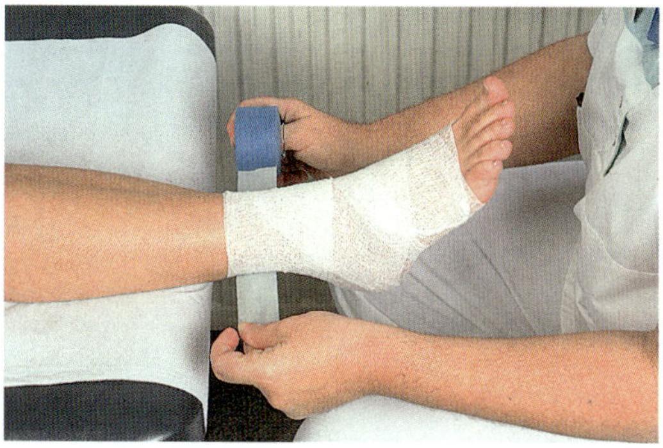

Fixieren Sie die beiden Enden auf der ventralen Seite.

- Legen Sie distal einen Ankerzügel (blau) oberhalb der Zehengrundgelenke an. Setzen Sie hierbei am Fußrücken mittig an und fixieren Sie die beiden Enden distal und medial an der Fußsohle. Achten Sie darauf, dass der Tapestreifen nicht zirkulär befestigt wird, da sonst bei Belastung des Fußes die Gefahr der Einschnürung besteht. Lassen Sie also plantar zwischen den Ankerzügeln 1 cm Raum.

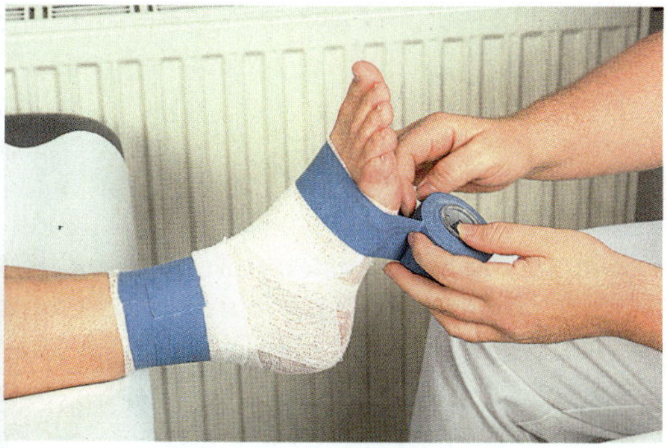

- Der erste Zügel ist ein U-Zügel (gelb), der medial am Ankerzügel beginnt und dann ohne Zug über den Innenknöchel, die Fußsohle und den Außenknöchel zum distalen Ankerzügel geführt wird.

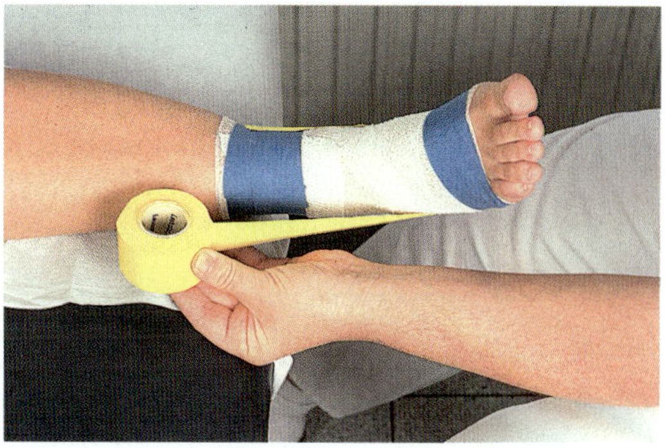

- Der zweite Zügel beginnt in Höhe des Großzehengrundgelenkes und wird wiederum ein „U" beschreibend ohne Zug um die Ferse bis zum Kleinzehengrundgelenk geführt.

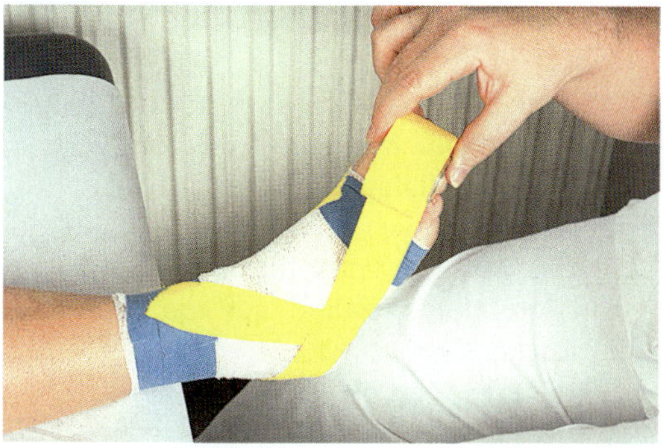

- Die letzten beiden Punkte werden dreimal wiederholt. Dabei sollten die Streifen sich etwa ein Drittel weit überlappen.

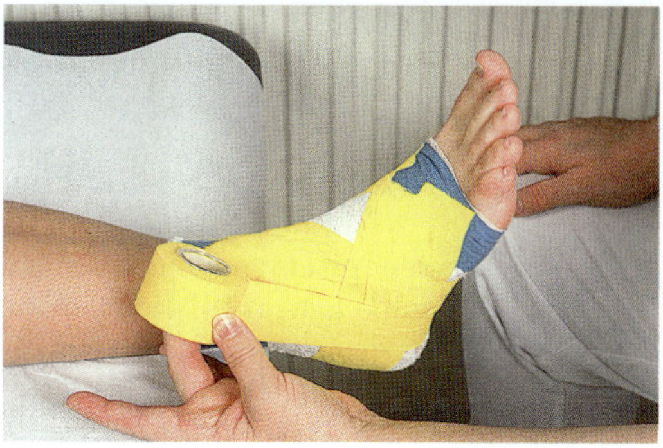

- Setzen Sie dann medial beginnend kreisförmig Korrekturzügel vom Os naviculare über die Plantarseite des Fußes nach lateral (grün). Dadurch wird die Supination in eine Pronation korrigiert. Der Korrekturzügel verläuft dann wieder nach medial.

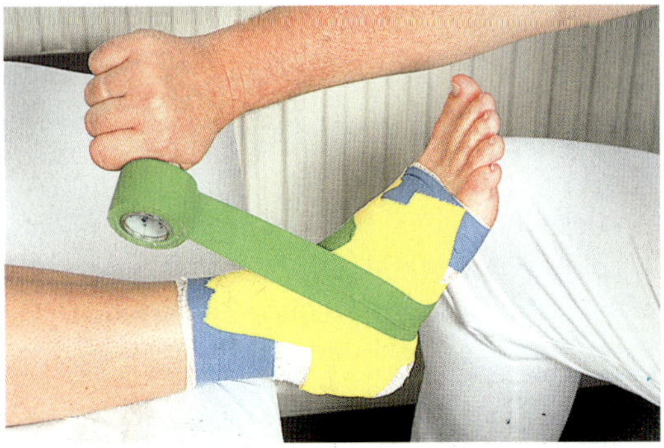

- Wickeln Sie am Patienten jetzt eine Achtertour („wie eine 8") (grün): Die Tour verläuft über den medialen Malleolus auf die mediale Seite der Ferse und die plantare Seite des Fußes. Von der Fußsohle wird dann über den lateralen Fußrand auf die Mitte des Fußrückens gewickelt.

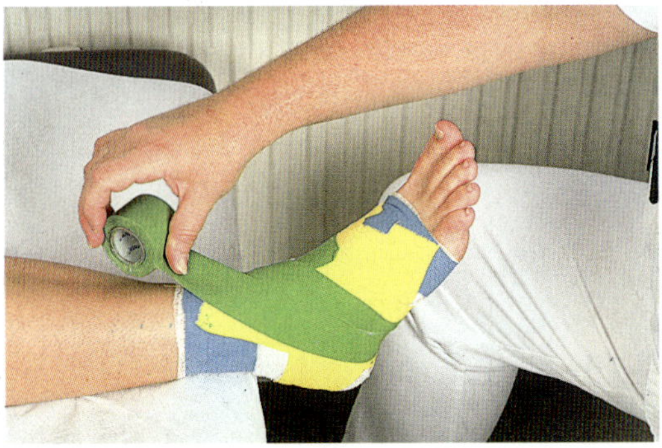

- Von der lateralen Fersenseite führt es weiter über die Fußsohle zum medialen Fußrand und zum Os naviculare, von dort über die Gelenkmitte und den lateralen Malleolus zur medialen Unterschenkelseite.

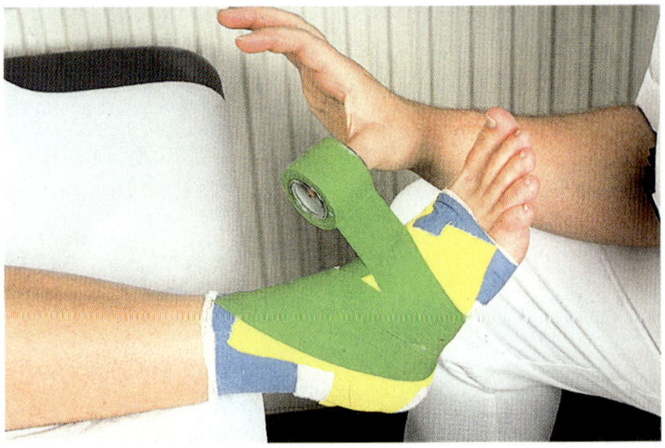

- Jetzt wird der gesamte Tapeverband halbzirkulär von der Innenseite zur Außenseite und umgedreht verschalt, so dass der Verband optisch etwas schöner und gleichförmiger aussieht. Dabei werden die Tapestreifen halbüberlappend geklebt.

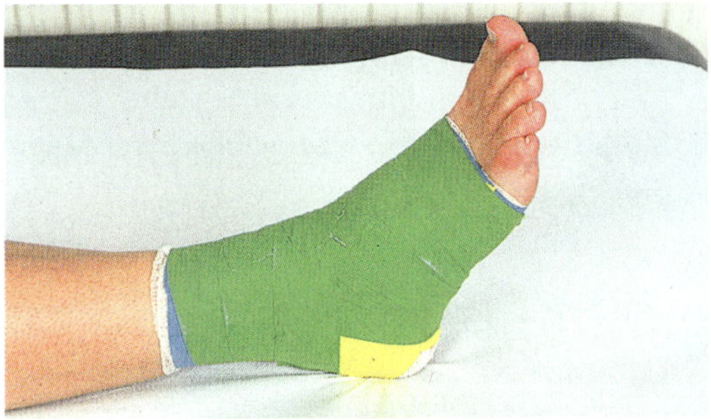

Fertiger Tape-Verband

- Zur Entfernung des Tapeverbandes schneiden Sie ihn am lateralen Fußrand von distal nach proximal auf und führen den Schnitt über den dorsalen Rand des lateralen Malleolus.

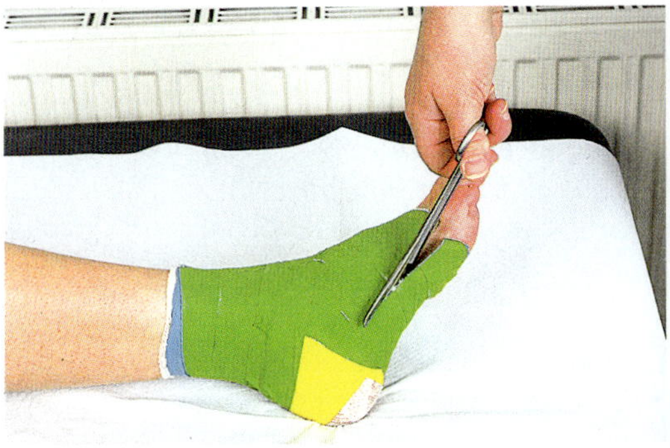

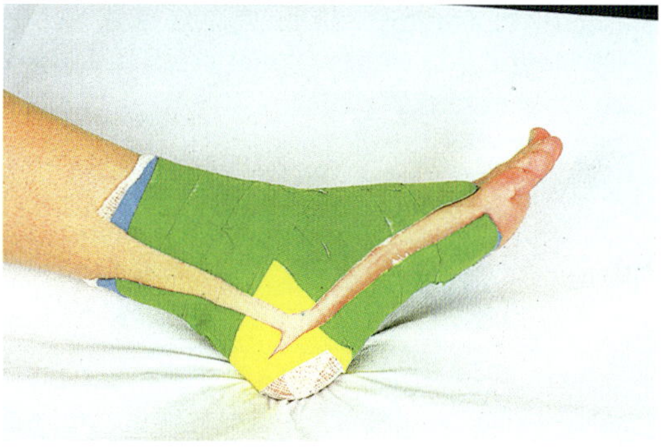

TIPPS UND TRICKS

- Wenn Sie zunächst etwa 1,5 m von der Taperolle ab- und wieder leicht aufwickeln, können Sie das Tape anschließend besser handhaben.
- Kann der Patient den Fuß nicht in der gewünschten Weise halten, hilft eine Mullbinde, die wie ein Pferdezügel um den Vorfuß gespannt wird. Der Patient kann den Fuß dann mit Hilfe des Zügels zum Rumpf ziehen.
- Zum Entfernen des Verbandes schneidet man am besten neben der Kleinzehe beginnend am Rand der Fußsohle entlang bis zur Ferse. Setzen Sie dann den Schnitt entlang der Achillessehne nach proximal fort, bis sich der Verband aufklappen lässt.

Teilruhigstellung des Daumengrundgelenks

Sie wird z.B. bei Arthrose oder Distorsionen angeordnet. Wie bei allen Fixierungen des Daumens sollten Sie auf die Funktionsstellung achten, die dem „Pinzettengriff" entspricht.

VORBEREITUNG

- Materialien:
  - Tapematerial 2,5 cm breit
  - medizinische Seifenlauge (um die Haut fettfrei zu bekommen)
  - für behaarte Arme: Unterzugbinde.
- Entfernen Sie ggf. den alten Tapeverband und säubern Sie das zu verbindende Gebiet. Beseitigen Sie eventuelle Kleberreste oder Schmutz mit Wasser und medizinischer Seife oder Benzin.

DURCHFÜHRUNG

- Bitten Sie den Patienten, den Daumen so zu halten, dass der Pinzettengriff noch möglich ist.

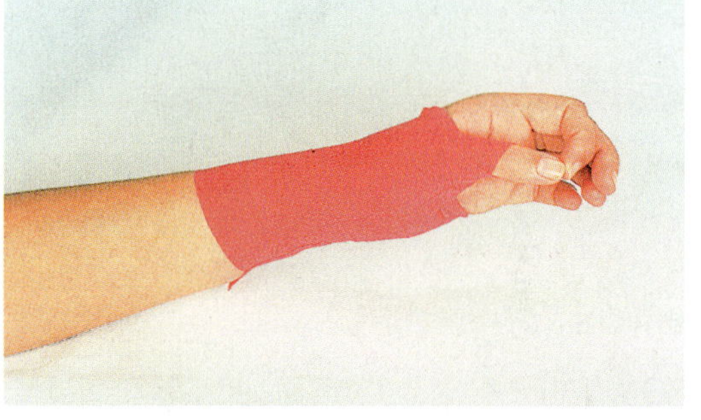

- Beim Daumentape kann man zur Erhöhung der Klebkraft zunächst einen Sprühkleber aufbringen. Dann hält der Verband auch beim Schwitzen.
- Legen Sie die Unterzugbinde (rot) von distal nach proximal an. Lassen Sie dabei die Fingergrundgelenke frei und schaffen Sie eine Öffnung für den Daumen (*siehe auch K4, Handgelenktape*). Beenden Sie die Wickelung im distalen Unterarmdrittel.
- Bringen Sie den ersten Zügel proximal des Daumenendgliedes zirkulär an. Die Länge des Zügels hängt vom Umfang des Daumens ab.

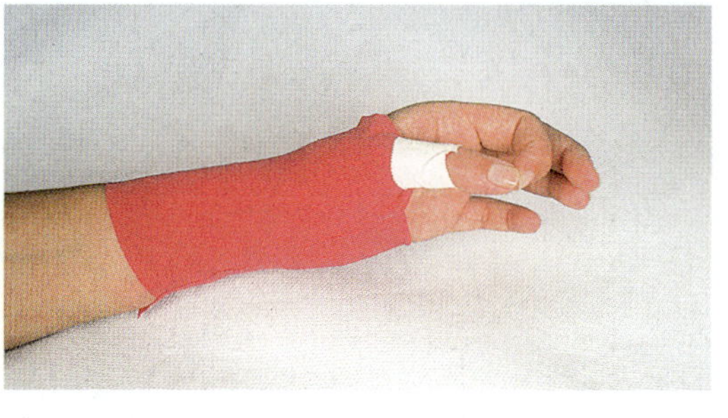

- Entfernen Sie vom zweiten Zügel zunächst ein etwa 1 cm langes und 1,5 cm breites Stück. Umspannen Sie mit diesem Streifen in der Daumenfalte beginnend die Hand.

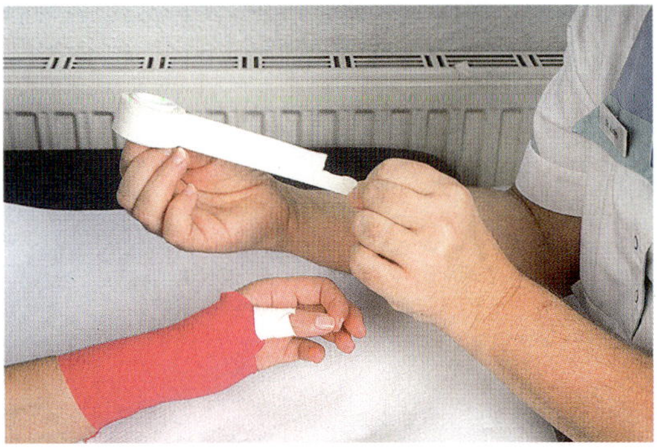

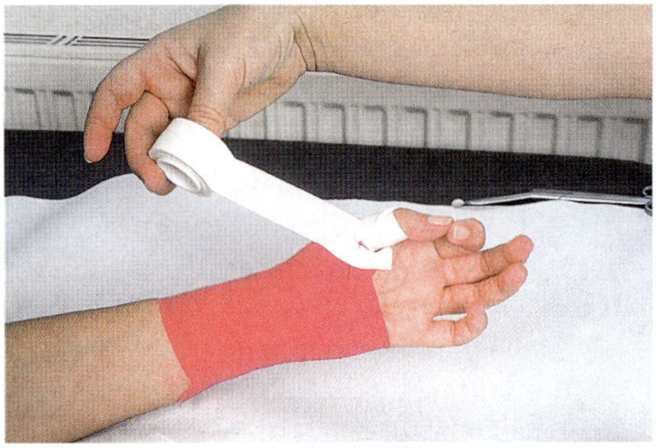

- Bringen Sie den dritten Zügel proximal zum Griffelfortsatz des Radius an, so dass das Handgelenk umschlossen wird.

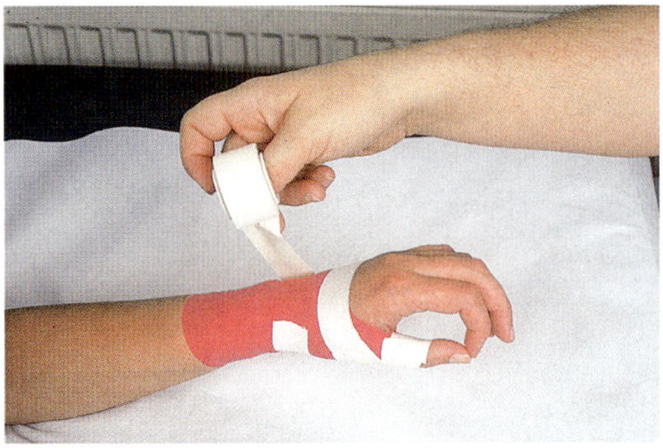

- Nun folgen drei weitere Zügel: Der erste verläuft vom Ankerzügel des Handgelenks über das Daumengrundgelenk zum Ankerzügel des Daumens, der zweite und dritte überlappt den ersten Zügel strahlenförmig zu etwa einem Drittel.

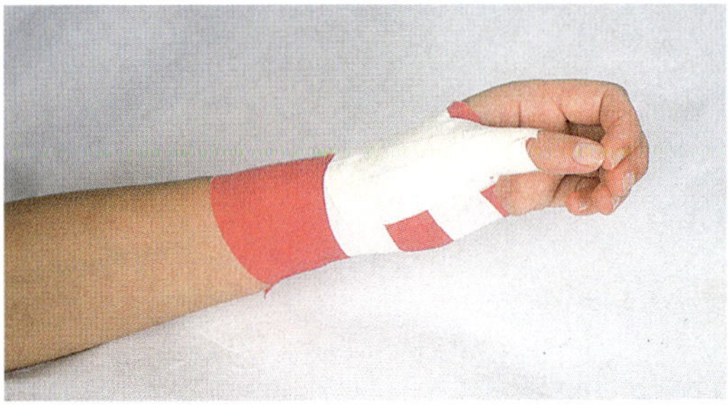

- Fixieren Sie den Tapestreifen am lateralen proximalen Ankerzügel, der das Mittelgelenk des Daumens umspannt. Fixieren Sie einen weiteren Streifen überlappend in gleicher Weise.

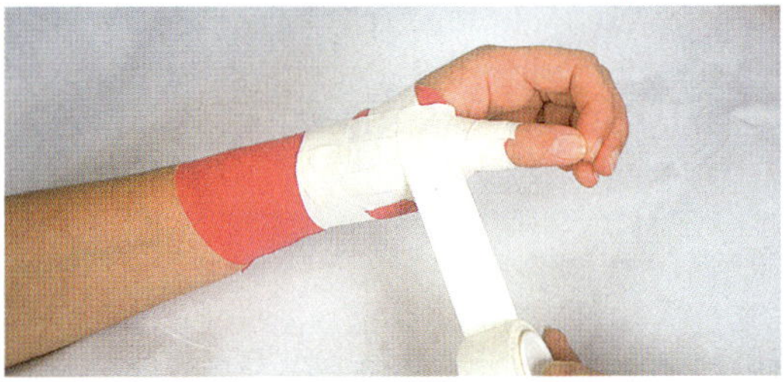

- Zwei weitere Zügel beginnen medial am Daumengrundgelenk und umspannen das mittlere Gelenk des Daumens.

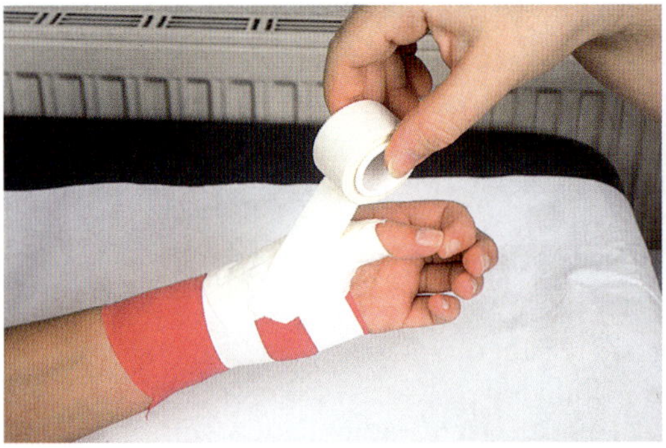

- Fixieren Sie unter leichtem Zug zwei Tapestreifen medial, in der Handmitte beginnend, am lateralen Handrücken. Dadurch wird die Abduktion des Daumens eingeschränkt.

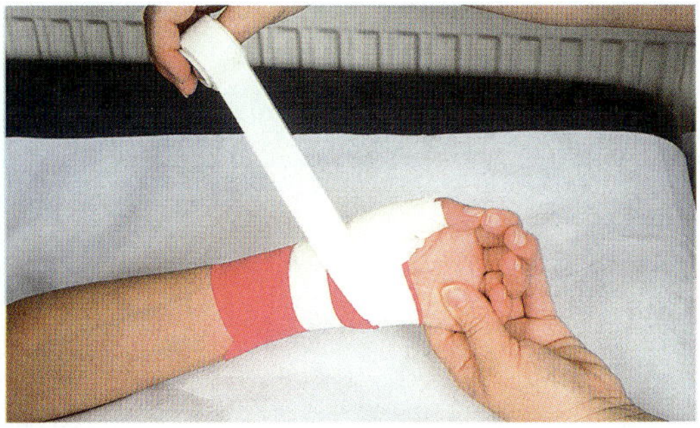

- Zum Erreichen der Stabilität werden mehrere sich überlappende Streifen angebracht. Man beginnt proximal der Fingergrundgelenke mit einem die Hand umschließenden Tapestreifen.

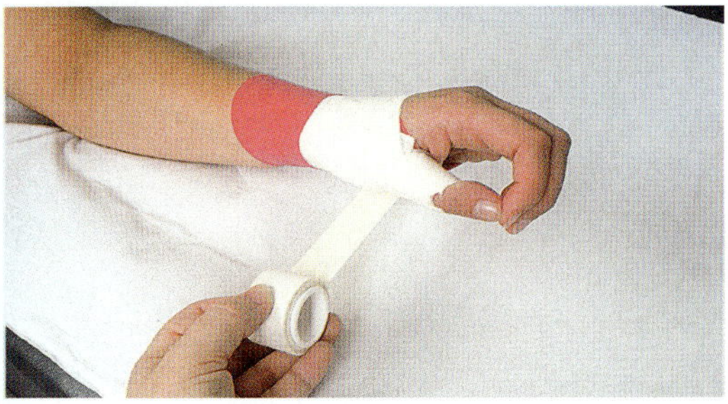

- Danach umspannen Sie das Handgelenk. Schließlich wird ein Verschalungszügel proximal des Daumenendgliedes fixiert.

K 5 WICKEL UND VERBÄNDE

ALLGEMEINES

Elastische Wickelungen nach Verletzungen dienen dazu, die Funktion eines Gelenkes nur soweit einzuschränken, dass der Patient bei der Ausübung alltäglicher Handlungen keine größeren Schmerzen empfindet. Sie sollen also stützen und unterstützen, nicht aber völlig immobilisieren oder gar abschnüren und behindern.

Schanz-Krawatte

Die Schanz-Krawatte dient der Ruhigstellung der HWS nach Distorsionen (Schleudertrauma) und der Entlastung beim Zervikobrachialsyndrom, ist in den letzten Jahren jedoch zunehmend in ihrem Nutzen angezweifelt worden.
Beim Zervikobrachialsyndrom wird die Schanz-Krawatte nur stundenweise eingesetzt, um einer Gewöhnung vorzubeugen. Plastikkrawatten mit Kinnhalter werden eingesetzt, wenn bei der Notfallversorgung der Verdacht auf eine HWS-Verletzung besteht.

VORBEREITUNG

- Legen Sie eine handelsübliche vorgefertigte Schanz-Krawatte bereit. Messen Sie zur Größenbestimmung zuvor die Halshöhe des Patienten ab. Sie können auch Meterware anschaffen, wobei die benötigte Menge einfach dem Halsumfang entspricht.
- Schneiden Sie sie ggf. zurecht und verschließen Sie sie mit den Klettstreifen. Sie können auch Polsterwatte mit einer 10 cm breiten Idealbinde kombinieren.

DURCHFÜHRUNG

- Legen Sie die Krawatte einfach um den Hals und befestigen Sie sie.
- Wenn Sie Polsterwatte verwenden, sollte Sie etwa 1,5–2 cm dick sein und nicht zu

fest um den Hals gewickelt werden. Anschließend wird sie mit Idealbinde befestigt.

- Die Krawatte sitzt richtig, wenn der Patient kein Globusgefühl in Höhe des Kehlkopfes verspürt. Er muss noch Kaubewegungen machen können, sonst ist der Sitz der Krawatte zu hoch.

Rucksackverband

Der Rucksackverband ist bei Schlüsselbeinfrakturen indiziert und dient der Ruhigstellung.

VORBEREITUNG

- Nehmen Sie einen Schlauchmull (tg. 2–3) mit der 3–4-fachen Schulterbreite zur Hand.
- Mit einem Schlauchmullapplikator stülpen Sie ihn über eine Watte- bzw. Schaumstoffrolle (z.B. Collar N'Cuff, dreifache Schulterbreite).

DURCHFÜHRUNG

- Führen Sie den Schlauchverband hinter dem Hals, vor den Schultern und unter den Achseln hindurch nach hinten.
- Verknoten Sie ihn unter mäßiger Spannung zwischen den Schulterblättern.

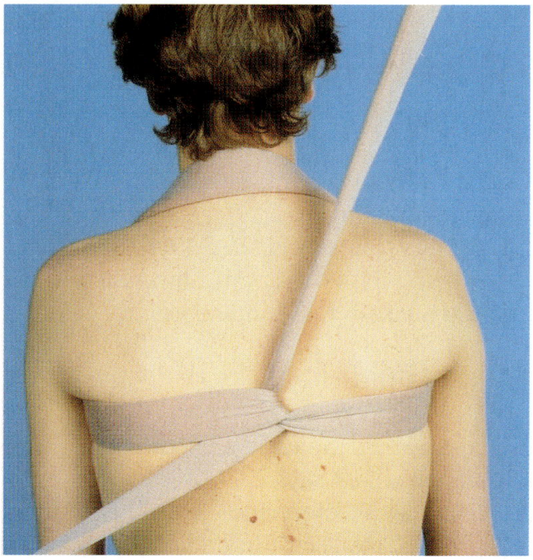

- Führen Sie ein Schlauchende unter der Schlauchmitte im Nacken hindurch.

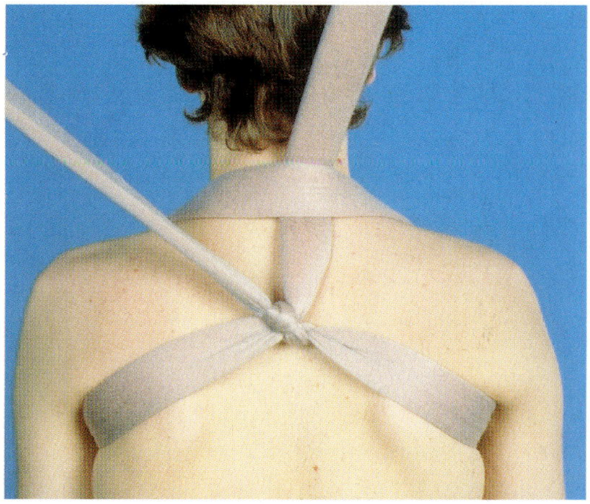

- Spannen Sie den Verband durch Verknoten mit dem zweiten Schlauchende.

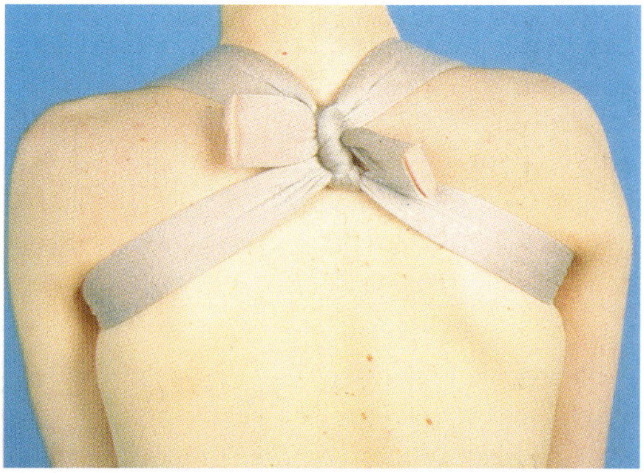

Rückansicht

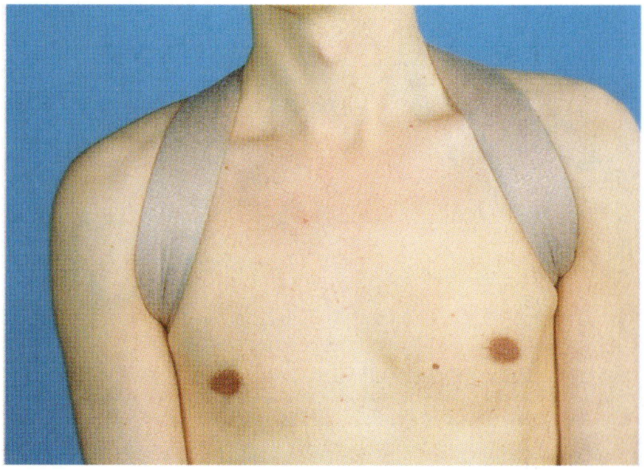

Vorderansicht

- Wichtig: Der Verband darf nicht zur Strangulation am Hals- oder Handgelenk führen. Kontrollieren Sie deshalb den Radialispuls.
- Wegen zunehmender Dehnung muss der Verband einmal wöchentlich kontrolliert und eventuell nachgespannt werden.

Kornährenverband (Unterschenkel)

Der Kornährenverband ist ein aktiv unterstützender Verband bei Venenleiden (z.B. bei Varikosis oder Rückflussstauung). Er hat sich bei venösen Stauungszeichen am Unterschenkel, Ulcus cruris und zur Thromboseprophylaxe bewährt.

VORBEREITUNG

- Materialien:
  - 6–8 cm breite, elastische Wickel (je nach Knöchelumfang)
  - 8–10 cm breite, elastische Wickel (je nach Wadenumfang).

DURCHFÜHRUNG

- Der Verband sollte am liegenden Patienten angelegt werden, denn dann sind die Venen am wenigsten gefüllt. Dadurch verhindern Sie Druckstellen, die bei ödematösem Gewebe schnell entstehen können.
- Beginnen Sie auf dem Fußrücken am Ansatz der Zehen. Die Zehen müssen frei bleiben, da an ihnen eine zu straffe Wickelung durch Blaufärbung erkennbar wird.
- Wickeln Sie die Rolle spiralförmig über Fuß, Ferse und Unterschenkel bis zum Knie hinauf und beachten Sie, dass das Band bei jeder Umdrehung die vorherige Wickelung um die Hälfte überlappt.
- Anschließend wickeln Sie das zweite Band in entgegengesetzter Richtung vom Fuß bis zum Knie hinauf, so dass das „Kornähren"-Bild entsteht.
- Kleben oder klammern Sie die Enden fest.
- Wichtig: Beim richtigen, faltenfreien Verband müssen die Zehen ihre blaue Verfärbung verlieren. Tun sie das nicht, ist der Verband zu straff oder lokal einschnürend gewickelt worden und muss erneuert werden.

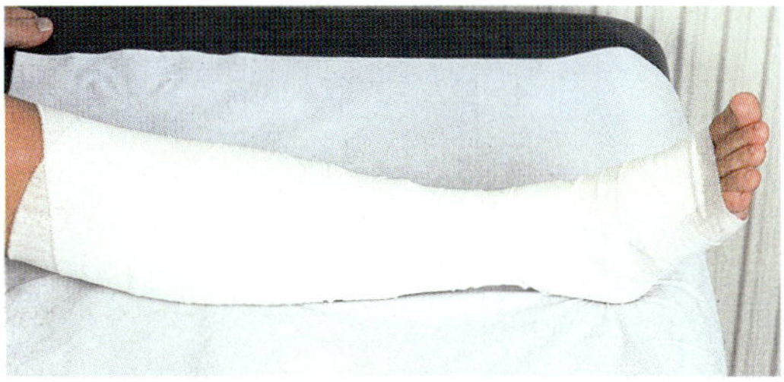

Aktiv unterstützender Sprunggelenkwickel

Der aktiv unterstützende Sprunggelenkwickel wird bei Distorsionen des Sprunggelenkes angewendet. Der Patient sollte in der Wickeltechnik gut angeleitet werden, damit er diese Wickelung auch zu Hause für weitere zwei Wochen zur Entlastung seiner gedehnten Bänder anlegen kann. Diese Wickelung wird immer elastisch angelegt.

VORBEREITUNG

- Materialien:
  - elastische Wickel (Breite in cm = halber Durchmessers der zu wickelnden Extremität)
  - je nach Anordnung Salbenkompresse
  - Befestigungsmaterial für das Ende der Wickel, z.B. Pflaster oder Verbandklemme.
- Sie sitzen zur Schonung des Rückens auf einem Hocker vor dem Patienten. Der Patient sollte den Fuß möglichst im 90°-Winkel halten, da sonst eine Fehlstellung durch die Wickelung begünstigt wird. Schafft der Patient das nicht alleine, hilft eine Wickel, die zwischen die 2. und 4. Zehe geklemmt wird. Der Patient kann dann seinen Fuß wie mit einem Zügel festhalten.

DURCHFÜHRUNG

- Legen Sie den Anfang der Wickel immer auf die schmerzende Seite (Außenbänder: lateral ansetzen; Innenbänder: medial ansetzen). Beim Wickeln muss man in die Wickel „hineinschauen“ können (a).

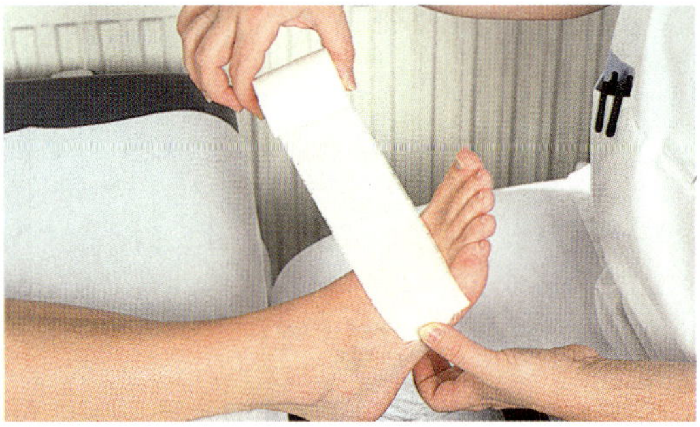

a

- Beginnen Sie unterhalb der Zehengrundgelenke und wickeln Sie in Kreistouren auf das Sprunggelenk zu. Achten Sie dabei darauf, an der schmerzenden Seite etwas anzuziehen, um Supination oder Pronation zu unterstützen (b).

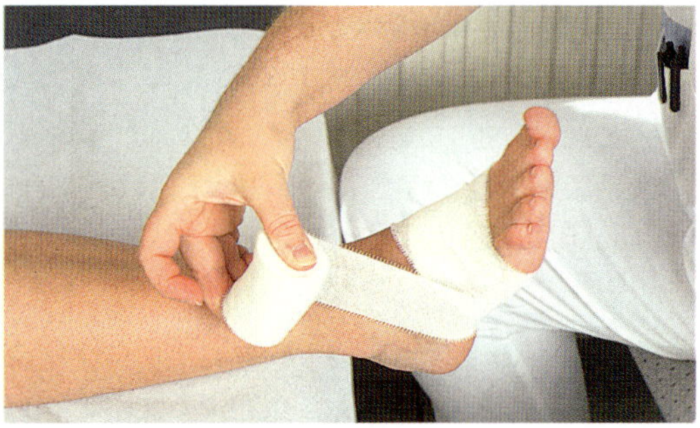

b

- Wickeln Sie am Übergang Fußwurzel/Unterschenkel in Achtertouren und vergessen Sie dabei die Ferse nicht (c).
- Fixieren Sie zum Schluss das Bindenende mit Pflaster oder einer Verbandklemme.
- Achten Sie darauf, dass das Wickelende auf dem Fußrücken oder dem Unterschenkel liegt, da der Patient sonst störende Druckstellen bekommen könnte. Liegt die Ferse frei, bildet sich gerne ein Fensterödem, das die Hautdurchblutung behindert. Besonders bei älteren Menschen können so offene Stellen entstehen.

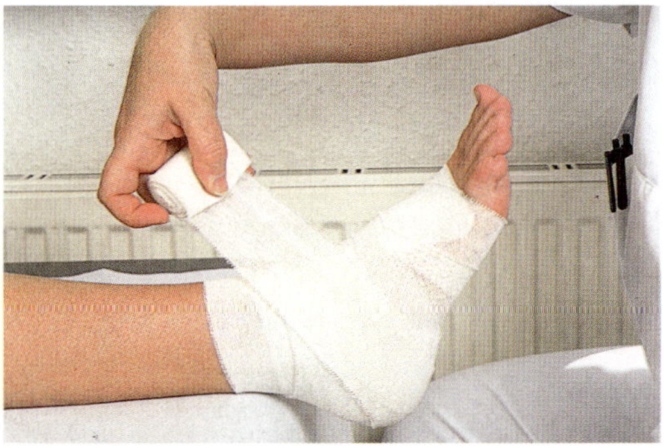

c

Daumengrundgelenkwickel

Die Wickelung des Daumengrundgelenkes erfolgt in der Regel bei leichten Distorsionen, Überdehnungen oder Überlastungssyndromen der Sehnen in diesem Bereich.

VORBEREITUNG

- Materialien:
  - 4 cm breite, elastische Wickel
  - je nach Anordnung zusätzlich Salbe und Kompresse
  - Pflaster oder Verbandklemme zum Fixieren des Bindenendes.

DURCHFÜHRUNG

- Führen Sie eine hygienische Händedesinfektion durch.
- Bitten Sie den Patienten, den Daumen in der für ihn schmerzärmsten Position zu halten.
- Legen Sie zunächst eine Kreistour um das Handgelenk.

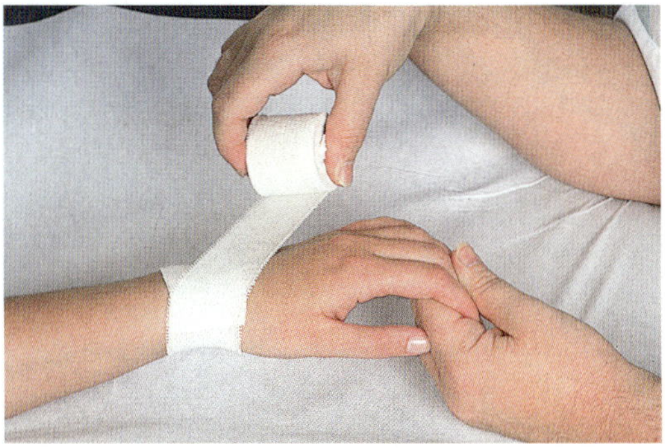

- Dann folgt eine Wickeltour von proximal nach distal in Richtung der Daumenfalte.

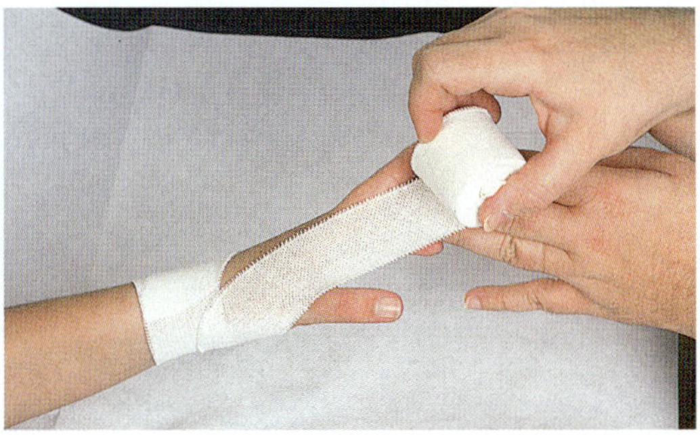

- Führen Sie die Wickelung in 8er-Touren fort.
- Der Wickel endet wiederum am Handgelenk.

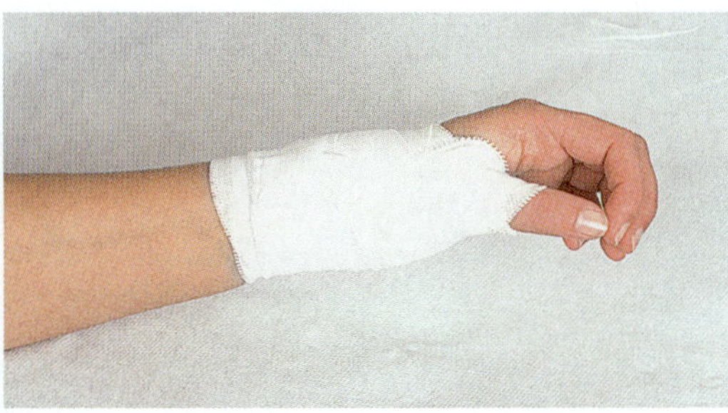

- Lässt man das Daumenendgelenk frei, ist der Patient durch den Verband kaum behindert.

Gilchrist-Verband

Dieser Verband wird bei Schulterluxationen, Distorsionen und extraartikulären, einfachen Humerusfrakturen eingesetzt. Er sorgt für den bestmöglichen Sitz des Humeruskopfes in der Gelenkpfanne und unterbindet Abduktion und Rotation des Oberarmes, da zusätzlich auch das Ellenbogengelenk ruhiggestellt wird.

DURCHFÜHRUNG

- Wenn Sie mit einer vorgefertigten Bandage arbeiten, rollen Sie die Bandage zunächst aus. Das dauerelastische Schlauchstück wird über den verletzten Arm gestreift, so dass das angenähte Schulterpolster über der Schulter positioniert werden kann.

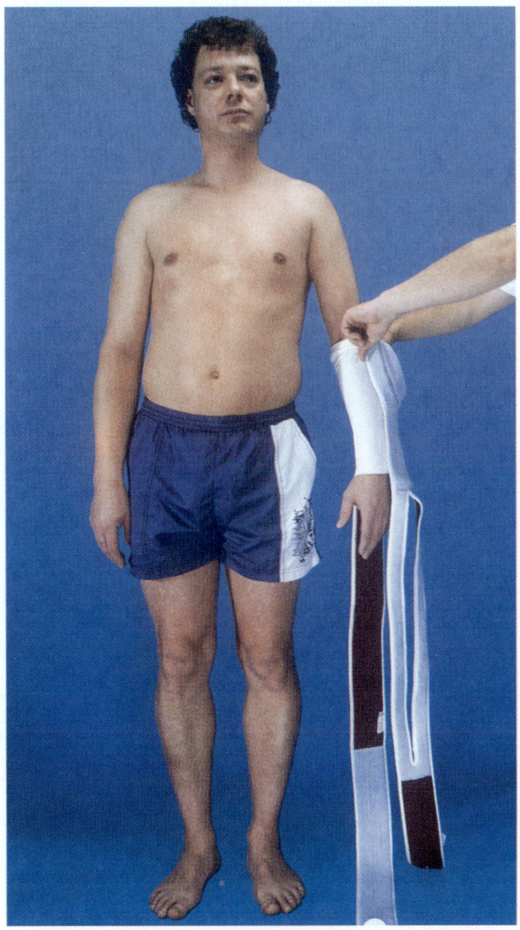

- Ziehen Sie das Schlauchstück möglichst weit in den Achselbereich.
- Die Bandage wird vom Schulterpolster ausgehend über den Nacken zur gesunden Schulter geführt. Der Patient steckt seinen gesunden Arm durch die geteilte Bandage.

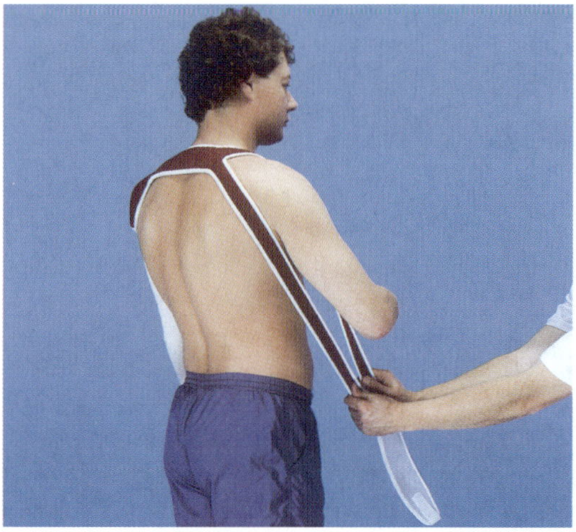

- Der verletzte Arm wird nun 90° angewinkelt und das Handgelenk mit dem Ende der Bandage mittels Klettverschluss vor dem Körper fixiert.

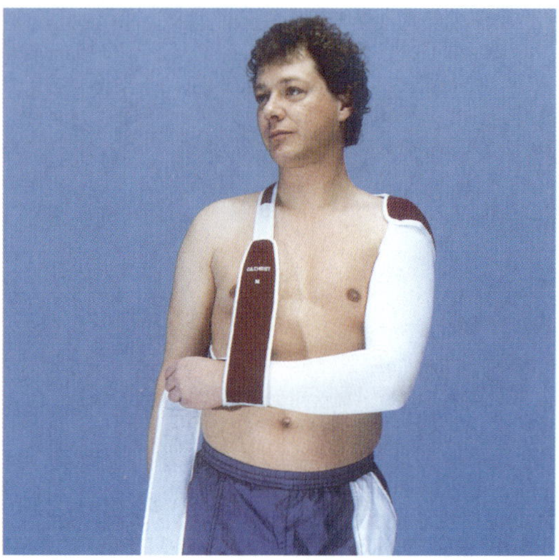

- Nun wird der zweite Teil der Bandage vom Handgelenk des verletzten Armes ausgehend um den Rumpf gelegt.

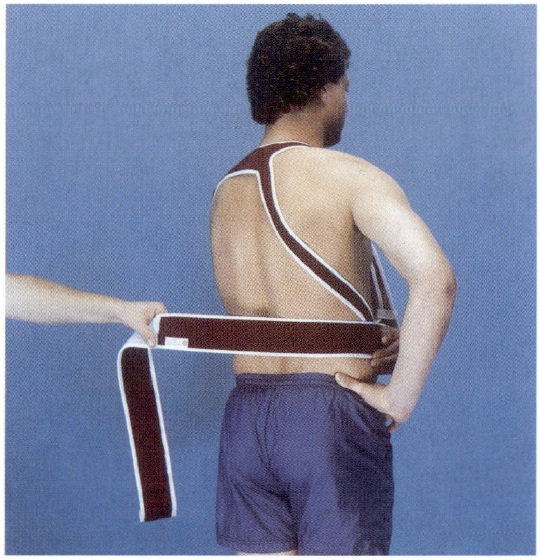

- Die Bandage wird zwischen Thorax und verletztem Arm hindurchgeführt.

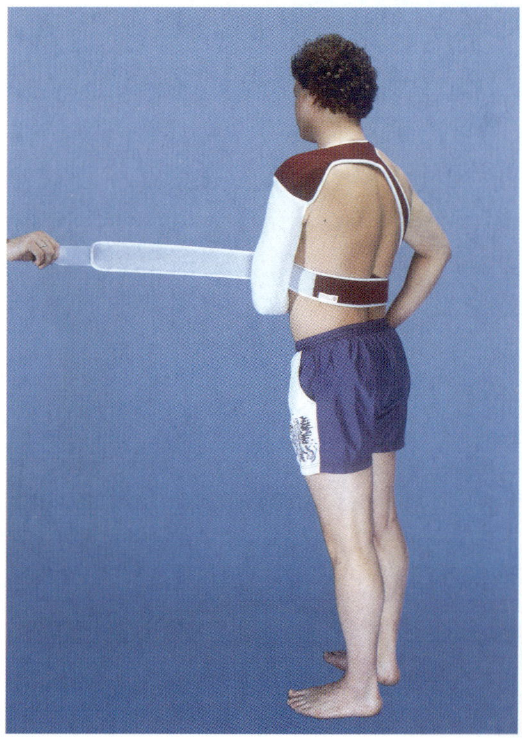

- Unter leichtem Zug wird die Bandage um den verletzten Arm geführt und auf der Bandage über dem Rücken fixiert.

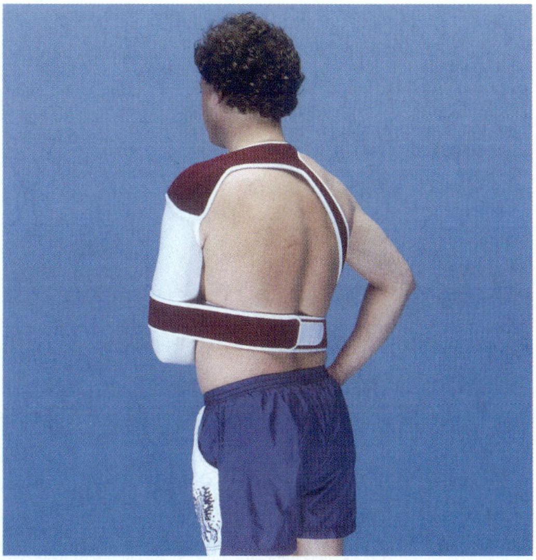

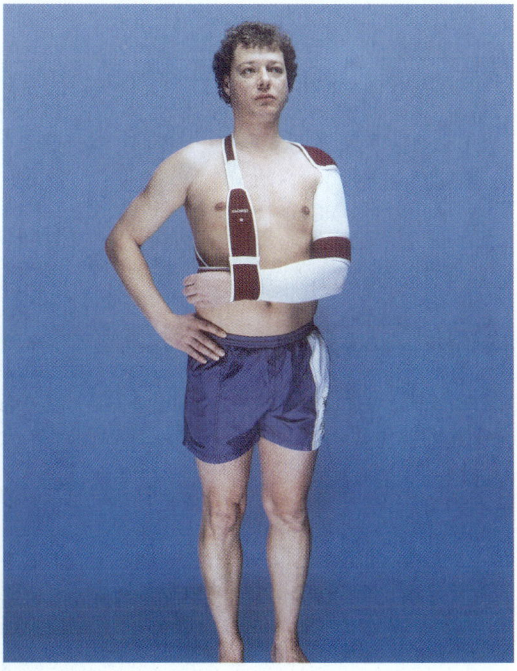

Für die Überlassung der Abbildungen zu diesem Kapitel bedanken wir uns bei der Firma NOBA Verbandmittel, Wetter.

K6 KUNSTSTOFFCAST-VERBÄNDE

ALLGEMEINES

Um patientengerecht arbeiten zu können, müssen Sie die Verarbeitungstechnik beherrschen. Sie müssen recht zügig arbeiten, denn die Anlage des Cast ist etwas schwieriger als die Gipsverarbeitung, so dass Druckstellen noch eher auftreten können.

Jedoch bringt der Castverband bei korrekter Verarbeitung sehr viele Vorteile:

- geringes Gewicht, dadurch bessere Mobilisationsmöglichkeiten und ein wesentlich höherer Tragekomfort für den Patienten
- durchlässig für Röntgenstrahlen – eine Beurteilung des Heilungsverlaufes ist ohne Gipsabnahme und Neuanlage möglich (Kostenersparnis)
- hohe Stabilität – die Castverbände halten wesentlich länger als Gipsverbände
- Belastbarkeit – die Verbände sind schon nach ca. 30 min fest und belastbar. Gehstützen entfallen früher und der Patient fühlt sich „freier"
- Feuchtigkeitsresistenz – die Verbände halten auch bei nassem Wetter länger.

Das Vorgehen entspricht grundsätzliche dem beim Gipsen (Gelenkstellung, arbeiten zu zweit, Vermeidung von Druckstellen usw.).

Man unterscheidet zwei Arten von Cast-Material: starres Castmaterial und semiflexibles Castmaterial.

Starres Castmaterial

- Das Material bildet nach dem Abtrocknen eine ziemlich raue Oberfläche, die nur mit einem übergestreiften Trikotschlauch entschärft werden kann.
- Nach der Polsterung sollte eine Krepplage folgen – meist wird jedoch Pretape benutzt – damit die Abnahme nicht schmerzhaft für den Patienten wird.
- Das Material ist sehr gut zu verarbeiten und in geringen Lagenstärken mit der Verband-

schere oder der Gipsschere zu schneiden bzw. zu ändern, was sowohl für den Patienten als auch für das Personal sehr entlastend ist.

Semiflexibles Castmaterial

(wird bei den folgenden Beispielen in diesem Kapitel ausschließlich benutzt)

- Verwenden Sie nach der Polsterung kein Krepp-Papier, sondern Pretape-Wickel. Dadurch ist es möglich, den Castverband nach der zirkulären Tragezeit in eine Schiene umzuwandeln.
- Um bei abnehmbaren Verbänden genügend Platz zu gewährleisten, sollte man einen Abstandhalter unter die Polsterung, in Form von doppelt gelegter Watte, auf die Haut legen. Das verhindert ein Einklemmen der Haut bei der Wiederanlage. Die Fixierung solcher abnehmbarer Castverbände erfolgt mit Hilfe von elastischen Wickeln oder Klettverschlüssen.

Wichtig beim Umgang mit Cast

- Bei der Verarbeitung sollten Sie immer Handschuhe tragen und Ihre Kleidung schützen. Hierzu eignet sich am besten eine Einmalplastikschürze für Patient und Personal.
- Auch Arbeitstisch oder -liege sollten geschützt werden.
- Der Cast kann sowohl trocken als auch nach Wässerung angelegt werden.
- Die Methode, direkt aus der Verpackung zu wickeln, hat den Vorteil, dass das Material länger modellierfähig bleibt. Dieses Vorgehen ist also für weniger Geübte wesentlich besser geeignet. Nach der trockenen Applikation wird der Verband z.B. mit einem Pflanzensprüher oder einer nassen elastischen Wickel für etwa 8-10 min gewässert. Die nasse (aktivierte) Benutzung kann dann bei ausreichender Routine eingesetzt werden.
- Ein Verband ist nur nach zirkulärer Anlage belastungsstabil.

VORBEREITUNG

- Inspizieren Sie die einzucastende Körperpartie sehr sorgfältig und achten Sie dabei auf eventuelle Verletzungen, Verunreinigungen der Haut (Steinchen, Schmutz usw.) oder Schwellungen.
- Schneiden Sie sich den Trikotschlauch aus Baumwolle und die Gipslongetten in ausreichender Länge zurecht.
- Legen Sie sich synthetische Polsterwatte-, Krepp-, Gips-, Kunststoff- und Mullbinden in geeigneter Breite und ausreichender Anzahl bereit.
- Halten Sie die Verbandschere immer griffbereit.
- Füllen Sie ein Waschbecken mit 20° C warmem Wasser.
- Ziehen Sie sich Kunststoffschürze und Einmalhandschuhe an.
- Entfernen Sie Patientenkleidung, die später nicht mehr über den Gips gestreift werden kann.
- Legen Sie sich ggf. benötigte Lagerungshilfen bereit.
- Der Patient sollte schon vor Anlage des Gipses und während der gesamten Behandlung über das Verhalten im Gips, über Komplikationen, bei Ruhigstellung der unteren Extremität auch über die Notwendigkeit und Durchführung der medikamentösen Thromboseprophylaxe aufgeklärt werden.

Anfertigen von Cast-Schienen

- Stellen Sie aus Binden Longuetten her, indem Sie sie auf einer Plastikunterlage (ohne Zug) trocken auslegen.
- Im Anschluss werden sie dann trocken oder gewässert eingesetzt.
- Als Polstermaterial wird hier gerne Frotteschlauch verwendet, der sich mit dem Castmaterial verbindet und in seiner Form beständig bleibt.
- **Wichtig:** Um bei starken Beugungen einen besseren Lagenverbund zu erlangen (z. B. Ellenbogen), arbeiten Sie am besten trocken.

- Nach der Fertigstellung fixieren Sie das ganze mit einer feuchten, elastischen Wickel.
- Zur Entfernung von Cast-Schienen *(siehe K8, Abnahme von zirkulären Gips- und Castverbänden).*

Unterschenkel-Cast-Schiene

Diese Art Schiene wird meist nach Malleolarosteosynthese angelegt, aber auch nach schweren Distorsionstraumen im oberen Sprunggelenk (OSG). Wegen ihrer Form wird sie gelegentlich auch als „Unterschenkel-L-Schiene bezeichnet".

VORBEREITUNG

- Materialien:

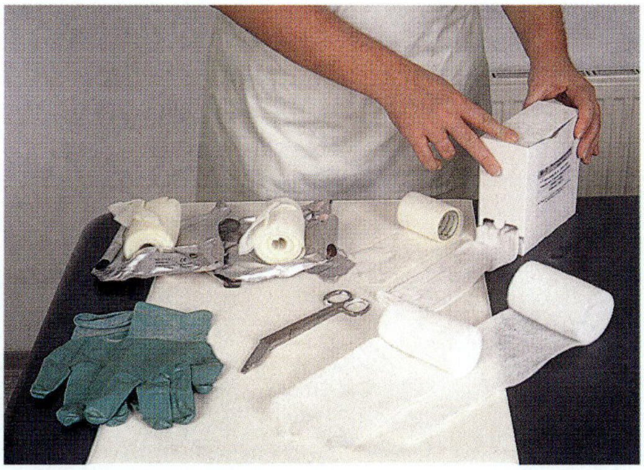

  - *speziell beschichtete Handschuhe*
  - *Verbandschere*
  - *tg-Schlauchverband (6–9; großzügig abmessen)*
  - *Polsterwatte*
  - *Pretapematerial*
  - *7,5 cm breite Cast-Wickel*
  - *Schürze.*

- Lagern Sie das Bein auf einem Bänkchen hoch, damit Sie frei arbeiten können. Der Patient soll den Fuß in einer 90°-Position halten. Wenn er dazu nicht in der Lage ist, bitten Sie eine Hilfsperson hinzu, die diese Aufgabe übernehmen kann.
- Ziehen Sie sich die Spezial-Handschuhe und die Schürze an.

DURCHFÜHRUNG

- Legen Sie einen Schlauchverband an. Auf links gedreht, fühlt er sich etwas weicher an.

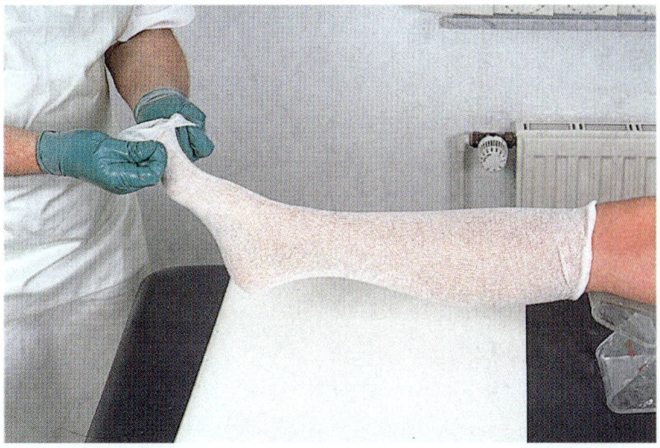

- Darüber wickeln Sie zirkulär die Polsterwatte. Lassen Sie die Zehengrundgelenke und den Fußballen frei.

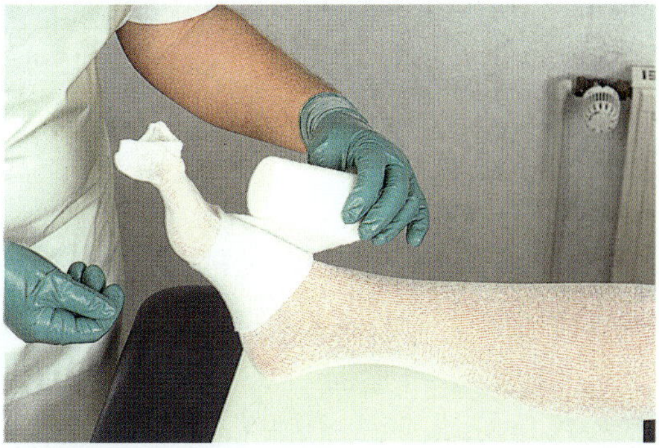

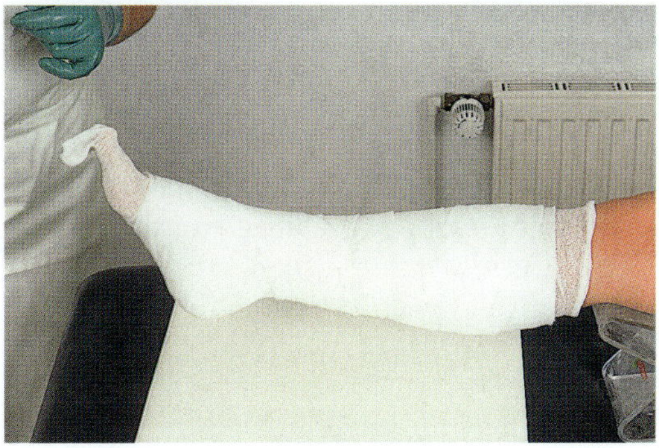

- Dann wickeln Sie ebenfalls zirkulär das Pretapematerial darüber, damit die Watte nicht mit dem Cast verklebt.

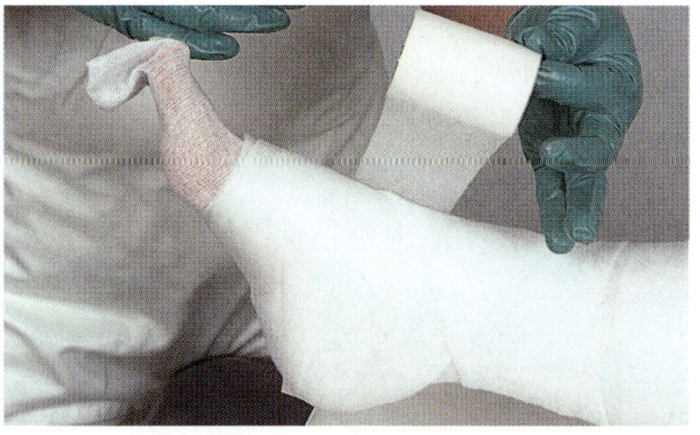

- Messen Sie eine Longuette-Wickel ab (3-lagig im Fußsohlenbereich, 2-lagig im Wadenbereich).
- Passen Sie die Breite der Longuette dem Bein an.
- Tauchen Sie die Longuette kurz in ca. 20° warmes Wasser ein (*siehe Kapitel K7, Dorsale Unterarmgipsschiene*).
- Modellieren Sie die Longuette an und fixieren Sie sie mit einem Deltacastwickel in entsprechender Breite (1-lagig).
- Wickeln Sie sie ohne Zug zweilagig in Kreistouren an.

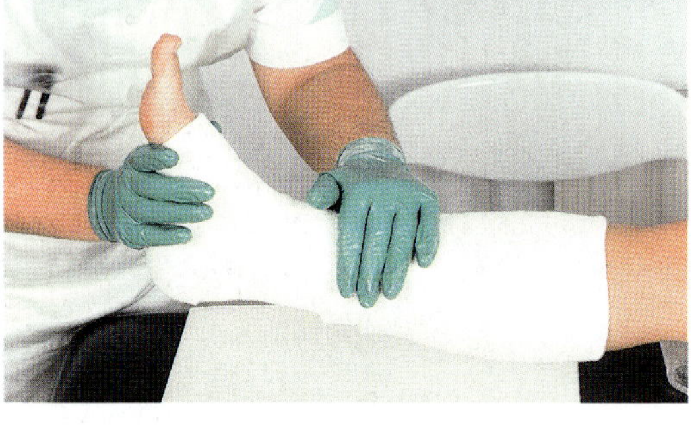

- Die letzte Tour sollte von proximal nach distal gewickelt werden, damit der Cast nicht mit der Kleidung verkleben kann.

Oberarm-/Ellenbogen-Cast-Schiene

Eine Oberarm-/Ellenbogen-Cast-Schiene wird nach Bursektomien oder anderen Ellenbogen-OPs, Epikondylitiden oder unverschobenen Radiusköpfchenfrakturen angelegt.

VORBEREITUNG

- Materialien:
  - speziell beschichtete Handschuhe
  - Verbandschere
  - tg-Schlauchverband (6–9; großzügig abmessen)
  - Polsterwatte
  - Pretapematerial
  - 7,5 cm breite Cast-Wickel
  - Schürze.
- Wie bei jeder Ellenbogenfixierung muss die Funktionsstellung beachtet werden, die bei einem Winkel von 80–90° liegt.

DURCHFÜHRUNG

- Streifen Sie den Schlauchverband über den Arm.
- Wickeln Sie das Polstermaterial bis unterhalb des M. deltoideus.

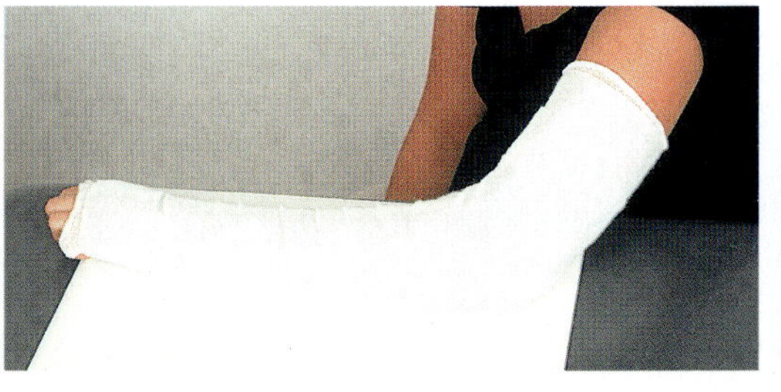

- Passen Sie den Pretape an, indem Sie eine Öffnung für den Daumen hineinschneiden.
- Wickeln Sie den Pretape bis zur Mitte des Oberarms und schlagen Sie den Schlauchverband an beiden Enden über das Pretape.
- Ziehen Sie sich Handschuhe an.
- Legen Sie den Cast zweilagig zu einer Longuette aus und messen Sie sie von proximal der Fingergrundgelenke bis zum Deltamuskel ab.

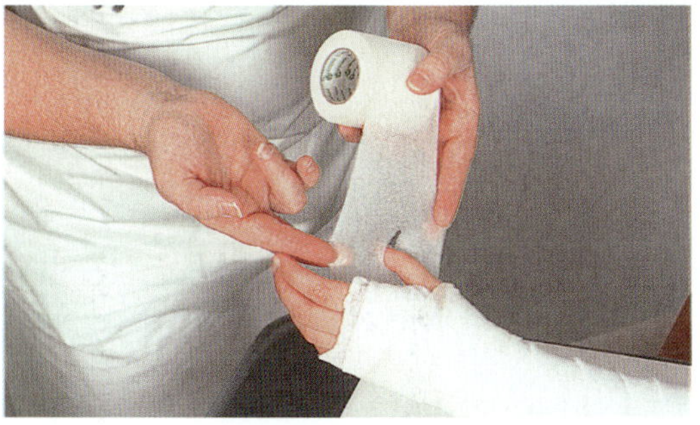

- Schneiden Sie den Cast in Höhe des Ellenbogens auf der Hin- und auf der Rücktour ca. 3 cm weit ein, damit Sie auch im „Knick“ weiter gut wickeln können.

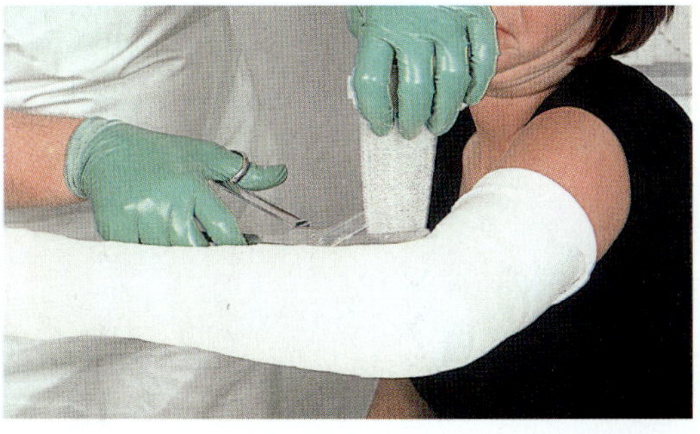

- Tauchen Sie die Deltacastwickel ein und fixieren Sie damit zügig in Kreistouren die Longuette.
- Tauchen Sie dann 7,5 cm Wickel ein und fixieren Sie weiter bis zum Ende.
- Jetzt anmodellieren und ca. 3–6 min warten, bis das Material gut angepasst ist.
- Entschärfen Sie alle störenden Ecken mit einer Verbandschere.
- Schneiden Sie mit einer Gipsschere den Cast innenseitig des Armes von proximal nach distal auf.
- Sollte die Extremität ihren Umfang im Laufe der Tragedauer im Cast verändern, schneiden Sie einen schmalen Streifen innen von der Castschiene ab und passen so die Weite erneut an.

PROBLEME UND SONDERFÄLLE

- **Schiene statt Voll-Cast:** Wenn Sie eine Schiene anfertigen sollen, d.h., Sie schneiden den bereits gehärteten Cast medial mit der Säge wieder auf, wickeln Sie anschließend die (dadurch entstandene) Schiene mit einer sog. Kohäsivbinde oder einer elastischen Wickel am Arm fest, damit Sie die nötige Festigkeit behält. Achten Sie darauf, die Haut beim Fixieren nicht einzuklemmen!

Cast-Tutor (Kniehülle)

Der Cast-Tutor wird bei schwereren Kniegelenksdistorsionen sowie Bandverletzungen oder Frakturen im Kniebereich eingesetzt.

VORBEREITUNG

- Materialien (*siehe Kapitel K6, Unterschenkel-Cast-Schiene*:
  - Gipsschürze
  - Cast-Longuette
  - 2 Rollen Cast (10 cm oder 12 cm Breite)
  - Schlauchverband (doppelte Extremitätenlänge)
  - Polsterwatte
  - Pretape.

DURCHFÜHRUNG

- Füllen Sie ein Becken mit Wasser (ca. 20 °C).
- Legen Sie eine Einmalschürze als Unterlage auf die Liege. Eine Papierrolle dürfte keinen ausreichenden Schutz bieten, zumal das Papier am Tutor kleben bleiben kann.
- Ziehen Sie dem Patienten einen Schlauchverband an, der lang genug ist, um nachher oben und unten umgeschlagen zu werden.
- Wickeln Sie die Polsterwatte zirkulär vom Knöchel bis 2 Querfinger unterhalb der Gesäßfalte. Polstern Sie außerdem diese beiden Stellen doppelt.
- Auch das Pretape wird zirkulär über die Polsterwatte gewickelt.
- Schlagen Sie den Schlauchverband am Knöchel und an der Gesäßfalte um.
- Lagern Sie den Patienten auf dem Bauch.
- Legen Sie dem Patienten eine Halbrolle unter den Fuß, damit er die 30°-Stellung leichter einhalten kann.

- Ziehen Sie sich Handschuhe an.
- Messen Sie die Longuette ab, wässern Sie sie und legen Sie sie dann an.
- Wässern Sie jetzt die Cast-Rollen und fixieren Sie damit die Longuette zirkulär.
- Lassen Sie den Cast-Tutor 15–30 min aushärten.
- Informieren Sie den Patienten über das Verhalten beim Tragen eines Gipses.
- Zur Thromboseprophylaxe wird der Patient sich wahrscheinlich selber Heparin subkutan spritzen müssen. Weisen Sie ihn darin ein (*siehe F19, Subkutane Injektion*).
- Wenn die Bauchlage nicht möglich ist, sollten Sie zu zweit arbeiten.
- Bestellen Sie den Patienten für den Folgetag zur Gipskontrolle ein.

PROBLEME UND SONDERFÄLLE

- **Blauverfärbung der Zehen, Schmerzen, Gefühlsstörungen:** Raten Sie dem Patienten, in diesem Fall sofort einen Arzt aufzusuchen, der den Gips zur Entlastung aufschneidet.

Wenn Sie alleine arbeiten...

- Sorgen Sie für ausreichende Haltemöglichkeiten in Reichweite des Patienten und bitten Sie ihn um aktive Mithilfe.
- Lassen Sie den Patienten auf seinem gesunden Bein stehen.
- Den anderen Fuß stellt der Patient auf die Halbrolle, um die Funktionsstellung des Beines einhalten zu können.
- Reichen Sie dem Patienten Handschuhe, die er sich überstreift.
- Bitten Sie den Patienten, die angelegte Longuette selber zu halten, während Sie sie fixieren.

Ski-Daumen-Cast

Der Ski-Daumen-Cast wird beim ulnaren Kollateralbandausriss oder Distorsion des selben angelegt. Der Ablauf entspricht weitestgehend dem Daumengrundgelenkwickel (*siehe K5, Daumengrundgelenkwickel*), nur dass statt der elastischen Wickel Cast-Material verwendet wird.

VORBEREITUNG

- Materialien:
  - dünnes Schlauchmaterial (3 cm und 5 cm Breite)
  - Polsterwatte 4 cm breit
  - Pretapematerial
  - 2 Rollen Kunststoffcast 2,5 cm breit.

DURCHFÜHRUNG

- Drehen Sie den Schlauchverband auf die weichere linke Seite.
- Wickeln Sie die Watte zirkulär bis zum Übergang Hand/Handgelenk an. Achten Sie hier auf die Daumenfunktionsstellung und lassen Sie das Daumenendgelenk frei. Die richtige Funktionsstellung ist gesichert, wenn der Patient während der Modellierphase einen Stift wie zum Schreiben festhält.
- Bringen Sie den ersten Castwickel proximal über der Handgelenksfalte an und wickeln Sie in distaler Richtung.
- Die Castführung erfolgt nur bis zur Basis der Mittelhandknochen und es werden nur Daumengrundgelenk und -sattelgelenk fixiert.
- Bringen Sie einen zweiten Castwickel zur besseren Stabilisierung über dem ersten Wickel an.
- Wickeln Sie zum Schluss eine nasse (!) elastische Wickel über den Cast, damit das Material binden kann. Nach 4–6 min können Sie ihn wieder entfernen.

Tipps und Tricks (für alle Casts)

- Wichtig: Alle Randpolsterungen werden vor Beginn der Castwickelung umgeschlagen. Damit vermeiden Sie von Anfang an scharfe Kanten.
- Das Abdecken der Patientenkleidung und der Umgebung ist wichtig, da das Material schnell hart wird und dann unschöne Rückstände hinterlässt.
- Castwickel lassen sich länger modellieren, wenn sie erst nach Gebrauch benässt werden (nasse elastische Wickel über fertigen Cast anbringen).
- Der Cast kann abnehmbar gestaltet werden. Sägen Sie ihn dazu an der dorsalen Kleinfingerseite auf und fixieren Sie ihn mit Klettstreifen oder Kohäsivbinde.
- Wenn Sie das Material vor der Verarbeitung in 20° C warmem Wasser eintauchen, verkürzt sich die Modellierzeit deutlich.
- Achten Sie immer auf die Funktionsstellung!
- Wenn Sie die Gipsbinde im Knöchelbereich etwas einschneiden, lässt sie sich leichter anmodellieren.

K7 KLASSISCHER GIPS

ALLGEMEINES

Gipsverbände dienen, wie auch die Cast-Gipse, der Ruhigstellung von Frakturen und anderen schmerzhaften Erkrankungen, zumeist im Bereich der Extremitäten. Durch Gipsverbände können die Ergebnisse von Repositionen und nicht übungsstabilen Osteosynthesen sichergestellt werden. Auch werden belastungsgefährdete chirurgisch versorgte Haut- und Weichteilverletzungen gesichert. Prinzipiell unterscheidet man Gipsschienen und zirkuläre Gipsverbände. Aber so segensreich dies auch ist – eine Fixation ist ein unphysiologischer Zustand, der nie ohne Indikationsprüfung veranlasst werden darf. Außerdem soll eine Fixation so kurz wie möglich und so lange wie nötig angeordnet werden.

Neben dem Gips sind inzwischen auch Kunststoffe zum gleichen Zwecke verfügbar. So z.B. thermoplastisches Material, das bei höheren Temperaturen weich und formbar ist, sich dann aber beim Abkühlen härtet. Nachteilig ist der relativ hohe Preis und die erforderliche Apparatur zur Erhitzung und Bearbeitung des Materials. Auch das Prinzip der zwei Komponenten ist eher aufwändig und teuer. Dabei werden zwei Substanzen in einen vorgefertigten Schlauch gefüllt und verbinden sich dort zu einer harten und stabilen Substanz. Polyurethanharz ist ein Kunststoff, der unter Wasserzugabe polymerisiert und einer Trägersubstanz bedarf. Die Härte hängt von der Trägersubstanz und/oder der Zusammensetzung des Harzes ab. Die allgemeinen Vorteile einer Kunststofffixation gegenüber Gips liegen in dem geringeren Gewicht, der erhöhten Röntgentransparenz, größerer Stabilität, früherer Belastbarkeit und einer größeren Wasserfestigkeit. Die Nachteile bestehen besonders in der schwierigeren Technik und den höheren Preisen.

Prinzipiell unterscheidet man Gipsschienen und zirkuläre Gipsverbände. Jeder zirkuläre Gipsverband bei einer frischen Fraktur, Luxation, Distorsion, Operation oder Entzündung muss wegen drohender Schwellungszunahme und der Gefahr gefährlicher Gefäß-/ Nervenkompressionssyndrome bis zum letzten Faden aufgeschnitten werden. Daher kann man auch grundsätzlich bei der Erstversorgung eine primär offene Fixation wählen und nur Gipsschienen anlegen, wobei dann nur noch die Polsterung durchtrennt werden muss.

Der Umgang mit Gips ist nicht schwierig, wenn Sie einige einfache Grundregeln befolgen:

- Waschbecken oder Eimer mit 20 °C warmem Wasser; 10° kälteres Wasser bringt 2 min mehr Arbeitszeit, 10° wärmeres Wasser 2 min weniger (Maximaltemperatur 30°)
- nur kurzes Eintauchen, damit sich der Gips nicht zu sehr vollsaugt
- den Gips beim Eintauchen nicht ausdrücken
- zügig mit den nassen Binden und Longetten arbeiten
- Gips in einem Stück verarbeiten
- Gips beim Anlegen modellieren
- Binde locker legen ohne zu schnüren.

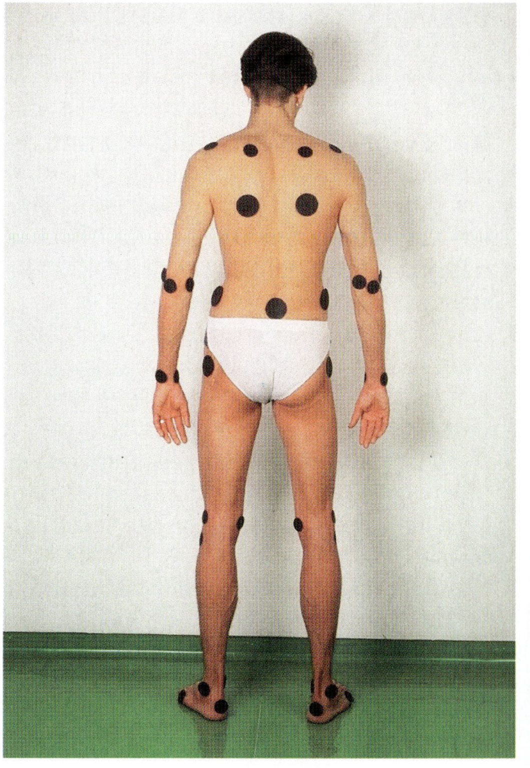

Druckexponierte Körperstellen:

obere Extremität:

Epicondylus radialis humeri
Epicondylus ulnaris humeri
Olecranon
Processus styloideus radialis
Processus styloideus ulnaris
Fingergrundgelenke

untere Extremität:

Patella
Epicondylus medialis femoris
Epicondylus lateralis femoris
Condylus medialis tibiae
Caput fibulae
Malleolus lateralis fibulae
Malleolus medialis tibiae
Tuber calcanei
Tuberositas ossis metatarsalis V
Großzehengrundgelenk

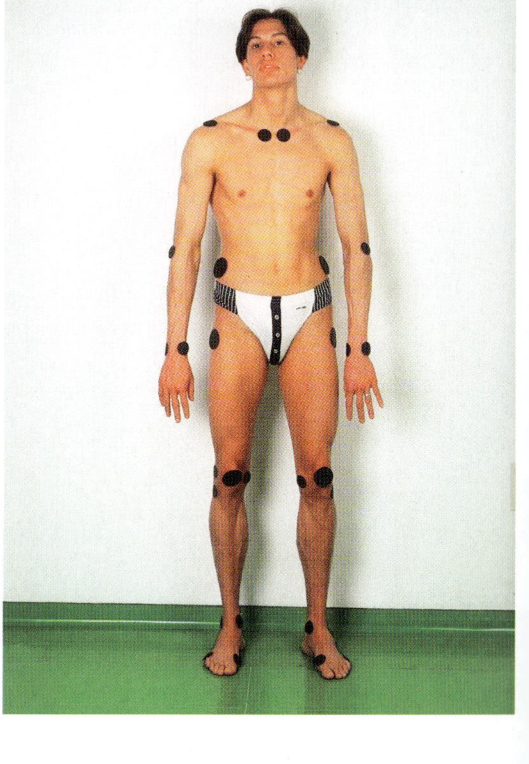

Hinweise an Patienten mit Erstgips an Armen oder Beinen

- Der Gips ist noch nicht ausgetrocknet. Seien Sie deshalb besonders vorsichtig beim An- und Ausziehen.
- Ein Gehgips darf erst belastet werden, wenn er vollständig getrocknet ist. Er fühlt sich dann überall gleichmäßig warm an.
- Versuchen Sie nicht die eingegipsten Gelenke zu bewegen. Aber alle anderen Gelenke sollten Sie gut durchbewegen, um die Zirkulation zu fördern.
- Bei Lockerung des Gipses ist die erforderliche Ruhigstellung nicht mehr gewährleistet. Sie müssen dann den Arzt aufsuchen.
- Achten Sie selber auf die Temperatur und Hautfarbe Ihrer (eingegipsten) Extremität, Spannungen oder Druckstellen unter dem Gips.
- Achten Sie auf ein „eingeschlafenes" Gefühl in der Extremität.
- Halten Sie den eingegipsten Unterarm senkrecht aufgestützt. Lassen Sie ihn beim Gehen nicht hängen. Ein Tragetuch sollten Sie jedoch nur nach Anordnung verwenden. Legen Sie beim Schlafen ein Kissen unter den Arm, um ihn leicht hochzulagern. Bei einem Gips an den Beinen wirkt Hochlagerung der Schwellungsneigung entgegen.
- Nehmen Sie die verordneten Medikamente, besonders die zur Blutverdünnung, gewissenhaft ein.
- Legen Sie sich nicht in die Sonne. Durch die Wärme kann der Arm schwellen.
- Gipse sind nicht wasserfest. Deshalb große Vorsicht beim Baden und Duschen.
- Nehmen Sie Ihren nächsten Kontrolltermin wahr.

Übungen für den Patienten während der Gipsfixation

- Übungen bei Gipsverband am Arm
  - Arm hoch halten oder hoch lagern
  - nicht eingegipste Finger strecken und zur Faust schließen
  - Arm wiederholt auf Schulterhöhe anheben
  - beim Unterarmgipsverband das Ellenbogengelenk strecken und beugen
- Übungen bei Gipsverband am Bein
  - Bein beim Sitzen und Liegen hoch lagern (am besten mit einem unterlegten Keilkissen oder Kissen und Decke keilförmig unterlegen). Der „Keil" steigt vom Oberschenkel bis zum Fuß leicht an.
  - Bewegungsübungen im Hüftgelenk, Anheben des Beins, Zehen bewegen
  - bei Unterschenkelgips außerdem Kniegelenk beugen und strecken

Wir haben das Vorgehen beim Gipsen am Beispiel der häufigen dorsalen Unterarmgipsschiene ausführlich dargestellt. In den darauf folgenden Abschnitten wird dann nur noch auf die wesentlichen Unterschiede eingegangen. Am Ende des Kapitels finden Sie schliesslich weitere Tipps und Problemlösungen zum Gipsen.

Dorsale Unterarmgipsschiene

Die Indikation besteht bei Verletzungen im Handgelenksbereich, Handgelenksdistorsionen und postoperativ z.B. nach Ganglion-OP.

VORBEREITUNG

- Materialien:

  - *Trikotschlauch (meist Gr. 5)*
  - *Polsterwatte 6 cm breit*
  - *Krepp oder Pretape 6 cm breit*
  - *Gipslonguette (Breite angepasst).*
- Befinden sich an der betroffenen Hand noch Ringe, müssen diese vor der Fixation entfernt werden. Wenn sie sich nicht mit Seife oder einer Schnur abziehen lassen, ist eventuell das Aufsägen des Rings erforderlich.
- Patientenkleidung, die hinterher nicht mehr über den Gips gestreift werden kann, wird entfernt.
- Denken Sie auch an eventuell erforderliche Lagerungshilfen.

DURCHFÜHRUNG

- Ziehen Sie Einmalhandschuhe an.
- Jetzt müssen Sie die Position und die Gelenkeinstellung der Gliedmaße endgültig festlegen. Dies erfolgt in Kooperation mit dem Patienten oder einer Hilfsperson. Der Patient muss sich völlig entspannen. Besonders die zu übergipsende Muskulatur muss entspannt sein, da das Gipsrohr sonst zu weit werden kann und keine ausreichende Fixierung mehr bietet. Diese Haltung darf dann bis zum Abbinden des Gipses nicht mehr verändert werden.
- Wenn keine Reposition erforderlich war, wird das Handgelenk in 20° Dorsalextension und 20° Ulnardeviation gelagert. Der Unterarm wird dabei auf den Tisch gelegt. Mit der Hand kann der Patient z.B. eine nicht benötigte Papierrolle locker umfassen, die ebenfalls auf dem Tisch liegt, wodurch die 20° Dorsalflexion auf entspannte Weise erreicht werden.
- Messen Sie den Trikotschlauch ab und streifen Sie ihn zum Schutz der Haut über den Unterarm. Der Gips hätte den besten Sitz, wenn er sich direkt auf der Haut befände, was jedoch zu Hautschäden und Druckstellen führen würde. Wählen Sie den Trikotschlauch dabei so lang, dass ein Zurückstreifen zumindest über das Gipsende hinaus möglich ist. Es hat sich als vorteilhaft erwiesen, den Trikotschlauch später über den noch feuchten Gips zu ziehen und anzumodellieren. Die Biegestabilität des Gipsverbandes wird dadurch deutlich erhöht.

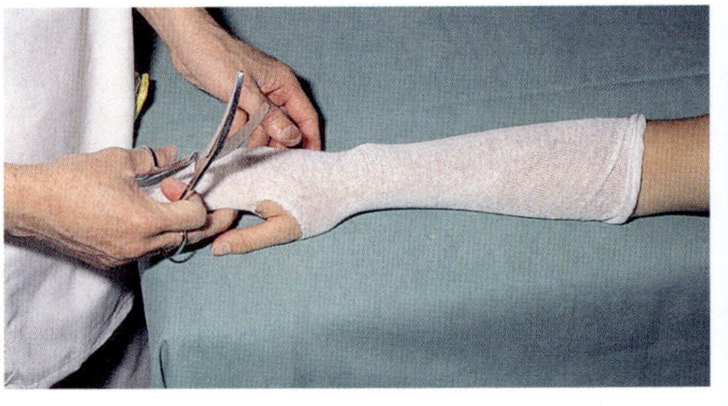

- Der Trikotschlauch hat praktisch keine polsternde Wirkung, weshalb eine zusätzliche zirkuläre Polsterung mit synthetischen Polsterwattebinden und Pretape (1/2 überlappend und faltenfrei) angelegt wird, die im Gegensatz zu Binden aus Baumwolle oder Zellwolle keine Feuchtigkeit speichert.

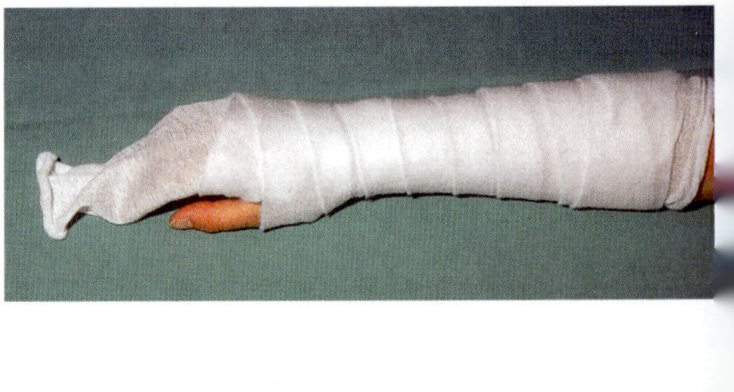

- Druckexponierte Stellen (s.o.) werden zusätzlich mit dünnen anmodellierten Schaumstoff- oder Filzstücken gepolstert. Die Polsterung darf jedoch auch nicht übertrieben werden, da die eigentliche Fixation der Fraktur dadurch zu sehr reduziert würde.
- Um eine glatte Polsteroberfläche zu erhalten, wird eine elastische Krepppapierbinde über die Polsterung gelegt. Die bei der Wickelung der Polsterbinde immer auftretenden Stufen werden somit ausgeglichen. Außerdem kann das Papier verhindern, dass Wasser oder Gipsbrei in die Polsterung dringt und beim Austrocknen Druckstellen erzeugt.
- Schlagen Sie überstehenden Trikotschlauch um.
- Messen Sie eine Gipslonguette 8-lagig ab (proximal der Fingergrundgelenke bis 2 Querfinger unter der Beugefalte des Ellenbogens).
- Falten Sie sie bei einem Drittel der Länge und schneiden Sie sie an der Umbruchkante etwa 5 cm vom seitlichen Rand ein, um dadurch eine Öffnung für den Daumen zu schaffen.
- Falten Sie die Gipslonguette ziehharmonikaartig und tauchen Sie sie (je nach Größe) 2–4 Sekunden in das 20° warme Wasser. Drücken Sie sie dabei nicht aus. Gipsbinden tauchen Sie schräg ein, bis keine großen Luftblasen mehr aufsteigen.
- Lassen Sie sie kurz abtropfen und streifen Sie überschüssiges Wasser über dem Gipsbecken mit den Fingern ab.

- Arbeiten Sie schnell! Sie haben etwa 3–5 Minuten Zeit. Die Zeit reicht aus, wenn alle Utensilien in Reichweite liegen, Ihnen der Arbeitsgang theoretisch vertraut ist und Sie, ohne Hektik, konzentriert mit möglichst wenig Gips-Einzelteilen arbeiten.
- Die Longuette wird mit ihrem breiten Teil dorsal aufgelegt und der Daumen durch die Öffnung geführt, die Gipsbinde wird angewickelt.

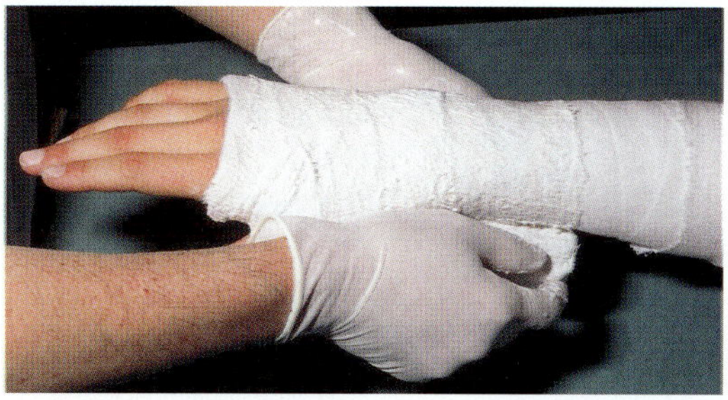

- Streichen Sie zum Modellieren mit kreisenden Bewegungen über den Gips.

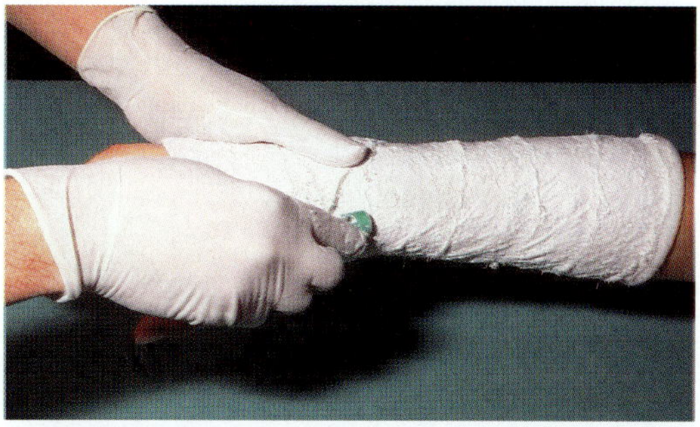

- Nehmen Sie keine Stellungsänderungen mehr vor, da sonst eine Sollbruchstelle entsteht.
- Nach dem Abbinden wird die gesamte Polsterung durchtrennt.
- Scharfe Gipskanten werden gesäubert und geglättet.
- Fixieren Sie den Gips mit feuchter Mullbinde.
- Die abschließende Anlage von Netzstrümpfen oder elastischen Binden ist reine Kosmetik.
- Der Gips trocknet 24–48 Stunden, was von der Umgebungstemperatur und der Luft-

feuchtigkeit abhängt. Er wird nicht zugedeckt, damit die Feuchtigkeit entweichen kann.

- Erfolgt die Weiterbehandlung nicht durch die Person, die den Gips auch angelegt hat, empfiehlt es sich, die wichtigsten Daten (Zeitpunkt der Gipsanlage, Skizze der Verletzung, Termine von Röntgenkontrollen, geplante Gipsabnahme) auf dem Gips zu vermerken.
- Die betroffene Extremität wird hochgelagert, um Schwellungen vorzubeugen.
- Kontrollieren Sie den Gips am Folgetag! Hierbei ist jede Beschwerde des Patienten ernst zu nehmen und der Gips gegebenenfalls zu entfernen. Darüber hinaus muss bei Gipskontrollen auf Durchblutung, Sensibilität und Beweglichkeit der stets sichtbar zu haltenden Finger- und Zehenspitzen geachtet werden. Zeichen einer venösen Zirkulationsstörung sind deutliche Blauverfärbung (Zyanose), leichte Überwärmung und einsetzende Schmerzen. Eine leichte bläuliche Verfärbung bei erhaltener Sensibilität kann toleriert werden, wenn sich die Kapillaren nach Fingerdruck rasch wieder füllen.
- Erst nach der Trocknungszeit darf der Gips belastet werden.

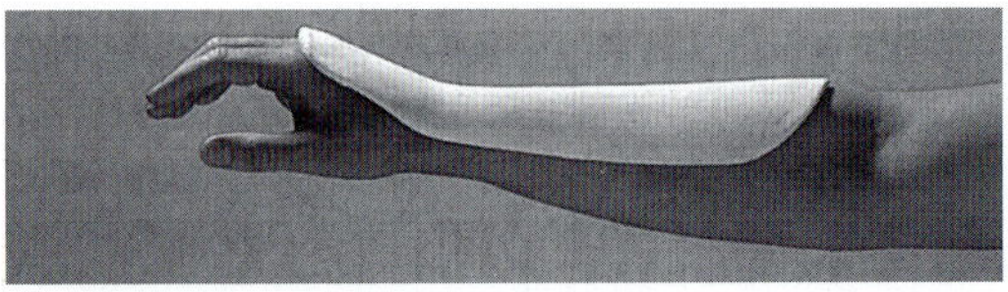

Dorsale Unterarmgipsschiene

- Es ist wichtig, den Patienten über das Verhalten im Gips während der gesamten Tragedauer, über Komplikationen, bei Ruhigstellung der unteren Extremität auch über die Notwendigkeit und Durchführung der medikamentösen Thromboseprophylaxe aufzuklären.

Volare Unterarmgipsschiene

Die volare Unterarmgipsschiene ist als Nachtschiene beim Karpaltunnelsyndrom und darüber hinaus wie auch die dorsale Unterarmgipsschiene indiziert.

VORBEREITUNG

- Materialien (*siehe auch K7, Dorsale Unterarmgipsschiene)*:
  - Trikotschlauch (meist Gr. 5)
  - Polsterwatte 6 cm breit
  - Krepp oder Pretape 6 cm breit
  - Gipslonguette (Breite angepasst).

DURCHFÜHRUNG

- Ziehen Sie Einmalhandschuhe an.
- Messen Sie den Trikotschlauch ab und streifen Sie ihn über.
- Wickeln Sie Polsterwatte und Pretape halb überlappend zirkulär von der Hohlhandfalte bis 2 Querfinger unterhalb der Ellenbeuge.
- Wenn Sie bei der Lagerung des Armes das Handgelenk mit einer 8 cm breiten Mullwickel unterlegen, fällt dem Patienten die Einhaltung der Funktionsstellung leichter.
- Schlagen Sie überstehenden Trikotschlauch um.
- Legen Sie den Arm des Patienten am besten mit der dorsalen Seite auf die Liege, da er ihn so besser ruhig halten kann.
- Messen Sie eine Gipslonguette 8-lagig ab, tauchen Sie sie in Wasser und modellieren Sie sie an.
- Verändern Sie jetzt nicht mehr die Position.
- Fixieren Sie alles mit einer feuchten Mullbinde.
- Kontrollieren Sie den Gips am Folgetag!

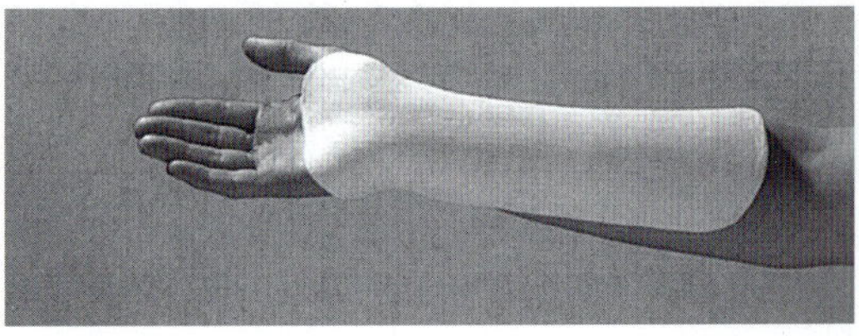

Volare Unterarmgipsschiene

Oberarmgipsschiene

Die Oberarmgipsschiene ist bei Tennisellenbogen, postoperativ nach Schleimbeutelentfernungen und bei nicht dislozierter (unverschobener) Radiusköpfchenfraktur indiziert.

VORBEREITUNG

- Materialien (*siehe auch K7, Dorsale Unterarmgipsschiene*):
  - Trikotschlauch (meist Gr. 5)
  - Polsterwatte 6 cm breit
  - Krepp oder Pretape 6 cm breit
  - Gipslonguette (Breite angepasst).

DURCHFÜHRUNG

- Ziehen Sie Einmalhandschuhe an.
- Messen Sie den Trikotschlauch ab und streifen Sie ihn über.
- Wickeln Sie Polsterwatte und Pretape von proximal der Fingergrundgelenke bis 4 Querfinger unterhalb der Schulterhöhe halb überlappend. Der Ellenbogen ist 90° gebeugt und der Unterarm wird leicht supiniert gehalten, so dass der Patient gewissermaßen in seine Handfläche schaut (Funktionsstellung).
- Schlagen Sie überstehenden Trikotschlauch um.
- Messen Sie eine Gipslonguette 12-lagig ab, tauchen Sie sie in Wasser und modellieren Sie sie an.
- Fixieren Sie alles mit einer feuchten Mullbinde.
- Kontrollieren Sie den Gips am Folgetag!

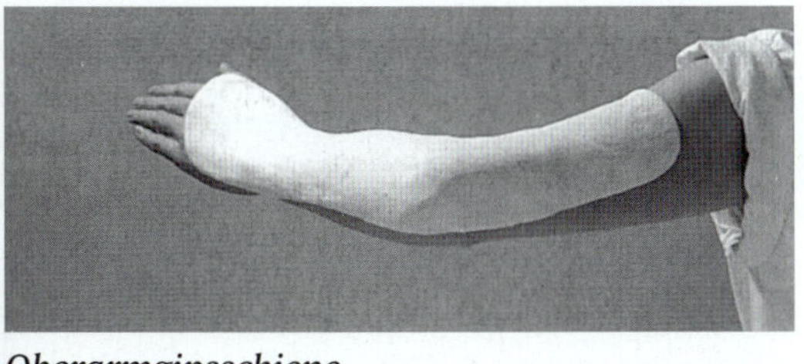

Oberarmgipsschiene

Dorsoplantare Unterschenkelgipsschiene

Die dorsoplantare Unterschenkelgipsschiene wird bei knöchernen Verletzungen im Bereich des Sprunggelenkes, distaler Unterschenkelfraktur, Pilon-tibial-Fraktur sowie als Nachtschiene angefertigt.

VORBEREITUNG

- Materialien (*siehe auch K7, Dorsale Unterarmgipsschiene*):
  - Trikotschlauch (je nach Beinlänge und -umfang; häufig Gr. 7)
  - Polsterwatte (10 cm breit)
  - Gipslonguette (12 cm breit)
  - Mullbinde (8 und 10 cm breit)
  - Pflaster zur Fixierung.

DURCHFÜHRUNG

- Ziehen Sie Einmalhandschuhe an.
- Messen Sie den Trikotschlauch ab und streifen Sie ihn über. Seien Sie in Kniehöhe und über den Zehenspitzen großzügig.
- Wickeln Sie Polsterwatte und Pretape zirkulär halb überlappend von 2 cm über den Zehenspitzen bis 3 Querfinger unterhalb der Kniekehle.
- Messen Sie eine Gipslonguette 8-lagig ab (U-förmig von 3 Querfinger unterhalb der Kniekehle von distal nach medial). Das Bein wird am besten mit einem Maßband ausgemessen.
- Messen Sie danach eine L-förmige Longuettenlage 8-lagig entlang der Wade bis 2 cm über die Zehenspitzen hinaus mit einem Maßband ab.
- Tauchen Sie zuerst die U-Longuette ein und modellieren Sie sie an. Danach wird die L-Schiene platziert. Arbeiten Sie dabei sehr zügig.
- Schlagen Sie überstehenden Trikotschlauch um.
- Während ein Helfer modelliert, reicht der andere zwei (feuchte) Mullwickel, um die Schiene zu fixieren.

- Halten Sie die Funktionsstellung ein (90° im OSG, leichte Pronation). Oft klagt der Patient hierbei über leichte Schmerzen. Bei starken Schmerzen müssen Sie unbedingt Rücksprache mit dem Arzt halten.
- Das Fibulaköpfchen muss frei von Druck sein, da sonst eine Schädigung des N. peronaeus droht.
- Kontrollieren Sie den Gips am Folgetag!

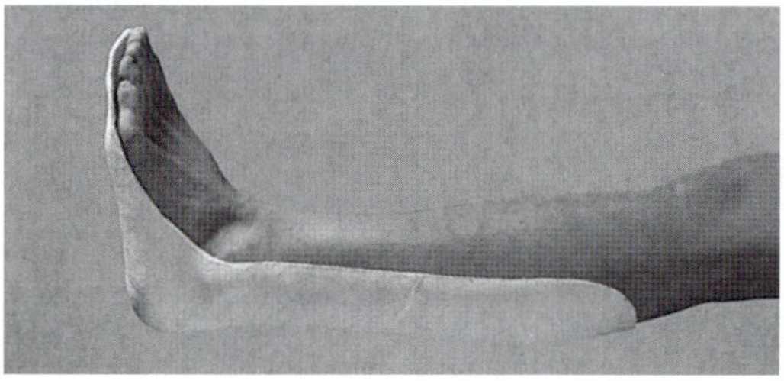

Dorsoplantare Unterschenkelgipsschiene

TIPPS UND PROBLEME BEIM GIPSEN

- **Wichtig**: Passen Sie bei Gipsanlage an den Beinen unbedingt Unterarmgehstützen an – Gipsschienen sind nicht belastungsstabil.
- Führen Sie eine Thromboseprophylaxe durch und leiten Sie den Patienten ggf. dabei an, sich selber eine s.c.-Injektion zu verabreichen (*siehe F19, Subkutane Injektion*).
- Gipse sind nicht wasserfest.
- Nach frischen Verletzungen und operativen Eingriffen dürfen wegen drohender Schwellungszunahme und der Gefahr gefährlicher Gefäß-/ Nervenkompressionssyndrome immer nur Gipsschienen angelegt werden. Auch die Watte muss durchtrennt werden.
- Während der ersten 24 Stunden wird der Gips nicht belastet.
- Wegen möglicher Komplikationen (s.u.) ist die ärztliche Kontrolle eines jeden Gipses am Tage nach der Anlage und auch in der Folgezeit obligat. Hierbei ist jede Beschwerde des Patienten ernst zu nehmen und der Gips gegebenenfalls zu entfernen. Darüber hinaus muss bei Gipskontrollen auf Durchblutung, Sensibilität und Beweglichkeit der stets sichtbar zu haltenden Finger- und Zehenspitzen geachtet werden.
- Zirkuläre Gips- oder Kunststoffverbände dürfen erst nach gesicherter Abschwellung, Wundheilung und Entzündungsfreiheit Verwendung finden.
- Da Gips- und Kunststoffverbände in den meisten Fällen längerfristig getragen werden müssen, ist stets eine Polsterung, besonders der druckexponierten Körperstellen, notwendig. Eine zu dicke Polsterung ist für die Ruhigstellung nicht gut.
- Ein Gips muss eng anliegen, ohne dabei Druck auf Weichteile oder knochenüberspannende Hautpartien auszuüben. Aber auch bei einem einwandfrei angelegten Gipsverband kann es durch Schwellungen und Zirkulationsstörungen zu Einengungen kommen. Beim Auftreten folgender Zeichen sollte der Patient sofort einen Arzt aufsuchen:
  - ständig zunehmende Schmerzen
  - zunehmende Schwellungen an Fingern bzw. Zehen, besonders bei zusätzlicher Blauverfärbung
  - Kältegefühle und wachsweiße Verfärbung der Finger bzw. Zehen
  - Kribbeln oder „pelzige" Gefühle an Fingern bzw. Zehen.
- **Gebrochener Gips:** Da sich Gips nach dem Abbinden nicht mit frischem Gips verbindet, sind Gipsverstärkungen bei gebrochenen Gipsen meist nicht stabil genug. Hier hilft nur ein neuer Gips.
- ***Druckstellen:*** Bei leichten Druckstellen kann ein fester Gips mit einem „Rabenschnabel" geweitet oder zusätzlich gepolstert werden. Dabei handelt es sich um eine Biegezange für angetrockneten Gips.
- **Mögliche Komplikationen:**
  - Gefäß-/Nerven-Kompressionssyndrome
  - Hautdefekte durch Druck oder Scheuerbewegungen
  - Thrombose und Thromboembolie
  - Hautinfektion wegen mangelnder Hygiene
  - Inaktivitätsatrophie von Muskeln, Knochen und Knorpel
  - Gelenkeinsteifung durch Kapselschrumpfung
  - Bewegungseinschränkung durch Adhäsionen des Muskel- und Sehnengleitgewebes.

K8 ABNAHME VON ZIRKULÄREN GIPS- UND CASTVERBÄNDEN

ALLGEMEINES

Grundsätzlich gilt, dass Gipse und Castverbände so kurz wie möglich aber so lange wie nötig verbleiben. Einige Beispiele für durchschnittliche Tragedauern:

Radiusfraktur	5–6 Wochen
Kahnbeinfraktur	6 Wochen Oberarmcast und 6 Wochen Unterarmcast
Grünholzfraktur des kindlichen Radius	2–3 Wochen
Sprunggelenkfraktur nach Osteosynthese	ca. 3 Wochen, danach Aircastschiene (Thromboseprophylaxe s.c.)

Der Gips wird heute meist mit einer oszillierenden Fräse aufgeschnitten. Das Sägeblatt und der Lärm machen besonders Kindern Angst, weshalb Sie sich etwas Zeit nehmen sollten und den Kindern vorher erklären, was Sie tun werden. Vielleicht lassen Sie das Kind die Säge einmal selber halten. Das Sägeblatt ist zwar rund, aber es rotiert nicht sondern oszilliert. Durch die Reibung erhitzen sich das Sägeblatt und das Material. Auf ungeschützter Haut besteht somit Verbrennungsgefahr. Es wird deshalb über einem sicheren Polster (einheitliche Polstertechnik vorausgesetzt) oder über der Muskulatur geschnitten.

VORBEREITUNG

- Sie benötigen eine oszillierende Säge mit entsprechenden Sägeblättern. Die Hersteller bieten verschieden gezackte Sägeblätter an. Ziehen Sie hierzu am besten die Gebrauchsanweisung des Gerätes hinzu.
- Je nach Extremität sitzt oder liegt der Patient so bequem wie möglich am Tisch oder auf einer Liege.
- Der Patientenarm ruht auf einer harten Unterlage. Die entspannte Muskulatur bietet so etwas Raum zwischen Gips und Haut.
- Der zu entfernende Gips/Cast liegt fest auf dem Untergrund.
- Schützen Sie die Kleidung des Patienten mit Einmalabdeckunterlagen oder Plastikschürze.
- Informieren Sie den Patienten, um ihm die Angst vor der Säge zu nehmen.

ERLÄUTERUNG FÜR DEN PATIENTEN

„Ich werde jetzt mit dieser Spezialsäge Ihren Gips/Cast entfernen. Die Säge bewegt sich sehr schnell hin und her und schneidet Ihre Haut deshalb nicht ein. Bitte sagen Sie mir Bescheid, wenn Sie ein Hitzegefühl verspüren, dann müssen wir eine kleine Pause einlegen."

DURCHFÜHRUNG

- Zeichnen Sie sich zunächst die Schnittführung mit einem kräftigen Filzschreiber ein.
- Setzen Sie die Säge proximal an und gehen Sie mit leichtem Druck und viel Gefühl ein. Halten Sie die Fräse dabei mit beiden Händen. Eine Hand fasst die Fräse weit vorne und ruht dabei auf dem Tisch oder der Extremität, um die Schnittiefe zu sichern.

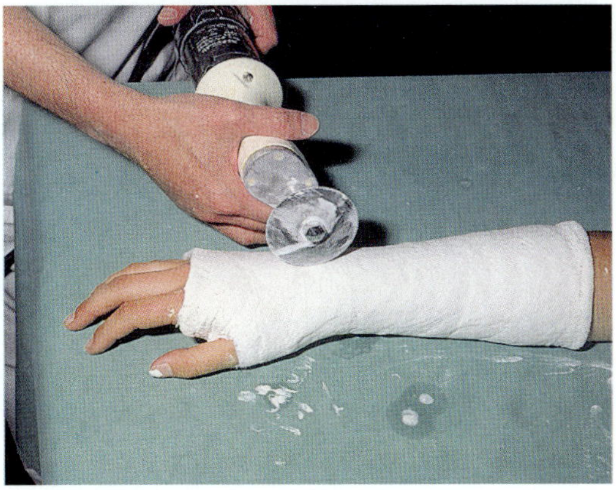

- Heben Sie das Sägeblatt an und drehen Sie die Säge ein kleines Stück, damit das Sägeblatt möglichst gleichmäßig abgenutzt wird. Sägen Sie dann unterhalb der vorherigen Schnittstelle ein.
- Wiederholen Sie dies Schritt für Schritt, bis der Gips/Cast sich entfernen lässt. Sie benötigen in der Regel etwa 10–15 Schnitte, aber unter Umständen können es auch deutlich mehr sein. Sie können auch ein elliptoides Stück über dem Rist herausschneiden und den Gips mit einem Spreizer oder einem sog. Rabenschnabel öffnen.
- Unterhalb der Gips/Castverbände befinden sich noch die Polstermaterialien, die Sie vor dem endgültigen Entfernen mit einer Verbandschere aufschneiden.

TIPPS UND TRICKS

- Wenn Sie den Verband an zwei sich gegenüberliegenden Stellen aussägen, so dass eine Schale entsteht, kann diese für den Patienten schonender entfernt werden.
- Wenn Sie das Sägeblatt nicht drehen, wird es stumpf und heiß, und der Patient kann sich verbrennen!
- Sägen Sie nur das Gips-/Castmaterial durch und niemals die Polsterung.

Notizen

Notizen

L1 UMGANG MIT KINDERN UND SÄUGLINGEN

ALLGEMEINES

Der wichtigste Merksatz im Umgang mit Kindern und Säuglingen lautet: **Kinder sind keine kleinen Erwachsenen**. Aber diese Erkenntnis allein reicht noch nicht aus, um im Umgang mit Kindern sicher zu werden. Aus diesem Grund haben wir nachfolgend einige Punkte zusammengetragen, die Sie sich bei der täglichen Arbeit gelegentlich ins Gedächtnis rufen sollten, sofern Ihnen der Umgang mit den Kleinen noch nicht in Fleisch und Blut übergegangen ist.

HINWEISE ZUM UMGANG MIT KINDERN

- Sprechen Sie Kinder nach Möglichkeit mit dem Vornamen an.
- Begrüßen Sie das Kind zuerst, dann die Eltern. Sie zeigen dem Kind damit, dass es wichtig ist. Anschließend wird es besser mitarbeiten.
- Kommt ein Ihnen bekanntes Kind mit einem kleineren, eventuell neugeborenen Geschwisterchen, sollten Sie sich nicht direkt auf dieses stürzen, sondern auch hier zunächst den Patienten, also das Ihnen bekannte Kind willkommen heißen (z.B. *„Wen hast Du denn da mitgebracht?“)*.
- Sprechen Sie mit dem Kind altersgerecht, also keine Babysprache für alle. Hören Sie am besten dem Kind beim Sprechen zu und lassen Sie sich dann auf seine Sprachebene ein. Dies ist nicht ganz einfach und erfordert etwas Übung.
- Manchmal kann es nützlich sein, mit dem Kind in Abwesenheit der Eltern zu sprechen (besonders bei älteren Kindern).
- Machen Sie das Kind zu Ihrem Verbündeten. Geben Sie ihm beispielsweise (ab dem Schulalter) die Aufgabe, seine Mutter an die Medikamentengabe zu erinnern. Damit erziehen Sie das Kind zur Verantwortungsübernahme für seine eigene Gesundheit.
- Zeigen Sie gegenüber (chronisch) kranken Kindern viel Verständnis, auch bei mangelhafter Mitarbeit und bedrängen Sie es nicht auch noch mit moralischen Vorhaltungen. Ein Kind möchte dazugehören und nicht die Ausnahme sein. Niemals ganz gesund zu werden, ist für ein Kind noch schwieriger zu ertragen als für Erwachsene.
- Sie sollten das Wickeln und Anziehen eines Babys beherrschen. Wenn nicht, nutzen Sie die ersten Tage in der Praxis, um diese Technik bei Kolleginnen oder Müttern abzugucken. Notwendig wird dies beispielsweise, wenn eine Mutter mit mehreren Kindern in Ihre Praxis kommt.
- Kinder werden in der Erwartung einer Spritze nur selten ruhig sitzen bleiben. Rechnen Sie also immer damit, dass sich das Kind wehrt und – willentlich oder unbewusst – um sich schlägt. Halten Sie es im notwendigen Ausmaß fest, um es vor Verletzungen zu schützen.
- Bei Besprechungen zwischen Arzt und Eltern wird das Kind nicht immer ruhig dabei sitzen und zuhören. Sie werden deshalb oft gefordert sein, das Kind abzulenken, ohne das Gespräch zu stören. Gegebenenfalls müssen Sie das Kind auch außerhalb des Sprechzimmers so lange beschäftigen, bis die Unterredung beendet ist.
- Achten Sie darauf, dass im Wartezimmer für Kinder ausreichend Möglichkeiten zur Beschäftigung gegeben sind. Bedenken Sie dabei auch, dass Kinder der verschiedenen Altersgruppen auch verschiedene Spielsachen benötigen. So sollte es neben z.B. normalen Lego-Steinen auch Lego-Duplo geben, für Jugendliche sollten Sie vielleicht entsprechende Zeitschriften auslegen. Sehr kleine Spielsachen bergen für Kleinkinder das Risiko des Verschluckens in sich. Lassen Sie keine Hydrokulturen im Wartezimmer für Kleinkinder stehen. Die Kinder werden geradezu eingeladen, sich die kleinen Kugeln in den Mund zu stecken.
- Versuchen Sie nicht, einem Kind Angst auszureden, sondern zeigen Sie Verständnis und wählen Sie einen leisen Ton und sanf-

ten Umgang. Sagen Sie vor einer Injektion nicht, dass diese nicht weh tut. Natürlich tut sie weh, und wenn das Kind sich getäuscht fühlt, wird es beim nächsten Mal um so schwieriger. Am besten versuchen Sie, das Kind abzulenken. Lenken Sie seine Konzentration z.B. auf Bilder oder Ausblicke aus den Fenstern.

- Machen Sie sich mit dem Umgang eines Flaschenwärmers vertraut. Die Flaschengabe wird bei längeren Wartezeiten schon mal nötig.
- Die Blutentnahme muss meist nüchtern erfolgen. Fragen Sie die Mutter, wann das Kind zum letzten Mal gegessen hat.
- Bei einer Blutentnahme kann es nützlich sein, die Eltern hinauszubitten. Oft sind die Eltern ängstlicher als das Kind selbst und stecken es mit ihrer Sorge an. Versuchen Sie dann, das Kind seinem Alter entsprechend in ein Gespräch zu verwickeln, z.B. mit Fragen nach dem Kindergarten oder der Schule. Bei anderen Kindern hingegen, auch bei den ängstlichen, kann es beruhigend sein, genau zu erklären, was man tun wird.
- Vergessen Sie nach einer Blutentnahme oder anderen unangenehmen Handlungen nie die Belohnung. Halten Sie immer einige Präsente in Vorrat (Spielsachen, Malbücher, Süßigkeiten). Die meisten Pharmavertreter haben geeignete Präsente bei sich. Aber versprechen Sie die Belohnung nicht schon vorher!
- Versuchen Sie, sich auf jedes Kind neu einzustellen und auch einzulassen. Konzentrieren Sie sich darauf, was mit dem Kind geschehen soll und worin seine Ängste bestehen könnten. Ein asthmakrankes Kind mit Atemnot wird es schwer haben, sich einer notwendigen Inhalation auszusetzen und muss individuell herangeführt werden.

L 2 VORSORGEUNTERSUCHUNGEN BEI KINDERN (U2–U10)

ALLGEMEINES

Aufgabe der 10 Vorsorgeuntersuchungen von der Geburt bis zum 15. Lebensjahr ist es, die Entwicklung der Säuglinge zum Kleinkind und Schulkind zu verfolgen, um Störungen frühzeitig zu erkennen.

Man kann die Bedeutung regelmäßig durchgeführter Vorsorgeuntersuchungen gar nicht genug unterstreichen. Je früher Auffälligkeiten in der Entwicklung des Kindes behandelt werden, umso größer ist die Chance, sie zu heilen.

Aber nicht nur für das Kind sind die Untersuchungen wichtig. Die Vorsorgetermine bieten den Eltern die Gelegenheit, in Ruhe alle Fragen zu stellen, die ihnen am Herzen liegen. Gerade beim ersten Kind bestehen oft große Unsicherheiten und Ängste. Die Kinder sind in aller Regel bei diesen Terminen gesund. Die gesamte Situation sollte somit entspannt sein und zu Fragen ermuntern.

Auch für den Arzt ist es wesentlich, die Kinder in gesundem Zustand zu beobachten, um sich ein Bild von ihrer Entwicklung machen zu können. Um eine Vorsorgeuntersuchung verantwortungsvoll durchzuführen, braucht man viel Erfahrung. Am schwierigsten ist dabei die Grenzziehung zwischen noch normalen und schon krankhaften Besonderheiten eines Kindes. Nicht alles, was vom Durchschnitt abweicht, ist schon ein Hinweis auf eine Krankheit. Es gilt auch hier, dass kein Kind wie das andere ist.

Darüber hinaus werden im Laufe der Vorsorge aber auch Störungen der Beziehung von Mutter und Kind zueinander deutlich. Solche Störungen der Interaktion innerhalb der Familie sind sehr ernst zu nehmen, da sie für die Gesundheit und die Entwicklung der Kinder schwere Folgen haben können.

Besonders im ersten Lebensjahr entwickelt sich das Kind sehr schnell. Das ist der Grund

dafür, dass 6 der 10 Vorsorgen im ersten Lebensjahr stattfinden.
Die Neugeborenen-Erstuntersuchung (U1) erfolgt bereits in der Geburtsklinik direkt nach der Geburt.
Jedes Kind bekommt ein gelbes Vorsorgeheft mit auf den Weg, in das die Ergebnisse der einzelnen Untersuchungen eingetragen werden.
All dies macht deutlich, wie wesentlich eine gute Praxisorganisation und Terminplanung der Vorsorgeuntersuchungen ist. Wenn sich die Eltern bei der ersten Untersuchung in der Praxis (U2 oder U3) gut aufgehoben fühlen, werden sie auch weiterhin der Praxis treu bleiben.

VORBEREITUNG

- Auf dem Deckblatt des Vorsorgeheftes sind die von der Krankenkasse vorgegebenen Zeiträume der Untersuchungen vermerkt. In der Regel ist der Praxiscomputer darauf eingerichtet, die allgemeine Angabe (z.B. 6.–7. Lebensmonat) in die persönlichen Daten des Kindes umzuwandeln. Dies erinnert die Eltern, rechtzeitig Termine auszumachen.
- Geben Sie den Eltern beim ersten Vorsorgetermin Informationen über die Praxisorganisation mit (Öffnungszeiten, Telefonzeiten, Notfallerreichbarkeit, Praxisbesonderheiten usw).
- Sprechen Sie bereits am Untersuchungstag die kommende Vorsorgetermine an und setzen Sie nach Möglichkeit die Termine fest.
- Koordinieren Sie soweit wie möglich die Vorsorgetermine mit den Impfterminen, um den Eltern unnötige Wege zu ersparen.
- Vorsorgekinder sind in der Regel gesunde Kinder und sollten daher nicht mit kranken Kindern im gleichen Raum warten. Falls kein eigenes Wartezimmer für diese Kinder zur Verfügung steht, sollten Sie für die Vorsorgetermine gesonderte Zeiten einplanen.
- Ihre wesentlichen Aufgaben bei den Untersuchungen sind im Überblick:
  - Vorbereitung des gelben Vorsorgeheftes
  - Wiegen des nackten Kindes
  - Messen von Körpergröße und Kopfumfang
  - Kontrolle des Impfstatus
  - Durchführung von Stoffwechseltests (U2)
  - Durchführung von Sehtests und Hörtest ab U8
  - Einstimmung von Kind und Eltern auf die Untersuchung.
- Oft erhalten Sie von den Eltern Informationen, die sie dem Arzt gegenüber nicht zu äußern wagen. Sie sind die erste Kontaktperson und somit eine große Hilfe, wenn Sie Ihren Eindruck an den Arzt weitergeben.

DURCHFÜHRUNG

Wenn die oben beschriebenen Vorbereitungen beendet sind, wird der Arzt das Kind untersuchen.

U 2 (3. – 10. Lebenstag)

- Stoffwechselscreening: Im Alter von 3 bis 5 Tagen müssen dem Baby einige Tropfen Blut entnommen werden, um gefährliche Stoffwechselerkrankungen (Hypothyreose, Phenylketonurie, Galaktosämie u.a.) frühzeitig erkennen und behandeln zu können *(siehe L4, Kapilläre Blutentnahme bei Säuglingen und Kleinkindern)*. Aus der Ferse oder einer Vene werden einige Tropfen Blut entnommen und auf eine Karte mit Filterpapierkreisen getropft. Nach 2–4 Stunden Trocknung wird die Karte am gleichen Tag an die Untersuchungsstelle geschickt.

U 3 (4.–6. Lebenswoche)

- Rachitis-Prophylaxe: Reife Neugeborene erhalten täglich 500 mg Vitamin D3 vom Ende der ersten Lebenswoche an bis zum Ende des ersten Lebensjahres. In der Regel wird Vitamin D mit Fluor in einer Tablette kombiniert. Auch gestillte Kinder sollten Vitamin D bekommen.
- Vitamin K-Gabe: Dem Neugeborenen werden 2 Tropfen Vitamin K, z.B. Konakion in den Mund gegeben. Es gibt dafür besondere

Spritzen, die verhindern, dass versehentlich zu viele Tropfen gegeben werden.
- Impf-Informationen sollten Sie schon jetzt den Eltern aushändigen.
- Sonographie der Hüften: Sie dient dem Ausschluss einer Dysplasie der Hüftgelenke, die man nur durch diese Untersuchung rechtzeitig erkennen kann.

U 4 (3. – 4. Lebensmonat)

- Im Anschluss an diese Vorsorge werden die Kinder erstmals geimpft. Fragen Sie zunächst nach, ob die Eltern anhand des früher mitgegebenen Informationsmaterials den Sinn und den Ablauf der Impfungen verstanden haben und ob sie mit der Impfung einverstanden sind.
- Das Gesetz schreibt vor, dass der Arzt selbst die Eltern nochmals über die Impfungen aufklärt. Es wird dabei über mögliche Nebenwirkungen der Impfung sowie über die Krankheiten gesprochen, gegen die geimpft wird.

U 5 (6. – 7. Lebensmonat)

- Spätestens zu diesem Zeitpunkt sollte sicher sein, dass das Kind hört. Zur Testung eignet sich eine Hochtonrassel. Das Kind wendet den Kopf der Schallquelle zu. Man muss darauf achten, dass das Kind die Rassel nicht sieht.
- Die Fähigkeit des Kindes, mit beiden Augen zu fixieren, kann jetzt z.B. mit einem Augenspiegel getestet werden.

U 6 (10. – 12. Lebensmonat)

- Jetzt ist es möglich, die Feinmotorik der Hände genauer zu untersuchen. Hierfür sollten Sie Würfel, flache Plastikknöpfe, die in ein Töpfchen geworfen werden können und ein Spielzeug mit Rädern, das gezogen werden kann, besorgen.
- Auch die Beurteilung der Sprachentwicklung wird jetzt möglich.

U 7 (21. – 24. Lebensmonat)

- Das Problem dieser Vorsorge ist, dass die Kinder meist mit der Untersuchung überfordert sind. Sie wehren sich und schreien. Oft kann man durch Befragen der Eltern mehr über die Entwicklung erfahren als durch die Untersuchung selbst.
- Viele Kleinkinder haben vor einer Untersuchung, besonders vor einer Rachen-Inspektion, Angst und reagieren dann mit Panik. In dieser Situation sind sie auch durch noch so geduldiges Zureden nicht mehr steuerbar. Dann ist es auch für das Kind am besten, diese Situation so schnell wie möglich zu beenden. Setzen Sie das Kind auf Ihren Schoß oder auf die Untersuchungsliege, seinen Kopf an Ihre Schulter gelehnt, und fixieren Sie mit einer Hand seine Stirn, mit der anderen Hand beide Arme. Für die Ohr-Inspektion drehen Sie den Kopf jeweils zur Seite. So vermeiden Sie auch eine Verletzung des Kindes durch Mundspatel oder Ohrenspiegel.

U 8 (43. – 48. Lebensmonat)

- Nachdem man sich schon beim Säugling vergewissert hat, dass er hört, steht jetzt eine genaue Hörprüfung an. Hierzu müssen mit einem Audiometer beide Ohren getrennt geprüft werden Die Kinder bekommen Kopfhörer aufgesetzt und müssen Zeichen geben, auf welchem Ohr sie das Geräusch hören. Es werden mindestens 6 Lautstärken geprüft. Kinder, die noch nie einen Kopfhörer getragen haben, sind oft ängstlich. Es ist also ratsam, vor der Untersuchung schon einmal zu üben.

- **Sehteste:** Es gibt verschiedene Testsets, um das Sehen in die Ferne zu überprüfen. In der Regel verwendet man Tafeln, die aus einem Abstand von 3 Metern betrachtet werden müssen. Die Symbole auf den Tafeln müssen Kindern bekannt sein.
  Wesentlich ist auch hier, beide Augen getrennt zu prüfen. Es gibt Brillen zum Abdecken eines Auges. Achtung: Kinder umgehen das einäugige Sehen gern durch Seitdrehung des Kopfes!
- **Farbsehen:** Es gibt geeignete Farbtafeln, auf denen die Kinder Figuren erkennen müssen. Am häufigsten ist eine Störung des Rot-Grün-Sehens.
- **Urinuntersuchung:** Gefordert wird ein Streifentest, der negativ ausfallen muss. Alle positiven Befunde müssen weiter untersucht werden.

U 9 (60. – 64. Lebensmonat)

- Hörtest und Sehtest sind auch bei dieser Vorsorge erforderlich. Ein zusätzlicher Sehtest ist diesmal die Kontrolle des Raumsehens (Stereo-Lang-Test). Der Test verlangt gutes Licht im Rücken des Kindes. Sie müssen die Testkarte sehr präzise halten. Sie darf dabei nicht bewegt werden und muss parallel zur Augenachse in einem Abstand von 0,5 – 1 m vor dem Kind gehalten werden.

U 10 (11 – 14 Jahre)

- Nur wenige Jugendliche gehen in diesem Alter ohne akute Krankheit gerne zum Arzt. Der Vorsorgegedanke liegt ihnen fern. Es ist daher wichtig, die Eltern auf diese letzte Kindervorsorge aufmerksam zu machen und ihnen die Wichtigkeit der U 10 zu erklären:
  - Durch den Wachstumsschub vor Einsetzen der Pubertät sind die Wirbelsäule und der Bewegungsapparat gefährdet.
  - Die Pubertät schafft starke Veränderungen im Körper. Dies verunsichert viele Jugendliche. Mädchen finden sich oft zu dick und neigen dadurch zu Essstörungen. Auch die Akne ist ein Problem. Jugendliche vergleichen sich untereinander und können unterschiedliche Entwicklungen nicht immer richtig einordnen.
  - Das soziale Umfeld hat jetzt großes Gewicht. Alkohol und Drogen können interessant werden. Probleme mit Freunden oder Freundinnen sind sehr wichtig.
  - Fehlende Impfungen müssen nachgeholt werden.
- Wenn die Jugendlichen über Jahre hinweg ein gutes Vertrauensverhältnis zu Ihrer Praxis aufgebaut haben, kann es gelingen, ein gutes Gespräch zu führen. Man sollte die Jugendlichen fragen, ob sie lieber alleine oder in Anwesenheit der Mutter/des Vaters untersucht werden wollen.

TIPPS UND TRICKS

- Vorsorgen werden von den Krankenkassen nur erstattet, wenn sie innerhalb der festgelegten zeitlichen Grenzen durchgeführt werden. Schon ein Tag Überschreitung führt zur Streichung der Leistung bei der Abrechnung.
- Wenn Sie sich selber einmal das Untersuchungsheft zur Hand nehmen, fallen Ihnen sicherlich eine Reihe von Fragen ein, die denen der Eltern recht ähnlich sein dürften, so dass Sie sich darauf gezielt vorbereiten können

L 3 IMPFUNGEN

ALLGEMEINES

Viele Infektionskrankheiten sind für den Menschen gefährlich. Sie können bleibende Schäden hinterlassen oder sogar tödlich sein. Auch die sog. Kinderkrankheiten verlaufen nicht immer harmlos. So können z.B. Masern eine schwere Gehirnentzündung verursachen, der Keuchhusten bei Säuglingen kann tödlich verlaufen.
Allgemeine Impfungen haben den Sinn,
- *das Risiko einer Infektionskrankheit so niedrig wie möglich zu halten*
- gefährliche Erkrankungen völlig zum Verschwinden zu bringen (Eliminierung)
- Menschen zu schützen, die durch Abwehrschwäche (Immunmangelkrankheiten, Tumoren) nicht geimpft werden können.

In Deutschland besteht keine Impfpflicht. Die Ständige Impfkommission (STIKO) gibt Empfehlungen zur Durchführung der Impfungen heraus. Der Impfplan der STIKO ist die Expertenmeinung für Deutschland, an die man sich möglichst halten sollte (*http://www.rki.de/ GESUND/STIKO/STIKO.HTM* beim Robert-Koch-Institut). Impfungen werden von den Krankenkassen bezahlt. Lediglich einige Reise-Impfungen werden nicht erstattet.

VORBEREITUNG

- Das Praxisteam hat die wichtige Aufgabe, anhand des Impfpasses auf den Impfstatus der Patienten zu achten, sich über neue Impfungen zu informieren und die Patienten auf Impflücken hinzuweisen.
- Da viele Impfungen aufgefrischt werden müssen, sollte man einen Impfplan zur Verfügung haben.
- Der Arzt muss den Patienten bzw. die Eltern über Wirkung und Nebenwirkungen der geplanten Impfung aufklären. Merkblätter, die Sie zuvor den Patienten oder Eltern aushändigen, sind dabei hilfreich. Auf einigen Merkblättern kann das Einverständnis mit einer Unterschrift gegeben werden.
- Nebenwirkungen sind bei modernen Impfungen sehr selten. Manchmal gibt es Fieber oder Reaktionen wie Rötung oder Schmerzen an der Impfstelle. Trotzdem ist es, insbesondere bei Kindern, wichtig, auf mögliches Fieber hinzuweisen (am Impftag oder am folgenden Tag, bei der Masernimpfung erst nach etwa einer Woche!). Eltern sollten ein fiebersenkendes Medikament zu Hause haben.
- Impfstoffe sind temperaturempfindlich! Sie müssen unbedingt im Kühlschrank gelagert werden. Beim Transport darf die Kühlkette nicht unterbrochen werden.
- Kombinationsimpfstoffe enthalten mehrere Impfstoffe in einer Spritze. Bei der Grundimmunisierung der Kinder verwendet man derzeit z.B. einen Sechsfach-Impfstoff.

DURCHFÜHRUNG

Schutzimpfungen gegen

- ***Diphtherie***
- ***Tetanus***
- **Pertussis** *(Keuchhusten)*
- **HiB** *(Hämophilus influenzae B)*
- **Polio *IPV*** *(Kinderlähmung)*
- **Hepatitis B**

- Grundimmunisierung:
  Kombinationsimpfstoff aller sechs Schutzimpfungen in einer Spritze. Es sind 4 Impfungen notwendig im Alter von 2, 3, 4 und 11 bis 14 Monaten.
- Auffrischimpfungen:
  - mit 5–6 Jahren für Diphtherie (verminderte Dosis) und Tetanus (Td)
  - mit 9–17 Jahren für Pertussis, Polio IPV, Diphtherie, Tetanus
  - danach alle 10 Jahre Auffrischung der Diphtherie-, Tetanus- und Polio-Impfung!

Schutzimpfungen gegen Masern, Mumps, Röteln

- Der Kombinationsimpfstoff (**MMR**) muss zweimal im 2. Lebensjahr geimpft werden.

Der Mindestabstand der beiden Impfungen beträgt 4 Wochen. Danach besteht lebenslanger Schutz.

Influenza (Grippe)

- Jedes Jahr im Herbst kommt ein neuer Impfstoff heraus, der der aktuellen Grippesituation angepasst ist – empfohlen für Menschen ab 60 Jahren und Risikopatienten jeden Alters mit chronischen Krankheiten oder Abwehrschwäche. Sie sollen im Herbst einmal geimpft werden.

Pneumokokken

- Angeraten für frühgeborene Kinder ab dem 3. Lebensmonat und für Menschen mit angeborenen oder erworbenen Immundefekten. Die Auswahl des Impfstoffes richtet sich nach dem Alter der Patienten.

Varizellen (Windpocken)

- Angeraten für Jugendliche, die keine Windpocken durchgemacht haben. Außerdem sollten Menschen mit schwerer Neurodermitis und Tumorpatienten geimpft werden, wenn sie keinen Windpockenschutz haben.

FSME (Frühsommer-Meningoenzephalitis)

- Angeraten für Regionen, in denen der Erreger heimisch ist (in Deutschland am Rand der Alpen und in den Mittelgebirgen). Derzeit ist kein für Kinder geeigneter Impfstoff auf dem Markt (ab 12 Jahren). 2 Impfdosen im Abstand von 2 – 4 Wochen. Auffrischung nach 9 – 12 Monaten und alle 3 Jahre.

Hepatitis A

- Empfohlen als Reise-Impfung. Es gibt eine Kombinations-Impfung mit Hepatitis B, die anzuraten ist, falls nicht bereits früher eine Hepatitis B-Impfung durchgeführt wurde. Es sind 2 Impfungen im Abstand von 6 – 12 Monaten notwendig.

Typhus

- Als Reise-Impfung mehr als 10 Tage vor der Abreise. Oraler Lebend-Impfstoff, der dreimal im Abstand von jeweils 2 Tagen 1 h vor der Mahlzeit gegeben werden muss.

Gelbfieber und Cholera

- Für Reisen in bestimmte Länder benötigt man Impfungen gegen Gelbfieber oder Cholera. Die Impfberatung und die Impfdurchführung müssen besonders autorisierte Stellen durchführen. Auskunft geben Gesundheitsämter und Tropeninstitute.

Tollwut

- Bei Reisen in bestimmte Gebiete oder nach Biss durch ein tollwütiges Tier je eine Injektion an den Tagen 0, 7 und 21 nach dem Biss – Auffrischung nach einem Jahr.

TIPPS UND TRICKS

- Impfstoffe sind temperaturempfindlich! Es wäre schlimm, einen nicht wirksamen Impfstoff zu impfen. Ein längerer Transport im PKW ist ein Risiko. Die sicherste Lösung ist, den Impfstoff direkt aus der Apotheke in die Praxis bringen zu lassen, um ihn dort sofort in den Kühlschrank zu legen.
- Denken Sie daran, mit einem Thermometer (am besten einem Minimum-Maximum-Thermometer) die Kühlschrank-Temperatur zu kontrollieren! Bei häufiger Öffnung der Kühlschranktür ist die Temperaturregelung oft überfordert. Enteisen Sie den Kühlschrank regelmäßig. Impfstoffe dürfen auch nicht gefrieren!
- Achten Sie auf die Verfalldaten der Impfstoffe. Es ist nicht einfach, den Bedarf an Impfstoffen so zu planen, dass genügend Vorräte vorhanden sind, aber keine Verluste durch Überschreiten des Verfallsdatums vorkommen.

- Beim Aufziehen der Impfung ist steriles Arbeiten unbedingt erforderlich! Haben Sie den Mut zuzugeben, wenn Ihnen dabei ein Missgeschick passiert.
- Bis auf einige Reise-Impfungen können mehrere Impfstoffe am gleichen Tag verabreicht werden. Impft man nicht alles an einem Tag, muss die nächste Impfung mindestens in einem 4-wöchigen Abstand erfolgen. Wenn die empfohlenen Abstände nicht eingehalten werden können, geht die Wirkung bereits gemachter Impfungen aber nicht verloren. Man muss also nicht von vorne anfangen.
- Moderne Impfstoffe sind so gut verträglich, dass ein leichter Schnupfen oder Kratzen im Hals kein Grund mehr sind, die Impfung zu verschieben. Bei fieberhaften Erkrankungen oder Durchfall sollte aber nicht geimpft werden.

L4 KAPILLÄRE BLUTENTNAHME BEI SÄUGLINGEN UND KLEINKINDERN

ALLGEMEINES

Die Gewinnung von Kapillarblut reicht bei Kindern für viele Untersuchungen aus. Bei Frühgeborenen und Neugeborenen sowie bei Säuglingen im ersten Lebenshalbjahr werden Fersenpunktionen bevorzugt, bei größeren Säuglingen, bei Kleinkindern und bei Schulkindern bevorzugt man das Fingerendglied. Ab dem Schulalter kann das Ohrläppchen als Alternative zum Fingerendglied punktiert werden. Erforderliche Blutmengen von mehr als 0,1 ml oder ein Schockzustand verbieten im Allgemeinen eine kapilläre Blutentnahme. Die Hautstelle, an der das Blut entnommen wird, darf nicht krankhaft verändert sein.

VORBEREITUNG

- Materialien

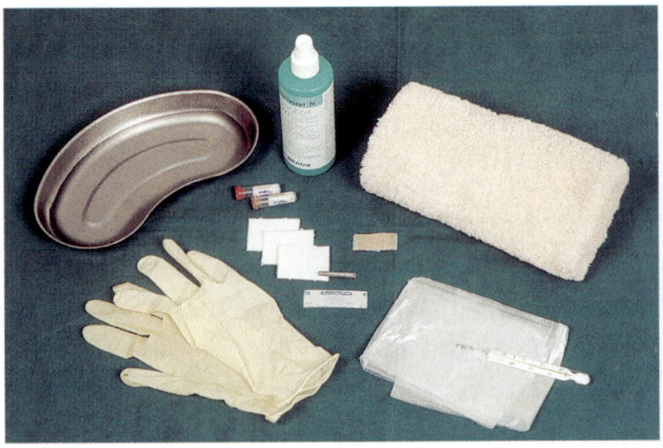

  - *sterile Lanzetten*
  - *Handschuhe*
  - *alkoholisches Desinfektionsmittel*
  - *z.B. Pur-Zellin-Tupfer*
  - *Pflaster*
  - *Handtuch*
  - *Plastiktüte*
  - *Schale mit warmem Wasser*

– *Thermometer*
– *zuvor beschriftete Entnahmeröhrchen.*

ERLÄUTERUNG FÜR DAS KIND

„Ich möchte dir etwas Blut entnehmen. Dazu muss ich dich mit einer Nadel pieken. Du wirst den Einstich spüren, aber er wird nicht schlimm sein. Bestimmt hat dich zu Hause auch schon mal etwas Spitzes gepiekt. Das Blut, das ich dir entnehme, wird auf ... untersucht. Der Doktor weiß dann besser, wie es deinem Körper geht."

- Grundsätzlich sollten kleine Kinder nach einer Untersuchung beim Kinderarzt eine kleine Anerkennung für ihre Mitarbeit erhalten. Bereits vorher Belohnungen in Aussicht zu stellen, ist jedoch etwas anderes und wird von der Mutter schnell instrumentalisiert und auch mir Drohungen verbunden (*„Wenn du nicht artig bist, gibt es eben keine Belohnung."*)
- Manche Kinder haben vor Blutentnahmen Angst. Diese Angst lässt sich vielfach nehmen, wenn ehrlich und geduldig mit den Kindern geredet wird. Oftmals hilft auch ein „kranker Teddy" oder eine „kranke Puppe", an denen die bevorstehende Untersuchung oder Blutentnahme demonstriert wird. Die Zeit, die man sich anfangs für die kleinen Patienten nimmt, macht sich meist längerfristig bezahlt, weil die Kinder bei späteren Arztbesuchen besser mitarbeiten. Versetzen Sie sich in die Situation des Kindes: Wenn Sie Angst haben, wollen Sie nicht auch noch überrumpelt werden.

DURCHFÜHRUNG

- Die exakte Entnahmetechnik ist sehr wichtig für verlässliche Ergebnisse.
- Bis zum ersten Lebenshalbjahr erfolgt die Entnahme an der Ferse, später am Fingerendglied. Ab dem Schulalter kann alternativ zum Fingerendglied auch das Ohrläppchen genommen werden.
- Zur Erhöhung der Hauttemperatur auf 38–40°C werden die Hand oder die Ferse in ein Handtuch gewickelt, das mit warmem Wasser durchtränkt ist. Damit es nicht zu Verbrennungen kommt, muss die Temperatur gemessen werden. Über das feuchte Tuch wird zur Erhaltung der Wärme und zur Schonung der Bettwäsche eine Plastiktüte gestülpt. Erklären Sie den Kindern oder Eltern, warum Sie dies tun. Trockene Wärme (Heizlampen) und hyperämisierende (die Durchblutung steigernde) Salben (z.B. Finalgon) werden im Kindesalter nicht empfohlen.
- Desinfizieren Sie die Haut über der Punktionsstelle mit einem in alkoholischem Desinfektionsmittel getränkten sterilen Mulltupfer. Mit der Punktion müssen Sie so lange warten, bis die Lösung vollständig getrocknet ist (etwa 60 s), da Reste von Wasser oder Alkohol eine Hämolyse auslösen können. Wegen der Gefahr des Einbringens von Bakterien werden immer sterile Tupfer verwendet.

Punktion der Ferse (bis 6 Monate)

- Die Fersenpunktion erfolgt an der Fußsohle außerhalb der äußeren und mittleren Oberflächen des Fersenbeins

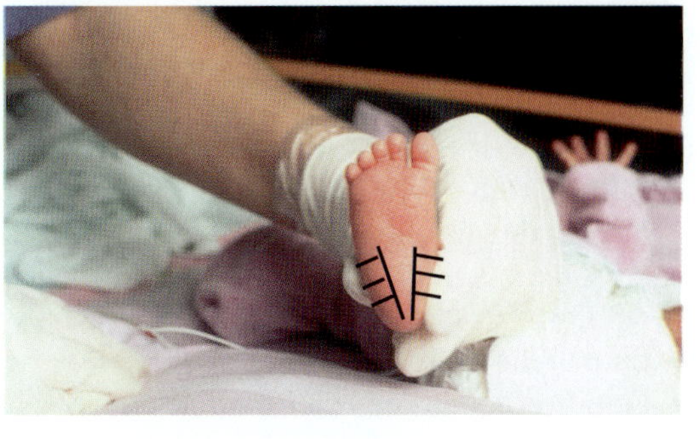

Vorsicht: In Bereichen direkt über dem Fersenbein kann durch die Punktion eine Knochenhautverletzung mit anschließender Entzündung verursacht werden.

- Der Griff um die Ferse erfolgt mit dem Zeige- und Mittelfinger über Außen- und Innenknöchel und dem Ringfinger und Kleinfinger über dem Fußrücken, der Daumen liegt über der Fußsohle und bildet einen Ringschluss mit dem Zeigefinger. Diese beiden Finger kontrollieren den Druck, der im Fersenbereich entsteht.

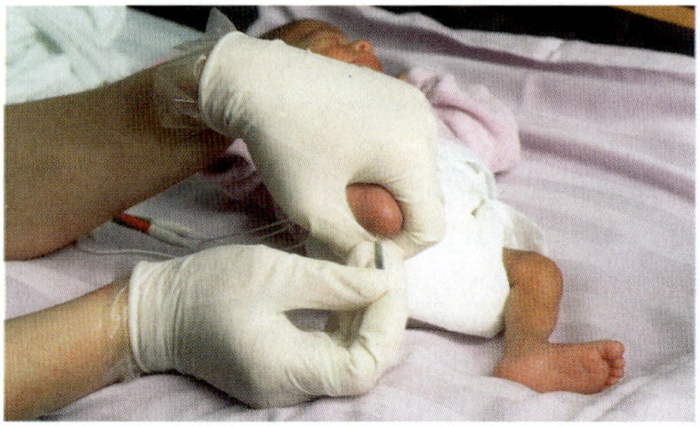

- Punktiert wird mit einer sterilen Lanzette, wobei der erste austretende Blutstropfen weggewischt wird, denn er enthält Gewebeflüssigkeit, welche die Testresultate verfälscht. Durch Senken und Erhöhen des Daumendrucks und durch Ausstreichen des Blutes in Richtung der Einstichstelle bilden sich Blutstropfen an der Punktionsstelle. Diese werden mit einem Kapillarröhrchen oder speziellen Probengefäßen aufgefangen.

TIPPS UND TRICKS

- Die stärkere Neigung zur Hämolyse der Erythrozyten bei Neugeborenen kann bei starkem Druck auf das Gewebe während der Entnahme zu falsch hohen Kaliumwerten führen, weil – wie in allen Körperzellen – auch in den Erythrozyten ein deutlich höherer Kaliumwert als im Plasma vorliegt. Wird ein Erythrozyt zerstört, ergießt sich das Kalium in die Blutbahn.
- Eine Erhöhung der Hauttemperatur an der Punktionsstelle auf 38–40°C führt zu einer Erweiterung der Arteriolen und damit zu einem vermehrten Blutfluss in den Punktionsbereichen. Dies ist Voraussetzung für verlässliche Werte kapillarer Blutanalysen und ermöglicht im Allgemeinen die Gewinnung größerer Blutmengen mit einer einzigen Punktion. Fuß oder Hand werden dazu in ein 40°C warmes feuchtes Tuch gewickelt (immer die Temperatur des Wassers messen, zu hohe Temperatur kann Verbrühung verursachen). Die Punktion sollte nach etwa 3–5 min erfolgen.
- Für die kapilläre Blutentnahme bei Säuglingen gibt es spezielle Lanzetten, deren Einstichtiefe nicht wie beim Erwachsenen 2,2–2,4 mm, sondern 1,4/ 1,9 bzw. 2 mm beträgt.

PROBLEME UND SONDERFÄLLE

- **Kontraindikationen:** Die Haut an der Stelle der kapillären Blutentnahme darf nicht krankhaft verändert sein. Unbedingt vermieden werden sollte die wiederholte Punktion an gleicher Stelle (hohes Infektionsrisiko).
- **Größte Gefahr:** Bei zu tiefer Punktion besteht das Risiko einer Verletzung der Knochenhaut, die sich unter der Punktionsstelle befindet (mit nachfolgender Osteomyelitis). Daher soll die Punktionstiefe 2,4 mm nicht übersteigen, wobei es auch Hinweise dafür gibt, dass 1,9 mm das eigentliche Maximum bedeuten. Die Eindringtiefen der Lanzetten sind auf der Verpackung angegeben.

Notizen

M 1 ANLAGE EINES BLASENKATHETERS

ALLGEMEINES

Die normale Urin-Ausscheidung erfolgt willkürlich, kontrolliert und schmerzfrei. Der gesunde Urin ist klar und je nach Konzentration hell- oder dunkelgelb und weist keine sichtbare Beimengung auf. Die normale Urinmenge beträgt (in Abhängigkeit von der Trinkmenge) 1–2 l pro Tag. Eine Rotverfärbung weist meist auf eine Blutung (Makrohämaturie) hin, allerdings kann die Verfärbung auch durch Rote-Beete ausgelöst werden. Hier empfiehlt sich also auch kurzes Nachfragen. Bierbrauner Urin weist auf eine Gallenabflussstörung hin. Eine grün-blaue Verfärbung kann z.B. durch Kontrastmittel entstehen. Ein trübes und wolkiges Aussehen (Eiter oder Schleim) des Urins findet man häufiger bei Entzündungen der Harnwege sowie bei Diabetikern (wegen der erhöhten Eiweißausscheidung aufgrund der Nierenschädigung).

Störungen der Urin-Ausscheidung sind Inkontinenz, die schmerzhafte Ausscheidung, der Harnverhalt, die Polyurie (> 2 l Urin pro Tag), Oligurie (< 0,5 l pro Tag) und die Anurie (< 0,1 l pro Tag). Weitere Hinweise auf Störungen der Urin-Ausscheidung (und der Nieren-Funktion) ergeben sich durch einen ungewöhnlichen stark riechenden Urin, wie z.B. bei Diabetikern, Harnwegsinfekten oder Tumoren. Allerdings kann es auch hierfür eine einfache Erklärung geben, wie z.B. den Verzehr von Spargel.

Man unterscheidet bei der Katheterisierung zwischen Blasen-Einmalkatheter, Blasen-Dauerkatheter, suprapubischem Blasenkatheter und Urostoma. Ziel einer Katheterisierung ist es, einen freien Abfluss zu schaffen. Weitere Gründe sind z.B. eine präzise Bilanzierung der Nierenleistung oder, aus diagnostischen Gründen, die Bestimmung des Restharns und die mikrobiologische Untersuchung.

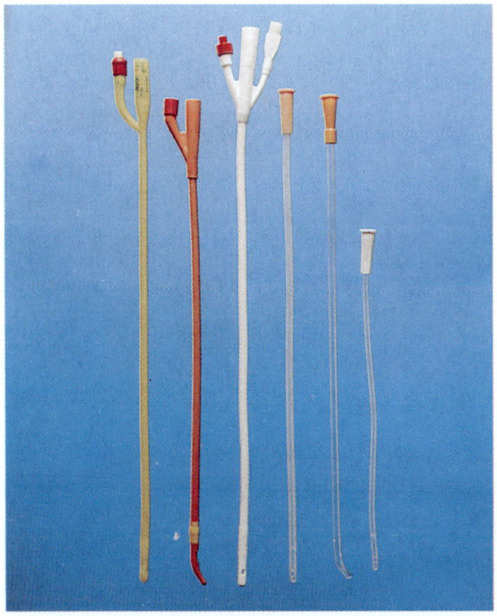

Die Systeme von links nach rechts:

- *a Nélaton-Dauerkatheter ♀, ♂: Blockung durch 5–30 ml Aqua dest.-Lösung; die jeweils notwendige Füllmenge ist auf dem Katheter vermerkt*
- *b Tiemann-Katheter: mit sich verjüngender Spitze ♂*
- *c Nélaton-Spülkatheter: Dauerkatheter mit zusätzlicher Spülleitung ♀, ♂*
- *d Nélaton-Einmalkatheter ♂*
- *e Mercier-Einmalkatheter ♂*
- *f Nélaton-Einmalkatheter ♀*

Die Größenangabe erfolgt über den inneren Durchmesser in Charrière (1 Ch = 1/3 mm). In der Regel werden die Größen 16-18 Ch verwendet.

VORBEREITUNG

- Zusätzlich benötigen Sie ein Händedesinfektionsmittel (nicht abgebildet).
- Arbeiten Sie mit einer Hilfsperson.
- Lagerung der Frau: Oberkörper flach, Gesäß erhöht, Beine gespreizt und an beiden Seiten aufgestellt.
- Lagerung des Mannes: Beine geschlossen, Nierenschale direkt unter dem Penis auf den Beinen.

- Materialien:

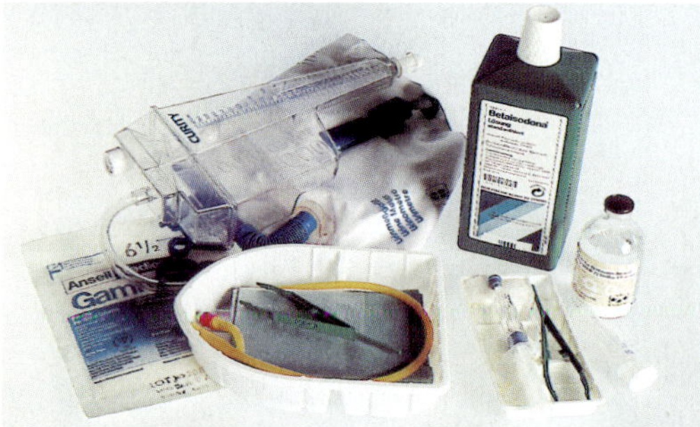

  - *wasserdichte Unterlage*
  - *steriles Ablagetuch*
  - *steriles Abdecktuch*
  - *Handschuhe*
  - *anatomische Pinzette*
  - *anästhesierendes Gleitgel*
  - *Desinfektionslösung*
  - *Tupfer*
  - *Auffangschale*
  - *Spritze mit 5-15 ml Aqua dest. (abhängig von Kathetergröße) (für Dauerkatheter)*

  zusätzlich:
  - *2 sterile Einmalkatheter (Größe beachten)*
  - *Urinbeutel mit Aufhängevorrichtung und Klemme.*

DURCHFÜHRUNG

- Informieren Sie den Patienten über Ihre Vorgehensweise.
- Lagern Sie den Patienten zunächst flach.
- Desinfizieren Sie Ihre Hände (*siehe C4, Desinfektion und Hygiene in der Praxis*).
- Setzen Sie das Katheterset zwischen oder neben die Beine des Patienten und öffnen Sie es.
- Breiten Sie eine sterile Unterlage aus. Sie können diese sterile Fläche auch als Ablageplatz für sterile Materialien verwenden.
- Übergießen Sie die sterilen Tupfer mit Desinfektionsmittel.
- Trennen Sie das kurze Stück der perforierten Katheterhülle ab und legen Sie den Katheter griffbereit auf der sterilen Unterlage ab.
- Streifen Sie sterile Handschuhe über.

Frau

- Eine Hand spreizt die Schamlippen.
- Desinfizieren Sie mit jeweils einem getränkten sterilen Tupfer die äußeren und inneren Schamlippen sowie die Urethra-Öffnung in Richtung Damm.

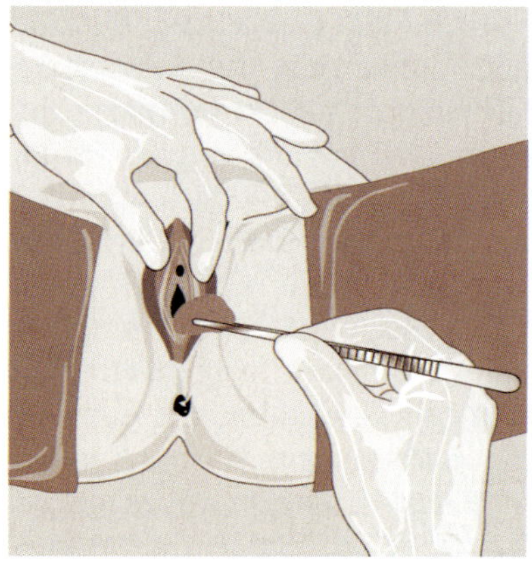

- Der letzte Tupfer wird vor den Vagina-Eingang gelegt.
- Es sollten bei der Desinfektion alle Tupfer verbraucht werden.
- Für Frauen ist es auch angenehmer, wenn Sie ein Gleitmittel benutzen.
- Die spreizende Hand wird belassen, die andere Hand fasst den Katheter mit der Plastikhülle und schiebt das bereits freigelegte Ende etwa 5 cm in die Urethra ein.

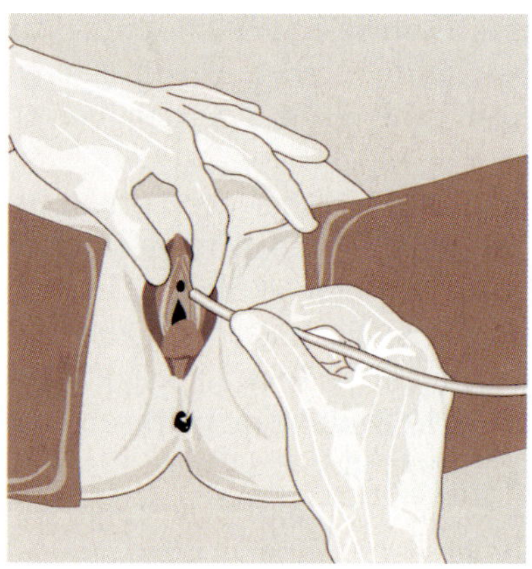

- Sobald der Urin abläuft, schieben Sie den Katheter nicht mehr weiter vor und blocken ihn.
- Entfernen Sie den Tupfer aus der Vagina.

Mann

- Schieben Sie die Vorhaut bis hinter den Kranz zurück.
- Eine Hand fasst den Penis, die andere Hand desinfiziert die Glans und die Urethra-Öffnung.

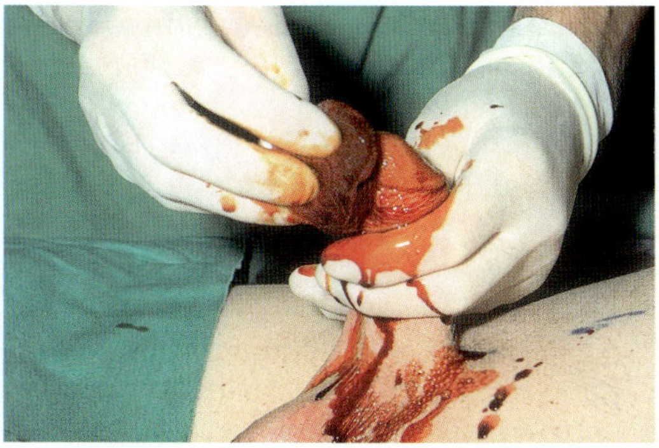

- Es sollten bei der Desinfektion alle Tupfer verbraucht werden.
- Mit der freien Hand instillieren Sie das lokalanästhetikumhaltige Gleitmittel in die Urethra. Drücken Sie sie mit einem Finger am Penis ab. Dadurch wird das Herauslaufen des Gleitmittels zunächst verhindert, und das Lokalanästhetikum kann seine Wirkung entfalten.

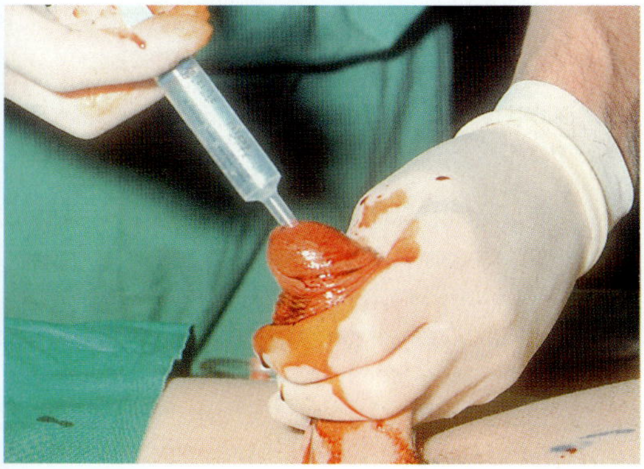

- Mit einer Pinzette oder einer zweiten sterilen Hand (Hilfsperson) führen Sie den Katheter in den nach oben gestreckten Penis ein. Stabilisieren Sie das lange Ende des Katheters dabei mit Klein- und Ringfinger.

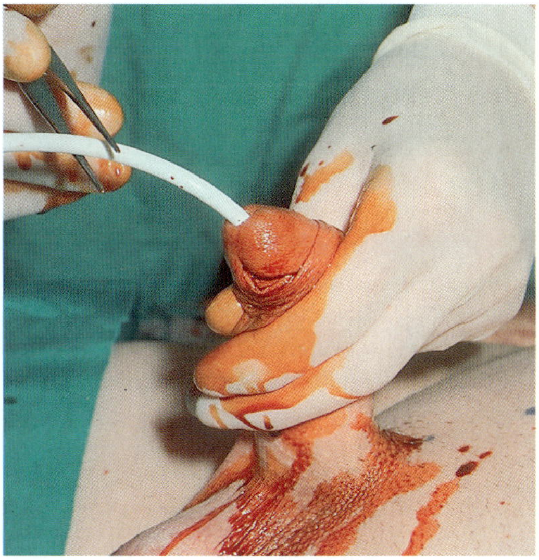

- Führen Sie den Katheter vorsichtig etwa 5-7 cm ein.
- Senken Sie dann den Penis und ziehen Sie ihn leicht nach vorn.

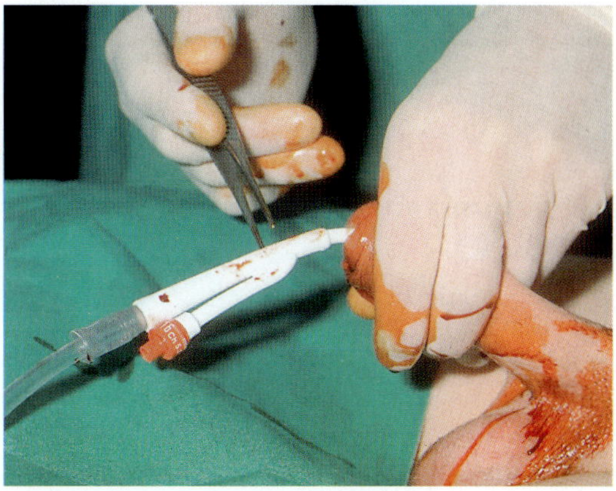

- Schieben Sie den Katheter weiter vor, bis Urin abfließt.
- Bei Dauerkatheter: Streifen Sie die Vorhaut wieder über die Eichel.

- Schließen Sie den Urinbeutel an.

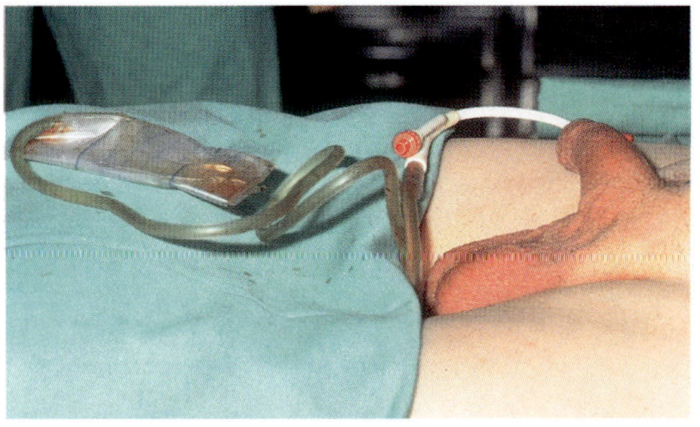

- Blocken Sie mit 5 – 15 ml Aqua destillata (abhängig vom Kathetertyp) durch das blind endende Einlassventil an der Seite des Katheters. Verwenden Sie keine NaCl-Lösung, da dies zur Verstopfung des Inflationskanals führen kann.

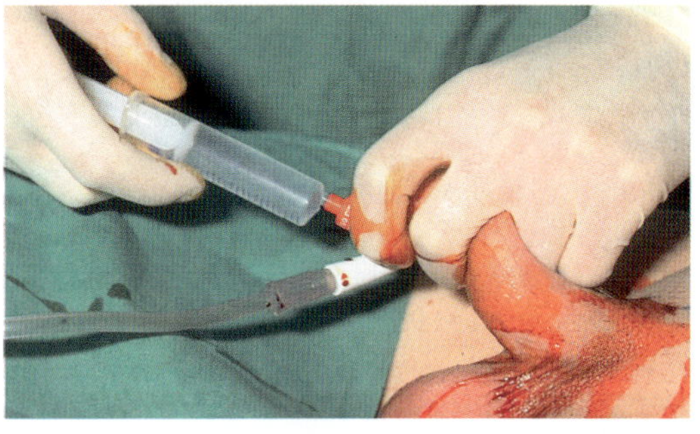

- Ziehen Sie den Katheter vorsichtig zurück, bis Sie einen Widerstand spüren.

Entfernung eines Katheters

- Legen Sie eine Auffangschale zwischen die Beine des Patienten.
- Saugen Sie die Blockungsflüssigkeit mit einer ausreichend großen Spritze durch das blinde Ende am Katheter ab.
- Entfernen Sie den Katheter durch leichten Zug und werfen Sie ihn sogleich fort.

TIPPS UND TRICKS

- Beim Katheterisieren des Mannes kann es einige Zeit dauern, bis Urin fließt, wenn das Gleitmittel den Katheter verstopft oder die Blase nicht gefüllt ist.
- Hängen Sie einen Urinbeutel wegen der Rückflussgefahr des Urins nicht über das Niveau der Blase. Wenn es unvermeidlich ist, müssen Sie den Schlauch abklemmen.
- Denken Sie beim Wechsel des Urinbeutels an die Einhaltung der aseptischen Bedingungen für das Ansatzstück des Beutels.
- Bei vorsichtigem Vorgehen sind Verletzungen der Harnröhre kaum zu befürchten. Trotzdem kommt es durch Katheterisierung relativ häufig zu Narbenbildung mit anschließenden Verengungen (Strikturen) in der Harnröhre, die einige Probleme nach sich ziehen können. Legen Sie einen Katheter niemals leichtfertig z.B. für ein Uricult.
- Sind bereits Harnröhrenstrikturen vorhanden, wird ein kleiner Katheter oder ein Gummikatheter verwendet.
- Treten während der Katheterisierung Spasmen (Krämpfe) der Harnröhre auf, ist kurzes Zuwarten oft ausreichend.
- Latex-Katheter sollten wegen der Gefahr einer chemisch-toxischen Urethritis nicht mehr verwendet werden.

PROBLEME UND SONDERFÄLLE

- **Einführen in die Vagina:** Wenn Sie den Katheter bei einer Frau versehentlich in die Vagina eingeführt haben, belassen Sie ihn dort, um die Desinfektion nicht durch Herausziehen aus der Vagina zu gefährden. Verwenden Sie einen zweiten Katheter, und entfernen Sie erst später den fehlplatzierten.

Verbandwechsel bei suprapubischem Blasenkatheter

Ein suprapubischer Blasenkatheter wird ausschließlich von Ärzten gelegt. Obwohl Sie es sich vielleicht anders vorstellen, besitzt ein solcher Katheter ein geringeres Infektionsrisiko als ein transurethraler Blasenkatheter. Die wichtigsten Indikationen dazu sind Harnröhrenstrikturen, Prostatahyperplasie oder starke Entzündungen und inzwischen auch

die Verwendung als Dauerlösung bei inkontinenten Patienten.
Ein trockener Verband des suprapubischen Blasenkatheters wird etwa alle 2–3 Tage gewechselt. Wenn der Verband verschmutzt oder feucht geworden ist, muss er sofort gewechselt werden.

- Materialien:
  - sterile Tupfer
  - Fixomull
  - Verbandschere
  - Desinfektionslösung
  - sterile Handschuhe.
- Achten Sie beim Verbandwechsel darauf, den Katheter festzuhalten, denn manchmal sind die suprapubischen Blasenkatheter nicht angenäht.
- Entfernen Sie zunächst den alten Verband.
- Säubern Sie die Kathetereintrittsöffnung und den Katheter selber mit einem sterilen Tupfer und Sterilium von angetrocknetem Wundsekret.
- Tragen Sie eventuell eine Hautschutzlotion auf die die Punktionsstelle umgebende Haut auf. Eventuell wurde auch eine antibiotisch wirksame Salbe verordnet.
- Schneiden Sie nun einen Tupfer y-förmig ein und legen Sie ihn um den Katheter auf die Bauchdecke.
- Legen Sie einen zweiten Tupfer flach darüber.
- Fixieren Sie alles mit Fixomull, wobei Sie darauf achten sollten, dass Sie 1–2 cm des Katheters mit festkleben.

Urinprobe

Bei einer Urinprobe aus einem Blasenkatheter sollten Sie den Katheter für einige Minuten abklemmen, damit sich etwas Urin in der Blase ansammeln kann. Später lassen Sie dann die erforderliche Menge Urin aus dem Katheter in das Probengefäß laufen, nachdem Sie den Urinbeutel abgestöpselt haben. Nehmen Sie nie Urin aus dem Katheterbeutel, da dieser sich bereits durch das lange Stehen im Beutel in seiner Zusammensetzung verändert haben kann.

M2 UROFLOWMETER

ALLGEMEINES

Bei der Uroflowmetrie wird die Druckstärke des Harnstrahls gemessen. Aus den Ergebnissen lassen sich Rückschlüsse auf eventuelle Blasenentleerungsstörungen, Harnröhrenverengungen (Strikturen) oder eine Prostatavergrößerung ziehen.

VORBEREITUNG

- Das Gerät besteht aus einem Aufzeichnungsapparat, ähnlich dem beim EKG, und einem Urodynamik-Stuhl.
- Die Blase des Patienten muss maximal gefüllt sein.
- Sorgen Sie dafür, dass sich der Patient ungestört fühlt, da das Schamgefühl den Harnfluss sehr hemmen kann.

DURCHFÜHRUNG

- Das Aufzeichnungsgerät wird bei Frauen auf 50 ml/s und bei Männern auf 25 ml/s eingestellt. Frauen haben eine kürzere Harnröhre und dadurch einen kräftigeren Strahl.
- Weisen Sie den Patienten an, vor dem Wasserlassen auf den Knopf des Aufzeichnungsgerätes zu drücken, die Blase vollständig zu entleeren und anschließend den Knopf erneut zu betätigen.
- Der Patient nimmt auf dem Stuhl Platz und lässt Wasser.
- Unter dem Messgerät befindet sich ein Auffangbecher, an dem Sie die Urinmenge ablesen können.
- Reinigen und desinfizieren Sie abschließend Stuhl, Trichter und Messbecher.

TIPPS UND TRICKS

- Lassen Sie den Patienten, der mit gefüllter Blase in Ihre Praxis gekommen ist, zunächst für eine Weile im Wartezimmer Platz nehmen. Auf diese Weise entspannt er sich besser und spürt den Harndrang deutlicher. Meldet sich der Patient nun, weil der Druck zu stark wird, ist der Harnfluss bei der Messung in der Regel garantiert.

- Bleibt der Harnfluss dennoch aus, hat dies oft psychische Gründe. Hier hilft oft sichtbar und hörbar fließendes Wasser (z.B. am Waschbecken) oder das Trinken eines Glases kalten Wassers.

PROBLEME UND SONDERFÄLLE

- **Häufige Fehlerquelle:** Sie müssen dem Patienten sehr deutlich machen, dass er den Schalter des Uroflowmeters vor dem Einsetzen des Harnflusses betätigt.

M3 ZYSTOSKOPIE

ALLGEMEINES

Eine Zystoskopie (gr. „zyst“ = Blase, „skopein“ = schauen; Blasenspiegelung) wird meist bei Blasenentleerungsstörungen, wiederkehrenden Blasenentzündungen (rezidivierende Zystitis) oder Blutungen aus der Harnröhre durchgeführt. Die Patienten haben vor dieser Untersuchung Angst und das nicht ganz zu Unrecht, denn schließlich wird ein (dünnes) Gerät in die Harnröhre eingeführt. Die meisten Menschen fühlen sich bei dieser Vorstellung nicht wohl, dennoch ist die Untersuchung kaum schmerzhaft.

VORBEREITUNG

- Materialien:

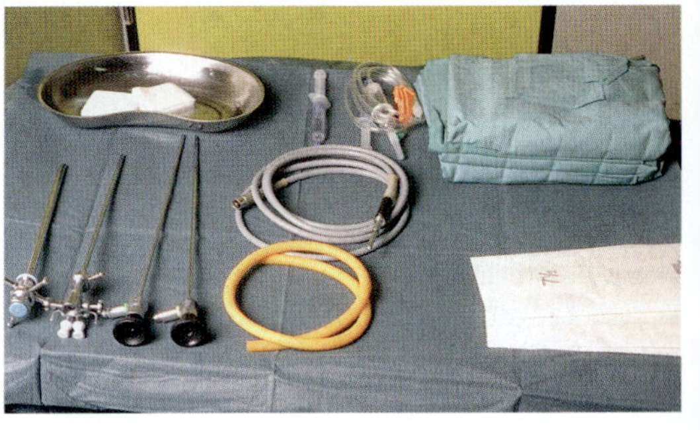

  - *sterile Unterlage*
  - *sterile Tupfer*
  - *Desinfektionslösung*
  - *lokalanästhesierendes Gel (z.B. Instillagel)*
  - *Glaszylinder mit 1 l lauwarmem Wasser (nicht abgebildet)*
  - *Zystoskop – Der Schaft des Zystoskops kann unterschiedlich dick sein. Der Durchmesser wird in Charrière gemessen (1 Ch = 1/3 mm). Bei einem Durchmesser von 16 – 18 Ch ist die Untersuchung nahezu schmerzfrei. Sind jedoch weitere Eingriffe während der Untersuchung zu erwarten, wie z.B. eine Probebiopsie, muss der Schaft des Zystoskops größer gewählt werden, damit durch*

ihn hindurch die kleine Zange eingeführt und mitsamt dem Gewebestück wieder herausgeführt werden kann.

- Schaffen Sie eine sterile Arbeitsfläche.
- Auf den Schaft wird die Arbeitseinheit geschraubt, an der ein Schlauch für den Zulauf und einer für den Ablauf von Spülflüssigkeit angeschlossen wird.
- Durch den Einsatz wird die Optik in den Schaft geschoben.
- Schließen Sie anschließend die Kaltlichtquelle an.
- Das zusammengelegte Instrument wird dann auf einem sterilen Tuch abgelegt.
- Verbinden Sie den Schlauch mit dem Zystoskop. Dadurch steht dem Untersucher während der gesamten Untersuchungszeit (Spül-)Flüssigkeit zur Verfügung, die er in das Zystoskop leiten und dadurch seine Sicht verbessern kann.

ERLÄUTERUNG FÜR DEN PATIENTEN

„Wir möchten bei Ihnen eine Blasenspiegelung durchführen. Dazu wird der Arzt einen dünnen Schlauch in Ihre Harnröhre einführen. Das ist sicher nicht angenehm, doch längst nicht so schmerzhaft, wie es sich die meisten Patienten vorstellen. Erscheinen Sie zum Termin bitte nüchtern und essen und trinken Sie einige Stunden vorher nichts mehr. Vor der Untersuchung stellt der Arzt mit Hilfe einer Blutuntersuchung Ihre Gerinnungswerte fest, denn bei einer Gerinnungsstörung darf unter Umständen keine Blasenspiegelung durchgeführt werden. Am besten gelingt die Untersuchung, wenn Sie sich so gut es geht entspannen. Nach der Untersuchung wird es beim ersten Wasserlassen wahrscheinlich brennen. Auch Blut kann dabei sein. Das ist nach einer solchen Untersuchung jedoch normal."

DURCHFÜHRUNG

- Lassen Sie den Patienten auf dem Untersuchungsstuhl Platz nehmen.
- Bei einem männlichen Patienten wird der Arzt nun ein Gleitmittel mit örtlich betäubender Wirkung (z.B. Instillagel) in die Harnröhre injizieren und anschließend für einige Minuten eine Penisklemme aufsetzen, damit das Gel nicht wieder herausläuft.
- Reichen Sie dem Arzt nun die sterilen Handschuhe und anschließend einen mit Desinfektionslösung getränkten sterilen Tupfer an.
- Nun geben Sie dem Arzt das Zystoskop und das Gleitmittel.
- Stellen Sie nun die Spülung an.
- Achten Sie während der Untersuchung darauf, dass genügend Spülflüssigkeit im Zylinder vorhanden ist und dass der Ablaufschlauch im Ablaufbecken liegt.
- Versuchen Sie, beruhigend auf den Patienten einzuwirken.
- Spülen Sie nach der Untersuchung alle Geräte zunächst mit lauwarmem Wasser ab.
- Zerlegen Sie nun alle Geräte in die Einzelteile und geben Sie diese für etwa 20 min in eine Wanne mit Desinfektionsmittel.
- Spülen Sie nun mit Aqua destillata nach und legen Sie die Geräte in den entsprechenden Behälter.

TIPPS UND TRICKS

- Der Raum sollte gut beheizt sein, da der Patient nur spärlich bekleidet ist.
- Bitten Sie den Patienten erst dann auf den Untersuchungsstuhl, wenn der Arzt den Raum betritt.
- Bemühen Sie sich, einen sehr ängstlichen Patienten durch ein freundliches Gespräch abzulenken und aufzulockern.
- Sprechen Sie nie mit dem Arzt während der Untersuchung über die Befunde, wie z.B. „Der Urin sieht aber nicht gut aus" oder „Da sind ja Blutkoagel im Urin".
- Findet der Arzt bei der Zystoskopie kleine Steinchen, muss der Ablaufschlauch in ein

Auffanggefäß gelegt werden. Alternativ können Sie auch ein kleines Sieb vor das Schlauchende halten. Die aufgefangenen Steine können nach Analyse wertvolle diagnostische Hinweise liefern.

- Weisen Sie den Patient auch nach der Untersuchung noch einmal darauf hin, dass er beim erstmaligen Wasserlassen wahrscheinlich ein unangenehmes Brennen und auch Blutbeimengungen im Urin feststellen wird. Sie ersparen damit dem Patienten unnötige Sorgen und Ihnen selbst ein schwieriges Telefonat.

PROBLEME UND SONDERFÄLLE

- **Harnröhrenenge:** Durch Vernarbung kann die Harnröhre so eng sein, dass auch der kleinste Zystoskop-Schaft nicht eingeführt werden kann (Meatus-Stenose). Der Arzt versucht in diesen Fällen, die Mündung (Orifizium) mit einem so genannten Orifiziumdehner zu weiten. Kann der Schaft danach noch immer nicht eingeführt werden, wird mit der Patientin (meist sind Frauen betroffen) ein Termin für eine Meatotomie vereinbart. Dieser urologische Routineeingriff besteht nach Lokalanästhesie (1 ml Scandicain 1%) aus einem kleinen Erweiterungsschnitt und anschließender Naht mit einem Stich. Die Zystoskopie kann nach 2 – 3 Wochen erneut durchgeführt werden. Die Folgen einer Meatotomie können eine Ursache abweichender Ergebnisse bei der Uroflowmetrie (*siehe M2, Uroflowmeter*) sein.

M4 KEIMZAHL-BESTIMMUNG IM URIN

ALLGEMEINES

Auch bei einem gesunden Menschen befinden sich in einer Urinprobe immer einige Bakterien. Sie stammen aus der Harnröhre oder aus deren äußerer Umgebung.
Bei einem Harnwegsinfekt werden Blase, Harnleiter und meist auch die Nieren von Bakterien massenhaft besiedelt.
Mit der Bestimmung der Keimzahl im Urin kann man in der Regel zwischen einer Infektion und einer Verunreinigung (sog. Kontamination) unterscheiden.

DURCHFÜHRUNG

- Tauchen Sie einen Nährbodenträger (z.B. Uricult) in frisch gewonnenen Mittelstrahlurin ein. Lassen Sie den überschüssigen Urin vom Nährbodenträger abfließen.

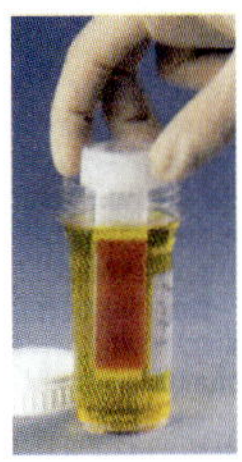

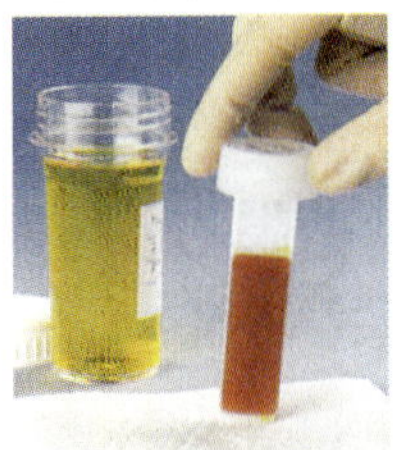

- Tupfen Sie nun die restlichen Tropfen auf sauberem Filterpapier ab und schieben Sie den Nährbodenträger in den mit dem Patienten-Namen beschrifteten Behälter zurück. Schrauben Sie den Deckel zu.
- Anschließend wird der Nährbodenträger 16 – 20 Stunden im Brutschrank bei 35 – 37° C bebrütet. Durch vielfache Vermehrung wächst auf dem Nährboden während der Bebrütung über Nacht aus jedem Urin-Keim eine Kolonie, die man mit bloßem Auge erkennen kann.
- Am nächsten Tag vergleicht man die Dichte der gewachsenen Kolonien mit Musterbildern:

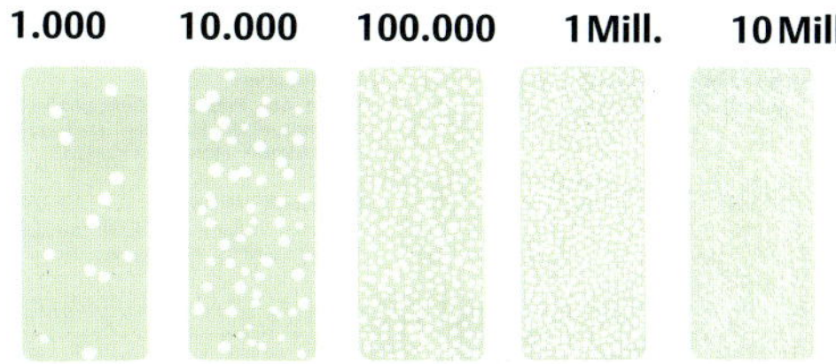

Die Dichte der gewachsenen Kolonien erlaubt einen Rückschluss auf die ursprüngliche Keimzahl pro ml im Urin.

Auswertung

Im Mittelstrahlurin gilt eine Ausgangskeimzahl von bis zu 1000 Keimen/ml Urin als Verunreinigung durch Harnröhren- oder Hautkeime. Liest man eine Keimzahl zwischen 10.000 und 100.000/ml ab, muss die Untersuchung wiederholt werden

Eine Keimzahl von >100.000/ml Urin ist ein Zeichen für eine Harnwegsinfektion. In diesem Fall senden Sie den verschlossenen Eintauchnährboden an ein mikrobiologisches Labor. Dort wird der Infektionskeim identifiziert und seine Empfindlichkeit gegenüber verschiedenen Antibiotika getestet.

TIPPS UND TRICKS

- Verwenden Sie nur frischen Urin. Nötigenfalls können Sie ihn bis zu 2 Stunden im Kühlschrank aufbewahren.
- Steht nicht genügend Urin zum Eintauchen zur Verfügung, so übergießen Sie den Nährboden mit Urin.
- Kontrollieren Sie häufig die Brutschrank-Temperatur.
- Beachten Sie immer das Verfallsdatum der Nährbodenträger.
- Bei einer Keimzahl über 100.000/ml und unterschiedlichem Aussehen der Kolonien liegt wahrscheinlich eine Verunreinigung aufgrund falscher Mittelstrahltechnik vor.
- Bei Katheterurin spricht schon eine Keimzahl ab 1.000/ml für einen Harnwegsinfekt.

Für die Überlassung der Abbildungen bedanken wir uns bei der Firma Roche Diagnostics, Mannheim.

M5 SPERMIOGRAMM

ALLGEMEINES

Das Spermiogramm ist die vollständige Untersuchung des Spermas. Die wichtigste Fragestellung betrifft dabei die Fruchtbarkeit. Aber auch bakterielle Infekte, genetische Defekte, hormonelle Störungen und auch urologische Erkrankungen können mit Hilfe des Spermiogramms diagnostiziert werden.

Ein normaler Samenerguss hat ein Volumen von 2–5 ml und beinhaltet 20–150 Millionen Spermien pro ml, wovon über 50% normal beweglich und über 30% normal geformt sind.

VORBEREITUNG

- Weisen Sie den Patienten darauf hin, dass er 5 Tage vor der Untersuchung keine Ejakulation haben sollte.
- Das Ejakulat wird durch Masturbation gewonnen.
- Sie sollten den Patienten ungestört instruieren können, da es sich um eine sehr intime und persönliche Angelegenheit handelt.
- Der Patient kommt zum vereinbarten Termin in die Praxis und erhält ein Gefäß, in dem das Ejakulat aufgefangen werden kann.
- Weisen Sie dem Patienten einen verschließbaren Raum zu.

DURCHFÜHRUNG

- Zunächst müssen Sie die Verflüssigung des Ejakulates stoppen. Normalerweise erfolgt dies nach etwa 20 min, doch kann diese Zeit z.B. durch eine entzündliche Erkrankung verändert sein.
- Bestimmen Sie die Ejakulatmenge und mit Indikatorpapier den pH-Wert (normal: etwa 7,0).
- Die Spermienzahl wird in einer Zählkammer nach *Schirren* bestimmt. Nach der Auszählung im Zentrum der Kammer und entsprechender Multiplikation kann die Spermatozoenzahl pro ml bestimmt werden.

- Die Beweglichkeit der Spermatozoen nach Verflüssigung wird im Übersichtspräparat geschätzt (normal: 50%, d.h. 50% der Spermatozoen bewegen sich). Man unterscheidet in gut beweglich, mäßig beweglich und unbeweglich.
- Kontrollieren Sie die Beweglichkeit nach 1, 2 und nach 4–6 Stunden.
- Fertigen Sie nun einen Ausstrich aus dem Ejakulat an, der z.B. nach Papanicolaou gefärbt wird. Insbesondere werden die Kopfdeformitäten beurteilt, aber auch eine Veränderung der Spermienschwänze soll dokumentiert werden. Normalerweise zeigen höchstens 70% der Zellen Veränderungen.
- Zur biochemischen Analyse des Fructose-Gehaltes und anderer spezieller Fragestellungen werden 2 ml des Ejakulates in einem Natrium-Fluorid-Röhrchen verschickt. Das Ejakulat sollte vom selben Tag sein.
- **Normwerte**
  - Volumen des Ejakulats > 2,0 ml
  - Spermienkonzentration > 20 Mill./ml
  - Spermien-Gesamtzahl > 40 Mill.
  - Beweglichkeit > 50% mit guter Vorwärtsbeweglichkeit
  - Aussehen (Morphologie) > 30% mit normaler Form
  - Anteil der lebenden Spermien > 75%.
- **Mögliche Ergebnisse der Sperma-Untersuchung:**
  - Normozoospermie = normale Werte für alle untersuchten Parameter
  - Oligozoospermie = verminderte Spermienkonzentration
  - Asthenozoospermie = eingeschränkte Beweglichkeit
  - Teratozoospermien = erhöhte Anzahl fehlgeformter Spermien
  - Oligoasthenoteratozoospermie= alle 3 Parameter pathologisch, auch OAT-Syndrom genannt
  - Azospermie = keine Spermien im Ejakulat
  - Aspermie = kein Ejakulat

TIPPS UND TRICKS

- Der Auffangbehälter für das Ejakulat sollte eine ausreichend große Öffnung haben, damit die gesamte Menge zur Verfügung steht.
- Kondomsperma ist nicht verwertbar.
- Bei manchen Patienten funktioniert die Gewinnung des Ejakulates in der fremden Umgebung der Arztpraxis einfach nicht. Lassen Sie diese Patienten nach Hause gehen. Die Probe soll dort gewonnen und innerhalb von 30 min in die Praxis gebracht werden. Das Probengefäß muss während des Transports möglichst körperwarm gehalten werden. Außerdem muss der Patient die Uhrzeit der Gewinnung notieren.

PROBLEME UND SONDERFÄLLE

- **Leukozyten und Erythrozyten:** Sollten Sie bei der mikroskopischen Beurteilung Leukozyten und Erythrozyten im Ejakulat finden, muss dies unbedingt dokumentiert werden, da dies ein wichtiger diagnostischer Hinweis sein kann.

Notizen

Notizen

N1 ALLGEMEINES

Als Arzthelferin können Sie leicht einem Notfallpatienten gegenüber stehen, denn für viele Patienten ist der Hausarzt, ganz gleich welche Fachrichtung er nun vertritt, die erste Anlaufstation. Ist der Arzt jedoch nicht in der Nähe, können Sie bei einem Notfall durch kompetente Erste-Hilfe-Leistung den Schaden begrenzen und Leben retten.

In den Sommermonaten kommt es vor, dass ältere Menschen einen Kreislaufkollaps erleiden, Allergiker können einen anaphylaktischen Schock erleiden und Kinder können durch den Verzehr giftiger Früchte zu Notfallpatienten werden. Auch Hobbyarbeiten zu Hause und sportliche Freizeitaktivitäten nehmen bei gutem Wetter rasant zu, was die Zahl der Unfälle mit Knochenbrüchen und blutenden Verletzungen in die Höhe schnellen lässt. Erste Pflicht ist es immer, für schnellstmögliche ärztliche Hilfe zu sorgen.

Ihnen darüber hinaus zur Verfügung stehende Rettungsmittel sind der Rettungswagen (RTW) und der Notarztwagen (NAW), die bundesweit unter der Notrufnummer 112 zu erreichen sind.

N2 BEWUSSTSEINS-STÖRUNGEN

Eine Bewusstseinsstörung liegt vor, wenn ein Patient nicht wach, nicht orientiert und nicht kommunikationsfähig ist. Dabei ist zu unterscheiden zwischen „erweckbar“ (somnolent) und „nicht erweckbar“ (bewusstlos, komatös). Die Prüfung erfolgt durch Ansprache und gezielte Schmerzreize. Je geringer und ungezielter die Schmerzreaktionen sind, desto tiefer die Bewusstlosigkeit.

- Sprechen Sie den Patienten an und setzen Sie Schmerzreize (z.B. Kneifen in die Brusthaut). Versuchen Sie, die Bewusstseinsstörung zuzuordnen (erweckbar, bewusstlos) und die Ursache grob einzuschätzen (z.B. Herzinfarkt, Schlaganfall, Unterzuckerung, sehr selten Vergiftung).
- Überprüfen Sie die Atmung (Spüren Sie einen Luftstrom aus der Nase? Hebt und senkt sich der Brustkorb?).
- Fühlen Sie den Puls immer an der Halsschlagader.
- Ein bewusstseinsgetrübter oder bewusstloser Patient muss permanent überwacht werden, auch wenn er stabilisiert erscheint. Es kann immer zum Erbrechen mit anschließender Aspiration kommen (Eindringen von Erbrochenem in die Lunge mit drohendem Ersticken).

Atmung und Puls ausreichend, Patient erweckbar, gezielte Schmerzreaktion:	**Atmung und Puls ausreichend, Patient nicht ansprechbar, keine Schmerzreaktion:**	**Atemstillstand, Kreislaufstillstand:**
• stabile Seitenlage • Atemwege freihalten • Patienten überwachen • RTW +NAW rufen.	• Atemwege freihalten • stabile Seitenlage • Patienten überwachen • RTW +NAW rufen • Der Patient ist intubationspflichtig.	• Sofort mit Mund-zu-Nase-Beatmung und Herzmassage beginnen (kardiopulmonale Reanimation) • RTW+NAW rufen • Der Patient ist intubationspflichtig.

N3 ARTERIELLE HYPERTENSION

Die hypertone Blutdruckentgleisung gehört zu den häufigsten Notfällen. Ein Bluthochdruck liegt vor, wenn Werte über 140/90 mmHg gemessen werden. Davon abzugrenzen ist die „Hochdruckkrise", für die keine bestimmten Grenzwerte festliegen, jedoch nicht selten extreme Werte über 180 mmHg systolisch und 100 mmHg diastolisch zu messen sind. Entscheidend ist der Unterschied zum „häuslich gewohnten Blutdruck" und vorliegenden Begleiterscheinungen, wie z.B. veränderte Bewusstseinslage, Angina pectoris, Unruhe, Verwirrtheit oder sogar Wasseransammlung in der Lunge (Lungenödem). Die Bewusstseinslage kann von „orientiert" über „verwirrt" bis hin zu „komatös" verändert sein.

- Wachen Patienten können Sie gut mit einer Adalat 10 mg Zerbeißkapsel helfen. Kann der Patient sie nicht zerbeißen, schneiden Sie diese auf und lassen Sie die Flüssigkeit in den Mund fließen (am besten unter die Zunge). Nach ca. 10 min sollte der Blutdruck fallen. Eine Wiederholung kann notwendig sein. Eine zu rasche Blutdrucksenkung ist nicht sinnvoll.
- Ist die Hochdruckkrise begleitet von einer Angina pectoris, sprühen Sie zwei Hübe Nitrospray unter die Zunge des Patienten. Das senkt den Blutdruck und verbessert gleichzeitig die Durchblutung des Herzens.

N4 SCHLAGANFALL

Der Schlaganfall (Apoplex, Insult) ist ein Sammelbegriff für die Schädigung von Gehirnzellen bei verschiedenen Ursachen. „Verstopfungen" von Blutgefäßen mit folgender Blutleere (Ischämie) sind die häufigste Ursache (85%). Es kommen aber auch Einblutungen und Entzündungen vor. Für den Patienten ist es dramatisch, plötzlich Arme und/oder Beine nicht mehr bewegen und/oder nicht mehr sprechen zu können. Das bedeutet aber nicht, dass er nicht mehr versteht, was man ihm sagt.

- Erklären Sie ihm alles, was Sie tun, und geben Sie ihm dadurch Sicherheit.
- Da die Bewusstseinslage oft schwer einzuschätzen ist, machen Sie mit der stabilen Seitenlage nichts falsch.
- Vorsicht bei der Umlagerung von gelähmten Extremitäten – sie sind in ihrem schlaffen, schweren Zustand verletzungsgefährdet. Da der Schlaganfall häufig mit stark erhöhtem Blutdruck (als Ursache oder Begleiterscheinung) einhergeht, sollten Sie ihn immer kontrollieren.
- Auf jeden Fall wird der RTW/NAW gerufen!

N 5 ANGINA PECTORIS

Angina pectoris bedeutet „Enge in der Brust", und genau das empfinden und beschreiben Patienten oftmals, die daran leiden. Zu Grunde liegt eine Verengung eines oder mehrerer Herzkranzgefäße, die den Herzmuskel mit Sauerstoff versorgen. Durch Ablagerungen (Fett/Verkalkung, sog. Plaques) an den Gefäßwänden wird das Lumen dieser Blutgefäße unterschiedlich stark verengt oder komplett verschlossen. Bei körperlicher Anstrengung (aber auch in Ruhe) wird der Herzmuskel nicht mehr genügend mit Sauerstoff versorgt und es kann zum „Tod von Herzmuskelzellen" (Infarkt) kommen.

Im Angina pectoris-Anfall klagt der Patient meist über ein Engegefühl in der Brust und sehr starke Schmerzen, die meist in den linken Arm, die linke Schulter oder auch zwischen die Schulterblätter ausstrahlen. Der Patient ist ängstlich, unruhig, blass und kaltschweißig. Die meisten Patienten haben ein „rotes Sprühfläschchen" (Nitrospray) oder rote „Nitrozerbeißkapseln" bei sich, aber diese Mittel werden auch in Ihrer Praxis wahrscheinlich vorhanden sein.

- Sprühen Sie zweimal mit Nitrospray unter die Zunge, oder lassen Sie eine Kapsel zerbeißen. Damit können die Beschwerden oft rasch gelindert werden und die Durchblutung des Herzmuskels bessert sich.
- Legen Sie den Patienten nicht flach hin, sondern schaffen Sie ihm eine angenehme Sitzposition.
- Öffnen Sie das Fenster und sorgen Sie für Frischluftzufuhr
- Jeder Angina pectoris Anfall kann zu einem Herzversagen (Herzinsuffizienz) oder Herzinfarkt führen. Beim Herzversagen staut sich das Blut zurück in die Lunge. Sie hören eine feucht-rasselnde Atmung, und der Patient kann weiß-rötlichen Schaum ausspucken (Lungenödem). Kommt es zum Herzinfarkt, kann sich schnell ein Schock entwickeln. Sie sollten darauf vorbereitet sein.
- Die beschriebene Situation **muss immer** Anlass sein, den Notarzt zu rufen!

N 6 UNTERZUCKERUNG ODER ÜBERZUCKERUNG

Sowohl Unter- als auch Überzuckerung können in einen komatösen Zustand münden, doch mit dem entscheidenden Unterschied, dass die Unterzuckerung akut lebensbedrohlich ist. Die Atmung kann schon einen entscheidenden Hinweis geben. Die sehr tiefe und häufige Atmung finden Sie bei der Überzuckerung (Kußmaul-Atmung), die flache und niederfrequente Atmung bei der Unterzuckerung. Zur Unterscheidung ist in jedem Fall ein Zuckerschnelltest des Blutes mit Teststreifen durchzuführen.

- Bei Überzuckerung (Hyperglykämie) besteht keine akute Gefahr. Der Patient kann zügig in ein Krankenhaus eingeliefert werden.
- Finden Sie den unterzuckerten Patienten noch ansprechbar und kooperativ vor, helfen gesüßte Fruchtsäfte oder Traubenzucker sehr schnell. Ist der Patient bewusstlos, wird die rasche Injektion von Glucose 40% i.v. notwendig (ärztliche Aufgabe!). Erstaunlich ist das rasche „Aufwachen" danach. Solche Patienten gehören dann in die Klinik zur Abklärung der Ursachen.
- Sind Sie im Zweifel darüber, ob eine Über- oder Unterzuckerung vorliegt, geben Sie dem Patienten auf jeden Fall Traubenzucker o.ä, jedoch nie Insulin! Eine Erhöhung des Zuckerwertes richtet weniger Schaden an als eine weitere Absenkung.

N7 VERGIFTUNGEN

- Erstes Ziel ist die Erhaltung von Atmung und Kreislauf.
- Bei einem bewusstseinsklaren Patienten kann – wenn das Gift über den Mund in den Körper gelangte – Erbrechen provoziert werden: 2 Esslöffel Kochsalz auf ein Glas Wasser. Bei Vergiftungen durch Säuren (Essigsäure, Salpetersäure, Schwefelsäure, Salzsäure) oder Laugen (NaOH, KOH) soll kein Erbrechen provoziert werden, sondern reichlich Wasser zu trinken gegeben werden. Beim Erbrechen würde es zu weiteren Verätzungen der Speiseröhre und des Mund-Rachen-Raumes kommen. Der sicherste Weg ist die Verständigung des Notarztes und die Rückfrage in einer Vergiftungszentrale.
- Einweisung in die Klinik.

N8 ANAPHYLAKTISCHER SCHOCK

Ein anaphylaktischer Schock ist die Folge einer schweren allergischen Reaktion. Die heftige Reaktion zwischen im Körper zirkulierenden Antikörpern und von außen kommenden Fremdstoffen (Antigene) führt zur Freisetzung verschiedener Substanzen im Körper. Diese Substanzen verstärken die Abwehrreaktion, führen zu einer Gefäßweitstellung, wodurch das Blut in die Beine sackt, im Gehirn ein relativer Volumenmangel herrscht und ein Kreislaufzusammenbruch (Schock) entstehen kann. Diese Abwehrreaktionen finden oft in einem rasanten Tempo statt, können jedoch auch noch zeitlich verzögert auftreten.

Außerdem führt die Abwehrreaktion zu einer Schwellung der Schleimhäute, die Atmung ist dadurch erheblich erschwert und die Bronchien sind „verkrampft" (Bronchospasmus). Dies kann sich bis zur tödlichen Atemwegsverlegung ausweiten. Je nach Veranlagung können für diese Reaktion bereits kleinste Mengen Antigen ausreichen. Auslösende Antigene können sein: Antibiotika (z.B. Penicillin), Schmerzmittel (Analgetika, z.B. Aspirin, Novalgin), Bienenstiche, Pollen, Lebensmittel, Latex, Salben, Kosmetika u.v.m..

- Die Hauptsymptome sind:
  - Unruhe, Angst, Juckreiz,
  - quaddelige Hauterscheinungen (lokalisiert oder am ganzen Körper)
  - Blutdruckabfall und rascher Puls
  - Schweißausbruch und kalter Schweiß
  - Übelkeit und Erbrechen
  - Kollapsneigung (Schock), Atemnot.
- Die Sofortmaßnahmen sind:
  - Patienten flach lagern, Beine erhöhen (Schocklagerung)
  - Sofort RTW/NAW rufen!
  - Atemwege freihalten bei Gefahr der Atemwegsverlegung.

N9 BLUTENDE VERLETZUNGEN

Wundverband

- Die Wunde nie berühren, spülen oder waschen.
- Keine Salbe oder Puder auftragen.
- Blutkrusten oder Fremdkörper werden nie entfernt. Ein Fremdkörper kann auch eine Wunde verschlossen halten – die Entfernung könnte eine unkontrollierte Blutung auslösen.
- Anlegen eines Verbandes. Diese werden immer an der dafür vorgesehenen Stelle geöffnet und an der farbigen Markierung angefasst.
- Jeder Verband besteht aus keimfreier Wundauflage, Polsterung und Befestigung durch eine zusätzliche Binde, ein Pflaster oder ein Dreiecktuch.
- Durchweichte oder schlecht sitzende Verbände werden nicht entfernt, sondern mit einem weiteren Verband überlagert.
- Viele Blutungen kommen bereits durch Hochlagerung des Körperteils und einen festen Wundverband zum Stillstand.

Druckverband bei stärkeren Blutungen

- Legen Sie über den ersten Verband ein ungeöffnetes Verbandspäckchen oder eine Bindenrolle und wickeln Sie sie fest.
- Der Knoten sollte unter straffem Zug ebenfalls über der Wunde bzw. über dem Verbandspäckchen gesetzt werden.
- Es sollte dabei nicht zur Stauung kommen. Eine Stauung erkennt man an einer deutlichen Blau-Rot-Verfärbung der Körperpartie, die distal (fernab) der Wunde liegt.

Abdrücken

- Stark blutende Wunden werden bis zur Anlage eines Druckverbandes abgedrückt. Dies geschieht durch kräftigen Druck auf das Gefäß herzwärts (proximal) der Wunde am besten gegen einen festen Widerstand, z.B. Knochen.
- Am Arm drückt man mit vier Fingern die Arterie in der Muskelspalte auf der Innenseite des Oberarms gegen den Oberarmknochen ab.
- Am Bein drückt man mit beiden Daumen die Arterie unterhalb der Leistenbeuge gegen den Beckenknochen ab.

Abbinden

- Letztes Mittel gegen eine arterielle Blutung ist das Abbinden der betroffenen Extremität. Hierfür werden Krawatten oder ähnlich geeignete Tücher verwendet.
- Nehmen Sie nie Schnüre oder Draht.
- Das Abbinden erfolgt in der Mitte des Oberarms oder des Oberschenkels.
- Binden Sie nie stärker ab, als es die Blutung erfordert, d.h. hört die Blutung auf, dann ist der Druck richtig und braucht nicht weiter verstärkt zu werden.
- Die Gliedmaße wird hochgelagert.
- Leiten Sie den Notfalltransport ins Krankenhaus mit dem RTW+NAW in die Wege.
- Die Abbindung muss spätestens nach anderthalb Stunden im Krankenhaus gelöst werden. Deshalb muss die Uhrzeit der Abbindung immer auf dem Tuch oder auf einem Zettel an der Abbindung angegeben werden!

N 10 KNOCHENBRÜCHE

- Ein Knochenbruch wird niemals untersucht oder bewegt.
- Zeichen für einen Knochenbruch:
  - starke Schmerzen
  - Einsatz der Extremität nicht möglich
  - unnatürliche, verdrehte oder abgewinkelte Form der Extremität.
- Bei einem offenen Bruch (Wunde über dem Bruch) wird immer eine keimfreie Abdeckung aufgelegt und mit Pflaster fixiert.
- Die Extremität wird immer ruhig gestellt, um eine weitere Schädigung von Weichteilen und Nerven zu vermeiden. Es besteht auch die Gefahr einer Fettembolie, bei der Fett aus dem eröffneten Knochenmark mit dem Blut fortgeschwemmt wird und Blutgefäße insbesondere der Lunge verstopfen kann, mit möglicherweise tödlichem Ausgang.
- Finger- und Handgelenkbrüche werden in einem Armtragetuch ruhiggestellt.
- Unterarmbrüche werden mit einem Armtragetuch und einer gepolsterten Schiene (oder einem breiten Stück Karton) versorgt.
- Oberarm- und Schulterbrüche werden an der ganzen Außenseite des Oberarmes geschient. Ein Armtragetuch wird angelegt. Zwischen Oberarm und Brustkorb wird eine Polsterung angebracht.
- Beinbrüche werden mit zusammengerollten Decken, Kleidung oder Sandsäcken ruhig gestellt.
- Rückenschmerzen nach einem Unfall können auf einen Wirbelbruch mit möglicher Schädigung des Rückenmarkes hinweisen. Weitere Hinweise können Bewegungsunfähigkeit sowie Taubheits- oder Kribbelgefühle in den Armen und Beinen sein. Der Patient ist schockgefährdet und der Notarzt muss gerufen werden. Bis dahin lagern Sie den Patienten wenn möglich flach und führen auf keinen Fall Drehbewegungen durch.
- Führen Sie riskante Bergungsversuche nie alleine durch!
- Prellungen, Quetschungen und Verstauchungen werden notfallmäßig ruhiggestellt und mit Eis gekühlt (aber nicht auf der blanken Haut!).
- Bedenken Sie, der häufigste Knochenbruch des alten Menschen ist die Schenkelhalsfraktur. Dabei liegt das Bein in einer typisch nach außen gedrehten Lage. Der Transport erfolgt immer mit RTW auf einer speziellen Luftmatratze.
- Die Bergung von Notfallpatienten kann schwierig sein. Dazu können Sie den Rautek-Rettungsgriff anwenden: Sie greifen mit beiden Armen von hinten um den Brustkorb des Patienten und umfassen dann mit beiden Händen seinen um 90° gebeugten Unterarm. Achten Sie darauf, dass Ihre Daumen dabei außen neben Ihren Fingern um den Unterarm zu liegen kommen. So ziehen Sie ihn in eine Position, die erst lebensrettende Maßnahmen erlaubt.

N 11 EPILEPTISCHER ANFALL

Die Epilepsie ist eine Erkrankung, bei der es anfallartig zu völlig ungehemmten Entladungen von Gehirnzellen kommt. Der klassische, große Anfall (Grand mal) beginnt oft mit bestimmten Empfindungen (Vorboten, Aura, z.B. Unruhe, Schwitzen, Körpergefühle). Dem möglichen Initialschrei folgt ein Sturz, bei dem große Verletzungsgefahr besteht. Der ganze Körper wird von rhythmisch-zuckenden Bewegungen (hochaktive, angespannte Muskulatur) geschüttelt, die auf den Beobachter schockierend wirken. Es wird Luft aus dem Mund heraus gepresst, wodurch Schaum vor dem Munde entsteht. Dieser ist blutig, wenn ein Zungenbiss stattgefunden hat. Im Anfall kommt es oft zum Einnässen und Einkoten. Der Anfall geht anschließend in einen tiefen Nachschlaf über. Ein solcher Anfall dauert einige Minuten, kann aber auch in einen Status (Daueranfall) übergehen, der lebensgefährlich ist.

Neben den großen Anfällen gibt es noch zahlreiche kleine Anfälle (Petit mal), die oft von der Umgebung kaum wahrgenommen werden. Dann ist der Patient für kurze Momente durch Ansprache nicht „erreichbar“ und wirkt geistesabwesend. Eine solche Abscence kann mit merkwürdigen Verhaltensweisen (z.B. schmatzen oder schnuppern) einhergehen. Jeder kleine Anfall kann jederzeit in einen großen Anfall übergehen.

Im einzelnen Anfall ist die Gabe von anfallshemmenden Medikamenten meist sinnlos, da auch bei schnellstmöglicher Handhabung der Anfall bei Wirkungseintritt des Medikaments bereits wieder abgeklungen sein dürfte.

Ursachen für Epilepsie sind entweder eine (alte oder frische) Hirnschädigung verschiedensten Ursprungs (Hirnschlag, Hirnentzündung, Hirnblutung, Hirnabszess, Hirnoperation, Hirntumor, Vergiftungen, Infektionen, eventuell Alkoholmissbrauch und Schlafmangel) oder eine angeborene Epilepsie. Die Epilepsie ist **keine** Geisteskrankheit, auch wenn sie früher aus Unkenntnis als solche betrachtet wurde, sondern eine organische Erkrankung des Gehirns.

MASSNAHMEN IM NOTFALL

- Hat Ihr Patient einen epileptischen Anfall, ist Ihre wichtigste Aufgabe, den Patienten zu schützen.
- Lassen Sie den Patienten während eines Anfalls nie allein.
- Beim Sturz auf den Boden alle Möbel außer Reichweite des Patienten bringen.
- Halten und führen Sie den Kopf von hinten.
- Versuchen Sie nicht, Arme oder Beine festzuhalten. Es hat keinen Sinn und kann zu Brüchen und anderen Verletzungen führen.
- Versuchen Sie, einen Beißkeil zwischen die Zähne des Patienten zu schieben. Dies schützt ihn selbst vor Zungenbiss.
- Haben Sie keinen Keil zur Hand, verwenden Sie ein Stofftaschentuch, Handtuch, die Bettdecke, eine Zeitung o.ä, niemals jedoch Ihre Finger! Manchmal wird es Ihnen allerdings nicht gelingen, einen Gegenstand zwischen die Zähne des Patienten zu schieben, denn der Krampf betrifft auch die Kaumuskulatur, die ein Öffnen des Mundes unmöglich machen kann.
- Setzt der Nachschlaf ein, der Stunden andauern kann, müssen Sie den Patient in stabile Seitenlage bringen, bevor eventuell ein Krankenwagen gerufen wird. In der stabilen Seitenlage kann Blut oder Erbrochenes nicht aspiriert werden.
- Beim Aufwachen klagen die Patienten oft über Kopf-, Muskel- und Gliederschmerzen, was sich mit der enormen muskulären Anspannung während des Anfalls erklären lässt (Muskelkater).

N 12 HYPERVENTILATION

Beim Einatmen nimmt der Mensch Sauerstoff (O_2) auf. Bei der Nutzung des Sauerstoffs, z.B. bei körperlicher Arbeit, entsteht im Körper Kohlendioxid (CO_2), wie in einem Kohleofen oder in einem Motor. Durch Ausatmen wird das Kohlendioxid abgegeben. Bei minutenlanger rascher Atmung ohne gleichzeitige körperliche Belastung sinkt der Kohlendioxid-Gehalt des Blutes ab (Verminderung des Säuregrades, Alkalose), was schnell zu körperlichen Reaktionen wie kalten Armen und Beinen, Schwitzen, Kribbelgefühl, Herzklopfen und einer asthmatischen Verengung der Atemwege führt. Diese Symptome verursachen Angst. Die Angst steigert die Atmung weiter, und die körperlichen Reaktionen nehmen zu. Es entsteht ein Teufelskreis. Im schlimmsten Fall kommt es zu Krampfzuständen und zu Bewusstseinsverlust. Sie finden oft die typische „Pfötchenstellung„ der Hände. Angst und Erregung sind häufig die erste Ursache von Hyperventilation. Angst ist auch verantwortlich für die Aufrechterhaltung der Atemnot.

- Bei Hyperventilation kann man den Kohlendioxidspiegel wieder ansteigen lassen, indem man den Patienten in eine Plastiktüte atmen lässt. Dadurch atmet er seine eigene, kohlendioxidhaltige Luft ein, und der CO_2-Spiegel im Blut steigt wieder an. Der Erfolg dieser Maßnahme stellt sich nach etwa 10 min ein. Tritt keine Besserung ein, kann die i.v.-Injektion von 5–10 mg Valium (evtl. auch mehr!) den Teufelskreis Angst-Hyperventilation-Angst durchbrechen.
- Rufen Sie zusätzlich RTW/NAW oder den Hausarzt.
- Versuchen Sie, den Patienten zu beruhigen und ihm Sicherheit zu geben.
- Langfristig helfen bei Menschen, die zur Hyperventilation neigen, Atemübungen (Hilfe zur Veränderung der Thorax- zur Bauchatmung).

N 13 ASTHMAANFALL

Die Aufgabe der Lunge ist es, Sauerstoff aufzunehmen und Kohlendioxid abzugeben. Patienten mit Asthma bronchiale können letzteres nur schwer. Die Schleimhäute der Bronchien sind geschwollen, der Schleim selbst ist zäh und die Muskulatur ist verkrampft (Spastik). Durch Ihren pflegerischen Kontakt kennen Sie solche Patienten und können beobachten, wie deutlich erschwert sie ausatmen. Sie sitzen aufrecht und versuchen die Luft regelrecht herauszupressen. Die Haut ist dabei bläulich verändert (Zyanose). Es kann sich ein lebensbedrohlicher Zustand entwickeln mit Unruhe, Schwitzen und großer Atemnot.

- In der häuslichen Medikation finden Sie oft die Kombination verschiedener Asthmamittel (z.B. Euphyllin, Pumpsprays mit entkrampfenden Mitteln, Cortisonsprays). Im Anfall können die Pumpsprays (Aerosole z.B. Berotec, Berodual, Sanasthmyl, Sanasthmax, Budenosid, Pulmi-cort, Auxiloson, Sultanol, Foradil) einen wirkungsvollen Effekt haben. Geben Sie dem Patienten davon je 2–4 Hübe. Bleibt die Situation kritisch, rufen Sie ohne Zögern den Notarzt, da jetzt nur die intravenöse Therapie und kontrollierte Gabe von Sauerstoff helfen kann.

N 14 ERBRECHEN

Erbrechen ist meist die Folge eines gesunden Schutzreflexes. Der Organismus entleert auf dem Weg des Erbrechens Speisen o.ä., die er nicht verträgt. Erbrechen kann auch ein Zeichen für eine Störung des Organismus sein. Es tritt dann meist wiederholt, in kürzeren oder längeren Abständen auf. Die Ursachen für Erbrechen reichen von der akuten, banalen Lebensmittelunverträglichkeit über psychische Auslöser (z.B. Ekel, Aufregung) bis hin zu schweren organischen (Magen-Darmtrakt) und hirnorganischen Erkrankungen.

Für Sie entscheidend ist es, wie lange, wie viel und was erbrochen wurde. Fragen Sie den Patienten genau danach. Kleine Mengen Flüssigkeitsverlust sind durch reichliches Trinken wieder aufzufangen. Hat er viel Flüssigkeit verloren, kann er müde, apathisch oder nicht mehr ansprechbar sein. Seine Haut ist faltig, die Zunge furchig, die Augäpfel liegen tief eingesunken.

- Den Patienten nicht hinlegen, sondern sitzen oder knien lassen.
- Bewusstlose Patienten in die stabile Seitenlage bringen. So vermeiden Sie eine Aspiration.
- Wenn vorhanden, eine Schüssel anreichen, oder den Patienten zur Toilette begleiten.
- Zahnprothesen entfernen.
- Beruhigend auf den Patienten einwirken.
- Den Patienten anhalten, tief durchzuatmen.
- Geben Sie dem Patienten nach dem Erbrechen Gelegenheit, sich zu waschen und zu pflegen.
- Schauen Sie sich, wenn möglich, das Erbrochene an: Speisen erkennbar?, Farbe?, Geruch (säuerlich, faulig, kaum Geruch)? Ist es blutig? Schätzen Sie die Menge für den Arzt ein. Haben Sie danach den dringenden Verdacht, dass große Mengen von Körpersäften oder Blut verloren wurden, müssen Sie den Notarzt ordern. Gerade bei Blutverlusten kann sich schnell ein Schockzustand entwickeln.
- Oft helfen gegen Übelkeit auch Kamillentee, Zufuhr frischer Luft und tiefes Durchatmen.
- Die Farbe des Erbrochenen erklärt sich folgendermaßen: Farbloses Erbrechen liegt bei fehlender Nahrung und Verdauung vor, gelbgrünliches Aussehen bei Beimengung von Gallensaft, rot-braun-schwarz ist Erbrochenes mit Blutbeimengungen.
- Patienten, die selbst wegen drohendem Erbrechen eine Toilette aufsuchen, sollen die Türe nicht von innen verriegeln, für den Fall, dass sie kollabieren.
- **Herzschwäche:** Würgendes Erbrechen ist für den Patienten sehr anstrengend. Verliert der Patient während des Erbrechens das Bewusstsein, wird nach Seitenlagerung sofort der Notarzt gerufen.
- **Darmverschluss:** Beim Darmverschluss (Ileus) kann Mageninhalt und Darminhalt aus dem Mund fließen. Unbedingt Hausarzt, KV-Arzt oder Notarzt rufen.
- **Helle oder dunkle Blutbeimengung:** Sofort den Notarzt informieren, weil die Ursache ein blutendes Magengeschwür oder blutende Ösophagusvarizen (Krampfadern der Speiseröhre) sein können. Bei letzteren können in kurzer Zeit mehrere Liter Blut verloren gehen. Es besteht Schockgefahr.

N15 WIEDERBELEBUNG

Als kardiopulmonale Wiederbelebung (Reanimation) bezeichnet man die Therapiemaßnahmen, die beim plötzlichen und unerwarteten Stillstand der Atem- und Herzkreislauffunktion eines Menschen durchzuführen sind. Der Stillstand der Atmung und des Herzens sind untrennbar miteinander verbunden. Stoppt die Atmung, so setzt der Herzschlag spätestens nach 6–10 min aus. Tritt der Herzstillstand zuerst ein, folgt innerhalb einer Minute der Atemstillstand.

Ein Kreislaufstillstand liegt vor, wenn folgende Bedingungen erfüllt sind:

- nicht ansprechbar
- keine Atmung
- keine Spontanbewegungen.

(Noch vor kurzem war das Fühlen des Pulses elementarer Bestandteil der Einschätzung der Atem- und Herzkreislauffunktionen. Die American Heart Association (AHA) sah sich auf Grund der hohen Fehlerquoten bei der Pulsbestimmung veranlasst, trotz z.B. Ausbildung an Phantomen mit Carotispulssimulation die Überprüfung des Halsschlagaderpulses aus den Empfehlungen zur Reanimation bei Laien zu streichen.)

- Wenn nur ein Helfer anwesend ist, erfolgt die Alarmierung von Notarzt und Rettungswagen **direkt nach Feststellung der Bewusstlosigkeit** (**„Phone first and fast“**) **NOTRUF 112!**.
- Danach ist unverzüglich mit der Reanimation zu beginnen. Sie folgt der **ABC-Regel**.

(A) Atemwege freimachen

- Gebissprothese entfernen.
- Erbrochenes mit dem Finger aus dem Mund entfernen.
- Esmarch-Handgriff.

(B) Beatmung

Mund zu Mund:

- Der Patient muss sich in Rückenlage befinden.

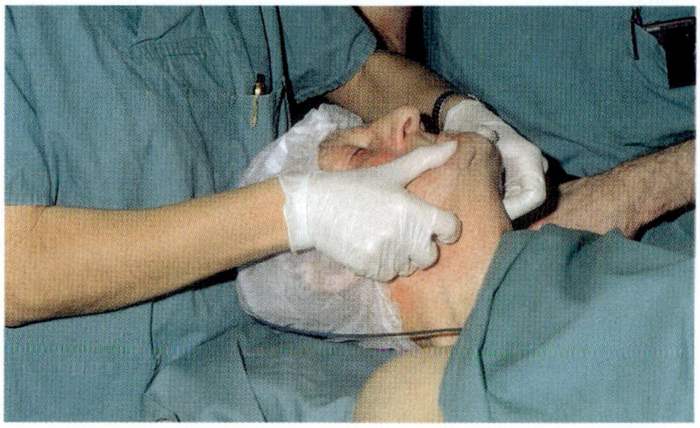

Esmarch-Handgriff

- Maximales Überstrecken des Kopfes (mit einer Hand an der Stirn-Haar-Grenze den Kopf nach hinten überstrecken, die Nase des Patienten dicht drücken). Die zweite Hand unterstützt die Streckung am Kinn, lässt aber genug Raum, um die Atemluft in die Lunge zu blasen.
- Der Helfer atmet normal weiter und gibt seine Ausatemluft an den Patienten (kein übertriebenes Hineinblasen). Die korrekte Beatmung erkennt man an der Brustkorbbewegung des Patienten nach dem Atemstoß. Außerdem kann man das Wiederausströmen der Luft aus dem Mund des Patienten hören oder fühlen.

Mund zu Nase:

- Wird meist der Vorzug vor Mund-zu-Mund-Beatmung gegeben. Durchführung wie oben, aber: Eine Hand liegt flach unter dem Kinn, der Daumen drückt die Unterlippe gegen die Oberlippe.

Aus vielen Studien ist bekannt, dass Ersthelfer eine erhebliche emotionale Hemmung haben, ihre Lippen fest auf Mund oder Nase eines völlig fremden Menschen zu pressen, um ihn zu beatmen. Sicher ist aus diesen Gründen manche Wiederbelebung gar nicht erst versucht worden, wenn Ersthelfer ihre Ekelschwelle nicht überwinden konnten. Eine Herzmassage ohne Beatmung ist aber immer noch besser als gar keine. Es konnte gezeigt werden, dass in den ersten 6–12 min nach Eintritt des Kreislaufstillstandes auch ohne Beatmung mit

Herzdruckmassage allein gute Reanimationserfolge möglich sind.
Die AHA empfiehlt die Nur-Herzmassage, wenn der Helfer aus persönlichen Motiven keine Mund-zu-Mund-Beatmung durchführen möchte. [1,2]

(C) Zirkulation sichern (Herzdruckmassage)

- Der Patient muss rücklings auf einer harten Unterlage liegen. Eventuell legen Sie ihn auf den Fußboden.
- Während der Herzmassage soll der Patient immer beatmet werden.
- Entscheidend ist das Auffinden des richtigen Druckpunktes sowie die richtige Armhaltung.

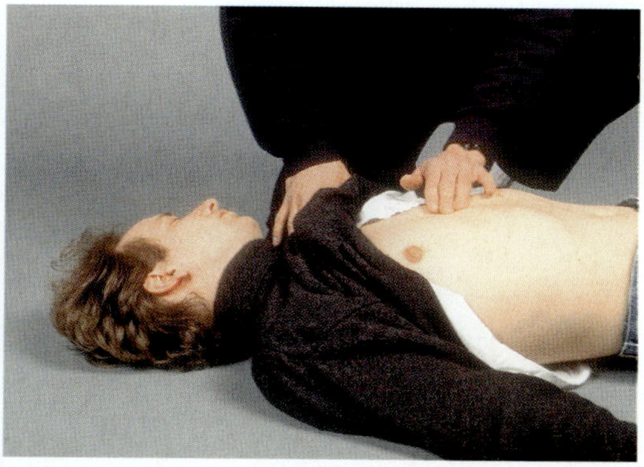

Herzmassage: Auffinden des richtigen Druckpunktes

Herzmassage: Auffinden des richtigen Druckpunktes

Der Helfer kniet oder steht seitlich des Patienten. Bei einem erwachsenen Patienten legt man die eigenen übereinandergelegten Handballen bei angehobenen Fingern auf das untere Drittel des Sternums (Brustbein). Die Ellenbogen bleiben durchgedrückt und die Hände haben die ganze Zeit Kontakt mit dem Patienten (nicht auf dem Patienten herumhüpfen). Es wird empfohlen, 80 – 100-mal in der Minute zu massieren bei einem Verhältnis zwischen Druck- und Entlastungsphase von 1:1. Eine Massagefrequenz von 100/min ist meist nicht lange durchzuhalten, daher sollte man sich frühzeitig abwechseln.
Nach den neuen Empfehlungen der AHA wird für Laien nur noch die Einhelfermethode gelehrt[1,2]:

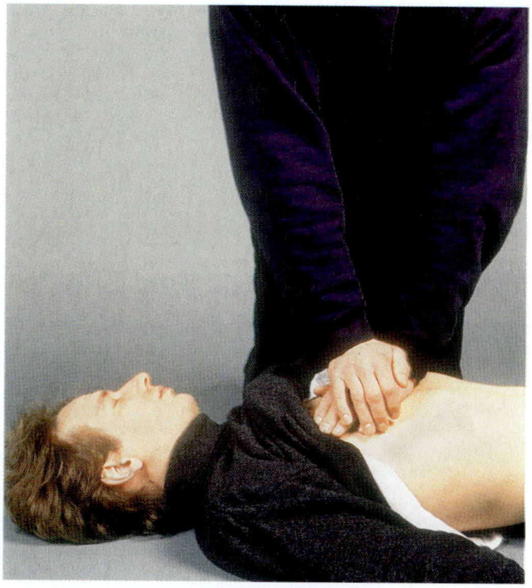

Herzmassage: richtige Armhaltung

Egal ob Ein- oder Zweihelfermethode: Der Rhythmus lautet 2 x beatmen, 15 x Herzdruckmassage.

Man beginnt mit zwei tiefen Atemzügen, gefolgt von 15maliger Herzdruckmassage. Diesen Zyklus hält man so lange durch, bis weitere Hilfe eintrifft.
Wenn mehrere Helfer zur Verfügung stehen, sollte eine Person das Kommando übernehmen. Auch hier gilt häufig: Viele Köche verderben den Brei (keiner fühlt sich verantwortlich und viel schlaues Gerede hat bei der Reanimation noch keinem geholfen).

---

[1] Reanimation – Empfehlungen für die Wiederbelebung. Bundesärztekammer (Hrsg.), Köln 2000.
[2] Guidelines 2000 for Cardiopulmonary Resuscitation and Emergency Cardiovascular Care. International Consensus on Science. Circulation 102 (8), 2000.

Wiederbelebung in der Praxis

Ansprechbarkeit überprüfen

nicht ansprechbar

ansprechbar → spezielle Therapie keine Reanimation

↓

Hilfe holen, Rettungsdienst alarmieren

↓

Diagnostischer Block:

Atmung überprüfen (Mund öffnen, Thoraxbewegungen beobachten oder fühlen, Atmung hören oder fühlen)
Pulskontrolle (beidseits Karotispalpation, da bei Personen über 50 in etwa 1/4 aller Fälle eine Karotissklerose besteht)

Keine Atmung kein Puls

Atmung → spezielle Therapie stabile Seitenlage

↓

Beatmung/ Herzdruckmassage

↓

erweiterte Maßnahmen:
EKG anlegen,
Intubation,
i.v. Zugang

Notfall

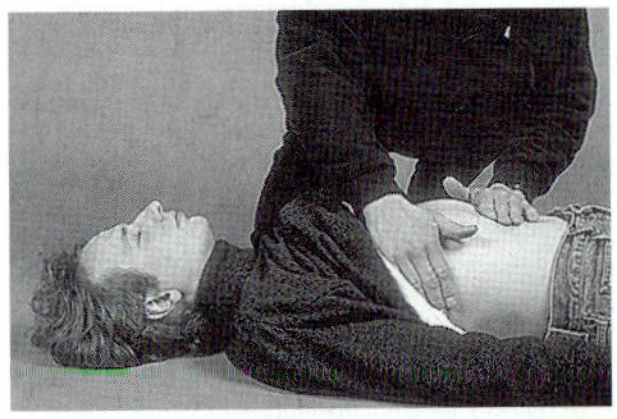

Helfer seitlich neben Oberkörper Thoraxbewegungen fühlen

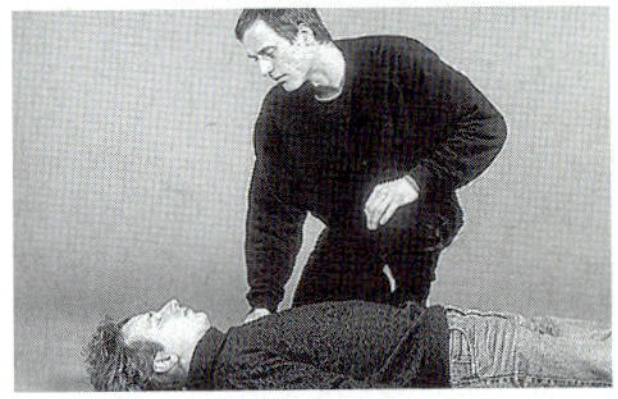

Karotispalpation

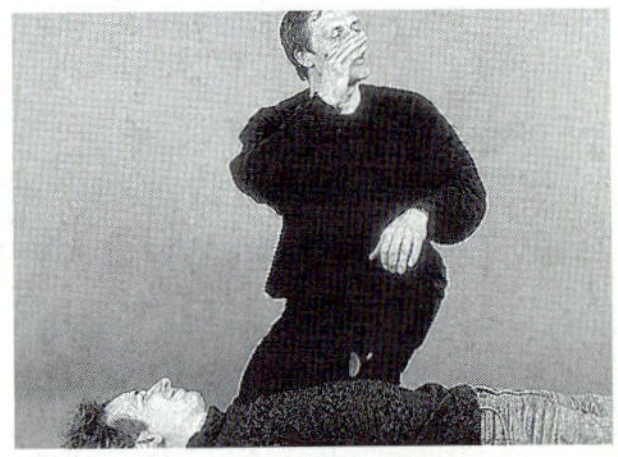

Keine Atmung, kein Puls Hilfe herbeirufen

Mund-zu-Nase Beatmung

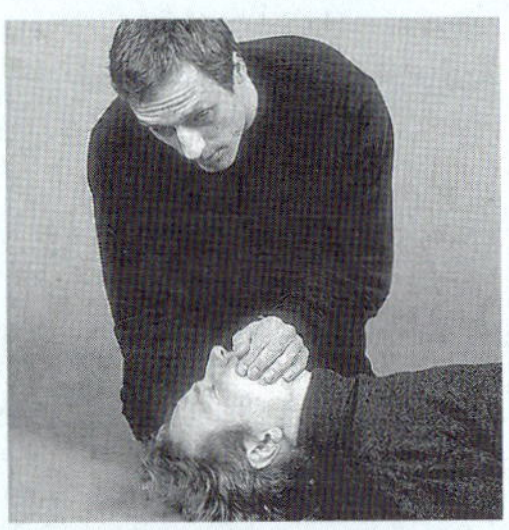

Eine Hand flach unter dem Kinn

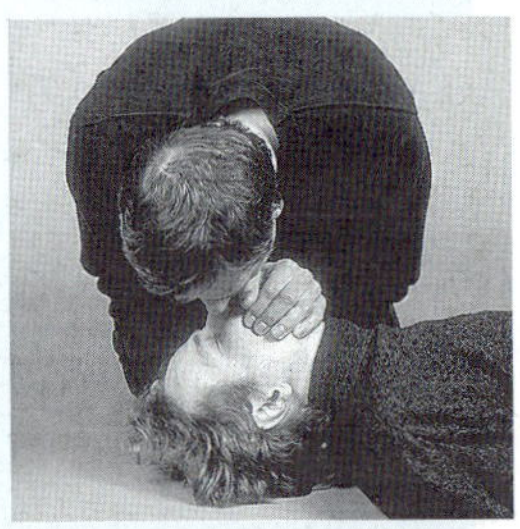

Helfer gibt Ausatemluft an Patient

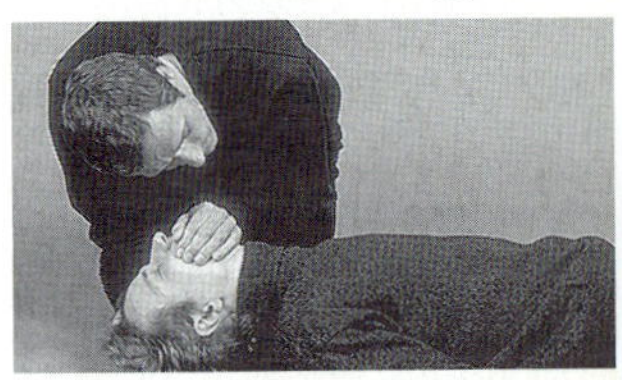

Hören/Fühlen der wiederausströmenden Luft

Herzdruckmassage

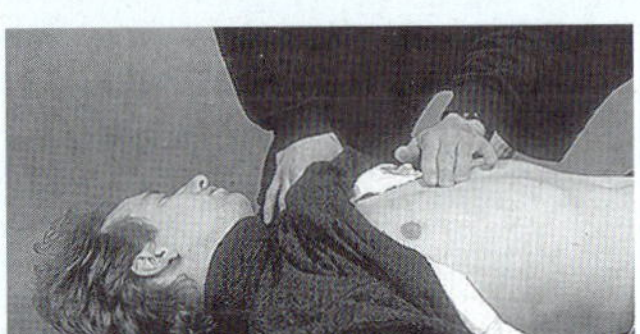

Massagepunkt drei Querfinger oberhalb Xiphoid

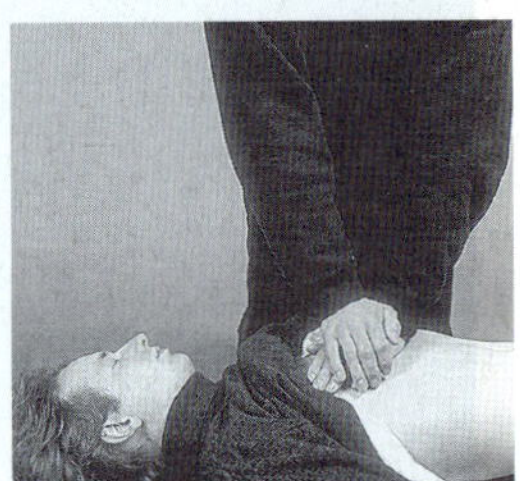

Massage 80 bis 100/min Ellenbogen durchgedrückt

BERUF UND WEITERBILDUNG O

Notizen

O1 BEWERBUNG UND VORSTELLUNGSGESPRÄCH

STELLENSUCHE

Auf der Suche nach einer neuen Stelle können Sie Stellenanzeigen für Arzthelferinnen in Tageszeitungen, Fachzeitschriften durchsehen, sich um die Vermittlung durch das Arbeitsamt bemühen oder Ihre Ohren im Gespräch mit Bekannten und Kolleginnen offen halten.
Sie können auch aktiv werden und selber ein Stellengesuch aufgeben oder sich „auf gut Glück" bei einer entsprechenden Einrichtung bewerben. Folgende Angaben gehören in eine Stellensuchanzeige:
- Berufsbezeichnung
- Abgangsjahrgang („Ex.")
- Alter
- bisherige Tätigkeiten und Kenntnisse, eventuell Zusatzqualifikationen
- Was wird gesucht?
- Ort der gesuchten Anstellung
- Chiffre oder Absender.

Beispieltext für Stellensuche

(Arzthelferin, Ex. '99), 26 J., mehrjährige Erfahrung in einer internistischen Arztpraxis, Arbeitsschwerpunkt Praxisverwaltung und Laborarbeiten, auch im Bereich Diabetesschulung, sucht Tätigkeit im Kreis Aachen. Chiffre: ...

Folgende Punkte sollten Sie bei einem **Stellenangebot**, für das Sie sich interessieren, klären:
- Tätigkeits- und Arbeitsplatzbeschreibung
- Zugehörigkeit zum medizinischen Bereich des Ausschreibenden (z.B. Innere Medizin)
- Praxisgröße, evtl. bei Praxisgemeinschaften die Ärzte, für die Sie arbeiten sollen
- fachliche Anforderungen an Ihre Qualifikation
- Anforderungen an Ihre Persönlichkeit (z.B. Teamfähigkeit, Übereinstimmung mit den Vorstellungen des Arbeitgebers)
- Einstellungstermin
- befristete oder unbefristete Anstellung
- Vergütungsregelung (BAT (*siehe O2, Rechte und Pflichten*), Anlehnung an BAT, freier Tarif)
- zusätzliche Vergütungsleistungen (Weihnachtsgeld, Urlaubsgeld, vermögenswirksame Leistungen, Altersvorsorgeregelungen u.ä.)
- Urlaubsregelung
- Möglichkeiten zur Fort- und Weiterbildung
- Ansprechpartner für die Bewerbung.

DIE SCHRIFTLICHE BEWERBUNG

Das Bewerbungsschreiben besteht aus mehreren Teilen:
- Deckblatt
- Bewerbungsanschreiben
- tabellarischer Lebenslauf
- *aktuelles* Bewerbungsfoto (am besten vom Fotografen)
- Zeugnisse
- Bescheinigungen über Praktika oder Zusatzqualifikationen
- Referenzschreiben
- Arzthelferinnenbrief.

Äußere Form

Die äußere Form einer Bewerbung ist zum einen Geschmackssache, doch ist sie auch modischen Schwankungen unterworfen. Es ist inzwischen Standard, Bewerbungen auf dem PC zu schreiben und sorgfältig und fehlerfrei ausdrucken zu lassen.
- Grundsätzlich sollten Sie die Bewerbung so gestalten, dass sie der eigenen Persönlichkeit am nächsten kommt.
- Wählen Sie eine übersichtliche Schrift (Arial 12 pt oder Times New Roman 12 pt) und Gliederung, die den Leser auch beim Überfliegen auf diese Punkte lenkt. Flüchtigkeitsfehler in Rechtschreibung und Zeichensetzung müssen ebenso ausgemerzt werden wie zu lange Sätze.
- Da Sie sich selber darstellen, benutzen Sie die „Ich"-Form, auch wenn es in der Schule nicht gerne gesehen war.
- Verwenden Sie keine Klarsichtfolien. Es könnte so aussehen, als dürfe man die Sei-

ten nicht mit den Fingern berühren. Auch spiegeln Klarsichtfolien bei entsprechendem Licht unangenehm, so dass die Bewerbung nur schwer zu lesen ist und schnell auf dem großen Stapel der Ablehnungen landet.

Bewerbungsschreiben

Mit dem Anschreiben versuchen Sie, Interesse zu wecken und den Adressaten auf sich neugierig zu machen. Ihr Ziel ist es nicht, auf Grund der Bewerbungsmappe die gewünschte Stelle, sondern einen Termin für ein Vorstellungsgespräch zu bekommen.

- Das Bewerbunganschreiben beginnen Sie mit einer höflichen oder – wenn bekannt – mit einer persönlichen Ansprache.
- Halten Sie das Anschreiben knapp und informativ. Versuchen Sie mit wenigen Sätzen auszukommen und verschenken Sie kein Wort. Vermitteln Sie kurz, warum Sie diese Stelle wünschen, wie Ihr Ausbildungsstand und was Ihr Ziel ist und warum man gerade Sie einstellen sollte. Wichtige Fragen, die der Leser Ihrer Bewerbung hat, sind z.B.:
  - Warum bewirbt sie sich auf unsere Stelle?
  - Passt diese Person zu unseren Anforderungen?
  - Gibt es Qualifikationen, die über die Anforderungen hinausgehen?
- Übernehmen Sie nie Passagen oder Formulierungen aus anderen Bewerbungen. Eine Bewerbung ist eine sehr persönliche und individuelle Angelegenheit. Ein abgeschriebener Satz wird meistens von einer im Umgang mit Bewerbungen erfahrenen Person als solcher erkannt und wirft dann ein entsprechendes Licht auf Sie.
- Denken Sie immer an Ihren Ansprechpartner, der, vielleicht müde und gereizt, dem Schreiben entnehmen soll, dass Sie die beste Bewerberin sind. Versetzen Sie sich in seine Lage – Ihr Anschreiben könnte das 78. von 114 sein. Lassen Sie sich also etwas einfallen, ohne dabei die Form zu verletzen oder aus dem Rahmen zu fallen. Sie müssen den Leser daran hindern, die Mappe mit einem Schulterzucken wegzulegen. Bewerben Sie sich, ohne dass eine ausgeschriebene Stelle existiert, sollten Sie vorher durch einen Anruf geklärt haben, ob überhaupt eine entsprechende Stelle dort vorhanden und in nächster Zeit zu besetzen ist. Nennen Sie einen triftigen Grund, weshalb Sie diese Praxis gewählt haben. Vielleicht passt die Spezialisierung zu Ihren persönlichen Zusatzqualifikationen. Übertreiben Sie es aber dabei nicht. Anbiederungen werden in der Regel genauso wenig geschätzt wie unangebrachte Arroganz.
- Zuoberst im Briefkopf sollte Ihre komplette Anschrift stehen. Telefon- und Faxnummer, E-Mail- oder Internet-Adressen gehören auch hierhin als Erweiterung der Adresse. Darunter folgt die Anschrift des Stellenanbieters. Achten Sie darauf, den Namen des Ansprechpartners richtig zu schreiben. Unter dem Briefkopf vermerken Sie in der Bezugszeile (früher Betreff) den Grund Ihres Anschreibens („Bewerbung auf Ihr Stellenangebot „Arzthelferin gesucht" vom 30. September ... in ...").
- Vermerken Sie das Datum, ab dem Sie die Stelle antreten könnten.
- Bedenken Sie immer, dass dieser Brief darüber entscheidet, ob die Bewerbung näher betrachtet wird oder nicht. Wenn Sie positive Beurteilungen vorzuweisen haben, sollten auch diese Eingang in Ihr Bewerbungsschreiben halten.
- Unter dem Bewerbungsschreiben platzieren Sie eine kurze Liste Ihrer Anlagen.

Persönliche Daten, Foto und Lebenslauf

Zu den persönlichen Daten gehören Name, komplette Anschrift, Alter, Geburtsort, Familienstand und Beruf und ggf. die Konfession. Auf dieser Seite muss auch das Foto eingeklebt werden. Wählen Sie dazu keine Automatenaufnahmen, sondern verabreden Sie einen Termin bei einem Fotografen. Zeigen Sie Ihre Schokoladenseite und schauen Sie freundlich und selbstbewusst in die Kamera. Der Fotograf wird Ihnen dabei helfen. Wählen Sie die Klei-

dung nicht zu konservativ, aber auch nicht zu salopp. Meiden Sie Piercings, zu auffällige Ohrringe, zuviel Schminke oder zu tief dekolletierte Kleidungsstücke. Bedenken Sie, dass Ihr zukünftiger Chef vielleicht 20 Jahre älter ist als sie und andere Einstellungen hat.
Im tabellarischen Lebenslauf sollten Sie folgende Punkte aufführen:
- vollständige Adresse
- aktuelles Bewerbungsfoto in der rechten oberen Ecke
- persönliche Daten: Geburtsdatum, Geburtsort, evtl. Konfession, Familienstand, evtl. Anzahl der Kinder
- Ausbildungsgang: Schule, Lehre; Sprachkenntnisse, weitere Abschlüsse und speziell erworbene Kenntnisse und Qualifikationen, eventuelle Praktika, bisherige Arbeitsstellen.

Weitere Anlagen:
- Zeugnisse:
  - keine Originalzeugnisse, immer Kopien
  - nur Schulzeugnisse, die noch eine Aktualität besitzen (den Ansprechpartner interessieren keine Schulzeugnisse von vor 20 Jahren)
  - Ihr letztes Schulzeugnis sollte auf jeden Fall beigefügt werden.
  - Arbeitszeugnisse (begonnen wird mit dem letzten Arbeitszeugnis)
- Arzthelferinnenbrief
- Fortbildungsnachweise

VORSTELLUNGSGESPRÄCH

Machen Sie sich vor dem Vorstellungsgespräch Folgendes klar:
Sie suchen einen interessanten Arbeitsplatz, der Ihren Interessen und Fähigkeiten entgegenkommt, Entwicklungsmöglichkeiten bietet und angemessen bezahlt wird. Ihr Gegenüber sucht eine Mitarbeiterin, die über bestimmte Fähigkeiten und Eigenschaften verfügt und zu dem Praxisteam passt. Es ist also für beide Seiten wichtig, sich kennen zu lernen und zu erkunden, was man vom jeweils anderen erwarten kann. Um es beiden Seiten möglichst einfach zu machen, sollten Sie als Bewerberin bei der Wahrheit bleiben und eine realitätsnahe Selbstbeschreibung wählen. Möglich, dass Sie mit „Aufschneiderei" Eindruck schinden und sogar eine Stelle bekommen. Doch wird sich dann schon nach kurzer Zeit erweisen, dass damit keinem gedient ist. Es entstehen Frustrationen und Enttäuschungen auf beiden Seiten und am Ende steht die erneute Stellensuche.
- Vor dem Gespräch sollten Sie möglichst viel über die Praxis, in der Sie arbeiten möchten, in Erfahrung bringen (z.B. durch Internet, Bekannte, die dort arbeiten, Informationsbroschüre der Praxis).
- Vereinbaren Sie telefonisch einen Termin.
- Kommen Sie ausgeruht und gepflegt gekleidet zu dem Gespräch. Wenn Sie ein Parfüm auflegen, achten Sie auf einen dezenten Duft. Mittlerweile ist es auch möglich, eine saubere Jeans anzuziehen, aber im Zweifel sollten Sie es etwas konservativer halten. Achten Sie jedoch auch darauf, dass Sie sich in der Kleidung wohl fühlen.
- Selbstverständlich sollten Sie ausreichend Zeit mitbringen.
- In dem Vorstellungsgespräch wird in erster Linie Ihre Persönlichkeit „geprüft". Entscheidend ist dabei, ob Sie der einstellenden Person sympathisch sind und zum Team passen. Weiterhin wichtig ist danach die Prüfung Ihrer Motivation und Arbeitseinstellung und Ihre berufliche Qualifikation. Mit folgenden Themen sollten Sie bei einem Vorstellungsgespräch rechnen:
  - schulischer und beruflicher Werdegang
  - Berufsmotivation
  - Warum diese Stelle?
  - Aktivitäten außerhalb des Berufsfeldes (Hobbys, gesellschaftliches Engagement, Zusatzausbildungen)
  - Einstellung zu Arbeit, Leistung und Erfolg
  - Mobilität und Flexibilität, private Bindungen
  - Selbsteinschätzung, persönliche Stärken und Schwächen
  - fachliche Kompetenz.
- Natürlich ist ein Vorstellungsgespräch nicht die richtige Gelegenheit, um mit sich selbst

hart ins Gericht zu gehen, sondern eher eine Möglichkeit, um für sich von allen Seiten zu werben. Dazu kann es auch gehören, ein punktuell kritisches Bild von sich selbst zu zeichnen. Zeigen Sie im Gespräch auch einmal, dass es Punkte an Ihnen gibt, die Sie kritisch sehen – die gibt es sicherlich. Behalten Sie auch hier Ihre Glaubwürdigkeit, und machen Sie klar, dass Sie kein Problem darin sehen, weiter an dieser „Schwäche" zu arbeiten.

- Es ist wichtig, im Vorstellungsgespräch Lücken und Unklarheiten im Lebenslauf überzeugend begründen zu können.
- Gerne gestellte Fragen sind z.B.:
  - *„Warum bewerben Sie sich bei uns? Was reizt Sie an dieser Stelle?"*

  Hierauf sollten Sie überzeugend und selbstsicher antworten können. Beten Sie keinen auswendig gelernten Text herunter. Wenn Sie sich selber wirklich klar gemacht haben, was Sie dort suchen, werden Sie es auch vermitteln können.
  - *„Wo haben Sie sich noch beworben?"*

  Hier sollten Sie nicht lügen, denn alles auf eine Bewerbung zu setzen, ist ohnehin nicht realistisch, aber auch das Schrotschussprinzip verletzt die Eitelkeit Ihres Gegenübers. Antworten Sie vielleicht: *„Ich habe mich noch bei einem Kollegen, der in der gleichen Fachrichtung arbeitet, beworben."*
  - *„Warum wollten Sie eigentlich Arzthelferin werden?"*

  Dies ist für viele tatsächlich eine schwierige Frage. War es der Wunsch, mit Menschen zu arbeiten? Interessiert Sie die Medizin? Hatten auch die Eltern medizinische Berufe? Alle Antworten sind möglich. Entscheidend ist alleine die Glaubwürdigkeit der Antwort. Es muss Ihre Antwort sein, denn alles andere bringt Sie nicht weiter. Ansonsten laufen Sie nämlich Gefahr, dass an der Ernsthaftigkeit Ihrer Antwort gezweifelt wird.
- Zur Vorbereitung gehört es auch, sich selber einige gute Fragen zu überlegen, damit man ein Gespräch mitführen kann, und nicht auf Verlegenheitsfragen wie *„Wie viele Arzthelferinnen arbeiten denn bei Ihnen?"* ausweichen muss. Statt dessen eignen sich Fragen wie:
  - *Warum ist die Stelle überhaupt frei?*
  - *Was macht die Vorgängerin jetzt?*
  - *Mit welchen Personen werde ich zusammenarbeiten?*
  - *Wie sind die Arbeitszeiten?*
  - *Wie sind die täglichen Arbeitsabläufe organisiert?*
  - *Handelt es sich um eine befristete oder um eine unbefristete Stelle?*
  - *Nach welchem Tarif werde ich bezahlt und um welche Summe handelt es sich dabei? (siehe O2, Rechte und Pflichten)*
  - *Werden Zusatzleistungen vergütet (Überstunden, Weihnachtsgeld, Urlaubsgeld, Wochenend- und Feiertagsarbeit, vermögenswirksame Leistungen)?*
  - *Wie viele Urlaubstage stehen mir zu?*
  - *Werden Fort- und Weiterbildungen angeboten?*
  - *Wie ist die Einstellung zu Fort- und Weiterbildungen?*
  - *Werden die Kosten für Fort- und Weiterbildungen übernommen?*

  Im Idealfall haben Sie sich gründlich vorbereitet und auch schon mit einem „Insider" gesprochen, so dass Sie die Antworten auf diese Fragen längst kennen. Dennoch sollten

Auskunftspflichten gegenüber dem Arbeitgeber:

Schwangerschaft	Auskunftspflicht nur, wenn Sie bei Ihrer neuen Arbeit Ihre oder die Gesundheit ihres ungeborenen Kindes gefährden würden
chronische Erkrankungen	Auskunftspflicht
Familienplanung	keine Auskunftspflicht
Verhältnis zur eigenen Familie	keine Auskunftspflicht
soziales Umfeld (Familie, Partnerschaft)	keine Auskunftspflicht
berufliche und private Zukunftspläne.	keine Auskunftspflicht

Sie einige parat haben, damit Sie bei der Aufforderung nach eigenen Fragen nicht im Regen stehen.

Sie können bei einer Bewerbung vieles richtig und falsch machen und haben dennoch keinerlei Garantie, dass die Beseitigung aller Fehler zum Erfolg führt. Aber sicherlich werden Ihre Chancen erhöht. Eine Bewerbung ist eine Prüfungssituation. Im Unterschied zu den meisten anderen Prüfungen können Sie sie unzählige Male wiederholen. Von Mal zu Mal werden Sie mehr über sich selbst erfahren und immer besser wissen, was Sie wollen. Dadurch wird es Ihnen zunehmend gelingen, genau diese Vorstellungen zu vermitteln und letztlich eine Stelle zu bekommen, die Ihren persönlichen Vorstellungen möglichst nahe kommt. Es hilft, Vorstellungsgespräche im Familienkreis oder mit dem Partner zu üben, damit eigene Schwächen eher erkannt und beseitigt werden können.

O2 RECHTE UND PFLICHTEN

Sie haben als Angestellte nicht nur die Aufgaben zu erfüllen, die Ihnen im Rahmen Ihres Berufsbildes aufgetragen werden, sondern Sie müssen dabei auch bestimmte formale Kriterien erfüllen. Dazu gehören:

- Arbeitsvertrag: Unter http://www.arzthelferin-online.de können Sie sich einen Arbeitsvertragsvordruck herunterladen und ausdrucken.
- Aushändigung der Arbeitspapiere: Sie müssen bei Arbeitsantritt den Praxisinhabern Ihre Arbeitspapiere (Lohnsteuerkarte, Versicherungsnachweis) vorlegen.
- Treuepflicht: Sie haben als Arzthelferin die Interessen der Praxis wahrzunehmen und alles zu unterlassen, was dieser schaden könnte. Darunter fällt ebenfalls die Einhal-

[Abb. Bewerbungsschreiben]
[Absender]

[Adressat]

Bewerbung um die Stelle einer Arzthelferin

Sehr geehrter Herr...,

im Juni 2002 werde ich meine Abschlussprüfung zur Arzthelferin ablegen. Ich möchte möglichst im unmittelbaren Anschluss an meine Ausbildung eine neue Stelle antreten und bewerbe mich deshalb bereits jetzt in Ihrer Praxis.

Während meiner Ausbildung hat sich mein ursprüngliches Interesse für den Beruf noch verstärkt. Ich arbeite sehr gerne in den Bereichen Patientenbetreuung, -Beratung und Diabetes-Schulung. Darüber hinaus habe ich während meiner Lehre viel in unserem Labor gearbeitet. Zu meinen Aufgaben gehörten u.a. chemische und mikroskopische Urinuntersuchungen, Bestimmung von Blutzuckerwerten, Durchführung von Blutzuckerbelastungstest und die Abnahme und Vorbereitung von Blutproben für den Versand.

Ich hoffe, dass meine Bewerbung Ihr Interesse findet und würde mich sehr über einen Termin für ein Gespräch freuen.

Mit freundlichen Grüßen
[Vorname, Name, Unterschrift]

Anlagen:
Lebenslauf [Foto auf dem Lebenslauf platzieren]
Kopie des Schulabschlusszeugnisses
Kopien von Leistungsnachweisen

tung der Schweigepflicht (Verschwiegenheitspflicht – es ist gemäß §203 StGB verboten, Praxisgeheimnisse und Daten über Patienten an andere Personen weiterzugeben; *siehe auch A3, Schweigepflicht und Datenschutz*) und die Mitteilungspflicht, z.B. Ihre Verpflichtung, den Arbeitgeber im Krankheitsfall zu benachrichtigen.

- Gehorsamspflicht: Sie müssen den Anweisungen des Arztes Folge leisten, also Aufgaben, die der Arzt an Sie richtet (Blutentnahmen, Büroarbeiten usw.) ausführen. Aber natürlich können Ihnen nur solche Aufgaben gestellt werden, die dem Berufsbild oder Ihrem Arbeitsvertrag entsprechen. Der Arzt darf Sie nicht als Babysitter oder Putzfrau ausnützen.
- Verbot der Schmiergeldannahme, d.h. Sie dürfen keine Geld- oder Sachgeschenke annehmen, wenn Sie dadurch zu pflichtwidrigen Handlungen verleitet werden. Das bedeutet sicherlich nicht, dass Sie kleine Aufmerksamkeiten von Patienten oder Lieferanten nicht annehmen dürfen. Bei der Schmiergeldannahme handelt es sich z.B. um Geldgeschenke von anderen Praxen, die von Ihnen Praxisgeheimnisse (z.B. Summe der Scheine im Quartal, Behandlung an bestimmten Patienten u.ä.) erfahren wollen.
- Sorgfaltspflicht: Sie sind verpflichtet, die Ihnen übertragenen Arbeiten sorgfältig auszuführen und mit Praxismaterialien und Einrichtungsgegenständen sorgfältig umzugehen. Das bedeutet für Sie, dass Sie alle Arbeiten so gut und in einer angemessenen Zeit erledigen, wie es Ihr Können zulässt. Vor allem wird von Ihnen verlangt, dass Sie Praxismöbel oder Gegenstände pfleglich behandeln, d.h. ein sorgfältiger und sauberer Umgang, wie mit seinen eigenen Sachen, ist Pflicht.

Sie haben aber auch Rechte:

- Vergütungspflicht des Arztes: Der Arzt muss Sie für Ihre Arbeit entlohnen. Das Gehalt sollte Ihnen jeweils zum 1. oder zum 15. eines Monats ausgezahlt werden.

	Entgelt (West)	**Entgelt (Ost)**
1. Ausbildungsjahr	€ 475,50	€ 388,36
2. Ausbildungsjahr	€ 516,40	€ 449,94
3. Ausbildungsjahr	€ 559,86	€ 493,40

- Mutterschutz: Dieser besondere Schutz besteht für alle, auch für Auszubildende. Die Gestaltung des Arbeitsplatzes muss auf die Anforderungen der Mutter und das ungeborene Kind abgestimmt werden. Es sind auch bestimmte Schutzfristen einzuhalten. Ein Arbeitsverbot besteht 6 Wochen vor und 8 Wochen nach der Entbindung (bei Mehrlingsgeburten verlängert sich die Schutzfrist). Schwangere und Mütter im Erziehungsurlaub (Dauer max. 3 Jahre) haben einen besonderen Kündigungsschutz. Ebenso hat eine Mutter das Recht auf Mutterschaftsgeld, welches die Lohnfortzahlung während des Beschäftigungsverbotes gewährt. Ein Erziehungsgeld in Höhe von ca. 300 € wird bis zur Vollendung des 24. Lebensmonates des Kindes gezahlt.

Die Vergütung richtet sich nach der Eingruppierung in die jeweiligen Tätigkeitsgruppen:

Berufsjahr	**Tätigkeitsgr. I**	**Tätigkeitsgr. II**	**Tätigkeitsgr. III**	**Tätigkeitsgr. IV**
1.– 3.	€ 1309,05	–	–	–
4.– 6.	€ 1429,28	€ 1501,11	–	–
7.– 10.	€ 1549,52	€ 1627,59	€ 1705,14	€ 1859,73
11.– 16.	€ 1639,56	€ 1721,79	€ 1803,52	€ 1967,47
17. –22.	€ 1745,22	€ 1833,70	€ 1920,63	€ 2094,47
>22.	€ 1850,88	€ 1943,52	€ 2035,65	€ 2220,43

(gültig seit 1.1.2002; in den neuen Bundesländern betragen die Gehälter 85% der Westtarife)

- Urlaub: Ihnen stehen altersabhängig mindestens 26 Arbeitstage als Erholungsurlaub zur Verfügung. Die Praxisinhaber sind gehalten, Ihre Terminwünsche dabei zu berücksichtigen. Außerdem müssen mindestens 12 aufeinanderfolgende Tage den Hauptteil des Jahresurlaubs ausmachen. Der Bildungsurlaub ist nicht gesetzlich vorgeschrieben und sollte vertraglich geregelt werden.

URLAUBSANSPRUCH

Alter	**Urlaub**
bis zum vollendeten **30.** Lebensjahr	26 Arbeitstage
bis zum vollendeten **40.** Lebensjahr	28 Arbeitstage
ab dem **40.** Lebensjahr	30 Arbeitstage

- **Zeugnisse:** Sie haben ein Recht darauf, ein Zeugnis über Ihre geleistete Arbeit zu bekommen. Ihre Arbeitgeber sind dazu verpflichtet, Ihnen bei Kündigung (unabhängig von welcher Seite) ein Arbeitszeugnis auszustellen. In diesem sollten alle wesentlichen Arbeiten, sowie eine Gesamtbeurteilung beinhaltet sein. Ebenfalls sollte ein Arbeitszeugnis wohlwollend und verständig gestaltet sein und keine Werturteile beinhalten (*siehe auch O3, Zeugnisse und Arbeitsbescheinigungen*).

DELEGATION

Das Thema der Delegation ist immer wieder Anlass zahlreicher Diskussionen im gesamten Medizinbetrieb. Es gibt sog. delegierbare Arbeiten, die der Arzt an seine Helferin weitergeben (delegieren) kann. Dabei handelt es sich um medizinische Leistungen, die nicht vom Arzt sondern von Ihnen als Arzthelferin erbracht werden.

Delegationsfähige Leistungen sind z.B.
- Injektionen (i.c., s.c., i.m.)
- Blutentnahmen, Infusionen
- die technische Erstellung des Röntgenbildes
- Laborleistungen sind grundsätzlich delegationsfähig, jedoch sind Leistungen des Spezialabors (Abschnitt O III EBM) unter der persönlichen Überwachung und Verantwortung bei Anwesenheit des Arztes zu erbringen
- physikalisch-medizinische Leistungen
- Ton- und Sprachaudiometrie sowie vergleichbare Messverfahren
- Dauerkatheterwechsel
- Wechsel einfacher Verbände.

All diese Leistungen sind jedoch nur dann delegierbar, wenn sie auf Anweisung des Arztes und während seiner Anwesenheit in der Praxis erfolgen. Blutentnahmen können auch vor der Sprechstunde stattfinden, wenn der Arzt in angemessener Zeit die Praxis erreichen könnte.

Nicht delegationsfähige Leistungen sind:
- alle Untersuchungen – Bei EKG- und EEG-Leistungen ist die Beurteilung durch den Arzt im medizinisch notwendigen zeitlichen Zusammenhang mit der technischen Erstellung der Ableitung erforderlich. Ein Belastungs-EKG darf nur in Anwesenheit des Arztes durchgeführt werden.
- invasive diagnostische Eingriffe
- Operationen
- Patientenberatung
- Entscheidungen über alle therapeutischen Maßnahmen.

Welche Arbeiten der Arzt an welche Arzthelferin weitergibt, hängt von den individuellen Qualifikationen, der zu erbringenden Leistung und der Schwere der Krankheit des Patienten ab. Das bedeutet, dass nicht jede Arzthelferin alle delegierbaren Arbeiten auch ausführen darf. Für Fehler bei diesen Arbeiten kann die Arzthelferin nur dann haftbar gemacht werden, wenn ihr Vorsatz oder grobe Fahrlässigkeit nachgewiesen wird.

FORT- UND WEITERBILDUNGEN

- Neben den von der Ärztekammer angebotenen und anerkannten Weiterbildungen im Beruf gibt es noch eine Vielzahl von Fortbil-

dungen, mit denen man zusätzlich sein Wissen erweitern kann. Am bekanntesten ist der Aufstieg zur Arztfachhelferin *(siehe O4, Fortbildung zur Arztfachhelferin)*. Diese Kurse werden je nach Ärztekammer in verschiedenen Modulen und Formen angeboten. Möglich sind z.B.:
- Strahlenschutzkurse
- Fachzertifikat Impfberatung
- Fachzertifikat Ernährungsberatung
- Fachzertifikat Gesundheitsberatung
- Fachzertifikat Praxismanagement
- Gastroenterologische Endoskopie
- Ambulantes Operieren
- Diabetesberatung
- Onkologie
- Notfallmedizin
- Fachtrainerin Hirnleistungstraining.

• Der Berufsverband der Arzthelferinnen (BdA) und viele Pharmafirmen bieten Fortbildungen zu zahlreichen Fachthemen an, wie z.B.:
  - Abrechnung IGEL
  - Praxismanagement
  - Ausbildung der Azubis
  - Homöopathie
  - Arbeitsmedizin.

  Sie sollten sich mit den Broschüren, die in der Praxis eintreffen, eingehend beschäftigen, um das Richtige für Sie und Ihre Praxis herauszufinden.
• Zusätzlich gibt es Kurse von spezialisierten Anbietern, die für Arzthelferinnen interessant sind, wie etwa Arbeiten mit dem PC, Telefonieren, Textverarbeitung, NLP usw.
• Informationen erhalten Sie beim Berufsverband, bei Ärztekammern, Fortbildungsinstituten, Arzthelferinnenschulen, Arbeitsämtern und im Internet.

O3 ZEUGNISSE UND ARBEITSBESCHEINIGUNGEN

Es ist verboten, jemandem in einem Zeugnis als „Versager“ oder „Faulpelz“ zu bezeichnen. Deshalb entstanden Formulierungen, die zwar freundlich klingen, aber etwas ganz anderes bedeuten. Der „Zeugniscode“ ist jedoch keine Festlegung von verklausulierten Noten, sondern vielmehr ein Werkzeug von Arbeitgebern, um schlechte Noten „hübsch zu verpacken“. Klärende Gespräche und ehrliche Einschätzungen werden so verhindert. Eine Arzthelferin weiß eventuell gar nicht, warum sie mit diesem „eigentlich doch ganz guten“ Zeugnis keine Anstellung findet. Das schafft natürlich Raum für zahllose Missverständnisse, denn es gibt keine wirklich offizielle Sprachregelung. Und manch ein Chef weiß gar nicht, was seine vielleicht wohlgemeinte Formulierung für einen Schaden anrichten kann. Wer vermutet schon, dass sich hinter der Formulierung *„... konnte unseren Erwartungen entsprechen“* eigentlich ein „ungenügend“ verbirgt!?

Es gibt inzwischen Arbeitgeber, die auf dem Zeugnis vermerken, dass sie nicht codiert bewerten.

Wenn Sie ganz sicher gehen wollen, lassen Sie Ihr Zeugnis von einem Fachanwalt für Arbeitsrecht prüfen. Wenn Ihnen Ihr Zeugnis dann als schädigend erscheint, sollten Sie sich um eine Korrektur bemühen. Schließlich wird es stets Ihr Zeugnis für einen bestimmten beruflichen Lebensabschnitt bleiben.

DAS ARBEITSZEUGNIS

Angaben, die in jedes Zeugnis gehören:
- die vollständigen Personalien einschließlich Geburtsdatum
- Dauer und Bezeichnung der Tätigkeit
- den Inhalt Ihrer Aufgaben und Ausbildungen
- Bewertung Ihrer Leistungen
- Bewertung Ihres Verhaltens

– den Grund für die Beendigung des Arbeitsverhältnisses.

Die Zeugniscodes folgen gemeinhin einigen Grundregeln. So wird gerne mit Auslassungen gearbeitet: Was nicht im Zeugnis steht, war nicht vorhanden. Wenn Sie also einen wesentlichen Punkt Ihrer Tätigkeit bzw. Ihres Verhaltens in der Beurteilung vermissen, sollten Sie einmal nachfragen, ob dieser vielleicht vergessen worden ist. Auch sollte das Zeugnis möglichst ausführlich und detailliert sein. Reine Arbeitsbestätigungen oder Ein-Absatz-Zeugnisse sind abzulehnen, wenn ein längeres Arbeitsverhältnis bestand. Die Arbeitsbescheinigung bestätigt lediglich die Art und Dauer der Beschäftigung in der Praxis. Sie wird ausgestellt, wenn bei Ihnen eine differenzierte Leistungsbeurteilung nicht möglich war, weil Sie nur für kurze Zeit dort tätig waren (z.B. Ausscheiden während der Probezeit) oder weil Sie in Ihrem Leistungsverhalten so krasse Mängel aufgewiesen haben, dass es letztlich auch für Sie besser ist, auf ein umfassendes Zeugnis zu verzichten.

Hervorragende Leistung
- ... die Leistungen haben in jeder Hinsicht unsere vollste Anerkennung gefunden
- ... mit den Leistungen waren wir in jeder Hinsicht außerordentlich zufrieden
- ... hat die Aufgaben stets zu unserer vollsten Zufriedenheit erfüllt
- ... mit ihren Leistungen waren wir stets sehr zufrieden
- ... ihre Leistungen haben unsere vollste Anerkennung gefunden
- ... ihre Leistungen waren sehr gut, hervorragend ...
- ... hat die ihr übertragenen Arbeiten ständig zu unserer vollsten Zufriedenheit erledigt.

Gute Leistung
- ... hat die Aufgaben stets zu unserer vollen Zufriedenheit erledigt
- ... ihre Leistungen waren überdurchschnittlich
- ... ihre Leistungen haben stets unsere volle Anerkennung gefunden
- ... hat die ihr übertragenen Arbeiten stets zu unserer vollen Zufriedenheit erledigt.

Befriedigende, eher unterdurchschnittliche Leistung
- ... hat die Aufgaben zu unserer Zufriedenheit erledigt
- ... wir waren mit ihren Leistungen stets zufrieden
- ... hat stets zu unserer Zufriedenheit gearbeitet
- ... hat die ihr übertragenen Arbeiten zu unserer vollen Zufriedenheit erledigt.

Ausreichende Leistung
- ... hat die ihr übertragenen Arbeiten im Großen und Ganzen zu unserer Zufriedenheit erledigt.

Diese Formulierung berücksichtigt die Rechtslage, wonach ein Zeugnis nicht so formuliert werden darf, dass es dem Arbeitnehmer beim Fortkommen hinderlich ist.

Mangelhafte Leistung
- ... hat die Aufgaben im Großen und Ganzen zu unserer Zufriedenheit erledigt
- ... ihre Leistungen entsprachen weitgehend den Erwartungen
- ... war immer mit Interesse bei der Sache.

Ungenügende Leistung
- ... hat sich bemüht, die Arbeiten zu unserer Zufriedenheit zu erledigen
- ... hat stets versucht, uns zufriedenzustellen
- ... konnte unseren Erwartungen entsprechen
- ... hatte Gelegenheit, ... zu tun, ... kennenzulernen
- ... hat alle ihre Fähigkeiten eingesetzt
- ... zeigte für ihre Arbeit Verständnis
- ... hat sich bemüht
- ... hat versucht
- ... hatte Gelegenheit, dies oder das zu tun oder kennen zu lernen.

Zeugnis-Muster (Auszubildende, „gut")

Frau ..., geboren am ..., hat vom ... bis ... in meiner Praxis eine Ausbildung zur Arzthelferin absolviert und diese am heutigen Tage mit der Note ... abgeschlossen.
Im Laufe der Ausbildung hat sich Frau ... dem Ausbildungsplan entsprechend mit folgenden Tätigkeitsfeldern vertraut gemacht:
...
...
...
Sie hat sich dabei durchweg gute bis überdurchschnittliche Kenntnisse angeeignet.
Ihr Tätigkeitsbereich umfasste vor allem:
...
...
...

Sämtliche übertragenen Aufgaben wurden zu unserer vollen Zufriedenheit gelöst. Frau ... vermochte dabei stets die an sie gestellten Anforderungen in vollem Umfang zu erfüllen, wobei sie besonders ihre sehr guten Fähigkeiten in ... einbringen konnte. Sie erledigte die anfallenden Arbeiten stets zügig, umsichtig und gewissenhaft. Auch unter größerer Belastung ist sie jederzeit in der Lage, gute Arbeitsergebnisse vorzuweisen.
Frau ... hat regelmäßig die Berufsschule besucht und Berichtshefte und weitere Nachweise ordnungsgemäß geführt. Ihre dort gezeigten Leistungen waren überdurchschnittlich.

Während ihrer Tätigkeit in unserem Unternehmen eignete sie sich zusätzliche Qualifikationen mit Erfolg an:
...
...
...
... hat von Beginn der Ausbildung an für den Beruf als ... sehr großes Interesse gezeigt und die ihr übertragenen Aufgaben gewissenhaft und zielstrebig erledigt.
Hervorzuheben ist Interesse, Pflichtbewusstsein, eine selbstständige Arbeitsweise sowie ein korrekter Umgang mit Geld und Arbeitsmitteln. Darüber hinaus besteht eine rasche Auffassungsgabe der Auszubildenden und die Fähigkeit, auch bei nicht alltäglichen Anforderungen im Beruf der Arzthelferin die richtigen Schlüsse zu ziehen und überwiegend auch die zutreffenden Lösungsmöglichkeiten zu finden. Häufig war Frau ... damit dem nach dem Ausbildungsverlauf zu erwartenden Wissensstand ein gutes Stück voraus.
Im Umgang mit Vorgesetzten, Mitarbeitern und Patienten zeichnete sich Frau .... durch Höflichkeit und ein jederzeit freundliches und offenes Benehmen aus. Ihr persönliches und dienstliches Verhalten war stets tadelsfrei.

VERHALTENSBEURTEILUNG IN ARBEITSZEUGNISSEN

Berufstypische Eigenschaften sollten im Zeugnis erwähnt sein. Wenn das Verhalten nicht erwähnt wird, können Sie davon ausgehen, dass es nicht den Erwartungen entsprach (Auslassung). Wichtige Punkte zur Beurteilung des Verhaltens sind etwa:

- Fleiß
- Ordnungssinn
- Umgänglichkeit
- das Verhalten gegenüber Vorgesetzten und Mitarbeitern.

Formulierungen zum Austrittsgrund

- **Die Praxis verliert Sie ungern**
  - ... verlässt uns auf eigenen Wunsch.
  - Wir bedauern ihr Ausscheiden außerordentlich.
  - Wir verlieren eine wertvolle Mitarbeiterin.
  - Wir wünschen ihr für die Zukunft alles Gute.
- **Die Praxis hat gekündigt**
  - „...verlässt uns in gegenseitigem Einvernehmen" (keine Bemerkungen zum Austrittsgrund)

WAS MAN GEGEN EIN UNGÜNSTIGES ZEUGNIS TUN KANN...

Es ist kein Weltuntergang, wenn Sie mal ein schlechtes Zeugnis bekommen. Schließlich geht es im Leben nicht immer nur aufwärts. Wenn Sie jedoch mehrere dieser Art haben, kann es sich auf Ihre berufliche Laufbahn recht negativ auswirken. Verlangen Sie in diesem Fall freundlich, aber bestimmt eine Korrektur. Dazu ist es hilfreich, wenn Sie bereits ein vorformuliertes Zeugnis vorlegen können, das nur noch unterschrieben werden muss.
Nennen Sie ohne Scheu auch den Grund, also die wahre oder auch nur mögliche negative Bedeutung einer Formulierung. Denken Sie daran, dass Sie mit diesem Zeugnis das ganze Berufsleben lang herumlaufen müssen.
Wenn dies nicht zum Erfolg führt, gibt es nur noch den Gang zum Arbeitsgericht. Dann aber laufen Sie Gefahr, dass Sie eine reine Arbeitsbestätigung erhalten, was mindestens genauso schlecht aussieht wie ein schlechtes Zeugnis. Zusätzlich müssen Sie die Belastung und den Ärger, den ein Prozess mit sich bringt, aushalten.

Übliche Formulierungen zur Beschreibung des Verhaltens

angenehme Mitarbeiter	...war stets freundlich und aufmerksam
zuverlässiger, selbstständiger Mitarbeiter	... war an selbstständiges Arbeiten gewöhnt und genoss unser volles Vertrauen
Einsatz für die Praxis	...wahrte die Interessen der Praxis
initiativlos	...hat alle Arbeiten ordnungsgemäß erledigt
Duckmäusertum	...mit ihren Vorgesetzten ist sie gut zurechtgekommen ... bemühte sich stets um ein gutes Verhältnis zu ihrem Vorgesetzten
unangenehme Mitarbeiterin	...war sehr tüchtig und konnte sich gut verkaufen
clownhaftes Verhalten	...trug zur Verbesserung des Arbeitsklimas bei
Rechthaberei	...hat sich stets um gute Vorschläge bemüht
Strebertum	...wir schätzten ihren großen Eifer
in fast jeder Hinsicht eine ziemliche Niete	... wegen ihrer Pünktlichkeit/ihres Verhaltens war sie stets ein gutes Vorbild
schwierige Mitarbeiterin	...galt im Kollegenkreis als tolerante Mitarbeiterin

O 4 FORTBILDUNG ZUR ARZTFACHHELFERIN

ALLGEMEINES

Das neue Fortbildungskonzept der Arztfachhelferin grenzt sich deutlich von der Ausbildung zur Arzthelferin ab. Die Reformen im Gesundheitswesen machen in den für die Arztpraxis relevanten Neuerungen eine weitergehende Ausbildung wünschenswert. Als Voraussetzung für die Weiterbildung zur Arztfachhelferin gilt eine mindestens einjährige praktische Tätigkeit im Beruf.
Die Fortbildung zur Arztfachhelferin stellt einen beruflichen Aufstieg dar. Sie wird zur Führungskraft im Team des niedergelassenen Arztes und zuständig für administrative, personal- und ausbildungsbezogene Aufgaben in der Arztpraxis. Auch in den Themen Gesundheitsberatung, Hygiene, Arbeitsschutz und Notfallmanagement gewinnt sie die Hauptkompetenz. Die Arztfachhelferin arbeitet an der Qualitätssicherung mit und wird zur rechten Hand der Praxisinhaber. Zusätzlich verfügt sie über besonderes Fachwissen in mindestens einem medizinischen Bereich. Hierzu gibt es Fortbildungsangebote mit dem Themenspektrum: Strahlenschutz, Onkologie, ambulantes Operieren, Gastroenterologie, Pulmologie, Kardiologie, ambulante Dialyse, Psychotherapie, Laborbereich, Ernährungsberatung, Betriebsmedizin.

Die Arztfachhelferin soll folgende Leistungen erbringen können:
- Entlastung der Praxisinhaber im Bereich des Praxismanagements
- qualitative Mitgestaltung der betriebswirtschaftlichen Praxisführung
- Grundlagen, Methoden und Möglichkeiten der modernen Bürokommunikationsmittel kennen
- Umsetzung von Personalmotivation, Personalplanung und Personalentwicklung
- Vermittlung der nach der Ausbildungsverordnung erforderlichen Fertigkeiten und Kenntnisse an auszubildende Arzthelferinnen
- Umsetzung und Durchführung von (bzw. Assistenz bei) Gesundheitsberatungen und besonderen Gesundheitsleistungen
- besondere Qualifikation im Bereich der Kommunikation.

AUSBILDUNGSINHALTE

Die Fortbildung zur Arztfachhelferin erstreckt sich über 3 Jahre berufsbegleitend und kostet etwa 500,– €/Jahr. Die Ausbildung besteht aus einem Pflichtteil von mindestens 280 Stunden (2 Jahre) und einem Wahlteil von mindestens 120 Stunden (1 Jahr) zu medizinischen Themen. Die genaue inhaltliche Ausgestaltung dieser zeitlichen Vorgabe obliegt den Landesärztekammern, die mit der Ausbildung zur Arztfachhelferin betraut sind.

Kommunikation (30 Std.)
- Grundlagen und Techniken
- Umgang mit Patienten und Dritten
- Umgang im Team und mit Vorgesetzten
- Moderationstechniken

Prävention und Gesundheitsberatung (30 Std.)
- Psycho-, Umwelt- und Sozialhygiene
- Umgang mit Risikofaktoren und Suchtproblematik
- Patientenschulung und -versorgung
- Sozialberatung
- Medizinisch-technische Beratung

Arzthelferinnen-Ausbildung (40 Std.)
- Allgemeine und rechtliche Grundlagen
- Jugendliche in der Ausbildung
- Planung und Durchführung der Ausbildung
- Unterweisungsprobe

Recht (20 Std.)
- Ärztliches Berufsrecht
- Arbeits- und Tarifrecht
- Sozialversicherungsrecht
- Arzthaftungsrecht

Praxismanagement/TQM (40 Std.)
- Praxisablauf
- Beschaffungswesen
- Marketing
- Personalmanagement
- Bewertung und Kontrolle

Betriebswirtschaftliche Praxisführung (30 Std.)
- Abrechnung
- Rechnungswesen
- Kostenmanagement

Informations- und Kommunikationstechnologien (40 Std.)
- Hardware
- Software
- Dokumentation /Archivierung
- Bürokommunikation

Medizinprodukte, Arbeitsschutz, Hygiene, Umwelt (20 Std.)
- Arbeitssicherheit
- Praxishygiene
- Entsorgung
- Medizinprodukte

Notfallmedizin (30 Std.)
- Pathophysiologische Grundlagen
- Störungen vitaler Funktionen
- Reanimationstechniken
- Aufbau der Rettungsdienste

KONTAKT

- Über Ihre Landesärztekammer

INTERNET

- *http://www.bundesaerztekammer.de/30/Fachberufe/20Arztfach/Fortbildung.html*

O5 FORTBILDUNG ZUR ERNÄHRUNGS- UND DIÄTBERATERIN

ALLGEMEINES

Die Ausbildung versetzt Sie in die Lage, praxisbezogene Ernährungs- und Diätberatungen durchzuführen. Dies kann Einzel- oder Gruppenberatung aber auch Vorträge beinhalten. Beratungen z.B. für Diabetiker, Übergewichtige oder Patienten mit Fettstoffwechselstörungen können selbstständig oder in Zusammenarbeit mit dem Arzt durchgeführt werden. Ihr Beruf, aber auch die Praxis, in der Sie arbeiten, wird durch diese Zusatzqualifikation aufgewertet und Sie können dem Patienten eine ansprechende zusätzliche Dienstleistung anbieten – auch als Selbstzahlerleistung (*siehe B2, Verkaufstraining für IGEL-Leistungen*).
Nach Abschluss aller Seminare können Sie Vorträge, Einzel- und Gruppenberatungen für Patienten selbstständig oder mit dem Arzt durchführen. Diese Fortbildung wird vom Zentralverband der Ärzte für Naturheilverfahren (ZÄN) und dem Berufsverband der Arzthelferinnen (BdA) anerkannt.

AUSBILDUNGSINHALTE

Ein Kurs besteht aus drei Blöcken von insgesamt 12 Tagen, die überwiegend an Wochenenden abgehalten werden (Basisseminar). Die Inhalte sind:
- gesunde Ernährung
- Diabetes, Übergewicht
- Herzkreislauferkrankungen
- Fettstoffwechselstörungen
- Bluthochdruck
- Neurodermitis
- Hyperurikämie und Gicht
- Kuren und Fasten
- Gastritis, Ulkus, Divertikulose
- Zöliakie, Morbus Crohn, Colitis ulcerosa
- Mykosen
- Obstipation

- Praxis in der Versuchsküche
- Einzel- und Gruppenberatung

Wurde das Basisseminar besucht und die Abschlussprüfung bestanden, können drei Aufbauseminare belegt werden, an deren Ende der Titel „Ernährungs- und Diätberaterin" steht.

1. Kommunikations- und Beratungstraining (4 Tage)
- Grundlagen der Kommunikation
- Struktur eines Beratungsgespräches
- Einzel- und Gruppenberatung
- sich überzeugend ausdrücken
- Gesprächsführungstechniken
- Einwände erkennen und argumentieren
- Körpersprache

2. Gruppenleiterschulung – Wie leite ich einen Kurs zur Gewichtsreduktion? (4 Tage)
- Psychologie des Essverhaltens
- Veränderung der Essgewohnheiten
- Selbstbewusstsein und Zufriedenheit
- Diskussionsleitung und Kurzvortrag
- Entspannungsmethoden
- langfristige Gewichtsreduktion
- Erfolgsstabilisierung
- Erfolgsfaktor Bewegung und Fitness

3. Spezielle Diätetik (5 Tage)
- Diätetik bei Krebserkrankungen, Osteoporose, Rheuma, Lebensmittelallergien
- Einfluss der Ernährung auf Haut und Zähne
- Ernährung verschiedener Alters- und Personengruppen
- Vitamine und Mineralstoffe als Nahrungsergänzung
- Aktuelles aus der Ernährungsmedizin
- PC-gestützte Ernährungsberatung

KOSTEN

- Basisseminar inkl. Vollverpflegung für BdA-Mitglieder € 997,02 (Nichtmitglieder € 1.073,71) *(Stand 3/2002).*
- Aufbauseminare 1 und 2 je € 357,90 (Nichtmitglieder € 383,47), Aufbauseminar 3 € 383,47 (Nichtmitglieder € 424,37) *(Stand 3/2002).*

KONTAKT

- Akademie für gesundes Leben in der Reformhaus-Fachakademie
  Gotische Strasse 15
  61440 Oberursel
  Tel 06172-3009-822
  Fax 06172-3009-819
  kontakt@akademie-gesundes-leben.de
  http://www.akademie-gesundes-leben.de/index.html

O6 FACHKRAFT FÜR SOZIALMANAGEMENT

ALLGEMEINES

Dieser Fortbildungslehrgang vermittelt Ihnen die notwendigen Fertigkeiten zur Führung und Verwaltung von Vereinen, Hilfswerken, Stiftungen, privaten sowie karitativen und staatlichen Einrichtungen. Der Lehrgang baut auf Ihren praktischen Berufserfahrungen auf, daher ist eine entsprechende Berufserfahrung grundsätzlich erforderlich. Er richtet sich aber nicht nur an Arzthelferinnen sondern an alle Mitarbeiter aus sozialen und medizinischen Bereichen. Die Umwandlung auch von sozialen und medizinischen Einrichtungen in Richtung moderner Dienstleistungsunternehmen, die den Herausforderungen von Kostendruck, Kundenorientierung und Qualitätsmanagement gewachsen sind, macht eine solche Ausbildung erforderlich, denn die entsprechenden Organisationen und Institutionen benötigen für die kompetente Umgestaltung ihrer Betriebe geeignete Mitarbeiter.

ZUGANGSVORAUSSETZUNGEN

Sie benötigen eine mindestens zweijährige Berufspraxis und wegen der Fülle der Inhalte einen mindestens mittleren Bildungsabschluss.

LEHRGANGSINHALTE

- In rund 540 Unterrichtsstunden über etwa 1,5 Jahre werden folgende Inhalte vermittelt:
  - Betriebswirtschaftslehre
  - Rechnungswesen/Controlling
  - Soziomarketing
  - Soziales Management
  - Personalwesen
  - Rechtskunde
  - Kommunikation/Präsentation
  - Zeit- und Selbstmanagement
  - Datenverarbeitung
  - Betriebsorganisation.

KOSTEN

Die Gebühren betragen etwa € 2450,– (ohne Lehrmittel) *(Stand 3/2002)*.

KONTAKT

- Akademie für Wirtschaft und Bildung
  Weyerstr. 41
  50676 Köln
  Tel 0221-954207-0
  Fax 0221-954207-10
  sekretariat@awb-koeln.de
  http://www.awb-koeln.de/programm/soziales/soindex.html

O7 ARZTSEKRETÄRIN MIT EDV-ANWENDUNG

ALLGEMEINES

Der Arztsekretärin soll durch Übernahme anspruchsvoller Tätigkeiten die Mediziner noch weiter entlasten. Dafür sorgt die Vermittlung entsprechender berufsbezogener theoretischer und praktischer Kenntnisse und Fertigkeiten sowohl im medizinischen Fachbereich als auch beim Praxismanagement. Der Einsatz aktueller Kommunikationstechniken (EDV-Anwendungen einschließlich ärztliches Abrechnungswesen) spielt dabei eine besondere Rolle. Ihre Tätigkeitsfelder findet die Arztsekretärin nicht nur beim niedergelassenen Arzt, sondern auch in verschiedenen anderen Einrichtungen wie Kliniken, Laborgemeinschaften, Reha-Zentren, Abrechnungsstellen.
Grundsätzlich sollte eine abgeschlossene Berufsausbildung vorliegen, auch wenn der Weiterbildungslehrgang inhaltlich auf dem Wissens- und Kenntnisstand der Arzthelferin aufbaut und bestimmte Bereiche aus dem Rahmenlehrplan der Arzthelferin notwendigerweise wiederholt werden. Die notwendigen Vorkenntnisse können aber auch durch eine einschlägige Berufspraxis von mindestens drei Jahren nachgewiesen werden. Besonders geeignet ist dieser Lehrgang auch für Berufsrückkehrerinnen.

LEHRGANGSINHALTE

- In rund 300 Unterrichtsstunden verteilt über etwa 7 Monate werden folgende Inhalte vermittelt:
  Medizinischer Bereich
  - Repetitorium der medizinischen Fachkunde
  - medizinische Fachsprache Sekretariatsbereich
  - Betriebs- und Organisationslehre der Arztpraxis
  - Abrechnungswesen (Kassen, privat, BG)
  - Schreibtechnik
  - Maschinenschreibtraining
  - Phonotypie (einschl. Normenkunde für Gutachten und Arztbericht)
  - EDV-Standard-Anwendungen
  - Textverarbeitung (WORD)
  - Tabellenkalkulation (EXCEL)
  - Einführung in das Internet
  - EDV-Anwendungen in der Arztpraxis (ALBIS)
  - Patientenverwaltung
  - Abrechnungswesen (Kasse, privat, BG).

  Jeder Teilnehmerin steht bei der praktischen Arbeit ein eigener Rechner zur Verfügung.

KOSTEN

Die Gebühren betragen etwa € 1280,– *(Stand 3/2002).*

KONTAKT

- Akademie für Wirtschaft und Bildung
  Weyerstr. 41
  50676 Köln
  Tel 0221-95 42 07-0
  Fax 0221-95 42 07-10
  sekretariat@awb-koeln.de

O 8 EDV FÜR ARZTHELFERINNEN

ALLGEMEINES

Die meisten Arztpraxen verfügen heute über einen PC. Administration, Formularwesen, Regelwerke der Gebührenordnungen und Budgetierungen machen den Computer unentbehrlich. Solide EDV-Kenntnisse sind deshalb für Sie als Arzthelferin unverzichtbar. Diese Anforderung ist in Inseraten inzwischen die Regel.
Voraussetzung für eine Teilnahme ist eine abgeschlossene Ausbildung als Arzthelferin.

LEHRGANGSINHALTE

Es geht bei dieser Fortbildung um die Vermittlung von berufsspezifischen Fertigkeiten im Umgang mit dem PC und der modernen Praxissoftware.

- In rund 40 Unterrichtsstunden über etwa 5 Wochen werden folgende Inhalte vermittelt:
  - Patientenverwaltung
  - Datenerfassung
  - medizinische Dokumentation
  - Formularwesen
  - Zuordnung von Gebührenziffern
  - Privatliquidation
  - Tages- und Fehlerprotokolle
  - Patienten-/Hausarzt-/Diagnose-/Medikamentenlisten
  - Befundberichte/freie Formulare.
- Jeder Teilnehmerin steht bei der praktischen Arbeit ein eigener PC an ihrem Platz zur Verfügung. Zu dem angebotenen Kursus gehören außerdem praxisnahe Übungen und themengerechte Aufgabenstellungen.

KOSTEN

- Die Gebühren betragen etwa € 205,– *(Stand 3/2002).*

KONTAKT

- Akademie für Wirtschaft und Bildung
  Weyerstr. 41
  50676 Köln
  Tel 0221-954207-0
  Fax 0221-954207-10
  sekretariat@awb-koeln.de

Notizen

Notizen

ANHANG P

Notizen

P1 LABORWERTE UND IHRE BEDEUTUNG

Grundsätzlich ist zu berücksichtigen, dass die Normalwerte von Praxis zu Praxis und von Labor zu Labor erheblich schwanken können. Es empfiehlt sich, vor Beginn der Tätigkeit in der Praxis bzw. vor Zusammenarbeit mit einem neuen Großlabor nach einer Normalwertetabelle zu fragen. Im Zweifel sind die Laborwerte des Hauses maßgeblich.

- **Screening-Profil (Risikofaktoren)**
  Alkalische Phosphatase
  Cholesterin
  Eisen
  Gesamtbilirubin
  Gesamteiweiß
  γ(Gamma)-GT
  AST (ehem. GOT)
  ALT (ehem. GPT)
  Harnsäure
  Harnstoff
  Kalium
  Kalzium
  Kreatinin
  LDH
  Natrium
  Triglyzeride

- **OP-Vorbereitung**
  Cholinesterase
  ALT
  Kalium
  Kalzium
  Kreatinin
  Natrium

- **Leberprofil**
  Alkalische Phosphatase
  Gesamtbilirubin
  γ(Gamma)-GT
  AST
  ALT

Die meisten Großlabors bieten so genannte **Profile** an, unter denen verschiedene Laborwerte entweder organbezogen oder krankheitsbezogen zusammengefasst sind. Dies ist für beide Seiten kostengünstiger als die Bestellung der gesamten Reihe als Einzelposten. Wir haben die Zusammensetzung beispielhafter Profile unten aufgelistet, damit auch Sie wissen, was Sie eigentlich anfordern.

- **Urologenprofil (Frau)**
  Harnsäure
  Harnstoff
  Kalium
  Kalzium
  Kreatinin

- **Urologenprofil (Mann)**
  Harnsäure
  Harnstoff
  Kreatinin
  Prostata-Phosphatase
  Saure Phosphatase

- **Fettprofil**
  Cholesterin
  HDL
  LDL
  Triglyzeride

- **Internistenprofil**
  Alkalische Phosphatase
  Cholesterin
  Eisen
  Gesamteiweiß
  γ(Gamma)-GT
  ALT
  Harnsäure
  Kalium
  Kreatinin
  Triglyzeride

Laborparameter	Normalwert	Einheit	Funktion
Aceton	3-20	mg/l	• Stoffwechselzwischenprodukt bei Fasten, Hunger, Diabetes.
ACTH	8,8-22	pmol/l	• adrenocorticotropes Hormon (Hormon des Hypophysenvorderlappens) stimuliert die Cortisonproduktion der Nebenniere, • *erhöht:* bei Hypophysenadenom, Nebenniereninsuffizienz, ACTH-produzierenden Tumoren, • *erniedrigt:* bei Hypophysenvorderlappen- oder Hypothalamus-Insuffizienz.
Alphafetoprotein	- 10	µg/l	• Eiweiß im Körper des Fetus, • *erhöht:* bei primärem Leberzellkarzinom (Tumormarker), Keimzelltumor, Leberzirrhose, Rauchen, Schwangerschaft.
Albumin	55-65	%	• mengenmäßig häufigstes Bluteiweiß (80%).
Aldosteron	28-443	pmol/l	• Hormon der Nebennierenrinde, reguliert: Blutvolumen und Blutdruck, • *erhöht:* bei Stress, Operationen, • *erniedrigt:* bei Nebennierenrindeninsuffizienz, Schock.
Alkalische Phosphatase	60-170	U/l	• wichtig für den Stoffwechsel von Knochen, Leber und Gallenwegen, • *erhöht:* bei Gallenstau (Cholestase), Knochenerkrankungen (auch Brüche), Niereninsuffizienz, • *erniedrigt:* bei einigen seltenen Erkrankungen.
Antithrombin III	85-115 0,14-0,39	% g/l	• körpereigener Gerinnungshemmer, • *erhöht:* bei Therapie mit Marcumar®, Gallenstau (Cholestase), • *erniedrigt:* bei Leberzirrhose, Blutvergiftung (Sepsis), schweren Verletzungen oder Operationen, Beginn einer Heparin-Therapie, Pille.
Alphaamylase	20-110	U/l	• Enzym zur Stärkespaltung in Mund-und Bauchspeicheldrüse, • *erhöht:* bei akuter Bauchspeicheldrüsenentzündung (Pankreatitis).

Laborparameter	Normalwert	Einheit	Funktion
Arterielle Blutgase			
HCO_3	21–27	mmol/l	
PCO_2	4,6–5,9	kPa	
alt:	35–45	mmHg	
PO_2	10,4–13,0	kPa	
alt:	75–100	mmHg	
pH	7,36–7,44		
im Urin:	4,8–7,4		
Basenexzess	-2 – +2	mmol/l	
Bilirubin (gesamt)	≤ 18,8	mmol/l	• teils Abbauprodukt des Hämoglobins, das mit der Galle in den Darm gelangt (direktes Bilirubin), teils im Blut an Albumin gebunden (indirektes Bilirubin), • *erhöht:* bei hämolytischer Anämie, Abbau eines Hämatoms (blauer Fleck), Hepatitis, Leberzirrhose, Fettleber, Schwangerschaft, bestimmten Medikamenten, • Ikterus sichtbar bei Gesamtbilirubin ab etwa 34 mmol/l.
BSG			
m:	2–13	mm/h	• grobe Aussage über das mögliche Vorliegen einer Entzündung im Körper über die Bestimmung der Absinkgeschwindigkeit der Erythrozyten (Sedimentation), • *erhöht:* bei Entzündungen, Infektionen, Tumoren, Schwangerschaft; • *stark erhöht:* bei Plasmozytom, Niereninsuffizienz, Metastasen, rheumatischen Erkrankungen, • *erniedrigt:* bei Polyzythämie, Herzinsuffizienz.
w:	4–20	mm/h	
CA 19-9 (Cancer Antigen)	<37	µg/l	• Tumormarker bei Pankreas-, Dickdarm- und Magenkarzinom.
Coeruloplasmin	1,8–2,5	µmol/l	• Kupferspeicher- und Kupfertransportprotein, • *erhöht:* bei schweren Infektionen, Schwangerschaft, • *erniedrigt:* bei Morbus Wilson (Kupferspeicherkrankheit).
Chloride	97–108	mmol/l	• wichtig für den Stoffwechsel jeder Zelle, verändert sich meist zusammen mit Natrium, • *erhöht:* bei Durchfall, Fieber oder Schwitzen ohne ausreichende Wasserzufuhr, Diabetes insipidus, bestimmten Medikamenten, • *erniedrigt:* bei Erbrechen, Durchfall, Herz-, Leber-, Nieren- und Nebennierenrindeninsuffizienz.
im Urin:	30–130	mmol/l	

Laborparameter	Normalwert	Einheit	Funktion
Cholesterin alt:	3,1–5,5 120–220	mmol/l mg/100ml	• wichtiges Blutfett, • *erhöht:* bei Fettstoffwechselstörungen, falscher Ernährung, Diabetes mellitus, Schilddrüsenunterfunktion (Hypothyreose), • *erniedrigt:* bei Leberschäden, Cortison-Therapie, Schilddrüsenüberfunktion (Hyperthyreose).
CK *m:* *w:*	5–55 5–35	U/l U/l	• Creatinkinase, Enzym in der Muskulatur, das bei jeder Muskelschädigung freigesetzt wird, • *erhöht:* bei Herzinfarkt, nach i.m.-Injektionen, Operationen, Traumen, Alkoholismus, Hypothyreose.
CK-MB	<10	U/l	• Hierbei handelt es sich um eine Unterform der Creatinkinase, die besonders beim Herzinfarkt erhöht ist.
Cortisol	55–690	nmol/l	• Hormon der Nebenniere, eng verwandt mit den entzündungshemmenden medikamentösen Cortison-Formen, • *erhöht:* beim Cushing-Syndrom und bei Stress, • *erniedrigt:* bei Addison-Syndrom.
C-reaktives Protein (CRP)	< 8,2	mg/l	• so genanntes *Akute-Phase-Protein*, das bei den meisten systemischen Entzündungen erhöht ist, Entzündungsverlauf kann überwacht werden; ein normaler Wert spricht entschieden gegen eine systemische bakterielle Infektion.
Digitoxin (therapeutisch) **Digoxin (therapeutisch)**	13-25 1,0–2,0	µg/l µg/l	• Wirkstoffe verschiedener Herzmedikamente. Da der Ausgangsstoff aus der Digitalis-Pflanze (Fingerhut) sehr genau dosiert werden muss, ist die Kontrolle dieser Werte wichtig, um Komplikationen durch Unter- oder Überdosierung zu vermeiden.
Eisen *m:* *w:*	6,3–30,1 4,1–29,6	mmol/l mmol/l	• bindet als Bestandteil der Erythrozyten Sauerstoff, • *erhöht:* bei Hepatitis, Leberzirrhose, Infektion, Bluttransfusionen, • *erniedrigt:* bei chronischem Blutverlust, Karzinom, Darmerkrankungen mit verminderter Aufnahme, Pubertät und Schwangerschaft wegen erhöhten Verbrauches.

Laborparameter	Normalwert	Einheit	Funktion
Eisenbindungs-kapazität	43–73	mmol/l	• *erhöht:* bei Eisenmangel, • *erniedrigt:* bei Hämochromatose, Lebererkrankungen, Hämoglobinbildungsstörungen.
Erythrozyten stoff	4,2–5,9	Mio./mm^3	• rote Blutkörperchen, transportieren den Sauer- zu den Zellen, • erhöht: bei Dehydratation (Austrocknung), chronischer Ateminsuffizienz, • erniedrigt: bei akuter Blutung (nach 6 Stunden), Anämie,
im Urin:	<5	/mm^3	
Mittl. Eryt. Volumen (MCV)	83–97	fl	
Mittl. Eryt. Hb (MCH)	25–29	pg	
Mittl. Eryt. Hb-Konz.(MCHC)	320–360	g/l	
Ferritin	20–200	mg/l	• Eisenspeicherprotein, • *erhöht:* bei Lebererkrankungen, Tumoren, Schock, Hämochromatose, • *erniedrigt:* bei Eisenmangel.
Fibrinogen	1,6–4,2	g/l	• wichtiges Eiweiß in der Gerinnungsreaktion; diagnostisch dem CRP vergleichbar, • *erhöht:* postoperativ, posttraumatisch, • *erniedrigt:* bei schweren Lebererkrankungen, Verbrauchskoagulopathie.
Folsäure	3–15	ng/ml	• Vitamin, • *erniedrigt:* bei Therapie mit Folsäureantagonisten (Tumortherapie), Schwangerschaft (erhöhter Bedarf), Resorptionsstörungen.
γ-GT			
w:	4–18	U/l	• Gammaglutamyltransferase, wichtige Funktion im Aminosäurestoffwechsel, • *erhöht:* bei Gallenstau, Alkoholismus, Hepatitis, Leberzirrhose.
m:	6–28	U/l	
Gesamteiweiß	60–84	g/l	• die Aufteilung der Bluteiweißfraktionen in der Elektrophorese kann wichtige differentialdiagnostische Hinweise liefern
Albumine	36–50	g/l	
alpha-1-Globulin	1–4	g/l	
alpha-2-Globulin	5–9	g/l	
Betaglobulin	6–11	g/l	
Gammaglobulin	8–15	g/l	
im Urin:	0–10	mg/dl	
im Liquor:	12–50	mg/dl	

Laborparameter	Normalwert	Einheit	Funktion
Glucose	3,9–6,1	mmol/l	• wichtigster Energielieferant des Körpers, • *erhöht:* bei Diabetes mellitus, Cushing-Syndrom, Akromegalie, Phäochromozytom, Herzinfarkt, Medikamente (Diuretika, Cortison, Pille) • *erniedrigt:* bei Hunger, Absorptionsstörungen, Alkohol, großen Tumoren, Überdosierung von Antidiabetika,
alt:	70–110	mg/100ml	
im Urin (24 Std.):	<0,03	g/l	
im Liquor:	49–74	mg/dl	
GOT			
w:	< 15	U/l	• Glutamat-Oxalacetat-Transaminase, Enzym im Aminosäuren- und Kohlenhydratstoffwechsel, • *erhöht:* bei Herzinfarkt, Hepatitis, Leberzirrhose.
m:	< 19	U/l	
GPT			
w:	< 15	U/l	• Glutamat-Pyruvat-Transaminase, Enzym im Aminosäurenstoffwechsel, • *erhöht:* bei Hepatitis, Leberzirrhose.
m:	< 19	U/l	
Hämatokrit			
w:	36–46	%	• prozentualer Anteil der festen Bestandteile im Blut (rote und weiße Blutkörperchen, Blutplättchen), • *erhöht:* bei Dehydratation (Unterwässerung, Austrocknung), Polyglobulie, • *erniedrigt:* bei Anämie, Hyperhydratation (Überwässerung).
m:	42–52	%	
Hämoglobin			
m:	8,7–11,2	mmol/l	• Sauerstoff bindendes und transportierendes Eiweiß,
w:	7,4–9,9	mmol/l	• *erhöht:* bei Dehydratation (Unterwässerung, Austrocknung), Polyglobulie,
alt:			
m:	14–18	g/100ml	
w:	12–16	g/100ml	• *erniedrigt:* bei Anämie, Hyperhydratation (Überwässerung).
Hämoglobin-A_1	4–7	%	• glykoliertes (mit Glykol verbundenes) Hämoglobin, Maß für die Glucose-Konzentration im Serum der letzten 4–8 Wochen, • *erhöht:* bei Hyperglykämie (falsch hohe Werte entstehen leicht bei Niereninsuffizienz und Hyperlipoproteinämie).
Haptoglobin	0,65–1,8	g/l	• Bluteiweiß, das mit Hämoglobin stabile Komplexe bildet, • *erhöht:* bei Entzündungen, Tumor, • *erniedrigt:* bei Leberschaden, Hämolyse.

Laborparameter	Normalwert	Einheit	Funktion
Harnsäure			
w:	149–339	µmol/l	• Endprodukt des Purinstoffwechsels (Purine = Bausteine der Nukleinsäuren), • *erhöht:* bei Gicht, Leukämie (erhöhter Zellabbau), Niereninsuffizienz, Diabetes mellitus, Alkohol, Fasten,
m:	208–416	µmol/l	
im Urin:	10–45	mg/dl	
Harnstoff	2–8	mmol/l	• Endprodukt des Eiweißstoffwechsels, das mit dem Harn ausgeschieden wird, • *erhöht:* bei chronischer Niereninsuffizienz, akutem Nierenversagen, akutem Muskelzerfall (nach Trauma und Verbrennung), erhöhtem Eiweißabbau.
alt:	10–50	mg/100ml	
HBDH	68–135	U/l	• Hydroxybutyratdehydrogenase, wichtiges Enzym beim Energiegewinn durch Glucoseabbau (Glykolyse), • *erhöht:* bei Herzinfarkt, Lungenembolie, Lebererkrankungen, akuter hämolytischer Anämie.
HDL			
m:	>1,45	mmol/l	• high density lipoprotein, Blutfettfraktion, • bei erniedrigten Werten erhöhtes Risiko auf Herzkreislauferkrankungen.
w:	>1,68	mmol/l	
Immunglobuline			
IgA	0,9–4,5	g/l	• Antikörper mit unterschiedlichen Aufgaben, die Analyse hat differentialdiagnostische Bedeutung.
IgE	<100	U/l	
IgG	8,0–18	g/l	
IgM	0,45–2,5	g/l	
Insulin	10–20	U/ml	• Pankreashormon, transportiert den Zucker aus dem Blut in die Zelle.
Kalium	3,5–5,0	mmol/l	• häufigstes Element in den Zellen, wichtigstes Ion bei der Entstehung von Aktionspotentialen in der Nervenzelle, wichtig für die Insulinaufnahme in die Zellen, • *erhöht:* bei verminderter Ausscheidung über die Niere (Insuffizienz, kaliumsparende Diuretika), Zellzerfall, Hämolyse, • *erniedrigt:* bei enteralen Verlusten (Durchfall, Erbrechen), Diuretika,
im Urin:	20–120	mmol/l	

Laborparameter	Normalwert	Einheit	Funktion
Kalzium	2,1–2,6	mmol/l	• wichtig für die neuromuskuläre Erregungsübertragung und für Zahn- und Knochenaufbau, • *erhöht:* bei primärem Hyperparathyreoidismus (Parathyroidea = Nebenschilddrüse oder Epithelkörperchen), Immobilisation, Tumor, Sarkoidose, • *erniedrigt:* bei Hypoparathyreoidismus, nephrotisches Syndrom, Leberzirrhose, Einnahme von Diuretika.
im Urin:	0,4–2,86	mmol/l	
Kreatinin			
w:	42–103	μmol/l	• harnpflichtiges Endprodukt des Muskelstoffwechsels,
m:	49–120	μmol/l	• *erhöht:* bei Niereninsuffizienz, Muskelzerfall (Trauma, Verbrennung).
Kreatinin-Clearence	97–160	ml/min	• Test zur Erfassung der Nierenleistung.
Kupfer	11–20	mmol/l	• Bestandteil vieler Enzyme, • *erhöht:* bei Infektionen, Herzinfarkt, biliärer Leberzirrhose, akuter Leukämie, • *erniedrigt:* bei Resorptionsstörung, Mangelernährung, Morbus Wilson.
Laktat	0,55–2,2	mmol/l	• reichert sich bei Sauerstoffunterversorgung des Gewebes an (nach körperlicher Anstrengung, im Schock).
Laktatdehydrogenase (LDH)	60–120	U/l	• wichtig bei der Energiegewinnung durch Glucoseabau, • *erhöht:* insbesondere bei Herzinfarkt, auch bei toxischem Leberschaden, Tumor, Lungeninfarkt.
LDL	<3,9	mmol/l	• low density lipoprotein, Blutfettfraktion, beschleunigt die Arteriosklerose.

Laborparameter	Normalwert	Einheit	Funktion
Leukozyten	4.300–10.000	/mm³	• weiße Blutkörperchen; die Differenzierung der verschiedenen Unterklassen hat differentialdiagnostische Bedeutung.
Neutrophile (segmentkernig)	1.000–6.000	/mm³	
Neutrophile (stabkernig)	100–2.100	/mm³	
Eosinophile	100–800	/mm³	
Basophile	0–150	/mm³	
Lymphozyten	1.500–4.000	/mm³	
Monozyten	200–950	/mm³	
Lipase	20–160	U/l	• Pankreasenzym, spaltet Triglyzeride, • *erhöht:* bei Pankreatitis, Niereninsuffizienz.
Magnesium	0,66–1,07	mmol/l	• beteiligt an muskulärer Erregungsübertragung, • *erhöht:* bei Niereninsuffizienz, • *erniedrigt:* bei Alkohol, Durchfall, Erbrechen,
im Urin:	0,2–1,8	mmol/l	
Natrium	135–145	mmol/l	• wichtig für den Stoffwechsel jeder Zelle, verändert sich meist zusammen mit Chlorid, • *erhöht:* bei Durchfall, Fieber oder Schwitzen ohne ausreichende Wasserzufuhr, Diabetes insipidus, bestimmte Medikamente, • *erniedrigt:* bei Erbrechen, Durchfall, Herzinsuffizienz, Leberinsuffizienz, Niereninsuffizienz, Nebennierenrindeninsuffizienz.
im Urin:	60–160	mmol/l	
Parathormon (PTH)	2,0–6,5	pmol/l	• Hormon der Nebenschilddrüsen, Bedeutung für den Knochenstoffwechsel, erhöht den Kalziumspiegel und vermindert den Phosphatspiegel im Blut.
Partielle Thromboplastinzeit (PTT)	30–45	sec	• Maß für das endogene Gerinnungssystem, dient auch der Überwachung einer Heparin-Therapie, • *erhöht:* bei Hämophilie, Verbrauchskoagulopathie, schwerer Leberfunktionsstörung.
Phosphat	1,0–1,5	mmol/l	• wichtig im Säure-Basen-Haushalt und als ATP-Baustein sowie beim Aufbau von Knochen und Zellmembranen. • *erhöht:* bei Niereninsuffizienz, Akromegalie, Knochentumor und Knochenmetastasen, • *erniedrigt:* bei Rachitis, Absorptionsstörungen, Nierenerkrankungen.
im Urin:	3–16	mmol/l	

Laborparameter	Normalwert	Einheit	Funktion
Phosphatase, saure	<13,5	U/l	• phosphatspaltendes Enzym, • *erhöht:* bei Prostatakarzinom und Prostatahypertrophie, Knochenerkrankungen.
Prothrombinzeit (Quick)	70–120	%	• Gerinnungszeit, Test zur Überprüfung des Gerinnungssystems und zur Überwachung einer Antikoagulantientherapie.
Rheumafaktor	<20	IU/ml	• Autoantikörper gegen Immunglobulin, bei Primär chronischer Polyarthritis (PcP, Rheuma, erstmaliger Nachweis), aber auch bei anderen Erkrankungen wie Kollagenosen, Leukämie, Tuberkulose.
Thrombozyten	150.000 -400.000	$/mm^3$	• Blutplättchen, leiten die Blutgerinnung ein, • *erhöht:* bei myeloproliferativen Erkrankungen (Erkrankungen mit Knochenmarkwucherung), Infektionen, Blutungen, • *erniedrigt:* bei Leukämie, Alkohol, Einnahme bestimmter Medikamente, Verbrauchskoagulopathie.
Triglyzeride alt:	0,8–1,94 70–170	mmol/l mg/dl	• eines der wichtigsten Blutfette, • *erhöht:* bei Fettstoffwechselstörungen, falscher Ernährung, Leber- und Nierenerkrankungen, Hypothyreose.
Thyroxin (T_4) **gesamt** frei	 50–160 0,01–0,03	 nmol/l nmol/l	• Schilddrüsenhormon, • *erhöht:* bei Hyperthyreose (Schilddrüsenüberfunktion), • *erniedrigt:* bei Hypothyreose (Schilddrüsenunterfunktion), Jodmangel.
Transferrin	2–3,4	g/l	• transportiert freies Eisen, • *erhöht:* bei Eisenmangel, Schwangerschaft, • *erniedrigt:* bei Infektionen, chronischen Entzündungen, Tumor.
Trijodthyronin (T_3)	0,8–3,0	nmol/l	• Schilddrüsenhormon, entsteht aus T_4, wirkt schneller und stärker als T_4, • *erhöht:* bei Hyperthyreose (Schilddrüsenüberfunktion), • *erniedrigt:* bei Hypothyreose (Schilddrüsenunterfunktion), Jodmangel.

P 2 KLEINES MEDIZINISCHES WÖRTERBUCH

In der Liste finden sich wichtige, aber nicht täglich verwendete Begriffe aus dem Tätigkeitsfeld der Arzthelferin. Viele nicht aufgelistete Begriffe lassen sich mithilfe der Tabelle der wichtigsten lateinischen und griechischen Anfangs- und Endsilben ableiten (*siehe P3, Vor- und Endsilben der medizinischen Fachsprache*).

A

Abdomen	Bauch
abdominal	zum Bauch gehörend
Abduktion	Abspreizung
Abortus	Fehlgeburt
Absence	Form eines epileptischen Anfalls mit plötzlicher Bewusstseinsminderung
Abszess	Eiteransammlung
Adenom	gutartige Geschwulst, die vom drüsenbildenden Gewebe ausgeht
Adipositas	Fettleibigkeit
Adnexe	Anhänge der Gebärmutter, insbesondere Eileiter und Eierstöcke
afferent	zuführend, z.B. Nerven, die Berührungsreize von den Fingern zum Gehirn führen
Akromegalie	Krankheit, bei der aufgrund einer Überproduktion von Wachstumshormon die Körperenden wie Zunge, Finger, Nase, Stirn im Erwachsenenalter wieder zu wachsen beginnen
Albumin	Bluteiweißkörper
Albuminurie	Vorkommen von Eiweißkörpern im Harn
Algesie	Schmerzempfindung
Alkalose	Verschiebung des normalen Säure-Base-Gleichgewichtes im Blut zur basischen Seite (pH >7,44)
Allergen	Stoff der eine allergische Immunantwort des Körpers auslöst
Allergie	veränderte Reaktionsfähigkeit des Immunsystems
Alveolen	Lungenbläschen
Aminosäure	Eiweißbaustein
Amnesie	Erinnerungsverlust
Anämie	Blutarmut, Verminderung der Erythrozytenzahl im Blut
anämisch	blutarm
Anästhesie	Betäubung
Anakusis	Taubheit
anal	den Anus betreffend
Analgesie	Schmerzlosigkeit
Analgetikum	Schmerzmittel
Analyse	Zerlegung
Anamnese	Krankengeschichte
Anaphylaxie	Überempfindlichkeitsreaktion vom Soforttyp
Anazidität	Fehlen der Magensäure
Angiopathie	Gefäßerkrankung
Anode	Plus-Pol
Anteflexion	Abknickung nach vorn
anterior	vordere, vorderes (Gegensatz *posterior*)

Antibiogramm	Verfahren zur Resistenzbestimmung von Bakterien
Antibiose	Wachstumshemmung oder Abtötung von Mikroorganismen durch Stoffwechselprodukte anderer Bakterien
Antidepressiva	Medikamente gegen *Depression*
Antiemetika	Medikamente gegen Erbrechen
Antigen	körperfremder Stoff, der im Körper eine Antikörperbildung auslöst
Anulus	Ring
Anurie	fehlende Harnausscheidung
Anus	Darmausgang
Anus praeter	künstlicher Darmausgang
Aorta	Körperhauptschlagader
Aphasie	Sprachstörung, die auf eine Hirnschädigung zurückgeht
Aphasiker	sprachgestörter Mensch
Apoplex	Schlaganfall, Hirnschädigung durch Verschluss oder Platzen eines Blutgefäßes
Appendix	Wurmfortsatz des Dickdarms
Approbation	Bestallung (zum Arzt)
Aqua	Wasser
Aqua destillata	destilliertes Wasser
Area	Fläche
Arrhythmie	Pulsunregelmäßigkeit
Arterie	vom Herzen wegführendes Blutgefäß, Schlagader
Arteriosklerose	häufigste krankhafte Veränderung der Arterien, führt zu Verhärtung, Elastizitätsverlust und Verengung
Arthritis	Gelenkentzündung
Arthrose	degenerative Gelenkerkrankung
Asepsis	Zustand von Keimfreiheit
aseptisch	keimfrei (Gegensatz zu *septisch*)
Asialie	Versiegen der Speichelsekretion
Aspiration	Eindringen von Erbrochenem in die Lunge
aspirieren	Erbrochenes in die Lunge eindringen lassen, Ziehen am Spritzenkolben
Aszites	Bauchwassersucht, z.B. bei Lebererkrankungen
Atelektase	verminderter Luftgehalt der Lungen
Ätiologie	Lehre von den Krankheitsursachen
Atrophie	Rückbildung eines Organs oder Gewebes
Aura	Hauch, kurzdauernde Vorboten eines epileptischen Anfalls
Auris	das Ohr
auskultieren	mit dem Stethoskop abhören
autonom	selbstständig
Autopsie	Leichenöffnung
Axillarlinie	Linie vom Rand der Achselhöhle in Richtung der Füße
Azetonämie	Vorkommen von Azeton im Blut
Azidose	Verschiebung des normalen Säure-Basen-Gleichgewichts im Blut zur sauren Seite hin (pH <7,36)

B

bakterizid	keimtötend
Balneum	Bad
benigne	gutartig

Benzidin	Reagenz zum Blutnachweis
Beriberi	Vitamin B_1-Mangelerkrankung
Bifokalglas	in zwei Flächen eingeteiltes Brillenglas
Bilirubin	Gallenfarbstoff
Biliverdin	Abbauprodukt des roten Blutfarbstoffes
Biopsat	Gewebestück
Biopsie	Entnahme einer Gewebeprobe
Blutplasma	Blut ohne Blutkörperchen
brachialis	zum Arm gehörend
Bradykardie	Pulsverlangsamung
Bronchospasmus	Krampf der Bronchien
Bulbus	Zwiebel, speziell Augapfel
Bursa	Tasche, Schleimbeutel

C

Cardia	Mageneingang
Cave	Vorsicht
Cerumen	Ohrenschmalz
Chinin	Mittel gegen Malaria
Chlamydia	bakterienähnliche Mikrobe, Krankheitserreger, Übertragung u.a. durch Geschlechtsverkehr
Cholelithiasis	Gallensteinleiden
Cholera	Infektionskrankheit des Darms
Cholestase	Gallenstau
Cholesterin	fettähnlicher Stoff im Blut
Chondrom	Knorpelgeschwulst
Chondrosarkom	bösartige Knorpelgeschwulst
chromatisch	farbig
Chromosom	Träger der Erbanlagen
chronologisch	zeitlich geordnet
Circulus	kleiner Kreis
Clavicula	Schlüsselbein
Coagulum	Blutgerinnsel
Colitis	Dickdarmentzündung
Coma diabeticum	Bewusstseinsstörung bei Zuckerkrankheit
Coma uraemicum	Bewusstseinsstörung bei Harnvergiftung
Commotio cerebri	Gehirnerschütterung
Cortison	Hormon der Nebennierenrinde
Coxa	Hüfte
Crux	Kreuz
Cushing-Syndrom	Symptomenkomplex, der durch ein Übermaß an *Cortison* im Blut entsteht

D

Debilität	Minderbegabung, Intelligenzschwäche
Dehiszenz	Auseinanderklaffen von Wundrändern
dekantieren	Abgießen des Überstandes beim Zentrifugieren
Dekompensation	Versagen
Dekubitus	Druckgeschwür der Haut durch langes unbewegliches Liegen

Demenz	Altersverwirrtheit, geistiger Verfall
Depression	Schwermütigkeit, *Psychose* (oft fälschlich gebraucht als Verstimmung, Bedrückung)
Dermatose	Hautkrankheit
Desinfektion	Maßnahme, die ein Material keimarm macht
Destillat	Substanz nach Flüssigkeitsverdampfung
Diabetes insipidus	hormonell bedingte Störung des Wasserstoffwechsels mit übermäßiger Wasserausscheidung und starkem Durst
Diabetes mellitus	hormonell bedingte Störung des Zuckerstoffwechsels (mangelnde Insulinproduktion oder Insulinwirkung)
Diagnose	Erkennen einer Krankheit
Dialyse	Verfahren zur künstlichen Reinigung des Blutes (Kunstniere)
Diarrhö	Durchfall
Diastole	Entspannung des Herzmuskels
Diathermieschlinge	Instrument zur Elektrokoagulation
diffus	ungeordnet
Diffusion	langsame Durchmischung von Flüssigkeiten oder Gasen
Digitalis	Fingerhut, Herzmittel
Digitus	der Finger
Diphtherie	Infektionskrankheit der oberen Atemwege
Disposition	Veranlagung (zu einer Erkrankung)
distal	von der Körpermitte weg (Gegensatz zu *proximal*)
Diurese	Harnausscheidung
dorsal	zum Rücken hin gelegen
Douglas-Raum	Raum zwischen Gebärmutter und Mastdarm
Drain, Drainage	Ableitung (von Wundsekret)
Duodenum	Zwölffingerdarm
Dura	harte Hirnhaut
Dysenterie	Ruhr, Erkrankung des Dickdarms
Dyspepsie	Verdauungsstörung
Dyspnoe	Kurzatmigkeit, Atemnot
Dystrophie	Ernährungsstörung

E

efferent	wegführend, z.B. Nerven, die motorische Impulse des Gehirns zu den Muskeln leiten
Ejakulation	Samenerguss
Eklampsie	Krampfleiden während Schwangerschaft, Geburt und Wochenbett
Ektasie	Erweiterung von Hohlorganen
Elektroenzephalogramm	Aufzeichnung der elektrischen Hirnaktivität
Elektrokardiogramm	Aufzeichnung der elektrischen Hirnaktivität des Herzmuskels
Elektrolyte	im Körperwasser gelöste Mineralien
Embolie	Steckenbleiben eines verschleppten Blutgerinnsels (oft in der Lunge)
Embolus	losgelöstes Blutgerinnsel
Embryo	Leibesfrucht in der 1. Schwangerschaftshälfte
Empathie	einfühlendes Verständnis
Emphysem	Aufblähung des Lungengewebes
Empyem	Eiteransammlung in einer bestehenden Körperhöhle

endogen	im Körper entstanden (Gegensatz zu *exogen*)
Endokarditis	Herzinnenhautentzündung
Enkopresis	Einkoten
Enuresis	Einnässen
Enzephalitis	Hirnentzündung
Enzym	Eiweißmolekül mit Katalysatoreigenschaft
Epigastrium	Oberbauch
Epikrise	abschließende Beurteilung einer Erkrankung
Epilepsie	Fallsucht
Epithel	Deckgewebe, z.B. von Drüsen, Schleimhaut, Haut
Erythrozyt	rotes Blutkörperchen
Exanthem	entzündliche Hautveränderung
Exartikulation	Absetzen einer Gliedmaße im Gelenk
Exitus letalis	der Tod
Exkrement	Ausscheidung (Kot und Harn)
exogen	außerhalb des Körpers entstanden (Gegensatz zu *endogen*)
Exophthalmus	Hervortreten des Augapfels
Exostosis	gutartige Knochengeschwulst
expansiv	ausdehnend
Expektoration	Auswurf
Exploration	Untersuchung
Exspiration	Ausatmung
Exsudat	entzündliche Flüssigkeitsausschwitzung
Extensor	Streckmuskel
Extinktion	Maß für die Absorption von Licht
Extirpation	Entfernung eines Organs
Extremität	Gliedmaße
Exzision	Ausschneidung

F

Facies	Gesicht
Fadengranulom	Gewebereaktion auf chirurgisches Nahtmaterial
Fäzes	Stuhl
febril	fiebrig
Femur	Oberschenkelknochen
Ferment	alter Begriff für *Enzym*
Fetus	Leibesfrucht in der 2. Hälfte der Schwangerschaft
Fibrin	bei der Blutgerinnung entstehendes Eiweiß
Fibula	Wadenbein
Fissur	Einriss
Fixierung	Befestigung
Flatulenz	Blähungsneigung
Flexion	Beugung
Flexor	Beugemuskel
Flexur	Biegung
Fluor	Ausfluss aus der Scheide; Spurenelement
Focus	Krankheitsherd, Brennpunkt
Foetor ex ore	übler Mundgeruch

Formalin	Formaldehyd, Desinfektionsmittel
Fraktur	Knochenbruch
Fruktose	Fruchtzucker
Fundus uteri	oberer Teil der Gebärmutter

G

Gangrän	Absterben von Gewebe, Gewebebrand
Gastritis	Magenschleimhautentzündung
Gel	halbfeste Arzneizubereitung zur lokalen Anwendung
Genese	Entstehung
Genitale	Geschlechtsorgan
Geriatrika	Mittel zur Behandlung von Alterserkrankungen
Giemsa	Kontrastfärbung von mikroskopischen Präparaten (deutscher Chemiker)
Glandula	Drüse
Glans penis	Eichel
Glaukom	grüner Star, krankhafte Erhöhung des Augeninnendrucks
Globulin	ein Bluteiweiß
Glossitis	Zungenschleimhautentzündung
Glottisödem	akutes Kehlkopfödem (*Ödem*)
Glukokortikoide	Sammelbegriff für körpereigene oder medikamentöse Verwandte des *Cortison*
Glucose	Traubenzucker
Gonokokken	Bakterienart, Verursacher von *Gonorrhoe*, Übertragung durch Geschlechtsverkehr
Gonorrhoe	Geschlechtskrankheit, verursacht durch *Gonokokken*
Gram-Färbung	Verfahren zur Färbung mikroskopischer Präparate (dänischer Arzt)
Grand Mal	generalisierter epileptischer Anfall
Granulationgewebe	bei der Wundheilung entstehendes Bindegewebe
Granulom	gutartige Geschwulst
Granulozyten	Abwehrzellen aus der Familie der weißen Blutkörperchen
Gravida	Schwangere
Gravidität	Schwangerschaft

H

Hämatokrit	Anteil der zellulären Bestandteile am gesamten Blutvolumen
Hämatom	Bluterguss
Hämaturie	Blut im Urin
Hämodilution	Blutverdünnung
Hämoglobin	roter Farbstoff der roten Blutkörperchen
Hämolyse	Zerfall der roten Blutkörperchen
Hämorrhoiden	Erweiterung der Mastdarmvenen
Hämosiderose	Ablagerung von rotem Blutfarbstoff
Harnsediment	Bodensatz nach Zentrifugieren des Harns
Hemiplegie	halbseitige Lähmung
Hepatitis	Leberentzündung, oft durch ein Virus oder alkoholisch bedingt
Hernie	Weichteilbruch
Herpes zoster	Gürtelrose
Hiatus	Spalt
Hilus	Oberflächenvertiefung eines Organs

Homo	Mensch
Humerus	Oberarmknochen
Hyaluronidase	Ferment zur Auflösung der Zellbarrieren
Hydronephrose	Nierenstauung
Hydrops	Wasseransammlung in bestehenden Körperhöhlen
Hydrotherapie	Wasserheilkunde
Hyperazidität	vermehrte Absonderung von Salzsäure
Hyperbilirubinämie	erhöhte Konzentration von *Bilirubin* im Blut
Hyperglykämie	zu hohe Zuckerkonzentration im Blut
Hyperlipoproteinämie	zu hohe Fettkonzentration im Blut
Hyperplasie	Gewebsvermehrung
Hyperthermie	sehr hohes Fieber
Hyperthyreose	Schilddrüsenüberfunktion
Hypertonie	zu hoher Blutdruck
Hypochondrium	Raum unter dem Zwerchfell
Hypochromasie	Verminderung des roten Blutfarbstoffes
Hypochylie	Verminderung der Magensaftabsonderung
Hypoglykämie	zu niedrige Zuckerkonzentration im Blut
Hypolipoproteinämie	zu niedrige Fettkonzentration im Blut
Hypophyse	Hirnanhangdrüse, produziert einige Hormone mit wichtigen Steuerfunktionen
Hypothalamus	wichtige Schaltzentrale im Gehirn
Hypothyreose	Schilddrüsenunterfunktion
Hypotonie	zu niedriger Blutdruck

I

Ikterus	Gelbsucht
Ileum	Dünndarmabschnitt
Ileus	Darmverschluss
Immobilisierung	Ruhigstellung
Immunität	Unempfindlichkeit gegen Infektionen
Indikation	Heilanzeige, Grund zur Anwendung einer Therapie
Infarkt	Gewebetod durch Gefäßverschluss
infrarot	langwelliger Teil des Lichtspektrums (Wärmestrahlung)
Injektion	Einspritzung
Inkontinenz	fehlende Kontrolle über die Ausscheidung von Stuhl und/oder Urin
Inkubator	Brutkammer
Inokulator	Instrument zum Einbringen von Material in ein Nährmedium
Inokulierung	Einbringen von Material in ein Nährmedium
Insuffizienz	ungenügende Leistung eines Organs
Insufflation	Einblasen von Gasen
Insult	Schlaganfall, Hirnschlag, *Apoplex*
Interaktion	Wechselwirkung zwischen Arzneistoffen oder Personen
Intercostalraum	der Raum zwischen den Rippen
intermediär	dazwischenliegend
intern	innerlich
Intoxikation	Vergiftung
intrakutan	in die Haut hinein
intramuskulär	in den Muskel hinein

intravenös	in die Vene hinein
Inzision	Einschnitt
ipsilateral	gleichseitig (*kontralateral*)
Ischämie	Blutmangel mit Gewebeschädigung
Isometrik	Lehre von der Spannung und Entspannung des Muskels
Isovolämie	Konstanz des Blutvolumens

J

Jejunum	Dünndarmabschnitt
juvenil	jugendlich

K

Kachexie	Auszehrung, Kräfteverfall
Kallus	Knochenneubildung an Bruchstellen
Kapillare	Haargefäß, dünnes Röhrchen zur Abnahme kapillaren Blutes
kardial	das Herz betreffend
kardiopulmonal	Herz und Lunge betreffend
Karenz	Enthaltung
Karies	Zahnfäule
Karotis	Halsschlagader
Karotis-Puls	Pulsschlag der Halsschlagader
Karzinom	bösartige Geschwulst des Epithelgewebes, Krebs
Katalysator	Beschleuniger
Katarakt	grauer Star, Trübung der Augenlinse
Katheter	röhren- oder schlauchförmiges Instrument zum Entleeren von Flüssigkeit
Kathode	Minus-Pol
kaudal	fußwärts
kausal	ursächlich
Kaverne	Hohlraum
Keratom	Horngeschwulst
Klavikula	Schlüsselbein
Klimakterium	Wechseljahre
Klistier	Darmeinlauf
Koagel	Blutgerinnsel
Kollagenose	Krankheitsgruppe, bei der Autoimmunprozesse zu Veränderungen des Bindegewebes führen
Kolorimeter	Gerät zur Bestimmung der Farbkonzentration
Koma	tiefe Bewusstlosigkeit, Aufwecken nicht möglich
Kommunikation	Informationsübertragung zwischen Individuen
Kondensor	Zusammenstellung von Sammellinsen
Kondenswasser	aus Wasserdampf durch Abkühlung entstandenes Wasser
Kondylom	durch Virus erzeugte warzenartige Erkrankung der Geschlechtsorgane, Übertragung durch Geschlechtsverkehr
Kontamination	Übertragung von Keimen
kontralateral	gegenseitig (*ipsilateral*)
kortikal	die Hirnrinde, das Großhirn betreffend
kranial	kopfwärts
Küvette	kleines Gefäß

Kyphose	Krümmung der Wirbelsäule nach hinten

L

labil	schwankend
Labyrinth	Teil des Gleichgewichtsorgans (im Ohr)
Lackmus	Indikator für den Säuregrad einer Flüssigkeit
Läsion	Verletzung, Wunde
Laktase	Verdauungsenzym im Dünndarm
Laktat	Milchsäure
Laparotomie	Eröffnung der Bauchhöhle
Laryngitis	Kehlkopfentzündung
latent	versteckt, verborgen
Latenz	Verzögerung
lateral	seitlich (Gegensatz zu *medial*)
letal	tödlich
Leukämie	bösartige Erkrankung der weißen Blutkörperchen
Leukopenie	verminderte Anzahl der weißen Blutkörperchen
Leukozyten	weiße Blutkörperchen
Leukozytose	Vermehrung der weißen Blutkörperchen
Ligatur	Unterbindung
Lipom	gutartige Fettgeschwulst der Haut
Liquor	Gehirn-Rückenmark-Flüssigkeit
livid	bläulich verfärbt
Lordose	Krümmung der Wirbelsäule nach vorn
Lues	Syphilis, Geschlechtskrankheit
Lumbago	Hexenschuss
Lumbalpunktion	Methode zur Gewinnung von Rückenmarkflüssigkeit
Luxation	Verrenkung
Lymphadenitis	Entzündung der Lymphdrüsen und der Lymphgefäße
Lymphozyten	Abwehrzellen aus der Familie der weißen Blutkörperchen
Lymphe	Gewebsflüssigkeit

M

maligne	bösartig
Mandrin	herausnehmbarer Innenteil von Punktionsnadeln
Manie	krankhaft gehobene Stimmung, *Psychose*
Manometer	Druckmessgerät
Marcumar	Arzneimittel, das die Blutgerinnung hemmt
Mastoid	Warzenfortsatz des Schläfenbeins
Masturbation	manuelle Reizung der Geschlechtsorgane
Meatotomie	Erweiterung eines Ganges durch einen Schnitt
Meatus	Eingang
medial	mittig (Gegensatz zu *lateral*)
medialer Malleolus	Innenknöchel
Medioklavikularlinie	Linie von der Mitte des Schlüsselbeins in Richtung der Füße
Mekonium	Neugeborenen-Stuhl
Meningitis	Hirnhautentzündung
Metastase	Tochtergeschwulst eines Tumors

Miktion	Harnlassen
Morbus Parkinson	Schüttellähmung
Mukoviszidose	Erkrankung der nach außen absondernden Drüsen
Multifokalglas	in mehrere Flächen eingeteiltes Brillenglas
Multimorbidität	mehrere Erkrankungen gleichzeitig, meist im Alter
Muskeldystrophie	degenerative Muskelerkrankung
Mydriatikum	pupillenerweiterndes Mittel
Myokarditis	Herzmuskelentzündung
Myom	gutartige Geschwulst des Muskelgewebes

N

Nativpräparat	nicht gefärbtes oder fixiertes mikroskopisches Präparat
Nekrose	abgestorbenes Gewebe
Neoplasie	Neubildung von Körpergewebe (meist Bezeichnung für eine krebsartige Neubildung)
Nephritis	Nierenentzündung
Nervus	Nerv
Neuralgie	Nervenschmerz
Neuroleptika	nichtsüchtigmachende Beruhigungsmittel

O

Objektiv	die dem Objekt zugewandte Linse eines optischen Instruments (Gegensatz zu Okular)
Obstipation	Verstopfung
Obstruktion	Verschluss oder Verlegung eines Hohlorgans, z.B. der Luftröhre
Ödem	Ansammlung wäßriger Flüssigkeit in den Gewebespalten
Okular	die dem Auge zugewandte Linse eines optischen Instruments (Gegensatz zu *Objektiv*)
Okzipitalpol	Spitze des Hinterkopfes
Oligosaccharid	Kohlenhydrat, aus wenigen Einfachzuckern bestehendes Zuckermolekül
Oligurie	verminderte Harnausscheidung
Onkologie	Lehre der Krebserkrankungen
oral	durch den Mund, den Mund betreffend
Orifizium	Mündung
Ösophagusvarizen	Krampfadern der Speiseröhre
Osteomyelitis	Knochenmarkentzündung
Osteoporose	Schwund des festen Knochengewebes
Osteosynthese	operative Verbindung von Knochen durch Schrauben oder Drähte
Otoskop	Gerät zur Untersuchung des äußeren Gehörgangs

P

Pankreas	Bauchspeicheldrüse
Pankreatitis	Bauchspeicheldrüsenentzündung
parasternal	neben dem Brustbein
Parasympathikus	*eine* Hälfte des vegetativen Nervensystems, zuständig für Essen, Verdauung, Ausscheidung, Entspannung (Gegenspieler: *Sympathikus*)
Parathyroidea	Nebenschilddrüsen oder Epithelkörperchen
paravasal	neben dem Blutgefäß

paretisch	unvollständig gelähmt
Pathologie	Lehre von den krankhaften Veränderungen im Organismus
Perforation	Durchbruch durch die Haut oder in eine Körperhöhle
Perikard	Herzbeutel
Periost	Knochenhaut
peripher	außen, am Rande
Peristaltik	Darmbewegung
Peritonitis	Bauchfellentzündung
Pertussis	Keuchhusten
Perzentil	statistischer Begriff: Hundertstelwert
Petit Mal	auf Körperteile begrenzter epileptischer Anfall
Petri-Schale	runde Schale für Bakterienkulturen
Phäochromozytom	meist gutartiger Nebennierenmarkstumor mit Überproduktion von Adrenalin
Pharyngitis	Rachenentzündung
Pharynx	Rachen
Phenylketonurie	angeborene Stoffwechselstörung
Phlebitis	Venenentzündung
Phlegmone	infiltrative Entzündung des Bindegewebes
Physiologie	die Lehre von den normalen Lebensvorgängen
plantar	in Richtung der Fußsohle
Plasma	Blut nach Entfernung aller Blutzellen
Plasmazelle	weißes Blutkörperchen (Form der B- *Lymphozyten*)
Plasmozytom	Wucherung der *Plasmazellen*
Plazenta	Mutterkuchen
Pleura	Brustfell, Sammelbezeichnung für Lungen- und Rippenfell
Pleuritis	Brustfellentzündung
Plexus	Geflecht
Pneumonie	Lungenentzündung
Poikilozytose	krankhafte Vielformigkeit der roten Blutkörperchen
Poliomyelitis	Kinderlähmung
Polyarthritis rheumatica	akuter Gelenkrheumatismus
Polydipsie	krankhafter Durst
Polyneuropathie	Erkrankung der *peripheren* Nerven aus nichttraumatischer Ursache
Polyp	Schleimhautgeschwulst
Polyphagie	krankhafter Hunger
Polyurie	vermehrte Harnausscheidung
Polyzythämie	krankhafte Vermehrung der roten Blutkörperchen
Portio	Muttermund
posterior	hintere, hinteres (Gegensatz zu *anterior*)
präsystolisch	vor der *Systole*
primär	anfänglich, ursprünglich
Priorität	Vorrang
Prognose	Vorhersage des Krankheitsverlaufs
Proliferation	Gewebewucherung, Neubildung
Prophylaxe	Vorbeugung
Prostata	Vorsteherdrüse des Mannes
Protein	Eiweiß
proximal	zur Körpermitte hin (Gegensatz zu *distal*)

Pruritus	Juckreiz
Psyche	Seele
Psychopharmaka	Medikamente, die auf die *Psyche* einwirken
Psychose	Geisteskrankheit
pulmonal	die Lunge betreffend
Pulsoxymeter	Gerät zur unblutigen Messung des *arteriellen* Sauerstoffgehaltes
Pulsus bigeminus	doppelschlägiger Puls
Punctum maximum	Stelle, an der die Herztöne am deutlichsten zu hören sind
Punktion	Einstich mit einer Hohlnadel
Pyelitis	Nierenbeckenentzündung
Pylorus	Magenpförtner, Übergang vom Magen in den Darm

Q

Quick-Test	Test zur Bestimmung der Thromboplastinzeit (Blutgerinnung)

R

Rachitis	Vitamin D-Mangel Krankheit
Reanimation	Sofortmaßnahmen zur Wiederbelebung
Regression	Rückbildung
Rektoskop	Gerät zur Mastdarmspiegelung
Rektoskopie	Mastdarmspiegelung
Reposition	Zurechtrücken gegeneinander verschobener Knochenstücke bei Knochenbrüchen
resistent	widerstandsfähig
Resistenz	Widerstandsfähigkeit
Resorption	Aufnahme von Stoffen über die Haut oder Schleimhaut
Restharn	nach Beendigung der *Miktion* in der Harnblase zurückbleibende Urinmenge
Retina	Netzhaut
rezidivierend	sich wiederholend
Rhagade	Einriss der Haut, Schrunde
Rhinitis	Schnupfen
Rigidität	Steifheit, Starre
Ruptur	Zerreißung

S

Saccharose	Rohrzucker
sagittal	pfeilrecht
Sarkoidose	systemische granulomatöse Erkrankung
Sarkom	bösartige Geschwulst des Bindegewebes
Schizophrenie	Bewusstseinsspaltung, *Psychose*
Sedierung	Beruhigung mit Hilfe eines Beruhigungsmittels
Sediment	Bodensatz
Segment	Abschnitt
Sekret	Absonderung
Sektion	Leichenöffnung
sekundär	nachfolgend
sensorisch, sensibel	die Sinne betreffend
Sepsis	Blutvergiftung

septisch	durch Krankheitserreger verunreinigt (Gegensatz zu *aseptisch*)
serös	serumhaltig
Serum	wässriger Teil des Blutes
Shunt (engl.)	operativ angelegter Gefäßkurzschluss für die *Dialyse*
simplex	einfach
simultan	gleichzeitig
Sinusrhythmus	normale Herzschlagfolge
Skabies	Hautausschlag, Krätze
Skalpell	chirurgisches Messer
Sklera	Augenlederhaut
Sklerom	mit Verhärtung einhergehende Krankheit
Sklerose	Organverhärtung
Skoliose	Krümmung der Wirbelsäule zur Seite
Software	Sammelbegriff für Computerprogrammatur
solitär	einzeln auftretend
Somatisierung	Verlagerung psychischer Konflikte ins Körperliche
Somatogramm	Diagramm zur Beurteilung der Beziehung zwischen Alter und Körperlänge/Körpergewicht
Somnolenz	Schläfrigkeit, Bewusstseinstrübung
spastische Lähmung	Lähmung mit erhöhter muskulärer Spannung, oft bei Schlaganfällen
Spekulum	trichter- oder röhrenförmiges Untersuchungsinstrument
Sperma	männliche Samenflüssigkeit
Spermiogramm	vollständige Untersuchung des Spermas
Sphinkter	Schließmuskel
spinal	das Rückenmark betreffend
Spondylosis	degenerative Wirbelsäulenerkrankung
Sputum	Auswurf der oberen Atemwege
Staphylokokken	Bakterienart, Eitererreger
Status epilepticus	länger als 20 min dauernder epileptischer Anfall
Stenose	Verengung eines röhrenförmigen Organs
steril	keimfrei
Sterilisation	Keimfreimachung
Stethoskop	Hörrohr
Stomatitis	Entzündung der Mundschleimhaut
streamer	Gerät zur Speicherung von Datenbeständen
Streptokokken	Bakterienart, Eitererreger
Stridor	pfeifendes Atemgeräusch
Striktur	Verengung
Struma	Kropf
subfebril	leicht erhöhte Temperatur
subkutan	unter die Haut
Sublimat	quecksilberhaltiges Desinfektionsmittel
subungual	unter dem Nagel befindlich
Suizid	Selbstmord
superfizial	oberflächlich, zur Körperoberfläche hin
Suspension	Lösung von feinen Teilchen in Flüssigkeit
Sympathikus	*eine* Hälfte des vegetativen Nervensystems, zuständig für Aktion, Erregung, Beschleunigung (Gegenspieler: *Parasympathikus*)

Symptom	Krankheitszeichen
Syndrom	Vielzahl von *Symptomen*
Systole	Zusammenziehung des Herzmuskels

T

Tachykardie	Pulsbeschleunigung
Tape	Stützband
temporär	zeitweilig
Tenesmus	schmerzhafter Stuhlgang
Tetanie	Krankheitsbild bei Absinken des Kalziumspiegels im Blut
Tetanol	Impfstoff gegen Wundstarrkrampf
Tetanus	Wundstarrkrampf
Thorax	Brustkorb
Thromboembolie	akuter Gefäßverschluss durch verschleppten *Thrombus*
Thrombose	Blutgerinnung innerhalb eines Blutgefäßes
Thrombozyten	Blutplättchen
Thrombus	in einem Gefäß entstandenes Blutgerinnsel
Thyroidea	Schilddrüse
Tibia	Schienbein
Tinnitus	Ohrgeräusch
Titration	maßanalytische Bestimmung
Tonsillektomie	operative Entfernung der Gaumenmandeln
Tonus	Spannungszustand (besonders der Muskeln)
toxisch	giftig
Trachea	Luftröhre
Tranquilizer	Beruhigungsmittel, Schlafmittel
Transaminasen	Leberenzyme
transfundieren	Blut übertragen
Transplantation	Verpflanzung lebenden Gewebes
Trauma	Verletzung, Wunde
Tremor	Zittern
Trepanation	Eröffnung des Schädels
Tumor	Geschwulst, Schwellung (wird meist im Sinne von bösartig verwendet, aber jeder Pickel oder Mückenstich ist ein Tumor)
Tutor	Oberschenkelgehgips
Typhus	Infektionskrankheit des Darms

U

Ulcus ventriculi	Magengeschwür
Ulkus	Geschwür
Ulna	Elle
Urämie	Harnvergiftung
Urate	Salze der Harnsäure
Urethritis	Harnröhrenentzündung
Ureum	Harnstoff
Uricult	Schnelltest zur Bestimmung von Bakterien im Urin
Urininkontinenz	unfreiwilliger Abgang von Harn
Urologe	Facharzt für Krankheiten der Harnorgane

Urometer	Instrument zur Bestimmung des spezifischen Gewichts im Harn
Urticaria	Nesselsucht
Uterus	Gebärmutter
Uvula	Gaumenzäpfchen

V

Nervus vagus	der 10. Hirnnerv, Hauptnerv des *Parasympathikus*
valgus	nach innen gewölbt (z.B. X-Beine)
Valvula	die Klappe
varikös	die Krampfadern betreffend
Variola	Pocken
Varizen	Krampfadern
varus	nach außen gewölbt (z.B. O-Beine)
Vasa	die Gefäße
vegetativ	das autonome Nervensystem betreffend
Vene	zum Herzen hinführendes Blutgefäß
ventral	bauchwärts, vorne
Verbrauchskoagulopathie	generalisierte Aktivierung der Blutgerinnung; alle Gerinnungsstoffe werden verbraucht und die Blutungsneigung ist erhöht
vertebral	die Wirbelsäule betreffend
Vertex	Scheitelmitte
vertikal	senkrecht
Vesikuläratmen	Bläschenatmen, normales Atemgeräusch
Veterinär	Tierarzt
Visus	Sehen, Sehvermögen
Vitalzeichen	alle Zeichen, die Auskunft über die Lebensfähigkeit des Organismus geben (z.B. Puls, Blutdruck, Atmung, Pupillenreaktion)
Vitium	Fehler
volar	an der Seite der Handfläche
Volumen	Inhalt
Vulnus	die Wunde
Vulva	äußere weibliche Genitalien

X

Xeroderma	Hauterkrankung
Xylose	Zuckerart

Z

zerebral	das Gehirn betreffend
Zervix	Gebärmutterhals
Zirrhose	Gewebsumwandlung mit Verhärtung des Organs (z.B. Leberzirrhose)
Zitrat	Salz der Zitronensäure
Zyanose	Blausucht
Zyste	mit Flüssigkeit gefüllte Geschwulst
Zystitis	Blasenentzündung
Zystoskopie	Blasenspiegelung
Zytostatika	Medikamente, die die Zellteilung hemmen

P 3 VOR- UND ENDSILBEN DER MEDIZINISCHEN FACHSPRACHE

Vorsilbe *(Herkunft)*	Bedeutung	Beispiel
a-, an- *(gr)*	nicht, un-, -los	Apathie, atypisch, anomal
ab- *(lat)*	weg, ent-, ab	abnorm; Abduktor (wegziehender Muskel)
ad- *(lat)*	zu, hinzu	Adduktor (heranziehender Muskel)
aer(o) *(gr)*	Luft, Nebel	Aerosol (in Luft gelöste Teilchen), anaerob (nicht aerob = ohne Sauerstoff lebend)
anti- *(gr)*	gegen, wider	Antipathie (Abneigung; pathos, *gr* = Leiden); Antialkoholiker; antiautoritär; Antisepsis
auto- *(gr)*	selbst	autogen (etwas selbst hervorbringen) autonom, Autoimmunkrankheit
bi- *(lat)*	zwei	Bifurkation (Gabelung, von furka, *lat* die Gabel): bizeps; Bikuspidalklappe
bio- *(gr)*	Lebens-	Biopsie (Entnahme einer Gewebeprobe am lebenden Organismus)
chron- *(gr)*	Zeit-	chronisch (langsam verlaufend, schleichend)
contra-, Kontra- *(lat)*	gegen, wider	Kontraindikation (Gegenanzeige; von indicare, *lat* = anzeigen); Kontrazeption, kontralateral
de- *(lat)*	von ... weg, ent-	Demarkation (Abgrenzung - des gesunden vom kranken Gewebe); Demineralisation; denaturieren
dent(i) -(dent)a *(lat)*	Zahn-	dentogen; Dentalgie
derm(a)- *(gr)*	Haut-	Dermatitis (entzündliche Reaktion der Haut)
di- dipl- *(lat)*	zweimal, doppelt	Disaccharid (Kohlenhydrat, das aus zwei Zuckermolekülen aufgebaut ist); Diplokokken Diaphragma (Scheidewand, z. B. Zwerchfell)
dia- *(gr)*	durch	Diathermie; Diarrhoe
dys- *(gr)*	schlecht, miß-	Dysfunktion (Störung einer Funktion); Dysplasie
ekto- *(gr)*	außerhalb, außen	Ektoparasit (Außenparasit)
endo- *(gr)*	innerhalb, innen	endogen (innerhalb, aus dem Körperinneren kommend, von -gen, *gr* = etwas hervorbringen)
epi- *(gr)*	auf, über, darauf	Epidermis (Oberhaut, von derma, *gr* = die Haut)
ex- *(lat)*	aus, heraus	Extraktion (Entfernung, z.B. eines Zahnes)
exo- *(gr)*	außerhalb	exokrin, Exostose
Extra- *(lat)*	außen, darüber, außerhalb	extraoral (außerhalb des Mundes)
gastr(o)- *(gr)*	Magen-	Gastritis (Magenschleimhautentzündung)
gravi- *(lat)*	schwer	Gravidität (Schwangerschaft)
gyn-, gynäk- *(gr)*	Frau	Gynäkologe (Frauenarzt, von *gr* logos, Lehre)
hämo- haemo- *(gr)*	Blut	Hämoglobin; Hämatom; Hämolyse
homo- *(lat)*	gleich, gleichartig	homolog (übereinstimmend); homogen; homosexuell
hyper- *(gr)*	über	Hyperalgesie (gesteigerte Schmerzempfindlichkeit, von algesis *gr* = Schmerz)
hypno- *(gr)*	Schlaf-	Hypnose (schlafähnlicher Zustand)

Vorsilbe *(Herkunft)*	Bedeutung	Beispiel
hypo- *(gr)*	unter	Hypotonie (zu geringer Blutdruck), von tonus, *lat* = Spannungszustand)
im-, in- *(lat)*	a) hinein b) nicht, un-	implantiert; inhomogen (ungleichartig)
infra- *(lat)*	unterhalb	infraorbital; infraklavikulär
inter- *(lat)*	zwischen	interdental (zwischen den Zähnen liegend)
intra- *(lat)*	innerhalb, in ... hinein	intrakutan (in die Haut); intravenös
intro- *(lat)*	nach innen	introvertiert (nach innen gewendet)
kardi(o) *(lat)*	Herz-	Kardiologe (von kardia, *gr* = Herz; Facharzt für Herzkrankheiten)
kata- *(gr)*	herab, abwärts	Katabolismus (Aufbaustoffwechsel)
makro- *(gr)*	groß	Makroglossie (von glossa, *gr* = die Zunge, abnorme Größe der Zunge)
melan(o) *(gr)*	schwarz, dunkel	Melanom (bösartige Geschwulst); Melanin
mikro- *(gr)*	klein	Mikroskop, Mikroorganismen
morph- *(gr)*	Gestalt, Form	Morphologie (Wissenschaft von der Gestalt); amorph (gestaltlos)
myo- *(gr)*	Muskel	Myofibrillen (Fasern des Muskelgewebes); Myom; Myokardinfarkt
nekr(o)- *(gr)*	tot	Nekrose (Absterben von Zellen)
nephr(o)- *(gr)*	Niere-	Nephrose (nichtentzündliche Nierenerkrankung)
neur(o)- *(gr)*	Nerv-	Neuritis (Nervenentzündung)
ortho- *(gr)*	gerade, richtig	orthograd (auf dem richtigen (normalen) Weg)
ost-, oste-, osteo- *(gr)*	Knochen-	Osteotomie (operatives Durchtrennen eines Knochens)
par-, para- *(gr)*	vorbei , über ... hinaus	Paramedizin
path(o)-*(gr)*	Schmerz, Krankheit	Pathologie (Lehre von den Krankheiten)
per- *(lat)*	mit, durch, hindurch	Perforation (Druchbruch)
peri- *(gr)*	um .. herum, rings-	Periost (Knochenhaut)
physi(o).*(gr)*	Natur	Physiologie (Lehre von den Lebensvorgängen)
post- *(lat)*	hinter, nach	postoperativ (nach einer Operation)
prä-, prae- *(lat)*	vor	Prämedikation (medikamentöse Vorbehandlung)
pro- *(lat)* re- *(lat)*	vor, für	Progenie (Vorstehen des Unterkiefers), Prophylaxe
re- *(lat)*	zurück	Reanimation (Wiederbelebung)
retro- *(lat)*	zurück, hinter	retrograd (rückwärts)
sub- *(lat)*	unter	subkutan (unter der Haut)
super- *(lat)*	über	superfizial (an der Oberfäche)
supra- *(lat)*	oberhalb, über	supraorbital (oberhalb der Augenhöhle)
syn-, sym- *(lat)*	zusammen	Synapse; Synkope; Symptom
trans- *(lat)*	hinüber, jenseits	Transplantation (Verpflanzung eines Organs), Transfusion
tri- *(lat)*	drei	Trifurkation (Gabelung der dreiwurzeligen Zähne)
ultra- *(lat)*	über ... hinaus	Ultraschall (Schall oberhalb der Hörgrenze)
ur- *(gr)*	Harn	Ureter (Harnleiter)
vas(o)- *(lat)*	Gefäß	Vasodilatation (Erweiterung der Blutgefäße)
zereb(r)- *(lat)*	Gehirn	zerebral (das Gehirn betreffend)
zyst(o) cyst- kyst- *(gr)*	Blase, Harnblase	Zystektomie (operative Entfernung einer Zyste)
zyt(o) *(gr)*	Zelle	Zytologie (Lehre vom Zellaufbau)

Endsilbe *(Herkunft)*	Bedeutung	Beispiel
-algesie -algie *(gr)*	Schmerz	Analgesie (Schmerzunempfindlichkeit)
-blast *(gr)*	Spross, Trieb	Osteoblast (knochenbildende Zelle)
-ektomie *(gr)*	Entfernen, Herausschneiden	Appendektomie,Tonsillektomie
-gen *(gr)*	bewirkend	pathogen (Krankheiten verursachend)
-iatrie *(gr)*	Heilkunde	Pädiatrie; Psychiatrie
-ismus *(gr)*	Ableitungssilbe für ein System	Alkoholismus, Meteorismus
-itis *(gr)*	Entzündung	Dermatitis (entzündliche Reaktion der Haut)
-logie *(gr)*	Lehre	Biologie; Kardiologie
-lyse *(gr)*	Lösung	Hämolyse (Auflösung der roten Blutkörperchen)
-om, -oma *(gr)*	Geschwulst, Erguss	Hämatom (Bluterguss)
-pathie *(gr)*	Erkrankung	Arthropathie (Gelenkerkrankung)
-phil *(gr)*	Neigung zu	hydrophil (wasseranziehend)
-phob *(gr)*	Furcht-, Angst	hydrophob (wasserabstoßend)
-skop(ie) *(gr)*	schauen, prüfen	Mikroskop, Stethoskop
-tomie *(gr)*	schneiden	Osteotomie (Abtragen von Knochen)
-zyten *(gr)*	Zelle, Höhle	Erythrozyten

P 4 KLEINES FREMDSPRACHENLEXIKON FÜR DEN PRAXISALLTAG

ENGLISCH

Name	name
Geburtsdatum	date of birth
Adresse	address
Krankenkasse	medical insurance
Ausweis	passport
Ja/Nein	yes/no
Bitte/Danke	please/Thank you
Entschuldigung	Excuse me.
Vormittag/Nachmittag	morning/afternoon
Termin	date
Untersuchung	examination
Gewicht/Größe	weight/size
Alter	age
Diagnose	diagnosis
Beschwerden	complaint
Krankenhaus	hospital
Bitte nehmen Sie Platz.	Please, take a seat.
Es dauert etwa fünfzehn Minuten.	It will take approximately fifteen minutes.
Haben Sie...?	Have you got...?
Zeigen Sie mir bitte...	Couldt I have a look at..., please.
Ich verbinde Sie mit Doktor ...	I´ll connect you to Dr. ...
Gehen Sie bitte in das Zimmer.	Please go to this room.
Warten Sie bitte noch.	Please wait.
ins Krankenhaus einweisen	refer to a hospital
zu einem anderen Arzt überweisen	refer to another doctor
Überweisung zum Röntgen	refer to a radiologist
Kommen Sie morgen bitte nüchtern.	Tomorrow please come with an empty stomach.
Ziehen Sie bitte das Oberteil aus.	Please take off your outer clothing.
Legen Sie sich bitte auf die Liege.	Please lay down on the examination bench.
... auf die linke Seite	on the left side
... auf die rechte Seite	on the right side
Legen Sie sich auf den Bauch.	Lie on your stomache.
Legen Sie sich auf den Rücken.	Lie on your back.
Ziehen Sie bitte den Ärmel hoch.	Please lift your sleeve.
Verband	dressing
Grippe	influenza, flu
Bauchschmerzen	stomachache

Herzbeschwerden	heartache
Allergien	allergy
Diabetes	diabetes
Hypertonie	hypertension
Impfung	vaccination
Impfpass	vaccination card
Rezept	prescription
Zäpfchen	suppository
Salbe	ointment
Tropfen	drops
Apotheke	chemist`s
Medikament	medicine
Spritze	injection
Tablette	tablet, pill
zweimal täglich, dreimal täglich	twice a day, three times a day
vor dem Essen/nach dem Essen	before the meal/after the meal
Röntgenbild	x-ray
Ultraschalluntersuchung	scan
Blutdruckmessung	blood pressure measurement
EKG	ECG
Lungenfunktionsprüfung	pulmonary function test
einatmen/ausatmen	to breathe in, to breathe out
Blutentnahme	taking of blood samples
Urinprobe	sample of stool
Stuhlprobe	sample of urine
Blutzucker	blood sugar
Magenspiegelung	gastric lavage
Darmspiegelung	coloscopy
Einlauf	enema

FRANZÖSISCH

Name	le nom
Geburtsdatum	l'anniversaire
Adresse	l'adresse
Krankenkasse	la caisse d´assurance-maladie
Ausweis	passeport
Ja/Nein	oui/non
Bitte/Danke	síl vous plait (s.v.p.)/merci
Entschuldigung	pardon
Vormittag/Nachmittag	matin/après-midi
Termin	date
Untersuchung	examination
Gewicht/Größe	poides/taille
Alter	âge
Diagnose	diagnostic
Beschwerden	mal
Krankenhaus	hôpital

Bitte nehmen Sie Platz.	Asseillez-vous, s.v.p.
Es dauert etwa fünfzehn Minuten.	Ca durera environ quinze minutes.
Haben Sie…?	Avez vous…?
Zeigen Sie mir bitte…	Montrez moi… s.v.p.
Ich verbinde Sie mit Doktor …	Je vous mets en communication avec Dr. …
Gehen Sie bitte in das Zimmer.	Veuillez entrer dans cette chambre.
Warten Sie bitte noch.	Attendez s.v.p.
Krankenhauseinweisung	envoi à l` hôpital
Überweisung zu einem anderen Arzt	envoi à un autre médcin
Überweisung zum Röntgen	envoi à une radioscopie
Kommen Sie morgen bitte nüchtern.	Venez demain matin à jeun.
Ziehen Sie bitte das Oberteil aus.	Veuillez deshabiller la partie superieure.
Legen Sie sich bitte dort hin.	Allongez-vous la, sil vous plait.
… auf die linke Seite	… sur la côté gauche
… auf die rechte Seite	… sur la côté droite
Legen Sie sich auf den Bauch.	Allongez-vous sur le ventre.
Legen Sie sich auf den Rücken.	Allongez-vous sur le dos.
Ziehen Sie bitte den Ärmel hoch.	Relever la manche, s.v.p.

Verband	pansement
Grippe	grippe
Bauchschmerzen	mal de ventre
Herzbeschwerden	mal de coeur
Allergie	allergie
Diabetes	diabète
Hypertonie	hypertension
Impfung	vaccination
Impfpass	certificat de vaccination
Rezept	ordonnance
Zäpfchen	suppositoire
Salbe	pommade
Tropfen	goutte
Apotheke	pharmacie
Medikament	le medicament
Spritze	la piqre
Tablette	le comprim
zweimal täglich, dreimal täglich	deux fois par jours/troi fois par jours
vor dem Essen/nach dem Essen	avant de manger/après de manger
Röntgenbild	la radiographie
Ultraschalluntersuchung	l´echographie
Blutdruckmessung	mesurage de la tension artérielle
EKG	ECG
Lungenfunktionsprüfung	mesurage de la function pulmonaire
einatmen/ausatmen	inspirer/exspirer
Blutentnahme	prélèvement de sang
Urinprobe	essai d` urine
Stuhlprobe	essai des selles
Blutzucker	la quantité de sucre dans le sang

Magenspiegelung	fibroscopie gastrique
Darmspiegelung	colonoscopie
Einlauf	lavement

ITALIENISCH

Name	nome
Geburtsdatum	compleanno
Adresse	indirizzo
Krankenkasse	cassa malattia
Ausweis	carta d`identità
Ja/Nein	si/no
Bitte/Danke	per favore/grazie
Entschuldigung	Scusi!
Vormittag/Nachmittag	mattina/pomeriggio
Termin	appuntamento
Untersuchung	esame
Gewicht/Größe	peso/statura
Alter	età
Diagnose	la diagnosi
Beschwerden	incòmodi
Krankenhaus	ospedale
Bitte nehmen Sie Platz.	Si accomodi, per favore
Es dauert etwa fünfzehn Minuten.	Occorono circa quindici minute.
Haben Sie...?	Ha ...?
Zeigen Sie mir bitte...	Mi mostri per favore ...
Ich verbinde Sie mit Doktor ...	Le passo il Dr. ...
Gehen Sie bitte ins Zimmer weiter.	Si accomodi nell`altra stanza.
Warten Sie bitte noch.	Aspetti, p.f.
Krankenhauseinweisung	ricovero in un ospedale
Kommen Sie morgen bitte nüchtern.	Domani venosa digiuno, p.f.
Ziehen Sie bitte das Oberteil aus.	Taglia la parte superiore, p.f.
Legen Sie sich bitte auf die Liege.	Si metta su lettino, p.f.
...auf die linke Seite	sulla sinistra
...auf die rechte Seite	sulla destra
Legen Sie sich auf den Bauch.	Si metta sulla panica.
Legen Sie sich auf den Rücken.	Si metta sulla schiena.
Ziehen Sie bitte den Ärmel hoch.	Si alzi la manica, p.f.
Verband	fasciatura
Grippe	influenza
Bauchschmerzen	dolori al ventre
Herzbeschwerden	oppressione di cuore
Allergien/Unverträglichkeit	allergia/intrattabilità
Diabetes	diabete
Blutdruck	pressione del sangue
Impfung	vaccinazione

Impfpass	certificato di vaccinazione
Rezept	ricetta
Zäpfchen	supposta
Salbe	unguento
Tropfen	goccia
Apotheke	farmacia
Medikament	medicina, farmaco
Spritze	l'iniezione
Tablette	compressa
zweimal täglich, dreimal täglich	due volte al giorno, tre volte al giorno
vor dem Essen/nach dem Essen	prima del pasto/dopo il pasto
Röntgenbild	radiografia
Ultraschalluntersuchung	ecografia
Blutdruckmessung	misurazione della pressione
EKG	elettrocardiogramma
Lungenfunktionsprüfung	analisi della capacita polmonale
einatmen/ausatmen	inspirare/espirare
Blutentnahme	preliero di sangue
Urinprobe	analisi dell´urina
Stuhlprobe	analisi delle feci
Magenspiegelung	controllo dello stomaco
Darmspiegelung	controllo die intestini
Einlauf	clistere

KROATISCH

Name	ime, prezime
Geburtsdatum	datum rodjenja
Adresse	adresa
Krankenkasse	zdravstveno osiguranje
Ausweis	iskaznica
Ja/Nein	da/ne
Bitte/Danke	molim/hvala
Entschuldigung	oprostite
Vormittag/Nachmittag	prijepodne/poslijepodne
Termin	termin
Untersuchung	pregled
Gewicht/Größe	tezina/visina
Alter	starost
Diagnose	dijagnoza
Beschwerden	tegobe
Krankenhaus	bolnica

Bitte nehmen Sie Platz.	Molim Vas sjednite.
Es dauert etwa fünfzehn Minuten.	Trajat ce otprilike petnaest minuta.
Haben Sie...?	Imate li ...?
Zeigen Sie mir bitte...	Molim Vas pokazite mi ...
Ich verbinde Sie mit Doktor ...	Spojit cu Vas sa doktorom.

Gehen Sie bitte ins Zimmer weiter.	Predjite molim vas u drugu sobu.
Warten Sie bitte noch.	Molim Vas pricekajte.
Krankenhauseinweisung	bolnicka uputnica
Überweisung zum Röntgen	uputnica za rentgensko snimanje
Kommen Sie morgen bitte nüchtern.	Ujutro dodjite na taste
Ziehen Sie bitte das Oberteil aus.	Skinite molim Vas gornji dio.
Legen Sie sich bitte auf die Liege.	Lezite molim Vas na pregledni sto.
...auf die linke Seite	... na lijevu stranu
...auf die rechte Seite	... na desnu stranu
Legen Sie sich auf den Bauch.	Lezite na stomak.
Legen Sie sich auf den Rücken.	Lezite na ledja.
Ziehen Sie bitte den Ärmel hoch.	Molim Vas uzdignite rukave.

Verband	promjena zavojy
Grippe	gripe
Bauchschmerzen	stomacni bolovi
Herzbeschwerden	scrane poteskoce
Allergien/Unverträglichkeit	alergija/nepodnosljivost
Diabetes	secer
Hypertonie	visok krvni pritisak
Impfung	cijepivo
Impfpass	vakcinacijska kljizica
Rezept	recept
Zäpfchen	cepic
Salbe	mast
Tropfen	kapi
Apotheke	apoteka
Medikament	medikament
Spritze	injekcija
Tablette	tableta
zweimal täglich, dreimal täglich	dva puta dnevno, tri puta dnevno
vor dem Essen/nach dem Essen	prije jela/poslije jela
Röntgenbild	rendgenski snimak
Ultraschalluntersuchung	pregled ultrazvucni
Blutdruckmessung	mjerenje krvnog pritiska
EKG	EKG
Lungenfunktionsprüfung	ispitvanje plucne funkcije
einatmen/ausatmen	udisati/izdisati
Blutentnahme	uzimanje krvi
Urinprobe	pregled mokrace
Stuhlprobe	pregled stolice
Blutzucker	secer u krvi
Magenspiegelung	gastroskopija
Darmspiegelung	coloskopija
Einlauf	klisma

POLNISCH

Name	nazwisko
Geburtsdatum	data urondzenia
Adresse	adres
Krankenkasse	kasa chorych
Ausweis	dowod tozsamosci
Ja/Nein	tak/nie
Bitte/Danke	prosze/dzieknje
Entschuldigung	przepraszam
Vormittag/Nachmittag	przedpoludnie/popoludnie
Termin	termin
Untersuchung	badanie
Gewicht/Größe	waga/wzrost
Alter	wiek
Diagnose	rozpoznanie
Beschwerden	dolegliwosci
Krankenhaus	szpital
Bitte nehmen Sie Platz.	Prosze usiasc.
Es dauert etwa fünfzehn Minuten .	Trwa okolo pietnascie min.
Haben Sie...?	ma pani (pan) ...
Zeigen Sie mir bitte...	Prosze pokazac mi ...
Gehen Sie bitte in das Zimmer.	Prosze isc do pokoju.
Warten Sie bitte noch.	Prosze poczekac.
Krankenhauseinweisung	skierowanie do szpitala
Überweisung zu einem anderen Arzt	skierowanie do specjalisty
Überweisung zum Röntgen	skierowanie do röntgena
Kommen Sie morgen bitte nüchtern.	Jutro prosze przyjst na czczo.
Ziehen Sie bitte das Oberteil aus.	Prosze zdjac wierzchnie dcnjcie
Legen Sie sich bitte auf die Liege.	Prosze polozyc sie na kozetce.
...auf die linke Seite	na lewej stronie
...auf die rechte Seite	na prowej stronie
Legen Sie sich auf den Bauch.	Prosze polozyc sie na brzuchu.
Legen Sie sich auf den Rücken.	Prosze polozyc sie na plecach.
Ziehen Sie bitte den Ärmel hoch.	Prosze nodniesc rece do gory.
Verband	opatrunek
Grippe	grypa
Bauchschmerzen	bole brzucha
Herzbeschwerden	bole serca
Allergien	alergie
Diabetes	cukrzyca
Hypertonie	wadcisnienie
Impfung	szczepionka
Impfpass	ksiazeczka szczepien
Rezept	recepta
Zäpfchen	czopki

Salbe	masc
Tropfen	krople
Apotheke	apteka
Medikament	lek
Spritze	zanstrzyk
Tablette	tabletki
zweimal täglich, dreimal täglich	dwa, trzy razy dziennie
vor dem Essen/nach dem Essen	przed jedzeniem/po jedzeniem
Röntgenbild	przeswietlenie
Ultraschalluntersuchung	usg
Blutdruckmessung	mierzenie cisnienia
EKG	elektrokardiogram
Lungenfunktionsprüfung	badanie pojemnosci zyciowej
einatmen/ausatmen	oddychac/nie oddychac
Blutentnahme	pobranie krwi do badanie
Urinprobe	badanie moczu
Stuhlprobe	badanie kalu
Blutzucker	badanie poziomu cukru we kriw
Magenspiegelung	wziernikowanie zoladka
Darmspiegelung	wziernikowanie jelit
Einlauf	levatywa

RUSSISCH

Name	imja
Geburtsdatum	data roschdenija
Adresse	adress
Krankenkasse	strachovka bolnichnaja
Ausweis	pasport
Ja/Nein	da/net
Bitte/Danke	poschaluista/spasibo
Entschuldigung	iswinite
Vormittag/Nachmittag	do obeda/posle obeda
Termin	termin
Untersuchung	issledowanie
Gewicht/Größe	wes/rost
Alter	wosrast
Diagnose	diagnos
Beschwerden	jalobi
Krankenhaus	bolniza

Bitte nehmen Sie Platz.	Saimite mesto.
Es dauert etwa fünfzehn Minuten.	Eto dlitsa pjadnadzat minut.
Haben Sie…?	wi imejete
Zeigen Sie mir bitte …	Pokaschite mne …
Ich verbinde Sie mit Doktor …	Ja soediniaü was s doktorom …
Gehen Sie bitte in das Zimmer.	Projdite w' komnatu dalsche.
Warten Sie bitte noch.	Podoschdite.

Krankenhauseinweisung	naprawlenie bolnizu
Überweisung zu einem anderen Arzt	naprawlenie drugomu doktoru
Überweisung zum Röntgen	naprawlenie na rentgen
Kommen Sie morgen nüchtern.	Sawtra nitschewo ne kuschaite.
Ziehen Sie bitte das Oberteil aus.	Snimite werchnüju tschast.
Legen Sie sich bitte auf die Liege.	Loschites na leschanka.
...auf die linke Seite	... na lewuju storonu
...auf die rechte Seite	... na prawuju storonu
Legen Sie sich auf den Bauch.	Loschites na schiwot.
Legen Sie sich auf den Rücken.	Loschites na spinu.
Ziehen Sie bitte den Ärmel hoch	Podnimite rukaw.
Verbandwechsel	perewiaska
Grippe	grip
Bauchschmerzen	boli w jiwote
Herzbeschwerden	boli w serdze
Allergien	allergia
Diabetes	diabet
Hypertonie	visokoe dawlenie
Impfung	priwiwka
Impfpass	sprawka o priwiwke
Rezept	rezept
Zäpfchen	svetschka
Salbe	mas
Tropfen	kapli
Apotheke	apteka
Medikament	medikament
Spritze	ukol
Tablette	tabletka
zweimal täglich, dreimal täglich	dwa rasa w den, tri rasa w den
vor dem Essen/nach dem Essen.	do jedi/posle jedi
Röntgenbild	rentgensnimok
Ultraschalluntersuchung	ultraswuk
Blutdruckmessung	ismerenie dawlwnia
EKG	ekg
Lungenfunktionsprüfung	lögotschnij test
einatmen/ausatmen	wdochnite/wydochnite
Blutentnahme	sabor krowi
Urinprobe	sabor motsci
Stuhlprobe	sabor kala
Blutzucker	sabor krovi na sachar
Magenspiegelung	gastroskopia
Darmspiegelung	kolonoskopia
Einlauf	klisma

SPANISCH

Name	el nombre
Geburtsdatum	el cumpleaños

Adresse	las señas
Krankenkasse	seguro de enfermedad
Ausweis	carne de identidad
Ja/Nein	si/no
Bitte/Danke	por favor/gracias
Entschuldigung	perdon
Vormittag/Nachmittag	manana/tarde
Termin	hora
Untersuchung	exploracion
Gewicht/Größe	peso/talla
Alter	edad
Diagnose	el diagnostico
Beschwerden	molestias
Krankenhaus	hospital

Bitte nehmen Sie Platz.	Por favor siéntese.
Es dauert etwa fünfzehn Minuten.	Dura quince minutos.
Haben Sie...?	Tiene usted...?
Zeigen Sie mir bitte...	Ensñeme..., por favor.
Ich verbinde Sie mit Doktor ...	Le pongo con doctor ...
Gehen Sie bitte in das Zimmer.	Entre en la habitacion.
Warten Sie bitte.	Espere por favor.
Krankenhauseinweisung	volante para el hospital
zu einem anderen Arzt überweisen	volante para otro medico
Überweisung zum Röntgen	volante para rayos
Kommen Sie morgen bitte nüchtern.	Venga manana en ayunas.
Ziehen Sie bitte das Oberteil aus.	Desnudese
Legen Sie sich bitte auf die Liege	Tumbese en la camilla.
... auf die linke Seite	a la izquierda
... auf die rechte Seite	a la derecha
Legen Sie sich auf den Bauch/Rücken.	Tumbese boca abajo/arriba.
Ziehen Sie bitte den Ärmel hoch.	Levante el brazo.

Verband	cura
Grippe	gripe
Bauchschmerzen	dolor de estomago
Herzbeschwerden	molestias cardiacas
Allergien/Unverträglichkeit	alergia/intolerancia
Diabetes	diabetes
Hypertonie	tension alta
Impfung	vacuna
Impfpass	cartilla de vacunacion
Rezept	receta
Zäpfchen	supositorio
Salbe	pomada
Tropfen	gotas
Apotheke	farmacia
Medikament	medicamento

Spritze	la inyeccin
Tablette	pastilla
zweimal täglich, dreimal täglich	dos veces al dia, tres veces al dia
vor dem Essen/nach dem Essen	antes/despues de la comida
Röntgenbild	radiografa
Ultraschalluntersuchung	ecografia
Blutdruck messen	tomar la tension
EKG	electro
Lungenfunktionsprüfung	pruebas de funcion pulmonar
einatmen/ausatmen	inspirar/espirar
Blutentnahme	extraccion de sangre
Urinprobe	muestra de orina
Stuhlprobe	muestra de heces
Blutzucker	azocar en sangre
Magenspiegelung	gastroscopia
Darmspiegelung	coloscopia
Einlauf	irrigacion

TÜRKISCH

	Schreibweise	Aussprache
Name	isim	ißim
Geburtsdatum	dogum tarihi	dogum tarichi
Adresse	adres	adreß
Krankenkasse	hastalik sigortasi	hastalik sigortasi
Ausweis	kimlik	kimmlik
Ja/Nein	evet/hayir	ewet/hayir
Bitte/Danke	lütfen/tesekkür ederim	lütfen/teschekkür ederim
Entschuldigung	Pardon; Özür dilerim	ösür dilerim
Vormittag/Nachmittag	öğleden önce/öğleden sonra	öhleden öndze/öhleden zonra
Termin	randevu	ranndewu
Untersuchung	muayene	muajene
Gewicht/Größe	tarti/boy	tarti/boj
Alter	yaş	jasch
Diagnose	teşhis	teschhiß
Beschwerden	şikayet	schikajett
Krankenhaus	hastane	haßtane
Bitte nehmen Sie Platz.	lütfen oturunuz	lüttfen otturunus
Es dauert etwa fünfzehn Minuten.	On beş dakika sürer.	On besch dakika zürer
Haben Sie...?	Sizde... var mi?	Sside... warmi?
Zeigen Sie mir bitte...	Bana... gösterir misiniz, lütfen	Bana... gößterirmißinis lütfen
Ich verbinde Sie mit Doktor ...	Ben sizi doktora ... bağliyorum.	ben sisi doktora bahlijorum
Gehen Sie bitte in das Zimmer.	Lütfen odaya gidin.	lütfen oddaja giddin
Warten Sie bitte noch.	Lütfen biraz bekleyin.	lütfen biras bekklehin
Krankenhauseinweisung	hastaneye yatirmak	haßtaneje jatirmakk
zu einem anderen Arzt überweisen	baska doktora sevketmek, göndermek	baschka doktora sewketmek, göndermek

Überweisung zum Röntgen	rontkene havale etmek	röntgene hawale ettmek
Kommen Sie morgen bitte nüchtern.	Lütfen yarin açkarna gelin.	lütfen yarin adzkarrna gellin
Ziehen Sie bitte das Oberteil aus.	Lütfen üstarafinizi soyunun.	Lüttfen üßtaraffinisi zojunum
Legen Sie sich bitte auf die Liege.	Lütfen muayane yata_ina uzanin	lüttfen muajane jathina usanin
...auf die linke Seite	sol tarafa	zoll tarafa
...auf die rechte Seite	sağ tarafa	zah tarafa
Legen Sie sich auf den Bauch.	Yüzüstü yatarmisiniz.	yüsüßtü jatarmisinis
Legen Sie sich auf den Rücken.	Sirtüstü yatarmisiniz.	zirtüßtü jatarmisinis
Ziehen Sie bitte den Ärmel hoch.	Lütfen kolunuzu yukari siyiriniz.	lütfen kollunusu jukari zijirinis
Verband	sargi	zargi
Grippe	grip	gripp
Bauchschmerzen	karin ağrisi	karin ahirißi
Herzbeschwerden	kalp rahatsizliği	kalpp rahatßislihi
Allergien	allerji	allerdzi
Diabetes	diyabet	dijabett
Hypertonie	tansiyon yüksekligi	tannßijon yükkseklihi
Impfung	aşi	aschi
Impfpass	aşi kağidi	aschi kahidi
Rezept	reçete	redzete
Zäpfchen	fitil	fittil
Salbe	merhem	merrhem
Tropfen	damla	dammla
Apotheke	eczanede	edschsane
Medikament	ilaç	illatsch
Spritze	igne	lehne
Tablette	tablet, hap	tablett, happ
zweimal täglich/ dreimal täglich	günde iki/üç kere	günnde ikki/ütsch kerre
vor dem Essen/ nach dem Essen	yemekden önce/sonra	jemekkden öndze/zonra
Röntgenbild	röntgen filmi	röntgen filmi
Ultraschalluntersuchung	ültrases, ultrason muayene	ültrasses, ultrason muajene
Blutdruckmessung	tansiyon ölçmek	tannßijon öltschmek
EKG	eletrokardiografi	eletrokardiografi
Lungenfunktionsprüfung	akciger fonksiyon testleri	akkdzijer fonkßion testleri
einatmen/ausatmen	nefes almak/nefes vermek	neffeß allmakk, neffeß wermekk
Blutentnahme	kann almak	kann allmak
Urinprobe	idrar tahlili	idrar tahlilli
Stuhlprobe	büyük aptes tahlili	büjük apteß tahlilli
Blutzucker	kann şekeri	kann schekeri
Magenspiegelung	gastroskopi	gastroskopie
Darmspiegelung	coloskopie	coloskopie
Einlauf	lavman	lawmann

P5 LINKS

- Beruf und Recht
  - Der **Berufsverband der Arzthelferin (BdA)** ist eine Art Gewerkschaft für die Arzthelferinnen. Bei Problemen bekommen Sie hier kompetenten Rat: *http://www.bda-online.com*
  - Eine breitgefächerte Seite, die sich ausschließlich der Arzthelferin widmet, finden Sie auf der „**Praxisfit**"-Seite unter *http://home.debitel.net/user/neger. Die* Seite für die Arzthelferin – intelligent aufgebaut mit zahlreichen nützlichen Links. Bei der Aufmachung macht sich allerdings der private Charakter der Seite relativ deutlich bemerkbar. Hier gibt es sicherlich noch einiges zu verbessern. Aber das soll den engagierten und auch durchdachten Gesamteindruck dieser Seite keineswegs schmälern. Vielleicht findet sich ja einmal ein großzügiger Sponsor, der die Aufmachung in professionelle Hände gibt, ohne dass die Inhalte darunter leiden müssten. Hier gibt es auch ein Forum, in dem Sie sich mit anderen Arzthelferinnen austauschen können.
  - *http://www.arzthelferinnen.net* – Der Titel hört sich nach einer größeren Seite an, doch besonders gemessen an der „Praxisfit"-Seite sind hier viel zu wenige Inhalte. Immerhin finden Sie hier rasch Ausbildungsvertrag, Prüfungsordnung und Musterarbeitsvertrag zum Herunterladen.
  - Aktuelle Tarifverträge für Arzthelferinnen und Auszubildende finden Sie unter *http://www.bundesaerztekammer.de* (Kassenärztliche Vereinigung Westfalen-Lippe).
  - Datenbank zum Personalrecht mit Informationen zur Sozialversicherung und zur Lohnsteuer, Arbeitsrechttexte und –urteile, sozialrechtlich wichtige Gesetze und Vorschriften im Wortlaut: *http://www.aok.de.*
- Fort- und Weiterbildungsinstitute
  - Carl-Oelemann-Schule, Bad Nauheim: *http://www.laekh.de/COS/homepage.htm.*
  - Das Edmund-Christiani-Seminar bietet zahlreiche Fortbildungsveranstaltungen für Arzthelferinnen: *http://www.aeksh.org*
  - Dr. Robert Eckert Schulen AG: *http://www.eckert-schulen.de*
  - Niedersächsische Akademie für Fachberufe im Gesundheitswesen e.V.: *http://www.niedersaechsische-akademie.de/index.html.*
- Suchen im Internet: Die Suchmaschine Google (*http://www.google.de*) hat das Suchen im Internet erheblich nach vorne gebracht. In Sekundenbruchteilen werden oft genau die gesuchten Seiten angezeigt. Die mitunter gespenstisch anmutende Treffsicherheit in Bezug zu dem eingegebenen Suchbegriff entsteht dadurch, dass das Beziehungsgeflecht der zahllosen Links durch eine spezielle Software kontrolliert wird. Ein Link von einer seriösen Nachrichtenagentur „zählt" demnach mehr, als käme er von einer privaten Seite. Sie können es auch einmal mit einer echten Frage versuchen, z.B.: „Warum werden im Herbst die Blätter braun?"
- **Arbeitsplatzgestaltung**: *http://141.90.2.11/ergo-online/E_HOME.HTM*
  - Hier finden Sie gut aufbereitete Informationen zur Arbeitsplatz- und Arbeitsraumgestaltung und Ergonomie u.v.m..
- **Arbeitsamt**: *http://www.arbeitsamt.de/hst/index. html*
  - Die Seite des Arbeitsamtes verweist Sie nicht nur zu den Ansprechpartnern des Amtes Ihres Wohnortes, sondern versorgt Sie auch mit reichlich Informationsmaterial rund um die Themen Arbeit und Ausbildung.

P 6 ABKÜRZUNGSVERZEICHNIS

A.	Arteria, Arterie
ACE	angiotensine converting enzyme
ACTH	adrenocorticotropes Hormon
ADH	antidiuretisches Hormon
AEP	akustisch evozierte Potentiale
AIDS	acquired immune deficiency syndrome
AP	alkalische Phosphatase
Aqua dest.	Aqua destillata (destilliertes Wasser)
ASL	Antistreptolysin
ASS	Acetylsalicylsäure (z.B. Aspirin®)
AT	autogenes Training
AU	Arbeitsunfähigkeitsbescheinigung
aVF	augmented Voltage Fuß
aVL	augmented Voltage links
aVR	augmented Voltage rechts
Azubi	Auszubildende(r)
B.D.	Bronchodilatationstest
BCG	Bacille-Calmette-Guérin, Impfstoff gegen Tuberkulose
BDT	Behandlungs-Datenträger
BEL	Beckenendlage
BER, BERA	akustisch evozierte Potentiale
BGA	Blutgasanalyse
bit	binary digit
BKS	Blutkörperchen-Senkungsgeschwindigkeit
BSG	Blutkörperchen-Senkungsgeschwindigkeit
BTM	Betäubungsmittelgesetz
BTX	Bildschirmtext
BWS	Brustwirbelsäule
CD-ROM	compact disk – read only memory
CEA	carcinoembryonales Antigen
Ch	Charrière
CK	Creatin-Kinase
CO	Kohlenmonoxid
CO_2	Kohlendioxid
CRP	C-reaktives Protein
CTG	Kardiotokogramm
D-Arzt	Durchgangsarzt
dB	Dezibel
DeBeKa	Deutsche Beamten Kasse
d.h.	das heißt

Dt	Kombinationsschutzimpfung: Diphtherie, Tetanus
E-Mail	electronic mail
EBM	einheitlicher Bewertungsmaßstab für Ärzte
EDV	elektronische Datenverarbeitung
EEG	Elektroenzephalogramm
EKG	Elektrokardiogramm
evtl.	eventuell
FAHP	akustisch evozierte Potentiale
FSH	Follikel stimulierendes Hormon
FSME	Frühsommer-Meningoenzephalitis
fVC	forcierte Vitalkapazität
g-GT	Gammaglutamyltransferase
G	Gauge, Eichmaß für Kanülen
g	Gramm
GOÄ	Gebührenordnung für Ärzte
GOT	Glutamat-Oxalacetat-Transaminase
GPT	Glutamat-Pyruvat-Transaminase
gr	griechisch
HAES-Lösung	Hydroxyäthylstärke-Lösung
Hb	Hämoglobin
HDL	high density lipoprotein
HHL	Hinterhauptslage
HI-B	Hämophilus influenza B
HIV	human immunodeficiency virus (Erreger von AIDS)
HNO	Hals-Nasen-Ohrenheilkunde
HWS	Halswirbelsäule
i.c.	intrakutan
i.m.	intramuskulär
i.v.	intravenös
ICD	International Code of Diseases
ICR	Intercostalraum
ID Data	personengebundene Daten (ID = identification)
ISDN	integrated services digital network
IUP	Intrauterinpessar
kg	Kilogramm
KG	Körpergewicht
KV	Krankenversicherung
KVB	Krankenversicherung der Bundesbahn
lat	lateinisch
LDH	Laktatdehydrogenase

LDL	low density lipoprotein
LWS	Lendenwirbelsäule
m	Meter, männlich
mA	Milli-Ampère
MedGV	Medizinische Geräteverordnung
mg/dl	Milligramm pro Deziliter
Mhz	Megahertz
min	Minute
ml	Milliliter
mm	Millimeter
mm/s	Millimeter pro Sekunde
mmHg	Millimeter Quecksilbersäule
ms	Millisekunden
MS-DOS	Microsoft disk operating system
mV	Millivolt
N.	Nervus
NaCl	Natriumchlorid, Kochsalz
°C	Grad Celsius
O_2	Sauerstoff
OGT	oraler Glucosetoleranztest
OP	Operationsraum
PC	personal computer
pH	Maß für Säuregrad
Post-B	Versicherung der Postbeamten
PTT	partielle Thromboplastinzeit
PTZ	Plasmathrombinzeit, Thrombinzeit
PVP-Jod	Polyvinylpyrrolidon-Jod
QRS-Komplex	größter Ausschlag im EKG, bestehend aus Q-, R- und S-Zack
RAM	random access memory
RR	Riva-Rocci (italienischer Arzt)
s	Sekunde
s.c.	subkutan
SAB	Subarachnoidalblutung
SEP	sensibel evozierte Potentiale
SSW	Schwangerschaftswoche
Std	Stunde
STH	somatotropes Hormon
T_3	Trijodthyronin
T_4	Tetrajodthyronin, Thyroxin
Tbc	Tuberkulose
Td	Kombinationsschutzimpfung: Tetanus > Diphtherie
tg	ein Maß für Verbandsmaterial
Tr.	Tropfen
TSH	thyreoideastimulierendes Hormon
U2–U10	Serie empfohlener Vorsorgeuntersuchungen bei Kindern und Jugendlichen
u.a.	unter anderem
U-Heft	Untersuchungsheft zur Vorsorgeuntersuchung bei Kindern und Jugendlichen
U/min	Umdrehungen pro Minute
Uni	Universität
USD-Index	Ultraschalldoppler-Index
usw	und so weiter
UV-Licht	ultraviolettes Licht
V.a.	Verdacht auf
V1 bis V6	Abkürzung für EKG-Brustwandableitungen
VC	Vitalkapazität
VEP	visuell evozierte Potentiale
w	weiblich
ZNS	zentrales Nervensystem

P 7 ABBILDUNGSVERZEICHNIS

alle hier nicht aufgeführten Abbildungen: Eckhard Weimer, Aachen.

B4: Für die Abdruckgenehmigung aus der Praxiszeitschrift „Vitaderm" bedanken wir uns herzlich bei Dr. Erik Senger, Rödermark.

E3: Die Abbildungen wurden uns freundlicherweise von der Firma Brand, Wertheim, zur Verfügung gestellt.

F4: Die Abbildung wurde uns freundlicherweise von der Firma Bosch und Sohn, Jungingen, zur Verfügung gestellt.

F23: umgezeichnet nach Frank, Hünewinkel: Laborkunde Arzthelferinnen, Stamm Verlag, 1999; S. 60, 61.

F24: Die Abbildung wurde uns freundlicherweise von der Firma Roche Diagnostics, Mannheim, zur Verfügung gestellt.

F27: Wolfgang Vieten: Klinische Fertigkeiten für Ärzte, Verlag Hans Huber, Bern, S. 203.

K5: Härter et al: Checkliste – Gipstechnik, Fixationsverbände, 3. völlig neubearb. Aufl. 1998, Georg Thieme Verlag, Stuttgart – New York.

L2: Abbildung Dr. Jutta Salfner, Waldshut-Tiengen.

M1: Kellnhauser u.a. (Hrsg.), Thiemes Pflege, 9. neubearb. Aufl. 2001, Georg Thieme Verlag, Stuttgart-New York.

M4: Die Abbildung wurde uns freundlicherweise von der Firma Bosch und Sohn, Jungingen, zur Verfügung gestellt.

P 8 INDEX

B

C

D

E

I

K

L

M

N

O

P

Q

R

S

T

U

V

W

Z